SPORTS SOCIAL PSYCHOLOGY

스포츠 사회심리학

김정완 · 김정남 공저

학지사

머리말

수년간에 걸친 작업의 결과로서 『스포츠 사회심리학』이 결실의 계절인 2006년 가을쯤에는 세상에 태어날 것으로 기대했다. 그러나 무엇인가를 세상에 처음 내어 놓는다는 것은 힘들고도 많은 시간이 필요한 일이다. 처음 만날 때는 서로 잘 어울릴 것 같지 않았던 체육학자와 심리학자가 공동으로 『스포츠 사회심리학』을 출간하면서 서로의 관심사가 결국은 하나라는 점에 공감하게 되었다. 지금은 하나의 작업을 끝냈다는 성취감보다는 그 결과와 앞으로의 책임에 대한 두려움이 앞선다.

저자들은 오래 전부터 스포츠 분야의 주제에 함께 관심을 갖고 두 분야의 상호 협력을 통한 공동연구의 필요성을 실감해 왔다. 그 결과, 지금으로부터 5년 전인 2002년도 초봄에 국내에서도 스포츠 심리학 분야에서 연구하고 공부하는 전공자가 읽을 수 있는 교재가 있어야 한다는 데 의견을 같이하게 되었다. 그중에서도 스포츠 심리학자가 중요하게 다루면서도 체계적인 접근이 더욱 필요한 사회심리학 주제에 초점을 맞추고 『스포츠 사회심리학』 교재를 준비하기에 이르렀다.

스포츠 심리학의 역사를 보면 이 분야의 출발이 심리학자의 관심에서 시작되었고, 특히 사회심리학자의 실험과 노력으로 꾸준히 발전해 왔다. 국내에서도 이미 오랜 전부터 체육과학과 심리학의 교류가 시작되었고, 지금은 다양한 주제에서 협력과 공동연구가 왕성한 것으로 알고 있다. 특히 최근에는 스포츠 실무 현장에서 선수관리에 심리상담의 중요성이 크게 인식되어 스포츠심리상담사 자격제도 및 프로그램이 실행되고 있다.

이번에 출간하는 『스포츠 사회심리학』은 대학의 체육학과나 체육교육과 그리고 심리학과의 학부나 대학원과정에서 스포츠 심리학을 전공하거나 흥미를 가진 학생이 사용할 수 있도록 구성했다. 그리고 스포츠 심리학 분야의 연구자도 참고할 수 있도록 체육학회 및 스포츠심리학회의 전문 학술지에 수록된 여러 논문을 최대한 포함시켰다. 최근부터 거슬러 올라가면서 『한국체육학회지』와 『한국스포츠심리학회지』 및 『한국심리학회지』 등 학회지의 국내 연구를 검색하고 원문을 찾아서 내용에 반영하였다.

저자들의 초기 의욕과 달리 스포츠 사회심리학의 주제를 교재로 구성하는 작업은 쉽지 않았다. 이 교재는 총 10개 장으로 구성되어 있으며, 저자들은 주제를 나누어서 집필하지 않고 각 장마다 작성된 초고를 놓고 여러 차례 함께 읽고 논의하면서 작업을 진행시켰다. 이 과정에서 용어 선정이나 문장 표현의 문제 등을 조정하는 작업에 많은 시간이 소요되었다. 국내에서 스포츠 사회심리학 주제가 연구되고 논문으로 활발하게 발표되기는 하지만 전공 강의로 개설하거나 참고할 만한 우리말 교재가 없다는 사실이 어려움을 더하게 했다. 따라서 『스포츠 사회심리학』의 내용을 구성하는 데는 외국 교재에 크게 의존했다. 또 다른 어려움은 국내 연구가 여러 주제에 걸쳐 충분하게 이루어지지 않아 국외 연구를 소개할 수밖에 없어 우리나라 스포츠 현장의 실정과 거리 있는 내용을 실어야 하는 점이었다. 예를 들면, 소개된 연구의 스포츠 종목이 미식축구나 아이스하키 등 용어나 경기규칙 등이 국내 독자에게는 다소 생소해서 내용에 대한 이해를 떨어뜨리는 부분도 있다.

준비하는 기간이 지나치게 길어졌기 때문에 스포츠 사회심리학의 기존 주제나 최근에 다루어지기 시작한 주제를 포함시키지 못한 면이 있어, 이는 차후에 개정판을 통해서 보완해 나아가도록 하겠다. 그뿐만 아니라 그 사이에 새롭게 발표된 논문이나 연구경향성에서의 변화가 충분하게 반영되지 못한 측면도 있다. 특히 2006년 이후의 국내외 연구가 많이 반영되지 못했다. 그리고 스포츠 심리학이나 스포츠 사회심리학 분야의 연구자를 위해서는 국내 연구 가운데 『체육학회지』나 『한국스포츠심리학회지』 이외에도 스포츠 관련 전문학술지 및 학위논문을 두루 다루어야 했으나 이것도 다음 기회인 개정판으로 미루어야 했다.

스포츠 심리학은 국내에서도 이미 매우 매력적이고 인기 있는 연구 분야가 되었다. '스포츠 사회심리학'이 스포츠 과학과 심리학 두 분야의 학자 간에 관심과 교류를 높이는 데 작으나마 긍정적인 역할을 할 수 있기를 바란다. 이 교재를 통해서 많은 학생과 연구자에게 스포츠 사회심리학에 대한 관심을 높이고 계속해서 이에 대한 연구가 더욱 활성화되기를 기대한다.

『스포츠 사회심리학』을 교재나 연구용 참고서적으로 사용하는 과정에서 발견되는 오류나 개선점에 대한 독자의 지적과 조언을 통해서 더 좋은 교재로 거듭나기를 희망한다. 이 책으로 인해 스포츠 사회심리학 분야에서 스포츠 과학과 심리학 분야의 학자가 상호 교류하고 공동 연구를 함으로써 이 분야가 국내에서도 활발히 연구되고 현장에 적용되는 학문적이고 실용적인 분야로 발전하는 데 보탬이 되기를 희망한다.

마지막으로 이 책의 출간을 맡아 주신 학지사 김진환 사장님 그리고 이 책에 대한 관심과 지원으로 책을 준비할 수 있는 있는 계기를 만들어 주신 영업부의 김은석 님, 출판과정에서 두서없는 원고를 세심하게 살펴서 깔끔하게 정리해 주신 편집부의 김경민 님 외 여러 관계자 분께 감사드린다. 막바지에 참고문헌 정리를 도와준 경상대학교 심리학과 산업조직실험실 학부생들에게도 고마움을 전한다.

저자 김정완 · 김정남

차 례

01

스포츠 사회심리학: 성격과 역사

- 1. 스포츠 과학
- 2. 스포츠와 심리학
- 3. 스포츠에 대한 사회심리학적 접근

스포츠는 고도로 산업화된 사회는 물론이고 개발 중에 있는 사회에 이르기까지 모든 사회의 기본적이고 보편적인 문화요소다. 인류 역사를 통해서 스포츠는 사회・문화에 광범위하게 영향을 미치는 한편, 문화적 요인은 스포츠 발전을 촉진하기도 했고 또는 저해하기도 했다(Carron, 1980). 스포츠의 발전을 촉진하는 문화적 요인은 스포츠 활동의 보편성과 관련되어 있다. 거의 모든 사람이 스포츠에 참여하려는 강한 의욕을 갖고 있다. 그리고 스포츠에 관여하는 것을 긍정적으로 생각하고 즐긴다.

그러나 스포츠 활동이 보편화되면서 그것이 스포츠 발전을 오히려 저해하는 요인이 되기도 했다. 무엇보다도 스포츠에 대해서 이미 형성되어 있는 흥미와 동기는 스포츠와 관련된 학문의 과학적 발전을 더디게 만들었다. 전통적으로 스포츠 활동은 훈련과 관찰을 통해서 습득할 수 있는 능력이나 기술이라고 여겨져 왔다. 아마추어나 프로팀에서 코치를 선정하는 것을 보면 이런 견해를 잘 이해할 수 있다. 대체로 훈련과 경험에 의해서 요구되는 능력과 기술을 습득한 개인을 그 분야의 권위자로 인정한다. 그러므로 스포츠에 대한 과학적 지식과 방법을 지니고 있는 개인보다는 우수한 기술을 지닌 선수 출신자가 더 훌륭한 코치가 될 것이라고 판단한다.

스포츠 발전을 저해하는 또 다른 문화적 요인은 스포츠에 대한 경험적 연구가 가능하고 바람직하지만 실제로는 그런 연구는 매우 제한되어 있다는 것이다. 코치는 선수에게 알맞은 훈련 프로그램을 개발하기 위해서 생리학이나 생화학의 원리를 적용하면서도 스포츠에 대한 심리학적 측면에 대해서는 크게 관심을 보이지 않았다.

그 결과 스포츠 심리학은 심리학 내에서도 역사가 짧을 뿐만 아니라 스포츠 과학에서도 비교적 늦게 출발한 분야다. 스포츠에 대한 학문적 관심은 의학과 생리학 분야에서부터 시작되었다. 오늘날에도 대중의 스포츠 참여는 적절하고 강한 심장 호흡 단련과 같은 생리적 활동에 관련된 것들이다. 최근에 이르러서 스포츠와 심리학의 관련성에 대한 관심이 크게 증가하고 있다. 지난 수십 년 동안 동작 학습, 발달, 심리측정 및 사회심리학과 같은 스포츠 심리학 분야의 연구가 양적으로나 질적으로 크게 향상되어 왔다.

스포츠 심리학은 스포츠 과학의 한 분야로서 스포츠에서의 인간행동에 대한 질문에 대답하려고 한다. 교사, 코치, 체력관리사, 스포츠 심리 자문가, 선수는 항상 이런 질문을 해야 한다. 그들의 행동은 이런 질문에 대한 대답에 달려 있다. 그러므로 각종 스포츠 관련 프로그램 참가자는 스포츠 심리학에 대한 정확하고 믿을 만한 대답을 얻고자 한다.

1. 스포츠 과학

1) 스포츠 과학의 성격

스포츠 과학은 스포츠에 개입하는 선수의 행동에 대한 과학적 접근방법을 추구하는 다학문적(multidisciplinary)인 성격을 지니고 있는 분야다. 스포츠 과학에는 생리학이나 물리학과 같은 자연과학, 심리학이나 사회학과 같은 사회과학, 그리고 역사학과 같이 과학이라기보다는 인문학에 가까운 분야까지도 포괄하고 있다. 학자들 간에 견해 차이가 있기는 하지만 스포츠 과학은 다양한 분야에서 얻은 정보를 통합하기 때문에 응용 분야로 볼 수 있다. 스포츠 과학이 관련된 주요 분야를 구체적으로 살펴보면 다음과 같다.

1. **생물 역학**(biomechanics): 물리과학에 가장 가까운 영역인 생물역학은 물리학의 원리와 지식을 인간 운동에 적용한다.
2. **운동 생리학**(exercise physiology): 운동 생리학은 생물학에 직결된다. 인간의 운동과 활동의 생물학적 원리를 이해하기 위해서 해부학과 생리학을 끌어들여야 한다.
3. **스포츠 심리학**(psychology of sport and exercise): 스포츠 심리학은 생물학과 사회 · 문화 연구 사이에 있으면서 이들과 중첩되어 있다.
4. **사회 · 문화적 스포츠 연구**(sociocultural sport studies): 사회 · 문화적 스포츠 연구는 학문적으로는 스포츠 사회학, 스포츠 사학, 스포츠 철학을 포괄하고 있다.

스포츠 과학자들은 이처럼 여러 분야에서 얻은 이론 및 개념과 연구방법을 선택해서 스포츠에 적용한다. 다음에서 과학의 일반적 성격을 살펴보고, 이를 통해 스포츠 과학에 대해서 기술하고자 한다.

2) 과학의 일반적 성격

(1) 과학의 조건

과학이란 사상(events)을 관찰하고 측정해서 얻은 결과를 체계적으로 분류하고, 현상을 설명하기 위한 원리, 법칙 및 이론을 개발하면서 축적한 지식체계다(King & Morgan, 1975). 과학의 일차적 목적은 관심을 끄는 현상을 이해하는 것이다. 현상을 이해한다는 것은 서로 관련되는 별개의 두 사상 간의 과정을 원인과 결과의 관계로 설명하는 것이다. 현상을 구성하는 원인과 결과의 관계를 이해함으로써 원인에 따른 결과를 예측할 수 있다. 그러므로 현상을 있는 그대로 원인과 결과의 관계로 기술하고 예측하는 것이 과학의 일차적 목적이다. 이 목적을 달성하기 위해서 과학은 다음과 같은 조건을 갖추어야 한다(King & Morgan, 1975; 김정남, 2000 재인용).

첫째, 경험주의(empiricism)다. 자연과학이든 사회과학이든 과학적 연구는 현상에 대한 관찰에 의존하므로 경험적이다. 과학자는 현상을 반복해서 검증할 수 있는 실험과 관찰을 통하여 수량화된 자료를 얻는다. 그러므로 과학의 연구대상은 객관적 관찰이 가능하며, 누구든지 공통적으로 체험할 수 있는 사상으로 한정된다.

둘째, 체계적 접근과 이론(systematic approach and theory)이다. 현상을 이해하는 데 도움이 되는 자료가 의미를 지니려면 자료를 수집하는 과정이 일정한 방법으로 체계화되어야 한다. 과학자는 현상에 관한 자료를 경제적이고도 체계적인 방법으로 요약하여 사상을 설명하는 원리를 알아내려고 노력한다. 이를 위한 과학적 도구가 이론이다. 과학이론은 많은 관찰을 요약하며, 새로운 장면에서 일어날 것으로 기대되는 것을 예언하는 일반원리다. 과학자는 이론에 의해서 설정된 예언적 가설을 검증하기 위해서 체계적으로 관찰하고 실험한다.

엄격한 과학에서는 체계적 관찰방법으로서 실험실에서 이루어지는 실험을 선호한다. 연구자는 현상에 대한 관찰을 통해서 추론한 인과적 가정을 검증이 가능한 연구가설로 설정한다. 연구자가 관심을 두고 있는 변화하는 사상을 변수라고 한다. 원인이 되는 것이 독립변수(independent variable)고 결과가 되는 것이 종속변수

(dependent variable)다. 실험자는 통제된 장면에서 독립변수를 인위적으로 조작(또는 처치)하고 그에 따른 종속변수의 변화를 측정한다. 실험적 통제가 얼마나 잘되었는가에 따라서 그 실험이 얼마나 훌륭한지 평가된다. 어떤 이론에 대해서 그것이 '옳다' 또는 '그르다' 고 단정할 수는 없다. 이론은 과학적 검증을 통해서 지속적으로 수정되고 검증됨에 따라서 그것이 예측하는 바가 변화하기 때문이다.

셋째, 측정(measurement)이다. 측정은 변화하는 대상이나 사상에 대해서 일정한 규칙에 따라서 대응하는 숫자 값을 부여하는 수량화 과정이다. 사회과학에서는 물리학이나 화학에서와 같은 자연과학적 측정척도를 사용할 수는 없지만, 심리측정 원리에 의해서 개발된 많은 심리검사와 측정도구는 현상에 대한 수량화를 가능하게 한다.

넷째, 용어를 조작적으로 정의(operational definition of terms)하는 것이다. 과학적 사고를 위해서는 용어에 대한 명료한 정의가 필수적이다. 과학자가 사용하는 용어는 모든 과학자에게 동일한 의미를 주는 것이어야 한다. 조작적 정의란 개념을 관찰과 측정이 가능한 행동과 관련지어서 정의하는 것이다.

(2) 과학의 방법론적 단계

Hardman(1973)에 따르면 현상을 설명하고 예측하는 과정은 4단계로 이루어진다. 만약 평범한 농구선수와 우수한 농구선수를 구별할 수 있는 특징적인 행동과 스포츠 수행을 알고 싶을 경우, 각 단계별로 연구자가 해야 할 과제를 요약하면 다음과 같다.

1. **기술 단계**(descriptive phase): 관심을 끄는 현상과 관련된 기본적인 특징을 찾아내고 정의하려고 노력해야 한다. 이 단계에서는 우수한 농구 선수의 최대 산소 흡입량, 근육의 강도 및 지구력과 같은 생리학적 측면, 신장, 체중, 체지방의 상대적 비율, 체형과 같은 문화 · 인류학적 측면, 출생 순서, 부모의 사회 · 경제적 지위와 같은 사회학적 측면, 그리고 지배적인 성격 성향과 같은 심리학적 측면에서 얻은 자료를 요약해야 한다.
2. **가설설정 단계**(the hypothesis development phase): 현상이 발생한 원인을 설명한다. 가설은 앞의 기술 단계에서 얻은 결과에 대한 원인을 제공하기 위한 노력이다. 예를 들어 우수한 농구팀 선수가 다른 팀의 선수보다 성취동기 수준이

높다는 것이 알려졌다면, 선수의 성취동기(원인)는 경기에서 좋은 성적(결과)을 올리는 데 중요한 개인 특성이라는 가설을 세울 수 있다.

③ **경험적 분석 단계**(the empirical analysis phase): 관찰된 현상을 원인과 결과의 관계로 설명하기 위해서 설정한 가설은 과학적 검증이 가능해야 한다. 최우수 레슬링 선수나 필드하키 선수, 최고 경영자와 같은 최고의 성취집단에서 높은 성취동기와 같은 성격 특성이 나타나는가를 알아보기 위해서 우수 농구팀 선수의 성취동기 수준을 측정하는 검사가 먼저 시작되어야 한다. 또는 성취동기가 높은 집단과 낮은 집단에 속한 선수의 스포츠 수행을 실험실에서 측정하고 비교한다.

④ **예측 단계**(the predictive phase): 앞 단계에서 얻은 지식을 예언한다. 만일 높은 성취동기와 우수한 농구선수의 스포츠 수행이 강하게 관련되어 있다면, 국가대표 농구팀 선발시험을 치르기 전에 후보 선수의 성취동기를 먼저 측정해서 경쟁자를 미리 걸러 낼 수 있다.

3) 스포츠 과학의 일반 모형

스포츠 과학에서는 행동과 수행을 강조하기 때문에 이들을 설명할 수 있는 일반적인 이론 틀이 있어야 한다. [그림1-1]은 Cratty(1967)가 제시한 스포츠 수행 모형이다.

[그림 1-1]에서 보듯이 스포츠는 다양한 사회적 요인의 직접 또는 간접 영향을 받

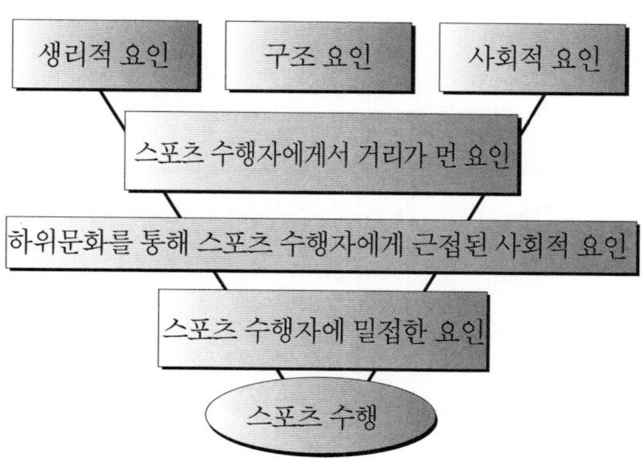

[그림 1-1] 스포츠 수행에 대한 설명적 모형(Cratty, 1967)

는다. 예를 들어 스포츠에서 관중은 선수의 수행에 직접 또는 간접적인 영향을 준다. 가족이나 친구집단은 그들의 하위문화를 통해서 간접적이지만 밀접한 사회적 근접성 효과를 갖는다. 또는 특정 선수의 스포츠 수행에 대한 팬의 기대는 간접적이면서 개인 외적인 영향요인이다.

이와 비슷하게 Singer(1972)는 [그림1-2]에서 보여 주는 선수의 숙련도를 결정하는 기본 단계로 구성된 모형을 제시했다.

[그림 1-2]는 선수의 스포츠 숙련도를 결정하는 요인을 위계로 구성한 모형이다.

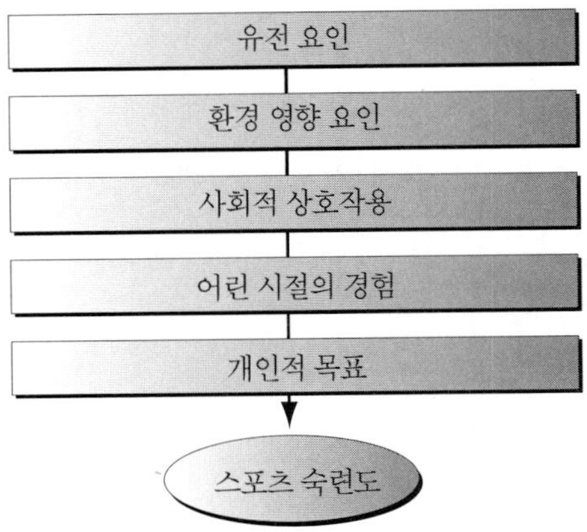

[그림 1-2] 선수의 스포츠 숙련도 결정요인(Singer, 1972)

이 위계 모형에서 유전 요인, 어린 시절의 경험, 개인의 목표, 환경의 영향 그리고 선수와 코치, 선수 개인과 팀 동료와의 사회적 상호작용은 선수의 수행수준 발달에 순서에 따라서 기여한다. Alderman(1974)은 숙련된 스포츠 수행 결정요인을 [그림 1-3]과 같이 제안했다.

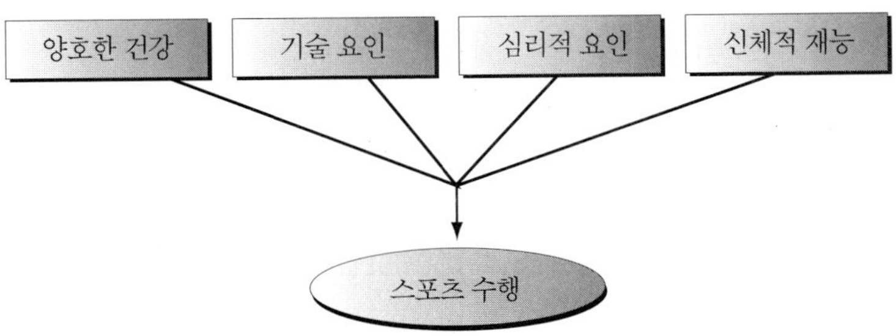

[그림 1-3] 선수의 스포츠 수행 결정요인(Alderman, 1974)

양호한 건강상태(fitness), 기술(skill), 신체적 재능, 심리적 요인이 선수의 숙련된 스포츠 수행을 결정한다. 이런 요인은 숙련된 수행과는 독립적이며, 이 네 요인의 상호작용에 의해서 스포츠 수행이 결정된다.

2. 스포츠와 심리학

체육 교사나 코치, 레크리에이션 전문가 사이에는 공통점이 있다. 다양한 스포츠 상황에서 타인에게 영향을 미쳐서 목표를 성취하려는 것이 이들의 공통 과제다. 이들은 스포츠 상황을 통해서 일어나는 개인 성격이나 사회성 발달과 같은 목표를 달성하기 위해서 스포츠를 이용한다. 이들 전문가에게 스포츠는 목표이자 수단이며 또한 활동 상황이다. 심리학자나 사회심리학자가 아니더라도 체육 교사, 코치, 레크리에이션 전문가는 이런 목표를 달성하기 위해서 심리학이나 사회심리학의 지식을 잘 알고 있어야 한다(Iso-Ahola & Hatfield, 1986).

심리학은 인간의 행동과 사고과정을 과학적으로 연구하는 학문이다. 스포츠 심리학 내의 여러 분야가 서로 밀접히 관련되어 있기는 하지만 다른 어느 분야보다도 더 포괄적인 것이 사회심리학이다. 사회심리학은 두 가지 특징을 갖고 있다. 첫째, 사회심리학은 사회적 상황에 놓여 있는 개인의 행동에 일차적 관심을 둔다. 둘째, 사회적 상황이 개인행동에 영향을 미치는 과정에 초점을 두고 있다. 그러므로 스포츠 활동의 사회심리학적 차원을 다루기 위해서는 선수뿐만 아니라 코치와 팀, 그리고 관중을 포함해서 선수의 행동에 영향을 미치는 사회적 요인까지 함께 다루어야 한다.

사회심리학과 스포츠의 관련성은 분명하다. 스포츠 연구자나 실무자에게 스포츠 기술을 익히고 있는 어린 선수와 같은 개인이 일차적 관심의 대상이다. 그러나 스포츠에 참가하고 있는 개인은 고립된 존재가 아니라 사회적 상황에 놓여 있다. 그는 팀 동료, 경쟁자, 코치, 관중 등과 같은 사람과 함께 있는 상황에 처해 있다. 스포츠 사회심리학에서는 스포츠에서 개인 및 개인의 행동과 수행에 영향을 미치는 사회적 영향의 성질을 다룬다.

스포츠 사회심리학의 전반적 관점을 이해하려면, 먼저 심리학과 사회심리학의 학문적 성격과 역사, 스포츠 심리학의 역사를 살펴보고, 마지막으로 스포츠에 대한 사회심리학적 연구에서 중요한 이론적 모형을 살펴보아야 한다.

1) 심리학

심리학을 단어의 뜻으로 풀이하면 '마음' 또는 '정신' 을 연구하는 학문(psycho, 정신 또는 마음 + logy, 학문)이다. 대부분의 일반 학자는 심리학을 '인간과 동물의 행동과 정신과정을 연구하는 과학' (Atkinson, Atkinson, Smith, & Hilgard, 1987)이라고 정의한다. 심리학에 대한 이 정의에서 심리학의 성격에 대한 몇 가지 사실을 지적할 수 있다. 첫째, 인간뿐만 아니라 동물도 심리학의 연구대상이다. 둘째, 심리학자는 감추어진 내면의 정신과정뿐만 아니라 객관적으로 관찰이 가능하게 밖으로 드러난 외현 행동까지도 연구한다. 셋째, 심리학은 과학이다.

2) 심리학의 역사

심리학의 역사는 짧지만 그동안 이룩한 업적은 대단하다. 심리학은 1875년 독일 라이프치히 대학의 Wundt(1832~1920)가 최초로 심리실험실을 만든 때부터 출발하였다. 철학의 인식론을 바탕으로 신경 및 감각생리를 발전시킨 과학적 방법과 자극의 물리적 속성을 정확히 측정하는 방법을 통합하여 의식을 과학적으로 연구하는 것으로 심리학이 시작되었다.

Wundt에 따르면 인간의 정신은 신비한 용어를 사용해서 이해할 것이 아니라 객관적이고 과학적으로 연구해야 한다. 이런 생각은 '사고의 기초는 신체적 감각으로 이루어진다' 는 Hobbes와 Locke 등 경험주의 철학자의 견해에서 영향을 받은 것이다. 당시는 자연과학적 연구방법이 존중되던 시기였다는 점도 심리학 출발의 바탕이 되었다. Wundt는 체험하는 사물을 지각하는 과정을 통해서 사고의 기초단위를 알아내려고 했다. 그러나 시간이 지남에 따라 심리학의 주제나 접근방법이 다양해지고 여러 흐름이 형성되었다. 나타난 시기에 따라서 각 학파가 형성된 배경, 연구주제 및 방법 등을 살펴보고자 한다.

(1) 구성주의 심리학

구성주의 심리학자는 인간의 의식은 물질과 마찬가지로 요소로 구성되어 있다고 믿었다. 의식을 구성하는 기본 요소는 감각 경험이므로 감각 요소를 찾아내서 의식의 정체를 밝히려고 했다. 의식을 구성하는 감각 요소들을 찾아내는 방법으로 내성법(introspection)을 이용했다. 내성법은 관찰 대상자가 자신의 의식 경험을 살펴보고 연구자에게 감각 요소들을 언어로 보고하는 자기 보고법이다. 예를 들어 수박을 보았다면, '둥근 것을 보았다. 푸른색과 흰색의 줄을 보았다. 그리고 그것은 표면은 매끈하고 들어 보니 무거웠다.' 라고 보고해야 할 것이다. 이런 관찰과정은 엄격하게 통제된 실험실 실험을 통해서 이루어졌다. 구성주의 심리학자는 많은 사람에게서 얻어 낸 내성을 합치면 의식 경험의 과학을 발전시킬 수 있다고 믿었다.

(2) 기능주의 심리학

독일에서 시작된 심리학은 미국으로 전파되어 기능주의 심리학으로 발전하였다. 당시 미국 사회의 시대정신은 변화와 적응을 강조하는 진화론과 미지의 신대륙에서 개척과 실용성을 중시하는 실용주의였다. Wundt 실험실 학생이었던 James는 구성주의 심리학의 범위를 넓혀서 오늘날에도 심리학의 중요한 주제가 되고 있는 학습, 기억, 동기, 정서 등을 연구하였다. James는 미국 심리학의 개척자로서 저서 『심리학 원리(*The Principles of Psychology*)』는 지금까지도 널리 인용되고 있다. 기능주의 심리학자는 의식의 정체가 무엇인가보다는 정신과정이 인간으로 하여금 환경에 적응하게 하는 유용성에 더 관심을 갖는다.

(3) 행동주의 심리학

Watson은 『*Psychological Review*』에 실린 「행동주의자가 본 심리학」(1913)이라는 논문에서 심리학이 과학이 되려면 연구주제는 의식이 아니라 행동이어야 한다고 주장했다. 의식은 주관적 경험이기 때문에 과학의 연구대상이 되지 못하며, 여러 사람이 동의할 수 있고 관찰이 가능한 행동을 연구해야 한다는 것이다. 연구방법도 관찰자의 주관적 해석이 개입된 내성법이 아니라 객관적이고 직접적인 관찰법을 사용해야 한다고 주장했다. 행동주의 심리학은 행동을 자극에 대한 반응으로 분석하기 때문에 자극-반응 심리학(stimulus-response psychology)이라고도 부른다. Watson은 "만일 아이가 태어나자마자 나에게 맡겨 준다면, 그 아이를 자극-반응의 관계로 통제함으로써 부모가 원하는 의사, 변호사, 거지 또는 좀도둑 등으로 얼마든지 만들어 줄 수 있다."라고 장담하기도 했다.

행동주의 심리학자는 주로 동물을 이용한 실험실 실험으로 행동의 일반원리를 밝히려고 했다. Skinner는 행동이란 보상을 받으면 증가하고 처벌을 받으면 감소하는 식의 연계성에 의해서 형성된다고 주장했다. 예를 들어 한 어린이가 '심리학' 이라고 말할 때마다 1만 원씩을 받는다면, 그 어린이는 계속해서 심리학이라는 단어를 반복할 것이다. 반면에 '심리학' 이라고 말할 때마다 회초리로 맞는다면, 심리학이라고 말하는 것을 곧 중단할 것이다. 초기의 급진적 행동주의 심리학은 1929년 Woodworth의 신행동주의적 행동분석체계인 '자극-유기체-반응' 접근방법으로 수정되기까지 심리학의 가장 중요한 제1세력이었다.

(4) 형태주의 심리학

1910년대에 심리학이 처음 출발했던 독일에서는 구성주의 심리학에 대한 반발로서 베를린 대학의 학자를 중심으로 형태주의 심리학이 등장하였다. 이들은 의식을 구성하는 요소가 구성주의 심리학자의 주장처럼 절대불변의 속성을 지니고 있는 것이 아니라고 믿었다. 그리고 의식을 공통된 경험으로 이해하기 위해서는 의식을 구성하는 최소한의 단위인 감각요소로 분석할 것이 아니라, 이런 요소가 함께 어우러져서 만들어 내는 의미 있는 단위인 '형태(gestalt, 게슈탈트)' 로 통합해야 한다고 주장했다. 그러므로 '전체는 부분의 단순한 합이 아니라 그 이상' 이다.

예를 들면 아름다운 풍경화 한 점을 보았을 때, 그것은 갖가지 색깔을 지닌 수많은 점의 집합이 아니라 그런 점이 집합하여 이루는 의미 있는 형태로 묶일 때 경험된 의식을 제대로 이해할 수 있다. 형태주의 심리학자는 행동을 수학이 아니라 음악에 비유한다. 좋아하는 음악을 생각해 보자. 만약 그것을 하나하나의 독립적인 음표로만 본다면 전혀 멜로디를 경험할 수 없을 것이다. 그러나 음표는 변화시켜서 다양한 장조나 단조로 연주할 수 있다. 음악이 되기 위해서는 음표의 패턴이나 조직화가 더 중요하다. 형태주의 심리학자에 따르면, 인간행동을 요소로 분해하면 그 의미를 잃게 된다. 형태주의 심리학자는 감각요소가 이해되고 지각되는 감각, 지각 그리고 통찰과정에 관심이 있다.

(5) 정신분석학

기존의 심리학이 자각할 수 있는 의식이나 행동을 다룬 것과는 달리, Freud는 정신세계의 내면 깊숙이 잠재되어 있는 무의식의 세계를 통해서 인간을 이해하려고 했다. Freud에 따르면 인간의 정신세계는 원욕(id), 자아(ego), 초자아(super-ego)의 세 가지 정신에너지의 층으로 구성되어 있다. 원욕은 성욕과 공격의 본능과 같이 인간과 동물이 쾌락을 추구하고 고통을 피하는 '쾌락의 원리' 에 따라서 행동하도록 부추기는 무의식적인 본능이다. 초자아는 사회적 양심, 규율, 가치, 도덕에 따라서 행동하도록 압력을 가하는 정신 에너지다. 원욕과 초자아 사이에서 자아는 '현실의 원리' 에 따라서 행동하도록 중재하는 조절자다. 인간의 행동은 이 세 가지 정신에너지의 역동적 갈등을 통해서 조정되고 결정된다. 이 갈등은 의식할 수 없는 무의식적 과정을 거친다. 그러므로 인간은 자신의 행동에 대해서도 의식할 수 없는 부분이 있다. 원욕은 본능적 욕구를 충족시키지 못하면 좌절하여 긴장하게 된다. 자아는 욕구좌절을 통한 긴장과 불쾌감을 현실적으로 해결할 수 있도록 위장하고 기만하거나 또는 회피하는 등의 간접적인 방법을 동원하는 방어기제를 사용한다.

정신분석학자는 자각할 수 없는 무의식을 관찰하기 위해서 자유연상(free association), 꿈의 분석, 말이나 행동의 실수, 정신 질환자의 행동관찰 등을 이용한다. 지구는 우주의 중심이 아니라는 Galileo의 주장과 인간과 원숭이의 조상이 같다는 Darwin의 진화론에 이어서 정신분석학적 견해는 인류사에서 '제3의 충격' 으로 일컬어진다. 정신분석학은 행동주의 심리학에 이어서 심리학의 제2세력이다.

(6) 인본주의 심리학

1960년대에 인본주의를 표방하는 미국의 심리학자 Maslow와 Rogers 등은 기존 심리학의 잘못을 지적했다. 이들의 주장에 따르면 정신분석학이나 행동주의 심리학자는 인간을 환경자극에 대해서 기계적으로 반응하고 본능에 의해서 지배받는 존재로 간주하여 동물과 구분하지 않고 인간의 존엄성을 무시했다. 그리고 인위적으로 만들어 놓은 실험실과 같은 장면에서 실험을 이용해서 인간행동을 관찰하여 인간행동을 설명하려는 시도는 비현실적이라고 주장했다. 인본주의 심리학자는 인간의 행동은 실제로 일어나는 현실의 생활 장면에서 관찰되어야 하며, 인간은 동물과는 다르게 존엄하며 희망적인 존재라고 주장한다. 모든 개인은 무한한 잠재적 가능성을 지니고 태어난다. 인간이 추구하는 가치는 자신의 잠재력을 발견하고 계발하여 인생을 통해서 되고자 하는 최고의 존재가 되는 '자기-실현(self-actualization)' 에 있다. 심리학의 목표는 잠재력을 발견하고 계발하여 자기-실현을 하도록 돕는 것이다. 개인을 이해하기 위해서는 무엇보다도 개인이 경험하는 주관적 세계를 알아야 한다고 보기 때문에, 인본주의 심리학은 현상학적 심리학이라고도 한다. 심리학의 '제3세력' 으로도 지칭되는 인본주의 심리학은 과학으로서의 심리학보다는 인간에 대한 긍정적이고 낙관적인 견해를 강조하고 있다.

(7) 인지심리학

오늘날 현대 심리학의 또 다른 운동으로 인간행동을 지적이고 합리적인 측면으로 설명하려는 인지심리학을 들 수 있다. 인지란 인간행동의 지적 측면을 나타내며 학습, 추론, 문제해결 등을 포함한다. 컴퓨터의 발달과 더불어 인공지능의 기능을 관찰할 수 있게 되면서 심리학자가 인간의 사고과정을 과학적으로 연구하는 것이 가능하게 되었다. 1970년대에는 인간행동에 대한 정보처리접근법이 나타나면서 인지심리학이 등장하여 심리학 전반에 영향을 미치게 되었다. 인지심리학은 주의(attention), 형태 지각, 학습, 기억, 언어처리, 문제해결, 추리, 판단과 의사결정 등의 인지과정을 중심으로 인간 마음의 과정과 내용의 본질을 경험적이고 실증적 방법으로 연구하는 분야다(이정모, 1996). 최근에는 인지 심리학뿐만 아니라 사회심리학, 신경과학, 철학, 사회학, 문화인류학, 컴퓨터 과학 등의 여러 학문이 인간의 지식에 관해서 공동으로 연구하는 다학문적 분야인 인지과학(cognitive science)을 탄생시켰다. 이로써 심리학자의 연구 주제는 행동에서 다시 사고과정으로 전환하게 되었다.

3) 스포츠 심리학의 역사

1960년대 초기에 출발한 현대 스포츠 심리학은 역사가 매우 짧다. 스포츠 심리학은 스포츠 과학의 새로운 하위영역이면서 동시에 심리학의 한 분야다. 스포츠 심리학은 선수와 지도자가 경쟁적인 스포츠 상황에 대비하면서부터 급성장하기 시작했다. 선수와 지도자가 스트레스 조절, 주의 집중, 신념 강화, 의사소통 기술 향상, 팀 구성원과 조절하는 기술 등을 배우는 심리학적 훈련프로그램을 이용하여 경쟁적 위기 상황을 극복하려고 한다.

스포츠 심리학은 스포츠 참여 및 수행에 영향을 미치는 심리적 요인 및 그 효과에 관해서 연구하는 분야다. 구체적으로 스포츠 심리학에서는 선수의 동기, 성격특성, 공격성과 폭력, 코치나 지도자의 리더십, 스포츠 팀의 집단역학, 선수의 연습과 심리적 안정, 경기에 대한 정서 및 인지반응 그리고 스포츠 참여에 관련된 다양한 주제를 다룬다.

스포츠의 가장 일반적인 특징은 경쟁이지만 스포츠에서의 경쟁은 다른 상황에서의 경쟁과 구별된다. 스포츠에서의 경쟁은 공식적인 경쟁이다. 프로 골프선수가 공식경기에서 상금을 놓고 경기하는 것과 홀당 1,000원을 걸고 내기골프를 하는 두 사업가의 경쟁을 같은 것으로 볼 수 없다. 두 사업가는 경쟁하면서 여가도 즐기고 재미도 느끼지만, 프로 선수는 승리하기 위해서 경쟁해야 한다.

그러나 이렇게 정의한다고 스포츠에 대해서 완전한 정의를 내린 것이 아니다. 공식 경쟁의 요소가 없이 여가를 선용하는 스포츠라고 하더라도 특정 개인에게는 그 활동이 경쟁적 스포츠가 될 수 있다. 그 반대도 마찬가지다. 그러므로 중요한 것은 개인이 경쟁의 목적을 어떻게 지각하는가에 있다(Iso-Ahola & Hatfield, 1986).

이처럼 스포츠에 관한 심리학적 관심은 경쟁이 나타나면서부터 시작되었다. 선수는 경쟁에서 승리하기 위해서 자신의 기량을 향상시키거나 충분히 능력을 발휘하기 위해서 자신과 상대방의 심리적 측면을 연구하고 이해하려고 노력할 것이다. 그러나 매우 오래 전부터 스포츠에 대한 심리학적 지식이 요구되었음에도 불구하고, 체계적이고 과학적인 관심은 1920년대에 들어서야 본격화되었다. 1800년대 후반 현대 심리학의 출발과 함께 일부 심리학자는 이미 스포츠에 대한 관심을 보이기도 했다.

Mahoney(1989)는 스포츠 심리학의 뿌리는 고대로까지 거슬러 올라갈 수 있다고 보았다. 고대 인류문명의 발상지인 아시아나 고대 그리스에서는 육체와 정신의 상호 의존성은 행동과 그 발달에 중요한 것으로 인식했다. 그러나 과학적 스포츠 심리학은 20세기 중반 이후의 최근에 들어서야 정립되었다. 이 분야의 발전 초기에는 심리학자의 연구가 큰 영향을 미쳤다. 다음은 Iso-Ahola와 Hatfield(1986) 그리고

Gill(2000)이 정리한 스포츠 심리학 역사를 요약한 것이다.

(1) 초기 스포츠 심리학의 뿌리(1890~1920)

심리학의 초창기에 Wundt는 단순반응 및 선택반응시간, Galton은 운동감각의 민감성, 그리고 Cattell은 감각 수용기의 역치에서 나타나는 개인차에 관한 연구를 했다. Triplett은 스포츠 수행에 대한 관중 효과(1897), Woodworth는 운동의 정확성에 관한 연구를 했다. 그러나 스포츠 심리학 분야에 가장 직접적으로 관련된 최초의 연구는 Triplett의 실험연구다. 그는 자전거 경기에서 다른 선수나 관중이 경기기록에 미치는 영향을 관찰했다.

① 스포츠 심리학 최초의 실험

스포츠 심리학에서 최초의 과학적 실험은 사회심리학자인 Triplett(1897)에 의해서 이루어졌다. Triplett이 연구결과를 발표하기 전에 Fitz(1895)는 한 편의 논문을 발표했다. 그 논문에서 '위치 반응 도구(location reaction apparatus)' 의 설계와 설치에 대한 설명과 더불어서 신속하고 정확한 반응이 필요한 과제를 수행하기 위한 요건에서의 개인차에 관한 자료에 대해서 논의했다. 그러나 그러한 반응시간 연구는 스포츠 심리학이라기보다는 오히려 동작학습 연구로 분류되는 것이 더 적절하다. 그리고 '발달과정의 한 요인으로서의 놀이' 에 관한 Fitz(1897)의 또 다른 논문은 놀이, 교육 및 인간발달의 관련성에 대한 흥미로운 생각과 통찰을 많이 포함하고는 있지만 질적 수준이 스포츠 심리학에 기여할 만한 것이 되지 못하였다.

Triplett(1897)의 연구는 최초일 뿐만 아니라 매우 잘 설계된 실험이기 때문에 스포츠 심리학 연구의 기원이 된다. 이 실험의 목적은 사이클 경주자의 페이스 조절과 경쟁을 설명하는 것으로, 두 부분으로 구성된 26쪽 분량의 논문으로 보고되었다. 사이클 경기의 공식기록을 세 유형의 사이클 경주로 구분해서 살펴보았는데, 첫째는 페이스 없이 시간기록에만 도전하는 경주, 둘째는 시간기록에 도전하면서 페이스 있는 경주, 셋째는 페이스 있는 경쟁 또는 경주다. 결과에 따르면 페이스 없는 경주보다는 페이스 있는 경주에서 기록이 더 좋아서 25%의 속도 단축효과를 얻었다.

이 기록 자료를 살펴보면서 Triplett은 기록이 거의 과학적 실험 효과와 같다고 생각했다. 그럼에도 불구하고 항상 의문을 제기하면서 자기 비판적인 과학자로서 그는 '페이스 있는 경주' 와 '페이스 없는 경주' 간의 기록 차이는 '페이스 때문일까 아니면 함께 경주한 경쟁자 때문일까?' 하는 문제를 제기했다.

그는 다음과 같은 일곱 가지 이론을 이용해서 페이스 있는 경주에서 시간이 더 빠른(시간기록이 단축된) 이유를 설명했다.

1. 진공이론(the suction theory)
2. 보호막 이론(the shelter theory)
3. 자극 이론(the encouragement theory)
4. 염려 이론(the brain worry theory)
5. 최면 암시이론(the theory of hypnotic suggestions)
6. 자동화 이론(automatic theory)
7. 동력-발생적 요소(dynamogenetic factors)

동력-발생이론에 따르면 다른 경주자가 나타나면 선수에게 자극이 되어서 경쟁 본능을 촉발한다. 이 이론을 검증하기 위한 실험을 설계하면서, 다른 이론이 작용하지 않도록 과제를 신중하게 설계했다. 실험과제 도구는 두 개의 낚싯줄로 되어 있는데, 그 줄은 Y자 형으로 연결되어 있고 무거운 책상의 꼭대기의 꺾쇠로 죄어 있다. 두 사람이 동시에 나란히 앉아서 줄을 감아올리는 작업을 할 수 있을 만큼 공간이 충분히 벌어져 있다. 한쪽 줄은 속도를 조절하거나(페이싱) 경쟁을 조작하도록 사용되고, 다른 한쪽 줄은 실험참가자의 작업수행을 기록하는 데 사용된다. 실험참가자의 과제는 4미터짜리 은색 코드가 4회 돌아가는 동안 가능한 한 빨리 줄을 감는 것이다. 거기에 카이머그래프(kymograph: 맥박, 호흡, 발음의 파동을 기록하는 자동곡선 기록장치)가 부착되어 있어서 바늘이 드럼에 곡선을 그려 놓을 수 있다. 드럼에 그려진 선이 짧고 직선일수록 작업속도는 빠른 것이다. 바늘은 실험참가자의 줄 감기 속도 변화에 즉각적으로 반응하기 때문에 그것은 '경쟁 효과', '불리한 자극', '피로', '기타 현상' 에 대한 관련자료를 제공할 수 있다. 다양한 연령대의 225명을 대상으로 실험했지만 평균 11.6세 어린이 40명의 자료만을 보고했다. 그들은 두 집단으로 구분되었고 6회 수행을 했다. 그러나 두 집단에서 혼자 또는 경쟁자와 수행하는 순서는 달리했다.

〈표 1-1〉 경쟁자의 물리적 존재에 정적으로 자극받은 두 집단의 평균 작업시간
(ISO-Ahola & Hatfield, 1986)

집단	시 행					
A 평균 시간(초)	1	2	3	4	5	6
	혼자	경쟁	혼자	경쟁	혼자	경쟁
	47.48	41.88	42.60	39.28	38.42	36.30
B 평균 시간(초)	1	2	3	4	5	6
	혼자	혼자	경쟁	혼자	경쟁	혼자
	48.20	45.68	41.20	42.78	39.00	39.82

〈표 1-1〉은 두 집단에서 6회 시행에 걸친 순서에 따라서 경쟁 또는 경쟁자가 물리적으로 존재함으로써 '정적으로 자극받은' 20명에 대한 평균 작업시간을 보여 준다. 이 자료에서 보듯이 혼자인 조건에서의 시행에 비해서 경쟁조건에서 작업시간이 현저하게 감소했다.

위의 20명 자료에 더해서, 다른 10명은 '경쟁에 의해서 거의 영향을 받지 않았고' 또 다른 10명은 '경쟁에 의해서 불리하게 자극'을 받았다. 경쟁에 의해서 불리하게 자극 받은 집단은 괴로운 호흡, 붉어진 얼굴, 근육의 경직 등으로 나타났듯이 승리에 대한 강렬한 욕망 때문에 경쟁에 지나치게 자극을 받았다. 경쟁에 의해서 거의 영향을 받지 않은 집단은 카이머그래프 드럼 기록에서 동요나 불규칙성이 거의 없었다. Triplett은 영향을 받지 않은 이 집단과 페이스 없이는 속도가 빨랐으나 페이스 있거나 경쟁적 레이스에서는 수행을 향상시키지 못한 사이클 선수와 유사하다고 보았다. 마지막으로 이 자료를 분석한 결과를 보면 경쟁 효과는 남자보다 여자에게서 더 커서 성차가 있음을 알 수 있었다.

Triplett은 경주에 함께 참가하는 다른 경쟁자가 존재함으로써 원래는 가능하지 않았던 에너지를 동원해서 수행을 증진시킨다고 결론 내렸다. 그러나 이 결론에 완전히 만족한 것은 아니다. 왜냐하면 유리한 효과가 나타난 원인이 타인의 신체적 나타남 때문인지 또 다른 요인 때문인지 또는 긍정적 결과를 초래한 신체적 존재가 구체적으로 무엇을 의미하는 것인지 분명하지 않았기 때문이다.

② Triplett 이외의 연구

불행하게도 Triplett의 연구는 유사한 후속 연구를 자극하지 못했다. 당시의 연구

자는 일반적으로는 학습, 구체적으로는 동작학습에 관심을 두었다. 그중에서도 훈련의 전이 또는 전이효과 등이 흥미를 사로잡았다. 이런 주제에서 Davis(1898)와 Anderson(1899)의 연구는 가치가 있다. 이후의 연구에서도 똑같은 동작 학습 접근 방법이 Starch(1911), Cummins(1914), Murphy(1916) 그리고 Noble(1922)에 의해서 이어졌다. 특히 Cummings(1914)의 실험은 지속적인 훈련이 주의 집중력을 높여서 농구선수가 제안을 더 잘 받아들이게 하는 효과를 보여 주려고 했기 때문에, 다른 연구에 비해서 스포츠 심리학의 주제에 더 가깝다. 초기 연구는 스포츠 심리학에 거의 기여하지 못했으나, 스포츠 심리학에 직접 관련되거나 연구자의 관심을 끄는 몇 편의 논문이 발표되기도 했다.

Kron(1903)은 「체육교사 준비과정에서 심리학의 가치」, Patrick(1903)은 「미식축구의 심리학」이라는 논문을 『*American Journal of Psychology*』에 각각 발표했다. Kron은 체육교사가 어린이의 감각, 기억, 심상, 판단과 비교 능력, 호기심 그리고 추론 능력을 길러 줄 수 있는 게임을 사용해야 한다고 주장했다. Patrick은 관중의 입장에서 미식축구를 심리학적 문제로 보고 살펴보았다. 그는 노동자가 저녁에 식사하는 데는 5분을 쓰면서 축구경기 관람하는 데는 귀중한 휴식시간 55분을 소비하는 동기가 무엇인지 물었다. 그 이유는 노동으로 인한 정신적 긴장은 어떤 방법으로든 해소되어야 한다는 것이다. 그중에는 스포츠 경기를 관람하는 것이 가장 좋은데, 왜냐하면 관람자는 내적 모방을 통해서 게임에 참가할 수 있기 때문이다. 그 결과 감정을 풀어 버릴 수 있다. 『*American Journal of Psychology*』에 발표된 「관중의 사회심리학」이라는 논문에서 Howard(1912)는 같은 주제에 대해서 정서는 사회적 행동의 가장 강력한 원천이고 관중은 이 정서에 의해서 지배된다고 했다.

(2) Griffith의 업적(1920∼1940)

20세기 초반의 20여 년 동안 스포츠 심리학은 존재하지 않았다. 본격적인 스포츠 심리학 연구는 독일의 베를린 대학, 미국의 일리노이 대학, 러시아의 레닌그라드 대학에 스포츠심리연구소가 개설되면서 시작되었다. 스포츠 심리학 역사에서 1925년 9월 15일은 가장 중요한 날이다. 이날 일리노이 대학 평의원회에서 Griffith 박사가 책임을 맡게 될 스포츠 연구 실험실 건립에 대한 Huff의 계획안이 승인되었다. 이 실험실은 스포츠에 대한 Griffith의 관심을 공식화했고 자연스럽게 체계적으로 스포츠 심리학을 연구할 장소와 유인을 제공했다. 거의 같은 시기에 독일의 베를린에서는 Sippel과 Schulte가 각각 스포츠 심리학 실험실을 만들었다.

1925년 Griffith는 『*American Physical Education Review*』에 「심리학과 스포츠 경쟁의 관련성」이라는 제목의 논문을 발표했다. 이 논문에서 스포츠 심리학자의 연구자와 전문가로서의 과제를 다음과 같이 언급했다.

1. 젊고 경험 있는 코치가 우수한 지도자로서 성공하도록 심리학의 법칙과 원리를 설명해 주어야 한다.
2. 실험실에서는 발견되었지만 경쟁적인 스포츠 현장에서는 아직 활용되지 않은 사실을 선수에게 적용해야 한다.
3. 실험실 실험을 통해서 코치가 과학적 방법으로 새로운 문제를 해결하고 새로운 사실을 발견하도록 도와야 한다.

Griffith는 스포츠 경쟁에서 중요한 역할을 하는 구체적인 심리학적 요인에 대해서 언급하면서 근육 감각 또는 지각의 발달에 관한 실험연구 결과를 설명했다. 주의의 폭(span of attention), 연습의 분산(distribution of practice), 사고(thinking), 성격 및 의지력에 대한 자신의 관찰 결과에 대해서도 논의했다. 심지어 사기, 정신, 용기, 영예, 스포츠맨 정신, 공정한 경기, 팀워크 등을 배울 수 있는 유일한 장소는 수학, 영어, 역사를 공부하는 교실이 아니라 운동장이라고 주장했다.

Griffith의 과학적 업적은 놀랄 만하다. 그는 수많은 실험 및 현장 연구를 수행했다. 스포츠 심리학 분야에서는 두 권의 고전적인 교과서 『*The Psychology of Coaching*』(1928)과 『*Psychology and Athletics*』(1928)를 발표했다. 그의 연구는 주로 지각, 정신동작 기술의 학습과 발달, 성격과 수행의 관계에 관한 것이었다. 그는 스포츠 수행에서의 근육 감각 및 지각의 역할에 대한 몇 개의 실험을 수행해서 전에는 홈런을 치지 못하던 야구선수가 백보드를 맞히는 큰 홈런을 치고, 단기간에 그러한 근육훈련 경험의 사용을 학습하는 것을 보여 주었다. 관련된 연구에서 Griffith는 눈을 가린 골프선수가 드라이브에 대한 근육 감각에 주의를 집중하도록 가르칠 수 있었다. 그 결과 그 선수의 기록이 매우 향상되었다.

Griffith의 중요한 공로는 앞서 소개한 두 권의 스포츠 심리학 교과서에서 나온 것이다. 『*The Psychology of Coaching*』에서 성공적인 코칭은 개인차, 개인의 고유한 성격, 심리학 법칙의 의미(meaning of law in psychology), 젊은 선수의 도전(insurgence)과 유희(playfulness) 등의 일반 원리에 의존한다고 주장했다. 이 책은 10개의 장으로 구성되어 있는데 각 장의 제목을 보면 코치가 되기 위한 준비, 연습의 계획, 훈련 자료를 효과적으로 제시하는 방법, 캠페인 계획, 게임하기, 징크스와 그 관리법, 선수의 겁먹기(yellow streak)와 극복 방법, 사기, 성격과 의지력 그리고 지도과정에서 개인적 접촉 등이다.

한편 『*Psychology and Athletics*』에서는 더 이론적이면서 다양한 주제를 다루었다. 많은 장에서 기억, 학습과 기술, 주의, 지각에서의 착각, 근육 지각 및 반응 시간 등과 같은 동작학습의 원리와 요인을 다루었다. 그러나 이 책도 심리학적인 전략과 문제 있는 선수에 대한 심리학적 통찰을 제공한다. 1장에서는 작업, 피로 및 효율성을 다룬다. 여기서는 정신적 피로, 유인가, 경쟁 그리고 정서를 다루며, 다른 장에서는 사람은 왜 놀이를 즐기는가에 대해서 다루었다. 마지막에서는 철학적인 주제를 다루는데, '전력을 다한 경쟁'의 개인 및 사회적 보상뿐만 아니라 선수의 이상과 전통에 대해서도 논의했다.

Griffith의 작업은 1932년 스포츠연구실험실이 폐쇄됨과 함께 종료되었다. 세입이 줄어들면서 결과적으로 일리노이 대학 당국은 실험실에 대한 재정 지원을 중단했고 Griffith도 사직했다. 그 후로 Griffith는 교육심리학 분야의 연구에 열중해서 네 권의 책을 출간했다. 그러나 그의 저서 『*Introduction to Applied Psychology*』(1937)의 2장이 「심리학과 스포츠」라는 것을 볼 때 그의 연구는 스포츠 심리학 분야를 완전히 떠나지 않았다.

Griffith가 여전히 스포츠 심리학에 관심을 지니고 있었다는 또 다른 증거는 일리노이 대학 문서보관서에서 발견된 18개의 장으로 구성된 미간행 저서로 당시 미식축구 코치였던 Zuppke와 함께 저술한 것이다. 문서보관서의 또 다른 기록에 따르면 1938년 Wrigley는 내셔널리그 시카고 컵스 야구단의 선수를 영입하는 과정에서 Griffith를 고용하여 다양한 심리학적 기법을 사용했다. Griffith는 스포츠 팀과 선수 개인의 성적 향상을 위한 최초의 스포츠 심리 자문가였다.

주목할 점은 Griffith와 같은 시기에는 다른 연구자에 의한 연구나 저술이 거의 없었다는 것이다. 하버드 대학의 Berry는 『*The Philosophy of Athletics: Coaching,*

Character, with the Psychology of Athletic Coaching』(1927)을 출간했다. 이 책은 스포츠 심리학, 선수와 코칭 등의 부분을 포함하고 있지만 주로 스포츠에 대한 철학적 분석을 시도했다. 당시에는 더 이상 스포츠에 대한 심리학적 저서는 볼 수 없었다. 단지 스탠퍼드 대학의 Miles가 스포츠 심리학에 약간 관련된 경험적 연구를 보고한 바가 있었을 뿐이다.

(3) Griffith에서 현대 스포츠 심리학으로

① 1940년대에서 1950년대

최근의 스포츠 심리학 분야의 발달을 살피기 전에 간단하게 Griffith 시대 이후의 20년을 돌아보면, 1940년대는 스포츠 심리학 발달에서 가장 조용한 시기였다. 이 시기에는 학자의 인용이나 현존하는 논문에서 스포츠 심리학에 관한 중요한 연구를 찾아볼 수 없다. 학술지 『*The Research Quarterly*』는 계속 출간되고 있었지만 이 논문집에 수록된 주제는 스포츠 심리학보다는 동작학습을 다루는 데 더 가까웠다.

1950년대 상황은 조금 더 낫다. Lawther는 『*Psychology of Coaching*』(1951)이라는 교재를 저술했다. 이 책은 관련 연구에 대한 학문적 개관이라기보다는 코칭의 심리학적 측면을 이론적으로 탐색해 보는 것이었다. 『*The Research Quarterly*』는 「선수들의 정서반응」(Johnson, 1952), 「리틀야구선수와 일반 어린이의 사회 및 성격 특성 비교」(Seymour, 1956)와 같은 논문을 게재했다. 그러나 이 시기에도 스포츠 심리학 발전에 심리학자가 가장 크게 기여했다. Hastorf와 Cantril(1954)의 스포츠 관중의 심리에 관한 실험은 Fiedler(1954)의 농구팀에서 대인관계 지각과 효율성의 관계에 대한 실험만큼이나 고전적 실험이다.

비슷한 맥락에서 Helanko(1957)의 스포츠가 사회화 과정에 미치는 효과에 관한 연구는 큰 영향력을 보였다. 그 외에도 사회심리학자는 스포츠 심리학과 직결되지는 않지만 관련성이 높고 유용한 논문을 발표했다. 예를 들면 Greenberg(1952)는 어린이의 경쟁심 발달, Festinger(1954)는 사회비교과정이론, Atkinson(1957)은 성취동기이론에 대해서 발표했다. Griffith 시대 직후인 1940년대와 1950년대에 스포츠 심리학 발달에 기여한 학자는 심리학에서 훈련받고 학위를 취득한 Henry와 Slater-Hammel 등이었다. 이들의 연구는 순수한 스포츠 심리학이라기보다는 동작

학습으로 분류된다.

1960년대와 1970년대 초반까지도 여전히 스포츠 심리학의 체계적 연구는 시작되지 않았다. Griffith의 연구들이 다른 학자에게 강력하게 영향을 미쳐서 획기적인 연구가 계속되었을 것으로 생각될 것이나 스포츠 심리학 연구의 부진함이 잘 드러나고 있다. 초기 기여자 가운데 학문적 훈련을 받은 체육교육자는 아무도 없었다. Triplett, Davis, Cummins, Griffith 그리고 Miles 등 대부분은 심리학자였고, 일부가 생리학자(예, Fitz)이거나 사회학자 또는 철학자(예, Patrick & Berry)였다. 이런 관찰을 통해서 관련된 두 가지 결론을 내릴 수 있다.

1. 심리학은 19세기 후반기에 이미 박사과정 학생에게 훌륭한 과학적 훈련과 교육을 시킬 준비가 되어 있었다. 반면에 스포츠 과학은 그렇지 못했다.
2. 그러므로 스포츠 심리학의 과학적 연구의 발전은 스포츠 심리학 연구에 개인적인 관심을 가진 소수의 개인에게 의존하였다. 스포츠 심리학이 아직 심리학에서 공식적으로 과학적 요건을 갖춘 분야로 인정되지 않았기 때문에, 이 분야의 발전은 전적으로 Triplett과 Griffith와 같은 학자의 개인적 관심에 의존하고 있었다.

Griffith 이후로 스포츠 심리학의 과학적 연구에 대한 지원이 결여된 것에 대해서는 체육교육자와 체육행정가에게 책임이 있다. 그들은 Griffith의 업적과 연구의 가치와 잠재력을 제대로 알아차리지 못했다. 이런 불행은 1970년대까지 지속되었다. 당시로서는 과학적 스포츠 심리학 연구 전문가가 되기 위해서 두 개의 이론적 과정과 한 개의 일반적 방법론적 과정이 가능했다. 말할 필요도 없이 하나는 심리학과에 가서 일반 이론 지식을 공부하는 것이고, 다른 하나는 교육심리학과로 가서 과학적인 실험 및 현장연구를 위한 방법과 통계적 지식을 얻는 것이었다.

② 1960년대

1950년대를 스포츠 심리학 연구가 부진하고 체계가 잡히지 않은 시기라 한다면, 1960년대는 큰 변화가 일어난 시기로 볼 수 있다. 이 기간의 특징은 두 가지 중요한 발전이 있었다는 것이다.

첫째, 1965년에 로마에서 스포츠 심리학의 과학적 연구가 공식적으로 출발하였다. 제1회 스포츠 심리학 국제대회(the First International Congress of Sport Psychology)에서는 전 세계에서 모인 수백 명의 참가자가 스포츠 심리학의 다양한 측면에 대해서 아이디어와 연구결과를 보고하고 토론을 벌였다. 3년 후 워싱턴에서 2차 국제학술대회가 열렸고, 그 이후로 스포츠 심리학자가 연구결과를 보고하고 공유하는 만남이 되었다. 네바다 주 라스베이거스에서 미국 건강, 체육, 레크리에이션학회(American Association of Health, Physical Education, and Recreation, AAHPER) 연차총회가 있기 전인 1967년에는 북미스포츠 심리학회(North American Society of the Psychology of Sports and Physial Activity, NASPSPA)가 설립되어 국제대회의 기초가 강화되었다. 이 두 기관의 탄생은 스포츠 심리학의 과학적 연구를 합법화했고 재인식시켰다는 점에서 중요하다. 그 결과 1970년대 과학적 스포츠 심리학 발전의 시대를 열게 되었다.

둘째, 1960년대는 체육교육 분야에서 스포츠 심리학자 1세대의 탄생기다. 이것은 『*The Research Quarterly*』나 기타 학술지에 발표된 논문의 양을 보면 알 수 있다. 연구들은 주로 스포츠나 선수에 대한 태도(예, Kenyon, 1968; Keogh, 1962; Lakie, 1964), 성격과 스포츠(예, Felker, 1968; Kroll, 1967; Kroll & Peterson, 1965), 정신적 연습이 스포츠 수행에 미치는 효과(예, Corbin, 1967), 신체활동이 사회적 발달에 미치는 영향(예, Cowell, 1960), 관중이 스포츠 수행에 미치는 영향(예, Martens & Landers, 1969; Singer, 1965) 그리고 스트레스 상황에서 동작의 수행(예, Carron, 1968)과 같은 주제와 현상에 대한 보고 등이다. 일부 스포츠 심리학자(예, Martens, 1969; Ryan & Lakie, 1965)는 수준 높은 논문을 발표했고, 스포츠 심리학 연구가 심리학 이외에 다른 영역에서도 이루어질 수 있다는 것을 보여 주었다. 그러나 여전히 1960년대에도 심리학자는 스포츠 심리학 분야에서 중요한 역할을 했다. 이런 연구에는 사격에서 팀 경쟁, 성공과 집단에 대한 적응에 관한 Myers(1962)의 실험, Roberts와 Sutton-Smith(1962)의 어린이의 훈련과 게임 몰입에 대한 연구, 그리고 Sutton-Smith 등(1963)의 성인의 게임 몰입에 관한 조사 등이 있다.

그 이후로 스포츠 심리학은 1960년대 후반기에 독립된 학문으로 출발했다. 1970년에 이르기까지 스포츠 심리학 연구는 주로 동구권의 사회주의 국가에서 이루어졌다. 주로 운동학습, 심폐 적합성, 근력 발달, 지구력 등과 같은 주제가 다루어져 왔다. 이 시기에는 심리학 지식과 원리를 스포츠 분야에 적용하는 정도가 매우 부진했다. Straub(1980)은 이에 관련해서 다음과 같이 언급했다.

> 마음은 스포츠 과학의 최후의 전선이다. 그동안 선수의 성적을 올리기 위해서 다른 모든 체계가 활용되었다. 근육 수축의 생리학, 영양학, 운동 기능학, 인간 공학, 장비의 설계, 선수 혈액 표본조사, 선수의 바이오리듬이 기록되었다. 그렇지만 오직 정신만이 여기에서 제외가 되었다(홍대식, 1989).

③ 1970년대: 스포츠 심리학의 비약적 발전

1970년대는 스포츠 심리학 발달에서 혁명적 시기였지만 여전히 대부분의 대학에서 체육학과 교수 중에서 스포츠 심리학자는 열세였다. 대부분의 체육교육과 교수는 생리학자, 생물역학 및 동작학습 연구자였다. 그러나 1970년대 초반부터 스포츠 심리학의 경향이 서서히 바뀌기 시작했다. 체육교사와 프로 팀에 소속된 스포츠 지도자와 선수의 노력으로 스포츠 수행에 관련된 폭넓은 주제가 스포츠 심리학 연구와 이론의 표적이 되었다. 예를 들면 리더십, 선수의 성격과 동기, 스포츠 수행의 결정요인, 스포츠 수행 향상을 위한 심리학적 훈련프로그램, 공격성, 팀 응집력 등이 연구 주제로 다루어지기 시작했다.

1970년대 스포츠 심리학의 비약적 발전은 두 가지 증거에 의해서 확인된다.

첫째, 스포츠 심리학 전문학술지인 『*International Journal of Sport Psychology*』(1970)과 『*Journal of Sport Psychology*』(1979)가 각각 창간되었다. 이 두 학술지 덕분에 스포츠 심리학 연구의 체계적이고 전문화된 결과물이 발표될 수 있었다. 그 이전에는 스포츠 심리학의 일부만을 다루었던 논문집(예, 『*Research Quarterly*』나 『*Journal of Motor Behavior*』)에 의존해 왔다.

둘째, 1970년대 스포츠 심리학의 획기적 발전은 스포츠의 심리학적 측면을 다룬 서적의 양적 증가를 보면 알 수 있다. 1960년대에는 스포츠의 심리학적 측면을 다룬 책이 전혀 없었으나(Cratty, 1968) 1970년대 들어서 『*The Psychology of Athletic Coaching*』(Moore, 1970), 『*Psychology and Supervisor Athlete*』(Vanek & Cratty, 1970), 『*Psychological Aspects of Physical Education and Sport*』(Kane, 1972), 『*Coaching, Athletics, and Psychology*』(Singer, 1972), 『*Psychology in Contemporary Sport*』(Cratty, 1973), 『*Psychological Behavior in Sport*』

(Alderman, 1974), 『*Social Psychology and Physical Activity*』(Martens, 1975), 『*Psychology of sport: Issues and Insights*』(Fisher, 1976), 『*Sport Psychology: An Analysis of Athlete Behavior*』(Straub, 1978) 등 다양한 제목의 책이 출판되었다.

또 한 가지 주목할 점은 심리학자 Goldstein이 『*Sports, Games and Play*』(1979)라는 제목으로 스포츠의 심리학적 측면에 관한 책을 편집했다는 것이다. 1970년대 초반 또는 중반기 이후로 북미스포츠 심리학회(NASPAPA)의 연차학술대회 및 캐나다 심리동작과 스포츠 심리학 심포지엄(Canadian Psychomotor Learning and Sport Psychology Symposium) 논문 발표집 출간이 계속 이어지고 있다. 여기에 일부 심리학자(예, Cialdini et al., 1976; Goldstein, 1971; Lau & Russell, 1980; Ross & Sicoly, 1979)의 연구까지 고려하면 1970년대는 스포츠 심리학의 위상이 매우 높아진 시기다.

④ 1980년대 이후의 스포츠 심리학

1970년대 이후에도 스포츠 심리학의 발전은 지속되었다. 미국건강 · 체육 · 레크리에이션학회(AAHPERD)에 '스포츠 심리 학교'가 설립되었고, 미국심리학회의 『*APA Monitor*』(1982년 13권 9호)에서는 스포츠 심리학이 표지 기사로 다루어졌다. 스포츠 심리학에 매우 고무적인 현상은 정치가, 관중 그리고 코치와 같은 일반인이 선수를 돕는 데 심리학이 매우 중요하다는 사실을 깨닫기 시작한 것이다.

1970년대 러시아와 동유럽 국가에서 올림픽 선수의 성적을 높이기 위해서 심리학자들이 활동한다는 신문기사가 증가하면서부터 이런 경향이 강해졌다. 선수 간의 신체 · 생리적 능력의 차이가 점차 줄어들고 있다는 사실이 증명되면서, 경기에서의 승패에 심리적 요인이 매우 중요하다는 시사를 얻게 되었다. 그 결과 코치는 정신과 의사와 심리학자에게 관심을 보이게 되었고, 선수 개인과 팀 수행을 향상시키기 위해서 이들의 구체적인 도움을 얻게 되었다.

일반대중은 스포츠와 승자를 원하고 코치는 그런 욕구를 충족시킬 책임이 있다. 심리학은 스포츠에서 성공을 얻는 데 도움이 되는 중요한 잠재적 무기이므로 스포츠 심리학의 사회적 · 실무적 중요성이 부각되었다. 스포츠 심리학에 대한 과학적 연구는 대학에서 수행될 필요가 있고, 좀 더 많은 스포츠 심리학자가 선수의 성적을 극대화하도록 코치에게 자문할 필요성이 커지고 있다. 최근에는 기업이나 회사가 선수를 재정적으로 지원하고 스포츠 심리학 연구도 지원하고 있다. 더 나아가서는 스포츠를 사업으로 인식하고 심리학을 스포츠 마케팅에 적용하는 시도가 시작되었다. 그러므로 선수의 성적이나 수행에 관한 심리학이 스포츠 심리학의 전부는 아니다. 체육교육자나 레크리에이션 지도자는 다양한 스포츠에서 작용하는 심리학적 변수를 잘 이해하고 있어야 한다. 스포츠 심리학의 가장 가능성 있는 부분은 스포츠의 다양한 참가자와 고객에 있다.

스포츠 심리학은 스포츠 활동 영역에서 인간행동의 심리학적 문제를 다루는 새로운 분야다. 스포츠 심리학의 초기 연구에서는 팀이나 선수 개인의 수행에 초점을 맞춘 실험사회심리학의 개념과 방법이 중심적으로 적용되었다. 최근에는 스포츠나 체육과학은 말할 것도 없고 심리학, 건강과학 등의 관련 분야에서 스포츠 수행뿐만 아니라 경기나 스포츠 참여에 관련되는 개인 및 사회적 문제를 폭넓게 다루고 있다. 우리나라에서는 1980년대 중반 이후에 스포츠 심리학에 대한 관심이 증가되었다(장동환, 1993). 1989년에는 한국체육학회 산하에 한국스포츠심리학회가 창설되면서 국내 스포츠 심리학의 학문적 체계가 자리 잡아 가고 있다.

4) 우리나라의 스포츠 심리학

앞에서 본 대로 세계적으로 스포츠 심리학 연구가 본격적으로 시작된 것이 1920년대 후반이었다면, 우리나라의 스포츠 심리학은 1940년대 후반부터 시작되었다(김기웅, 전상돈, 1993; 김방출, 1991; 김병준, 이강헌, 1993). 이는 세계적인 추세에 약 20여 년 정도 차이가 나는 늦은 출발이었다(김병준, 이강헌, 1993).

1940년대와 1950년대에 걸쳐서 국내에서는 주로 스포츠 심리학 교육활동이 먼저 시작되었고, 학술활동은 1953년 한국체육학회가 발족하고 1955년 학회지를 발간한 이후부터 시작되었다고 본다(김기웅, 전상돈, 1993; 김병준, 이강헌, 1993). 그 후 1970년대 들어서 스포츠 심리학의 전문적인 학술활동이 전개되기 시작했고(류정무, 1982) 비로소 한국 스포츠 심리학의 위상이 확립되기 시작했다(김기웅, 전상돈, 1993).

한국에서 스포츠심리학이 그 형태를 갖추고 현대적 스포츠 심리과학으로서의 저술 및 학술활동을 전개한 것은 1980년대부터다(김기웅, 전상돈, 1993; 김병준, 이강헌,

1993). 그러나 그 당시의 연구수준은 세계적인 스포츠 심리학 수준으로 볼 때 1960년대 수준이라고 평가받는다(김병준, 이강헌, 1993).

1989년에는 한국스포츠심리학회(KSSP)가 탄생하였다. 늦은 시작에도 불구하고 한국 스포츠 심리학은 연구 활동이 활발히 전개되어 나름대로 성공적으로 발전하고 있다(김귀봉, 1993; 김병준, 이강헌, 1993). 특히 1986년 아시안게임과 1988년 24회 서울올림픽 이후에 한국 스포츠 심리학은 세계 스포츠 심리학계와 교류하는 계기를 마련하였다. 마침내 1990년에는 『한국스포츠심리학회지』 창간호가 출간됨으로써 한국 스포츠 심리학의 학술활동이 본격적으로 궤도에 진입하게 되었다. 한국스포츠심리학회는 1년에 2회 학술지를 발간하던 것을 2004년부터는 연 4회로 늘렸다. 우리나라 스포츠 심리학의 역사와 발전 및 전망, 그리고 연구 경향에 관한 자세한 논의는 류정무(1982), 김기웅과 전상돈(1993), 김병준과 이강헌(1993), 유진(2004), 은희관(1990) 등을 참고하기 바란다.

5) 스포츠 심리학의 내용

스포츠 심리학의 내용은 광범위하지만 네 영역으로 분류할 수 있다. 스포츠 행동 자체를 이해하는 동작통제(motor control), 과제를 위한 특수한 동작을 수행하는 능력인 운동 기능이 학습되는 과정 및 이에 영향을 미치는 변수와의 관련성을 연구하는 동작학습(motor learning), 선수 개인의 심리 · 생리 · 신체적 변수의 발달과정과 관련된 운동 능력의 발달에 초점을 둔 동작발달(motor development), 스포츠 행동

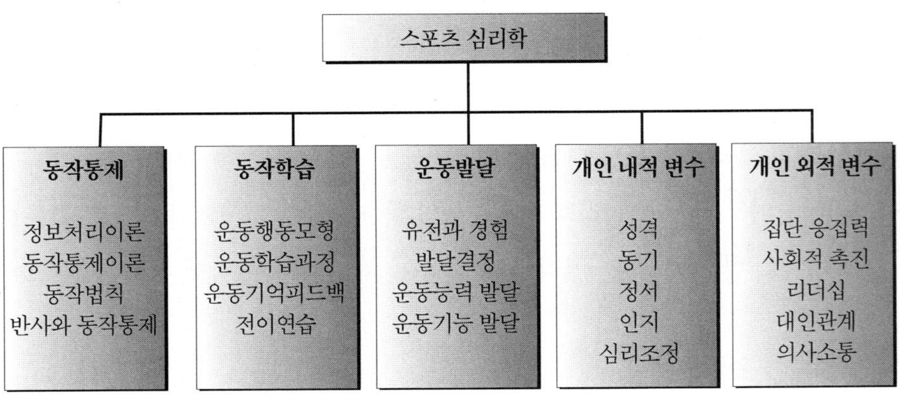

[그림 1-4] 스포츠 심리학의 연구 영역(출처: Carron, 1980)

과 개인의 스포츠 수행에 영향을 미치는 개인 내·외적 변수의 상호작용 관계를 밝히고, 스포츠 수행에 영향을 미치는 변수를 통제할 수 있는 방안을 연구하는 좁은 의미의 스포츠 심리학이 있다. 스포츠 심리학 연구의 내용은 앞의 [그림 1-4]와 같이 나타내 보일 수 있다.

3. 스포츠에 대한 사회심리학적 접근

1) 사회심리학

사회심리학자가 타인이 포함되어 있는 사회적 상황 속에서 일어나는 개인 및 집단행동을 이해하려고 한다. Allport(1985)는 사회심리학이란 개인의 사고, 감정 및 행동이 실제이거나 상상이거나 은연적인 타인의 존재에 의해서 어떻게 영향을 받고 있는가를 이해하고 설명하려는 학문이라고 정의했다. 그러므로 사회심리학이란 사회적 상황 속에서 일어나는 개인행동의 본질과 원인을 이해하고자 하는 과학이라고 볼 수 있다.

물리학이나 생물학과 마찬가지로 사회심리학도 과학인가? 이에 대한 대답은 사회심리학이 다루는 주제에 접근하는 과학적 연구방법에 달려 있다. 과학적 연구방법이란 관심을 두고 있는 다양한 현상에 대해서 회의적인 태도를 유지하면서 체계적으로 정보를 수집하고, 현상에 대한 가설을 설정하고 이를 검증하고 재검증하여 확증하는 과정을 포함한다. 사회심리학은 오랫동안 이 전통을 유지한 과학이다.

2) 사회심리학의 역사

Triplett은 1897년에 어린이를 대상으로 최초로 사회심리학 실험을 했다. 어린이가 혼자 있을 때와 다른 어린이와 함께 있을 때를 비교해서, 어떤 조건에서 낚싯줄을 더 빨리 감는지 알아 본 실험이었다. 그 이후 사회심리학은 1908년부터 1924년 사이에 독립된 심리학의 한 분야로 등장하게 되었다. 이 즈음에 '사회심리학' 이라는 용어를 수록한 교과서가 출간되기 시작했다.

McDogall(1908)는 인간행동을 설명하기 위해서 선천적 성향 또는 본능을 찾아서 열거한 최초의 사회심리학 교과서를 출간했다. 사회심리학에서 두 번째로 출간된 Allport(1924)의 저서에서는 현대 사회심리학에 대한 정의를 확고히 했다. 그는 사회적 행동은 타인의 존재와 그들의 특수한 행동을 포함한 많은 다른 요인에 의해서 일어난다고 주장했다. 그 이후 20여 년 동안에 사회심리학은 급속하게 성장했다. 동조와 같은 사회적 영향을 다룬 Sherif의 실험과 집단역학 문제를 다룬 Lewin의 연구는 사회심리학의 발전에 중요한 이정표가 되었다.

2차 세계대전으로 잠시 성장이 둔화되었던 사회심리학은 1940년대 후반과 1950년대 동안에 성장을 계속했다. 이 기간에 사회심리학은 몇 개의 방향으로 범위를 넓혀 갔다. 특히 집단과 집단 소속이 개인행동에 미치는 영향에 관심이 집중되었다. 그리고 다양한 성격 특성과 개인의 사회적 행동 사이의 관련성을 검토했다. 이 시기에는 개인이 태도와 행동 간의 불일치를 불쾌하게 여겨서 이를 감소시키기 위해서 노력한다는 인지부조화이론의 발전이 가장 중요한 성과였다. 그 결과 1960년대는 사회심리학이 독자적인 학문 분야로 정착된 시기였다.

1970년대와 1980년대는 사회심리학 분야의 성숙기라고 할 수 있다. 기존의 주제에 대한 지속적인 연구의 확장뿐만 아니라 새로운 연구 주제가 개발되었다. 예를 들면 귀인, 남녀 간의 성차 및 성차별, 환경에 관한 관심이 부각되었다. 1980년대에는 사회심리학의 두 가지 추세가 두드러졌다. 하나는 인지적 관점이다. 전통적으로 사회심리학자는 태도, 신념, 가치, 추론 등의 인지적 요인이 사회행동에서 핵심적 역할을 한다고 인식해 왔다. 지금으로서는 사회행동의 거의 대부분 그 바탕에 깔려 있는 인지과정에 의해서 해석되고 이해되어야 한다고 본다. 또 하나의 추세는 사회심리학 지식을 실생활에 응용하는 것을 강조하는 것이다. 사회심리학자는 개인의 건강, 법적 과정, 작업상황, 스포츠 분야 등에서 발생하는 문제의 해결과 개선을 위해서 사회심리학의 원리와 발견을 적용한다.

1990년대 이후 최근의 사회심리학은 사회 행동에 대한 인지적 관점을 계속 강조하며 사회심리학의 응용에 대해서도 노력하고 있다. 그뿐만 아니라 국제적인 교역과 교통이 증대되기 때문에 사회심리학의 관심도 점차 국제화되는 추세다. 특히 다양한 문화 간의 차이에 대한 비교 문화적 관심이 크게 증대되고 있다.

3) 스포츠 사회심리학

(1) 스포츠 사회심리학 연구의 이론적 체계

스포츠에 참여하는 개인의 행동을 연구하기 위해서는 체계적 이론 틀이 필요하다. Boulding(1956)이 제시한 일반체계이론은 모든 특수이론을 대치할 일반이론을 만들려는 것이 아니라 의미 없는 특수이론과 내용 없는 일반이론 간의 균형을 꾀하려는 것이다. Luthans(1973)는 일반체계이론을 두 가지 방식으로 적용할 수 있다고 보았다. 하나는 행동체계의 위계를 구성하는 것이고, 다른 하나는 관련 분야에서 공통적인 이론 및 경험적 개념을 추출하는 것이다. Martens(1976)는 스포츠 및 스포츠 사회심리학은 그 자체의 이론을 지니고 있지 않기 때문에 스포츠에 적용하기 위해서 심리학에서 이론을 가져오는 것이 합리적이라고 주장했다.

(2) 스포츠 수행을 위한 일반 체계 모형

행동과 수행은 구분되기 때문에 수행을 결정하는 모형과 행동을 결정하는 모형은 약간 다르다. 사회심리학적인 견해에서 본다면, 선수 개인의 수행은 다양한 투입변수(독립변수)에 의해서 영향을 받는 산출물(종속변수)로 생각할 수 있다. 이것을 체계적으로 나타낸 것이 [그림 1-5]다.

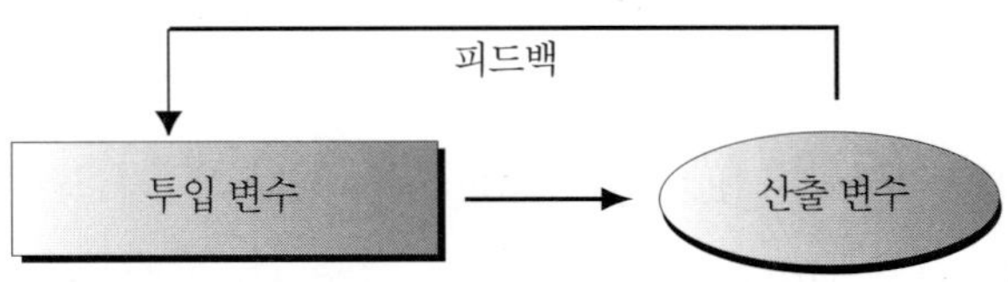

[그림 1-5] 스포츠 행동을 설명하기 위한 투입-산출-피드백 순환과정(Carron, 1980)

이 모형에서 중요한 과제는 선수의 수행에 영향을 미치는 중요한 투입변수를 가려 내는 것이다. 그리고 산출(동작 수행)이 다시 투입변수에 영향을 주는 피드백이 가능한가를 밝히는 것이다. 두 번째 질문은 '수행(산출)이 여러 사회심리학적 변수(투입변수)에 어떤 영향을 미치는가?'다. 이 질문에 대한 일반모형은 [그림 1-6](Carron & Chelladurai, 1978)에 제시되어 있다.

이 일반 피드백 모형을 적용하는 가장 좋은 예가 팀 응집력의 영향이 될 것이다.

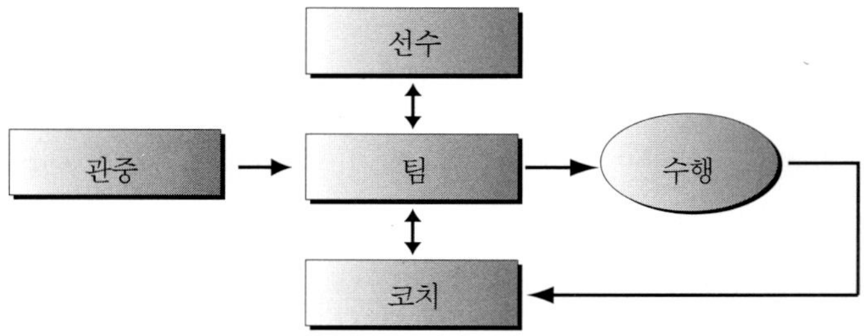

[그림 1-6] 스포츠 수행 효능성에 대한 사회심리학적 관점(Carron& Chelladurai, 1978)

[그림 1-6]에서 선수와 팀의 상호작용으로 나타나 팀 응집력 수준은 수행 효율성에 기여한다. 그 다음에 팀의 성공이나 실패 경험은 피드백이 되어서 팀의 응집력과 개인의 만족을 증진시키는 데 기여한다.

(3) 스포츠 행동을 위한 일반 체계 모형

사회심리학자인 Lewin(1935)은 행동을 개인과 환경 상호작용의 함수라고 보고 이를 공식 '행동=f(개인 · 환경)'으로 나타냈다. Carron과 Chelladurai(1978)는 Lewin의 공식을 스포츠 상황에 적용하여 [그림 1-7]과 같이 제시했다. 여기서는 선수와 코치의 대인관계 행동에 적용했다.

이 모형에 따르면 선수의 대인관계행동은 세 가지 요소들의 상호작용 결과다. 첫째 요인은 상황 또는 환경요인이다. 예를 들면 역할기대, 과제요건, 팀이나 관중과 같은 타인의 영향이다. 둘째는 코치 요인이다. 예를 들면, 코치의 성격, 태도 및 욕구성향이다. 셋째는 선수 개인요인으로서, 예를 들면 선수 개인의 성격, 욕구성향, 태도 등이다.

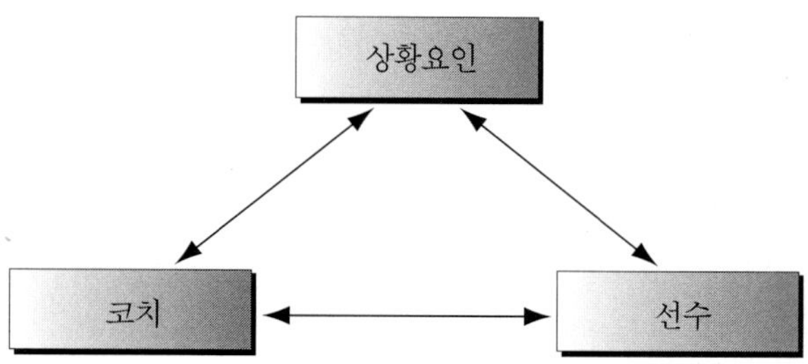

[그림1-7] 개인과 상황 상호작용 결과인 대인관계 행동(Carron & Chelladurai, 1978)

4) 스포츠 사회심리학적 접근방법의 특징

Iso-Ahola와 Hatfield(1986)는 스포츠 사회심리학에 대한 접근방법을 세 가지 특징으로 설명하고 있다. 첫째, 스포츠에서의 심리적 요인, 현상, 과정을 이해하는 것은 코치뿐만 아니라 체육교사나 레크리에이션 전문가에게도 매우 중요한 관심사다. 불행하게도 고정관념 때문에 스포츠 심리학은 코치의 전유물인 것처럼 되어 있다. 이런 고정관념의 책임은 '스포츠 심리학'을 마치 '코치의 심리학'으로 보거나 또는 스포츠 심리학의 범위를 선수를 지도하는 데만 유용한 심리적 변수로 한정시켜 다룬 저자나 학자에게 있다. 스포츠 심리학에서는 선수 또는 경쟁자로서의 개인과 스포츠에 참가하는 개인 또는 관중으로서의 개인 모두를 다룬다.

둘째, 선수를 코치하는 과정에는 스포츠 이상의 것이 있고, 마찬가지로 스포츠에도 선수를 코치하는 이상의 것이 있다. 코치는 인간발달이나 대인관계 과정에 대한 심리학적 요인을 잘 알아야 한다. 선수를 경기자로서만이 아니라 개인으로서 이해해야 한다. 그리고 관중이 선수에게 미치는 심리적인 효과도 고려해야 한다. 심지어는 관중이 경기를 즐기도록 할 수도 있어야 한다. 마찬가지로 체육교사나 레크리에이션 전문가는 스포츠를 좀 더 다른 관점에서 볼 수 있어야 하고, 스포츠에서 나타나는 사회적 영향의 다양성과 복잡성에 민감해지도록 심리학적인 지식을 향상시켜야 한다.

셋째, 스포츠에 대한 심리학적 접근방법과 사회심리학적 접근방법은 차이가 있다. 순수 심리학자는 성격 특성과 같은 요인을 스포츠 행동과 수행의 결정요인으로서 다루는 반면, 사회심리학자는 이런 요인을 받아들이기는 하지만 여기에 사회적 환경과 같은 더 다른 중요한 차원은 추가한다. 스포츠 행동과 수행은 분명히 경쟁적이거나 여가 선용 활동으로서 사회적 요인, 사회적 영향, 사회적 환경과 관련되어 있다.

계속해서 Iso-Ahola와 Hatfield(1986)는 스포츠에 대한 사회심리학적 측면이 과학적으로 연구되어야 한다고 주장한다. 스포츠 사회심리학의 지식이 왜 체계적으로 수립되어야 하는가? 여기에는 세 가지 이유가 있다.

첫째, 기초 연구의 목적이다. 지식을 추구하는 것은 물어 볼 것도 없이 지식 자체를 위해서다. 과학의 기초 연구는 스포츠 상황에서 일어나는 스포츠 수행 및 행동에 영향을 주는 과정과 현상을 이해할 수 있는 설명을 제공하기 위해서 필요한 것이다. 예를 들면, 선수의 경기 성적에 영향을 미치는 요인이 무엇인지, 스포츠에 장기적으로 관여하면 어떤 심리적 결과가 나타나는지에 호기심을 느끼고 그 이유를 알아 가는 것 자체가 흥미로운 것이다. 관중은 홈경기를 하는 선수에게 어떤 심리적 이익을 가져다주는가? 현대 사회에서 스포츠의 중요성이 커지기 때문에 스포츠에 대한 과학적 연구가 필요하다. 스포츠는 정치나 일상적인 프로그램보다 오히려 더 인기가 있다.

둘째, 스포츠 분야에 사회심리학 지식을 활용하려는 실제적인 관심과 응용 때문이다. 코치, 체육교사, 레크리에이션 지도자는 모두 스포츠 수행이나 행동에 관한 심리학과 사회심리학적 지식을 필요로 하는 전문가다. 코치는 사회적 강화 기법의 효과가 무엇이고, 선수의 수행을 극대화시키고 그들을 동기화하기 위해서 그 기법을 언제 사용해야 하는지 알아야 한다. 체육교사는 타인이 존재함으로써 선수가 경기에서 왜 실패했는지 사회심리학적인 이유를 알아야 한다. 그리고 체육교사는 자신의 학급을 위한 교육 및 훈련계획을 세울 때 사회심리학적 정보를 활용할 수 있어야 한다.

세 번째 스포츠 사회심리학에 대한 과학적 연구가 중요한 이유는 스포츠와 정치의 관계에서도 찾을 수 있다. 심리학 및 사회심리학적 결과와 사실은 정치적 조작이나 왜곡에서 선수와 스포츠를 보호하는 데 이용될 수 있다. 과거 정치 및 이데올로기적 이유로 올림픽에 불참하는 경우가 있었다. 그러나 올림픽은 계속되어야 할 심리학적인 이유가 있다. 올림픽을 통해서 여러 국가 간의 상호 이해가 증진될 수 있다. 그리고 올림픽은 여러 국가 간의 분열된 관계보다는 좋은 관계를 통해서 더 많은 것을 얻을 수 있다는 것을 알려 주는 모형이다. 그리고 올림픽은 스포츠가 아닌 상황에서 관찰되는 반정부주의자의 공격적 행동에 대처하는 데 도움이 된다. 올림픽은 시민적 행동과 경쟁에서 무엇이 우월한 것인지에 대해서 보여 줄 수 있는 좋은 기회를 제공한다. 경기를 통해서 정서의 폭발을 해롭지 않은 방식으로 표현할 수 있다. 그러므로 올림픽을 거부하기보다는 정정당당하게 경쟁해서 메달을 획득하는 긍정적인 방식을 사용해야 할 것이다. 정치가는 스포츠 사회심리학의 기초적 지식에서 많은 것을 배울 수 있을 것이다(Iso-Ahola & Hatfield, 1986).

02 스포츠와 성격

스포츠 심리학에서는 성격과 스포츠의 관련성을 널리 다루어 왔다. 성격과 스포츠 연구에서 이용되는 연구전략은 두 가지로 분류된다(박찬호, 김정주, 2001; Carron, 1980).

첫 번째 연구전략은 설명-예언(explanation-prediction) 과정을 추구한다. 여기서의 중요한 관심은 원인과 효과의 일반적 관계를 밝히는 것이다. 상황이나 환경에 따라서 달라지는 특정한 성격차원이 원인변수, 그 효과가 결과변수다. 대표적인 문제를 예로 들면, '스트레스를 많이 받는 상황에서 불안을 느끼지 않는 사람에 비해서 매우 불안한 사람이 운동을 더 잘할 수 있을까? 아니면 그 반대일까?' 불안을 성취욕구, 공격성, 확고한 의지, 우월성 등의 다른 성격으로 대체하고, 쉬운 과제 대 어려운 과제, 개인경기 대 단체경기, 조기학습 대 만학 등 일련의 상황조건을 서로 혼합한다면 연구주제가 매우 다양해진다. 그러나 이 연구체계에서의 요점은 성격차원과 상황요인은 독립변수이고 수행결과는 종속변수를 나타낸다는 것이다.

두 번째 연구전략은 기술(description) 과정과 관련 있다. 이 접근방식은 특정 스포츠 참가에 관련 있는 성격에서 개인차가 존재하는지 밝히는 데 중점을 둔다. '선수는 운동을 하지 않는 일반인과 구별되는 그들만의 공통적인 성격특성을 지니고 있는가?' 는 이 연구전략의 대표적 물음이다. 스포츠에 참가하는 것이 운동선수와는 상관 있지만 운동을 하지 않는 일반인과는 상관없는 상황변수가 될 수 있다. 만약 이러한 상황변수가 스포츠에서 중요한 영향을 미친다면 선수와 일반인은 서로 다른 성격 특성을 지니고 있을 것이다. 예를 들면, 남자 선수 대 여자 선수, 단체경기 선수 대 개인경기 선수, 엘리트 선수 대 평범한 선수 등의 다양한 집단도 선수 개인의 성격 차이로 비교될 가능성이 있기 때문에 연구주제는 더욱 다양해질 수 있다. 이런 연구체계에서 다양한 집단은 독립변수이고 성격은 종속변수다.

스포츠에 관한 사회 및 성격심리학 연구를 요약하고 비판한 논문이 많이 있다(Carron, 1975; Cofer & Johnson, 1960; Coper, 1969; Fisher, 1974; Hardman, 1973; Kane, 1964, 1978; Kroll, 1970; Martens, 1975; Morgan, 1969, 1972, 1978; Oglivie, 1968; Rushall, 1975; Ryan, 1974; Singer, 1967; Smith, 1970). 이를 좀 더 이해하기 쉽게 소개하기 위해서 성격의 일반적인 개념과 이미 검증된 이론의 관점을 다음에서 알아보려고 한다.

1. 성격의 본질

1) 성격의 정의

성격(personality)이라는 용어의 기원을 정확히 알 수는 없다. '말한다'는 뜻으로 해석되는 라틴어 'per sonae' 또는 고대 로마의 배우가 착용했던 극장용 가면을 나타내는 그리스어 'personae'가 어원으로 알려져 있다. 그러므로 성격이란 남에게 보이는 개인의 행동양식이나 역할이라고 할 수 있다. 먼저 성격에 대한 몇 가지 정의를 살펴보자.

- 개인을 독특하게 만드는 개인이 소유한 특성의 총합(Hollander, 1967)
- 개인이 소유한 독특한 특성 양식(Gilford, 1959)
- 환경에 대한 독특한 적응을 결정하는 개인 특성, 기질, 지능 및 신체조건 등의 어느 정도 안정되고 지속적인 조직체(Eysenck, 1960)
- 환경에 대한 독특한 적응을 결정하는 개인 내부의 정신 · 신체 체계의 역동적 조직체(Allport, 1937)
- 사고, 감정 및 활동 등 심리행동의 공통성과 차이를 결정하는 일련의 안정된 특성과 성향으로서, 일정 기간 동안 지속되며 즉각적 상황의 사회 · 생물학적 압력만으로 쉽게 이해될 수도 있고 그렇지 않을 수도 있음(Maddi, 1968)

Carver와 Scheier(2000)는 성격에 대한 다양한 정의를 포괄하는 Allport(1961)의 정의를 수정하여, 성격은 그 사람의 행동과 사고 및 감정의 비교적 일관되거나 안정된 특징적 양상을 만들어 내는, 그 사람 내부에 있는 심리 · 생리적 체계의 역동적 조직이라고 정의했다(성균관대학교 응용심리연구소, 2002). 이 정의에 포함되어 있는 성격의 중요한 특징을 정리하면 다음과 같다.

1. 성격은 개별 특징을 단순히 모아 둔 것이 아니라 조직체다.
2. 성격은 적극적이고 능동적인 과정이다.

3 성격은 심리적인 개념이지만 생리적 측면과 긴밀히 연결되어 있다.
4 성격은 그 사람이 세계와 어떤 관계를 맺는가를 결정하는 내부의 원인적 힘이다.
5 성격은 행동, 사고, 감정 등 여러 가지 방식으로 드러날 수 있다.
6 성격은 반복과 일관성으로 표현되는 양상으로 드러난다.

2) 성격의 형성

성격은 인간행동의 다른 측면과 마찬가지로 선천적이고 기질적인 생물학적 요인과 후천적이고 경험적인 요인인 환경 요인의 상호작용에 의해서 형성된다. 생물학적 요인으로는 유전적 요인과 생리적 요인을 들 수 있다. 신생아의 기질 차이는 성격이 유전에 의해서 영향을 받고 있다는 것을 시사한다. Buss와 Plomin(1975)은 생후 평균 55개월 된 139쌍의 동성인 이란성 및 일란성 쌍생아 및 그들의 어머니를 대상으로 유전이 성격에 미치는 영향을 연구했다. 그 결과 일란성 쌍생아 집단이 이란성 쌍생아 집단에 비해서 성격이 더 유사해서 성격에 대한 유전적 요인의 영향을 확인시켜 주었다. 그러나 성격특성이 단일 유전자에 의해서 결정된다는 증거를 찾기 어렵고, 특정 유전자보다는 체격, 내분비선 또는 신체구조나 기능과 같은 생리적 특성이라는 매개를 통해서 영향을 미칠 가능성이 더 크다.

체격이 성격과 관련이 있다는 생각은 매우 오래된 것이다. 예를 들면, 뚱뚱한 사람은 사교적이고, 마른 사람은 내성적이고 지적이며, 근육질의 사람은 강인하고 자기주장적이고 정력적이라는 고정관념이 일반화되어 있다. 뇌의 생리적 과정이나 내분비 물질의 분비 수준에 따라서 성격 형성에 영향을 미칠 것이라는 증거도 적지 않다, 예를 들어 Eysenck(1981)는 뇌의 상행망상활성체계(Ascending Reticular Activating System: ARAS)에서의 차이가 내향적이거나 외향적인 성격의 차이를 가져온다고 주장한다. 그러나 현재로서는 이런 생리적 요인의 차이 중, 어느 정도가 유전에 의해서 결정되고 어느 정도가 경험에 의해서 유래하는지 결론 내리기 어렵다.

성격 형성에 영향을 주는 환경 경험은 모든 사람에게 공통적인 공통 경험과 개인에게 특수한 개인 경험으로 구분된다. 특정 문화권이나 같은 시기에 사회적 사건을 공동으로 경험한 사람은 서로 더 유사한 성격을 보일 가능성이 크다. 그러나 유사한 사회 환경을 경험한 사람 중에서도 남자와 여자는 서로 다른 문화적 환경에 노출되어 차이를 보일 수 있다. 그뿐 아니라 유사한 환경에서 자란 사람도 모두 서로 다른 독특한 개성을 지니는데, 이것은 기질에서의 개인차와 개인적 경험에 기인하는 것으로 생각된다.

부모의 사망이나 불화, 자식에 대한 편애, 학업에서의 성공과 실패, 질병, 잦은 이사 등 성장하는 과정에서 개인이 독특하게 경험한 환경 요인은 개인의 독특한 성격 형성에 기여할 것이다. 이런 개성은 동일한 외적 자극에 대한 개인의 독특한 지각과 해석에 따라서 더욱 독특하게 조장될 것이다. 결론적으로, 개인의 공통 경험과 개인 경험은 부모에게서 물려받은 잠재적 특성 또는 기질과 상호 작용하여 개인의 독특하고 지속적인 성격을 형성한다.

3) 성격이론

(1) 체형론

Kretschmer(1925)와 Sheldon(1942)의 체격 또는 체형론의 기본 논리는 특정한 체격 또는 체형은 유전적으로 결정되며 행동의 일관성을 유지하는 방향으로 작용한다는 것이다. Kretschmer는 체격을 허약하고 길쭉한 세장형, 근육이 왕성한 투사형 그리고 풍만하게 살찐 비만형의 기본적인 세 유형으로 구분해서 정신병 및 정상인의 행동패턴과의 관계를 가정했다. 이어 Sheldon은 체격을 신체구조에 따라서 건장한 체격의 중배엽형, 땅딸막한 체격으로 몸매가 둥글고 살찐 내배엽형 그리고 허약한 체질로 몸매가 가늘고 길며 야윈 외배엽형의 세 유형으로 구분했다.

각 유형은 특정한 성격과 관련이 있다. 중배엽형은 모험과 위험이 따르는 격렬한 신체활동을 즐기는 성격으로 운동선수, 모험가, 직업군인에게 잘 맞는 형이다. 내배엽형은 활달하고 사교적이며 애정과 편안함과 사교성을 지닌 기질이 특징이다. 외배엽형은 지적이며 긴장, 사회적 제약, 금지와 사회적 고립 성향과 관련이 있다. 그러나 체형론은 이론적 기반이 결여되어 있을 뿐만 아니라 경험적 검증을 거치지 못해서 폭넓은 지지를 받지 못했다.

(2) 정신분석(정신역동) 이론

정신분석이라는 용어는 심리적 과정, 특히 무의식적 측면을 탐색하고 문제를 치료하는 방법과 절차를 의미한다. 반면 정신역동은 마음이 안정된 상태로 머물러 있지 않고 여러 힘이 함께 작용하여 긴장을 일으키고 변화하기 쉬운 상태에 있다는 것을 의미한다. 정신분석이론은 임상장면에서 출발했다. 이 분야의 초기 연구자는 정신병자의 비정상적인 행동에 관심을 둔 의사였다. 정신분석을 발전시켰고 성격에 대한 정신역동 접근법을 완성한 Freud뿐만 아니라 Jung, Adler, Fromm, Erickson 같은 학자가 이 분야 발전에 크게 기여했다.

정신분석 접근방법의 두 가지 특징은 개인에 대한 깊이 있는 탐색과 관찰된 행동의 근원을 무의식적 동기에서 찾는다는 점이다. Freud 이론의 주요 개념은 원초아, 자아 그리고 초자아며, 이들은 서로 갈등을 일으키는 성격 복합체다. 무의식 본능인 원초아는 서로 지속적인 갈등을 유발하는 삶과 즐거움의 본능과 성적 · 공격적 본능의 두 차원으로 나타난다. Freud는 의식적이고, 논리적이며, 현실을 지향하는 측면을 자아라고 했다. 자아는 지성과 이성을 통하여 원초아에 대해서 현실을 해석하는 역할을 하기 때문에 원초아와 자아는 항상 갈등상태에 있다. 초자아는 양심의 기능을 수행한다. 원초아와 자아 사이의 갈등 해결을 도와주는 사회적 규범과 개인적 규범, 가치, 태도와 도덕은 초자아에 녹아들어 있다.

Freud는 심리성욕의 발달 역사에 따라서 성격특성이 결정된다고 본다. 몸이 자극을 받아 느끼게 되는 쾌감을 성적인 것이라고 하여 출생 직후부터 성적인 생활이 존재한다고 본다. 성장하는 시기에 따라서 성적 자극에 예민한 신체 부위(성감대)가 달라지며 생의 초기에는 입에서 항문으로 그리고 어린이의 성기로 옮아간다. 그 후 잠복기를 거쳐서 사춘기 이후부터 성적 쾌감을 타인에게서 얻어 내는 단계에 이른다. 심리성적 발달 단계에서 성적 욕구의 자유로운 표현이 제약을 당하면 다음 단계로 넘어가는 것을 거부하는 고착 현상이 일어난다. 이 개인은 감당하기 어려운 스트레스나 긴장상태에 직면하면 고착된 단계로 퇴행하는 경향이 생긴다. 지속적인 고착과 토행은 개인의 독특한 성격 특성으로 자리 잡는다.

Freud로 이외에 다른 정신분석 이론가(예, Fromm, 1941; Erickson, 1968)는 행동에 대해 좀 더 대인관계 및 사회적 해석을 하고 있다. 그들은 원초아에서 나오는 본능의 힘은 덜 강조하고 오히려 자아와 초자아의 역할에 더 많은 역점을 둔다. 이런 수정에도 불구하고 비구조적 관찰, 임상적 직관, 정신내부 역동에 대한 의존 등으로 구성되는 정신분석 접근방법은 변하지 않고 있다(Mischel, 1973).

(3) 특성이론

Allport와 Cattell이 대표하는 특성이론은 심리학의 성격연구에서 가장 강력한 영향력을 발휘했다. Carron(1975)이 "특성이론은 스포츠에 영향을 미치는 성격에 대해서 연구하는 체육교육학자에 의해서 은연중에 또는 공공연하게 지지를 받아왔다."라고 지적한 이후로 특성이론의 적용은 스포츠 사회심리학 분야에까지 확대되었다.

성격특성 그 자체는 이미 심리학 연구의 여러 측면에서 인식되어 왔다. Allport(1964)는 기존의 용어로는 인간의 성격을 설명하기가 부족하다고 생각해서 특성(trait)이라는 용어를 만들었다. 그는 성격특성은 다양한 자극을 기능적으로 유사하게 받아들이고 유사한 형태의 표현적 행동을 하도록 만드는 개인 내부에 존재하는 신경 · 심리구조라고 했다. 그러므로 특성은 행동의 원인이며 특정 상황을 초월해서 비교적 일반적이고 지속적인 성질을 지닌다. 특성은 몇 가지로 구분된다. 개인행동 전반에 가장 강력한 영향을 미치는 '주 특성' 이 있다. 주 특성보다는 덜하지만 상당히 행동에 영향을 미치는 것으로 개인 간 성격 비교의 기본재료가 되는 것이 '중심 특성' 이다. 일반성이 낮고 특정 상황의 특정 행동에만 영향을 주는 '이차 특성' 이 있다.

Guilford(1959)의 특성에 대한 견해는 Allport와 일치하지만 더 폭넓은 조망을 강조하면서, 특성을 설명하는 데 유전적 한계가 있다는 점에 주목했다. 성격연구는 개인차 연구이기 때문에 반드시 분석과정이 따라야 한다고 지적했다. 분석과정의 결과, 개인은 반드시 '키가 크고' '열정적이고' '사교적이고' '몸이 마른' 것과 같은 자신의 속성에 의해서 특징지어지는데, 그 속성은 전체성 분석을 통하여 얻은 추상적 개념이다. 추상적 개념이 아무리 많더라도 그것으로 대상을 완전히 설명할 수는 없다. Guilford는 이 틀의 범위 내에서 특성은 한 개인을 다른 사람과 구별하며 비교적 지속되는 방식이므로 특성은 매우 넓고 일반적인 용어라고 주장했다.

특성이 어떻게 정의되든 기본적이고 보편적 측면은 '지속적인 성향' 이라는 요소다. 특성이론에 따르면, 특성은 일반적이고 바탕이 되는 원인이나 기질적 성향으로서 행동의 일관성이나 일반화에 기여한다. 특성은 장기간에 걸쳐서 다양하고 상이한 상황에서도 행동이 안정성을 유지하게 한다. 특성이론가는 이 가정을 논리적으로 확장해서 행동의 일관성을 설명하는 기본 성격특성과 차원 또는 요인을 구별해서 찾아내려고 노력해 왔다.

특성을 분리하는 과정은 복잡하고 노력이 많이 드는 일이지만 기본개념은 단순하다. 우선 광범위한 특징적 행동상황을 항목표나 질문지 문항으로 개발해서 표집 한다. 예를 들어, '나는 많은 사람 앞에 서는 것이 걱정이 된다.' 는 진술문은 불안에 관한 질문지 문항 중의 하나다. 연구자가 관심을 둔 전집을 대표하거나 또는 무작위로 추출된 표본(예, 운동선수, 대학생, 어린이, 정신장애인 등)에게 이 항목표를 나누어 주고, 개인이 각 행동진술문이 자신을 잘 나타내는 정도(예, '그렇다' 대 '아니다', '매우 많이' 대 '전혀 없음' 등)에 따라서 표시해서 응답하게 한다. 반응에 대한 요인분석을 통하여 서로 가장 크게 관련된 항목(행동)의 집단을 얻는다. 이렇게 추출된 집단(요인 또는 특성)에 대해서 일반적으로 행동의 특정 부류를 직관적으로 잘 요약해서 나타내도록 명칭을 붙인다. Guilford, Cattell, Allport, Eysenck 그리고 최근에는 Jackson 등이 성격특성이론의 발전에 크게 기여했다.

Cattell은 생활 기록부, 질문지 검사, 자기-보고 등의 다양한 출처에서 얻은 자료를 요인분석이라는 통계적 방법을 통해 성격을 기술하기 위한 특성을 찾아냈다. 그 결과 16PF(16 Personality Factors) 질문지를 제작했다. 16개 항목으로 구성된 이 질문지는 스포츠 연구에서 가장 널리 사용되고 있다. Cattell의 접근방식에 따르면 성격은 특성의 계층을 구성한다. 그는 먼저 성격을 나타내는 형용사에 대한 요인분석을 통하여 171개의 자원 특성을 찾아냈다. 전체성으로 간주되는 이 자원 특성은 개인행동의 고유성을 결정한다. 말하자면 개인이 소유하는 다양한 자원 특성 각각의 상대적 강도에 의해서 그 개인의 독특한 행동패턴이 형성된다. 다음으로 171개 자원 특성은 표면 특성이라고 불리는 16개 범주(요인 혹은 군집)로 분류된다. 개인행동 그 자체는 자원 특성의 결과이기는 하나, 명백한 행동의 표출은 표면 특성 간의 상호작용 결과다.

일반적으로 심리학자는 행동은 개인과 환경의 상호작용의 산물이라고 한다. 즉, 행동 $= f$(개인 · 환경)이다. 특성이론, 특히 Cattell의 접근방식은 환경요인의 중요성도 고려하기는 하지만 개인차원을 더 강조한다. 특성이론은 성격을 구성하는 기본 특성이 무엇인지를 밝혀내고 이를 어떻게 측정할 것인가의 문제를 해결할 수 있다면 개인의 성격을 매우 정밀하게 수량화해서 기술하고 연구할 수 있는 장점을 갖고 있다. 그러나 연구자에 따라서 특성의 내용과 수가 다르게 제시되어 혼란스럽고, 이론이 기술적 수준에 머물러 성격의 형성, 변화, 발달에 대한 설명이 부족하다는 약점을 지니고 있다.

(4) 사회학습이론 및 정보처리 접근

행동의 결정요인을 개인 내부에 있는 안정된 특징으로 보는 특성이론과 달리 사회학습이론에서는 심리적 상황을 중시하여 상황이 달라짐에 따라서 행동이 달라진다(Rotter, Chance, & Phares, 1972)고 본다. 성격에 대한 사회학습 접근에서는 특성이나 본능 혹은 욕구와 같이 행동에서 추론되는 이론적 구성체가 아니라 실제 행동 그 자체와 행동에 영향을 주는 환경조건인 상황에 초점을 맞춘다. 행동주의 학파의 선구자(Pavlov, Watson, Hull, Skinner, Bandura, Mischel)가 사회학습이론의 발전에 크게 기여했다.

자극-반응, 시행착오 등과 같은 행동주의 심리학의 초기 이론은 단순해서 인간행동에 대한 설명방식이 기계적이었다. Skinner는 인간이 특정 행동을 한 후 어떤 결과가 따라 오느냐에 따라서 앞선 행동이 더 빈번하게 발생하거나 사라지는 원리가 행동 설명의 기초라고 주장한다. 그리고 Bandura는 학습과정에서 인간 내부 인지과정의 능동적 영향을 고려하여 덜 극단적인 행동주의 이론을 주장한다. 그는 개인과 환경이 상호 작용하여 서로의 결정요인으로 작용한다고 본다. Bandura는 개인의 직접 경험뿐만 아니라 타인의 행동과 그 결과를 관찰해서 행동을 학습하는 사회학습이 행동결정에 중요하며 강화의 출처도 외부뿐 아니라 자기 스스로에게서도 올 수 있다고 주장한다.

최근에 와서 행동주의이론은 강화된 행동결과로서의 학습을 강조하고 있다. 예를 들면, Mischel(1968, 1973)은 사회행동은 어떤 경우에는 긍정적인 결과를 초래하지만 다른 경우에는 부정적인 결과를 가져온다고 지적했다. 개인은 독특하고 개인적인 사회학습 배경을 가지고 있기 때문에 특정한 자극이나 사건에 대한 의미와 해석은 개인적이다. 그러므로 행동 차원에서 명백한 특징은 개인을 구별해 준다.

Mischel은 행동에서의 개인차는 특정한 자극상황에 의해서 활성화된 특정한 반응 잠재력의 개인차 때문이라고 보았다. 그는 반응 잠재력의 개인차에 영향을 주는 다섯 가지 범주의 개인변수를 다음과 같이 구별하고, 이런 변수를 이용해서 각 개인이 서로 다르다는 사실을 설명하려고 시도했다.

1 **구성능력**: 개인이 알고 할 수 있는 것
2 **부호화 전략과 개인적 구성**: 개인이 자신을 인식하고 상황의 자극 사건을 명명하거나 부호화하는 방법
3 **행동성과와 자극성과에 대한 기대**: 개인이 특정 반응이나 자극에 연관시키는 기대
4 **주관적 자극 가치**: 상황의 성과에 대해서 개인이 주관적으로 부여하는 가치
5 **자기-조절 체계**: 상황으로 끌어들이는 자기 반응, 개인 규칙과 조절

스포츠에 관련된 논의를 통해서 Mischel(1973)은 상황의 '심리적 성질' 이 강력하거나 의미가 있다면 이런 개인 변수에서의 개인차 크기는 감소될 것이며, 개인 간의 행동 일치를 기대할 수 있다고 보았다. Carron(1975)은 이 점을 스포츠에 적용해서 "경쟁적인 스포츠에서는 심리적 상황이나 처치가 강력하고 자극 사건이 매우 중요해서 하나의 전체적 집단에서 비교적 일치하는 행동이 나타나는 예를 많이 볼 수 있다. 코치와 팀 동료 모두에 의해서 일대일로 경기 상대자가 분리되어서 관찰되면 모든 축구선수에게서 나타나는 경쟁심에서의 개인차 범위는 감소하고 보편적으로 경쟁이 고조되어서 나타난다." 라고 지적했다.

1970년대 이후 인지심리학의 발달로 정보처리 접근방법이 널리 퍼지게 되었다. 컴퓨터의 발전에 힘입어 개인을 능동적인 정보처리자로 보게 되었고, 이런 흐름이 성격심리학에도 들어오게 되었다. 이 접근방법의 주된 초점은 사회적 상황을 선택, 해석하고 반응할 때, 인지과정이나 개인 특성이 어떻게 표현되는가를 밝히는 것이다. 그러므로 정보처리 접근방법에서는 자신이나 타인, 중요한 상황이나 사건과 관련된 정보를 어떤 내용으로 표상(represent)하는 과정에서의 차이로 개인의 성격 차이를 설명한다. 행동주의 이론이나 정보처리접근이나 모두 과학적 엄밀성과 경험적 증거를 많이 확보하고 있다 그러나 행동주의 이론은 인간을 기계적이고 수동적으로

보고 있으며 학습된 행동이 전체 성격 구조에 어떻게 통합되는지에 대한 설명이 없다는 점에서 비판받고 있다.

(5) 행동에 대한 상호작용 모형

환경과 개인이 행동의 결정요소로서 상대적으로 얼마나 중요한가에 대한 논쟁을 해결하기 위해서 Endler와 Hunt(1962, 1966, 1968, 1973)는 일련의 자기보고 항목표(예, 불안에 관한 S-R 항목표)를 개발했다. 이 항목표에서는 실험 참가자에게 상이한 상황(예, '여러분은 좋은 점수를 얻을 가능성이 매우 낮은 학과목 기말고사를 치를 예정이다.')을 제공한다. 이런 상황에서 실험 참가자는 다양한 반응 양식(예, 손 떨림, 집중 불가능)에 응답한다. 그 결과 상황, 개인, 반응양식 그리고 이들 사이의 상호작용이 시험시간 중의 행동반응에 미치는 영향력을 분석할 수 있었다. 개인차(개인 변수)뿐만 아니라 상황요인은 주 효과로서 불안반응에 영향을 미치지 않았다. 그보다는 오히려 이들의 상호작용 및 이들과 반응양상의 상호작용이 행동변량의 약 1/3 정도를 결정했다. 이 결과에 따라서 연구자는 다음과 같은 결론을 내렸다.

> 상황이나 상황에 따른 개인차는 어느 것도 자체적으로 전체 변량에 주 효과로서 크게 영향을 미치지 않는다. 이 발견은 개인과 상황의 상대적 중요성에 대한 논쟁이 허구라는 결론을 재확인하는 것이다. 만약 적개심과 정직성 같은 또 다른 특성에 대해서도 동일한 결론을 얻게 된다면, 그것은 성격에 대한 일반적인 설명에 중요한 시사를 하는 것이다. 첫째, 측정도구의 타당도 계수가 .20에서 .25에 이르는 것이 말해 주듯이 상황에 따라서 특성의 개인차를 측정하기 위해 더 발전된 도구를 제작하려는 시도는 실패할 가능성이 있다. 둘째, 특정 상황을 구체화함으로써 성격을 기술하는 노력의 낮은 타당도 문제를 보완해 줄 수 있다. 연구 중인 상황과 특성의 반응-지표 모두를 범주화시킴으로써 성격을 기술하려는 노력이 효과적인 방향으로 나아가는 것이 가능할 것이다(Endler & Hunt, 1973).

Endler와 Hunt의 관심에 따라서 스포츠 분야에서는 선수 개인의 특성 행동으로 주로 불안이 다루어져 왔다. 똑같은 일반적 결과가 불안 이외의 다른 특성에도 적용될 수 있는지 더 알아보는 연구가 필요하다.

(6) 현상학적 이론

본능에 기반을 둔 갈등이론과 결과 지향적인 사회학습이론과는 달리, 인간에 대한 인본주의적 신념을 지닌 심리학자(예, Maslow, Rogers, Kelly, Allport 등)는 인간 행동을 능동적이고 자유의지에 따르는 것으로 해석했다. 인간은 존엄하며 무한한 잠재력, 발전 가능성 그리고 궁극적으로는 자기실현을 추구하는 존재라고 보았다. Maslow(1943)는 성격연구에서 반드시 지녀야 할 일반적 견해는 원자론적이기보다는 전체적이고, 구조적이기보다는 기능적이며, 정적이라기보다는 활동적이고, 인과론적이기보다는 역동적이며, 단순 기계적이기보다는 목적적이어야 한다고 주장한다.

Maslow는 인간은 끊임없이 부족과 결핍을 느끼는 존재이며, 행동은 그 당시에 지배적인 욕구의 산물이라고 보았다. 그러므로 개인의 성격을 알려면 그 사람이 현재 어떤 욕구에 의해서 지배받고 있는지 파악하면 가능하다고 보았다. 그는 인간행동의 바탕에 깔려 있는 다섯 가지 욕구를 다음과 같은 위계로 제시한다.

1. **생리적 욕구**: 가장 기본적인 욕구로 배고픔, 목마름, 수면, 성적 욕구다.
2. **안전의 욕구**: 정서적 안정과 신체적인 복지와 안전을 추구하는 욕구다.
3. **사랑의 욕구**: 애정과 소속의 욕구로 타인과 애정을 나누고 집단에 소속하고자 하는 사회적 욕구다.
4. **존경의 욕구**: 성취, 권력, 사회적 지위를 얻음으로써 타인에게서 인정받고 더 나아가서는 스스로를 존중하고자 하는 욕구다.
5. **자기-실현 욕구**: 잠재력을 개발하고 성장하고 성숙함으로써 개인이 될 수 있는 최고의 존재가 되는 자기 성취를 나타낸다.

이 욕구 위계에서 안전의 욕구가 나타나기 전에 반드시 생리적 욕구가 충족되어야 하고, 사랑의 욕구가 나타나기 전에 반드시 안전의 욕구가 충족되어야 하며, 다른 욕구에서도 마찬가지다.

성격에 대한 현상학적 이론은 다양하지만, 그들은 모두 자기-실현을 향한 자기 변화, 성장, 성숙의 개념을 강조한다. 이것은 과정발달에 관한 Rogers(1964)의 이론에 잘 나타나 있다. 초기 이론에서 Rogers는 어린이가 어른이 되어 가면서, 그리고 어른이 되어서는 심리적으로 성숙한 상태로 되어 갈 때 항상 가치-지향성의 변화가 일어난다고 주장했다. 그 후 Rogers는 다음과 같은 일련의 연속적인 명제를 제시했다.

> 개인 내부에는 가치가 처리되는 과정을 위한 유기체적 기반이 있다. 가치 처리과정에서 개인이 자신의 경험을 있는 그대로 받아들여서 개방적일수록 효과적이다. 자신의 경험을 비교적 잘 받아들임으로써 개방적인 사람에게는 가치 지향의 중요한 공통성과 보편성이 있다. 또한 이런 방향은 개인과 그가 속한 사회, 그리고 그가 속한 종의 생존과 진화에 건설적으로 기여한다(Rogers, 1964).

Rogers는 개인의 성숙과 적응 또는 정신건강은 자기(self)와 유기체(organism)의 일치 정도에 달려 있다고 본다. 유기체란 체험의 주체로서 생명체나 몸으로 이해된다. 자기란 현상적 장에서 체험되는 '나' 로서 자기 체험과 지각이 조직화되어서 지각되는 '나' 다. 예를 들어 '유기체' 의 체험은 스포츠를 좋아하는데, '나' 는 스포츠를 싫어한다면 유기체와 자기 간의 불일치를 경험할 것이다. 이런 불일치는 위협적으로 지각되어 불안과 방어를 초래할 것이다. 현상학적 이론은 특히 인본주의적인 경향 때문에 어느 정도 매력을 끌어 왔으나, 과학적인 접근을 통해서 이론이 검증되지 않았다는 결정적인 한계가 있다.

2. 성격과 스포츠의 관계

성격과 스포츠 분야에서 가장 초기의 포괄적이고도 신뢰할 만한 연구를 수행한 Kroll(1970)은 성격특성과 스포츠의 관련성에 대해서 다음과 같은 다섯 가지 견해를 제시했다. 첫째는 공통적인 예비적 핵심(common preliminary core)이 있다는 견해다. 이것은 특정한 스포츠를 선택하고 참가하는 개인의 동기를 유발하는 일련의 성격특성이 있을 것이라는 주장(마석열, 김인수, 1991)이다. 외향적인 사람은 단체 경기를 선택하는 반면 내향적인 사람은 개인 경기를 선호할 것이라는 고정관념에서 이런 입장이 잘 나타나 있다. 그러므로 특정한 스포츠에서 요구되는 성격특성을 가진 개인은 그 스포츠를 선택할 것이고 그런 성격특성을 지니지 않은 개인은 그 스포츠를 선택하지 않을 것으로 기대할 수 있다.

성격과 스포츠의 관련성에 관한 두 번째 견해는 수정과 마멸(modification and attrition)과정이 있다는 주장(서지영, 문익수, 1994; 최영준, 최만식, 문익수, 2002)이다. 이 견해에 따르면 어떤 스포츠에 처음 참가할 때는 특정한 성격특성을 찾아볼 수 없으나, 스포츠에 참가하는 과정을 통해서 현재 지니고 있는 성격을 수정하거나 혹은 부적절한 성격을 없앰으로써 점차 그 스포츠에 적절한 성격특성을 지닌 사람만 성공을 성취할 수 있게 된다. 그러므로 처음 스포츠를 시작하는 사람은 성격 프로파일이 서로 다를지 모르지만 그 스포츠를 오래한 선수는 매우 비슷할 것이다. 예를 들면 오랜 경험과 경력의 결과로 하나의 집단이 된 우수한 자동차 경주 선수는 결국 한결같이 높고 강력한 의지력을 성격특성으로 갖게 될 것이다.

최영준, 최만식 그리고 문익수(2002)는 스포츠 참여는 성격발달에 영향을 준다는 가정하에 일반학생, 체육전공학생, 운동선수의 스포츠 활동 참여가 사회적 성격과 도덕적 성격에 영향을 미치는지 알아보았다. 결과에 따르면 스포츠 활동 결과 사회적 성격은 운동선수가 체육전공 학생이나 일반학생보다 더 높았다. 반면 도덕적 성격은 체육전공 학생이나 운동선수보다 일반학생이 더 높은 것으로 나타났다.

성격과 스포츠의 관련성에 대한 세 번째 견해는 스포츠에 참가하는 개인이 초기에는 공동의 성격을 지니고 시작해서 마지막에는 서로 다른 성격을 지니게 된다는 것이다. 이 견해에 다르면 특정 스포츠를 처음 시작하는 초심자 사이에는 공통적인 성격패턴이 있을지도 모르나 시간이 지남에 따라서 참가와 수정 및 마멸의 결과로 오래된 선수는 서로 상이한 성격패턴을 가지고 있을 수 있다. 예를 들면, 태권도를 처음 배우는 신출내기는 모두 공통적으로 높은 공격성을 나타내지만, 고도로 숙련된 유단자의 공격성은 일률적이지 않다.

성격과 스포츠의 관련성에 대한 네 번째 견해는 숙련자와 비교해서 초심자는 스포츠를 수행하면서 성격특성이 급격하게 변화될 가능성이 있다는 것이다. 스포츠를 처음 시작하는 초심자에게서 나타나는 성격특성은 성공적인 운동을 위한 성격특성이나 노련한 선수에게서 나타나는 특성과는 반대되는 것이다(Kroll, 1970). 예를 들면 특정한 스포츠에 처음으로 매력을 느끼는 선수는 일반적으로 내향적이다.

그러나 특히 고도의 팀워크와 상호 의존이 필요한 스포츠를 수행하거나 구체적인 과제 요건 때문에, 초심자가 노련한 선수가 되어 가면서 모두 똑같이 외향성 특성을 나타내는 방향으로 변화될 것이다.

마지막은 성격특성과 스포츠 사이에는 아무런 관련성이 없다는 견해(no relationship alternative)다. 이것은 운동을 막 시작한 초심자나 노련한 선수나 모두 성격특성에서 차이를 보이지 않는다는 것이다. 따라서 성격과 스포츠 사이에는 아무런 관련성이 없을 것이라는 가능성을 받아들이는 것이다.

'성격과 스포츠는 서로 관련성이 있는가?' 라는 질문에 대해서 앞에서 제시된 첫 번째 견해와 두 번째 견해는 하나의 관점을 이루고, 다섯 번째 견해가 또 다른 관점을 제시한다. 이에 따라서 스포츠 사회심리학에서는 성격과 스포츠의 관련성에 대한 논란이 쟁점화되어 왔다. Morgan(1978)은 다음과 같이 지적한다.

> 스포츠 심리학에는 성격에 관한 두 가지 견해가 있다. 두 진영에 속한 사람은 심리학적 자료에 기초해서 스포츠에서의 성공을 예견하는 것에 긍정적이거나 부정적 입장을 취한다. 긍정적 입장을 보이는 심리학자는 스포츠에서의 성공을 예견하는 데 심리학적 자료가 중요하다고 믿게 할 것이고, 부정적인 심리학자는 심리학적 자료는 가치가 없다고 주장할 것이다.

초기의 연구에서는 스포츠 분야에서 성격 연구는 지지를 받았다. 당시 스포츠와 성격에 관한 연구에서는 일반인과 선수는 구별되는 독특하고도 정의가 가능한 성격특성을 지니고 있다는 것을 기본 전제로 했다(Kroll, 1970). 선수의 성격특성은 일반인과 구별되는 것(마석열, 김인수, 1991; 성창훈, 박상혁, 2003; 최영준, 최만식, 문익수, 2002; Golas & Dwell, 1971; Williams, 1978; Sperling, 1942)은 물론이고 특정한 종목에 참가하는 선수는 다른 종목 선수와 성격이 구별될 수 있다(최영준, 최만식, 문익수, 2002; 최희남, 박영준, 1999; Morgan, 1972; Spering, 1942). 또는 한 종목에서도 선수의 포지션(박찬호, 김정주, 2001) 에 따라서 성격특성의 차이가 있다는 것이다. 그러나 많은 타 연구에서 이 주장에 대한 부정적 견해가 지지되면서 점차 스포츠와 성격의 관련성에 대한 긍정적 견해가 약해지고 있다. 그 대표적인 몇 가지 관점을 들면 다음과 같다.

1 스포츠와 성격에 관한 문헌에서 일관성 있는 결과를 찾아내기가 거의 불가능하다. 믿을 수 있는 증거를 보고한 연구도 별로 없고, 그런 증거를 보고한 연구의 유효성에도 의심의 여지가 있다. 불행하게도 수년간에 걸친 연구 후에도 스포츠와 관련된 성격특성에 대해서 알려진 것이 별로 없다(Martens, 1975).

2 스포츠와 관련된 성격에 대한 평가에 대해서는 언제든지 상황이 쉽게 바뀔 수 있다는 결론을 내리게 된다. 단지 임상적 해석만이 명확한 결론에 도달할 수 있었다. 반면에 성격에 대한 객관적 측정은 서로 일치하지 않는 결과를 보이고 있다(Kroll, 1970).

3 오랜 기간의 연구 후에도 스포츠와 성격의 관련성에 대한 명확한 발견이 없다. 아직까지도 스포츠에서의 성격 연구자가 제대로 연구를 진행시키지 못하고 있다. 그러므로 연구과정에서 새로운 기법과 설계방법을 이용하고, 이론적으로 단단한 기틀을 채택하여 새로운 방향에서 연구가 재개되어야 한다(Rushall, 1972).

4 이 분야 연구의 대부분은 정교하지 못했다. 연구자는 가장 구하기 쉽고 편리한 성격검사와 가장 가까이 있어서 연구하기에 편리한 집단을 이용했으며, 결과를 해석하기 위한 이론적 기반이 빈약했다. 연구가 진행된 시기와 장소가 달랐기 때문에 결과에 일관성이 없는 것은 당연하다. 만약 이런 연구결과가 일관성을 보이고 혼란스럽지 않다면 그것이 오히려 이상한 일이다(Ryan, 1968; Martens, 1975 재인용).

Morgan(1978)은 스포츠에서의 성격연구에 대한 긍정적 견해와 부정적 견해의 논쟁을 평가하면서 극단적인 양쪽 견해를 모두 거부했다. 그는 스포츠에서의 성공은 부분적으로 심리적 상태와 특성에 의존하기도 하지만 심리적 변수와 스포츠에서의 성공의 관계는 결코 간단하지 않다고 주장했다. 따라서 긍정적 입장이나 부정적 입장에 대한 하나의 대안으로서 좀 더 긍정적이고 온건한 견해가 필요하다. 그러므로 일반적인 요약이나 관련된 주장을 소개하면서 긍정적인 견해와 부정적인 견해, 그리고 그것이 기여하는 모든 요인을 검토하는 것이 바람직하다.

3. 스포츠와 성격의 관계에 관한 회의적인 견해

1970년대부터 스포츠에서의 성격에 관한 많은 문헌 비평, 요약 평론이 활발하게 전개되었다. 이들 중 대부분은 스포츠와 성격의 관련성에 회의적이거나 또는 관련이 없다는 결론을 지지한다. 스포츠와 성격이 관계없다는 회의적인 결론은 세 가지 사항에 근거를 두고 있다. 첫째, 연구결과가 일정한 양상을 보이지 못하고 있다. 둘째, 실험설계의 한계 때문에 수행된 연구의 유용성이 떨어진다. 그리고 셋째, 성격을 설명하기 위해서 개발된 다양한 이론적 모델이 부적합하다.

1) 연구결과의 일반화 가능성 부족

Hardman(1973)은 스포츠에서의 성격에 관한 연구결과의 일반화가 어려운 점을 지적하면서 다음과 같이 진술했다.

> 연구자는 다양한 성격측정방법을 사용했지만 각 측정방법이 항상 직접 비교 가능한 것은 아니다. Harman(1968)은 성격을 측정하는 Cattell의 16PF 질문지, 캘리포니아 성격항목표(the California Personality Inventory), 미네소타 다면적 인성검사(the Minnesota Multiphasic Inventory: MMPI), Maudsley의 성격검사(the Maudsley Personality Inventory) 그리고 Bernreuter의 성격검사(the Bernreuter Personality Inventory)를 이용한 연구 등을 보고하면서 다양한 성격측정방법에 대한 방향을 제시했다. 다른 방법은 표면적인 특성을 측정하는 데 비해서 이 방법은 심층적이고 근원적 특성을 측정하는 데서 어려움이 생긴다. 게다가 일부 연구자는 투사적이고 생리학적인 방법을 사용하여 성격을 측정한다.

성격을 측정하는 문제와 관련해서 더욱 바람직한 접근은 동일한 성격검사를 통해서 얻은 측정결과를 비교하는 것이다. 그러나 이 방법 역시 검사대상 집단이 비교 가능하고 측정 방법이 동일하다고 확신하기 어렵기 때문에 한계를 갖고 있다. Hardman(1973)은 Cattell의 16PF질문지를 사용해서 성격을 측정한 42개 스포츠 종목을 열거했다. 16PF질문지 점수는 Cattell(1970)이 다음에서 설명한 것처럼 표준화

점수인 10점 척도(sten scores)로 표현된다.

> 전형적인 표준 10점(s-sten: Standard-score-based sten)의 범위는 전집의 원 점수 평균을 중간지점으로 하고(표준 10점에서 5점과 6점의 정확히 중간지점인 5.5점), 원점수의 0.5 표준편차가 1표준점수가 된다. 그러므로 이 척도의 평균은 5.5점이다. 평균(5.5)과 평균치보다 0.5표준편차만큼 작은 수치의 사이에 있는 원 점수는 5점으로 환산되고 그와 대응하게 평균보다 0.5표준편차 이하로 큰 원 점수들은 6점이 된다. 그러므로 평균적 또는 규범적 점수범위는 표준 10점 척도에서 5점과 6점 사이에 포함된다. 결과적으로 표준 10점 점수 4점 이하와 7점 이상의 점수를 얻는다면 '평균에서 벗어난 사람' 이라고 말할 수 있다.

Hardman(1973)이 제시했던 자료에서는 여러 성격특성에서 집단의 평균을 나타내는 표준 10점 점수의 범위가 매우 넓어서 운동선수의 성격은 일관성이 있다는 증거가 없었다. 예를 들어 Kroll(1967)이 레슬링 선수의 다양한 성격을 측정한 결과를 보면, 모든 레슬러가 각 성격 특성에서 동일한 점수를 얻지 못하여 차이를 보여 주어서 성격특성의 일관성을 찾을 수 없었다. 이에 따라 Hardman은 같은 종목의 집단에 속한 선수의 성격특성 점수 간의 차이가 존재하는 범위에 대해서 다음과 같이 언급했다.

> 평균점수를 사용하여 운동선수의 성격유형을 결정하는 것은 원래부터 위험이 존재한다. 실제로 연구에서 얻은 것으로 성격검사 점수의 범위를 제시한 연구자는 매우 드물다. 평균점수는 집단이 동질적이라는 결론을 내리게 만든다. 그러나 Hardman(1968)과 Whiting 및 Hendry(1969)가 지적했듯이 이것은 사실과 다르다. 그들은 운동선수 개인이 성격특성에 있어서 집단의 평균과 많은 차이가 있어도 성공할 수 있다는 것을 보였다.

요약하자면, 선수의 성격은 집단 간에 현저한 차이가 있을 뿐만 아니라 집단 내에서도 차이가 크게 존재한다고 보는 것이 더 타당하다.

2) 연구설계의 한계

스포츠에서의 성격 연구에 대한 회의적인 견해의 두 번째 근거는 연구설계의 문제 때문에 선행연구의 효용성이 부족하다는 것이다. 〈표 2-1〉은 스포츠에서의 성격에 관한 기존 연구가 지니고 있는 연구설계의 한계를 정리한 것이다. 표에서 보듯이 연구 효용성의 부족은 성격 연구 설계의 문제인 설계, 과정, 분석, 해석에서 비롯된다.

Martens(1975)는 이것을 방법론과 해석상의 문제로 보았다. 반면 Rushall(1975)은 방법론과 개념상의 오류라고 말했다. 그는 만약 개념과 방법상의 오류를 지닌 연구를 논의에서 제외시킨다면 발표된 연구 중 대다수가 제거되므로, 몇 안 되는 연구들로부터 얻어 낸 일반화된 결과를 받아들일 수 없을 정도가 될지 모른다고 말했다.

(1) 연구 설계 단계

성격 연구의 설계단계와 관련된 네 가지 문제가 있다. 여기에는 Rushall이 '동종교배(inbreeding)' 라는 용어를 사용하여 제기한 두 가지 문제가 포함된다. 첫째는 수많은 논문과 문헌은 성격과 스포츠가 관련되어 있다는 결론을 지지하는 자료만 포함하고 있다는 것이다. 둘째는 후속 연구의 대부분이 중복된다는 것이다. 긍정적 결과를 발표한 논문은 인용되는 반면에 그렇지 못한 다른 논문은 무시되었다.

세 번째 문제는 '발견의 일반화' 라고 볼 수 있다. 일반인은 과학자가 발견한 내용을 쉽게 풀이해 주려는 노력이 부족한 것에 안타깝고 불만스러워한다. 이처럼 연구

〈표 2-1〉 스포츠 성격연구의 연구설계 측면의 한계

연구과정 단계	설계단계	과정단계	분석단계	해석단계
문제-한계	a) 검토는 긍정적 결과만 강조 b) 긍정적 결과만 선택적으로 반복 인용 c) 발견의 지나친 일반화 d) 무비판적인 요약	a) 주제 분류의 부적절성 b) 무선적 표본 원칙이 무시됨 c) 부적절한 항목표(측정도구) 사용 d) 단일 문항의 사용 e) 신뢰성과 타당성이 결여된 임상적 평가	a) 중다 t검증 대 변량분석, 판별분석 b) 단일 대 다변량 분석	a) 상관자료에서 잘못된 인과추론 b) 낙관주의

의 개요 또는 요약된 진술을 만들어 내라는 강한 압력을 받기 때문에 연구자가 '우리는 잘 모른다.' 고 대답하는 것은 적절치 않을 것이다. 그렇게 말한다면 책이나 잡지 기삿거리로서 상업적 가치가 전혀 없게 된다. 그러므로 때로는 상충되는 결과를 한두 개의 연구에서 얻은 긍정적 결론에 꿰어 맞추어서 진술하는 것이 더 수월하다. 스포츠 성격 연구는 이런 가능성이 다분히 있는 분야가 되어 왔다. 네 번째 문제는 대부분의 연구가 비판받지 않은 채 마무리되어 요약되었다는 것이다. 왜냐하면 그 연구는 발표된 그 날짜에 완료되었기 때문이다. 그러나 연구자는 발표된 연구가 반드시 확실하거나 유효한 것은 아니라는 점을 알아야 한다.

(2) 과정 단계

연구는 자체 내에 연구대상자와 종속변수 측정이라는 두 개의 커다란 방법론적 문제가 있다(Martens, 1975; Morgan, 1972; Rushall, 1975). 연구를 위해서 선택된 연구대상자를 분류하는 체계와 표집하는 절차는 연구대상자에 관한 두 가지 문제다. 연구대상자 분류는 스포츠 성격연구에서 가장 많이 논의된 문제다. 운동선수란 누구를 말하는가? 일요일에 조깅하는 사람, 잔디 깎는 시민, 고등학교 농구선수, 직업적 카레이서 중 누가 운동선수인가? 이 물음은 동시에 친화의 정도(예, 한 팀으로 운동 연습을 하지만 선수로 분류되기에는 아직 충분하게 숙련되지 않은 개인도 포함하는가?)와 다양한 집단 참가(예, 팀 또는 개인, 경쟁적 또는 비경쟁적인 권투와 농구를 하는 소년이 운동선수인가?)의 문제를 포함한다. 만약 운동선수와 일반인을 완벽하게 구분하지 못한다면, 일반인과 운동선수가 특정한 성격특성에서 차이를 보이는지 알아내는 일은 불가능할 것이다(Martens, 1975).

연구대상 집단을 표집하는 것 역시 문제다. 대부분의 연구자는 관심을 두고 있는 모집단에서 연구대상자를 무선 표집하기보다는 편의에 따라서 기존의 특정 집단(예, 어느 한 학교의 축구팀)을 선택해 왔기 때문이다(Morgan, 1972; Rushall, 1975). 그러므로 어떤 결과든 보편적인 축구선수와 같은 일반적 범주라기보다는 특정 학교의 축구선수와 같이 해석이 연구대상 집단으로 한정되어야 한다. 그러나 스포츠에서의 성격에 대한 특정한 연구를 검토해 보거나 일반적인 문헌 연구를 살펴볼 때 그렇게 제한적인 해석을 하지 않고 있다는 사실이 분명히 드러난다(Leunes & Nation, 2002). 일반적으로는 연구결과를 모집단에까지 일반화해서 결론을 내린다.

연구에 사용된 종속변수 측정치(예, 성격검사 점수)는 스포츠 성격연구에서 또 다른 혼란의 원인이 되어 왔다(Martens, 1975; Morgan, 1972; Rushall, 1975). 스포츠 상황에서 사용된 성격검사의 타당성에 관련된 문제가 있다. 정상적인 운동선수를 대상으로 성격을 측정하기 위해서 사용된 많은 척도는 원래 비정상인을 평가하기 위해서 개발된 것이다. 이 중 가장 자주 언급된 것이 '미네소타 다면적 인성검사(MMPI)' 다(Kroll, 1970; Rushall, 1975). 두 번째 문제는 신뢰할 만한 평가 절차로서 여러 성격측정 방법을 종합해서 사용해야 함에도 불구하고 대부분의 연구에서는 한 가지 검사만을 사용했다는 것이다(Rushall, 1975).

세 번째로 운동선수의 성공을 예언하는 수단으로서 이용되는 성격에 대한 임상적 평가에 대해서 Martens(1975)는 다음과 같이 평했다.

> Ogilvie와 Tutko(1971)는 '운동동기검사(the Athletic Motivation Inventory)' 라는 성격검사를 이용해서 매우 성공적인 선수의 독특한 성격 프로파일을 알아냈다고 주장해서 일반인의 폭넓은 지지를 얻었다. 그들의 주장에 따라서 선수의 성격을 측정하고 코치에게 그 선수를 지도하는 방법을 알려 줄 뿐만 아니라 이 정보를 통해서 그 선수의 성공 가능성을 예언하여 선수의 잠재력을 최대한으로 발휘할 수 있다고 제안하면서 그 대가로 비용을 요구했다. 그러나 Ogilvie와 Tutko의 보고에 따르면 어떤 자료에서도 이런 의심스러운 사업이 성공했다는 것이 입증되지 않았다.

결론적으로 임상적 판단이 임상가의 통찰과 전문성에만 의존한다는 것 자체가 제한점이다. 그러므로 이 의문에 대해서는 시간이 경과하면서 임상적 통찰이 어느 정도 일관성 있고 다른 임상가에 의해서 동의를 얻어 내느냐로 대답되어야 한다. 실제로 임상적 통찰에 의한 해석이 신뢰할 만한거나 타당하지 않다는 증거가 있다(Goldberg & Werts, 1966).

(3) 분석단계

스포츠와 성격에 관한 연구에서 사용해 온 통계분석 역시 문제를 지니고 있다(Martens, 1975). 통계적 오류 중 가장 빈번한 두 가지는 다음과 같다. 첫째는 변별분석 또는 분산분석을 하기보다는 성격검사를 구성하는 각 문항별로 집단 간 차이를 알아보는 수많은 t-검증을 이용하는 것이다. 둘째는 다변량 분석보다는 부적절한 일원 분석을 사용하는 문제다(Leunes & Nation, 2002).

실험법을 사용할 때 통계적 검증을 통해서 자료를 검토한다. 이 검증의 기본적인 목적은 검증 대상이 되는 두 집단에서 관찰된 차이가 단순히 우연에 의해서 일어난 것인지 아니면 필연적인 차이에 의한 것인지를 특정한 신뢰수준(일반적으로 .05나 .01수준)에서 결정하는 것이다. 전통적으로 연구에서 이용되는 확률수준은 .95나 .99이다. 그러므로 연구자는 그런 확률 범위 내에서 검증된 두 집단 간에 차이가 있다고 결론을 내린다. 만약 연구자가 운동선수와 일반인의 공격성을 비교하려고 한다면, t검증을 이용해서 자료를 통계적으로 분석해서 두 집단은 그 검사에 의해서 차이가 있다는 것을 알아 냄으로써 운동선수는 일반인보다 더 공격적이라는 결론을 내릴 수 있다. 그러나 이 결론이 맞을 확률은 95% 정도라고 확신한다는 의미가 내포되어 있는 것이다. 따라서 이 결론은 확률적인 진술이기 때문에 오류의 가능성이 있다는 점을 명심해야 한다.

두 번째 문제는 과학적 타당성의 측면에서 볼 때 더 중요하다. 전체 연구는 운동선수와 일반인 사이의 차이에 관한 100개의 결론을 포함하는 하나의 묶음이다. 이 전체성에 대한 확신은 어느 정도인가? 전체로서의 연구에서 내린 결론에 오류가 없을 확률은 얼마인가? 운동선수와 일반인을 비교하는 연구에서 100개의 비교가 이루어졌기 때문에, 5% 정도는 오류가 있을 것이라고 기대할 수 있다. 그러므로 통계적 검증은 두 집단 간의 차이가 사실은 우연에 의해서 나타났더라도 오류에 의해서 실제로 차이가 있다는 잘못된 결론을 지지할 수도 있을 것이다. 그러므로 연구자에 의해서 충분한 비교가 수행되어야만 실제의 차이가 발견될 가능성이 있는 것이다.

그러나 실험에서 잘못된 결론을 내릴 가능성을 통계적 방법으로 줄이는 것이 가능하다. 100개의 비교는 변별분석이나 분산분석을 이용하는 한 번의 분석으로 완료될 수 있기 때문에, 그 연구에서는 100개의 비교가 아니라 단지 한 번의 비교만 이루어진다. 따라서 연구자의 결론에 오류가 있더라도 그럴 가능성은 매우 낮아질 것이다.

(4) 해석 단계

많은 연구자가 스포츠 성격연구 결과의 해석 방법에 대해 의문을 품어 왔다(Fisher, 1974; Martens, 1975; Rushall, 1975). 특히 Fisher(1974)는 '잘못된 궤변의 착오' 를 강조했다. 비교되는 두 집단이 성격특성에서 통계적으로 유의미한 차이를 보였지만, 이 정보는 실용적 가치가 거의 없을 수 있다. 앞에서 지적했듯이, 통계적 검증은 연구자가 어떤 확률적 수준에서 확신을 갖고 얻어진 차이가 단순히 우연한 것이 아닐 것이라는 결론을 내리게 한다. 그렇지만 공격성에서 운동선수와 일반인 집단의 평균 차이가 극도로 작지만 통계적으로는 .05 수준에서 유의미하다고 결론을 내린다면 납득할 수 있을까? 더 비판적으로 본다면 '두 집단 간에서 얻어진 차이가 실용성이 있을 만큼 충분히 큰 것인가?

스포츠에서의 성격에 관한 연구결과를 해석할 때 또 다른 중요한 문제는 상관자료에서 인과적으로 추론하려는 경향이다(Martens, 1975; Leunes & Nation, 2002). 연구결과가 반복해서 운동선수는 일반인보다 더 지배적인 성격이 강하다는 것을 보여준다 하더라도, 여전히 운동선수로서의 경험이 '지배성' 이라는 성격특성의 발달을 증진시킨다는 결론을 내릴 만한 기준이 되지는 못할 것이다. 지배성은 스포츠 수행과 관련은 있지만, 지배성이 강한 개인이 스포츠에서 선택되거나 존재한다는 것이지 스포츠 활동에 참가하는 것이 지배성을 결정하는 원인이 된다는 뜻은 아니다.

연구 결과 해석상의 마지막 문제는 낙관주의다. 연구자는 경험 이전에 지니고 있던 기대를 지지하는 긍정적 증거를 더 쉽게 받아들이는 경향이 있다. Rushall(1975)은 연구자가 성격과 스포츠 활동 참가는 관련이 없다는 결과를 발표하지 않거나 또는 이 결과를 보고하더라도 표집에서의 오류나 통제의 잘못으로 해명하고 있다고 지적했다.

3) 부적합한 이론적 모형

스포츠에서의 성격 연구에 영향을 준 세 번째 사항으로 성격의 본질과 측정에 관해서 진행되고 있는 심리학적 논쟁을 생각할 수 있다. 성격이론을 독립적이고 배타적인 것으로 분류할 필요는 없지만 논의를 편리하게 할 목적으로 구분하여 중요 관심사를 세 가지 하위 주제로 제시할 수 있다. 일반적 성격이론, 특성이론 대 사회학습이론, 그리고 스포츠에 관한 구체적 관심이다. 이들은 〈표 2-2〉에 요약되어 있다.

(1) 일반 성격이론

Holtzman(1964)은 「성격 측정에서 재발하는 문제들」이라는 논문에서 성격이론과 측정방법의 발전에 영향을 미치는 문제 가운데 해결되지 않은 여섯 가지 논쟁점을 열거했다. 첫째, 성격이 관찰되고 측정되는 방법은 연구자가 택한 이론적 모형에 달려 있다. 성격에 대한 정신역동 이론가의 견해는 체격이론가나 사회학습이론가와 현저하게 다르다. 심지어 같은 이론적 관점을 가지고 있는 연구자도 성격에 대한 정의에서 차이를 보인다. 특성이론가는 성격의 한 차원으로 '내향성' 을 포함시키고 스스로 개발한 검사에서 내향성을 측정하지만, 그것이 반영된다고 생각하는 특징적 행동과 이론적 근거는 서로 다르다.

둘째, 개인성격은 복잡하기 때문에 제한된 수의 특성 및 상황 등을 바탕으로 성격을 이해하는 것은 매우 어렵다. Holtzman(1964)은 이 점에 대해서 다음과 같이 지적했다.

> 행동을 예측하기 위해서 개인의 과거와 현재에 관한 많은 정보를 적절히 요약하고 미래 환경에 대한 상세한 지식이 있어야만 한다면, 성격을 측정함으로써 만족스러운 수준에 도달하기란 거의 불가능하다. 측정기법을 개발함으로써 개인에 대한 중요한 사실을 효과적으로 구별해서 예측할 수 있다고 생각하지만, 이런 믿음은 확실한 증거보다는 신념에 크게 의존한다고밖에 볼 수 없다.

〈표 2-2〉 성격이론과 측정에서의 이론적 관심(Carron, 1980)

범주	쟁점
일반성격 이론	성격의 의미 성격의 측정 성격의 변산성과 방법의 분리 평가 절차의 문화적 특징 체계적이고 포괄적인 경험으로 연계된 성격이론 성격측정의 윤리적 문제
행동에 대한 특성 대 사회학습적 해석	행동 원인에 대한 행위자와 관찰자의 지각 차이 구체화된 문제 중복 또는 순환의 문제 특성의 경험적 한계 상황론의 경험적 한계
스포츠에 특수한 관심	현저성의 문제

셋째, 성격의 전체변량에서 측정방법의 변량을 분리하는 것은 어려운 일이다. 이것은 성격특성의 측정은 기저에 깔려 있는 이론적 구성체에 의해서 영향을 받듯이 사용된 측정방법에 의해서도 영향을 받는다는 것을 의미한다. 개인은 반응 세트(자신의 솔직한 반응을 감추는 경향이나 사회적으로 바람직한 것을 추구하는 성향 등)를 발전시키며, 이것들은 측정대상인 성격특성을 오염시킨다(Leunes & Nation, 2002). 성격검사를 받는 개인은 결과에서 자신의 좋은 측면이 나타나기를 원할 것이다. 따라서 실제로 자신이 행동하는 것보다는 좀 더 바람직하고 긍정적인 쪽으로 응답할 것이다. 그러므로 연구자가 직면하는 문제는 측정하고자 하는 성향이 제대로 측정이 되었는지 또는 그것이 순간적인 기분이나 선호를 나타내는 것인지를 가리는 일이다.

네 번째 문제는 성격이론과 측정방법은 주로 산업화된 서구사회의 문화적 영향을 받았다는 것이다. 만일 이것이 사실이고 이런 주장을 뒷받침할 수 있는 증거가 있다면, 성격심리학의 전망은 매우 제한될 것이다.

성격이론과 측정의 다섯 번째 딜레마로서 철저하게 경험자료에 근거한 체계적이고 포괄적 성격이론이 발전되어 왔는지가 의문이다. 성격이론은 다양하고 불일치하며 명료성이 부족하고 경험적 유용성이 결여되어 있다는 평가를 받고 있다.

마지막으로 성격측정 과정에서 나타나는 윤리적 문제다. 검사대상자가 측정을 강요받지 않고 자신의 사생활과 성격을 보호받을 권리와 인간행동에 대한 이해라는 과학적 목표를 달성하기 위해서 개인의 성격을 측정하고 실험해야 한다는 입장 사이에는 근본적인 갈등이 있다.

(2) 특성 대 사회학습적 해석

지난 수십 년 동안 성격심리학 분야에서 가장 유력한 이론적 모형은 경험적 분석에 관심을 둔 특성이론과 사회학습이론이다. Fisher(1974), Kroll(1970) 그리고 Martens(1975)는 이들에 대한 많은 쟁점을 요약해서 논의했다. 성격 측정에서의 핵심적 모순은 행동 원인에 대해서 서로 다른 인식이 존재한다는 것이다. 동일한 공격행동을 보고, 관찰자는 행위자의 공격행동을 그 사람의 특성으로 설명하려는 경향이 있는 반면에, 행위자는 자신의 공격행동의 원인을 상황으로 돌리려는 경향이 있다. 예를 들면, 관찰자는 '그가 공격적이기 때문에 저 사람을 때렸다.' 고 지각하는 반면에, 행위자는 '~이유 때문에 내가 그를 때렸다.' 고 달리 지각한다. Jones와

Nisbett(1972)은 이에 대해서 다음과 같이 정리하였다.

> 자기 행동 원인에 대한 행위자의 인식은 외부 관찰자가 이해한 것과 일치하지 않는다. 자신의 행동에 대한 행위자의 시각은 행동하는 시점의 환경요인의 역할을 강조한다. 반면 관찰자는 행위자가 소지하고 있는 안정된 개인성향을 행동원인으로서 강조한다. … 관찰자가 행위자의 행동을 개인 성향에 의한 것이라 보는 반면에, 행위자는 자신의 행동을 상황의 요구에 따른 것으로 보려는 보편적 경향이 있다.

이것은 스포츠 상황에도 적용 가능하다. 코치와 관중, 기자 등은 선수의 행동을 설명하기 위해서 정작 선수는 쓰지 않는 포괄적이고 개인 성향을 나타내는 용어(예, 공격적이다, 지배적이다 등)을 사용한다. 반면에 선수는 운동할 당시에 그렇게 행동할 수밖에 없었던 상황(예, 행동의 한계, 선수에게 가해진 상충되는 압력, 한 번도 허락된 적이 없거나 때에 따라서 금지되었던 선택 대안)을 강조하면서, 그렇기 때문에 자신의 행위는 피할 수 없었던 것으로 인식한다(Jones & Nisbett, 1972). 그러므로 행위자인지 관찰자인지에 따라서 행동에 관한 상황요인을 중시하는 사회학습 관점을 택하거나 아니면 개인 요인을 중요시하는 특성적 관점을 택할 것이다.

Fisher(1974)는 특성이론에 반대하여 '중복 또는 순환적 오류'를 제기하면서 이를 Mahl, Kagan 및 Holt(1969)의 말을 인용하여 설명했다.

> … 성격과 특성을 정의하는 방법은 분명히 다르다. 성격은 관찰 가능한 진행 중인 행동양식이고 특성은 양식화된 방식으로 행동하려는 추론된 성향이다. 성향은 미래의 활동을 나타내고 행동양식보다는 좀 더 개인 내적인 것처럼 들리지만 그것은 단지 언어상의 차이일 뿐이다. 어떤 개인이 민첩한 성향이 있다고 말하는 것이나 그 사람이 계속해서 신속하게 여러 번 나타나는 것이 관찰되었다고 말하는 것은 결국 같은 것이다. 그러므로 특성은 설명적 기술이지 설명적 개념이 아니다. 이 점을 이해하지 못한다면 '중복 또는 순환적 사고의 오류'를 범할 위험에 빠진다. 개인이 시간을 잘 지키는 특성을 지니고 있기 때문에 그가 민첩하다고 말하는 것은 순환적 오류의 좋은 예다. 순환적 오류에서는 설명처럼 보이는 것이 원래의 관찰에는 아무것도 보탬이 되지 않는다.

행동을 설명하려는 특성이론에 대한 가장 신랄한 비판은 경험적 증거일 것이다. 특성에 의해 설명된 행동 변량은 15% 이하로서 광범위하고도 기저에 깔린 성향으로서의 특성은 행동을 설명하는 수단으로서 매우 효과적이지 못했다.

Martens(1975)는 경험적 근거에 의해서 사회학습이론의 한계를 요약했다. 예를 들어, 환경조건을 조작해서도 의미 없는 결과를 얻어 낸 연구는 행동에 대한 사회학습이론에 반하는 증거가 된다. 사회학습이론은 상황에 따라서 개인 행동이 달라지며, 비슷한 상황에서 사람의 행동은 거의 차이를 보이지 않는다고 가정한다. 그러나 이것은 사실과 다르다는 증거가 있다. 같은 상황에 처해 있는 개인이라도 행동에 일관성을 보이지는 않는다.

사회학습이론의 한계를 더 직접적으로 뒷받침해 주는 두 번째 경험적 예가 있다. Endler와 Hunt(1973)는 개인 대 상황의 중요성에 대한 질문을 매우 허구적인 문제로 간주한다. 왜냐하면 두 요인은 모두 반응 변량의 15% 이하의 매우 작은 부분만을 설명하기 때문이다. Kroll(1970)은 "이제는 스포츠 성격 연구자가 일반적 성격 연구에서 설명되지 않은 변량을 차지하는 특성은 설명된 변량보다 배 이상 중요하므로 이에 대해서 도전해 볼 만하다는 사실을 인식해야 한다."라고 주장했다.

(3) 스포츠에 특수한 관심

스포츠에 적용할 성격이론의 문제는 스포츠를 위한 일반적인 성격 측정방법의 적용 가능성을 결정하는 '특출성'의 물음이다(Fisher, 1974; Kroll, 1970; Rushall, 1975). 일반적인 성격검사에서 측정하는 많은 특성이 스포츠상황에서도 현저하게 특출한 것은 아니다. 이에 관해서 Fisher(1994)는 다음과 같이 지적했다.

> 물론 평범하고 크게 개입되지 않은 상황에서 일어난 행동과 특출한 상황에서 일어난 행동을 비교하면 두 행동 간의 관련성은 낮다. 성격검사 질문지에 포함된 어떤 문항은 개인행동의 현저한 부분을 다루지 못한다. 이 목록을 이용해서 특출한 장면인 장래의 스포츠 행동을 예언하거나 비교하고자 한다면 성공할 가능성이 낮을 것이다.

그동안 스포츠 성격 연구자는 원래부터 고래를 잡기 위해서 만들어진 큰 그물을 들고 피라미를 잡으려고 했다. 그러므로 고기잡이가 잘 되지 않는다고 불평할 수 없다(Kroll, 1970).

4. 스포츠와 성격의 관계에 관한 긍정적인 견해

Morgan(1978)과 Kane(1978)은 성격의 일반 특성 모형뿐만 아니라 성격과 스포츠의 관계에 대한 긍정적인 관점을 전개했다. 그들은 성격에 관한 자료가 스포츠에서의 성공을 예견하는 데 매우 중요하다고 보는 견해를 지지하지는 않았다. Morgan은 그런 견해를 오히려 '속기 쉬운' 관점이라고 칭했다. 그러나 두 사람 모두 성격차원과 스포츠 활동은 아무런 관련성이 없다는 회의적인 관점의 타당성에도 의문을 제기했다. Morgan은 '속기 쉬운 주장'과 '회의적인 주장' 모두 과학적 뒷받침이 없다고 했다. 만약 몇 가지 방법상의 한계를 고려한다면 긍정적인 관점에 합당한 경우를 더 찾아볼 수 있을 것이다.

1) 방법론적인 고려

Rushall(1975)은 회의적 관점에 대한 논의에서, 방법 및 개념상의 오류를 지닌 연구를 제외한다면 발표된 기존 연구의 대다수가 해당될 것이라고 주장했다. 그 결과 남은 소수의 연구는 결과의 일반화를 인정받기에 충분치 않을 것이다. 낙관주의자와 비관주의자의 차이는 전자가 "컵에 물이 반이나 차 있다."라고 보는 반면 후자는 "반이나 비었다."라고 본다는 격언과 같다. 따라서 방법론적 제한 때문에 성격과 스포츠는 관계가 있다는 결론의 가능성을 부정한다면 그것은 관계없다는 결론의 가능성 또한 부정하는 것이다. 즉, 확실한 결론을 내리자면 엄격한 과학적인 연구가 더 필요하다. 이 기준을 만족시키는 연구(Schurr, Ashley, & Joy, 1977)에서 성격과 스포츠 차원 간에 상당히 분명한 관계가 드러났다. Morgan(1978)은 통제되지 않아서 회의적 관점을 지지하는 데 기여했을지도 모르는 반응왜곡의 목록을 제시했다.

> 신체 능력에서 차이를 보인 집단이 단순히 반응왜곡 때문에 심리적 특성에서는 차이를 보이지 않을 수 있다. 대부분의 검사에 포함된 문항은 속이 빤히 들여다보이기 때문에 반응왜곡을 일으킬 가능성이 크다. 이것은 스포츠와 성격특성이 관련 없다는 회의적 관점을 갖는 데 근거를 제공할 수 있다.

성격검사에서 일어나는 반응왜곡의 예를 보자. 수검자에게 스필버그의 상태-특성불안 검사지(STAI)를 주고, '가능한 한 당신을 좋게 꾸미시오.' 또는 '가능한 한 당신을 나쁘게 꾸미시오.' 라고 지시했다. 이 지시는 결과에 중요한 영향을 주었다. 그러나 반응 왜곡이 스포츠 성격 연구에서 다룰 수 있는 하나의 요인(선수가 고정관념에 따라서, 좋게, 나쁘게 혹은 무선적 방식으로 응답하도록 만드는)이 되었는지 여부를 여기서 검토하기란 불가능하다.

스포츠와 성격 간의 관련성을 찾는 데 실패한 또 다른 이유는 연구자가 일차 요인에만 관심을 두고 이차 요인을 간과했기 때문이다. Kane(1970)과 Rushall(1970)은 일차 요인에 대한 분석을 비교한 결과 스포츠와 성격은 아무런 관련성이 없었다. 그러나 이차 요인을 분석한 결과 신체적 능력과 성격 간에 관련성이 있음이 관찰되었다. 이 연구에서 가장 중요하고 일치하는 이차 요인은 '외향성' 이었다(Morgan, 1978).

대부분의 선행연구에서 사용된 통계분석법(예, 실험법이나 상관법이 이용되고, 결과자료는 단일 혹은 중다변수로 분석)이 스포츠와 성격 간의 관련성이 부족한 이유에 대한 설명이 될지도 모른다. 실험법 대 상관법에 관해서 논의하면서 Kane(1978)은 성격과 스포츠 관계의 특성을 세밀하게 알아내려는 상관관계 연구가 놀라울 정도로 적게 이루어졌다는 사실을 확인했다. 스포츠와 성격 간의 관계가 존재한다면 적절한 상관관계를 밝히는 과정이 그것을 최대화하는 환경을 잘 나타내 보였을 것이고, 이는 다시 그 관계의 성질에 대한 이해를 증진시켰을 것이다.

그러나 적절한 상관관계 산출 과정은 중다적이어서 많은 성격요인 및 스포츠 참가 변수가 동시에 분석될 수 있을 것이다. Kane(1970, 1972, 1976)은 자신의 연구를 통해서 결론을 이끌어 내면서, 분석유형이 단순하고 이원적 기법(하나의 성격 변수와 하나와 신체적 수행 변수의 상관)에서 더 복잡하고 중다적인 기법으로 진행할 때 상관계수 크기가 증가하는 것에 주목했다. 중다 벡터를 이용한 많은 분석은 평균 .700 정도의 유의미한 상관계수를 산출했고, 많은 경우에 스포츠능력과 외향성의 관련성에 대한 일반적이고 분명한 해석을 허용했다(Kane, 1978).

Hardman(1973)은 16PF질문지의 이차 요인에 대한 포괄적인 분석을 수행했다. 두 가지 이차 요인은 '불안' 과 '내-외향성' 이었다. 최우수 선수의 불안점수 평균은 평범한 선수보다는 안정되고 불안하지 않은 모집단의 전형과 매우 비슷한 경향을 지니고 있었다. 이에 대해서 Hardman(1973)은 다음과 같이 말했다.

> 이런 결과를 볼 때, 우수선수에 비교해서 일반선수가 안정되거나 걱정을 하지 않는다고 주장하는 것은 놀랍다. 오히려 상대적으로 불안이 없는 것은 우수한 선수다. 그런 선수는 모집단의 규준보다 더 크게 안정성을 지니고 있다는 믿음을 갖게 했다.

이차 요인인 내-외향성에 대한 일반적 발견은 불안의 경우와 비슷하다. 많은 선수 집단의 평균은 모집단의 평균이나 평균 이상의 범위에 해당하는 경향이 있다. 그러나 Hardman은 외향성과 스포츠 수행의 이런 정적 상관은 특정한 스포츠에서만 성립된다는 사실을 알았다.

스포츠 참가와 성격의 관련성에 관한 연구에 대해서 가장 비판적인 문제는 연구 대상자들의 분류다. 개인을 분류하는 것은 적어도 두 단계를 거쳐야 한다. 첫째는 선수와 일반인을 분류해야 하는데, 이것이 어렵다. 둘째, 선수를 남성-여성, 단체-개인, 공격적-비공격적 등의 스포츠 유형에 따라서 나누는 것이 필요하다.

Schurr, Ashley 그리고 Joy(1977)는 앞서 언급한 모든 절차와 방법의 문제를 극복한 연구를 수행했다. 규모가 큰 표본 1,956명의 남자 대학생에게 16PF질문지를 실시했다. 이들은 대학 간 스포츠 프로그램에 참가한 '선수' 이거나 또는 선수가 아닌 '일반 학생' 으로 분류되었다. 선수는 스포츠에서 성공한 정도(대표 우승 선수와 대표가 아닌 우승 선수)와 스포츠종목에 따라서 다시 분류되었다. 16PF에서 이차 요인은 다변량 통계분석법으로 처리되었다.

종목에 따라 선수를 구별하는 분류체계가 [그림 2-1]에 제시되어 있다. Schurr, Ashley 그리고 Joy(1977)는 단체 대 개인의 양분법을 사용했는데, 그것이 스포츠 참가- 성격 문헌에서 전통적으로 널리 지지를 받아 왔기 때문이다. 상대선수와 부딪치는 직접적 스포츠와 상대선수와 부딪치지 않는 평행적 스포츠 분류는 어떤 스포츠(미식축구, 축구 등)에서는 상대방에 대한 직접적인 공격이 가능한 반면, 다른 스포츠에서는 상대방에게 직접적인 공격을 하지 않는다는 관찰에서 나온 것이다(Shurr, Ashley & Joy, 1977). 그 결과 종목별로 요구되는 성격특성도 달라야 한다. 세 번째 분류법은 평행적 개인스포츠를 장시간(예, 크로스컨트리)과 단시간(예, 체조)으로 구분하는 것이다.

일반적인 연구결과에 따르면 어떠한 단일한 성격 프로파일로도 선수와 일반인을 구별할 수 없다. 그러나 선수를 스포츠 유형에 따라 분류하면 몇 가지 흥미로운 차

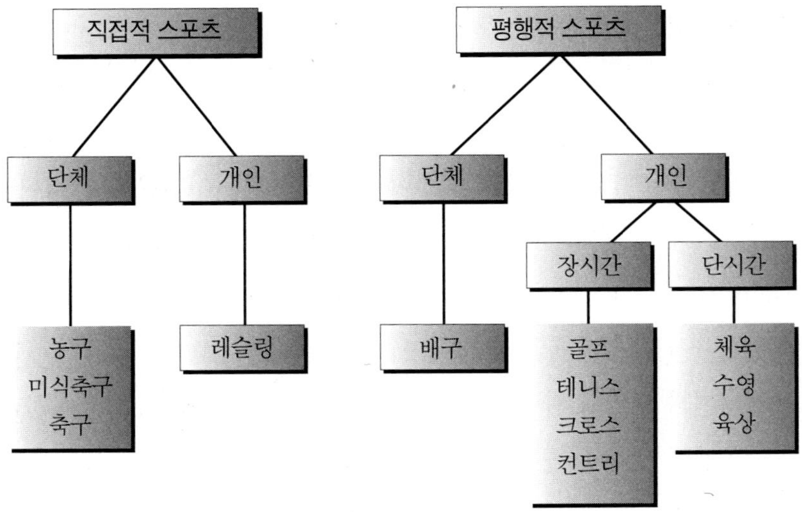

[그림 2-1] 스포츠 유형의 분류(Shurr, Ashley, & Joy, 1977)

이점이 관찰된다. 선수를 일반인과 비교하고 또 스포츠 종목에 따라서 비교해서 얻은 중요한 발견이 〈표 2-3〉에 요약되어 있다. 몇 가지는 선수에 대한 기존의 분석결과와 일치한다. 예를 들면, 단체 종목 선수는 개인 종목 선수보다 더 외향적이고 의존적이었다. 반면에 개인 종목 선수는 덜 불안하고 더 독립적이며 객관적이었다.

Schurr, Ashley 및 Joy(1977)의 연구결과는 스포츠몰입과 성격의 관련성을 이해하려는 시도라는 점에서도 의미가 있지만, 스포츠 성격연구에서 가능성 있는 새 방향을 제시했기 때문에 특별히 더 중요하다. 물론 선행 연구가 재분석되거나 장차 연구가 수행되기 전까지는 이 질문에 답할 수 없다. 방법론에 대해서 논의된 마지막 관심사는 선수의 행동을 충분히 설명하기 위해서 선수의 심리적 특성과 상태를 측정할 필요가 있다는 것이다(Morgan, 1978).

따라서 선수 개인은 스포츠에서 사회적 모임에 이르기까지 다양하게 상황이 변화함에 따라 지속적으로 행동에 영향을 미치는 내적 불안성향 수준을 지니고 있을 것이다. 그리고 이처럼 다양한 각 상황에서는 상태불안이 유발되는 수준에 따라서 지각되는 위협이나 스트레스의 정도가 달라질 것이다. 그러므로 Morgan(1978)은 상황과 특성은 그중 하나만 이용될 때보다는 두 가지가 함께 고려될 때 행동 변량의 더 많은 부분을 설명할 것이라고 지적했다.

〈표 2-3〉 다양한 스포츠 선수와 일반인 그리고 다양한 스포츠 선수 간의 성격에서의 차이(Schurr, Ashley & Joy, 1977)

참조 그룹	비교 집단	성격 프로파일 차이
팀 스포츠 선수	일반인	덜 추상적 추리 더 외향적 더 의존적 더 낮은 자아 강도
개인 스포츠 선수	일반인	덜 추상적 추리 덜 불안 덜 의존적 더 객관적
직접 스포츠 선수	일반인	덜 추상적 추리 더 외향적 더 객관적 더 독립적
평행적 스포츠 선수	일반인	덜 추상적 추리 덜 불안 덜 독립적 더 강한 자아 강도
대표 우승자	비 대표 우승자	차이 없음
개인 스포츠 선수	팀 스포츠 선수	덜 의존적 덜 불안 덜 외향적 덜 정서적 더 객관적
직접적 스포츠 선수	평행적 스포츠 선수	더 공격적

2) 이론적 쟁점

스포츠와 선수의 성격은 관련성이 없다고 주장하는 회의론의 논리에 따르면 특성이론은 행동변량을 충분하게 설명할 수 없기 때문에 폐기되어야 한다. Morgan (1978)은 스포츠 성격연구에서 아직도 특성모형이 충분히 검토된 바가 없다고 주장하면서 다음과 같이 반론을 제기했다.

'특성이론' 을 폐기하거나 새로운 '상황-특수 항목표' 를 개발하기보다는, 스포츠

> 심리학자가 먼저 기존 이론과 측정도구가 적절하지 못하다는 사실을 증명해야 한다. 대부분 기존 성격이론과 측정도구는 바르게 사용되기보다는 잘못 사용된 적이 훨씬 더 많았다. 이런 측정도구는 적절하지 않게 사용되었고 많은 경우에 스포츠 심리학자는 자신들이 사용하는 측정도구의 이론적 배경을 간과했다. 측정도구는 이론이 확장된 것을 의미하지만 연구자는 특정한 성격 이론의 맥락 안에서 측정도구를 사용해야 함에도 불구하고 16PF와 EPI와 같은 측정도구를 이론에 구애받지 않고 사용했다.

Kane(1978)도 이와 비슷한 주장을 했다. 그는 개인과 상황에 대한 강조가 증가하는 것은 성격이론가인 Cattell과 Eysenck의 관점과 일치한다는 점을 다음과 같이 진술했다.

> Cattell이나 Eysenck는 내-외향성이나 16PF질문지에서 볼 수 있는 성격특성 측정치에 근거해서 모든 환경에서 개인행동을 충분하고 정확하게 예측하는 것이 불가능하다고 인정했다. Eysenck가 주장했듯이 행동실험에서 얻은 결과를 해석할 때 연구자는 상황적 측정값의 변화에 민감할 필요가 있다. 더군다나 자신의 연구와 성격특성 분야의 발전이 잘 맞지 않았던 Cattell은 '자원 특성'(source traits: 행동을 결정하는 비교적 안정되고 근원적인 원인적 실체)과 '표면 특성'(surface traits: 특정 환경에서 행동을 반영하는 변동적이고 표면적인 요소)을 분명하게 구별하면서, 다음과 같은 방정식의 사용을 제안했다.
>
> $$R(\text{반응}) = S_1T_1 + S_2T_2 + \ldots S_nT_n$$

여기서 T_1T_2 등은 특성(Trait)이고 S_1S_2 등은 정해진 상황(situation)에서 각 특성에 대한 가중치다. 따라서 성격특성과 환경의 상호작용을 수용하고 접근법을 강조하기 위해서는 특성모형을 포기할 필요가 없다.

5. 스포츠와 성격에 관한 앞으로의 연구

스포츠에서 성격 연구는 현 상태에서 어디로 가야 하며 또 어디로 갈 수 있을까? 지난 수십 년 동안 일반 성격이론과 측정의 문제가 지속되어 왔기 때문에 이 질문에 대해서 명쾌한 대답을 할 수는 없다. 그러나 스포츠와 성격의 상호관계에 대한 경험적 연구가 최근에 이르러서야 집중적으로 관심을 받아 왔다는 사실은 강조할 필요가 있다. 관심이 급증한 이 기간 동안에 연구결과에 대한 해석과 연구설계에서의 오류는 당연한 일인지 모른다. 그렇지만 이 주제와 관련해서 연구결과의 해석과 연구설계의 오류가 가장 중요한 문제가 되는 것 같지는 않다. 그보다는 오히려 이론적 문제가 더 해결하기 어렵게 보인다.

그동안 많은 대안적 이론이 발전되어 왔다. 그 한 가지 대안(Carron,1975)은 사회학습 모형을 스포츠 활동에 적용하는 것이다. 이 대안의 근간은 다음 주장에서 보듯이 특성적 접근의 효율성이 높지 않다는 사실이 밝혀졌고, 다양한 스포츠 상황에 따라서도 행동이 매우 일관성 있다는 것이다.

> 스포츠와 선수의 성격은 관련이 있다는 관점에 대해서 가능성 있는 그럴듯한 근거가 반복해서 확인되고 있다. 그 스포츠 자체의 고유하고 일관성 있는 행동에 의해서 선수의 특징이 결정된다는 주관적인 관찰이다. 그러나 행동의 일관성은 선수 자신의 일관성 있는 일반화된 성격성향이 아니라 특정한 반응 상황과의 상호작용인 것이다. 스포츠 상황에서 행동을 이해하고 예측하려면 스포츠에서 일어나는 구체적인 반응 상황의 심리적 특성에 대해서 더 많이 이해해야 한다(Carron,1975).

사회학습 접근이 스포츠 상황의 심리적 특징을 이해하는 데 다소 이득이 있기는 하지만, 사회학습 접근을 위해서 특성적 접근은 포기해야 한다는 주장은 정당화될 수 없다. 특성적 관점은 상황의 중요성을 간과하지 말아야 하고, 마찬가지로 사회학습 관점은 개인을 간과하지 않아야 한다. Endler와 Hunt(1973)는 행동 변화를 설명하면서 상황만 고려하는 것이 개인만 고려하는 것보다 더 낫지는 않다는 결론을 내린 바 있다.

두 번째 대안으로 스포츠에 특수한 측정방법을 개발하는 것이 바람직하다는 주장(Kroll, 1970; Rushal, 1975)이 있다. 성격분야뿐만 아니라 스포츠에 참여하는 개인행동에 집중된 관심으로 많은 분야에서 측정방법의 진전이 있었다. 스포츠태도를 측정하는 Kenyon의 척도(Kenyon, 1968), 스포츠맨십을 평가하는 Kroll(1976)의 척도, Alderman과 Wood(1974, 1976)의 운동선수 동기측정 척도, Rushall(1974)의 수영선수에 대한 심리측정 항목표 그리고 Martens(1977)의 스포츠 경쟁불안검사(SCAT),

스포츠 심리적기술항목표(Psychological skills Inventory for Sports: PSIS, Mahoney, Gabriel, & Perkins, 1987), 운동대처기술항목도(Athletic Coping Skill, Inventory, ACSI, Smith, Smoll, & Schutz, 1988), 수행전략검사(Test of Performence Strategies; TOPS, Thomas, Murphy, & Hardy, 1999) 등이 그 예다.

Schurr, Ashley 및 Joy(1977)와 Kane(1978)의 연구는 세 번째 대안을 제시한다. 그것은 스포츠 참가와 성격의 복잡한 관계를 해명하기 위해서는 성격특성을 더 구체적이며 덜 포괄적인 방법으로 검토할 필요가 있다는 주장이다. 모든 스포츠선수(그리고 그들이 스포츠 상황에서 나타내는 행동)는 같지 않기 때문에 분류해서 생각해야 한다. 또한 사람의 행동은 매우 복잡하므로 스포츠 상황에서 더 충분히 이해하기 위해서는 분석수준(이차적 요인 대 표면 특성 그리고/또는 단일변수 대 중다변수 통계분석)이 수정되어야 한다. 마지막으로 Endler와 Junt(1971)는 상황과 반응양식을 모두 범주화하고 다음으로 다양한 종류의 상황에서 나타나는 반응으로 개인을 설명함으로써 일반적인 성격에 대한 기술을 크게 향상시킬 것이라고 제안했다.

03

스포츠와 동기(I): 동기의 기초

1. 추동이론
2. 유인동기
3. 최적수준이론
4. 스포츠 경쟁불안

동기(motivation)란 용어는 라틴어의 'movere'에서 유래한 것으로서 '움직인다'(to move)는 뜻을 지니고 있다. 이런 의미로 볼 때 인간이 일정한 행동을 하도록 움직이게 하는 근원은 동기임을 알 수 있다. 동기에 대한 정의는 학자에 따라서 다양하지만 동기는 세 가지 기본 속성을 지닌다(한덕웅, 1985).

1 행동을 활성화시키는 측면
2 행동방향을 설정하거나 목표를 설정하도록 통로화시키는 측면
3 행동을 유지시키거나 지속시키는 측면

동기가 없으면 행동도 있을 수 없기 때문에, 동기 개념에 근거하지 않으면 선수의 스포츠 수행을 설명하거나 예언하는 것이 불가능하다.

동기현상은 매우 다양하므로 한 가지 동기현상을 분석함으로써 다른 동기개념 모두를 분석할 수는 없다. 모든 동기적 사실은 동일한 요소에 의한 동일한 법칙으로 설명할 수 있는 동일한 현상이 아니다(Littman, 1958). 동기는 복잡한 개념적 구성체이기 때문에 간단하게 논의하거나 정리할 수 없다. 결국 동기에 관한 논의 체계는 연구 주제나 내용을 선정하고 결정하는 과정을 통해서 정리하고 마련할 수밖에 없다. 3장에서는 스포츠 동기 연구에서 기초적이고도 가장 중요한 영향을 미친 추동이론, 유인동기, 최적수준이론(또는 활성화 각성-촉발이론), 스포츠 경쟁불안이론을 다룬다. 그리고 4장에서는 사회적 동기인 귀인이론, 성취동기이론, 내적동기이론, 목표설정이론 등을 다룬다.

1. 추동이론

추동이론(drive theory)은 스포츠 사회심리학 분야에서 가장 일찍 형성된 이론이며 영향력 있는 동기이론이다. 이 이론은 동작-과제(motor-tasks) 수행과 학습에 대한 스트레스나 불안에 미치는 영향을 알아보는 연구에서 모형으로 이용되었다. 또는 스포츠 수행과 학습에 대한 관중과 경쟁자의 영향을 다루는 연구를 촉진시켰다(Zajonc, 1965).

1) 추동이론 모형

추동이론은 Hull(1943, 1951, 1952)이 동기와 학습을 기계론적으로 해석하기 위해서 개발했다. 그의 제자이자 동료인 Spence는 원 모형을 꾸준히 수정하고 완성하는 데 심혈을 기울였다.

추동이론 자체는 매우 복잡하지만 기본적으로 행동에 대한 자극-반응적 해석을 하기 때문에 기계론적이다(Weiner, 1972; 한덕웅, 1983). 이 이론은 Hull이 외현적 행동에 자극조건을 연결시킴으로써 매우 통합된 가정, 원리 그리고 추론을 구성했기 때문에 복잡해졌다. 행동에 대한 이 이론의 해석체계는 단순한 '자극-반응(S-R)' 이 아니라 '자극-유기체-반응(S-O-R)' 이다.

투입변수(자극)는 일련의 중개변수(유기체)에 의해서 산출변수(반응)에 연계된다. 중개변수는 관찰이 불가능한 실체로서 외현적 사상(overt events)인 자극이나 행동반응에서 추론할 수 있을 뿐이다.

어떤 모형에서나 중개변수는 이론적 구성체일 뿐이다. 자극은 유기체가 '음식을 먹지 못한 채 경과한 시간' 과 같은 선행조건을 나타낸다. 이 자극조건은 음식 먹은 후 0시간, 4시간, 8시간 경과 등 체계적으로 변할 수 있는 독립변수다. 이 독립변수를 이용해서 미로에서 배고픈 쥐가 음식 있는 장소를 찾아가는 데 걸린 시간(종속변수)에 미치는 영향을 평가할 수 있다. 동기의 강도나 학습 정도와 같은 이론적 구성체는 조건자극 수준의 차이와 수행에서의 차이를 연계하는 데 작용하는 중개변수가 될 것이다.

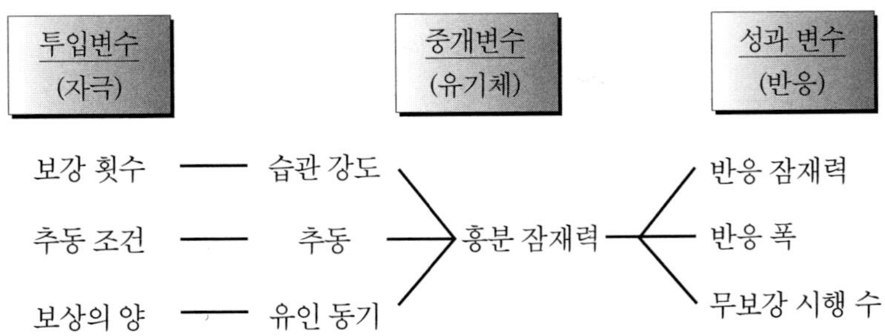

[그림 3-1] Hull의 추동이론의 중요한 일반적 특성(Hilgard & Bower, 1966)

중개변수는 검증 가능하고, 논리적이고, 모순되지 않고, 다른 변수와 상호 관련되어야 과학적으로 유용하다. 이런 조건은 Hull의 이론에서 입증될 수 있다. Hull의 모형을 매우 단순화시킨 [그림 3-1]에서 추동이론의 일반특성을 볼 수 있다.

투입변수는 독립변수로서 조작될 수 있는 객관적 조건을 포함한다. [그림 3-1]에는 이전에 받은 보강의 횟수, 추동조건 그리고 받은 보상의 양이나 무게 등이 포함되어 있다.

[그림 3-1]에서 보듯이, 이들 선행조건 각각은 구체적인 중개변수와 연결되어 있다. 이전에 받은 보강의 횟수는 습관강도에 영향을 주고, 추동상태는 추동에 영향을 주고, 보상의 양이나 무게는 유인동기에 영향을 준다. 세 가지 중개변수는 조합해서 홍분 잠재력을 결정한다. Hull은 이들의 상호작용을 다음과 같은 함수관계로 보았다.

홍분잠재력 = f (습관강도 × 추동 × 유인물) Hull의 공식

Hull의 공식에서 유인물(incentives)의 영향을 고려하는 데 가장 중요한 영향을 미친 Spence는 추동과 유인물을 더해서 다음과 같이 공식을 수정했다.

홍분잠재력 = f{(습관강도(추동 + 유인물)} Spence의 수정공식

이 체계의 마지막 단계인 반응 또는 산출변수도 실험적 상황에서 확증될 수 있는 것이어야 한다. 산출변수로는 반응 잠재력, 반응의 폭 그리고 소거를 위한 무 보강 시행의 횟수가 포함된다.

(1) 추동

Hull의 추동이론에서 바탕이 되는 기반은 욕구경감(need reduction)이었다. 유기체는 충족되지 않은 욕구에 의해서만 반응하므로 이것이 곧 추동이라고 이해된다. 만일 욕구가 없다면 행동은 일어나지 않는다. 이 점에 대해서 Hull은 다음과 같이 주장했다.

> 실제적이든 잠재적이든 일반적으로 욕구는 유기체 행동에 앞서 발생하여 그 행동을 수반한다. 그렇기 때문에 욕구는 연계된 행동을 일으키는 동기가 되거나 그 행동을 추진한다.

추동과 추동경감의 상호관련성에서 비롯된 중요한 지적이 있다. 첫째, 추동은 배고픔이나 갈증과 같은 피질 결핍(tissue deficit)에 의해서만 발생하는 것으로 간주되었지만(Hull, 1943), 이런 해석은 후에 수정되어(Hull, 1951) 습득 또는 학습된 추동까지 포함하는 것으로 확장되었다. 사실 스포츠에 가장 크게 관련되는 것은 경쟁, 친화, 공격과 같이 습득되거나 학습된 추동이다.

둘째, Hull에 따르면 추동은 분화되지 않은 행동의 활성화 요인이다. 추동은 일정한 시점에 유기체에게 작용하는 모든 욕구상태에 의해서 영향을 받은 일반적 상태다. 그러므로 개인의 추동 수준이 증가하면 모든 행동을 활성화시킬 것이다. 그 결과로 개인은 음식을 빨리 먹고 급하게 달리고 빠른 속도로 말할 것이다. 추동은 행동을 활성화시키는 요인으로서 행동을 동기화하지만 행동방향을 결정하지는 못한다. Brown(1961)은 이에 대해서 다음과 같이 말하고 있다.

> 동기에 대한 논의에서는 '추동' 이라는 용어는 논쟁점이다. 어떤 연구자에게 이 용어는 여러 행동방향이라는 아이디어를 전해 준다. 배고픔의 추동은 음식을 향한 행동이 일어나게 한다. 목마름의 추동은 물을 향하게 한다. 그러나 추동의 기능을 행동 활성화로 제한시키지 않는다면 혼란을 초래한다. 추동의 기능이 동기요인으로 제한된다면 추동이 구체적인 어떤 목표를 지향하지는 않을 것이며, 다른 것을 선택적으로 제외시켜서 어느 한 유형의 경향만 활성화시키지도 않을 것이다. '추동' 이라고 할 때, 그런 구성개념은 모두 같지만 여전히 다르다는 것을 의미한다. 만일 추동이 완전히 똑같은 동기요인으로 작용한다면, 모든 경우에 동일한 과정이 일어나야 한다. 그리고 모든 추동은 활성화 요인으로서 하나가 되어야 한다. 만일 그들이 동기요인으로서 같지 않다면, 각각 독자적인 방식으로 동기화되어야 한다. 다르지만 비슷한 방식이라는 것을 상상하기는 쉽지 않다. 물론 추동은 각각 나름대로 구별되는 동기변수의 결과라는 것을 제외하고는 모두 동일하다고 생각할 수 있다. 그러나 그것이 사실이라면, 추동의 원인이 다르다는 것 이외에는 더 이상 행동 결정요인으로서 차별적인 추동을 생각할 필요가 없다.

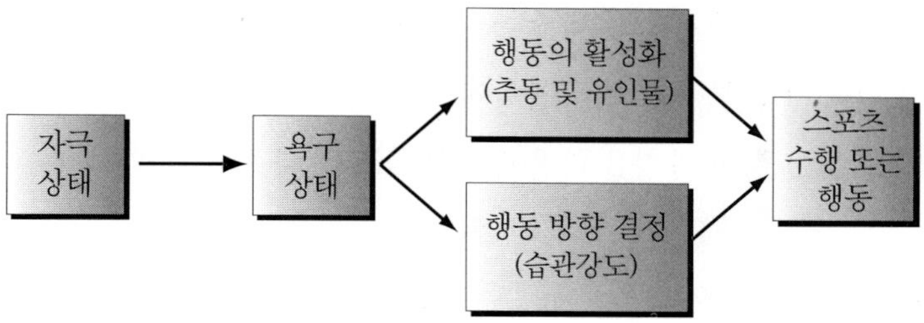

[그림 3-2] 선수의 스포츠 수행을 결정하는 요인에 관한 추동이론 모형(carron, 1980)

그러므로 행동을 활성화하고 동기화하는 변수와 행동방향을 결정짓는 변수를 구분해야 한다. 추동이론의 기본형은 [그림 3-2] 모형과 같다(Weiner, 1972).

유기체가 보여 주는 행동 에너지의 크기 또는 활성화 수준을 나타내는 변수는 추동과 유인물이며, 구체적인 행동 방향은 습관강도에 의해서 설명된다. 행동의 활성화와 행동방향 결정요인은 행동의 필수조건이지만 그 어느 것도 충분조건은 아니다. 어떤 반응은 강한 추동과 약한 습관강도 또는 약한 추동과 강한 습관강도의 산물일 수 있다. 행동을 관찰함으로써 이 둘 중의 어느 것이 상대적으로 더 강력한 영향을 미치는지 알아내는 것은 불가능하다.

셋째, 보강은 추동이론의 기초적 요소다. 유기체에게 욕구상태가 발생하면 그것은 유기체가 반응하게 만든다. 반응이 적절하여 정반응이면 그 반응은 욕구나 추동을 경감시킨다. 그리고 추동의 경감은 보강된다. 그 결과 자극상황과 구체적 반응 사이의 연합으로 강화된 습관이 발달하여 학습이 이루어진다.

이것은 어떤 반응상황에서나 그곳에서는 경쟁적인 반응 경향성이 있다는 것을 의미한다. 예를 들면, 배고픈 쥐가 T자형 미로의 갈림길에 놓이면, 많은 반응이 발생 가능할 것이다. 이들 중 많은 반응은 원래부터 경쟁이 될 만한 것이 되지 못한다. 미로를 따라서 달리는 동안에 머리를 돌리는 것과 같은 반응은 쥐가 목표상자를 찾고 있는 동안에 동시적으로 나타날 수 있다. 그러나 미로의 갈림 지점에서는 선택이 이루어져야 한다. 왼쪽으로 돌거나 오른쪽으로 도는 행동은 동시에 일어날 수 없다. 그러므로 이런 반응은 경쟁적이다. 어느 하나의 반응은 목표상자나 음식에 정확하게 도달하기에 올바른 정반응인 데 비해 다른 반응은 그렇지 않다. 이 두 반응은 경쟁반응 경향성의 위계를 나타낸다.

첫 번째 시행에서 두 가지 경쟁반응은 모두 위계에서 동일하게 우세할 것이다. 그러나 시행이 반복되고 보강이 이루어짐에 따라서 올바른 반응이 점차 우세해질 것이다. Cottrell(1972)은 이 과정을 다음과 같이 설명했다.

> 학습은 과제라는 자극에 의해서 유발된 경쟁반응의 위계가 수정되는 과정이다. 학습 초기에는 정반응의 발생 확률이 낮다. 다른 반응이 지배적이어서 학습자의 외현 반응은 오반응과 다름없다. 학습이 진행됨에 따라서 학습될 반응이 강화되고 위계에서 우세한 위치로 이동하며, 학습자는 정반응을 점점 더 자주 보이게 된다.

학습 초기에는 수행이 비교적 비효율적이라는 사실에서 오반응이 지배적이라는 간접적 증거를 얻을 수 있다. 반복해서 연습하고 적절하고 올바른 반응에 대한 계속적인 보강에 의해서 습관위계는 변화하여 점차적으로 정반응이 지배적인 반응으로 되어 간다.

① 습관

행동결정 과정에서 습관과 추동은 서로 관련되어 있기 때문에 추동에 관한 앞의 논의는 습관강도와 직접 또는 간접으로 관계가 있다. 그러나 습관강도의 성질을 밝히기 위해서 그것의 여러 측면에 대한 논의가 필요하다.

첫째, 습관은 학습된 행동이다. 학습의 선행조건은 보강이 이루어지는 조건에서 자극과 반응 간의 근접(contiguity)이다. Hull은 습관의 개념을 나타내기 위해서 '$_SH_R$' 이라는 부호를 사용할 때 이 점을 강조했다. S와 R은 자극과 반응을 나타낸다. H는 학습 또는 습관적 연합을 나타낸다. 그러므로 어떤 자극조건에서 그 반응이 일어날 것을 기대하는 것은 매우 합리적이다.

학습수준이나 정도는 자극과 반응 간의 연합강도이기도 하며, 그것은 과거에 보강된 횟수에 비례한다. Hull의 체계에서 보면, 습관강도가 증가할수록 증가율은 감소되어 부적으로 가속화되는 곡선을 그려서 학습요소를 지닌다.

② 유인동기

Hul(1943)은 유인동기(incentive motivation)가 습관강도 형성에 직접 영향을 준다고 했다. 보강은 학습에 직접 영향을 주기 때문에 보강이 없다면 학습도 일어나지 않는다. 그러나 이 주장은 후에 잠재학습을 지지하는 연구결과와 일치를 보이지 못하여 수정되었다.

Tolman과 Honzik(1930)의 연구는 잠재학습을 분명히 증명한다. 세 집단의 쥐가 실험대상이다. 보상을 받지 못하는 집단은 미로를 돌아다닐 수 있지만 목표상자에 도달해도 아무런 보상을 얻지 못했다. 두 번째 쥐는 먹이상자에 도착하면 그때마다 먹이를 얻어서 정상적으로 보상을 받았다. 세 번째 쥐는 실험 시작 후 11일이 되는 날까지는 목표상자에 도달하더라도 먹이를 얻어 먹지 못한 상태에서 미로를 돌아다니다가 11일 이후에야 보상을 받았다. [그림 3-3]은 세 번째 쥐가 보상을 받은 직후부터 급격하게 수행이 향상되었음을 보여 주고 있다. 연습을 통해서 학습은 되지만 보상을 주기 전까지는 학습된 것이 수행으로 나타나지 않는다. 잠재학습을 지지하는 연구결과에 따라서 유인물은 학습이 아니라 수행의 결정요인이라고(Hull, 1951) 생각을 바꾸었다.

Hull과 Spence는 유인동기와 추동 및 습관의 상호작용을 앞의 공식과 다르게 간주했다. 그러나 두 사람이 추동은 '밀어내는 것' 이고 유인동기는 '끌어당기는 것' 으로서 각각 활성화 작용에 기여한다는 것에 동의하므로 다음과 같은 공식으로 수정될 수 있다.

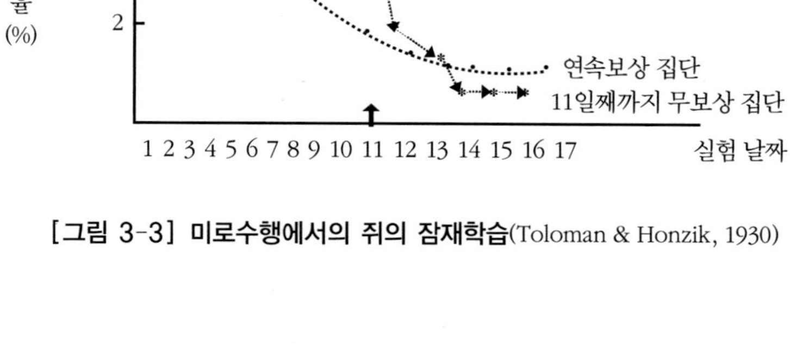

[그림 3-3] 미로수행에서의 쥐의 잠재학습(Toloman & Honzik, 1930)

$$\text{흥분 잠재력} = \text{추동} \times \text{습관강도}$$

③ 흥분 잠재력

흥분 잠재력(excitatory potential)은 반응 속도와 강도에 영향을 미치는 잠재력, 역치 또는 흥분수준이다. 위의 공식에서 보듯이, 습관 강도는 추동에 의해서 흥분 잠재력으로 활성화된다. 만일 추동 수준이 지나치게 낮으면 흥분은 역치에 이르지 못해서 반응이 일어나지 않는다.

학습상황은 경쟁반응 경향성을 지니는 특성을 지니기 때문에 가능성 있는 반응 각각은 나름대로 그 자극상황과 연합된 습관강도를 지니고 있다.

자극 ——→ 정반응 습관강도 추동 = 정반응 흥분잠재력 ——→ 정반응

자극 ——→ 오반응 습관강도 추동 = 오반응 흥분잠재력 ——→ 오반응

동일 자극은 서로 경쟁하는 두 개의 반응 중 어느 하나의 반응을 일으킬 것이다. 각 반응은 제 각기 습관강도를 지니고 있을 뿐만 아니라 나름대로의 흥분 잠재력을 지니고 있다. 심리적 스트레스 상황에서 정반응과 오반응 중 어느 것이 발생할까? 추동이론에서는 다음과 같은 제안을 한다.

- 추동은 미분화된 활성화요인으로서 단순한 수리적 승수(numerical multiplier)다. 그것은 발생할 어떤 반응을 유발할 것인지 구체적으로 결정하지는 않는다.
- 심리적 스트레스의 출현으로 추동 수준이 증가한다.
- 행동방향은 주로 습관강도에 의해서 결정된다.
- 습관강도는 이전에 받은 보강의 산물이다. 특정한 자극-반응 연계의 보강을 받은 연속적인 횟수에 의해서 결정된다.
- 수행이 이루어지는 상황적 특성은 경쟁적 반응이다. 이런 반응은 올바른 습관(정반응)과 잘못된 습관(오반응)을 포함하는 습관위계를 반영한다.
- 추동은 습관강도를 활성화해서 반응 잠재력을 일으킨다.
- 두 반응 잠재력의 상대적 강도는 어떤 반응이 일어날 가능성에 영향을 준다. 만

일 정반응이 지배적이라면 추동이 증가함에 따라서 정반응이 일어날 가능성이 커진다.

이상의 주장에서 논리적으로 두 가지를 추론할 수 있다. 이것은 수많은 연구의 일반적 체계 또는 바탕을 이루는 논리다.

1. 학습되지 않았거나 복잡한 과제는 정반응을 위한 습관강도가 약한 과제로서 오반응이 지배적인 습관이다. 그러므로 위협이나 타인의 출현과 같은 심리적 스트레스 상황에서 일어난 추동의 증가는 지배적 반응인 오반응을 활성화함으로써 수행을 훼손시킨다.
2. 학습이 잘되었거나 단순한 과제는 정반응 습관강도가 강한 과제로서, 습관위계에서 지배적인 정반응의 활성화 가능성이 더 크다. 이런 상황에서 추동이 증가함으로써 지배적인 정반응이 활성화되어 수행은 향상된다.

2) 추동이론과 학습 및 수행

(1) 추동수준과 표출불안

추동이론은 주로 단순과제를 이용한 동물실험을 통해서 검증되었으므로 인간의 학습과 수행에도 적용될 수 있는지에 대한 관심이 일게 되었다. Taylor(1953, 1956)와 Spence(1956, 1958)는 인간을 대상으로 하는 실험으로까지 연구를 확대했다.

Taylor(1953)는 혐오자극에 대한 정서반응 경향의 차이를 통해서 성격특성으로서의 불안의 개인차를 측정하려고 표출불안척도(Manifested Anxiety Scale: MAS)를 개발했다. 매우 불안한 개인은 일상적인 상황에서 높은 수준의 불안을 보이는 사람이다. 이들은 불안 수준이 낮은 개인보다 정서적으로 더 민감하다. 정서반응 경향의 개인차는 선천적인 추동 수준의 차이를 반영한다. 추동 수준 체계로 보면, 높은 불안은 높은 추동 조건이고 낮은 불안은 낮은 추동 조건이다.

조건형성 실험에서 표출불안척도는 추동 수준 측정치로 이용되었다. '눈에 바람을 훅 부는 것' 에 대해서 보이는 '눈 깜박임' 과 같은 조건화된 반응은 단순해서 경쟁반응 성향을 거의 지니고 있지 않기 때문에, 추동 수준이 높은 매우 불안한 개인은 더 높은 수준의 조건형성을 보일 것으로 예측된다. 이 예측을 지지하는 실험연구가 있다. Spence(1964)가 연구를 고찰한 결과, 25개의 비교 중에서 21개의 결과가 이 예언을 지지했다.

표출불안척도를 이용한 추동이론 분석은 언어학습 과제로까지 확장되었다. 결과는 크게 일관성을 보이지는 않았지만, 정서반응 측정치로서 표출불안과 추동이론의 상호 관련성이 다시 지지되었다.

조건형성 실험의 논리대로 불안수준이 높은 실험 참가자는 쉬운 과제에서 우월할 것으로 예측했다. 쉬운 과제에서는 자극-반응의 짝은 유사성이 매우 낮아서 매우 달랐고, 요구되는 반응은 제시된 자극(단어)의 동의어였다. 그러므로 올바른 습관반응(정반응)이 우세하게 나타났다. 쉬운 과제를 수행할 때, 추동 수준이 높은 조건에서 매우 불안한 개인은 불안하지 않은 개인보다 수행을 더 잘했다.

반대로 어려운 과제에서는 짝-연합의 전체 목록에서 자극-반응 짝 사이에 유사성이 매우 높기 때문에 불안수준이 낮은 실험 참가자가 더 우세할 것으로 예상되었다. 따라서 올바른 습관반응은 매우 약하고, 이 요인이 불안 수준이 높은 개인과 조합이 되어서 수행수준이 열등할 것으로 예상되었으며, 연구결과는 이 예상을 지지했다.

(2) 표출불안과 스포츠 동작-과제

많은 실험에서 표출불안 상하 집단에 속한 개인의 동작-과제 수행을 비교했다. 어떤 실험에서는 스트레스 조건을 삽입시켜서 추동 수준에 영향을 주도록 시도했다. 연구결과는 일관성이 없었다.

Martens(1971)는 스트레스가 없는 조건에서 표출불안 수준에 따른 동작-과제에서의 수행을 다룬 연구결과를 검토했다. 불안수준이 높은 개인과 낮은 개인이 동작 과제 수행 수준에서 통계적으로 유의하게 차이를 보이지 않은 것, 어느 한쪽이 다른 쪽보다 수행수준이 더 나은 것 등으로 결과를 정리해서 살펴보았다. 각 연구결과는 추동이론에 대한 '지지', '반대', '차이 없음', '해석 불가능' 등으로 판단했다. 해석할 수 없는 결과를 얻은 연구가 반드시 실험상의 결함을 갖고 있다는 것을 의미하지는 않는다. 오히려 하나 이상의 반응을 포함하는 학습상황에서 불안의 효과를 정확하게 예측하기 어렵다는 것을 나타낸다.

그가 정리한 결과에 따르면, 13개 결과가 추동이론과 일치하고 15개 결과는 추동이론의 예측과 달리 두 집단이 차이를 보이지 않았고, 나머지 7개 결과는 해석이 불가능했다. 그러므로 동작기술에 관한 연구의 일반적인 결과에 따르면 최소한 심리적 스트레스가 없는 상황에서 표출불안 차원과 동작 행동 간에 관련성이 없다고 말하기 어렵다. 그러나 Martens는 정교하게 스트레스원을 투입한 상황에서 불안수준에서 차이를 보이는 집단의 동작 수행 수준에서도 차이를 보임으로써 추동이론을 지지할 가능성이 있다고 주장했다.

이 주장은 표출불안에 관한 Spence와 Spence(1966)의 두 가지 가설에 근거하고 있다. 하나는 일상적 가설(chronic hypothesis)이고 다른 하나는 정서반응 가설(emotional reactivity hypothesis)이다. 일상적 가설에 따르면 불안수준이 높은 개인은 일상적으로 모든 행동 상황에서 정서적으로 반응하는 경향이 더 강하다. 반면에 정서반응 가설에 따르면 불안수준이 높은 개인은 정서반응 역치가 낮아서 더 민감하기 때문에 어느 정도의 스트레스를 포함하는 상황에 대해서 더 강력한 정서반응을 보인다. 첫 번째 가설에 따르면 위협이 없고 부드러운 모든 상황에서 개인은 불안 수준에 따라서 추동 수준의 차이를 보일 것으로 기대할 수 있지만, 두 번째 가설에 따르면 위협이 없는 상황에서는 불안 수준이 높은 개인과 낮은 개인 간에 추동의 차이를 기대할 수 없다.

Spence와 Spence(1966)는 광범위한 연구결과에 따라서 정서반응 가설을 강력하게 주장했다. 그들은 연구설계에 경쟁이나 위협적인 자극과 같은 심리적 스트레스 유발요인을 도입해야 한다고 보았다. 왜냐하면 불안수준이 높은 개인과 낮은 개인이 실험상황에서 정서의 차이를 보여서 결국 추동 수준에서도 차이를 보이도록 해야 하기 때문이다.

Martens는 동작-과제를 수행하는 동안에 스트레스가 유발되도록 설계된 연구를 재검토했으나 결과의 일관성을 찾지 못했다. 3개의 결과는 추동이론이 예측한 방향이었다. 1개는 그 반대였고, 8개의 결과는 차이를 보이지 못했다. 그리고 6개는 해석이 불가능했다.

선행연구를 검토한 결과를 토대로 Martens는 두 가지 제안을 했다. 하나는 동작-기술 연구에서는 추동이론을 이론적 모형으로 사용하기를 포기해야 한다는 것이다.

그러나 Marteniuk(1971), Spence(1971) 그리고 Spence(1975)는 그 제안이 부당하다고 주장했다. 그들에 따르면, Martens가 검토한 연구 간에는 실험과제, 심리적 스트레스의 측정, 그리고 실험참가자와 연구절차, 습관강도의 조작적 측정치 등에서 매우 차이가 많았다. 연구결과 간의 일관성이 없는 것은 연구방법 및 절차상의 차이가 반영되었기 때문이므로 직접 비교하기 곤란한 연구다.

Martens의 두 번째 제안은 표출불안이 아닌 다른 대안이 탐색되어야 한다는 것이다. 상황적 불안 접근법(situational anxiety approach)을 그 대안으로 주장했다. 그런 접근법 중의 하나가 Spielberger(1966)의 '상태불안'과 '특성불안'을 개념적으로 구분하여 별도의 측정척도를 개발한 것이다. 그 결과로 개발된 것이 상태-특성불안 질문지(State-Trait Anxiety Inventory, STAI, 1970)다. 두 번째 접근은 Martens(1977)가 경쟁-특성불안에 초점을 맞추어 개발한 것으로 이 구성개념을 측정하기 위해서 스포츠 경쟁불안검사(Sport Competition Anxiety Test: SCAT)를 제작했다.

(3) Spielberger의 상태-특성불안 질문지(STAI)

Spielberger(1966)는 불안을 특성으로서의 불안과 상태로서의 불안으로 구분했다. 따라서 구체적 상황에서 요구되는 일시적인 반응으로서의 불안과 비교적 영속적인 성격 성향으로서의 불안을 구분하는 것이 가능해졌다. 상태불안(state anxiety)은 일정 수준의 강도로 현재 일어나고 있는 경험적인 과정 또는 반응이며, 의식적으로 긴장을 느끼며, 자율신경계의 각성을 수반하는 것이 특징이다(Spielberger, 1966). 그러므로 상태불안은 심리적 스트레스와 같은 것으로 간주할 수 있다.

특성불안(trait anxiety)은 적절하고 충분한 스트레스 자극에 의해서 발생하는 반응 잠재 성향이다. 특성불안은 객관적으로는 위험하지 않은 상황을 위협이라고 지각하고, 이들에 대해서 객관적 위험에 대한 상태불안 반응과 동일하게 반응하는 획득된 행동성향이다(Spielberger, 1966).

그러므로 스트레스 상황에서 특성불안이 높은 개인은 낮은 개인에 비해서 현저하게 상태불안 반응을 보일 것이다. Klavora(1975)는 고등학교와 중학교 축구와 농구 선수의 상태불안 반응을 측정했다. 그 결과가 [그림 3-4]에 제시되어 있다. 특성불안이 높은 선수는 연습 때 실제로 상태불안 점수가 더 높지만, 정규시즌이나 플레이

오프에서 그들의 상태불안 증가폭은 상태불안이 낮은 선수와 차이가 없었다.

많은 연구가 추동이나 각성수준의 객관적 측정치를 얻어 내기 위해서 상태-특성 불안 질문지의 상태불안을 이용했다. 그러나 결과는 일관성을 보이지 못했다. Giffen(1972)이 경쟁적 상황에서 세 연령대(12~13, 16~17, 19세)의 여성을 대상으로 검증한 결과, 경쟁 전 상태불안 수준은 나이가 증가함에 따라서 점차 감소하였다. Carron과 Bennett(1976)에 따르면 공동 활동자와 일하는 개인은 혼자 일하는 개인보다 상태불안 수준이 더 높았다. Iso-Ahola와 Roberts(1977)의 보고에 따르면, 새로운 과제를 수행하는 개인은 익숙한 과제를 수행하는 개인에 비해서 상태불

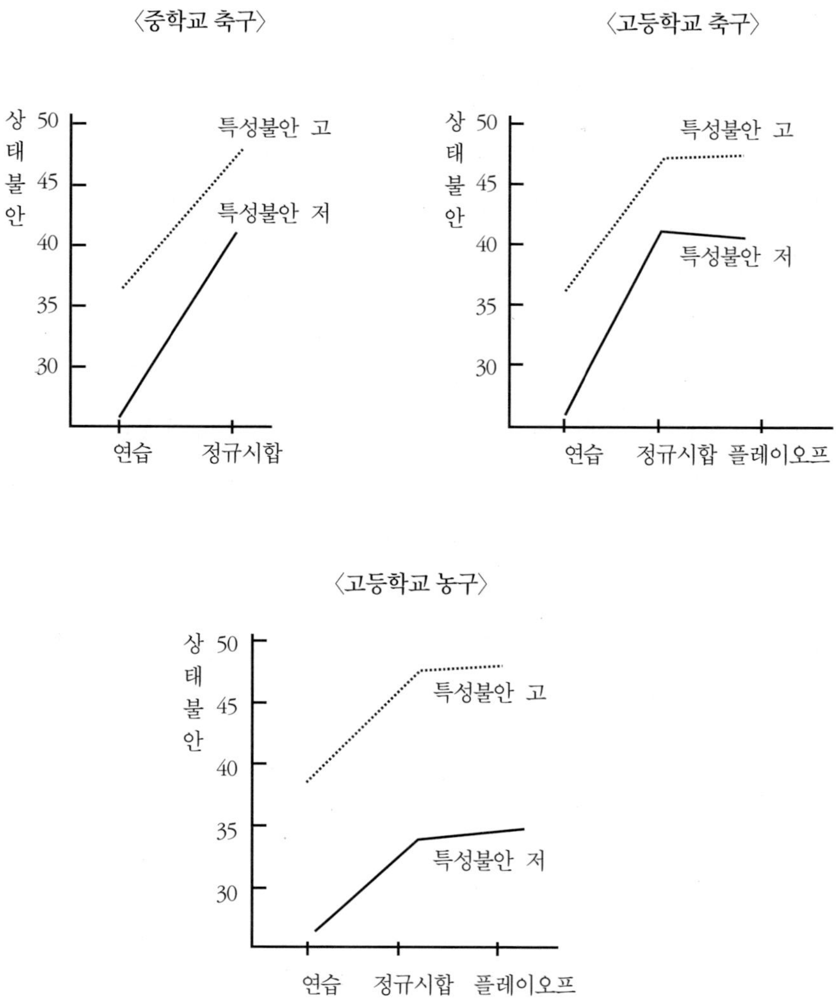

[그림 3-4] 특성불안에서 차이를 보이는 선수의 경기 전 상태불안(Carron, 1980)

안 수준이 더 높았다.

Landers, Brawley 그리고 Hale(1977)는 공동활동 또는 관중 조건과 혼자 있는 조건 사이에서 상태불안의 차이를 발견하지 못했다. Roberts(1975)도 평가염려 조건과 평가가 없는 조건에서 연습하는 개인의 상태불안은 차이가 없다는 결과를 얻었다. 그리고 Moxley와 Butcher(1975)는 경쟁상황은 수행에 영향을 주었으나 상태불안에는 아무런 영향을 미치지 않는 것을 알아냈다.

2. 유인동기

스포츠 동기에 대한 관심과 연구들은 주로 Alderman과 Wood(Alderman, 1976, 1978; Alderman & Wood, 1976)에 의해서 주도되었다. Alderman과 Wood(1976)는 추동이론을 적용해서 다음과 같은 지적했다. 유인의 양(amount of incentive)은 목표에 대한 상대적 매력과 성과에 대한 지각을 곱한 값이다. 그러나 유인가는 절대적 의미로 간주할 수 없다. 특정한 목표와 연계되어 있는 유인의 값과 유형은 개인에 따라서 매우 다르기 때문이다. 선택 가능한 다양한 활동(예, 농구, 독서, 연주활동, 수면 등)에 직면한 개인은 그 순간에 자신에게 특별히 매력적인 유인과 그것에 부여하는 가치 때문에 특정 행동을 선택하고 지속시킨다(Alderman & Wood, 1976).

스포츠에서는 권력, 독립, 친화, 스트레스, 탁월, 공격 그리고 성공 등 일곱 가지 유인체계가 확인되었다. 각 유인에 대한 정의는 〈표 3-1〉과 같다.

Alderman과 Wood는 11～14세 사이의 아이스하키 선수 425명의 유인동기를 분석했다. 그 결과가 [그림 3-5]에 제시되어 있다.

이 결과는 다양한 스포츠 종목의 11～18세까지의 선수 수천 명에게서 얻은 다음의 결과와 일치한다.

1. 젊은 선수에게서 가장 강력하고 일관성 있는 두 가지 유인조건은 '친화' 와 '탁월' 이다.
2. '스트레스' 는 일관성 있게 세 번째로 강력한 유인조건이다.
3. '공격' 과 '독립' 유인은 개인 스포츠와 신체적 접촉이 필요한 스포츠에서조차

일관성 있게 강도가 약했다.

④ 어린이는 나이, 스포츠, 성, 문화 등에 관계없이 동일한 유인에 의해서 동기화 되었다.

스포츠 환경은 선수의 유인동기를 반영하기 때문에 이런 일반화는 실제로 스포츠 실무에 매우 직접적인 시사점을 던지고 있다.

〈표 3-1〉 스포츠에서 중요한 유인체계(Alderman, 1978)

유인체계	구성개념
친화	친구를 만들고 기존의 친교를 유지함으로써 개인이 수용될 만하고 가치 있다는 것을 사회적으로 확인받을 수 있는 기회와 관련된 유인
공격	타인을 제거하고, 협박하고, 지배하고, 심지어 상해를 입힐 기회와 관련된 유인
탁월	어떤 일 자체를 매우 잘하거나 다른 누구보다도 더 잘할 수 있는 기회와 관련된 유인
독립	타인의 도움 없이 스스로 일할 수 있는 기회와 관련된 유인
권력	특별히 타인의 태도, 흥미 및 의견 등에 영향을 주고 통제할 수 있는 기회와 관련된 유인
스트레스	스포츠가 제공할 수 있는 흥분, 긴장, 압박, 순수한 활동의 기회와 관련된 유인
성공	스포츠를 통해서 지위, 명성, 인정, 사회적 승인 등 외적 보상을 얻을 수 있는 기회와 관련된 유인

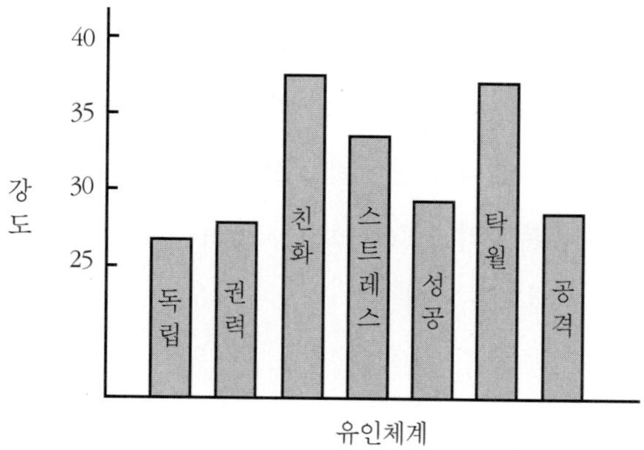

[그림 3-5] 아이스하키 선수의 유인체계 강도(Alderman & Wood, 1976)

3. 최적수준이론

최적수준이론(optimal level theory) 에는 두 가지 이론적 접근방법이 있다. 그 하나가 Berlyne(1960), Duffy(1962), Hebb(1949), Leuba(1955), Malmo(1959) 그리고 Walker(1964) 등이 제안한 이론이다. 이 범주에 속하는 이론에서는 모든 사람이 자극, 복잡성, 각성의 최적수준(an optimal level for stimulation, complexity, or arousal)을 지니고 있다고 주장한다. 이 주장에 따르는 세 가지 원리가 있다. 전체적으로 이 범주에 속하는 이론은 유기체의 각성촉발상태와 관련되어 있다.

1 모든 개인은 외부 자극에 대한 최적수준을 지니고 있으며, 환경 내의 현재 자극 수준을 조절함으로써 최적수준을 유지하려고 한다. 자극이 지나치게 적으면 환경의 복잡성을 증가시키고, 자극이 지나치게 많으면 환경의 복잡성을 감소시킨다. 그러므로 자극이 결핍되거나 과다한 환경은 개인에게 적합하지 않다.
2 단순화 원리에 따르면, 반복 노출의 결과로 자극은 점차 덜 복잡해지고, 덜 자극적이고, 각성촉발이 덜 된다. 예를 들면 빠른 속도로 재생된 녹음내용은 처음에는 잘 알아들을 수 없지만, 시간이 지남에 따라서 점차 잘 이해된다.
3 습관화 원리에 따르면, 어떤 자극이나 상황에 익숙한 개인은 경험이 적은 사람에 비해서 복잡성이 증가하는 것을 더 좋아한다(Arkes & Garske, 1977).

최적수준이론의 두 번째 접근방법은 개인 내의 자극 선호 상태가 아니라 각성촉발 수준이 수행 효율성에 미치는 효과에 관련된 것으로서 Yerkes와 Dodson(1908)의 연구에서 발전되었다. 그 기본원리는 Yerkes-Dodson의 법칙 또는 역U자형 가설(inverted U hypothesis)과 직결되어 있다.

1) 각성촉발이론

역U자형 가설에서는 각성촉발과 수행 효율성 간에는 곡선적 함수관계가 있다고 주장한다. 각성촉발 수준이 증가함에 따라서, 결정적 지점에 도달할 때까지 수행 효

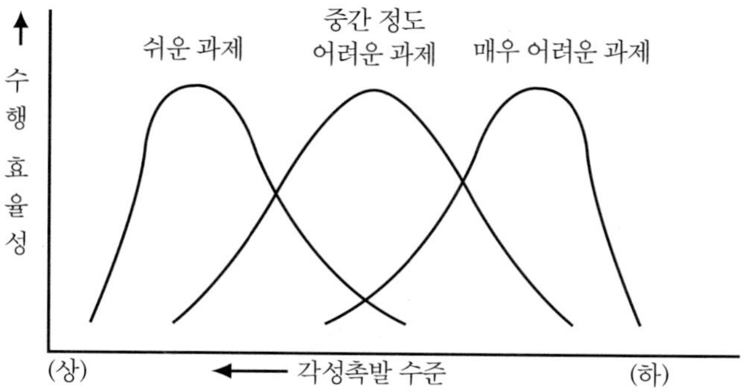

[그림 3-6] 각성촉발과 수행 효율성 간의 역U자형 가설(Carron, 1980)

율성은 계속 증가한다. 이 지점을 지나서도 각성촉발 수준이 계속 증가하면 수행 효율성은 오히려 점차 감소하게 된다. 이것은 [그림 3-6]에 제시되어 있다.

[그림 3-6]에서 보듯이 각성촉발 수준과 수행 효율성의 관계에는 과제난이도 차원이 개입된다. 매우 어렵고 복잡한 과제에서는 각성촉발의 최적수준이 중간 정도로 쉽거나 단순한 과제에서보다 더 낮다.

모형에서는 간단해 보이지만 Landers(1978)에 따르면 각성촉발-수행 관계는 보기보다 복잡하다. 그 관계는 각성촉발에 대한 민감성의 개인차, 특성 불안, 기대 수준 등 많은 다른 요인에 의해서 매개되기 때문이다. 선수 개인은 경험 정도에서 차이가 있기 때문에, 습관강도의 원리와 단순화의 원리에 따를 것으로 기대된다. 이것은 각성촉발이나 스트레스 상황에서 반응의 개인차로 나타날 것이다.

> 비슷하거나 동일한 스트레스 환경에 대한 반응에는 개인차가 있다. 어떤 사람은 스트레스에 매우 불안한 반응을 보일 것이다. 그러나 어떤 사람은 불안반응을 보이지 않을 것이다. 어떤 개인은 특정한 상황에서는 불안하고 스트레스를 받지만, 다른 사람이 위협을 느끼는 또 다른 상황에서는 오히려 불안을 느끼지 않을 것이다(Carron, 1971).

Landers는 각성촉발-수행 관계를 매개하는 또 하나의 요인으로 과제변수를 들면서, 과제난이도의 매개효과에 관한 많은 짐작은 있으나 그 효과에 관한 연구는 거의

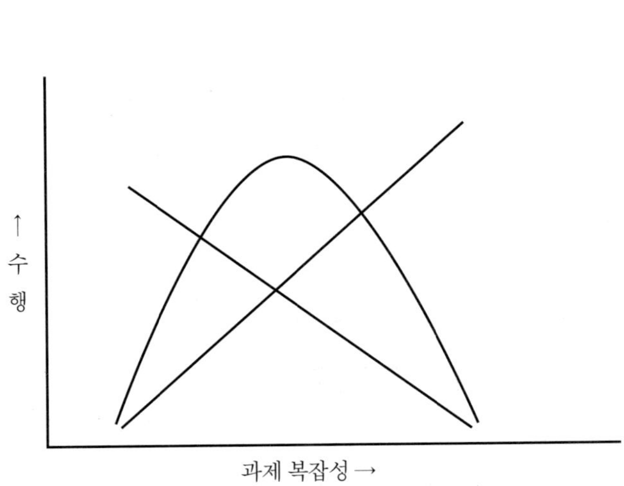

[그림 3-7] 수행과 복잡성 간의 세 가지 관계(Carron, 1980)

없다고 지적했다. 운동시간(movement time) 측정치를 이용한 연구는 각성촉발과 수행 간의 곡선적 관계를 예견했지만 그것을 경험적으로 확인하는 데는 실패했다. 운동시간은 각성촉발 수준이 증가함에 따라서 수행수준의 감소 없이 점진적으로 향상되는 과제의 한 종류다.

그러나 Arkes와 Garske(1977)는 이런 형태의 결과가 역U자형 가설에 위배되는 것이 아님을 관찰했다. 사실 과제복잡성과 수행수준 간에는 [그림 3-7]에서 보듯이 세 종류의 곡선이 가능했다. 아니면 적어도 역U자형 가설의 예언과 모순되지는 않았다. 계속해서 각성촉발 수준이 증가한다면 [그림 3-7]에 나타나 있는 증감 곡선은 고원을 형성할 것이고 다음으로는 부정적 효과를 보일 것이다. 이것은 운동시간에서도 마찬가지다.

2) 각성촉발과 수행

역U자형 가설을 검증하기 위해서는 적어도 각성촉발이 세 수준인 실험조건을 필요로 한다. 따라서 스포츠에 관련된 대부분의 연구는 역U자형 가설을 검증하기에 적합하지 않았다. Martens와 Landers(1970)의 연구는 이런 조건을 충족시키는 유일한 연구다. 특성불안 상중하 수준의 청소년이 각성촉발 수준 상중하 조건에서 정지

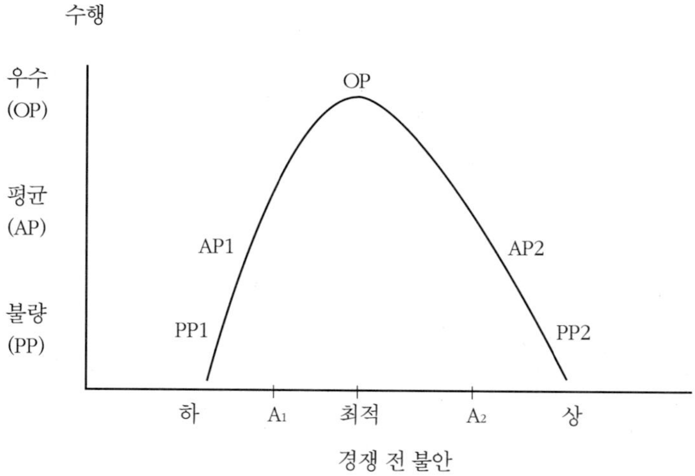

[그림 3-8] 선수의 스포츠 수행을 결정하는 요인(Klavola, 1977)

상태를 유지하는 동작(motor steadiness) 과제를 수행했다. 각성촉발 수준은 전기충격을 받을 가능성이 낮거나 중간이거나 높은 것으로 조작되었다. 스트레스 수준은 손바닥에서 분비되는 땀의 양으로 측정되었다. 스트레스 수준이 점차적으로 증가함에 따라서 수행수준은 증가된 후에 다시 저하되어서 역U자형의 관계를 보였다.

Klavora(1977)의 연구는 역U자형 가설을 더욱 인상적으로 지지하는 결과를 보였다. [그림 3-8]에서 보여 주듯이, 이론적 곡선을 이용하여 선수의 경쟁 전 상태불안과 수행 효율성 간의 관계를 설명하려고 했다. 그 결과 가장 뛰어난 수행([그림 3-8]의 OP)은 단지 하나의 경쟁 전 불안수준인 최적수준에서만 나타났다. 반면에 가장 나쁜 수행(PP1과 PP2)과 평균 또는 기대된 수행수준(AP1과 AP2)은 각각 경쟁 전 불안의 두 수준인 최적수준보다 높거나 낮은 각성수준에서 나타났다.

이 이론적 모형은 고등학교 농구선수를 대상으로 한 연구에서 분석되었다. 경쟁 전 불안은 상태-특성불안 질문지의 상태불안 척도를 이용해서 측정했다. 수행 효율성은 선수의 코치가 판단했다. 그 결과는 [그림 3-9 a, b]에 제시되어 있다.

[그림 3-9a]에서 보듯이 우수한 수행을 할 것으로 판단된 선수 164명의 상태불안 점수 평균은 46.2였다. 보통 수행의 경우, 최적수준인 상태불안 46.2점보다 높은 점수를 얻은 188명의 상태불안 평균점수는 53.1이었다. 그리고 최적수준보다 낮은 점수를 얻은 303명의 상태불안 평균점수는 38.2였다. 마지막으로 코치에 의해서

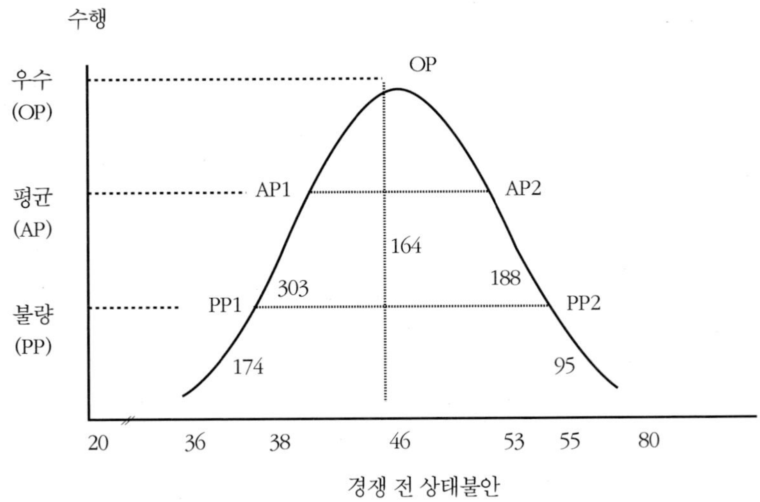

[그림 3-9a] 고등학교 농구선수의 경쟁 전 상태불안과 수행(Klavora, 1977)

형편없는 수행을 한 것으로 판단된 농구선수의 경우에 최적수준 이하의 점수를 얻은 174명은 상태불안 평균점수가 36.3이고, 그 이상인 95명은 평균점수가 55.5였다.

[그림 3-9b]에 제시되어 있듯이, Klavora는 같은 과정을 이용했지만 운동선수의 특성불안 상하 수준에 따라서 우수, 보통, 불량한 수행으로 구분된 상태불안-수행 자료를 분석했다. 활성화 연속선의 낮은 쪽 끝에 있는 개인(경쟁 전 불안수준이 낮은 개인)에 대해서 Klavora는 다음과 같이 언급했다.

> 특성불안이 낮은 개인은 심리적으로 경쟁 전 상태불안 척도에서 활성화가 낮은 것으로 밝혀졌고 전체 시간의 15.57% 동안 저조하게 수행했다. 특성불안이 높은 개인은 수행이 저조한 백분율이 약간 더 높아서(22.86%) 특성불안이 낮은 개인보다 더욱 활성화 수준이 낮다는 것을 나타낸다. 이 결과는 스포츠 심리학에 매우 중요한 시사점을 준다. 이제까지는 경쟁상태에서 특성불안이 높은 선수는 지나치게 활성화되고 특성불안이 낮은 선수는 그 반대라고 믿어 왔다. 그러므로 특성불안이 높은 사람은 더 침착해져야 하고 특성불안이 낮은 사람은 최적수준에 도달하도록 활성화되어야 한다고 보았다. 그러나 이 연구결과는 특성불안이 높거나 낮거나 모두 활성화시키는 방식으로 접근해야 한다고 제안한다(Klavora, 1977).

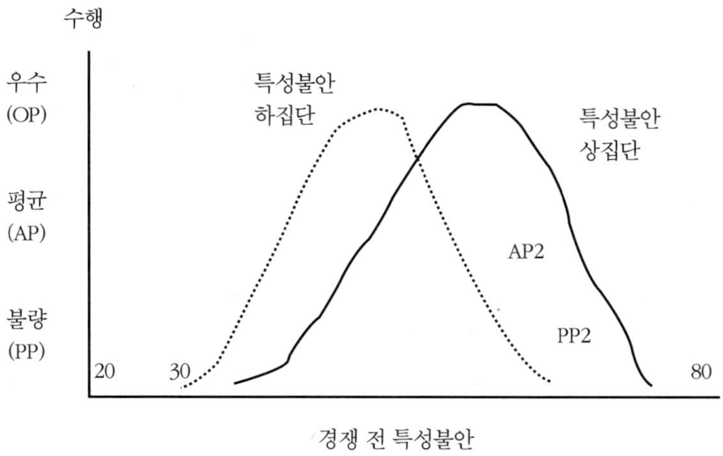

[그림 3-9b] 특성불안 상하 집단으로 나눈 고등학교 농구선수의 경쟁 전 불안과 수행
(Klavora, 1977)

특성불안이 높거나 낮은 개인을 활성화시키기 위해서 Samuel, Baynes 그리고 Sabeh(1978)는 '철자 바꾸기' 과제를 사용했고, Courts(1942), Kennedy와 Travis(1948) 그리고 Wood와 Hokanson(1965)은 실험참가자의 근육긴장 수준을 변화시켰다. 이런 방법을 사용한 수많은 다른 연구는 역U자형 가설을 추가적으로 지지했다. 그러나 직접적인 지지를 보여 주지 못한 몇몇 다른 연구(Pinneo, 1951; Kling & Schlosberg, 1959; Teichner, 1957; Marteniuk, 1968; Basler, Fisher, & Mumford, 1976)도 있다.

3) 역U자형 가설이 스포츠 실제에 주는 시사점

역U자형 가설은 각성촉발과 수행 간의 관계를 호소력 있게 설명한다. 각성촉발이 되지 않고 흥미를 느끼지 못하고 동기 수준이 낮은 선수는 수행 수준도 낮을 것이다. 반대로 자신이 처한 상황이 매우 스트레스를 준다고 보는 선수 또한 수행을 잘하지 못할 것이다. 그러므로 각성촉발 수준의 양극 사이에서 균형을 잡는 일이 중요하다. 그렇지만 최적수준은 과제 복잡성과 개인차에 따라서 달라지기 때문에 코치가 어느 정도의 각성촉발 수준이 선수에게 적절한지 결정하기란 매우 어렵다.

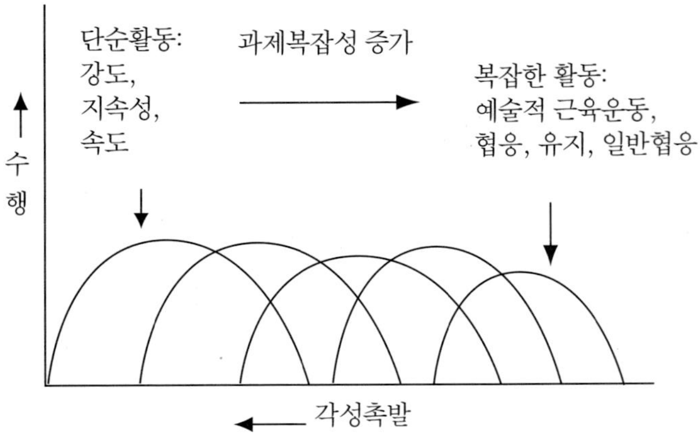

[그림 3-10] 스포츠에서 수행과 각성촉발의 관련성(Oxendine, 1970)

Oxendine(1970)은 과제 복잡성 차원의 지침을 마련하기 위해서 다섯 개 범주로 작성된 연속선에 따라서 스포츠를 열거하였다. 그 대강이 [그림 3-10]에 제시되어 있다. 한쪽 극은 속도, 강도 및 지속성이 높지만 복잡성, 예술적 근육조절, 판단이 낮은 스포츠를 포함하고 있다. 이 집단에 속하는 것으로는 역도, 축구에서의 블로킹과 태클, 팔 굽혀 펴기와 같은 강도를 요구하는 종목이다. 반대쪽 극은 예술적 근육조절과 판단이 매우 중요하고 강인함과 속도는 중요하지 않은 스포츠를 포함한다. 여기에는 골프의 퍼팅, 피겨 스케이팅, 볼링과 양궁 등이 포함된다.

이 연속체의 다섯 가지 범주에 따라서 다양한 스포츠를 분류하는 작업에서는 다음과 같은 가정을 한다.

1. 높은 수준의 각성촉발은 강도, 지구력 및 속도를 포함하는 대근 활동(gross motor activities)의 최적 수행에 기본이 된다.
2. 높은 수준의 각성촉발은 복잡한 기술, 미적 근육운동, 조화, 끈기(steediness), 그리고 일반적인 조화를 포함하는 수행을 방해한다.
3. 평균을 약간 웃도는 수준의 각성촉발은 모든 동작 과제를 위한 정상적이거나 정상을 벗어난 각성촉발 상태에 적합하다.

이 도식이 주는 시사점은 유용하다. 그러나 Landers(1978)는 첫 번째와 세 번째 가정에 대해서 의문을 던졌다. 그의 주장은 다음과 같다. 첫째, 모든 수행의 속도 가 각성촉발 수준이 증가함에 따라서 향상되는 것은 아니다. 예를 들면 가장 빠른 반응시간은 높은 수준의 각성보다는 중간의 각성수준과 관련되어 있다. 둘째, 실험실에서처럼 높은 각성수준이 수행에 긍정적인 현실적 상황은 거의 존재하지 않는다. 그러므로 Landers는 Oxendine의 분석에서는 동작기술에서 속도, 지속, 강도와 관련되어 있는 주의(attention)의 역할에 대해서 간과했으며, 가장 보편적으로 보고된 각성촉발의 효과 중의 하나는 시각 영역의 폭(시야의 폭)에 대한 효과라고 제안했다.

역U자형 가설에 추가하여, Landers는 [그림 3-11]에 제시된 모형을 제시했다. 낮은 각성 수준에서 중간으로 증가함에 따라서 지각의 민감성이 증가한다. 그 결과 과제와 관련 없는 단서가 제거되고 수행이 증가한다. 그러나 계속해서 각성수준이 증가하면 '터널효과(tunneling effect)' 가 현저해져서 수행이 훼손된다.

미식축구의 쿼터백을 예로 들어 보자. 연습상황에서의 돌파(practice drill)와 같이 각성 수준이 매우 낮은 상태에서, 코치나 관중과 같은 주변 단서에 주의하거나, 집중력의 결여나 선택성이 낮기 때문에 관련 없는 이런 단서에 쿼터백이 주목을 하게 된다. 연습에서의 스크럼 짜기와 같이 중간수준의 각성상태에서는 각성수준이 증가함에 따라서 지각에서의 선택이 증진되고 이것이 효과적인 수행에 기여한다. 쿼터백으로 대학 대항 경기를 처음 하는 상황과 같이 극도로 각성 수준이 높은 조건에서는 지각의 범위가 매우 제한되기 때문에 수행이 훼손된다. 예를 들면 쿼터백의 눈에 다른 선수는 보이지 않고 오직 패스 리시버 한 사람에게만 주의가 집중될 것이다.

운동을 수행하는 중에 선수가 주의를 집중해야 할 많은 지각단서와 과제 복잡성은 상호 작용한다. 이런 관점에서 Landers는 스포츠과제에 사용되는 기술을 개방적 기술(open skill)과 폐쇄된 기술(closed skill)로 구분했다. 개방적 기술은 주의를 집중해야 하고 변화하는 환경에 신속하게 반응해야 하는 기술로 구성되어 있다. 테니스, 야구 그리고 축구 경기와 하키 골키퍼의 과제 등은 개방적 기술의 예다. 반면에 폐쇄된 기술은 자극이 비교적 변화하지 않는 환경 상황에서 수행된다. 트랙 단거리 경기와 수영 그리고 높이뛰기와 투포환과 같은 과제가 이 범주에 포함된다.

선수가 폐쇄된 기술을 요구하는 운동을 할 때, 좁은 주의집중을 요구하는 스포츠는 각성촉발 수준이 높은 것을 허용한다. 거기에는 과제단서가 거의 없고, 지각의

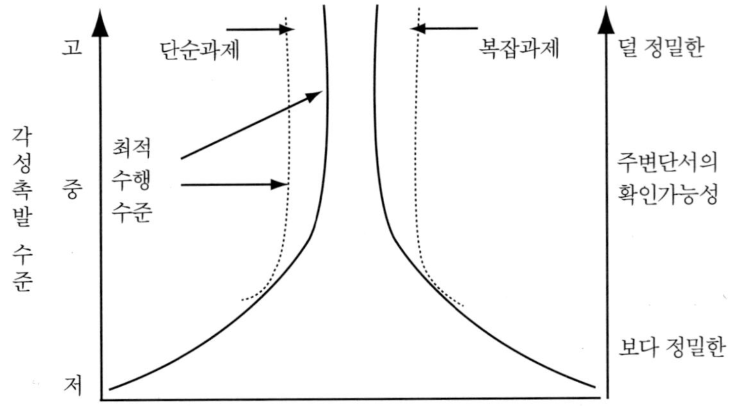

주: 수행 최적점은 복잡과제보다 단순과제의 각성촉발 연속선에서 더 높다.

[그림 3-11] 각성촉발 수준과 과제 난이도의 함수로서의 관련과제단서에 대한 주의 폭(Landers, 1978)

폭이 좁아지는 과정을 통해서 과제 관련 단서가 제거될 기회도 거의 없다. Landers가 역 U자형 가설에 대한 흥미로운 추가를 했지만 여전히 이에 대한 경험적 검증은 이루어지지 않고 있다.

4. 스포츠 경쟁불안

Martens의 스포츠 경쟁불안(1977)이론은 아직 충분한 검증을 거치지 못했다. 스포츠 상황에서 행동과 수행을 예언하는 모형으로서의 효율성을 평가하기에 아직 어려운 형편이지만 그 모형을 적용하면 스포츠 활동을 이해하는 데 도움이 된다. 행동에 대한 특성, 상황 및 상호작용 견해와 관련된 논쟁에서 얻을 수 있는 한 가지 좋은 점은 구체적 상황에서 개인을 이해할 필요성을 크게 인식시킨 점이다. 스포츠 활동에 참가하기 위한 유인가, 공격성의 선행요인 그리고 집단응집력과 관련된 요인이 스포츠가 아닌 상황에서 얻은 연구결과에서 간단히 추출되는 것이 아니라는 것이 드러나면서 스포츠 분야의 연구가 고조되었다. Martens(1977)는 스포츠 경쟁상황에서 증명된 불안에 관해서도 이와 비슷한 지적을 했다.

어떤 사람은 수학시험을 칠 때, 치과 의자에 앉아 있을 때, 대중연설을 할 때는 불안하지만 하키 팀에서 경기할 때, 피아노 연주할 때, 자동차 면허시험 볼 때는 불안하지 않다. 사람이 처한 구체적 상황이나 반응양식을 많이 알고 있다면 행동을 더 잘 예측할 수 있다. 상황에 구체적인 특성불안 측정도구를 이용한 연구들을 검토한 후에 Spielberger(1972b)는 상황-구체적 불안 측정치는 일반 불안 측정치보다 특정한 종류의 스트레스 상황에 대한 불안의 증가를 더 잘 예언하는 변수라는 결론을 내렸다.

이 논리에 의해서 '스포츠 경쟁불안' 이라는 개념을 제시하고 그것을 측정하는 '스포츠 경쟁불안 검사(the Sport Competition Anxiety Test: SCAT)' 를 만들었다. 경쟁불안은 경쟁적인 스포츠 상황에서 불안을 찾아내기 위해 개발된 상황에 특수한 구성개념이다. 상황에 특수한 상태불안은 특정 상황에서 일어나는 행동을 더 잘 예언한다는 증거에 기초한다(Martens, 1977).

1) 스포츠 경쟁불안에 대한 이론적 모형

Martens(1977)는 경쟁특성불안이란 '경쟁 상황을 위협으로 지각하는 성향이며, 그 상황에 대해서 염려와 긴장감으로 반응하는 경향성' 이라고 정의했다. 스포츠 경쟁불안에 대한 Martens이론의 핵심은 첫째, 상태불안(A-state)과 특성불안(A-trait)을 구분하며, 둘째, 스포츠 활동에서 경쟁과정을 이해하는 것이다. Martens의 모형은 Spielberger의 이론을 인용하고 통합한 것이다.

특성불안은 성격 성향으로서 경험에 의해서 획득된다. 경쟁특성불안의 개인차는 다양한 경쟁 상황이 위협으로 지각되는 정도에서의 개인차와 관련 있다. 반면에 상태불안은 내 · 외적 원천에 의해서 발생하는 위협 자극에 대한 반응이다. 특성불안과 상태불안은 매우 관련되어 있다. 왜냐하면 특성불안이 강한 개인은 위협적인 상황에서 더 강한 상태불안을 보이기 때문이다. Martens가 제안한 경쟁과정 모형은 네 요소, 즉 객관적 경쟁상황, 주관적 경쟁상황, 반응, 결과([그림 3-12] 참조)를 포함한다.

객관적 경쟁상황은 개인에게 실제적인 물리적 · 사회적 환경요구다. 이들은 위협이 될 수도 있고 그렇지 않을 수도 있다. 그러므로 객관적 경쟁상황은 상태불안 수

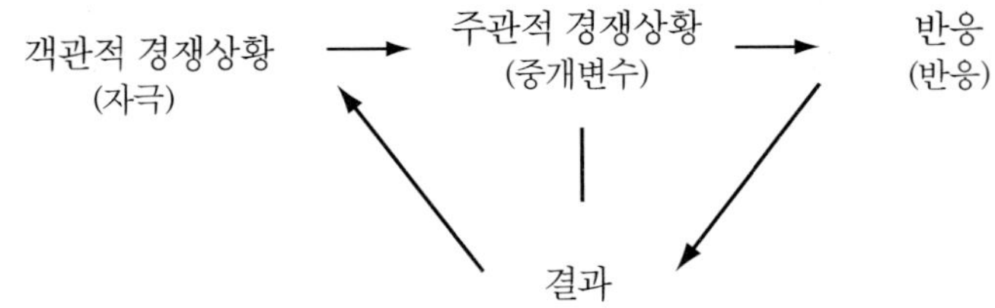

[그림 3-12] 경쟁과정에 관한 Martens(1977)의 모형

준에 영향을 줄 수도 있고 그렇지 않을 수도 있다. 상태불안 수준에 영향을 미칠 수 있는 객관적 경쟁상황으로는 과제의 성질, 경쟁자에 비교한 선수 자신의 능력, 경쟁을 통해서 얻을 성과의 유인가, 타인의 존재 등이 포함된다.

객관적 경쟁상황 내에 포함된 위협의 정도는 개인에 따라서 매우 다르게 지각될 것이다. 경쟁과정에 관한 대부분의 연구가 객관적 경쟁상황은 모든 개인에게 똑같이 지각될 것이라고 가정했으나, 이 가정은 현실과 다르다(Martens, 1977). 그러므로 경쟁과정은 수많은 개인 내 요인에 의해서 매개된 주관적 경쟁상황을 포함한다. 스포츠 경쟁불안과 같은 성격특성은 이런 요인 중 하나다.

비록 주관적 경쟁상황에 의해서 주로 영향을 받지만, 객관적 경쟁상황에 대한 개인반응인 산출(output)은 코치와 선수가 가장 크게 관련되는 요소다. 이것은 행동반응(수행 효율성이 증가되었는가?), 생리반응(심장 박동 수, 손바닥의 땀 분비량, 자율신경 반응 등이 현저히 증가되었는가?), 심리반응(Spielberger의 STAT로 측정된 상태불안이 어느 정도인가?)의 하나 또는 세 가지 모두 고려될 수 있다.

> 경쟁에 뛰어든 결과는 스스로 얻거나 타인에게서 획득한 것으로서, 유형적이거나 무형적인 보상이나 처벌로 지각될 것이다. 경쟁의 장기적 성과는 주관적인 경쟁상황 또는 앞으로의 객관적 경쟁상황에 대해서 개인이 어떻게 지각하는가에 큰 영향을 미칠 것이다. 대체로 경쟁상황에 지속적으로 참가하는 것이 경쟁특성불안의 개인차를 결정하는 요인이 된다(Martens, 1977).

[그림 3-13]은 경쟁과정에 적용된 경쟁불안 연구에 관한 모형이다. 경쟁특성불안은 실제의 객관적 상황과 상태불안 반응의 강도 사이에서 작용하는 중요한 매개변

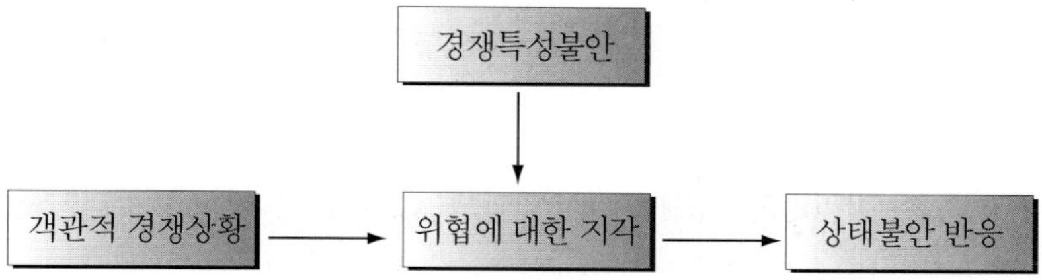

[그림 3-13] 경쟁적 자극과 반응의 매개변수로서의 경쟁특성불안(Martens, 1977)

수로 간주되고 있다. 특성불안이 높은 개인은 경쟁상황을 더욱 위협적이라고 지각할 것이며, 이런 차이는 높은 상태불안 반응으로 반영될 것이다. 그러나 경쟁특성불안은 경쟁적 상황에서만 상태불안을 매개하는 성격특성이기 때문에 비경쟁적 상황에서는 특성불안이 높은 사람과 낮은 사람이 상태불안에서의 차이를 보이지 않을 것이다. 그 일반적 가설이 [그림 3-14]에 요약되어 있다.

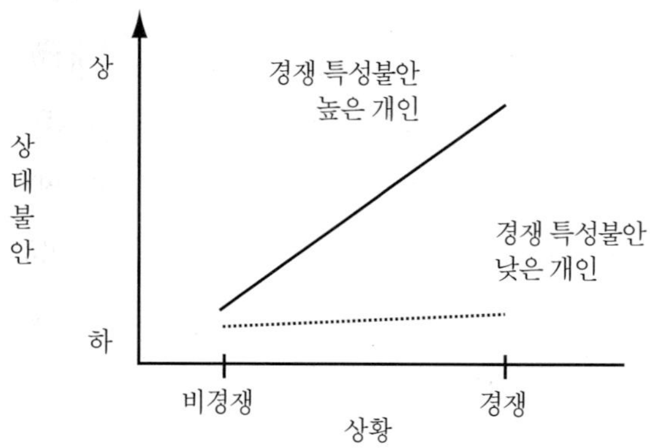

[그림 3-14] 경쟁 및 비경쟁 상황에서 경쟁특성불안이 높은 개인과 낮은 개인의 상태불안에서의 차이 예측(Martens, 1977)

2) 스포츠 경쟁불안과 행동 및 수행

Martens와 동료들(Martens, 1977; Martens & Gill, 1976; Martens, Gill, & Scanlan, 1976; Scanlan, 1977)은 경쟁특성불안 척도의 타당도를 검증한 11개 연구결과를 보

고했다. 일반적으로 실험실 실험에서 사용된 실험설계는 다음과 같다.

- 많은 어린이에게 스포츠 경쟁불안검사(SCAT)를 실시했다. 높은 점수와 낮은 점수를 얻은 어린이(경쟁특성불안 상 집단과 하 집단)를 실험참가자로 선정했다. 이 실험에서 독립변수는 경쟁특성불안에서의 차이가 된다.
- 상태불안의 기저선(이완되고 비경쟁적인 상황에서 측정된 상태불안 측정치)을 측정하는 사전실험에서는 Spielberger의 상태특성불안 질문지(STAI)를 이용했다.
- 실험참가자에게 자동차 미로과제를 수행시키면서 여러 차례에 걸쳐서 상태불안 측정치를 얻어냈다. 상태불안 측정치는 경쟁 전, 경쟁 중간, 경쟁 후 그리고 실험에 대한 사후설명 후에 측정되었다.
- 실험조건에 따른 종속변수([그림 3-14]의 반응요소)는 실험목적에 따라 다양했으나, 행동, 생리 및 심리적 측정치가 사용되었다.

현장연구에서는 자연스럽게 형성된 집단(intact teams)에게 스포츠 경쟁불안 검사를 실시했다. 다음에 실험실 실험에서와 비슷한 방식으로 여러 차례에 걸쳐서 사전 기저선, 경쟁 전, 경쟁 중, 경쟁 후의 상태불안 측정치를 얻어 냈다. 그런 다음에 특성불안과 상태불안의 상관 등을 산출했다. 일반적으로 그 결과는 심리적 반응 측정치가 관련되어 있는 경우에는 경쟁특성불안 개념의 타당성을 경험적으로 지지하는 것이었다. 경쟁특성불안의 개인차는 경쟁상태불안의 개인차와 통계적으로 유의한 상관이 있었다. 이에 대한 예견은 [그림 3-15]에 제시되어 있다.

[그림 3-15]는 여자 고등학교 농구선수와 코치를 대상으로 한 현장연구 결과를 보여 주고 있다. 스포츠 경쟁불안과 상태불안 간의 상관이 $r = .64$로 높다는 사실 이외에도 흥미로운 점이 많다. 예를 들면, 일반특성불안에서의 개인차는 경쟁상태불안과 겨우 $r = .30$밖에 안 되는 상관을 보였다. 이것은 특성불안의 일반적 측정치가 상태불안을 예측하기 위한 상황-구체적 변수로서 비효과적이라는 것을 나타내는 것이다. 그리고 경쟁특성불안과 일반특성불안 간의 상관이 중간 정도인 $r = .44$라는 것은 두 측정치가 똑같지는 않지만 비슷하다는 것을 나타낸다. 마지막으로 코치의 평정과 선수의 실제 측정 값 사이의 상관이 일관성 있게 낮은 것($r = .12$)은 코치가 선수의 상태불안뿐만 아니라 일반적 특성불안과 경쟁특성불안 수준을 정확하게 지

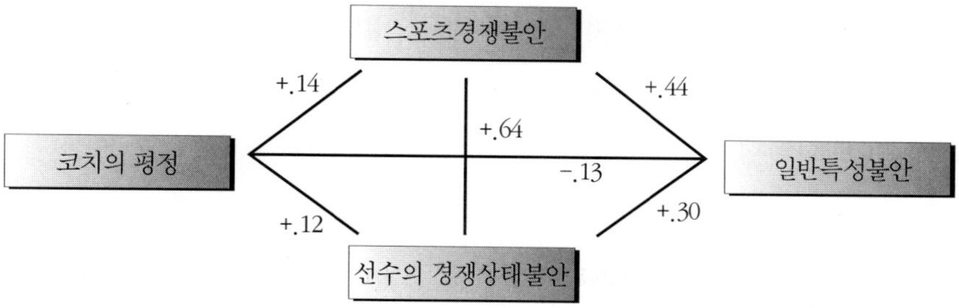

[그림 3-15] 특성불안, 선수의 경쟁상태불안, 일반특성불안 측정치 간의 관련성(Martens, 1977)

각하지 못하고 있음을 나타내는 것이다.

심리적 측정치를 사용하여 얻은 연구결과가 긍정적인 것과는 대조적으로, 동작수행 효율성의 예언요인으로서의 스포츠 경쟁불안과 일반특성불안 및 상태특성불안의 타당성을 발견할 수 없었다. 경쟁특성불안에서의 차이는 상태불안의 차이와 관련이 있는 것으로 밝혀졌으나, 상태불안에서의 차이는 수행에서의 차이와 관련이 없었다. 그러나 Martens(1977)가 밝힌 대로 스포츠 경쟁불안과 상태불안으로 스포츠 활동을 예측하지 못했다고 해서 스포츠 경쟁불안검사의 타당성을 증명하는 데 실패한 것이 아니다. 단순한 상태불안 측정치는 스포츠 활동 예언변수로서 적절하지 못할 뿐이다.

실제로 국내 연구에서 김관현(1999)은 유도선수를 대상으로 경쟁상태불안이 경기력에 유의한 영향을 미친다는 것을 밝혔다. 이 연구에서는 중학교, 고등학교 및 대학/일반부 유도선수를 대상으로 스포츠 경쟁상태불안검사지(Competition state anxiety inventory-Ⅱ, CSAL-Ⅱ)를 사용하여 경쟁상태불안의 세 가지 하위요인인 상태자신감, 인지적 상태불안 및 신체적 상태불안이 경기력에 미치는 효과를 검증했다. 그 결과, 경쟁상태불안은 학교급별로 차이는 있었으나 일반적으로 경기력에 유의한 영향을 미쳤다. 그리고 운동경험이 적고 연령이 낮을수록 경쟁상태불안이 경기력에 더 큰 영향을 미친다고 보고하고 있다.

백동기(1999)는 국가대표급 남자 체조선수를 대상으로 경쟁불안이 마루운동경기기록에 미치는 영향을 연구했다. 그 결과 인지불안은 경기기록과 정적 선형관계를 보였으나 신체불안은 마루운동 기록과 역U자형의 관계를 지니고 있음을 밝혔다. 따라서 신체불안보다는 인지불안이 기록에 더 큰 영향을 미쳐서, 인지불안은 높을수록 경기력을 촉진시키지만 신체불안은 낮거나 낮을 때가 아니라 보통 수준에서 경기력에 이롭게 나타났다.

유진과 박성제(1999)도 CSAL-II를 사용하여 테니스 수업에 등록한 남자 대학생들을 대상으로 불안과 수행과의 관련성을 검증했다. 이 연구에서는 수행과 인지불안은 부적으로 관련되어 있고 신체불안과 수행은 역U자형의 관계가 있다는 다차원적 불안이론과 신체불안 수준이 낮을 때 인지불안의 증가는 수행을 촉진시킨다는 카타스트로피 모형을 검증하려고 했다. 그러나 두 이론 모두 지지되지 않았다. 오히려 신체불안이 낮을 때 인지불안의 증가는 수행을 감소시켰다. 그리고 신체불안과 수행은 역U자형의 관계가 아니라 부적 관계를 보였다. 이런 결과는 연구대상자에게 그 이유가 있는 것으로 해석되었다. 경험이 많은 선수와 교양과목으로 테니스를 하는 일반 대학생은 불안에 의해서 수행이 영향을 받는 양상에서 차이가 있을 것이다.

전병관(2000)은 중고등학교 남녀육상선수의 심리적 불안이 평상시와 시합당일에 차이를 보이는지 알아보기 위한 연구를 수행했다. Spielberger의 불안검사지(STAI)를 이용해서 평상시와 시합 전 불안수준을 측정했다. 그 결과 상위권선수와 하위권선수 간에는 평상시 및 시합 당일 불안 수준에서 차이가 통계적으로 유의했다. 하위수준 선수보다는 상위 수준 선수가 평상시에는 불안 수준이 높지만 시합 당일에는 불안수준이 더 낮았다.

04

스포츠와 동기(II): 사회적 동기

- 1. 귀인이론
- 2. 성취동기이론
- 3. 내적동기이론
- 4. 스포츠와 목표설정

1. 귀인이론

동기에 대한 인지적 접근방법인 귀인이론은 개인이 자신과 타인의 행동원인을 해석하는 과정에 초점을 둔다. 귀인이론은 추동이나 내적인 힘 등과 같은 이론적인 개념이 아니라 보통 사람이 일상적 상황에서 자신과 타인의 행동을 이해하고 설명하고 예언하는 데 사용하는 사고과정에 관심을 두기 때문에, Heider(1944, 1858)는 이를 상식심리학(commonsense or naive psychology)이라고 불렀다.

사람은 주변에서 일어나는 일상적인 사건을 통해서 자신의 환경을 안정되고 예측 가능한 방식으로 이해하려고 한다. 경쟁적인 경기를 끝낸 선수, 시험을 치르고 난 학생, 사회적 활동에 참여하고 난 후에 혼자 남게 된 개인은 모두 공통적으로 그 결과가 왜 발생했는지 이해하기를 원한다. 보통 사람은 성취동기, 습관 위계, 최적수준 등과 같은 이론적 개념보다는 노력, 과제 난이도, 능력, 피로, 운 등과 같이 좀 더 일상적인 용어를 사용해서 상황을 분석한다.

이런 점에서 Heider(1958)는 과학적 심리학과 상식심리학에서 인간의 행동을 설명하는 과정은 매우 유사하다고 지적했다. 과학적 심리학과 마찬가지로 상식심리학에서도 행동 결과는 개인과 환경요인에 달려 있다고 본다. 그러므로 행동성과 개인과 환경적 힘의 효과적인 조합에 의존할 것이다. 즉, 성과$=f$(개인$\times$환경)이다. Heider와 Lewin의 행동공식[행동$=f$(개인$\times$환경)]은 유사하지만 분명한 차이가 있다. Lewin의 공식에서는 행동 밑바탕에 깔려 있는 원인을 설명하려고 한다. 반면에 Heider는 과거의 성과에 대한 원인을 어떻게 지각하는가에 관심을 둔다.

경기에서 패한 운동선수, 학생, 데이트 중인 연인은 부정적 성과인 실패의 원인이 자신이 기울인 노력의 양이 부족한 데 일차적 책임이 있다고 결론을 내릴 수도 있을 것이다. 운동선수와 학생은 자신의 노력 부족이 실패의 원인이라고 탓을 돌리는 반면, 청혼에 실패한 구혼자는 그 원인을 너무 많은 노력(예, 상대방을 고려하지 않고 성급하고 무리하게 접근)의 탓으로 돌릴 수도 있다. 또는 이 세 경우의 개인 모두가 결과의 원인을 자신이 통제할 수 없는 운과 같은 상황요인으로 돌릴 수도 있을 것이다. 또는 나는 열심히 하지도 않았고, 게다가 운까지 없었다고 상황과 개인 요인이 함께 영향을 준 것으로 생각할 수도 있다.

1) 귀인이론의 모형

(1) Heider의 인과귀인모형

Heider(1944, 1958)가 제안한 인과귀인 모형은 [그림 4-1]에 제시되어 있다. 이 모형에서 보듯이 행동성과인 성공과 실패의 원인은 개인과 환경의 상호작용으로 돌려진다.

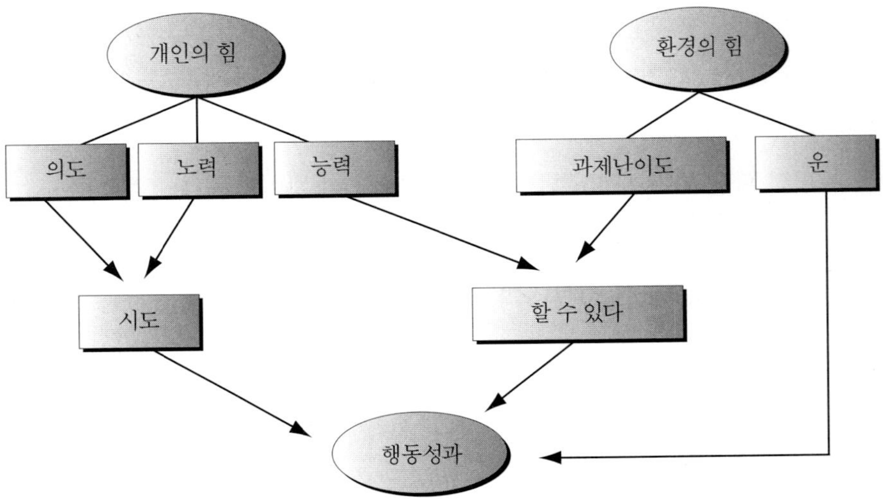

[그림 4-1] Heider의 인과귀인 모형(Carron, 1980)

① 개인의 힘

개인의 힘은 권력과 동기 두 요소로 구성된다. 권력은 능력으로 구성되어 있고, 동기는 의도와 노력으로 구성된다. 의도는 동기의 질적 차원으로서 개인이 하려고 시도하는 것을 나타낸다. 반면에 노력은 양적 차원으로서 개인이 그것을 열심히 시도하는 정도를 나타낸다. 의도와 노력 두 가지는 모두 동기를 반영하는데, 목표를 완수하려는 의도를 지닌 선수는 그에 따라서 최대한 또는 최소한의 노력으로 행동할 것이다.

능력과 시도는 개인적 힘의 통합된 요소다. 고등학교 농구선수는 능력이 충분하지 않기 때문에 그가 얼마나 열심히 운동하려고 동기화되었는가에 관계없이 프로농구 선수처럼 운동을 완벽하게 할 수는 없다. 그러므로 개인의 힘 $= f$(능력 + 노력)으로 나타낼 수 있다.

② 환경의 힘

환경의 힘은 과제 난이도와 운의 두 가지 요소로 구성되어 있다. 특히 중요한 것은 과제 난이도다. [그림 4-1]의 모형을 보면 과제 난이도와 능력이 상호 작용하여 '할 수 있다'는 신념을 결정한다. 그러므로 과제가 매우 단순하거나 개인이 매우 큰 능력을 소유하고 있다면 과제를 성공적으로 완수할 것이다. 과제가 매우 어렵거나 또는 개인의 능력수준이 낮으면 과제를 성공적으로 수행하지 못할 것이다. 능력과 과제 난이도 두 요인은 어느 정도 상호 작용하지만 성공이나 실패 후의 각각에 대한 인과적 귀인패턴은 매우 다르다. 변동이 심하고 예측이 불가능해서 개인이 직접 통제할 수 없는 상황에서의 요인은 운의 범주로 분류된다. 환경의 힘$=f$(과제 난이도+운)으로 나타낼 수 있다.

(2) Weiner의 성취귀인이론

목표를 달성하는 데 성공하거나 실패하는 것과 같은 성취상황에서의 귀인과정을 설명하는 Weiner와 그의 동료들(Weiner, 1972)의 연구는 Heider의 기본도식 틀을 따르고 있다. Weiner는 Heider의 도식을 이용하여 능력, 노력, 과제 난이도 및 운의 네 가지 귀인요인을 두 차원에 따라서 [그림 4-2]과 같이 재구성했다. 각 차원은 안정성과 통제 소재다. 안정성은 행동 결과의 발생원인이 고정된 속성인가 또는 변화 가능한 속성인가를 의미한다. 통제 소재는 행동 결과의 원인이 행위자 내부 속성인가 또는 외부 속성인가를 의미한다.

		통제 소재	
		내적	외적
안정성	안정	능력	과제 난이도
	불안정	노력	운

[그림 4-2] 인과귀인에 대한 Weiner의 분류체계(Weiner, 1972)

Weiner가 제시한 이 분류체계는 많은 연구(Weiner, 1972; Weiner, Freize, Kukla, Rest, & Rosenbaum, 1971)에서 지지를 확보하고 있지만, 상식적으로 보더라도 그럴 듯하다.

개인속성의 하나인 능력은 내부-안정된 요소로 분류된다. 노력은 내적이지만 불안정한 요소다. 경쟁이 치열한 레슬링 경기와 같은 성취상황에서, 경험이 풍부한 노련한 선수는 자신의 능력에 대해서 비교적 변하지 않는 안정된 지각을 유지한다. 그러나 연속되는 경기 때문에 체력이 소모된 상태에서 선수 자신의 노력에 대한 지각은 매우 달라질 수 있어서 불안정하다.

환경속성의 하나인 과제 난이도는 외부-안정적 요소로 분류된다. 운은 외부-불안정 요소다. 어떤 레슬링 선수에게 경쟁자가 되는 상대 선수의 능력은 과제 난이도가 될 것이다. 상대 선수의 능력은 언제 시합을 하더라도 크게 달라지지 않고 비교적 안정될 것이다. 그러나 경기를 하면서 경험한 운은 불안정하며 시간이 지남에 따라 변할 것이다.

과거의 경험은 인과귀인을 결정하는 중요한 요인이다. [그림 4-3]은 과거에 경험한 성공의 정도가 0%에서 50%, 100%로 변화함에 따라서 성공이나 실패에 대해서 형성된 인과귀인의 양상을 보여 주고 있다.

현재의 성과와 과거 경험 간의 불일치가 커질수록 성과의 원인을 불안정 요인으로 돌리는 경향이 커진다. 과거에 100% 실패한 뒤에 성공이 발생하거나 과거에 100% 성공한 뒤에 실패가 발생하면, 운과 노력 등의 불안정 요인으로 탓을 돌리는 경향이 강하게 나타났다. 반면에 과거의 성공경험 뒤에 성공이 뒤따르고 실패의 과거 역사 뒤에 실패가 뒤따라서 과거경험과 성과가 일치할 때는 능력과 과제난이도와 같은 안정된 요인으로 탓을 돌리는 양상이 나타났다.

예를 들어, 특정 선수에게 항상 승리해 온 테니스 선수나 계속해서 A학점을 받아 온 학생은 실패를 당하면 그 원인이 자신의 능력 부족이나 과제가 어려워서라기보다는 운이 없거나 자신이 노력을 덜한 결과로 일어난 일시적 현상으로 보려고 할 것이다. 계속해서 성공해 온 사람이 또 성공을 하게 되었을 때는 운이 매우 좋았거나 예외적으로 자신이 특별하게 노력했다기보다는 자신의 뛰어난 능력이나 과제가 상대적으로 쉽기 때문에 성공했다고 생각할 것이다.

이런 결과는 스포츠 상황에서 귀인 문제를 다룬 연구(Spink, 1977, 1978; 안희구,

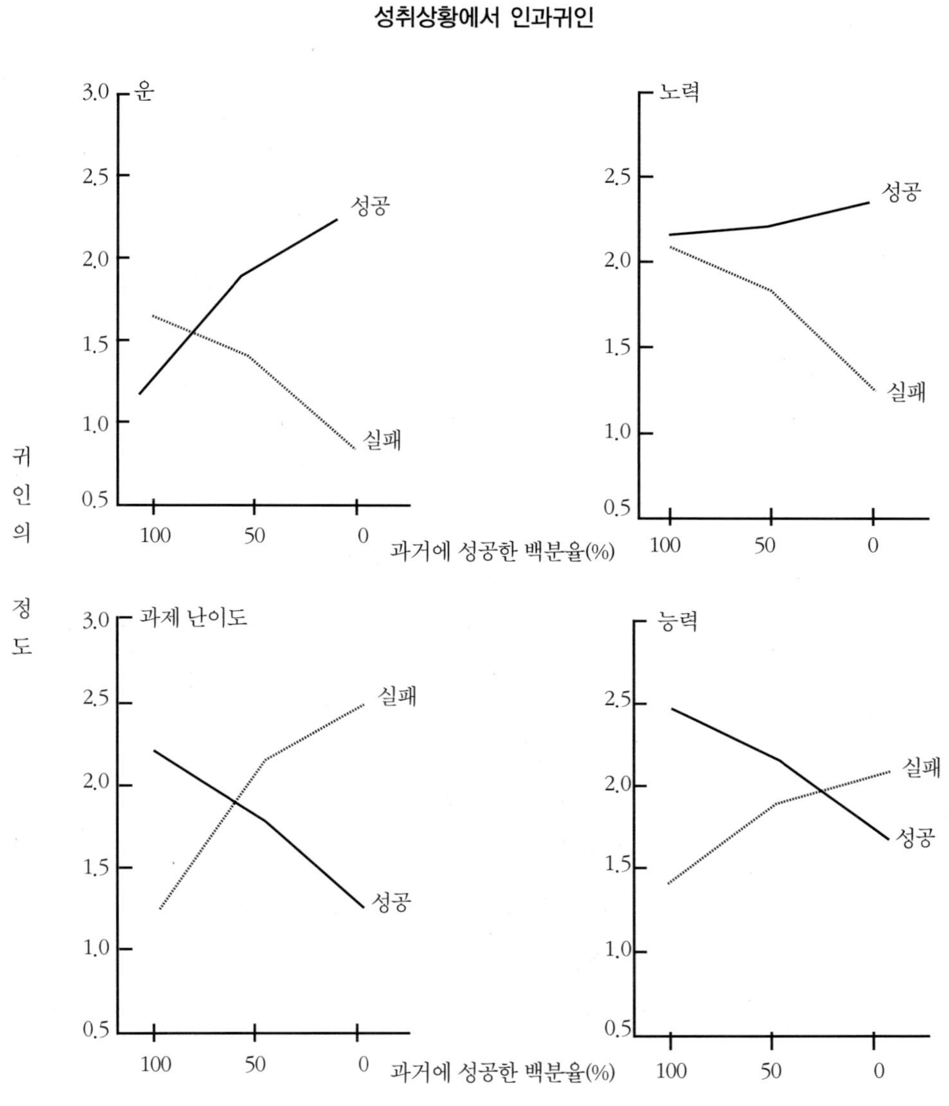

[그림 4-3] 성과와 과거경험 간 일관성의 함수로서의 인과귀인 과거경험(Freize & Weiner, 1971)

2003 등)에서 반복적으로 확인되었다. Spink(1977, 1978)는 고등학교 농구선수가 운동에서 성공이나 실패한 원인을 능력, 과제, 노력, 운 그리고 관리(officiating)의 탓으로 돌리는지 분석했다. 그 결과가 [그림 4-4]에 제시되어 있다.

동일한 경쟁선수에게 계속적으로 승리한 후에 승리하거나 또는 계속해서 패배한 후에 또 패배하는 것처럼 과거의 성과와 일관성을 보이는 경우에는 과제 난이도나 자신의 능력과 같은 안정된 요인으로 그 탓을 돌렸다. 그러나 계속적인 승리 후의

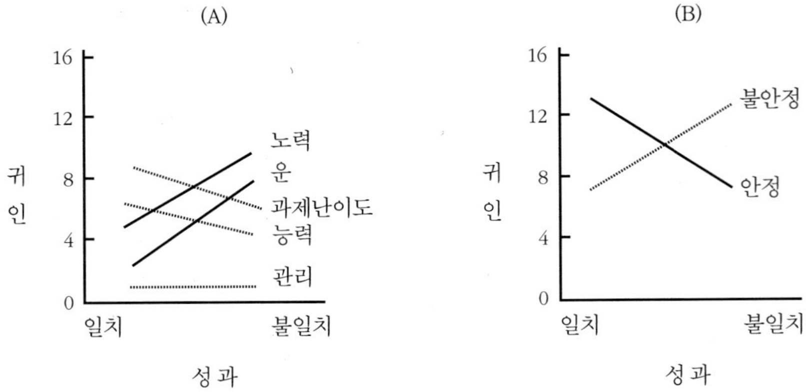

[그림 4-4] 성과의 일치성과 운, 능력, 노력, 과제난이도, 관리 귀인(A)과 안정(능력, 과제) 대 불안정(노력, 운)요인으로의 귀인(B)(Spink, 1977)

패배나 연속적인 패배 후의 승리와 같이 과거 성과와 불일치하는 경우에는 선수 자신의 노력이나 운과 같은 불안정 요인으로 그 탓을 돌렸다([그림 4-4A]). 과거의 경험과 귀인양식 간의 상호작용 경향성은 [그림 4-4B]에서 더욱 분명하게 드러난다.

남자 대학생을 대상으로 한 Iso-Ahola와 Roberts(1977)의 실험연구에서는 행동 성과를 설명하기 위해서 과거 경험을 참조준거로 이용했다. 새롭고 익숙하지 않은 상황에서는 이 참조준거가 결여되어 있어서 성공하든 실패하든 성과의 원인을 안정 요인으로 돌리는 경향은 감소되었다. 전에 자동차 미로게임을 경험한 실험참가자 집단은 수행 후 성공이나 실패에 대한 피드백을 받았다. 이 집단의 귀인을 자동차 미로에 대한 사전 경험이 없었던 집단과 비교했다. [그림 4-5]는 이 결과를 요약한

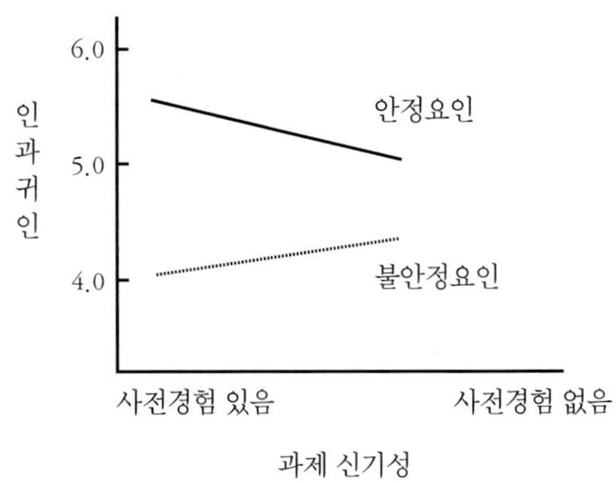

[그림 4-5] 과제 신기성에 따른 안정 대 불안정 요인 귀인(Iso-Ahola & Roberts, 1977)

것이다.

과제에 대한 사전 경험이 있는 집단은 성과의 원인을 해석하기 위해서 안정요인들을 이용하는 경향이 더 강했다. 반면에 과제에 대한 사전 경험이 없어서 신기성이 높을 때는 불안정 요인으로 귀인하는 경향은 증가하고 안정요인에 대한 귀인경향은 감소했다.

2) 귀인에서 자아중심성

행동성과의 원인을 해석할 때 사전 경험이 참조준거가 되기는 하지만, 성취상황에서 자신의 성과에 대해서 귀인할 때는 자기-고양적 또는 자기-방어적 전략을 사용한다는 증거가 있다. 성취상황에서 개인은 일반적으로 자신의 성공은 자신의 능력이나 노력과 같은 개인 · 내부 요인으로 탓을 돌리고 실패는 과제 난이도나 운과 같은 환경 · 외부 요인에서 그 원인을 찾는 경향이 있다.

자아 중심적 귀인(egocentricism in causal attribution)성향은 두 가지로 설명할 수 있다. 하나는 자기-기여 편파(self serving bias)모형이고 다른 하나는 정보처리(information processing)모형이다. 사람들은 자아수준을 높이려는 단순한 경향 때문에 바람직한 행위에 대해서는 그 원인을 자신에게로 돌리고 바람직하지 않은 행위의 원인은 자신이 아닌 타인이나 외부 환경에서 원인을 찾을 것이다. 자기-기여 편파 모형에 따르면 개인은 자존심을 유지하거나 높이려는 욕구를 지니고 있기 때문에 행동 결과의 원인을 설명할 때에도 자기-중심적 동기를 드러낸다(Heider, 1958; Kelley, 1967).

정보처리모형(Bem, 1972; Miller & Ross, 1975)에서는 편파적이고 자기-고양적 동기보다는 논리적 편파를 더 강조한다. 만약에 개인이 과거에 성공한 경험을 지니고 있다면, 그 과제에서의 성공은 논리적으로 능력이나 노력과 같은 개인요인으로 귀인시키고 실패는 과제 난이도나 운과 같은 외부 요인으로 귀인시켜야 한다. 이런 논리에 따라서 연구에 참가한 대학생이나 운동선수는 대체로 지금까지 성공을 경험한 사람이기 때문에 성공적 성취상황에서 개인요인으로의 귀인은 이기적 동기 때문인 것으로 보일 수도 있지만 실제로는 과거 경험에 대한 정보에서 논리적으로 얻어 낸 결과일 것이다(Miller & Ross, 1975). 그러나 이 두 모형을 직접 또는 간접적으로 비

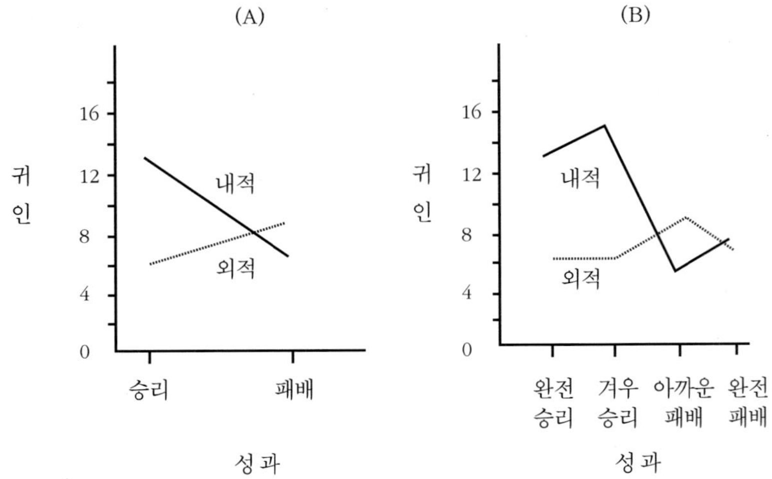

[그림 4-6] 선수의 운동 수행을 결정하는 요인(Spink, 1977)

교하려고 시도한 연구는 대체로 자기-기여 편파 모형을 지지하는 결과를 얻었다.

사회심리학에서 귀인이론이 발전되어 온 이래로 스포츠 분야에서도 수많은 귀인 연구가 수행되었다. [그림 4-6]은 Spink(1977, 1978)가 고등학교 농구선수를 대상으로 연구한 결과를 요약한 것이다. [그림 4-6A]에서처럼 성공은 외부차원(운과 과제난이도)보다는 내부차원(노력과 능력)으로 강력한 귀인이 일어났다. 그러나 실패 후에는 내부귀인이 감소하고 외부귀인 경향이 증가했다.

Gilmore와 Minton(1974)은 철자 바꾸기 검사에서 가장 극단적인 점수(매우 효과적인 수행이나 매우 비효과적인 수행을 나타내는 점수)는 능력이나 노력 등의 내부요인으로 귀인되는 것을 발견했다. 그러나 성공적이든 또는 실패든 수행이 중간수준에 있는 통과-실패 기준점에 가깝게 접근함에 따라서 오히려 외부귀인이 증가되었다.

그러나 [그림 4-6B]에서 보듯이 Spink의 연구에서는 그렇지 않은 다른 결과를 얻었다. 확실한 승리든 간신히 거둔 승리든 간에 승리에 대해서는 내부귀인을 했다. 완전한 패배든 안타까운 패배든 실패한 경우에는 내부 및 외부 귀인수준에서 차이를 보이지 않았다.

자기-고양적 귀인은 소년야구 리그의 선수를 대상으로 한 Iso-Ahola(1977a,

1977b)와 Roberts(1975)의 연구와 신기한 자동차 미로과제를 수행하는 대학생이 참가한 Iso-Ahola와 Roberts(1975, 1977)의 연구에서도 확인되었다. 그러나 Duquin(1977)의 연구에서는 예외적으로 5~8학년의 초등학교 체육시간에 개방형 질문지를 실시했는데, 성공과 실패 모두 내부로 귀인되었다. 성공한 학생의 90% 이상과 실패한 학생의 60%가 그 성과는 능력, 기분, 노력 등의 내부 요인의 결과로 나타났다고 지각했다.

3) 귀인에 따른 정서반응

성과에 대한 정서나 평가반응은 그 원인에 대한 지각에 의해서 영향을 받는다. 경기에서 패배한 이유를 운이 나쁘거나 상대 선수가 매우 우수한 경기를 했기 때문이라고 지각하는 선수는 그 원인이 스스로 노력을 덜했기 때문이라고 지각하는 선수보다 수치심을 덜 느낄 것이다. 반대로 경기에서 승리한 것이 운 때문이라고 지각하는 선수는 승리를 자신의 능력 때문이라고 귀인시키는 선수에 비해서 그 성과에 대한 자부심을 덜 느낄 것이다. [그림 4-7]은 Weiner의 이런 주장을 요약한 것이다.

성공이나 실패 원인을 노력과 능력 등의 내부·개인적 요인으로 돌리면, 과제 난이도와 운과 같은 외부요인으로 귀인될 때보다 더 효과적이다. Weiner의 주장에 따르면, [그림 4-7]에서 보듯이 내부요인 차원 내에서는 지각된 능력보다는 지각된 노력과 관련된 정서가 더 강하다.

Weiner와 Kukla(1970)는 이 주장을 직접 지지하는 증거를 제시했다. 교사 실습

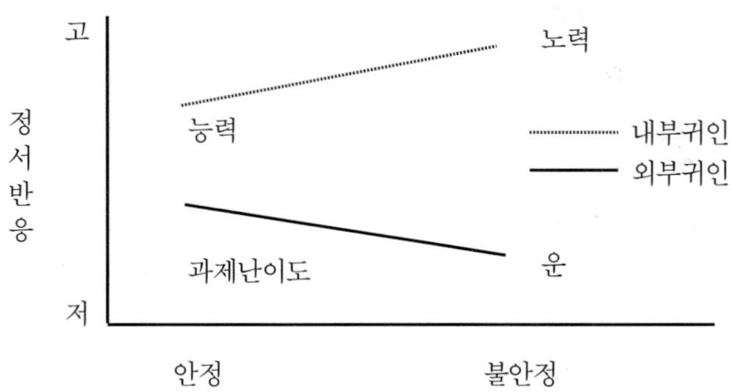

[그림 4-7] 귀인요인에 따른 성공과 실패에 대한 정서반응 강도(Weiner, 1972)

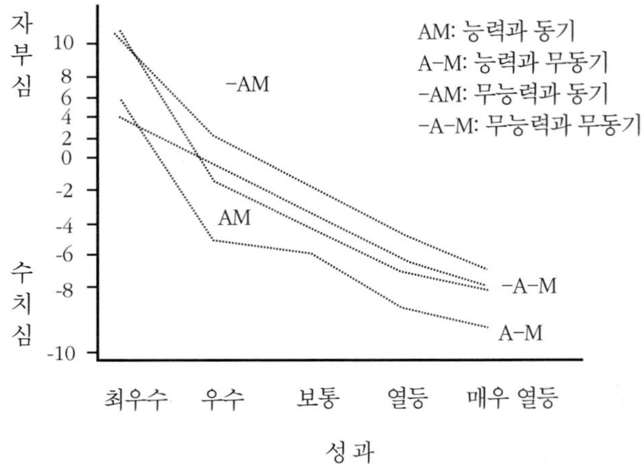

[그림 4-8] 선수의 운동 수행을 결정하는 요인(Weiner & Kukla, 1970)

생이 다양한 성취과제를 수행한 후에 자부심이나 수치심 반응을 보고했다. [그림 4-8]에서 보는 대로, 수행결과는 능력과 동기의 네 가지 조합(즉, 능력과 동기, 능력과 동기 없음, 능력 없음과 동기, 능력 없음과 동기 없음)에 의해서 결정되었다. 자신의 능력에 의해서 성공했을 때 가장 자부심이 컸다. 자신의 노력 부족으로 실패한 경우에는 수치심이 가장 크게 일어났다. 동기가 없는(동기가 없고 능력이 있거나 동기가 없고 능력이 없는) 조건에서는 일반적으로 성공과 관련되어 자부심이 더 컸으며 개인이 능력을 덜 지니고 있을 때는 실패와 관련된 수치심이 더 적었다. 이 결과에 의해서 Weiner(1972)는 성공과 실패에 대한 정서반응을 결정하는 데 지각된 노력이 가장 중요하다는 결론을 내렸다.

어린이를 대상으로 한 후속 연구에서 Nicholls(1975)는 새로운 과제를 시도해서 성공했을 때 그 원인을 능력으로 돌린다면 노력으로 돌릴 때보다 기쁨이 더 크다는 사실을 발견했다. 자신이 안정된 속성인 능력을 소유했다는 사실을 알게 됨으로써 만족을 경험한 어린이는 그 이후에도 지속적으로 즐거움을 얻을 수 있을 것으로 확신했다. 이에 비교해서 노력과 같은 불안정 요인에 의한 성공은 그 어린이가 다음에도 계속해서 성공할 것이라는 확신을 주지 못했다.

두 번째 실험에서 Nicholls(1976)는 성공으로 인한 자부심은 낮은 능력과 많은 노력과 연합되어 있고, 실패로 인한 수치심은 적은 노력과 높은 능력과 연합되어 있다는 것을 알아냈다. 그러나 어린이에게 자신은 어떤 유형의 사람이 되기 원하는가를 묻었을 때, 많이 노력하기보다는 뛰어난 능력을 소유한 사람이기를 더 선호하는 경향을 보였다. 어린이는 뛰어난 능력과 적은 노력의 결과로 실패했을 때 가장 크게 수치심을 경험한다고 응답했다.

노력과 능력이 연합된 효과는 그 개인이 장차 언젠가 그 과제를 수행해야만 할 것인지의 여부와 관련이 있다. 능력 수준은 낮지만 열심히 노력해서 우승한 테니스 선수는 가장 큰 만족을 경험할 것이다. 한편 기쁨은 실패가 아니라 승리와 연합되어 있기 때문에 장차 경기성적을 기대할 때 가장 큰 기쁨은 자신이 능력을 지니고 있다는 지식과 연합될 것이다. 단순히 동기 수준만 높을 때보다는 자신이 능력 있다고 지각하면 앞으로 경기에서 상 받을 기회가 더 많을 것이고 따라서 더 큰 기쁨을 얻을 것이다.

4) 스포츠 분야에서의 귀인 연구

스포츠에서 승자와 패자의 귀인에 관한 연구결과는 일관성이 없다. 어떤 연구는 패자에 비해서 승자가 더 내적이고 안정된 통제 가능한 귀인을 한다는 결과를 보였다(McAuley & Gross, 1983; Watkins, 1986). 그러나 또 다른 연구는 승자가 더 안정되고 통제 가능한 귀인을 하지만 더 안정된 귀인을 하지는 않는다는 결과를 보였다(Grove, Hanrahan, & McInman, 1991; Mark, Mutrie, Brooks, & Harris, 1984). 그 이유는 객관적 성과(승리 또는 패배)와 개인이 지각한 성공과 실패는 다르기 때문이다.

Spink와 Roberts(1980), 권태엽(1992)은 패자에 비해서 승자가 더 내부귀인을 한다는 결과를 얻었다. 그러나 Spink와 Roberts(1980)는 두 유형의 승자가 있음을 발견했다. 자신이 능력과 노력(내부귀인)에 의해서 승리를 얻었다고 생각하여 만족스러워하는 승자와 과제가 어렵지 않기 때문에(외부귀인) 쉽게 승리했다고 느끼기 때문에 불만스러워하는 승자가 있다. 마찬가지로 만족스러워하는 패자는 그들의 패배 원인을 과제 난이도로 돌릴 것이고, 불만스러워하는 패자는 자신의 능력 부족으로 그 탓을 돌릴 것이다. 추가해서 McAuley(1985)는 객관적 성공에 비해서 지각된 성공은 내적이고 안정된 통제 가능한 요인으로 귀인시킨다는 것을 확인했다.

안희구(2003)는 고등학교 남녀 조정선수에게 김원배와 윤영길(2003)이 개발한 성공 및 실패귀인 질문지를 실시해서 성별 귀인유형의 차이를 알아냈다. 그 결과 귀인에서의 성차를 발견하지 못했다. 이는 남자가 성공의 원인을 내부 안정적 요인(능력)으로 귀인하는 반면에 여자는 성공의 원인을 외부 불안정 요인(운)으로 귀인하고 실패를 내부 안정요인(능력)으로 요인으로 귀인한다는 선행연구(이인화, 2003; Blucker & Hershberger, 1983; Mchuge, Kuquin, & Frieze, 1978)의 결과와 일치하지 않는다. 한편 Gill(1980)은 여자 농구선수를 대상으로 연구한 결과, 승리의 원인을 동료에게 돌리고 실패의 원인은 자신에게 돌림으로써 일반적인 자기-기여 편향(self-serving bias) 가설과 상반되는 경향이 있음을 보고하였다.

스포츠 분야의 연구에 따르면 수행 만족 또는 주관적 평가가 선수의 정서를 예언하는 가장 좋은 예언변수다. 그리고 그 과정에서 귀인이 중요한 역할을 한다(Biddle, 1993). Robinson과 Howe(1989)는 756명의 남녀 고등학생을 대상으로 조사한 결과, 지각된 수행이 그들의 정서를 일관성 있게 예언하고, 귀인은 그 예언력을 더욱 높여 주었다. 특히 스스로를 실패했다고 지각하는 개인에 비교해서 자신을 성공적이라고 지각하는 개인은 내적(능력), 안정적(다시 성공할 것이다)이고 통제 가능한(나는 다시 성공을 해낼 수 있어) 귀인을 하고 더욱 긍정적인 정서를 경험했다. Vlachopoulus, Biddle 그리고 Fox(1996)도 성공에 대한 내부귀인은 긍정적 정서에 대한 매우 중요한 예언변수라는 것을 발견했다.

McAuley와 Duncan(1989)은 귀인과 정서에 관한 연구에서 매우 흥미 있는 설계를 시도했다. 성공에 대한 지각을 측정하는 대신에 성과를 조작해서 승리할 것으로 기대했던 개인이 패하고 패할 것이라고 기대했던 개인이 승리하게 만들었다. 성공한 개인 중에서 내부귀인을 한 사람에게서 자신감이 가장 강했다. 실패한 사람 중에서 안정된 내부요인 때문에 패했다고 귀인하는 개인에게서 우울감이 가장 컸다. 이런 결과는 자기-기여 편파 개념을 지지한다. 패배를 안정된 요인으로 귀인하는 것은 강한 죄책감과 수치심에 더욱 관련되었다. 이 연구는 자기-기여 편파를 지지하기는 하지만 기대하지 않았던 성과가 긍정적이든 부정적이든 강한 정서반응을 일으킨다는 것을 제시하고 있다.

대부분의 귀인연구는 스포츠 분야에서 이루어졌다. 이런 연구를 검토한 결과 Stuart와 Bibble(1993)은 McAuley와 그의 동료들(McAuley, Poag & Wraith, 1990)의 노력으로 건강 관련 활동에 참여하는 귀인적 사고과정에 대한 증거가 축적되었다고 지적했다. 많은 연구자가 Weiner의 모형에 따라서 더 발전된 연구를 지속했다. 동기에 대한 또 다른 귀인모형으로 동기에 대한 접근을 한 연구자도 있다. Abramson, Seligman 그리고 Teasdale(1978)은 통제 불가능 귀인으로 학습된 무력감에 대해서 논했다. 성과가 통제 불가능하다고 지각하는 개인은 동기, 인지, 정서적 결함을 보인다. 이런 개인은 행동을 시작하지도 않으며, 반응이 차이를 만들어 낸다는 것을 학습하기가 어려워지고, 우울감을 지닐 가능성이 크다.

Johnson과 Biddle(1988)은 균형잡기에서 실패나 성공에 대한 귀인과정을 통해서 스포츠 분야에서 학습된 무력감을 처음으로 연구했다. 오랫동안 버틴 개인에 비해서 쉽게 포기하는 개인은 실패의 원인을 능력 부족이나 과제의 어려움으로 귀인할 뿐만 아니라 자기에 대한 부정적 진술을 했다. 오랫동안 버틴 개인은 더욱 전략적인 진술을 했다. 중학교 체육시간의 학생(Martinek & Griffith, 1994; Martinek & Williams, 1997; Walling & Martenek, 1995)과 스포츠 참가자(Prapavessis & Carron, 1988)에게서도 비슷한 결과가 나타났다. 이런 연구는 성공과 실패에 대한 개인의 지각과 귀인 간의 관련성을 보여 주었다.

스포츠에서 학습된 무력감을 보이는 개인을 만날 수 있다. 가장 분명한 경우는 체육시간에 자신이 너무 느리고 손발이 잘 안 맞고 아무리 해도 운동이 잘되지 않는다고 알고 있는 어린이다. 때로는 유능한 선수도 계속 성공만 하다가 갑자기 실패하면 무력해지는 것을 볼 수 있다. 이런 사람은 실패의 원인을 노력뿐만 아니라 전략, 연습, 기술 또는 변화 가능한 무엇이든 불안정하고 통제 가능한 요인으로 돌리도록 함으로써 도움을 얻을 수 있다.

2. 성취동기이론

스포츠 상황은 기본적으로 성취 지향적이다. 골프나 크로스-컨트리처럼 선수가 혼자서 운동을 하든 또는 축구, 하키, 야구 등과 같이 집단으로 경기를 하든, 선수 개인의 성취를 평가하기 위해서 우수성에 대한 많은 준거를 사용한다. 이런 준거는 선수의 이전 성적과 같이 개인적이거나 다이빙에서 난이도 등급이나 골프에서 코스별 파 등 규범적이거나 아니면 상대 선수와 비교되는 것과 같이 환경적이다.

어떤 사람은 성취 지향적인 상황이 즐겁기 때문에 그 상황으로 쉽게 끌려 들어간다. 그러나 다른 사람은 경쟁 지향적인 성취 상황이 불쾌하기 때문에 가능하면 피하려고 할 것이다.

성취동기이론은 성취상황에서 일어나는 이런 행동의 개인차를 설명하기 위해서 McClelland와 Atkinson의 연구에서 출발했다. 성취상황이란 개인이 우수성에 대한 준거에 의해서 자신의 수행이 호의적인 평가를 얻어서 성공하거나 비호의적 평가인 실패를 기대하는 경우다(Atkinson, 1964).

성취동기이론은 스포츠(Ryan & Lakie, 1965)뿐만 아니라 산업체(Block, 1962)나 학교(Cox, 1962)등에 다양하게 적용되었다. 성취동기이론은 그 외에 성취동기의 남녀간 비교, 문화 및 인종차(Feather & Raphelson, 1974; Weston & Mednick, 1970), 어린이와 성인의 성취동기 발달(Winterbottom, 1953; McClelland & Witer, 1969), 국가 경제성장과 국민의 성취동기 수준의 관계(McClelland, 1961), 대학에서 전공선택 요인(Mahone, 1960), 국가 지도자의 리더십 비교(Donley & Winter, 1970), 1500년부터 1850년대에 이르기까지 영국의 경제발전뿐만 아니라 초기 그리스 민주주의의 성장, 절정, 쇠퇴에 대한 사후적 설명(McClelland, 1961) 등에도 적용되었다.

1) 성취동기의 이론적 모형

행동은 개인과 환경의 상호작용 결과라는 Lewin의 견해에 따라서, McClelland와 Atkinson은 성취 지향 행동은 개인과 환경 두 요인의 결과라고 보았다. 환경의 일차적 요소는 목표의 유인가다. 이차적 요소는 목표가 실제로 획득될 가능성이 있다고 지각한 기대다. 그러므로 Atkinson과 McClelland의 성취동기이론은 기대×유인가 이론을 기본 형태로 한다.

기대×유인가 이론에 따르면, 개인이 목표를 지향하도록 동기화되는 정도는 목표의 유인가와 그것의 획득이 최소한으로 가능하다고 지각하는 기대에 달려 있다. 예를 들어, 실력이 중간 수준인 아마추어 테니스 선수는 기대하기 어려운 매우 불가능한 목표로 보이기는 하지만 일급 프로 선수를 물리침으로써 매우 큰 가치를 얻을 수 있다. 반대로, 그 선수가 이제 막 테니스를 시작한 신예 선수에게 승리할 것이라는 기대는 매우 높지만, 이 경우의 승리는 유인가가 매우 낮을 것이다.

성취동기의 개인차를 반영하는 개인 차원의 두 가지 성격성향인 성취동기와 실패회피 동기를 생각해 보자. 성취동기는 개인이 성공을 이루어 내기 위해서 성취상황에 뛰어드는 강도로 측정되는 동기다. 성취동기는 투사법 검사인 주제통각검사(Thematic Apperception Test: TAT)로 측정된다. TAT는 Murray(1943)가 개발한 성격검사다. 이 검사에서 개인은 몇 장의 그림 카드를 보고 다음 질문에 따라서 이야기를 꾸민다(Atkinson, 1964).

1 현재 무슨 일이 일어나고 있는가? 이 사람은 누구인가?
2 이런 상황이 일어난 이유는 무엇인가? 바로 전에 어떤 일이 있었는가?
3 무슨 생각을 하고 있는가? 원하는 것이 무엇인가? 누가 그런 생각을 하고 있는가?
4 앞으로 어떤 일이 벌어질까? 일이 어떻게 전개될 것인가?

작성된 이야기는 성취와 관련된 내용의 정도에 따라서 채점된다.

실패 회피 동기는 성취상황에 들어가기를 지연하거나 피하는 성향이다. 실패 회피 동기는 Sarason과 Mandler의 '검사불안질문지(Test Anxiety Questionnaire: TAQ)'로 측정된다. 자기-보고식 질문지인 TAQ는 시험을 치는 상황과 같은 다양한 성취상황에서 경험된 불안 정도를 측정한다. 이 검사의 논리는 검사불안 정도가 높을수록 실패를 피하려는 동기도 강하다는 것이다.

이 두 가지 성취동기의 개인 성향과 관련해서 세 가지 사항을 지적할 수 있다. 첫째, 성취동기와 실패회피동기는 정도가 다르지만 모든 사람에게서 나타난다. 둘째, 성취동기와 실패회피동기는 독립적이어서 별도의 차원을 구성한다. 그러므로 어떤 개인에게서 어느 한 성향의 정도를 알아냈다고 해서 다른 동기의 정도가 얼마인지 자동적으로 알 수는 없다. 성취동기가 높은 사람의 실패회피동기는 높을 수도, 중간일 수도 또는 낮을 수도 있다. 셋째, 이들은 개인의 성격 성향이기 때문에 상황이 달라져도 일정하다. 성취동기가 높고 실패회피동기는 낮은 사람은 시간과 성취상황에 관계없이 일관성 있는 행동 특징을 보일 것이다.

(1) 성취-지향 목표추구 성향

성취지향 목표를 추구하는 성향은 개인이 성취활동에 들어가기 위해서 지녀야 할 일반적 동기다. 이 성향은 세 가지 요소의 함수적 결과다. 첫째, TAT를 이용해서 측정된 개인의 성취성향 강도인 성취동기, 둘째, 과제에서 성공할 가능성에 대한 기대, 셋째, 성공에 대한 유인가다. 이것을 공식으로 나타내면 다음과 같다.

성취지향 목표추구 성향 = 성취동기 × 성공기대 × 성공에 대한 유인가

성취동기는 개인 내적 성격 성향으로서 성취상황에 관계없이 일정하지만 유인가와 성공에 대한 기대는 상황에 따라서 달라진다. 유인가와 기대의 관계는 역이다. 유인가가 높으면 기대수준은 낮아지고, 유인가가 낮으면 기대수준은 높아진다. 예를 들어, 중간 정도의 실력을 가진 테니스 선수가 최상급 프로 선수를 이기는 것에 대한 유인가는 높지만 그 가능성에 대한 기대 수준은 낮다.

다음의 〈표 4-1〉에서는 성공에 대한 지각된 확률이 다양한 상황(성공확률 .90에서 .10까지)에서 성취동기가 높은 개인(예, 성취동기 점수가 8)과 낮은 개인(예, 성취동기 점수가 2)의 성취지향 목표추구 성향을 보여 주고 있다. 유인가도 상황에 따라서 달라짐을 알 수 있다.

성취지향 목표추구 성향의 값을 살펴보면 성취동기가 높은 사람과 낮은 사람 모두 난이도가 중간 정도(성공기대 = .50)인 성취상황을 선호한다. 그리고 성공하려는 동기가 강할수록(성취동기 = 8) 과제에 대한 성취지향 목표추구 성향이 커진다.

〈표 4-1〉 성취지향 과제에 개입하려는 동기(Carron, 1980)

기대(Ps)	높은 성취동기(8): Ms × Ps × Is=Ts	낮은 성취동기(2): Ms × Ps × Is=Ts
.10	8 × .10 × .90 = .72	2 × .10 × .90 = .18
.30	8 × .30 × .70 = 1.66	2 × .30 × .70 = .42
.50	8 × .50 × .50 = 2.00	2 × .50 × .50 = .50
.70	8 × .70 × .30 = 1.66	2 × .70 × .30 = .42
.90	8 × .90 × .10 = .72	2 × .90 × .10 = .18

주: 높은 성취동기 Ms=8과 낮은 성취동기 Ms=2인 사람에 의해서 나타난 성취지향 목표추구 성향(Ts)은 유인가(Is)-기대(Ps)가 다른 다양한 상황에 직면한다.

(2) 성취지향 목표를 피하려는 경향(실패회피 경향)

성취상황에서 얻은 성과가 개인이 좋아하는 것이라면 자부심과 즐거움도 클 것이다. 그러나 목표가 성취되지도 않고 그 결과는 부끄럽거나 또는 불쾌한 경우도 있다. 그러므로 성취상황은 활동에 접근하고 개입하도록 동기를 일으킬 수도 있지만, 반대로 그 활동을 회피하는 성향을 만들 수도 있다.

실패회피 경향(T_{af})은 성취상황을 피하거나 그 상황에 개입하는 것을 지연시키려는 동기이다. 이것은 세 요인의 결과다. 첫째, 실패를 회피하려는 개인의 성격성향 강도(Maf)로서 검사불안질문지로 측정된다. 둘째, 실패에 대한 지각된 확률(P_f)이다. 셋째, 실패와 관련된 유인가(I_f)다. 실패회피 경향은 다음과 같이 결정된다.

실패회피경향 = 실패회피동기 × 실패기대 × 실패회피유인가

개인은 성취상황에서 실패회피 동기를 지니고, 구체적인 목표에 직면했을 때 수행해서 실패할 가능성에 대한 주관적 확률을 지각하며, 잠재적인 실패는 수치심이나 불쾌감의 정도인 실패에 대한 유인가와 연합된다. 극단적으로 어려운 과제에서는 실패에 대한 유인가 수준이 항상 낮다. 매우 쉬운 상황보다 불가능한 상황에서는 성공을 못하더라도 수치심을 덜 느낀다. 그러므로 성공에 대한 유인가와 성공에 대한 기대의 경우처럼, 실패에 대한 유인가는 실패의 확률과 역으로 관련되어 있다. 다음의 〈표 4-2〉에서는 실패회피동기가 높은 개인(Maf 점수 8)과 낮은 개인(Maf 점수 2)의 실패회피 성향값을 비교해 놓았다.

〈표 4-2〉 성취 지향 과제를 회피하려는 동기(Carron, 1980)

기대(Ps)	높은 Ms(8): Ms×Ps×Is=Ts	낮은 Ms(2): Ms×Ps×Is=Ts
.10	8×.10×-.90 = -.72	2×.10×-.90 = -.18
.30	8×.30×-.70 = -1.66	2×.30×-.70 = -.42
.50	8×.50×-.50 = -2.00	2×.50×-.50 = -.50
.70	8×.70×-.30 = -1.66	2×.70×-.30 = -.42
.90	8×.90×-.10 = -.72	2×.90×-.10 = -.18

주: 높은 Maf=8과 낮은 Maf=2인 사람에 의해서 나타난 Taf는 유인가(If)-기대(Pf)가 다른 다양한 상황에 직면한다.

성취동기가 높은 개인과 비교해서 실패회피동기가 높은 개인은 중간 정도로 어려운 성취과제를 회피하려는 동기가 더 강력하다. 그들은 매우 쉽거나(Pf=.10) 또는 매우 어려운(Pf=.90) 과제를 더 선호한다. 매우 쉬운 과제에서는 성공이 확실하다. 성과는 실패를 회피하고자 하는 동인과 전적으로 양립한다. 매우 어려운 과제의 경우에는 성공은 매우 불가능하고 유인가는 매우 높기 때문에 과제에서 실패하더라도 수치심이나 불쾌감이 거의 없다. 그러므로 이 경우는 모든 것을 얻고 아무것도 잃을 것 없는 '밑져야 본전' 인 상황이다.

(3) 최종성취성향

개인은 두 가지 성격성향인 성공성취성향(T_s)과 실패회피성향(T_{af})을 모두 소유하기 때문에 모든 성취상황에서는 두 가지 성향이 나타난다. 성취목표를 피하려는 경향인 T_{af}의 부적 값(negative quantity)은 목표를 지향하는 정적 성향인 T_s에서 뺀 것이다. 두 값 사이의 차이가 성취 지향적인 과제에 대한 순수 또는 최종 경향성(T_r)이다. 이것을 식으로 보이면 다음과 같다.

최종성취성향 = 성공지향성향 - 실패회피성향

2) 성취동기에서 남녀의 차이

성취동기 연구의 초기에는 성취동기모형이 남성과 여성에게 똑같이 적용된다고 생각했었다. 그러나 후속 연구에 의해서 성취동기에 있어서 남녀 간의 차이가 존재한다는 사실이 밝혀지게 되었다. Harris(1978)는 이런 입장을 발전시킨 선구자로서 성취동기 연구에서 얻은 가장 큰 결론은 남녀 간 차이라고 주장한다. 성취동기 초기 연구는 남녀 간 반응을 비교하기도 했으나 주로 남성에게서 자료를 수집했다. 연구 결과는 상반되거나 일관성이 없었다. 여성에게서 얻어 낸 자료는 결과도 분명하지 않고 예측 가능하지도 않았기 때문에 연구자들은 여성에게서 자료 수집하는 것을 중지했다. 연구자들은 남성과 여성은 성취행동을 자극하는 욕구에서 차이가 있다고 보았다. 여성은 과제성취보다는 사랑과 인정을 얻으려고 일하며, 성취동기는 여성적인 친화 욕구와 잘 맞지 않는다고 주장했다. 남성과 여성은 성취동기의 바탕 기제에서 차이가 있다는 주장이 강조되기 시작했다(Harris, 1978).

성취동기에서 남녀 간 차이가 있다는 Harris의 지적에 자극을 받은 Horner는 여성에게 적용 가능한 성취동기이론에 대한 연구를 시작했다. 여성은 성공을 회피하려는 동기를 지니고 있다는 도식에 따라서 Horner는 여성이 '비-여성 또는 남성 활동' 에서 불안을 느끼는 성향이 있다고 제안했다. 이 성격특성은 여성이 성 역할에 대한 사회화 과정을 거치면서 발달되며, 매우 경쟁적인 남성적 성취상황에 처한 능력 있는 여성에게서 가장 활성화될 것이다. 그러므로 남성적인 경쟁적 성취상황은 성공 가능성이 높은 능력 있는 여성의 실패회피 동기를 유발할 뿐만 아니라 성공회피동기까지 유발한다. 이 두 가지 동기는 성공하려는 동기를 약화시킨다. 이것은 다음과 같은 개념적 도식으로 나타낼 수 있다.

전체성취지향성＝(성공성취동기－실패회피동기－성공회피동기)(성공기대×유인가)

Horner의 이 공식을 경험적으로 검증한 연구가 충분하지 않기 때문에 결론을 내릴 수 없다. 무엇보다도 가장 큰 어려운 점은 Horner가 성공회피동기를 측정하기 위해서 사용한 투사검사의 타당도와 신뢰도가 매우 낮다는 사실이다.

Helmreich와 Spence(1977, Harris, 1978에서 인용함)는 남성과 여성의 성취동기 연구에 적용할 수 있는 '직장-가정 지향성 질문지' (Work and Family Orientation Questionnaire: WFOQ, 1978)를 개발했다. WFOQ에서는 성취동기의 네 가지 요소를 측정한다.

1. **직장 지향성**: 자신이 무슨 일을 하든지 최선을 다하려는 욕망
2. **완성**: 과제를 완수하고 어려운 일을 해내는 지구력
3. **경쟁**: 기술과 경쟁을 포함하는 상황에 도전하기를 즐기는 것
4. **개인적 초연**: 다른 사람이 생각하는 것에 대해서 관심을 두지 않는 것

다음으로는 지각된 성 역할에 따라서 개인을 분류하기 위해서 네 가지 요인을 측정하는 질문지도 고안했다.

1 양성성(androgynous): 바람직한 인간특성을 소유한 것으로, 일부는 전통적으로 여성에게 속한 것이고 다른 것은 남성적인 것
2 남성성(masculine): 전통적인 남성적 고정관념에 맞는 것
3 여성성(feminine): 전통적인 여성적 고정관념에 맞는 것
4 미분화(undifferentiated): 남성과 여성 집단 양쪽 모두에서 평균 이하인 것

두 가지 질문지를 이용하여 240명의 여자 선수를 대상으로 연구한 결과(Harris, 1978)를 다음의 〈표 4-3〉에 요약해 놓았다.

지각된 성 역할 분류의 네 범주는 동기적 지향에서 차이를 보였다. 이에 관해 구체적으로 살펴보면, 지각된 성 역할 분류에서 여성성인 여자 선수는 양성 및 남성성인 여자 선수와 동기적 요소에서 차이를 보였다. 또한 남성성이거나 양성성인 여자 선수에 비해서 여성성인 여자 선수는 성취 동기적 요소에서 일관성 있게 낮은 성향을 보여 주고 있다. 이런 결과는 지각된 성 역할이 성취활동을 향한 동기수준을 결정하는 요인이라는 사실을 지지하는 것이다. 스포츠 상황에서 성취동기에서의 남녀 선수 간 차이를 비교한 국내연구(김봉호, 1996; 김윤희, 강신복, 2000; 이병호, 1990; 정용민, 1999; 홍준희, 2001)에서도 성공성취동인과 실패회피동인 등 성취동기에서 성 차를 보인다고 보고했다. 반면에 육동원과 신정택(2003)은 볼링 및 축구 선수를 대상으로 한 연구에서 남녀 선수 간에 성취목표성향에서 차이를 보이지 않는다는 결과를 얻었다.

〈표 4-3〉 성-역할 분류에 따른 240명의 여자 선수의 동기적 지향(Harris, 1978)

성-역할 분류	사례 수	동기적 요소			
		완성	직장	경쟁	개인적 초연
양성성	109	17.9	8.4	15.7	15.4
남성성	58	25.7	25.7	23.7	24.2
여성성	32	13.0	13.0	11.1	12.2
미분화	41	10.1	10.1	8.9	10.1

3) 스포츠와 성취동기

성취동기이론은 스포츠와 관련해서 두 가지 측면을 지닌다. 하나는 모험을 감수하는 행동이다. 성취동기와 실패회피동기의 상대적 수준에서 차이를 보이는 선수는 난이도가 다양한 동작기술에 대한 선호도에서도 개인차를 보일 것이다. 두 번째 측면은 최종 성취성향과 스포츠 수행 효율성의 관계에 관한 것이다. 스포츠 수행에서의 차이를 성취동기와 실패회피동기의 내적 성향에서의 차이로 설명할 수 있을 것이다. 성취동기가 실패회피동기보다 강한 선수는 실패회피동기가 성취동기보다 강한 선수에 비해서 내적동기가 더 강할 것이다. 그러므로 만일 두 선수의 능력이 비슷하다면 성취동기가 실패회피동기보다 강한 선수의 동기 수준이 더 높기 때문에 스포츠 수행수준에서도 더 우수할 것이다. 여기서는 스포츠 상황과 관련해서 두 번째 측면을 다루기로 한다.

(1) 성취동기와 스포츠 수행

성취동기 수준이 높을수록 스포츠 수행수준은 우수하다(김영선, 2001; 장국진, 오경석, 김상식, 2001; Atkinson, 1958: Atkinson & Raphelson, 1956; Block, 1962; Cox, 1962; McClelland, Atkinson, Clark, & Lowell, 1953). 일반적으로 성취동기가 높은 선수는 성취동기가 낮은 선수에 비해서 성적이 우수하다. 그러나 동작기술을 다룬 연구결과에 따르면 성취동기가 높은 개인은 성취동기가 낮은 개인에 비해서 수행 수준이 높지만, 그것은 대개 수행의 초기단계에서만 나타나는 제한적인 현상이다(Haeley & Landers, 1973; Ostrow, 1976; Roberts, 1972).

성취동기가 과제수행에 미치는 제한적 효과가 스포츠에서도 나타난다. 이런 결과는 핸드볼 선수를 대상으로 한 Ostrow(1976)의 연구에서 발견되었다. Roberts (1972)의 연구에서도 성공성취지향적인 개인과 실패회피지향적인 개인 간에는 실험 초기에는 수행에서의 차이가 나타났으나, 그 이후 시행에서는 차이가 드러나지 않았다. Healey와 Landers(1973)는 실패회피지향적인 개인은 성공성취지향적인 개인에 비교해서 단지 초기 시행에서만 수행에서 큰 차이를 보였고, 수행점수 자체에서는 아무런 차이도 없음을 확인했다.

Weiner(1972)는 자신의 연구를 분석하여 이처럼 얼핏 보기에는 일관성이 있으나 불일치하는 결과를 일반화해서 설명하려고 시도했다. 그는 연구결과를 검토한 후에 다음과 같은 사실을 관찰했다.

1. 최종 성취동기가 높은 개인은 실패 후에 동기가 증가한다.
2. 최종 성취동기가 낮은 개인은 실패 후에 동기가 저하된다.
3. 최종 성취동기가 높은 개인은 성공 후에 동기가 저하된다.
4. 최종 성취동기가 낮은 개인은 성공 후에 동기가 증가한다.

이런 일반화는 다음의 [그림 4-9]에 잘 나타나 있다.

스포츠와 같은 동작기술 학습에서 성취동기가 높은 개인이 수행 초기에 수행의 향상으로 보여 주는 성공은 매우 확실하다. 동작기술의 학습곡선은 두 성분으로 구성되어 있다. 초기의 급한 상승 단계에서는 수행이 크게 향상된다. 다음의 완만한 상승단계에서는 수행의 증가는 극히 제한되어 고원의 형상을 이룬다(Carron & Leavitt, 1968). 성취동기가 높은 개인과 실패회피동기가 높은 개인은 스포츠에서와 같은 동작기술 학습상황 초기에서는 모두 성공할 것이다. 그러나 [그림 4-9]에서 보듯이 성취동기가 높은 개인은 성공 후 성취동기가 저하될 것이고, 반면에 실패회피동기가 높은 개인의 성취동기는 증가할 것이다.

Ryan과 Lakie(1965)는 성취동기에서 차이를 보이는 개인이 수행에서도 차이를 보이려면 기본적으로 스포츠와 같은 경쟁적 상황이어야 한다고 결론 내렸다. 성취동기가 높은 개인과 실패회피 동기가 높은 개인이 고리걸기 과제의 초기에 과제수

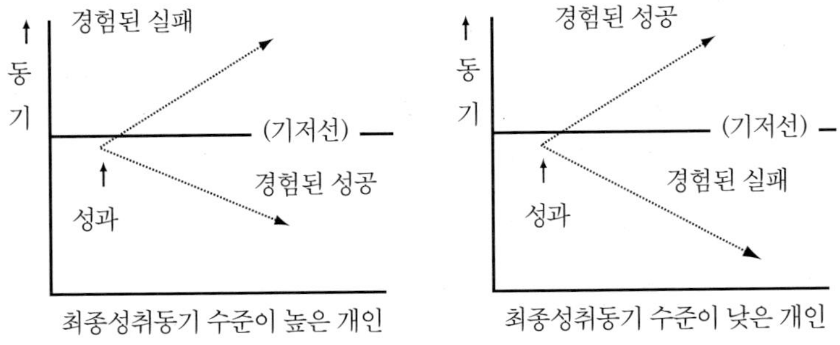

[그림 4-9] 성공과 실패가 최종 성취동기가 높거나 낮은 개인에게 미치는 효과(Weiner, 1972)

행 후 각각 성공 지향적인 피드백을 얻었다. 다음으로 이들은 고리걸기 과제 전문가라고 소개된 실험 협조자와 경쟁하는 상황에 놓이게 된다. 비경쟁적 조건에서는 성취동기가 높은 개인보다 실패회피 동기가 높은 개인이 더 우수했지만 경쟁적 상황에서는 반대로 실패회피 동기가 높은 개인이 성공지향적인 성취동기가 높은 개인에 비해서 더 열등했다. 실패를 회피하고자 하기 때문에 더 불안해진 개인은 위협이나 압박을 받지 않는 비경쟁 상황에서는 잘했지만, 경쟁상황에 놓이면 실패에 대한 불안이나 두려움 때문에 수행에 더 많은 방해를 받았기 때문이다. 반면에 경쟁적 상황에서는 성공에 대한 욕망이 강한 개인이 더욱 동기화되어 상대적으로 수행이 더 향상되었다(Ryan & Lakie, 1965).

Ryan과 Lakie의 설명과 Spence와 Spence(1966)가 제시한 정서반응 가설 간에는 유사점이 있다. 이 두 가지 설명에 따르면 경쟁적 상황에서 불안수준이 높은 개인과 낮은 개인 간의 차이를 얻어 내기 위해서는 위협 또는 혐오자극이 필수적이다. 마찬가지로 스포츠와 같은 경쟁적 상황은 성취상황에서 성취동기가 높은 선수와 성취동기가 낮은 선수의 성취과제에 접근하려는 경향성에서의 차이를 확대시키는 데 활용할 수 있을 것이다.

3. 내적동기이론

행동주의적 접근에서는 과거에 받은 보강과 현재 사이의 연계성에 의해서 행동이 결정된다고 가정한다. 그러나 인지적 접근에서는 개인은 자신을 둘러싼 환경 및 정보를 능동적으로 지각하고 해석하기 때문에 동기와 행동을 이해하기 위해서는 인지적 과정이 중요하다고 본다. 인지이론에 따르면 행동의 일차적 근원은 외적보강원이라기보다는 내적동기다. Deci(1975)에 따르면 내적으로 동기화된 행동이란 개인이 유능감(competent)과 자결성(self-determining)을 느끼는 행동이다. 도전할 목표와 대상을 찾고 그것에 도달하기 위해서 돌진하는 것은 일차적으로 내적으로 동기화된 행동이다. 때로는 행동을 설명할 만한 외적보상이 존재하지 않는 것이 내적동기의 측정치가 된다. 개인이 외적보상 없이 행동에 더욱 몰입할수록, 그 행동에 대한 내적동기 수준은 더욱 높은 것이다.

스포츠에서는 외적보상이 일반화되어 있다. 그러나 선수나 개인이 스포츠에 왜 참가하는지 질문을 받는다면 대부분 재미, 도전감 또는 성취감과 같은 내적인 이유를 들 것이다. 즐거움이 충만한 경험(flow experience)은 그 활동에 참가하는 내적 이유다. 즐거움이 충만한 상태(Csikszentmihalyi, 1990, Jackson, 1995)는 그 핵심 특징이 통제와 유능감이며, 이것은 Deci(Deci, 1975; Deci & Ryan, 1985)의 내적동기 상태와 같은 것이다. 유능감과 자결성은 대부분의 인지적 접근법의 중심이 되는 내용이다.

1) 외적보상이 내적동기에 미치는 효과

대부분의 사람은 내적동기 때문에 스포츠 활동에 참가한다. 그들은 자신이 좋아하는 스포츠를 잘할 때 유능감을 경험하고 즐거움을 느끼고 재미있어 한다. 스포츠에서는 상장이나 트로피, 기념 T-셔츠, 장학금과 같은 외적보상이 매우 일반적이다. 실제 스포츠 상황에 외적보상과 내적동기를 조합해서 사용한다면 그 효과는 어떨까?

얼핏 생각하기에는 동기수준이 더 좋아질 것이다. 외적보상은 강력한 동기요인이 될 수 있다. 만일 원래부터 내적으로 동기화된 흥미 있는 활동에 외적보상을 더하면 전체 동기수준은 더욱 증가할 것이다. 적어도 외적보상은 아무런 영향도 미치지 않고 해를 끼치지 않을 것이라고 가정할 수 있다.

이런 전통적인 주장은 1970년대 중반까지 지속되어 왔다. 그러나 외적보상과 내적동기에 대한 연구(Green & Lepper, 1974; Lepper & Greene, 1975; Lepper, Green & Nisbett, 1973)를 통해서 학계는 큰 충격을 받았다. 「놀이에서 일로」라는 제목을 단 Lepper와 Green(1975)의 연구에서 외적보상이 내적동기를 저하시킬 수 있다는 점을 제시했다. 이것을 검증하기 위해서 유아원 어린이가 원래부터 재미있어 하는 내적으로 동기화된 활동인 '요술 펜으로 그림 그리기'를 실험과제로 선정했다. 실험처치를 하기 전에 어린이가 요술 펜을 이용해서 그림을 그리면서 자연스럽게 보낸 시간을 측정해서 내적동기수준의 기저선(base line)을 설정했다. 그리고 그림 그리기에 따른 외적보상을 조작해서 실험처치를 했다.

세 가지 보상조건에 따라서 어린이가 그림을 그리도록 설명했다. 첫 번째 집단인

'보상-기대' 조건에서는 그림을 잘 그린 어린이에게 상을 줄 것이라고 약속하고 그림을 그린 후에 실제로 상을 주었다. 둘째 집단인 '기대하지 않은 보상' 조건에서는 그림 그리기 전에는 상에 대해서 아무 약속도 없었지만, 그림을 그린 후에는 보상-기대 조건과 똑같은 상을 받았다. 세 번째 집단인 '보상 없는' 조건에서는 사전에 보상에 대한 약속도 없었고 실제로 그림 그린 후에도 상을 받지 않았다. 자유놀이 시간을 주고 여러 가지 놀이 활동 중에서 여전히 그림 그리기를 하는 데 보내는 시간을 측정하여 내적동기 수준을 평가했다. 일주일 후에 예상했던 대로 기대했던 보상을 받았던 어린이는 요술 펜으로 그림 그리는 것에 대한 내적동기가 저하되었다. 반면에 나머지 두 집단의 어린이는 실험 전과 마찬가지로 계속 그림 그리기에 열중해서 내적동기가 저하되지 않았다.

다른 연구도 외적보상이 내적동기를 저하시킨다는 것을 지지한다. Deci와 Ryan(1985)은 보상을 얻으려고 일하는 것과 처벌의 위협 때문에 일하는 것 모두 내적동기를 저하시킨다는 결과를 얻었다. 외적보상과 내적동기에 대한 논의는 한 통합연구(Cameron & Pierce, 1994)와 세 개의 논문(Kohn, 1996; Lepper, Keavney & Drake, 1996; Ryan & Deci, 1996)과 이 논의에 대한 응답(Cameron & Pierce, 1996)에서 자세히 살펴볼 수 있다.

내적동기와 외적보상에 대한 연구결과는 심리학자와 교사에게 흥미로운 시사점을 제시한다. 만일 외적보상이 내적동기를 저하시킨다면 교육 또는 스포츠 현장에서 많은 문제를 제기해야 한다. 학생이 시험을 잘 보았거나 선수가 좋은 성적을 냈을 때 외적보상을 해야 할까? 5Km 단축 마라톤대회를 완주한 모든 사람에게 상으로 티셔츠를 주어야 할까? 이 질문에 대해서 쉽게 '그렇다' 또는 '아니다' 로 대답할 수 없다.

2) 이론적 해석: 인지적 평가이론

Deci와 Ryan(1985)의 인지적 평가이론(cognitive evaluation theory)은 외적보상과 내적동기의 관련성을 정리하는 데 도움이 된다. 인지적 평가이론에 따르면 동기에서 가장 주요한 요인은 보상 자체가 아니라 보상에 대한 개인의 해석이다. Deci와 Ryan은 보상이 내적동기에 영향을 미치는 두 가지 측면을 제안했다.

첫째, 통제적 측면은 자결성을 강조한다. 보상의 통제적 측면이 강하면 개인은 보상이 행동을 통제하는 요인으로 지각한다. 만일 티셔츠를 얻기 위해서 달리기를 하거나 트로피를 차지하기 위해서 테니스 경기에서 어떤 전략을 사용한다면, 이런 보상은 매우 강한 통제적 측면을 지니게 된다. 반면에 보상의 통제적 측면이 약하다면 개인은 보상을 자신의 행동에 영향을 주는 것으로 생각하지 않을 것이다. Lepper와 Green(1975)의 연구에서 기대된 보상은 어린이가 그림을 그리는 활동은 스스로 하는 것이 아니라 보상을 얻기 위해서 하는 것으로 행동의 통제감을 변화시켰을 것이다. 그리고 이 집단의 어린이는 더 이상 보상을 주지 않게 되면 그림을 그리려는 동기가 없어질 것이다. 반면에 기대하지 않던 보상을 얻은 어린이는 보상을 그림 그리기 활동에 대한 통제적 요인으로 지각하지 않기 때문에 내적동기가 저하되지 않았다.

둘째, 보상은 정보적 측면을 통해서 내적동기에 영향을 미칠 것이다. 보상의 정보적 측면은 유능감에 영향을 미친다. 정보가가 높은 보상은 개인의 유능감을 높여 주는 기술, 능력 그리고 행동에 관한 정적 정보 또는 유능감을 떨어뜨리는 부적 정보를 제공할 수 있다. 예를 들면, 체력검사에서 일정한 수준에 도달해서 받은 상패는 정적 정보를 제공하고 개인의 유능감을 높여 줄 것이다. 그러나 대부분의 스포츠 상황에서 보상은 선발된 소수만 받을 수 있다. 그리고 상을 받으려고 노력했지만 결국 받지 못한 대부분 사람은 유능감을 저하시키는 부적 정보를 얻게 된다.

대부분의 보상은 통제와 정보적 측면을 모두 지니지만, 이 두 측면의 현저성은 다르다. 트로피나 상금과 같은 현저한 보상은 매우 통제적인 측면을 지니게 되고, 언어적 피드백은 덜 통제적이다. 구체적인 수행 표준에 맞추어서 받은 보상은 애매한 준거에 따라서 받은 보상보다 정보가를 더 지닌다. 통제적 측면이 현저할 때 그 보상은 내적동기를 저하시킬 것이다. 예를 들면, 농구 코치가 지속적으로 우승 트로피에 대해서만 얘기하고 그것이 유일한 목표라고 강조하면, 그 보상은 매우 통제적이고 선수의 내적동기를 저하시킬 것이다.

보상의 정보적 측면이 현저할 때 그 보상은 내적동기를 증가시키거나 또는 저하시킬 것이다. 예를 들어 농구코치가 각 선수에게 구체적이고 분명한 목표를 설정해 주고, 중간에 선수가 목표를 달성하면 피드백을 주고 언어적으로 칭찬해 주면, 그 선수는 피드백과 칭찬을 일차적으로 정보적인 것으로 본다. 정적 정보를 얻은 선수의 경우에는 유능감이 증가하는 경험을 하게 되고 내적동기가 증가할 것이다. 반면에 부적 피드백을 받은 선수는 무능감을 경험하게 되고 내적동기가 덜 유발될 것이다.

스포츠에서 사용하는 대부분의 보상은 그들이 제공되는 방식과 해석되는 것에 따라서 매우 통제적이거나 정보적일 수 있다. 인지적 평가이론은 코치나 지도자가 보상의 통제적 측면을 최소화하고 정보적 목적으로 사용한다면 선수가 정적 피드백을 얻을 합리적인 기회를 지닐 수 있다고 시사한다.

3) 스포츠에서의 보상과 내적동기에 관한 연구

외적보상의 긍정적 측면뿐만 아니라 부작용에 대한 지적은 매우 건전한 논의다(Deci, Ryan, & Vallerand, 1984; Frederick & Ryan, 1995; Weinberger, 1984). 외적보상이 내적동기를 저하시킬 수 있다는 사실은 Deci(1975)와 Lepper 및 Green(1975)의 연구결과뿐만 아니라 심리학의 많은 연구의 지지를 얻어 왔다. 그리고 스포츠에서도 외적보상이 선수의 내적동기를 저하시킨다는 연구결과(Halliwell, 1978; Orlick & Mosher, 1978; Thomas & Tennant, 1978)가 있다.

Ryan(1977, 1980)은 장학금을 받는 선수와 장학금을 받지 않는 선수의 내적동기를 비교했다. 첫 번째 연구에서는 남자 선수의 내적동기를 측정하기 위해서 질문지를 이용했다. 질문지에서 얻은 점수는 다음 〈표 4-4〉에 제시되어 있다.

장학금을 받는 선수는 장학금을 받지 않는 선수에 비해서 내적동기가 더 낮은 것으로 보고되었다. 두 집단 간의 차이는 학년이 올라갈수록 더 증가했다. Wagner, Lounsbury 그리고 Fitzgerald(1989) 역시 비슷한 결과를 얻었다. 장학금을 많이 받을수록 자신이 하는 스포츠를 일(work)이라고 지각했다.

〈표 4-4〉 장학금을 받는 선수와 받지 않는 선수의 내적동기(Ryan, 1977)

	'대학에서 운동하는 것이 기대한 만큼 재미있습니까?'				
	1학년	2학년	3학년	4학년	평균
장학금 받는 선수	3.6	4.8	4.6	4.8	4.45
장학금 받지 않는 선수	3.7	3.6	3.8	2.8	3.48

주: 7점 척도, 1= '매우 그렇다' 7= '매우 그렇지 않다'

Ryan(1980)은 여러 학교의 다양한 스포츠 종목의 남여 선수를 대상으로 비슷하지만 규모가 큰 조사연구를 실시했다. 첫 번째 연구 결과는 반복되었다. 장학금을 받는 미식축구 선수는 장학금을 받지 않는 선수에 비해서 내적동기가 더 낮았다. 그러나 남자 레슬링 선수와 모든 스포츠 종목의 여자 선수에서는 장학금을 받는 선수가 장학금을 받지 않는 선수보다 내적동기 수준이 더 높았다.

이 결과에 대해서는 두 가지 이유를 제시할 수 있다. 첫째, 만일 축구선수 중 훌륭한 선수가 모두 장학금을 받았다면 장학금은 유능성 정보를 거의 지니지 못할 것이다. 그러나 만일 레슬링 선수나 여자 선수 중에서 단지 최상위 선수만 장학금을 받았다면 장학금은 유능성에 대한 정적 정보를 제공하는 것이다. 따라서 이 경우에는 내적으로 더욱 동기화시킬 것이다. 둘째, 미식축구 코치는 다른 스포츠에 비교해서 더욱 통제적인 방식으로 장학금을 이용했을 것이다.

Frederick과 Ryan(1995)이 지적했듯이 여러 연구(Anshel & Salles, 1990; Brustad, 1988; Chelladurai, Imamura, Yamaguchi, & Oinuma, 1988; Sinclair & Vealey, 1989)에서 코치의 피드백이 선수의 자기 지각에 미치는 영향을 다루었다. 그러나 내적동기에 미치는 효과를 직접적으로 다룬 연구는 매우 적다.

Courneya와 McAuley(1991)는 스포츠에 대한 어린이의 흥미를 증진시키기 위한 전략을 검토했다. 대학생에게 스포츠 활동에 대한 흥미수준이 높거나 낮은 어린이를 기술하고 있는 이야기를 읽도록 했다. 그리고 어린이의 흥미를 극대화하기 위해서 높은 통제 보상과 낮은 통제 보상 중의 하나를 선택하도록 지시했다. 흥미수준이 높은 어린이의 흥미수준을 극대화하기 위해서 대학생은 낮은 통제 보상을 선택했다. 흥미수준이 낮은 어린이의 흥미수준을 극대화하기 위해서는 높은 통제적 보상을 선택하는 경향을 보였다. 그런 선택이 어린이의 동기에 어떻게 영향을 미칠지 알 수 없으나, 대학생은 내적으로 동기화된 학생의 동기는 저하시키지 않는 낮은 통제 보상을 선택했고, 동기가 결여되었을 때는 매우 통제적인 외적보상을 사용하려고 하는 것으로 해석된다.

특별히 스포츠와 관련되는 주제는 경쟁과 내적동기의 관련성이다. 경쟁, 특히 승리에 대한 집념은 내적동기를 저하시키는 외적보상으로 작용할 것이라는 주장이 있다. Deci, Betley, Kahle, Abrams 그리고 Porac(1981)은 자기들끼리 경쟁하는 개인과 우수성의 어떤 기준을 정해 놓고 경쟁하는 개인을 비교했다. 직접 대면해서 경쟁하는 개인은 비경쟁적인 자유기간 동안에 내적동기가 저하되는 결과를 보였다. 이 효과는 여성의 경우 더 강했다.

Weinberger와 Rogan(1979)은 두 개의 경쟁조건(승, 패)과 비경쟁조건을 비교했다. Deci 등(1981)의 결과와 반대로, 경쟁은 남성의 내적동기를 증진시켰고 여성에게는 아무런 효과가 없었다. 이 연구에서는 Deci의 연구에서와 달리 자유선택 기간에도 경쟁이 사용되었다. 그리고 경쟁이 내적동기에 어떤 영향을 미치는가에 대한 문제는 여전히 결정되지 않았다.

경쟁에서의 성공이나 실패가 내적동기에 미치는 효과는 매우 분명하게 나타난다. Weinberger와 동료들의 연구(Weinberger, 1979; Weinberger & Jackson, 1979; Weinberger & Rogan, 1979)에서는 일관성 있게 개인이 패배 후보다는 승리 후에 내적동기가 더 증가한다는 것을 지적하고 있다. 그러나 지각된 성공과 실패는 반드시 객관적 승리 및 패배와 같은 것은 아니다. 그리고 지각된 성공은 객관적 성공보다 내적동기에 더 극적인 영향을 미친다(McAuley & Tammen, 1989; McAuley, Wraith, & Duncan, 1991; Tamman & Murphy, 1990). 예를 들어 Tamman과 Murphy(1990)는 주관적 성공과 객관적 성공은 모두 내적동기에 영향을 주지만, 지각된 성공이 객관적 성공보다 더 크게 영향을 미친다는 것을 밝혔다.

Vallerand(1983)는 수행에 대한 칭찬은 젊은 하키선수의 내적동기를 증진시킨다는 것을 관찰했다. 두 번째 연구에서 Vallerand와 Reid(1984)는 정적 피드백에 의해서 내적동기가 증진되지만 부적 피드백에 의해서는 내적동기가 저하된다는 결과를 보고했다. 추가적인 분석에 따르면, 피드백은 지각된 유능감에 영향을 주고, 지각된 유능감은 다시 내적동기에 영향을 주는 것으로 드러났다. 이것은 Deci의 인지적 평가이론과 일치하는 외적보상의 정보적 효과를 분명하게 나타내는 것이다.

내적동기 문헌에서 보상의 통제적 효과에 대해서는 일관성을 보이지 못한다. 그러나 많은 심리학적 연구는 지각된 통제가 강력한 동기적 힘을 지니고 있다는 것을 나타내고 있다. 약간의 선택과 통제를 더 주는 작은 변화라도 동기와 행동에 대해서 매우 정적인 효과를 보일 수 있다. 체력관리 프로그램에 참가하는 여성 중에서 그 프로그램에 참가하는 것을 자신들이 선택했다고 믿는 개인은 출석률도 높고 내적동기가 더 강했다(Thompson & Wankel, 1980). 개인적 선택을 허용하는 전략은 내적동기의 핵심적 요소인 자결성을 높이기 때문이다. Thill과 Mouande(1990)는 시간이 경과함에 따라서 선택과 피드백이 핸드볼 선수의 내적동기에 미치는 가산적 효과를 검증했다. 긍정적 피드백과 과제 선택을 경험한 선수는 내적동기가 크게 증가했다.

William과 Gill(1995)은 체육과 학생을 대상으로 하는 연구에서 과제 지향성(task orientation)은 내적 통제감을 제공하여 내적동기를 높인다고 주장했다. 반면, 성적이 좋은 타인에 대한 강조나 자아 지향성(ego orientation)은 외적 통제 요인으로서 작용한다. 자아 지향성은 무능감을 유발하고 내적동기를 낮추며 효과를 감소시킨다. 이것은 지각된 유능감의 중요성을 나타내는 것이고, 더 나아가서 외적 환경에 대한 개인의 통제감은 내적동기를 증진시킬 것이라는 점을 제안하고 있다.

4) 스포츠에서 내적동기의 측정

대부분의 내적동기 연구에서는 자유놀이 시간 동안에 과제를 수행하는 데 소요한 시간의 양 또는 자기-보고식 질문지(예, the Intrinsic Motivation Inventory: IMI)(Ryan, 1982)로 내적동기를 측정했다. McAuley와 동료들(McAuley와 Duncan, 1989; McAuley & Tammen, 1989)은 IMI(27개 문항)를 심리측정적으로 검증했다. 이 질문지는 흥미-즐김(interest-enjoyment), 압박-긴장(pressure-tension), 지각된 유능성(perceived competence), 노력-중요성(effort-importence), 선택(choice)의 5개 하위척도로 구성된다. 〈표 4-5〉에 각 하위척도별 문항의 예가 있다.

초기의 심리측정학적 검증에서는 네 가지 하위척도 신뢰도와 타당도가 적절한 것으로 밝혀졌다. 이런 하위 척도는 모두 내적동기에 기여하는 것으로 나타났다. 그러나 지각된 선택(perceived choice), 즉 통제(control)의 타당도가 낮았다. 그 결과

〈표 4-5〉 내적동기 질문지(IMI) 하위 척도별 문항의 예

하위 척도	문항 진술문 예
흥미-즐김	나는 에어로빅 체조에 참가하기를 매우 즐긴다.
압박-긴장	나는 에어로빅 체조반에 참가하는 동안 긴장을 느낀다.
지각된 유능성	나는 에어로빅을 잘한다고 생각한다.
노력-중요성	나는 에어로빅을 하는 데 많은 노력을 기울인다.
선택(또는 통제)	나는 별다른 대안이 없어서 에어로빅을 선택했다.

McAuley와 Duncan(1989) 그리고 McAuley와 Tammen(1989)은 이 요인을 제거해서 오늘의 IMI가 사용되게 되었다. 그러나 Markland와 Hardy(1997)는 통제를 측정하지 않고는 IMI가 인지적 평가이론의 요지를 반영할 수 없다고 주장했다.

그들은 내적동기는 McAuley와 그의 동료들(1989, 1991)이 개념화한 것보다 훨씬 더 복잡하다고 주장했다. Markland와 Hardy(1997)는 지각된 유능감은 자유로운 선택이 보장될 때에만 내적동기에 영향을 준다고 주장한다. 그리고 '흥미-즐김', '압박-긴장', '노력-중요성'은 유능감과 통제 지각을 통해서 영향을 받는다고 제안했다. IMI와 '자유로운 선택' 측정은 외적동기는 배제하고 오로지 내적동기에만 초점을 맞춘다.

내적동기의 새로운 측정도구로 스포츠동기척도(the Sport motivation Scale: SMS)(Pelletier et al., 1995)와 운동동기척도(the Exercise Motivation Scale: Li)(1997)가 있다. 이런 도구는 Deci, Ryan(1991)과 Vallerand와 그의 동료들(1992)의 연구에서 발전된 것이다. 이들은 무동기(amotivation), 외적동기, 내적동기로 이어지는 연속체를 가정한다. 무동기란 동기가 없는 상태다. 동기가 결여된 개인은 활동과 성과 사이의 연계를 추구하지 않으며, 내적 및 외적으로 동기화되어 있지 않고, 과제에 힘쓸 이유가 없다.

외적동기는 어떤 목적을 달성하기 위해서 일어난 행동을 말한다. 외적동기는 외부조절(external regulation), 내부주입(introjection), 동일시(identification) 단계로 구분된다. 외부조절이란 타인에 의한 제약에 의해서 통제된 행동을 말한다. 트로피를 얻기 위해서 스포츠에 참가하거나 티셔츠를 얻으려고 10km 단축 마라톤에 참가한 개인은 외부조절에 의해서 동기화된 것이다. 이런 외부동기 원(트로피나 티셔츠 등)이 내재화되었을 때 내부 주입으로 이행한다. 이 단계에서 행동은 내적압력에 의해서 강화된다. 예를 들면 그 상태를 유지해야 하기 때문에 활동에 참가할 것이다. 다음은 내부주입에서 동일시로 이동한다. 여기서는 행동 그 자체에 대해서 가치와 중요성을 부여하고 선택한다. 그 관계에서도 행동은 여전히 외적인 이유 때문에 일어난 것이지만 개인은 최선을 다해서 열심히 행동함으로써 동일시 단계에 이른 것이다. 이 단계에서는 외적동기에서 내적동기로의 이동이 일어난다.

내적동기는 외부의 제약을 받지 않고 자발적으로 나타난 행동이다. 내적동기에는 다음과 같이 세 가지 유형이 있다.

1 알고자 하는 내적동기(IM to know)

2 실천 지향적 내적동기(IM toward accomplishments)

3 자극을 경험하려는 내적동기(IM to experience stimulation)

알고자 하는 내적동기는 탐색, 호기심 및 학습하는 것이다. 학습경험을 좋아하기 때문에 훈련 기법을 학습하려는 사람은 내적으로 동기화된 것이다. 실천 지향적 내적동기는 과제 완성, 효능성의 동기 및 과제 지향성과 유사하다. 개인은 유능감을 경험하기 원한다. 그러므로 개인적 만족을 경험하기 위해서 훈련기법을 학습하려는 개인은 내적으로 동기화된 것이다. 마지막으로, 자극을 경험하려는 내적동기는 쾌감, 즐거움, 흥분 및 심미적 경험에 대한 욕망이다. 넘치는 기쁨이나 절정경험(peak experience)은 자극경험을 향한 내적동기를 의미한다.

스포츠 동기척도는 동기의 7개 하위척도별로 4개의 문항으로 구성되어 있다. 개인은 각 문항에 대해서 자신이 스포츠에 참가하는 이유를 7점 척도로 반응한다(예, 전혀 그렇지 않다=1, 매우 그렇다=7). 초기의 심리측정학적 검증에서는 타당도와 신뢰도가 적절한 것으로 드러났다. 그러나 이 척도에 대해서는 앞으로의 검증이 더 필요하다. 각 하위척도에 대한 문항 예가 〈표 4-6〉에 제시되어 있다.

〈표 4-6〉 스포츠 동기척도의 문항 예

하위척도	문항 예
무동기	이제껏 운동하는 이유가 있었지만, 지금은 계속할 것인지 의문이다
외부 조절	나는 선수가 된다는 위신 때문에 운동에 열중한다.
내부 주입	나는 현상을 유지해야 하기 때문에 운동에 열중한다.
동일시	나는 자신에 대해서 좋은 느낌을 얻으려고 운동에 열중한다.
알고자 하는 내적동기	내가 하는 운동에 대해서 더 알게 되는 즐거움 때문에 운동에 열중한다.
완수를 위한 내적동기	나는 나의 능력을 수행하면서 만족감을 경험하기 때문에 운동에 열중한다.
자극경험 내적동기	나는 운동에 몰입하는 동안에 흥분을 느끼기 때문에 운동에 열중한다.

4. 스포츠와 목표설정

목표설정은 스포츠에서의 수행을 결정하는 가장 분명한 요인이다. 어떤 스포츠 종목에서든지 수행은 성취하기 위한 목표를 통해서 이루어진다. 그 목표는 단기적이거나 장기적일 수 있고, 애매모호하거나 구체적일 수도 있고, 쉽거나 어려울 수도 있다. 또는 스포츠에서의 목표는 개인적이거나 집단적일 수도 있다. 스포츠와 같은 경쟁적 활동에서의 수행은 목표를 달성하거나 달성하지 못하는 성공이나 실패에 달려 있다. 경기에서 승리하거나 성공하기를 바라지 않는 선수는 없을 것이므로 선수가 경기에서 승리하기 위한 목표를 설정하지 않는다는 것은 있을 수 없는 일이다. 스포츠에서의 목표설정은 경기에서 이기는 것 이상의 의미가 있다. 여기서는 목표가 설정되는 일반과정, 목표설정이 수행에 미치는 효과 등에 대해서 논하고자 한다. 특히 목표설정이 스포츠 수행에 미치는 심리적 기제에 대해서 주목할 것이다.

1) 초기 목표설정이론

Locke(1968, 1969; Locke, Bryan & Kendall, 1968)는 과제수행의 동기적 과정을 설명하는 목표설정이론을 제안했다. 목표설정이론에서는 인간이 목표를 설정하고 의도적으로 행동하는 과정이 동기에 중대한 영향을 미친다고 주장한다. 이 이론의 기반이 되는 요소를 요약하면 다음과 같다(한덕웅, 2004).

1. 과제수행동기에 가장 직접적 영향을 미치는 요인은 목표 혹은 의도다. 따라서 높은 수준의 목표를 설정하면 과제수행동기도 높아진다.
2. 외부의 유인자극이 행동에 영향을 미치는 이유도 목표설정과정에 영향을 미쳐서 결과적으로 목표수준이 높아져서 동기가 달라지기 때문이다.
3. 과제수행 다음의 만족과 같은 감정반응은 평가결과로 일어난다. 이 평가는 당면한 실제상황에 대한 지각과 개인의 가치의 관계를 추정해서 이루어진다. 그러므로 가치기준과 실제 상황이 가까울수록 만족수준이 높다.

이런 관점에서 목표설정이론의 기본 가설을 정리하면 다음과 같다. 높고 구체적인 목표를 설정할수록, 목표가 없거나 낮거나 최선을 다하라는 식의 애매한 목표일 때보다 동기는 높아진다(한덕웅, 1995).

목표설정이론의 배경은 Locke(1968)가 이론을 주장한 시기보다 더 거슬러 올라간다. 1935년에 Mace는 목표를 구체적으로 설정해 주면 단순하게 '최선을 다해서 열심히 하라.' 고 한 경우보다 일을 더 잘한다는 것을 알아냈다. 이 결과를 다시 확인하고 확장시켜서 Locke와 Bryan(1966)은 복잡한 동작과제를 이용한 실험을 수행했다. 실험참가자는 발판과 조이스틱을 이용하는 복잡한 협응활동을 요구하는 실험장치 기구에서 녹색 불빛과 파란 불빛을 일치시키는 과제를 수행했다. 실험참가자의 절반은 표준조건(목표설정)에 배당되어 각 시행에서 맞추어야 할(불빛을 일치시켜야 할) 구체적 수행목표를 받았다. 이 표준적 목표는 대학생의 평균수행 이상이며, 이 목표를 달성하는 것은 성공하는 것이라고 알려 주었다. 반면 나머지 절반의 통제집단에게는 목표를 설정하지 않았다. 이 통제집단에게는 시작할 때마다 매번 '최선을 다하라.' 고만 알려 주었다. 목표설정조건에게는 매 시행마다 목표와 점수를 알려 주었고, 통제집단에게는 점수를 알려 주지 않았다. 그 결과는 [그림 4-10]에 제시되어 있다.

이 결과에 따르면 목표설정 효과는 유의한 것으로 나타났다. 두 집단의 수행평균

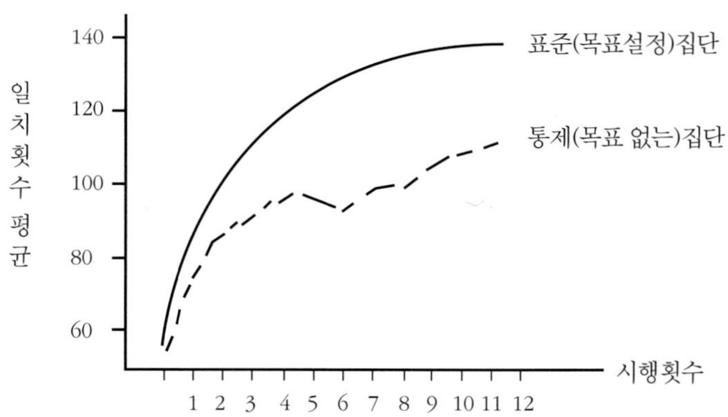

[그림 4-10] 목표 없는 집단과 목표설정 집단의 수행점수 평균(Locke & Bryan, 1966)

을 비교할 때, 통제집단에 비해서 표준(목표설정) 집단의 전체 수행수준이 통계적으로 더 높았다. 그러므로 목표를 구체적으로 설정한 집단이 단순하게 '최선을 다하라.' 는 일반적 목표를 지닌 집단에 비해서 수행수준이 더 우수했다. 이것은 스포츠 상황에서 체육교사나 코치가 훈련생이나 선수에게 구체적 목표를 설정하지 않고 단순히 '최선을 다하라.' 고만 했을 때 무엇이 기대되는가에 대한 시사점을 주고 있다.

위의 자료를 더 구체적으로 분석하면, 전체 10분 동안의 수행 시간을 2분씩 5개 기간으로 나누었을 때, 모든 구간에서 목표설정 집단과 목표 없는 두 집단 간 수행은 통계적으로 유의하게 차이를 보였다. 이 결과는 목표설정이 작업 기간 전체 기간 동안의 노력뿐만 아니라 시행의 모든 지점에서의 노력이 강화되었다는 것을 의미한다.

2) 좋은 목표의 특징

(1) 구체적 목표

Locke와 Latham(1985)의 제안에 따르면 목표가 일반적일 때보다는 구체적일 때 더 효과가 있다. 소프트볼 선수가 시즌타율을 향상시키기 위해서는 '평균 이상을 친다.' 는 일반적 목표를 설정하기보다는 .275에서 .300으로 끌어 올린다는 구체적 목표를 설정해야 한다. 많은 연구자에 따르면 단기적 목표를 설정해야 선수가 진행 과정을 평가할 수 있고 동기를 증진시킬 수 있다(Bar-Eli, Hartman & Levy-Kolker, 1994; Bell, 1983; Caron, 1984; Gould, 1983; Harris & Harris, 1984). 앞서 예를 든 소프트볼 선수는 시즌타율 .300에 도달하기 위해서 2주 후의 타율을 .275에서 .280으로 올리는 목표를 세울 것이다. 이 단기목표는 장기목표에 도달하는 징검다리 역할을 한다.

(2) 어려운 목표

Locke 등(1981)에 따르면 목표는 달성하기에 충분히 어렵게 설정되어야 한다. Kyllo와 Landers(1995)는 목표설정연구에 대한 통합분석(meta-analysis)을 통해서 다음과 같은 사실을 발견했다. 현실적으로 도달 가능하지만 도전할 만한 어려운 목표는 지나치게 어려운 불가능한 목표보다 더 효과적이다. 그러므로 계속해서 180cm를 뛴 고공 점퍼가 갑자기 243cm를 목표로 설정하려고 하지는 않을 것이다. 국내 연구에서도 목표설정 난이도가 높을수록 스포츠 수행(박정호, 이강헌, 2002; 윤대현, 2003) 및 내적동기(박정호, 이강헌, 2002)에 정적인 영향을 미친다는 결과가 보고되었다.

(3) 수행목표

Burton(1984, 1989)과 Martens(1987)에 따르면 수행목표(performance goal)는 성과목표(outcome goal)보다 더 효과적이다. 성과는 선수의 통제범위에 들어 있는 것이 아니기 때문이다. 고공점프선수가 '경기에서의 우승' 을 목표로 설정하는 것은 좋은 목표가 아니다. 우승보다는 '180cm 이상 점프' 하는 것을 목표로 설정하면 그것은 선수의 통제범위 안에 있는 것이고, 따라서 동기를 촉진할 것이다.

(4) 긍정적 목표

좋은 목표는 부정적이라기보다는 긍정적인 방식으로 설정되어야 한다(Gould, 1998). 긍정적 방식으로 목표를 설정(예, 나는 오늘 신체검사에서 통과할 예정이다)한 선수는 성공에 접근할 것이고, 부정적 방식으로 목표를 설정(나는 오늘 신체검사에서 걸리지 않기를 원한다)한 선수는 실패회피를 시도할 것이다.

요약하면 좋은 목표설정은 구체적 목표를 설정하고, 장기적 목표와 함께 단기적 목표를 설정하고, 현실적으로 달성 가능하지만 도전적인 목표를 설정하고, 수행 지향적이고 긍정적으로 진술된 목표를 설정하는 것이다.

3) 목표설정에 대한 연구

목표설정이론은 Locke(1968)가 처음 제안한 이래로 Locke, Shaw, Saari 및 Latham(1981)이 제시한 강력한 증거로 지지되었다. Locke와 동료들은 1969년부터 1980년 사이에 이루어진 목표설정과 수행의 관계에 관한 모든 실험실 및 현장연구를 검토했다. 그 결과 110개의 연구 가운데 99개의 연구에서 구체적이고 어려운 목표가 중간 정도나 쉬운 목표, '최선을 다하라.' 는 일반적인 목표 또는 목표가 없는 조건보다 수행을 더 증가시켰다는 결과를 확인했다. 그 후에 Mento, Steel, Karren(1987) 그리고 Tubbs(1986)의 통합분석에서는 목표난이도와 목표구체성에 대한 Locke의 주장이 타당하다는 사실이 강하게 지지되었다.

목표설정 효과는 특히 스포츠와 관련된 과제를 포함해서 다양한 실험과제를 사용한 연구에서도 반복해서 일관성 있게 검증되었다. 1985년에 Locke와 Latham은 자신들의 목표설정 연구를 스포츠 심리학에까지 확대시켰고, 그 결과 스포츠 장면에서 적절하다고 생각되는 다섯 가지 결론에 이르렀다.

1. 구체적이고 어려운 목표는 애매하고 쉬운 목표보다 수행수준을 더욱 높인다.
2. 단기목표는 장기목표의 성취를 촉진시킬 수 있다.
3. 목표는 노력, 지구력, 주의의 방향 그리고 전략개발을 동기화함으로써 수행에 영향을 미친다.
4. 수행과정에 대한 피드백은 목표설정이 작용하는 데 필수적이다.
5. 목표는 수용이 되어야만 수행에 영향을 미칠 수 있다.

이 결론을 바탕으로 Locke와 Latham은 실험실이나 산업 현장에서와 마찬가지로 스포츠 장면에도 그대로 적용할 수 있는 목표설정이론의 열 가지 구체적 가설을 발전시켰다. 이 제안 중에서 가장 중요한 것은 실제의 경쟁적인 상황에서 목표설정을 이용하는 것이다. 예를 들어 다음의 [그림 4-11]에는 다양한 스포츠 상황에서 어떤 기술개발을 위한 목표의 목록을 제시하고 있다. 기술 습득을 위한 구체적인 제안이 만들어졌는데, 이것들은 명료하고 동시에 달성 가능하다. 이런 제안은 코치나 선수에게 구체적 피드백의 역할도 할 수 있다. 목표설정 결과는 측정 가능하며, 따라서 목표는 '10분이나 15분만 더 열심히 하자.' 와 같은 일반적인 충고보다 훨씬 더 우수하다.

Smith(1994)는 Locke 등의 결론을 이해하는 또 다른 방법을 제안했다. 그는 코치와 선수에게 SMART 목표를 사용할 것을 제안한다. 목표는 구체적이어야 한다(specific: S). 또는 성취될 것에 대해서 분명히 명시해야 한다. 목표는 측정 가능하고(measurable: M) 수량화되어야 한다. 목표는 활동지향적(action oriented: A)이어야 하고 성취될 활동의 밀접한 지표가 되어야 한다. 목표는 현실적(realistic: R)이고 감지될 수 있고 수행 가능해야 한다. 그리고 목표는 제때에(timely: T) 완성될 수 있어야 한다. 이들의 첫 글자를 따서 SMART 목표라고 명명했다. 다음 〈표 4-7〉에서는 미식축구에서 목표설정수행을 평가하기 위한 구체적인 방법을 보여 준다.

선수에게 측정 가능하고 달성 가능한 목표를 제시하면 더 좋은 수행을 하도록 할 수 있다. 목표설정 효과는 전체적인 팀 성적으로 전환된다. 이것은 팀 스포츠 코치의 목표다. 목표설정 성공의 중요 요인은 보강의 개념이다. 보강은 그 자체가 매우 구체적인 행동에 연계되어 있다는 것을 선수에게 전달해야 한다. 보강은 기술획득의 정확한 수준을 알 수 있도록 사용되어야 한다.

〈표 4-7〉 미식축구의 수비 라인맨을 위한 점수체계(평가표) 예(LeUnes & Nation, 2002)

점수	활동
20	터치다운
10	가로채기 또는 떨어뜨린 공잡기
5	상대방 공격수의 공 떨어뜨리기 유도
2	4~5야드 전진 후에 공격수 태클
1	상대방 태클
–	위의 어느 경우든 동료선수 어시스트. 해당 점수의 1/2
–	보너스 포인트(0~20점): 네 번째 쿼터에서 우승을 위한 노력: 코치의 판단

〈설정된 목표에 대해서 비교 가능한 표준〉

1) 선수 자신의 수행(지난 게임 그리고/또는 지난 게임에서 같은 상대선수와 비교한 득점(포인트)
2) 동일 시즌에서 이전의 최상 수행
3) 지난 주간 다른 팀의 최우수 라인맨의 수행
4) 지난 주 같은 팀에서 모든 수비 라인맨의 평균 수행

4) 목표설정과 피드백

목표설정효과에 관련해서 가장 중요한 이론 및 실무적 문제를 던지는 주제가 '결과에 대한 지식' 또는 피드백의 역할이다. 피드백은 스포츠에서 수행의 매우 자연스런 일부분이기 때문에 중요하다.

목표설정효과를 검토하면서 Locke와 그의 동료들(1981)은 실질적으로 목표설정의 가장 주된 기법은 목표설정과 목표달성에 관한 피드백을 함께 사용하는 것임을 지적했다. 그러므로 대부분의 연구자는 목표설정과 피드백 효과를 분리하지 않았던 것이다. 앞에서 언급한 Locke와 Bryan(1966)의 연구에서도 목표설정조건의 실험참가자에게는 목표설정과 함께 각 시행에서의 점수를 알려 주어서 피드백을 제공했고 목표를 설정하지 않은 통제집단에게는 시행별 점수를 알려 주지 않았다.

그러므로 피드백은 각 시행에서 수행의 정확성(수행 질)이 아니라 정답 수에 대한 정보(수행량)를 제공한 것이지만, 그것이 실험의 종속변수로 측정된 실제수행에 대한 두 독립변수인 목표설정과 피드백 각각의 주 효과를 반영하는 것인지 또는 두 독립변수의 상호작용 효과를 반영하는 것인지, 아니면 둘 다를 반영하는 것인지 알 수 없다.

목표설정과 피드백 상호작용 효과를 확인한 연구가 있다. Erez(1977)는 피드백이 있을 때는 목표설정과 수행의 상관계수가 .60인 반면에, 피드백이 없을 때는 .01의 매우 낮은 상관을 보인다고 보고했다. 양은석(1994)도 운동학습에서 목표설정은 피드백이 없는 조건보다는 피드백이 있는 조건에서 더 유의하게 수행이 향상되었다는 결과를 얻었다. 이런 결과는 목표가 효과를 가지려면 피드백이 필수적이라는 것을 의미한다.

Locke와 그의 동료들(1981)은 피드백 없는 목표는 수행을 향상시키기에 충분하지 않지만, 피드백은 목표가 수행에 대한 효과를 보이기에 충분한 요인이 된다는 결론을 내렸다. 그러므로 피드백은 목표가 수행에 영향을 미치는 데 필요한 조건이다. 여기서 중요한 사실은 실험상황에서 실험참가자에게 제공된 피드백은 그들에게 과제를 수행하기에 더 나은 방법(과제수행 전략)을 알려 주는 것이 아니라는 것이다. 오히려 그것은 조절이 가능한 노력의 양에 관한 정보다. 그러므로 목표설정과 함께 사용된 피드백은 개인이 과제를 수행하려는 동기를 증가시켜서 그 결과로 수행을 향상시킨다. 목표설정과 피드백 제공을 조합해서 사용하는 동기화 전략은 과제를 처음 수행하기 시작하거나 수행하려는 동기수준이 낮은 사람에게 특히 효과적이다(Bryan & Locke, 1967).

대부분의 스포츠 상황은 선수에게 자동적으로 피드백을 제공한다. 그러므로 앞에서 언급된 증거는 코치나 스포츠 지도자가 선수에게 목표를 구체적으로 설정해 주면 매우 긍정적 효과가 있을 것이라고 확신하도록 만든다. 목표설정과 함께 피드백을 사용한다면 선수의 수행이 증가할 것이다.

피드백이 왜 동기효과를 지니는가에 대해서 두 가지 이유를 들 수 있다. 첫째, 피드백은 목표와 관련되는 수행을 보여 준다. 과제에 대한 지식의 내용은 목표성취에 대한 진행과정이다. 진행과정에 대한 정보는 목표가 현실적이고 달성 가능한 것인가에 대한 생각을 제공할 뿐만 아니라, 제한된 시간 안에 그 목표를 성취하려면 어느 정도의 노력을 해야 할지를 알려 준다.

실험적 증거에 따르면, 구체적이고 어려운 목표와 함께 제공되는 피드백은 특히 선수와 같이 성취동기가 높은 개인에게 매우 중요하다. Matsui 등(1982)의 보고에 따르면 성취욕구가 높은 개인은 어려운 목표를 설정함으로써 목표에 도달하는 과정이 더 느려졌다. 그러나 그들은 느슨한 성취과정에 대해서 피드백을 받게 되면 수행이 증가했다. 반면에 성취동기가 낮은 개인에게 피드백을 주더라도 수행이 더 이상 증진되지는 않았다.

스포츠 분야의 연구에서는 피드백과 목표설정 효과는 일관성이 없었다. 어떤 스포츠 종목에서는 피드백이 경기나 경쟁 후 수행에 효과가 있는지 또는 없는지 알 수 없었다. 그러므로 피드백이 수행 증진에 필수적이라는 주장(Locke et al., 1981)에 비추어 볼 때, 구체적이고 어려운 목표를 설정하는 것은 스포츠에서 수행을 촉진하고 증진시키는 데 필수적이라는 것을 시사한다. 어떤 선수 또는 팀이 구체적이고 어려운 목표를 설정하고 경쟁한다면, 수행할 때마다 매번 목표를 향한 진행과정에 대한 피드백을 받을 것이다. 그러므로 피드백이 심리적으로 왜 효력이 있는지 쉽게 이해될 수 있다. 동시에 장기적으로는 구체적 목표 없는 피드백이 왜 선수의 동기와 수행을 향상시키지 못하는지 쉽게 알 수 있다.

그러나 많은 선수, 특히 경력 초기에는 혼자 연습하고 독자적으로 목표를 설정한다는 점을 잊어서는 안 된다. 이런 상황에서 수행에 대한 목표와 피드백 간의 연계는 대부분 자기 지각에 의해서 결정된다. 유망한 선수 중에 많은 선수가 그런 지각이 잘못되거나 자기를 평가 절하하기 때문에 채 성장하기도 전에 마지막을 맞는 경우를 이해할 수 있다.

피드백이 목표와 함께 이용되어서 동기효과를 갖는 것에 대한 두 번째 설명은 그것이 목표설정에 영향을 미치기 때문이다. Cummings 등(1971)의 실험에서는 사전 수행 효과를 고정시킨 상태에서 목표설정에 대한 피드백 효과를 검증했다. 연구결과에 따르면 목표설정 변량의 26%가 사전 수행에 의해서 설명되었는데, 그것은 통계적으로 유의했다. 사전 수행수준이 높을수록 다음 목표설정 수준도 높았다. 그러나 피드백 효과가 추가되면 설명되는 백분율은 26%에서 44%로 증가했다. 특히 사전 수행 효과를 통제하면 올바른 피드백은 불완전 피드백이나 피드백 없을 때보다 목표설정 수준을 더 높였다.

여기서 불완전한 피드백이란 실험참가자가 잘못된 수행 횟수에 대해서만 정보를 얻는 것을 의미한다. 올바른 피드백 집단은 올바른 수행 횟수에 대해서만 정보를 얻는다. 불완전한 피드백 집단은 자신들의 잘못된 수행에 대한 정보를 얻기는 하지만 올바른 수행에 대한 정보를 얻은 것은 아니다. 그러므로 올바르고 정적인 피드백만 목표설정 수준을 유의하게 증가시킨다는 것을 제시한다. 스포츠 상황에서 수행에 대한 피드백은 결코 중성적이지 않다. 피드백이 분명하게 정적이거나 부적이라면 그것은 아마 지금까지 논의한 시사점을 지니고 있을 것이다. 이것은 코치가 선수와 팀 수행에 대한 피드백을 제공하고 논의할 뿐만 아니라 완전하고 정확한 피드백을 제공해야 한다는 것을 시사한다. 이것은 설정된 목표에 대한 정확한 피드백의 긍정적 측면을 강조하는 것이다.

5) 정적 사회보강과 목표설정

Cummings 등(1971)의 연구에서 지지를 얻은 앞의 시사점은 정적 사회보강이 때로는 동작 수행을 증진시키고 때로는 훼손시키는 이유를 설명할 수 있다. 동작 수행에 대한 사회보강 효과는 스포츠 심리학자(예, Gill & Martens, 1975; Martens, 1971; Martens et al., 1972; Roberts & Martens, 1970; Wankel, 1975) 사이에서 가장 유행하던 연구 주제의 하나다. 그러나 아직도 이 연구에서 명확한 결론을 내리지 못하고 있다(Iso-Ahola, 1986). 실제로 이 연구에서 얻은 결과는 Kennedy와 Wilcutt(1964)의 연구에서 얻은 것 이상으로 일반화시킬 수 없다. Kennedy와 Wilcutt에 따르면 정적 및 부적 사회보강은 모두 수행을 증가시키기도 하고 훼손시키기도 한다. 이런 결론을 내린 가장 중요한 이유는 사회보강(또는 성과피드백)이 중요한 인지적 변수에서 분리된 채 연구되었다는 사실(Iso-Ahola, 1976a; 1979b)일 것이다. 앞에서 논의한 경험적 증거에 비추어 볼 때, 그런 변수는 수행목표거나 목표설정일 것이다.

요지는 구체적이고 어려운 목표가 없는 실험과제에 대해서 사회보강을 제공한다면 그 효과는 미약하거나 일관성 없기 때문에 결론 내리기 어렵다는 점이다. 대부분의 연구에서 목표를 설정하지 않고 피드백만 제공했을 때 수행이 증가되지 않았다(Locke et al., 1981). 사회보강에 대한 최근까지의 실험연구를 검토해 본 결과, 어떤 실험에서도 구체적인 목표가 설정된 적이 없었다(Iso-Ahola, 1886).

Martens 등(1972)은 사회보강 효과를 검증한 실험에서 실험참가자는 단지 '최선을 다해서 열심히 하라.'는 지시만 받았다는 사실을 밝혔다. 마찬가지로 Wankel(1975)에 따르면 모든 연구 참가자에게 매번 '가능한 최선을 다하라.' 고만 강조했다. Locke와 그의 동료들은 이런 일반적 지시를 '최선을 다하라(do your best).' 목표라고 불렀다.

이런 연구결과는 구체적 목표 없이 피드백만으로는 수행을 증진시키는 데 충분하지 못하다는 것을 보여 주었다. 그러므로 정적이든 부적이든 사회보강은 구체적 목표와 관련해서 개인이 얼마나 수행했는지 알려 줄 수 있을 때만 수행을 증진시키기에 효과적이다. 그런 목표가 존재하지 않는다면, 피드백이나 보강은 아무런 효과도 보여 주지 못할 것이다. 그러나 구체적 목표가 설정된다면 이런 목표에 관련되는 피드백은 정보 또는 결과에 대한 올바른 지식이 될 것이다(Cummings et al., 1971).

그러나 사회보강이 수행수준에 따라서 변별되지 않는 식으로 사용된다면 정보적인 것이 되지 못해서 효과를 보이지 못할 것이다. 대부분의 실험에서는 일반적으로 사회보강을 수행 결과에 맞추어서 변별되지 않는 식으로 사용했다. 이런 실험에서의 기본적인 생각은 매 시행마다 수행을 마치면 실험참가자의 절반은 정적보강(매우 잘함, 잘했음)을 받고, 다른 나머지 절반은 부적보강(좋지 않음, 형편 없음)을 얻고, 통제집단은 수행에 대한 아무런 정보를 얻지 못한다는 것이다.

과제수행을 반복 시행하는 실험과정에서 매번 동일한 피드백을 얻는다면 실험참가자는 자신의 수행은 일관성 없는데, 그에 대한 일정한 피드백에 의심을 보일 것이다. 실험참가자는 자신이 구체적 목표에 얼마나 접근했는가에 대한 정보를 알려 주기에 이런 피드백은 너무 모호하고 부정확하다고 생각할 것이다.

반복해서 '잘했다'는 피드백을 받더라도, 그것은 수행을 잘한 이유와 무엇에 근거해서 잘한 것인지에 대해서 말하는 것은 아니다. 부정적인 진술이나 부적보강도 마찬가지다. 실험참가자는 자신이 수행을 '잘했다' 는 실험자의 피드백에 동의하더라도 구체적 목표가 없다면 얼마 동안 지속적으로 수행을 그렇게 잘할 수 있을지 확신할 수 없다. 실험자는 그들에게 '할 수 있는 한 최선을 다해서 열심히 하라.' 고 말한다. 실험참가자는 그렇게 하고, 즉각적이고 지속적으로 보상을 얻는다. 그들은 자신에게 기대되는 대로 행동하며, 이것은 '최선을 다하는 것' 이다. 그러므로 그러한 사회보강이 동기와 수행을 증가시키는 이유를 직관적으로 알기는 어렵다.

이것은 부적보강에도 똑같이 적용된다. 부적보강은 잘하려고 하는 일반적 기대와 불일치하기 때문에 부조화를 경험하는 개인에게서 동기와 수행 증가를 관찰할 수 있다(Iso-Ahola, 1976a). 그러나 실험(Iso-Ahola, 1976b) 상황에서 실험자가 의도적으로 피드백을 조작해서 수행수준이 계속해서 나쁘면, 과제수행에 대한 실험참가자의 통제력 지각이 감소할 것이고 따라서 동기 및 수행 수준이 저하될 것이다. 실험참가자는 최선을 다해서 열심히 했고, 그것이 자신이 할 수 있는 모든 것이라고 느낄 것이다. 그러나 수행결과에 대한 부적 피드백은 통제감 저하를 초래할 것이다.

결론적으로 사회보강이 동기와 수행에 대해서 효과적이려면 적어도 다음의 두 가지 조건이 충족되어야 한다. 첫째, 사회보강은 개인에게 그것이 자신의 수행수준과 연계되어 있다는 느낌을 주어야 한다. 수행수준-피드백 비연계성 지각은 수행에 대한 개인의 통제감 결여를 촉발한다. 이런 점에서 반은 정적 보강이고 나머지 반은 부적보강인 50% 대 50% 보강비율은 정적보강이나 부적보강이 지배적인 경우보다 개인의 통제감 신념을 지속시키기에 더 효과적이다(Jones et al., 1977). 그러나 50% 대 50% 비율이라도 그것이 구체적인 수행목표와 관련되어 있지 않거나 개인에게 왜 절반은 성공이고 절반은 실패인지 그 이유를 알려 주지 못한다면 비효과적일 것이다. 둘째, 사회보강은 구체적이고 어려운 목표와 관련되어야 한다. 그리고 이런 목표에 대해서 개인이 접근하는 것에 관한 정확한 정보를 제공해야만 한다.

6) 단기적 하위목표

하위목표는 피드백 기능을 함으로써 수행 수준을 촉진시킨다는 사실(Locke et al., 1981)로부터 볼 때 목표설정과 피드백은 분명하게 밀접한 관련성을 지니고 있다. Bandura(1982)는 자기-감시(self-monitoring)가 잘 유지되려면 장래의 목표에 이르기에 가능한 하위목표를 채택해야 한다고 주장한다. 중간적 또는 하위 목표설정이 장기적 목표를 달성하는 데 유용한 것인지에 대해서는 아직 많은 관심을 얻지는 못했지만(Locke et al., 1981), Bandura와 Schunk(1981)는 단기적 하위목표의 심리학적 연구 가치에 관한 실험연구를 수행했다.

이 연구에 참가한 초등학교 학생은 수학과목 성적이 점차 저하되고 흥미가 떨어지고 있었다. 실험참가자는 다음의 네 가지 목표설정 조건 가운데 하나의 조건에서 수학 과제를 하도록 배당되었다. 단기적 하위목표설정 조건, 장기적 목표설정 조건, 목표 없는 조건 그리고 통제조건이었다.

1 단기적 하위목표설정 조건: 실험자는 실험참가자가 매 시행마다 최소한 6쪽의 지시문항을 완성하기 위한 목표를 스스로 설정하도록 제안했다.
2 장기적 목표설정 조건: 실험자는 일곱 번째 시행의 마지막에 지시문항의 전체 42쪽을 완성하기 위한 목표를 스스로 설정하도록 지시했다. 두 조건 모두 목표가 사전에 정해지기보다는 제안된 것이기 때문에 목표설정 결정은 실험참가자의 몫이었다.
3 목표 없는 조건: 가능한 한 많은 페이지의 지시 문항을 완성하라고 말해 주었다.
4 통제조건: 목표를 주지 않고 어떤 지시적 자료도 주지 않았다.

결과에 따르면, 다른 조건에 비해서 단기적 하위 목표설정 조건에서는 지각된 자기-효능감, 수학 기술, 지구력, 수학에 대한 내적동기 등에서 더 월등했다. 자기-효능감과 수행 자료는 [그림 4-11]에 제시되어 있다. 자기-효능감은 어떤 활동이나 과제를 성공적으로 수행하는 자신의 능력에 대한 개인의 지각 및 신념이다. 즉, 자기 지각된 효능감이다.

단기목표조건의 실험참가자가 지각한 자기-효능감은 사전검사에 비해서 사후검사에서 크게 증가하였다. 반면 다른 집단에서의 증가는 중간 정도이거나 약했다. [그림 4-11]에 따르면 수행 자료는 자기-효능감 자료와 매우 유사하다. 장기적 목표를 갖고 있거나 목표가 없는 집단 간에는 차이가 없었다. 왜냐하면 이런 집단에 대한 실험적 처치는 기본적으로 똑같았기 때문이다. 두 집단 모두 '최선을 다하라.'는 목표에 의해서 과제를 수행했고, 이런 점에서 이 실험은 실패했다. 반면 장기적 목

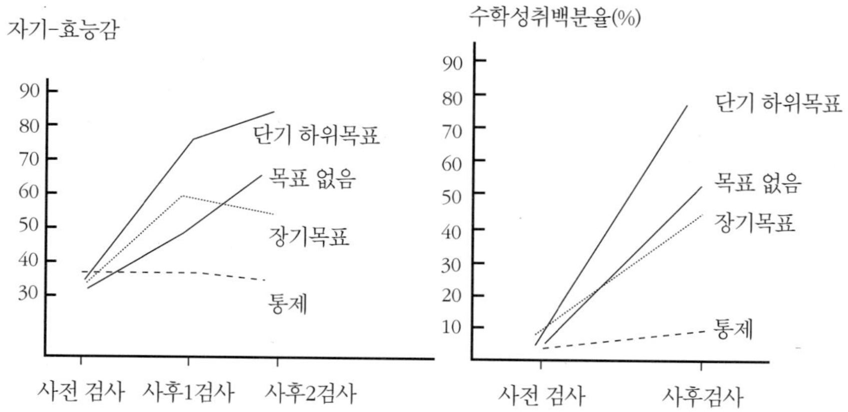

[그림 4-11] 왼쪽 그림에서는 어린이의 수학-효능감에 대한 자기 지각 강도를 보여 주고 있다. 학업의 시작(사전 검사) 및 빼기 과제의 사후 검사를 받기 전(사후1 검사)과 후(사후2 검사). 다른 조건에 비해서 단기목표설정 조건에서 사전검사보다 사후1 및 사후2에서 수학과제에 대한 자기-효능감이 더 증가하였다. 오른쪽 그림에서는 자기 주도적 학습의 전과 후 빼기 검사에서 어린이의 성취 수준을 보여 주고 있다(Bandura & Schunk, 1981).

표는 시간적으로 너무 떨어져 있기 때문에 애매하거나 일반적인 '최선을 다하라.'는 목표에 비해서 설명력이 더 크지 않다는 주장도 가능하다. 결국 그 애매성이나 일반성 때문에 장기적 목표는 행동을 동기화시키는 힘이 상실되었다.

[그림 4-11]은 실험참가자가 실험과제를 잘 수행하는가(자기-효능감)를 평가해서 단기적 하위목표가 실제 수행을 증진시키는 데 강력한 효과를 지니고 있다는 것을 보여 주고 있다. 그리고 단기적 하위목표의 긍정적 효과는 자기-효능감과 수행 수준을 증진시키는 데 그치지 않고 단기적 하위 목표에 따라서 어려운 과제를 해결하기 위해서 지속적으로 노력하고 과제에 대한 내적흥미를 증가시켰다. 단기적 하위목표는 자기 주도적 학습자에게 자기-효능감에 대한 지지를 제공하고, 이것은 다시 도전적 활동에 대한 지속적 개입을 촉진한다.

단기적 하위목표가 왜 효과적인가? 첫째, 하위목표를 개인이 설정하기 때문이다. 실험증거에 따르면 다른 조건이 같다면 개인이 설정한 목표는 배당된 목표에 비해서 수행수준을 더 잘 예측한다. 둘째, 이런 하위목표는 매우 구체적이었다. 목표가 구체적 양으로 제시되면 수행을 가장 예언 가능하게 조절한다는 것을 확인시켜 주었다(Locke et al., 1981).

셋째, 하위목표는 피드백 기능을 했다. 단기목표를 설정한 실험참가자는 매 시행마다 구체적이고 양적인 목표를 설정했고(예, 학습자료 6쪽을 완수한다.), 각 시행 마지막에는 목표를 달성할 수 있었다. 그러므로 최종 목표를 향한 과정에 대해서 즉각적으로 정확하고 정적인 피드백을 얻었다. 30분짜리 7회 시행을 매일 연속해서 진행했다. 목표설정 실험참가자에게는 매 시행마다 점수 및 다음 시행 표준을 알려 주었다. 그러므로 각 시행에서의 수행은 단기적 하위목표로 작용했다. 개인적으로 설정된 단기 하위목표를 성취하는 것은 특히 수행상황에서 처음 시작하기 때문에 동기 수준이 낮은 개인의 수행을 위한 동기 및 수행을 향상시키기 위한 효과적 피드백 수단이 된다(Bryan & Locke, 1967).

Bandura와 Schunk 연구에서는 동작 또는 운동과제를 이용하지 않았지만, 연구결과는 운동기술 학습 및 교수과정과 관련 있다. Bandura와 Schunk의 실험상황은 학생들이 다양한 동작기술을 학습하는 체육수업상황과 매우 유사하다. Barnett과 Stanicek(1979)은 실험과제로 양궁을 사용한 것만 제외하면 Bandura와 Schunk의 실험과 비슷했다.

이 현장연구에서 세 개의 양궁 반에 등록한 대학생을 목표설정집단과 목표 없는 통제집단에 무선 배당했다. 모든 실험참가 학생은 10주 동안의 교육과정에 참가했고, 50분짜리 학습 모임은 일주일에 두 번씩 가졌다.

목표설정조건의 실험참가자에게는 10분짜리 주말 회합의 마지막에 목표설정을 위한 서식에 개인적으로 언어적이고 수량적인 목표를 설정하라고 지시했다. 예를 들면, 수량적 목표란 실험참가자가 일주일 동안에 점수의 증가를 숫자적인 목표로 설정하는 것을 의미한다. 통제집단에서는 아무런 목표도 설정되지 않을 뿐 아니라 목표설정 서식도 주지 않았다.

두 집단에게 모두 3차례의 양궁 시험을 실시했다. 첫 번째 주에 1차 시험을 실시했다. 여섯 번째 주에 중간시험을 실시했고, 최종 시험은 열 번째 주인 마지막 주에 실시했다. 두 집단의 전체 평균을 산출하기 위해서 각 실험참가자의 '중간' 및 '최종' 검사에서의 수행 자료에서의 평균을 구했다. 두 집단 간의 초기 차이에 따라서 이 전반적 평균값을 조정했을 때, 목표설정 효과는 통계적으로 유의미했다. 목표설정 집단의 조정된 평균은 통제집단보다 통계적으로 유의하게 더 높았다. 그러므로 목표설정은 수학에서의 수행만큼이나 동작 학습 및 수행을 촉진하는 것으로

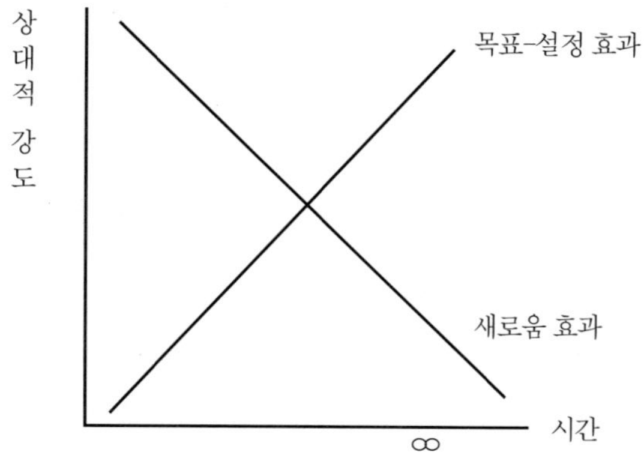

[그림 4-12] 동작-수행에 대한 새로움과 목표설정 효과의 상대적 강도(Locke & Bryan, 1966)

보인다.

Barnett과 Stanicek의 연구결과와 Bandura와 Schunk의 연구결과가 유사하다는 것은 충분한 이유가 있다. 왜냐하면 목표설정집단은 구체적인 목표를 개인적으로 설정했고, 이 목표에 의해서 실험참가자가 수행과 수행과정에 관한 피드백을 받을 수 있었기 때문이다.

Barnett과 Stanicek(1979)는 자료들을 더 세밀하게 검토한 결과 '중간' 검사에서는 집단 간 차이가 없는 반면에 양궁 반 수업이 시작된 6 주 후인 '최종' 검사에서만 집단 간 차이가 있었다. 이것은 과제수행 기간이 증가함에 따라서 목표설정의 중요성은 더욱 커진다는 것을 의미한다. [그림 4-12]에 제시되어 있는 Locke와 Bryan(1966)의 자료에서도 똑같은 결론에 도달했다.

이런 결론을 더욱 확장하면 다음과 같은 제안을 할 수 있다. 목표설정 효과가 증가되는 것은 '새로움' 의 효과가 감소되는 것과 동시에 발생한다. 다음의 [그림 4-12]가 그 가정을 잘 나타내고 있다.

목표설정 효과는 과제수행 기간이 경과함에 따라서 함께 증가하는 반면에, 새로움의 효과는 과제수행 기간이 증가함에 따라서 반대로 점차 감소한다. 이것이 실무적으로 의미하는 것은 대부분의 스포츠에서와 같은 동작-기술학습에서 사람들이 처음에는 그런 기술이 새롭다는 것 때문에 학습하려고 동기화된다는 것이다. 그러나 시간이 지나면서 새로움이 점차 약화되고 그 기술에 대한 흥미는 사라진다. 그러므로 새로움의 동기효과가 사라지는 것을 방지하기 위해서 목표설정이 필요하다. 목표설정은 과제에 대한 흥미의 감소를 방지해 준다. 이것이 실험과제 수행의 후반부에서 목표설정이 과제동기와 수행을 향상시키는 이유에 대한 설명이 될 것이다.

Locke와 Bryan(1966)의 결론은 구체적 수행목표가 동작 과제에서 개인의 흥미를 증가시키고, 그 효과는 실험과제 수행기간이 길어짐에 따라서 증가한다는 설명과 일치한다. 이에 추가해서 새로움의 효과와 목표설정 효과가 교차하는 지점이 어디인가는 동작과제의 특성, 즉 과제가 얼마나 내적으로 동기화하고 도전감을 주는가에 달려 있다. 새로움은 복잡한 과제보다는 단순 과제에서 더 빠르게 사라진다. 새로움이 빠르게 사라질수록 목표설정 효과는 더 잘 드러날 것이다. Bandura와 Schunk 그리고 Barnett과 Stanicek의 실험결과와 이론적 설명은 체육교사에게 중요한 시사점을 준다.

동작기술을 가르칠 때 학습 및 수행을 향상시키기 위해서 목표를 사용하는 것이 필요하다. 개인적으로 자신의 목표를 스스로 설정하게 하면 목표에 대한 수용과 몰입수준이 극대화될 것이다. 목표는 구체적이고 어려워야 하지만 달성 가능한 것이어야 한다. 최종적인 목표는 '근접한 하위목표'로 세분화되어 있기 때문에 이 하위목표의 성취는 곧 수행 수준과 과정에 대한 정보적 피드백을 제공하게 된다. 하위목표는 학습과정 동안에 새로움의 효과를 줄여 주기 때문에 결국 과제에 대한 흥미 저하를 막아 준다.

7) 과제난이도와 목표설정

동기와 수행에 대한 목표설정 효과를 분석할 때 과제난이도의 역할이 함께 고려되어야 한다. 목표설정과 과제난이도는 동기와 수행에 독자적으로 영향을 미치는가? 아니면 목표설정과 과제난이도는 상호 작용하여 영향을 미치는가? 스포츠 상황에서는 이 질문이 매우 중요하다. 예를 들면, 대학 축구팀은 '쉬운 일정' 또는 '힘든 일정' 가운데 어느 쪽을 추구할 것인가? 장거리 육상선수는 쉬운 레이스를 완주할 것인가? 아니면 어려운 레이스를 완주할 것인가? 수행에 대한 목표설정의 효과와 함께 고려해서 후속 수행에 대한 과제 난이도 효과를 알 수 있을 때 이런 종류의 질문에 대해서 대답이 가능할 것이다. 다음에 소개되는 Campbell과 Ilgen(1976)의 실험결과에서 이에 대한 잠정적인 결론을 얻어 낼 수 있다.

이 연구에서는 대학의 체스 선수를 다양한 목표설정 조건하에서 다양한 난이도의 체스 문제를 해결하게 했다. 1단계에서 실험참가자에게 10개의 문제를 주었다. 문제는 쉽거나 중간 정도이거나 어려웠다. 목표설정을 조작하기 위해서 실험참가자에게 배당될 목표설정 조건에 따라서 문제 가운데 최소한 20%(50%, 80%)를 풀도록 요구했다. 2단계에서는 모든 실험참가자에게 18개의 문제를 주었는데, 이 문제들은 9개의 문항으로 구분된 두 세트(10분짜리 두 세트)로 구분했다. 그 문제 가운데 3분의 1은 쉽고, 3분의 1은 중간 정도이고, 나머지 3분의 1은 어렵다. 실험참가자에게 문제를 가능한 한 많이 그러나 최소한 20%(50%, 80%)는 풀라고 했다.

결과에 따르면, 1단계에서 중간과 어려운 수준의 난이도에서 작업한 집단이 쉬운 과제 집단보다 2단계에서 수행수준이 더 뛰어났다(중간 수준: 평균 6.41, 어려운 수준: 평균 5.89, 쉬운 수준: 평균 4.68). 이 숫자들은 정답을 표시한 문제의 평균수를 의미한다. 마찬가지로 어려운 목표는 2단계 동안의 수행을 증진시켰다. 쉬운 목표(문제 가운데 최소한 20%를 해결하게 함)집단의 평균은 4.83, 중간 정도 어려운 목표(문제 가운데 50%를 해결하게 함)는 5.87, 어려운 목표(80%)는 6.62였다. 과제난이도와 목표난이도는 유의하지만, 독립적으로 실험참가자의 후속 수행에 영향을 미쳤다. 이것은 이런 변수의 효과가 상호작용보다는 가산적임을 의미한다.

중요한 사실은 1단계에서 중간 정도이거나 어려운 문제를 경험한 사람은 쉬운 과제를 경험한 사람에 비해서 성공을 경험할 가능성이 더 적었다는 점이다. 그럼에도 불구하고 처음부터 더 복잡하고 도전적인 문제를 경험한 집단이 2단계에서 수행 수준이 더 높았다. 이 결과에 따라서 연구자는 '실패의 부정적 효과는 과제에 대한 지식의 증가에 의해서 극복될 수 있으며, 이것으로 앞의 상황에서 학습된 기술을 요구하는 과제에서 수행이 향상되었을 것이라고 제안했다. 그리고 높은 수준의 어려운 목표는 수행 수준을 높이고 어려운 목표에 도달하려는 노력을 증진시킨다고 주장했다. 한편, 이들의 제안에 따르면 이전에 어려운 과제에 대한 경험은 과제에 대한 지식과 도전적 상황에 대처하는 기술을 증진시킴으로써 수행을 향상시킨다.

스포츠 상황에서 이루어진 연구가 없기 때문에 Iso-Ahola와 Hatfield(1986)은 앞에 제시한 연구결과를 스포츠 상황과의 관련성에 비추어서 논의하였다. 전반적으로 목표난이도와 과제난이도는 선수를 동기화하고 수행을 향상시키는 데 중요하고도 결정적인 역할을 할 가능성이 있다. 물론 목표난이도와 과제난이도가 선수의 수행에 유의하고도 독립적으로 영향을 미치는 조건하에서 선수집단을 대상으로 증명하는 것이 과제로 남아 있다.

목표난이도와 과제난이도 두 변수가 스포츠 수행에 기여하는 상황을 가정하는 것은 어려운 일이 아니다. 예를 들면 매우 쉬운 상대와 경기하는 축구팀은 국내 최강팀과 경기하는 팀만큼 많은 지식과 기술이 필요하지 않을 것이다. 거의 언제나 팀 간에 목표난이도가 일정하다면 어려운 스포츠 과제를 경험하는 효과는 더욱 중요해질 것이다. 과학적 검증이 없더라도 최우수 대학선수권 대회에서 승리하기 위해서는 경쟁하는 양 팀이 모두 최대한으로 수행하도록 어려운 목표가 주어질 것은 당연하다. 그런 목표설정과 과제난이도는 그 효과가 양 팀에 똑같기 때문에 이 변수의 효과를 상쇄시킬 것이다. 두 팀을 차별화시키는 요인은 스포츠 과제난이도에 대한 팀의 경험 정도다. 그러므로 경쟁적인 스포츠 상황에서 과제난이도 요인은 목표난이도보다 더 큰 심리적 중요성을 지닐 것이다.

예를 들어 한때 세계 정상이었던 프로테니스 선수가 은퇴를 선언한 후 오랫동안 경기를 하지 않았다가 다시 코트에 복귀했다고 가정하자. 그 선수는 아마 윔블던 대회에서의 우승과 같은 높은 수준의 목표(목표난이도)를 설정할 것이다. 그러나 그 선수는 우수한 경쟁선수(과제난이도)와의 많은 시합을 거친 후에야 상위에 오를 수 있을 것이다. 목표설정은 수행을 향상시키는 데 필요한 최대한의 노력을 동기화하는 수단이 될 수는 있지만, 수행을 증가시키는 데는 스포츠에서의 과제난이도에 대한 경험이 실제로 도움이 된다.

선수가 가능한 한 모든 과제난이도를 경험했을 때, 또 다른 상황이 일어난다. 세계 정상급 프로골프 선수가 은퇴를 하지는 않았지만 한동안 성적이 부진한 경우를 예로 들 수 있다. 그는 우승을 목표로 꾸준히 경기에 참가해서 다양한 난이도의 과제를 경험했다. 그러므로 이 경우에는 경험부족이 슬럼프의 원인이라고 말할 수 없다. 이 슬럼프는 동기의 문제다. 그 선수는 이미 슬럼프에 빠지기 전에 많은 전문가에게서 최고의 골프선수로 인정받았다. 그러므로 그가 더 이상 성취할 것이 없었다. 따라서 그는 이 상황에서 구체적이고 어려운 목표를 설정하거나 찾기가 어려웠다. 그렇지만 여전히 큰 대회에서 우승하기를 원한다. 사실 그 이후에도 간혹 우승을 했다. 여기서 알 수 있는 것은 그 선수가 슬럼프에서 탈출하고 우승할 수 있도록 돕는 것은 목표설정이라는 것이다. 그러므로 목표설정을 적절하게 잘 활용한다면 오랫동안 성공적으로 선수생활을 해 갈 수 있게 하는 데 매우 결정적이다.

다음은 선수 또는 팀이 슬럼프에 빠지지 않거나 슬럼프에서 빠져 나오게 하는 프로그램에서 이용할 수 있는 목표설정의 원리다(Iso-Ahola & Hatfield, 1986).

1. 지난 몇 년간의 기록을 바탕으로 우승한 횟수를 계산한다.
2. 상대팀에 대한 모든 정보(선수영입, 전출입 및 부상 등)을 바탕으로 경기에서 이길 수 있는 구체적인 계획을 준비한다.
3. 한 시즌 동안의 모든 경기를 네 분기로 나누고, 시즌을 마칠 때까지 각 분기별로 몇 회 승리해야 하는지 구체적으로 명시한다.
4. 승리해야 할 게임의 횟수와 승리를 기대하는 경기에 대한 구체적인 목표에 대한 정보를 선수에게 알리고 선수가 최종 이 목표에 도달하기 위해서 팀이 이루어 가야 할 진로에 대해서 선수가 개인적으로 그리고 독자적으로 해야 할 것을 요구한다.

목표설정이 모든 문제를 해결하는 만병통치약은 아니다. Tannenbaum, Pinchas, Elbaz, Bar-Eli 및 Weinberger(1991) 그리고 Weinberger, Fowler, Jackson, Bagnall 및 Bruya(1991)는 Locke와 Latham의 연구가 갖고 있는 목표난이도와 구체성 주제와 관련해서 많은 문제를 언급했다. Tannenbaum에 따르면 산업장면에서 얻은 연구결과를 스포츠에 일반화하기에는 여전히 의문이 있다. Weinberger 등의 연구에서는 별도의 두 가지 동작 과제에 배당된 실험참가자가 목표난이도에 따른 수행에서의 차이를 보이지 않았다. 즉, 비현실적인 목표조건에서 동기의 감소가 나타나지 않았다. Tannenbaum과 Weinberger 팀의 연구에서 자주 보고되는 이런 결과는 스포츠 장면에서 목표설정의 역할을 이해하기 위해서는 아직 많은 노력이 필요하다는 것을 제시하는 것이다. 목표설정을 주장하는 집단이나 비평하는 집단이나 모두 목표설정 전략의 효과에는 개인의 성격변수가 매개작용을 할 것이라고 제안한다. 이에 대해서는 계속적인 연구가 요구된다.

8) 스포츠 목표설정에 대한 국내 연구 경향

1968년에 Locke가 처음으로 목표설정이론을 제시한 이래로 목표설정이론에 대한 연구는 주로 실험실과 산업장면에서 진행되었다. 1985년 Locke와 Latham이 스포츠에서 목표설정 적용이라는 논문을 발표하면서 스포츠 상황에서의 목표설정연구가 본격적으로 시작되었다. 이들은 실험실과 산업조직에서 수행된 목표설정 연구의 과제가 주로 구체적 목표를 향한 정신적 신체적 동작과 활동을 포함하기 때문에 스포츠에서의 활동과 동일하다고 간주한 것이다. 뿐만 아니라 산업조직에서 보다는 스포츠 상황에서 개인행동 수행 측정이 더 용이하기 때문에 목표설정을 스포츠에 적용하기가 훨씬 더 가능하다고 주장했다. 따라서 Locke와 Latham(1985)은 스포츠에서 목표설정이론을 검증하기 위한 가설을 지시했고, 이후로 스포츠 심리학자는 스포츠에서의 목표구체성, 목표난이도 및 목표설정 효과를 매개하는 변수에 대한 연구를 체계적으로 시작했다.

국내에서는 1980년대 중반부터 목표설정이론에 대한 연구가 산업조직심리학 분야에서 나타나기 시작했다(강현구, 1986; 김정남, 1985; 한덕웅, 1984, 1985). 스포츠 목표설정에 대한 연구는 성창훈(1985)의 연구에서 시작되었다. 그 이후로 다양한 스포츠 종목에서 목표설정에 관한 연구(문익수, 양은석, 1992; 박인수, 1989; 심영섭, 1990; 양은섭, 1990; 유진, 1988; 이종호, 김상두, 1991; 황옥철, 1992) 등이 수행되었고, 성창훈(1994)은 스포츠 목표설정 연구의 방법론적 문제에 대한 논의를 통해서 앞으로의 연구 과제를 제시한 바 있다.

05

스포츠에서의 리더십

- 스포츠리더십의 개념과 모형
- 리더십 이론
- 새로운 리더십 이론

1. 스포츠리더십의 개념과 모형

고대중국과 이집트에는 리더십에 대한 기록이 남아 있다. Hormes의 일리아드는 Agamemnon의 공정성, Nestor의 지혜, Odysseus의 예민함, Achilles의 용기를 들어서 리더의 자질을 설명했다. 리더십에 관한 논의는 Plato, Caesar 그리고 Plutarch로까지 거슬러 올라간다(Silva & Stevens, 2002). 리더십에 관한 학문적 연구는 20세기에 들어오면서 본격적으로 이루어져서(Bass, 1981) 많은 것을 알아냈지만 리더십에 대한 정의와 아이디어는 다양하다. Burns(1978)에 따르면 리더십은 가장 분명하면서도 가장 이해가 되지 않은 현상이다. 스포츠에서도 리더십은 중요한 주제로 인식되지만 과학적으로 주목을 받기 시작한 것은 25년 정도밖에 되지 않는다. 리더십은 상호작용 체계, 영향력 체계, 권력 체계의 세 체계로 연구되어 왔다. 상호작용 체계에서는 리더와 부하행동은 의존적이고 상호적 대인관계라고 본다. 영향력 체계는 리더십 과정에서 영향력이 교환된다는 사실에 근거한다. [그림 5-1]에서 보듯이 리더(코치), 부하(선수, 팀) 및 상황은 상호 영향을 미친다.

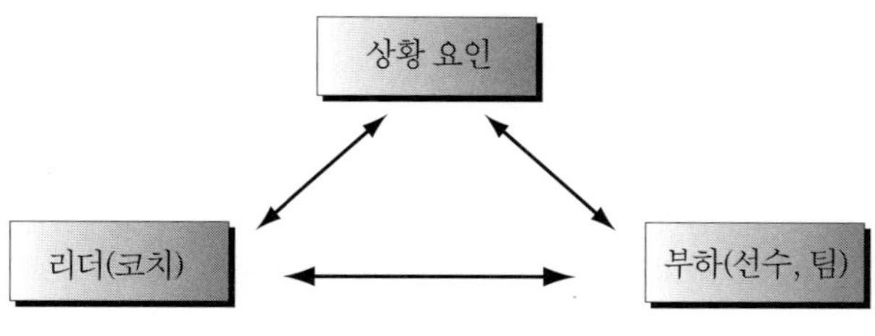

[그림 5-1] 스포츠에서 리더의 영향력 체계(Carron & Chelladurai, 1978)

부하의 기대를 충족시키고 집단목표를 성취하는 리더는 부하에게서 지위, 존경, 높은 영향력을 보상으로 얻는다. 리더십이란 양 방향 영향 관계의 형태를 취하기 때문에, 양측이 서로 영향을 미치도록 허용할 때 리더십이 유지된다(Hollander & Julian, 1969). 부하와 리더 양측이 처한 상황의 영향도 중요하다. 과제특성(Badin, 1974; Barrow, 1976; Hill & Hughes, 1974; Schriesheim & Murphy, 1976), 압력 또는 스트레스(Foder, 1976; Oaklander & Fleishman, 1964), 역할기대 및 표준의 명료성

(House & Mitchell, 1974; Schreisheim, Murphy, & Stogdill, 1974) 그리고 상황의 물리적 · 지리적 요인(Chelladurai & Carron, 1977)을 포함하는 매개변수가 리더-부하 상호 영향과 관련되어 있다.

권력체계에서는 리더와 부하 관계에서 리더가 지배적 역할을 하는 것으로 간주하며, 대부분의 공식 조직에서 볼 수 있다. 영향력을 행사할 수 있는 리더는 지위에 부여된 권력을 사용한다. French와 Raven(1959)은 권력의 원천을 근거로 권력유형을 보상권력, 강제권력, 합법적 권력, 전문권력 그리고 준거권력으로 구분했다. 보상권력과 강제권력은 리더가 보상을 통제할 수 있기 때문에 나오는 개인권력이다. 합법권력은 리더의 공식 지위와 서열에 의해서 지니는 권력이다. 전문권력은 리더의 전문성과 과제에 대한 지식에서 나오는 권력이다. 준거권력은 리더에 대한 부하의 정서에서 비롯된 권력이다. 그러므로 리더십의 견해에서 권력체계는 리더와 부하 간의 상호작용에서 리더가 부하보다 영향력을 더 발휘하는 강력한 기반을 지니고 있음을 반영한다.

스포츠 상황에서는 코치와 선수 관계에서 권력체계가 드러난다. 스포츠에서는 두 유형의 리더, 즉 출현한 리더(emergent leader)와 지명된 리더(prescrived leader)가 있다. 팀 내에서 출현한 리더는 선수 차원의 특성을 다룬다. 이때의 리더십은 선수 개인의 용맹, 기술, 유능성의 결과로 팀 구성원에 의해서 암묵적으로 부여된 것이거나 또는 팀 구성원의 지명, 선출, 선거 등의 과정을 통해서 명백하게 팀 구성원이 부여한 것이다. 그러므로 선수-리더에 대한 권력 기반은 감정, 유능성, 표출된 기술 그리고 공식집단에서의 구체적 역할의 결과다. 이들은 참조권력, 전문권력 그리고 합법적 권력 기반이라고 주장한 것이다.

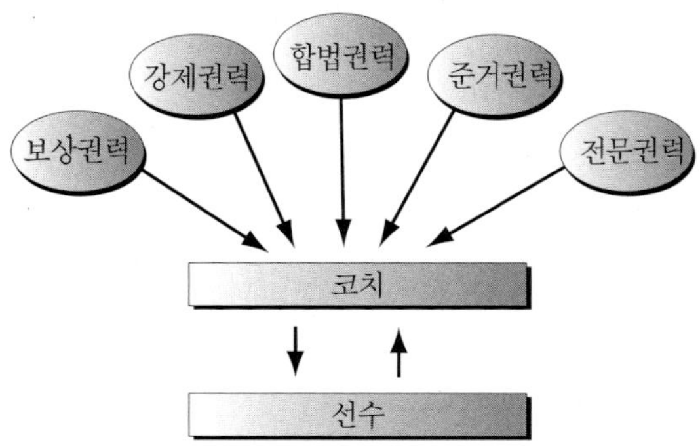

[그림 5-2] 리더의 권력체계(Carron, 1980)

반면에 지명된 리더는 대부분 코치 차원의 특성이다. 조직은 팀의 과제수행을 공식적으로 이끌고 감독하고 조정하도록 지도자를 지명한다. 그 결과 지도자는 합법적 권력과 전문권력(반드시 필수적인 것은 아니지만 가능하면 참조권력도 포함)뿐만 아니라 보상과 강제 권력을 지닌 지위를 얻는다. 보상권력과 강제권력은 팀 구성원에게 유용한 보상을 통제하는 것에 의한 것이다. 지명된 리더십의 성질은 특별히 관심을 끈다. 출현한 리더는 집단의 말없는 호감을 얻지만 지명된 리더는 반드시 그렇지 않다. 적어도 초기에는 영향을 받으려는 의도가 있는 부하에게서 그들의 리더십이 발휘된다. 그러므로 지명된 리더는 사실상 상부 조직과 하위 집단인 팀 사이의 중간자다. 그 결과 리더는 가장 어려운 두 가지 책임을 지닌다. 첫째, 조직의 요구인 성공적인 과제수행을 성취되는 것과 둘째, 팀 구성원의 욕구와 포부가 성취되어 개인의 만족을 보장하는 것이다. 이 두 가지 책임은 리더의 효율성을 평가하는 데 사용된다. 그러므로 리더십 이론은 조직목표와 개인욕구 사이의 갈등에 관심을 두었다(Bennis, 1966).

2. 리더십 이론

리더십에 대한 관심은 성공적인 리더의 개인특성을 찾아내는 특성이론에서 출발해서, 리더십이 발휘되는 상황에서 수행 효율성과 개인의 만족에 기여하는 요인인 리더의 실제 행동에 초점을 맞춘 행동유형이론, 그리고 리더십에 영향을 미치는 상황 요인에 일차적 관심을 둔 상황이론 및 상황과 리더 특성 및 행동의 상호작용을 다룬 상황 연계성 이론에 이르기까지 발전되어 왔다. 리더십 연구에서 지배적인 전략 중의 하나인 구체적 '특성' 이 강조되고 있다. 두 번째 전략은 리더십을 발휘하는 과정에서 리더가 보여 준 반응의 일관된 양상, 특징적 유형의 적응 및 표현적 행동을 알아내기 위해서 리더행동을 연구하는 것이다. Behling과 Schreischeim(1976)은 참조의 기본 단위가 리더의 특성인가 또는 리더의 행동인가 그리고 이들이 모든 상황에 보편적으로 적용되는가 아니면 상황에 의해서 달라지는가에 따라서 〈표 5-1〉에서 보는 대로 리더십 이론을 네 영역으로 분류했다.

〈표 5-1〉 리더십 이론의 분류(Behling & Schriesheim, 1976)

리더의 특성		리더의 행동유형
보편적	초기의 '위인' 이론	오하이오 및 미시간 대학 연구 통로-목표 이론(House, 1971) 역할-형성 모형(Graen & Cashman, 1975)
상황적	리더십의 상황-연계 모형(Fiedler, 1967)	상황이론(Hersey & Blanchard. 1969, 1977) 적응-반응이론(Osborn & Hunt, 1975) 규범적 의사결정모형(Vroom & Yetton, 1973)

1) 특성이론

리더십에 관한 가장 초기의 이론인 특성이론(trait theory)은 인류의 발전과정은 개인이 '위대한 인물' 이 되는 것에 달려 있다는 논리를 따른다. 특성이론가는 개인의 강점에서부터 리더십이 나온다고 믿었다. 특성이론에 따르면 리더에게는 평범한 사람과 구별되는 어떤 특성이 있다. 효율적인 리더는 그들이 소유하고 있는 특수한 특성 때문에 평범한 사람과 구별된다. 이런 특성은 행동을 일관되게 하고 리더십이 발생하고 유지되는 데 영향을 준다. 특성이론에 따르면 어떤 상황에서 리더가 되는 개인은 다른 환경에서도 리더가 된다. 왜냐하면 그는 상황에 관계없이 리더십에 있어서 우수한 특성을 지녔기 때문이다.

특성이론을 검증하는 가장 전형적인 체계는 주관적인 판단을 통해서 가장 효과적인 리더와 가장 비효과적인 리더는 선정한 다음 개인 변수, 심리적 변수 그리고 인구통계학적 변수에 따라서 두 집단의 리더를 평가하는 것이다. 그 다음에 적절한 통계적 절차를 거쳐서 두 집단이 어떤 차원에서 차이가 있는지 알아보는 것이다. 이론이 맞고 선행 조건이 모두 만족스럽게 충족되었다면 리더를 구별하는 중요한 특성들이 드러날 것이다.

특성을 이용해서 효율적인 리더십을 설명할 수 있다는 가정은 방법(예, Cartwright & Zander, 1960)과 개념(Stogdill, 1959) 때문에 끊임없는 비판을 받아 왔다. 이제는 이 견해에 대한 지지를 전혀 찾아볼 수 없게 되었지만, 유일하게 리더십에 관련된 것으로 여전히 지지를 얻고 있는 개인특성은 지능이다. Bass(1981)는 부하에 비해서 리더의 지능이 더 우수하다는 것을 지지하는 23개의 연구를 인용했다.

그러나 Mann(1959)과 Campbell, Dunnette, Lawler 및 Weick(1970)이 포괄적인 문헌고찰을 통해서 보고했듯이, 리더의 지능과 과제 성공의 상관 중앙값은 겨우 .26에서 .30의 범위였다. 리더의 지능은 과제수행 변량의 약 7~9% 정도밖에 설명할 수 없다는 것이다. 이런 상관은 매우 낮은 것이며, 리더십 특성에서 지능을 제외시키기에 좋은 근거가 될 수 있다. Bass 역시 5개의 참고문헌과 리더의 지능에 대해서 크게 불일치하는 결과를 보인 5개의 문헌을 인용했다. 연구는 리더의 성격특성에 대해서는 거의 아무런 언급도 보여 주지 못했다(Leunes & Nation, 2002).

Fielder와 Leister(1977)는 리더의 지능과 과제 수행 간의 상관이 낮은 이유 중의 하나는 매개변수를 고려하지 않았기 때문이라고 주장한다. 집단 효율성과 리더의 지능은 직접적으로 상관이 있으나, 리더의 머릿속에 있는 것(지능)과 과제 관련 행동의 형태로 나타난 집단 효율성 사이를 이어 주는 통로에 많은 장애요인(매개변수)이 산재해 있다. 그런데 선행연구에서는 이를 고려하지 못했기 때문에 리더의 지능과 집단 효율성 간의 관계를 제대로 설명하지 못했다(Fiedler & Leister, 1977). 이 매개변수는 집단과제 완성을 지향하는 리더의 동기, 리더의 경험, 리더와 그의 상사와의 관계, 리더와 집단 간의 관계 등이다.

스포츠 분야에서는 리더십의 어떤 요인이 수행의 성공이나 선수의 만족에 기여하는지 알아내는 일에는 관심이 없었다. 오히려 리더 집단으로서 코치의 사회심리학적 프로파일을 찾아내고 설명하는 데 관심을 두었다. 이런 점에서 스포츠에서는 리더특성 접근법이 리더십 연구의 주요 전략이었다. 그 결과 스포츠에서 리더십 연구의 문제는 '리더집단으로서 코치들은 독특하고도 특별한 어떤 특성이나 기질을 지니고 있는가?' 였다.

Carter(1964, 1965)는 남녀 체육교사에게서 중배엽형 성격의 특성요소를 찾아냈다. 많은 연구자(Bale, 1969; Cater, 1964, 1965)가 스포츠 분야의 연구에서 비슷한 결과를 보고했다. Further와 Cratty(1967, 1968)는 선수의 신체 크기와 용맹성은 특정 연령에서 리더의 지위를 획득하는 데 중요한 요인이라고 주장했다. 사회심리학적 관점에서 볼 때 코치는 독특한 개인의 집단이라는 결론에 대해서 일부 지지가 있다.

Hendry(1973)에 따르면 영국에서는 체육교사에 대한 고정관념이 존재한다. 체육교사에 대한 고정관념은 신체특성과 심리적 특성으로 구성되어 있다. 코치의 특성은 강직함과 타인의 의존 욕구에 대한 관심 부족(Ogilve & Tutko, 1966, 1970), 지배성, 결단성, 통제, 침착성, 감정을 감추는 능력 그리고 조직력(Hendry, 1974) 등이다. 그러나 Sage(1975)는 대학 코치의 직무분석이라는 논문에서 다양한 문헌연구를 시도했으나 연구결과가 빈약하고 연구대상의 표본 규모도 너무 작고 대표성도 의심스러웠다. 이런 한계 때문에 연구결과가 애매모호하므로 결론을 내릴 수 없었다.

스포츠 코치든 산업체 경영자든 이들의 리더십 지위를 설명할 수 있는 일반적인 심리적 성향 또는 특성이란 없다. 오히려 집단 리더가 부하와 현저하게 다르게 행동하지 않는다는 증거가 있다. McClintock(1963)은 리더의 행동과 활동적인 부하의 행동은 매우 비슷하며, 이들은 모두 비활동적인 개인과 다르다는 것을 발견했다. 마찬가지로 Nelson(1964)은 집단으로부터 수용된 리더와 그 부하는 팀워크를 향한 지향이 유사할 뿐 아니라 다양한 유형의 권력에 대해서 비슷한 존중을 보인다고 지적했다. 그러나 리더든 집단구성원이든 상관없이 활동적인 구성원과 비활동적인 구성원 사이에서는 결정적 차이가 드러났다.

2) 행동유형이론

리더십과 관련된 보편적 개인특성을 밝혀내는 것을 강조하는 특성이론이 쇠퇴하면서, 리더십 과정의 보편적 행동특성을 알아내려는 노력이 시도되었다. 그러므로 행동이론 역시 상황변수보다는 리더에게 초점을 두는 접근방법이다. 그러나 특성이론과 행동이론은 차이가 있다. 행동이론은 리더가 실제로 어떤 행동을 하는가를 강조한다. 연구자는 리더의 행동을 범주로 나누고 효과적인 행동목록을 만든다. 리더 효율성에 대한 평가는 체크리스트와 부하의 이직, 집단 생산성, 사기 및 결근 등 외적 준거에 근거한다. 이 연구의 궁극적인 목적은 리더의 구체적 행동유형과 과제수행이나 부하의 만족과 같은 결과적 준거 사이의 관계를 알아내는 것이다. 가장 대표적인 노력은 오하이오 주립대학 연구(Fleishman, 1957a, 1957b; Halpin & Winer, 1957; Hemphill & Coons, 1957)와 미시간 대학 연구(Bowers & Seashore, 1966; Cartwright & Zander, 1966; Katz, Maccoby, Gurrin, & Floor, 1951; Katz, Maccoby, & Morse, 1950)다.

오하이오 주립대학 연구팀은 '리더행동 기술 질문지'(Leader Behavior Description Questionnaire: LBDQ)를 제작했다. 이 질문지는 다양한 상황에서 리더가 어떻게 행동하는가에 대해서 부하가 대답하도록 되어 있다. 그 외에도 리더십을 측정하기 위한 몇 가지 척도가 개발되었다. 오하이오 주립대학 연구자들은 빈도에 따라서 리더가 수행하는 행동차원을 찾아내고 질문지를 이용하여 이들을 측정했다(Hemphill & Coons, 1957).

이들이 확인한 9개 행동 차원은 다음과 같다.

1 **주도성**(initiation): 새로운 아이디어와 실천을 도입
2 **멤버십**: 집단과의 상호작용
3 **대표성**(representation): 집단의 이익을 위해서 집단을 대신하는 행동
4 **통합**(integration): 집단 분위기 발전
5 **조직**(organization): 작업을 위한 구조 개발
6 **지배성**(domination): 집단이 의사결정에 관여하도록 허용
7 **상-하향 의사소통**(communication-up and down): 정보의 유포
8 **인정**(recognition): 집단구성원 행동에 대한 찬성과 반대
9 **생산성**(production): 성취와 생산성 지향

그 후 Halpin과 Weiner(1957)는 미 공군 폭격기 승무원을 대상으로 연구한 결과, 9개의 행동 차원에서 배려성(consideration), 구조화 주도성(initiating structure), 생산성 강조(production emphasis), 감수성 또는 사회적 자각(sensitivity or social awareness)의 4개 리더십 요인을 추출하였다. 이런 요인의 행동 측면은 〈표 5-2〉에 요약되어 있다.

이런 요인 중에서 '배려성' 과 '과제구조화 주도' 행동요인은 리더행동 변량 중에서 상당한 부분을 설명한다. 배려는 부하에 대한 신뢰, 라포, 관심 그리고 양 방향 의사소통을 유지하려는 행동을 나타내는 것이다. 구조는 리더가 일을 확실하게 하려는 행동을 나타내는 것으로 계획, 작업 절차의 결정, 역할 분담, 부하가 수행을 잘 하도록 동기화시키는 것 등을 말한다. '생산성 강조' 나 '감수성 요인' 이 리더행동 변량의 16.8%를 설명하는 것과 비교해서 이 두 요인은 각각 49.6%와 33.6%를 설명했다. 그러므로 설명력이 낮은 '생산성 강조' 와 '감수성' 요인은 리더행동 차원을 측정하는 질문지에서 제외시켰다. '생산성 강조' 는 '과제구조화 주도' 행동에 포

〈표 5-2〉 리더행동 기술 질문지(LBDQ)에서 추출한 4개의 리더십 요인
(Halpin & Weiner, 1957)

요인	기술
배려성	리더와 부하관계에서 우정, 상호신뢰, 존경과 온정 등과 관련된 행동 지표
구조화 주도성	리더가 자신과 부하의 관계를 조직하고 규정하는 행동
생산성 강조	부하가 더 많이 활동하도록 동기화시키는 방향을 지향하는 행동
감수성(사회적 자각)	집단 내 · 외에서 일어나는 사회적 관계와 압력에 대한 리더의 민감성과 자각을 나타내는 행동

함시켜서 최종적으로 완성된 질문지가 LBDQ(Leader Behavior Description Questionnaire)다.

리더십의 중요한 두 행동 차원인 '배려성' 과 '과제구조화 주도성' 을 찾아낸 것은 리더십 연구에서 매우 중요한 발전이다. 이 두 요인은 리더십을 발휘하는 과정에서 보여 주는 두 가지 중요한 행동임을 나타내는 것이다. 배려성은 대인관계를 지향하는 행동이며, 개인 욕구에 대한 인식을 의미한다. 과제 구조화 주도성은 생산과 목표를 지향하는 행동이다.

오하이오 주립대학의 Fleishman(1957a, 1957b)은 LBDQ를 변형해서 산업체에서 리더의 태도를 측정하는 '리더의견 질문지(The Leader Opinion Questionnaire: LOQ)와 '감독자 행동기술 질문지' (Supervisory Behavior Description Questionnaire: SBDQ)를 만들었으나 두 질문지에서 측정한 차원은 모두 '배려성' 과 '과제 구조화 주도' 행동 차원과 동일한 개념이다.

오하이오 주립대학 연구와 같은 시기에 미시간 대학 조사연구센터에서도 연구가 진행되었다. 이 연구의 구체적 목적은 집단 생산성과 집단 활동에 참여함으로써 얻는 만족에 리더십이 기여하는 원리를 찾아내는 것(Likert, 1950)이다. 그러므로 오하이오 주립대학 연구자와 같은 방식으로 미시간 대학 연구자도 리더십이 발휘되는 모든 상황에서 리더에 의해서 나타나는 보편적인 행동을 찾아내는 것이 주 관심이었다. 오하이오 주립대학과 미시간 대학 연구는 리더의 행동과 역할을 정의하고 기술하는 데 중요한 기여를 했다.

리더십 분야의 연구자는 리더행동의 두 차원인 '배려성' 과 '과제구조화 주도성' 을 측정하는 오하이오 주립대학 척도(예, LBDQ, SBDQ, LOQ)를 가장 많이 사용해

왔다. 그러나 이 질문지와 두 개의 하위척도에 대해서 많은 문제가 제기되어 왔다.

스포츠 분야에서 리더십 연구에 이 척도를 사용하는 것과 관련된 직접적인 한 가지 문제는 리더 행동이 과연 보편적인 것인가에 있다. 예를 들면, 리더로서 코치의 모든 행동을 '배려성'과 '과제구조화 주도성'으로 분류하는 것이 가능할까? 아마 그렇지 않을 것이다. 그러므로 연구가 이루어지는 구체적 상황에 따라서 적합한 리더행동 차원을 알아내는 것이 필요하다.

스포츠 상황에서 리더 행동의 적절한 차원을 찾아내는 것이 중요하다는 것은 Danielson, Zelhart, Drake(1975) 그리고 Chelladurai와 Saleh(1978)의 연구에서 확인되었다. Danielson 등은 LBDQ의 원 문항 150개 가운데 140개 문항을 수정하여 제작한 질문지를 12~18세 사이의 하키선수 160명에게 실시했다. 응답자에게 질문지에 기술된 행동이 자신의 코치의 특성을 얼마나 잘 나타내고 있는지 평정하라고 지시했다. 그 결과 선수에게서 다음과 같은 8개 리더행동 차원을 얻어 냈다.

1. 경쟁적 훈련(competitive training)
2. 주도성(initiation)
3. 대인적 팀 운영(interpersonal team operation)
3. 사회성(social)
4. 대표성(representation)
5. 조직화된 의사소통(organized communication)
6. 인정(recognition)
7. 일반적 자극(general excitement)

Danielson 등은 하키선수를 지도하는 상황에서 공통적으로 지각된 코치의 행동은 지배성이 거의 강조되지 않는 의사소통의 성격을 지니고 있다고 지적했다.

남녀 대학생을 대상으로 비슷한 연구가 진행되었다. Chelladurai와 Saleh(1978)는 LBDQ, SBDQ, LOQ, LBDQ 등에서 선정해서 수정한 문항으로 구성하여 제작한 LSS(Leadership Scale for Sports)를 이용하여 선호하는 리더행동과 선호하는 스포츠 유형 간의 관련성을 연구하였다. 조사대상자는 연구에 참여하는 당시에 반드시 그 운동을 하지 않더라도 개인적으로 좋아하는 스포츠를 지적했다. 결과를 분석해서 선호하는 리더행동의 다섯 차원을 찾아냈다.

1 훈련행동(training behavior)
2 독재적 행동(autocratic behavior)
3 민주적 행동(democratic behavior)
4 사회적 지원 행동(social support behavior)
5 보상 행동(rewarding behavior)

이 차원과 관련된 행동이 〈표 5-3〉에 구체적으로 제시되어 있다. 이 결과는 Danielson 등의 연구 및 Chelladurai와 Saleh 연구결과와 공통점이 있다. 예를 들면 Chelladurai와 Saleh의 훈련 행동, 사회적 지원과 보상 행동 차원은 Danielson 등의 경쟁적 훈련, 사회 및 인정 차원과 유사하다. Chelladurai와 Saleh 연구의 나머지 두 요인인 독재적 행동과 민주적 행동은 선호되는 의사결정 유형을 나타낸다.

Danielson, Zelhart 그리고 Drake(1975)는 청소년 하키선수가 코치의 리더십 행동에 대해서 어떻게 생각하는지 측정했다. 그 결과 코치는 의사소통을 지향하는 행동을 하며 지배하려는 행동은 덜한다는 것을 알아냈다. Neil과 Kirby(1985)는 LBDQ를 남녀 엘리트 및 신참 조정경기 선수에게 실시했다. 통계분석에 따르면, 나이가 더 많고 경험이 많은 선수에 비해서 젊고 덜 숙련된 조정경기 선수는 코치와 개방적 의사소통과 개인적 배려를 더 좋아했다.

Snyder(1990)는 캘리포니아 17개 대학의 남녀 코치를 대상으로 한 연구에서

〈표 5-3〉 스포츠에서 선호하는 리더행동의 차원(Chelladural & Saleh, 1978)

차원	내용
훈련 행동	구성원 간의 관계를 명확히 하며 강한 훈련을 강조하고 촉진해서 선수의 수행수준을 증진시키려는 목적의 행동
독재적 행동	코치가 선수로부터 스스로 분리되어 자신이 모든 것을 결정하려는 경향성
민주적 행동	집단목표, 훈련방법, 경기전략 결정에 선수를 최대한 참여시키는 행동
사회적 지원 행동	선수 개인과 선수의 복지, 좋은 집단분위기에 대한 관심을 나타내는 행동
보상 행동	선수의 훌륭한 수행을 인정하고 보상하기 위해서 정적보강을 제공하는 행동

LBDQ의 효용성을 보여 주었다. 각 코치에게 자신이 존경하는 감독(예, 리더)에 대한 지각을 평가하기 위해서 LBDQ의 '배려' 와 '구조' 요소에 반응하도록 요구했다. 남자 코치는 매우 배려적인 감독을 선호하는 반면에, 여자 코치는 구조 지향적인 감독을 더 선호했다. 남자가 왜 배려를 선호하고 여자가 왜 구조를 선호하는지 그 이유는 분명하지 않지만 성 관련 사회화가 이런 반응에서의 차이를 부분적으로 설명할 수 있을 것 같다.

3) 상황특성 연계성 이론

(1) Fielder의 리더십 연계성 이론

어느 한 상황에서 효율적인 개인이 다른 상황에서도 효율적인 리더가 되는 것은 아니다. 유능한 군 훈련부서 상사가 훌륭한 펜싱 코치가 되는 것은 아니다. Fiedler는 효율적인 리더십은 리더와 상황 모두의 특성에 달려 있다고 믿었다(LeUnes & Nation, 2002). 상황의 성격뿐만 아니라 리더의 특성을 함께 강조한 Fielder의 이론에서는 리더십 효율성은 집단구성원과 상호 작용하는 리더 유형과 집단-과제 상황의 호의성에 달려 있다(Fiedler & Chemers, 1974)고 가정한다.

리더의 상호작용 유형은 독특한 방식으로 측정된다. 〈표 5-4〉에 제시된 LPC척도(The Least Preferred Co-Worker Scale)는 리더가 가장 덜 선호하는 공동 작업자(함께 일하는 부하)에 대한 존중을 측정한다. 자신이 함께 일하기에 가장 덜 좋은 부하 한 명(이 사람이 LPC다)을 생각한 다음, LPC 척도에 표시함으로써 그 사람을 기술한다. 20개의 문항 중에서 16개(사용하는 질문지형에 따라서 문항 수가 달라진다.)는 '친절하다-불친절하다', '유쾌하다-불쾌하다' 등 양극 형용사로 짝지어져 있는 8점으로 미분화된 연속체다.

높은 LPC 점수는 응답자가 동료에게서 성격과 능력을 구별할 수 있음을 나타낸다. 낮은 LPC 점수는 이런 구별 능력이 부족함을 나타낸다. 그러므로 LPC 점수가 높은 리더는 자신이 가장 덜 좋아하는 공동 작업자(부하)를 비교적 호의적으로 지각한다. 그는 주로 성공적인 대인관계에서 만족을 얻는다. 반면에 LPC 점수가 낮은 리더는 자신이 가장 덜 선호하는 공동 작업자를 매우 바람직하지 않게 기술하며, 주로

〈표 5-4〉 LPC(Least Preferred Co-worker) Scale

당신이 함께 일하는 것이 가장 잘되지 않는 사람을 생각하십시오. 그 사람은 현재 당신과 함께 일하고 있는 사람일 수도 있고, 과거에 알았던 사람일 수도 있습니다. 그 사람은 반드시 당신이 가장 싫어하는 사람일 필요는 없지만 함께 일하기에 가장 어려운 사람이어야 합니다. 다음의 형용사 쌍 사이에 있는 숫자 가운데서 그 사람을 가장 잘 나타내도록 하나를 골라서 반드시 그 번호에 O를 표하십시오.

유쾌한	8	7	6	5	4	3	2	1	불쾌한
우호적인	8	7	6	5	4	3	2	1	적대적인
거부하는	8	7	6	5	4	3	2	1	수용하는
긴장된	8	7	6	5	4	3	2	1	이완된
먼	8	7	6	5	4	3	2	1	가까운
차가운	8	7	6	5	4	3	2	1	따뜻한
지지하는	8	7	6	5	4	3	2	1	냉담한
지겨운	8	7	6	5	4	3	2	1	재미있는
시비조의	8	7	6	5	4	3	2	1	조화로운
우울한	8	7	6	5	4	3	2	1	명랑한
솔직한	8	7	6	5	4	3	2	1	숨기는
험담하는	8	7	6	5	4	3	2	1	충실한
믿을 수 있는	8	7	6	5	4	3	2	1	믿을 수 없는
배려 깊은	8	7	6	5	4	3	2	1	배려성 없는
역겨운	8	7	6	5	4	3	2	1	기분 좋은
마음에 드는	8	7	6	5	4	3	2	1	마음에 들지 않는
불성실한	8	7	6	5	4	3	2	1	성실한
친절한	8	7	6	5	4	3	2	1	불친절한

과제 수행을 통해서 만족을 얻어 내는 사람이다(Fiedler, 1967).

낮은 점수는 동료 작업자에게 '당신은 일을 잘하지 못해. 그리고 당신은 지루하고 불친절한 사람이야.' 라고 말하는 것과 같다. 다시 말하면 관계 지향적인 리더는 가장 덜 선호하는 동료를 비교적 호의적으로 기술한다. 과제 지향적인 리더는 가장 덜 선호하는 동료를 더 부정적인 방식으로 기술한다.

리더의 상호작용 유형은 '과제-인간지향' 단일 차원에서의 위치에 따라서 달라진다. LPC는 그 정도를 반영한다. 리더는 처해 있는 상황에 관계없이 과제 지향적이거나 인간 지향적이므로 리더의 지향성은 안정된 성격특성으로 간주한다. 인간지향 대 과제지향의 상대적 효율성은 집단-과제 상황의 호의성에 달려 있다. 집단-과제 호의성은 세 가지 하위 요소인 리더-부하 관계, 과제 구조, 리더의 지위에 따른 권력이 조합된 산물이다.

리더-부하 관계란 리더와 부하 간 대인관계의 질을 의미한다. 부하가 리더를 좋아한다면 리더가 부하에게 영향을 미치기 매우 수월할 것이다. Fiedler에 따르면 부하-리더 관계는 상황의 호의성을 결정하는 데 가장 중요한 하위요인이다.

두 번째 하위요인은 과제 자체다. 과제는 구조화되어 있는 정도의 차이가 있을 것이다. 과제목표가 분명히 명시되어 있고 목표를 성취하기 위한 과정이 명료한 정도에서 과제 간에 차이가 있을 것이다. 상황연계성 이론의 가정에 따르면, 집단이 수행할 과제가 구조화될수록 리더가 영향력을 행사하기에 더욱 수월하다.

상황호의성을 결정하는 세 번째 요인인 리더의 지위권력은 보상이나 처벌에 대한 리더의 통제, 집단구성원에 대한 권위의 정도, 조직이 리더를 지원하는 수준에 의해서 결정된다. 리더의 지위권력이 강할수록 상황은 더욱 호의적이다. Fiedler가 제안한 리더의 부하와 상호작용 유형과 상황 호의도의 상호작용이 [그림 5-3]에 제시되

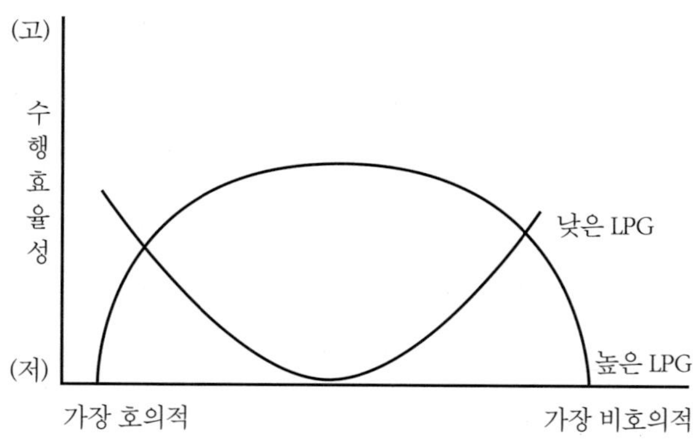

리더-부하 관계	좋다	좋다	좋다	좋다	나쁘다	나쁘다	나쁘다	나쁘다
과제구조	조직적		비조직적		조직적		비조직적	
리더의 지위권력	강	약	강	약	강	약	강	약

상황호의성

[그림 5-3] Fielder(1967)의 리더십 연계성 모형

어 있다.

Fielder는 상황의 호의도가 매우 높은 상황과 매우 낮은 두 가지 상황 모두에서는 과제 지향적인 리더(LPC점수가 낮은 리더)가 가장 효율적이라고 본다. 반면 LPC점수가 높은 또는 관계 지향적인 리더는 호의도가 중간 정도인 상황에서 더 효율적이다. 그러므로 상황 연계성 이론의 요지는 다음과 같다.

1. 집단-작업 상황마다 호의도의 차이를 보인다.
2. 개인으로서의 리더는 과제 지향성으로부터 관계 지향성까지의 연속체상의 어느 한 지점에 위치하여 차이를 보인다.
3. 자신의 리더십 유형과 상황의 호의성이 적절하게 잘 맞아떨어지면 누구나 효율적인 리더가 될 수 있다.

1970년대 이 이론을 스포츠 분야에 적용하려는 노력이 시도되었다. 원래 Fielder의 이론은 농구팀을 대상으로 한 연구(Fielder, 1954)에 근거를 두고 있지만, 스포츠 상황에서 이 이론을 검증한 연구는 드물다. 그뿐 아니라 LPC 척도를 이용한 연구에서도 이 이론은 지지를 얻지 못했다.

Inciong(1974)은 43개 고등학교 농구팀(수석 코치 43명, 보조 코치 27명, 선수 535명)을 대상으로 조사했다. 리더십 유형은 LPC 척도로 측정했다. 상황호의성 요소의 하나인 리더-부하 관계는 Fielder(1967)의 집단분위기 질문지(Group Atmosphere Questionnaire: GAQ)를 사용해서 측정했다. Fielder의 이론에 따라서 다음과 같은 가설을 설정했다. LPC 점수는 중간 정도의 호의도를 지닌 상황에서는 수행효율성과 정적인 상관을 가질 것이고, 매우 호의적인 상황과 비호의적인 상황에서는 부적 상관을 보일 것이다. 결과에 따르면, 상관은 예견한 방향으로 나타났으나 통계적으로 의미가 없어서 LPC 점수가 고등학교 농구 상황에서는 팀 성공과 관련 없다는 결론을 내렸다.

Danielson(1976)은 연계성 이론에 따라서 40명의 하키 마이너리그 코치를 조사했다. 리더십 유형은 LPC 척도로 측정했다. 코치의 지위권력은 똑같이 높았다. 선수의 연령과 그에 따른 하키경기 수준은 비교적 동질적이었다. 선수의 연령 평균은 14.82세였다. 팀 분위기 척도(TAS, Fiedler의 것을 수정한 것)는 리더-부하 관계를 평가하는 데 사용되었다. 팀 간의 과제(하키)는 동일하기 때문에 학습환경 항목표(Learning Environment Inventory, Anderson, 1973)의 코치-감독 하위 척도를 사용해서 과제 구조의 목표 명료성 차원을 측정했다. 연구결과는 Fiedler의 이론을 지지하지 못했다. 그 결과에 따라서 Danielson(1976)은 "하키에서 리더십은 리더가 일차적으로 집단과제의 완수(팀의 승리)보다는 자신과 팀 간의 관계를 지향할 때 더 효율적이다. 하키는 사회적 상황이고, 따라서 스포츠 상황에서는 산업현장과는 다른 유형의 리더십이 요구 된다."는 결론을 내렸다.

Bird(1977)는 대학 여자배구 1부와 2부 리그 경기에 참가한 팀(코치 8명, 선수 71명)을 대상으로 연구했다. 이 연구에서는 첫째, 리더-부하 관계가 좋아서 응집력이 강하고(가설 1), 둘째, 코치가 과제 지향적일수록(가설 2) 팀은 승리할 것이라는 가설을 설정했다. 코치의 리더십 유형은 LPC 척도로 측정했다. 세 가지 상황요인 모두에 관심이 있으므로 Fielder(1967)의 '지위권력측정지' (Measure of Position Power: MPP)를 이용해서 리더의 지위권력을 측정하고 '집단분위기 척도' 를 이용해서 리더-부하관계를 측정했다. Bird는 팀의 목표가 승리하는 것임이 명확하고 팀 구성원이 일반적으로 세터나 공격수로서 전문 역할을 잘 수행하기 때문에 과제 구조화 수준은 높다고 가정했다(Bird, 1977).

가설 1은 지지를 받았지만, 가설 2는 부분적인 지지를 얻었다. 성공적인 팀에서 코치의 리더십 유형에 대한 지각은 경쟁 수준에 따라서 달라졌다. 기술적으로 더 수준 높은 리그에서 승리한 코치는 더 사회-정서적인 것으로 지각되었으나, 패배한 팀의 코치는 과제 지향적인 리더로 지각되었다. 그러나 수준이 낮은 리그에서는 그 반대였다.

Fiedler의 이론을 스포츠 상황 연구에 적용한 결과, 특히 상황의 호의성을 구성하는 변수를 고려할 때 그 이론이 제시한 연계성을 제대로 반영하지 못했다. 예를 들어, Inciong(1974)은 상황의 호의성을 결정하는 요인 중에서 단지 한 가지만 포함시켰다. Bird(1977)의 연구에서는 팀 간의 경쟁 수준이 달랐지만, Inciong(1974)과 Danielson(1976)의 연구에서는 동일한 스포츠 종목의 팀과 경쟁 수준이 같은 팀을 대상으로 연구했다. 그러므로 연구 대상인 리더가 처한 상황은 모두 매우 유사했다. 그러나 Fiedler의 상황의 호의성은 그 차원에서의 변량을 가정하여 복잡한 측정이 요구된다. 연구마다 상황 변수에서 차이가 없다는 것은 Fielder의 모형이 적절히 검증될 수 없다는 것을 나타낸다. Muchinsky(1987)는 Fiedler가 상황 요인의 중요성을 특성의 수준으로까지 올려놓았다고 평가했다. 그 결과 Fiedler의 연계성 모형은 가장 널리 연구되었다(Berry & Houston, 1993).

(2) 통로-목표이론

동기에 대한 기대이론을 근거로 하고 있는 House(1971)의 통로-목표이론(the Path-Goal Theory)은 리더가 부하로 하여금 목표를 성취하도록 동기화할 수 있는 것에 초점을 둔다. 통로목표이론은 리더십에 영향을 주는 상황요인에 관심을 두기 때문에 상황이론이다. 통로-목표이론에서 부하(작업자 개인)는 조직이 제공하는 보상과 환경을 직접적으로 지향한다고 가정한다. 부하는 자신의 목표(보상)를 지향하여 그것을 제공하는 조직의 통로를 따라서 움직인다.

그러므로 리더의 전략적 기능은 조직 환경에서 결핍될 수 있는 효과적이고도 만족스러운 수행에 필수적인 코칭, 안내, 지원 및 보상을 제공하는 것이다(House & Dessler, 1974). House와 Mitchell(1974)에 따르면 리더의 기본 기능은 부하에게 길을 잘 안내하는 것이다. House와 Dessler(1974)는 "리더의 동기적 기능은 작업 목표를 달성하는 부하의 개인적 보상을 증가시키는 것이며, 그것을 분명히 함으로써 통로가 보상에 더 잘 이르도록 만들고, 통로에서의 장애물을 줄이고, 개인적 만족을 얻을 기회를 더 증가시키는 것" 이라고 주장한다. 이것은 [그림 5-4]에 도식으로 나타나 있다.

동기적 기능을 효과적으로 수행하기에 가장 적절한 리더 행동은 환경의 결과물이라고 전제한다. House와 Dessler(1974)에 따르면, 리더의 최적 행동에 영향을 미치는 두 종류의 상황 변수는 성격, 능력 등의 부하의 특성과 과제 자체, 조직의 공식구

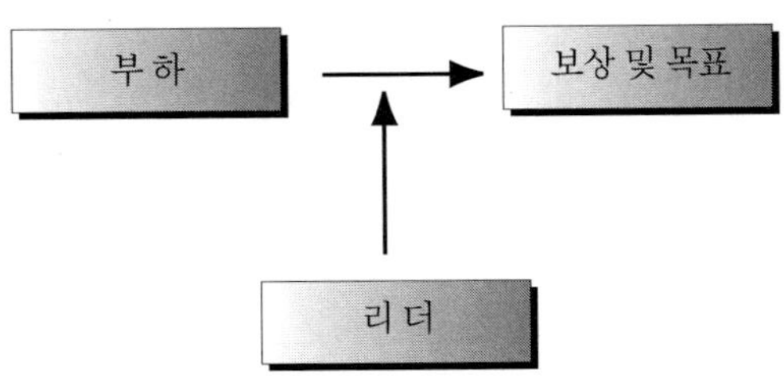

[그림 5-4] 리더십의 통로-목표이론(Chelladural & Carron, 1978)

조 등 부하가 자신들의 과제를 성공적으로 수행하고 욕구를 충족시키기 위해서 대처해야 할 환경 요구와 압력이다.

부하의 구체적 특성은 성격과 능력이다. 예를 들면 친화욕구가 강한 부하는 대인관계 지향적인 리더를 더 좋아하며, 성취동기가 강한 부하는 과제 지향적인 리더를 더 좋아할 것이다. 같은 조직 내에 있는 이 두 유형의 부하는 각각 자신의 목표를 지향하기 때문에 리더에게 요구되는 코칭 유형, 안내, 지원과 보상 행동은 현저하게 차이를 보일 것이다.

부하가 대처해야 할 환경요구와 압력은 첫째, 과제, 둘째, 조직의 공식적 권위체계, 셋째, 일차적 작업집단의 세 범주로 구분된다. 통로-목표이론에서는 이 세 가지 상황변수가 모두 강조되는 한편, 스포츠 상황에서는 과제 특징과 중요성만 부분적으로 관련 있는 듯이 보인다.

통로-목표이론에서 과제 특징은 단조로움과 다양성, 상호 의존성과 독립성 그리고 내적 만족 수준에 따라서 결정된다. 그러므로 리더 역할은 보완적이어서 코치, 안내, 지원 및 보상하는 것이기 때문에 리더행동의 구체적 유형과 성질은 필연적으로 부하가 수행하는 과제가 단조로운지 그렇지 않은지, 상호 의존적인지 독립적인지, 만족스러운지 아닌지에 따라서 달라져야만 한다. 간단히 말해서 통로-목표이론에 따르면 과제 요건이 달라짐에 따라서 리더에게 요구되는 행동 유형이 달라져야 한다.

스포츠에서의 과제는 '단조로움과 복잡성' (예, 체조나 피겨 스케이팅 프로그램을 위한 연습 상황 대 농구, 하키 등과 같은 스포츠의 연습 상황), '독립성과 상호 의존성' (예, 대부분의 팀 스포츠는 개인 스포츠와 차이가 있다), '만족의 정도' 에서 차이가 크기 때문에 통로-목표이론은 스포츠 상황과 직접적인 관련성을 지닌다.

House(1971)는 과제 요건과 구체적인 리더행동의 관계를 진술하기 위해서 많은 가설을 세웠다. 예를 들면 매우 지시적이고 과제, 목표, 생산 지향적인 리더행동(과제 구조화 주도 행동)은 그 과제가 부하를 만족시키는 정도와 과제역할 요건이 분명한 정도에 따라서 부하에게 미치는 영향력도 달라질 것이다. 또 부하의 과제가 변화하고 상호 의존적이거나 수행에 대한 집단규범이 형성되어 있지 않다면(예, 농구와 같은 팀 스포츠에서의 상황처럼) 과제, 목표, 생산 지향적이고 철저한 감독이 이루어지는 리더행동을 통해서 부하의 협동, 만족, 수행이 증진될 것이다. House의 마지막 가설은 스포츠 상황에 직접 관련되는 것이다. 과제가 변화하고 상호 의존적이며 애매한 상황에서 리더의 대인관계 지향적 행동은 사회적 지원, 친절, 집단구성원의 응집력과 팀의 공동 노력을 증진시키는 결과를 가져올 것이다.

Chelladurai와 Saleh(1978)는 체육을 전공하는 160명의 학생을 대상으로 한 연구를 통해서 통로-목표이론을 직접 검증했다. 초기단계에서 99개 문항(LBDQ, SBDQ, LOQ, LBDQ에서 선정한)을 요인 분석해서 5개의 리더행동 차원을 추출했다. 다음 단계에서는 선수가 선호하는 리더행동과 선호하는 스포츠 유형의 관련성을 알아보았다. 연구참가자에게 한 가지만 고르게 한 다음에 참가하고 싶은 스포츠를 고르라고 했다. 그런 다음에 선택된 스포츠는 '가변성' (배드민턴과 같은 개방과제와 트랙 단거리와 같은 폐쇄과제가 구별된다), '의존성' (개인경기는 팀 경기와 구별된다)의 기준에 의해서 분류되었다. 그러므로 네 가지 조건, 즉 독립-개방, 독립-폐쇄, 상호의존-개방, 상호의존-폐쇄의 결과로 만들어진다.

팀 스포츠의 구성원은 팀 구성원 간의 관계를 명료하게 함으로써 관계의 증진을 촉진시키는 지도자뿐만 아니라 훈련을 통해서 개인적 수행을 향상시키는 지도자를 선호했다. 과제의 의존적 속성에 관련해서는 통로-목표이론이 지지를 얻는다. 상호의존적 스포츠를 선호하는 개인은 증가된 훈련행동을 선호했다. 이 훈련행동은 첫째, 힘들고 격렬한 훈련을 강조하고 촉진함으로써 수행이 증진되는 것과 둘째, 팀 구성원 간의 관계를 분명하게 구분하는 것에 목적을 둔 리더행동이다.

그러나 과제의 의존적 속성을 다룬 다른 연구결과는 통로-목표이론의 예언과 반대 방향이었다. 폐쇄적 스포츠를 선호한 개인이 개방적 스포츠를 선호한 개인보다 훈련행동을 더 선호했다. 그러므로 Chelladurai와 Saleh는 폐쇄적 스포츠에서 리더의 훈련행동은 부하를 동기화하는 행동으로 보아야 한다고 제안했다. 장거리 수영과 같은 폐쇄된 스포츠의 연습은 반복적이고 단조롭기 때문에 코치의 훈련행동은 수행 지속에 기본이 된다.

어떤 연구자는 리더 행동에 대한 선호에서 남녀 간의 성 차가 존재한다고 지적했다. 남자는 독재적이고 사회적으로 지원 행동을 더 선호하는 반면에, 여자는 민주적이고 사회적 지원은 많이 하지 않는 코치를 더 선호했다. 이 결과는 독재적인 리더는 '자비로울 것' 으로 기대된다는 McMurray(1958)의 제안과 일치한다. 그러나 이것은 민주적 행동이 지원적 행동과 관련이 있을 것이라는 전통적인 견해와는 대립된다.

스포츠 분야에서 통로목표이론에 대한 또 하나의 검증은 Vos Strache(1979)의 연구다. 그는 29개 대학의 여자 농구선수가 지각한 코치의 리더십 유형을 조사했다. 팀이 승리했을 때, 선수는 자신의 코치를 설득과 경기에서의 성적 강조 등 기술적 측면에서 매우 우수한 것으로 지각했다. 팀이 패했을 때는 코치가 매우 관용적이라고 지각했다. 이 결과는 코치의 중요한 역할은 촉매 또는 촉진자라는 통로-목표이론의 주장을 지지하는 것이다.

(3) Hersey와 Blanchard의 상황이론

구체적 상황에서 리더의 적절한 행동이 무엇인지에 관심을 둔 Hersey와 Blanchard(1967, 1977)의 상황이론은 원래 리더십에 대한 생활주기이론(life-cycle theory) 또는 Carron의 상황이론으로도 알려져 왔다(LeUnes & Nation, 2002). 이 이론은 리더의 행동보다는 부하의 행동, 특히 부하의 동기, 기대, 유능성 등 성숙도에 초점을 두고 리더십을 연구하는 접근방법이다(Blanchard & Hambleton, 1980; Hersey & Blanchard, 1977).

이 이론은 전적으로 부하나 집단의 성숙에 관심을 두고 있다. 그러므로 리더 효율성은 부하의 성숙도, 리더의 과제 행동 및 관계 행동의 세 가지 요인에 달려 있다. 부하의 성숙도는 동기, 유능성 및 경험 등으로 간주된다. 성숙이란 '높지만 달성 가능한 목표를 설정하는 능력(성취동기), 자신의 행동 결과에 대해서 개인적으로 기꺼이 책임을 지려는 의지와 능력, 개인과 집단의 교육 및 경험' (Hersey & Blanchard, 1977)을 말한다. 따라서 개인의 성격과 능력이 조합되어서 성숙도를 결정한다. Hersey와 Blanchard도 역시 성숙을 구성하는 변수는 그들이 수행되고 있는 구체적 과제에 관련되는 한계 내에서만 고려될 수 있다고 강조한다.

성숙도 수준은 상황에 따라서 달라진다. 부하의 성숙도가 변화하면 리더의 과제 및 관계행동에서도 변화가 온다. 과제 행동은 리더가 무엇을 언제 어떻게 할 것인지에 대해서 설명하기 위해서 일방적으로 의사소통하는 정도를 말한다. 관계행동이란 리더가 사회적 지원, 부하에 대한 심리적 자극, 또는 다른 촉진행동을 통해서 양방적인 의사소통을 하는 정도를 말한다.

생활주기이론은 집단 또는 리더 목표에 대한 리더에 의한 지시(과제 행동)의 양,

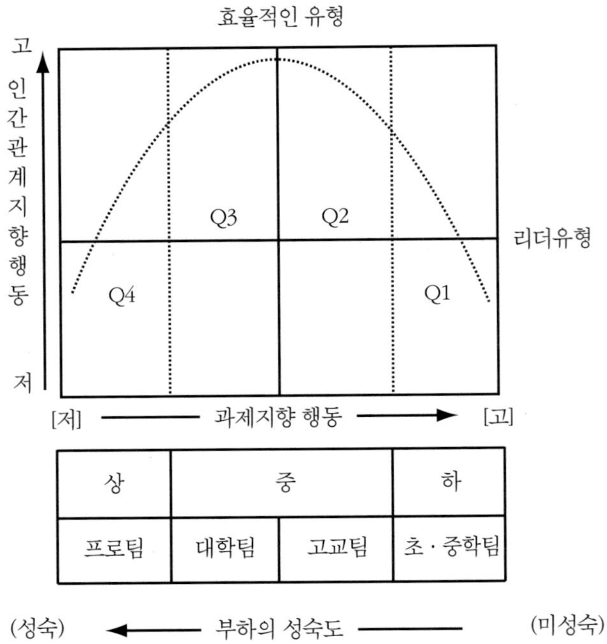

[그림 5-5] 선수의 운동 수행을 결정하는 요인(Hersey & Blanchard, 1977)

사회 심리적 지지(관계 행동)의 양, 그리고 부하 성숙도의 상호작용을 알아낸다. 그러므로 Hersey와 Blanchard(1977)는 구체적인 과제를 완수할 수 있도록 부하의 성숙도가 증가할 때, 개인과 집단이 중간 정도의 성숙도에 이를 때까지 리더는 과제지향적 행동을 줄이고 관계 지향적 행동을 증가시켜야 한다고 주장했다. 개인과 집단이 중간 수준의 성숙도에 도달하기 시작하면 리더가 과제 행동뿐만 아니라 관계 지향 행동 역시 줄이는 것이 적절하다.

상황이론은 아직 경험적으로 충분히 검증되지는 않았으나, Hersey와 Blanchard는 부모-자녀 관계를 이용한 예를 들어서 여러 변수 간의 관련성을 예시하고 있다. 그들의 주장에 따르면, 부모행동(리더행동)은 어린이(개인이나 집단)의 성숙도에 따라서 관계의 양상이 곡선의 형태로 달라질 것이다. 이것은 [그림 5-5]에서 예시하고 있다.

개인이 미성숙할 때, 리더 유형은 높은 과제행동과 낮은 관계행동으로 구성되어야 한다. 이것은 그림의 오른쪽 하단 사분면(Q1)에 나타나 있다. 자녀가 성숙해짐에 따라서 부모는 높은 과제행동과 높은 관계행동을 보이고 있다(Q2). 자녀가 더욱 성숙해 감에 따라서 부모의 과제행동은 낮아지고 관계행동은 높아지고 있다(Q3). 마지막으로 자녀가 충분히 성숙해지면 부모의 관계행동과 과제행동은 모두 최소로 감소되고 있다(Q4).

선수의 성숙도를 조작적으로 정의하기는 어렵지만, Hersey와 Blanchard의 이론을 스포츠 상황으로까지 확장해서 적용하는 것은 가능하다. '스포츠 성숙도'는 초등학교, 중·고등학교, 대학교, 프로 수준으로 점차 증가한다고 가정한다면, 상황이론에 따라서 그 수준에 맞는 더욱 구체적인 리더유형을 언급할 수 있다.

중등학교(Q1)의 코치행동은 과제행동이 높고 관계행동이 낮아야 할 것이다. 대학수준(Q3)에서는 관계행동이 높고 과제행동이 낮아야 할 것이다. 그리고 프로선수 수준에서는(Q4) 관계행동이나 과제행동 모두가 낮아야 할 것이다.

Danielson(1976)은 마이너리그의 하키 팀에 대한 연구에서 이 제안과 일치하지 않는 결과를 얻었다. 그는 코치의 관계 지향적 행동의 증가는 상황 호의성에 관계없이 팀의 효율성에 정적으로 관련되었다고 주장했다. 그러나 이 연구는 원래 Fielder의 연계성 이론을 검증하는 것이 목적이었다. 이 연구에서 상황호의성은 리더-부하관계, 과제구조화 그리고 리더의 지위권력의 세 가지 요인이 복합된 것이다.

Danielson의 연구결과를 리더십 상황이론과 관련지어 해석하려면 선수에게는 약간 변형된 관점을 적용하는 것이 적절할 것이다. 두 축을 이동시켜서 리더십 유형과 부하성숙도 간의 곡선의 관계는 유지되지만, 네 개의 사분면 각각에서 제시된 순서의 양상은 변경된다. [그림 5-6]은 이렇게 변형된 모형을 보여 주고 있다. 초등학교 수준으로부터 프로선수 수준으로 개인의 성숙도가 변함에 따라서 가장 적절한 리더십 유형은 낮은 과제/높은 관계(Q1)에서 높은 과제/높은 관계(Q2), 높은 과제/낮은 관계(Q3), 그리고 낮은 과제/낮은 관계(Q4)로 변화되어 갈 것이다. Hersey, Blanchard 그리고 Hambleton(1980)은 자신들의 모형을 근거로 해서 네 가지 유형의 리더십을 발견했다.

1. 저 과제/고 관계 리더행동: 이 유형의 리더십에는 '통고(telling)'라는 용어가 적합하다. 리더는 매우 주장적이고 의사소통은 일방적이다.
2. 고 과제/ 고 관계 리더행동: 이 유형의 리더는 '판매(selling)' 행동을 한다. 양방향 의사소통과 사회·심리적 지원이 매우 중요하다.

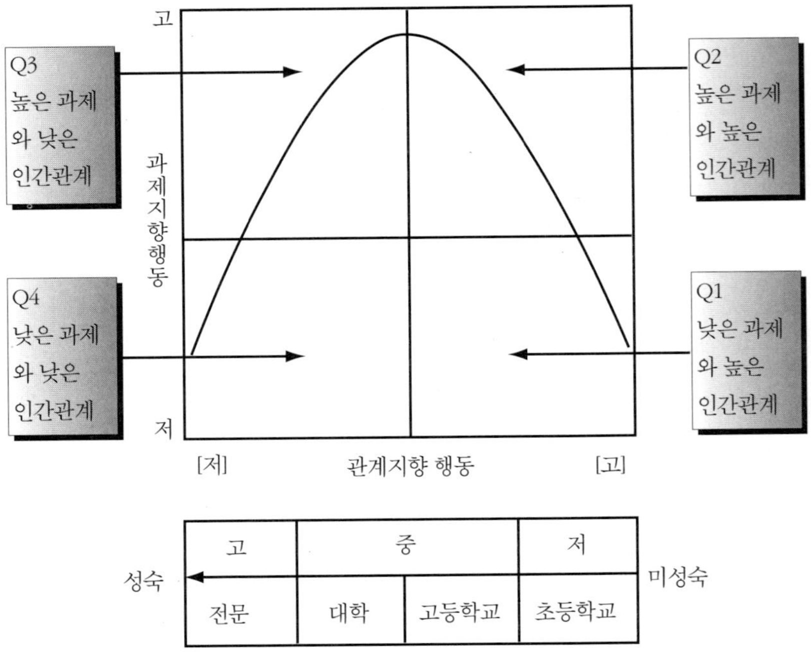

[그림 5-6] 선수의 스포츠 수행을 결정하는 요인(Chelladural & Carron, 1978)

③ 고 과제/저 관계 리더행동: 이 유형에는 '참여(participating)' 라는 용어가 적합하다. 참여적 의사결정과 양 방향 의사소통이 특징이다.

④ 저 과제/저 관계 리더행동: '위임(delegating)' 이 특징이다. 부하가 성숙하기 때문에 부하에게 의사결정을 위한 많은 자유가 넘겨진다.

이 모형을 스포츠 상황에 적용한다면, 운동을 시작한 청소년 스포츠 프로그램에서 엘리트 수준의 경쟁적 스포츠로의 진전과정으로 예시할 수 있다. 저 과제/고 관계 조건에서 미성숙한 선수는 코치와 젊은 리더에게서 많은 고 과제/고 관계 리더십을 지시받게 될 것이다. 선수가 엘리트 아마추어 또는 프로 수준으로 올라감에 따라서 저 과제/저 관계 리더십이 효과적이 될 것이다. 선수는 성숙해지고, 과제를 독자적으로 완수할 능력을 갖추게 되고, 개인 또는 집단 목표를 향해서 학습하고 진전할 의지를 갖추기 때문이다.

Neil과 Kirby(1985)는 이 모형을 부분적으로 지지하는 증거를 얻었다. 연구자들은 보트경주, 카누 그리고 카약경기에 참가하는 128명의 엘리트 및 77명의 신참 선수(평균 나이 20.3세)에게 리더십 질문지를 실시했다. 신참의 경우 전체 선수와 어떻게 잘 호흡을 맞추는가에 대해서 잘 설명해 주고, 잘 적응하도록 도와주고, 선수 개인과 팀 구성원 간에 불필요한 장애물을 제거하고, 선수 만족을 촉진시키는 일을 거의 하지 않고, 필요할 때 단호한 방식으로 규칙을 정할 수 있는 코치를 더 선호했다. 남녀 간에는 차이가 발견되지 않았다(LeUnes & Nation, 2002).

(4) 규범적 의사결정 모형

이 접근방법은 리더행동의 한 요소인 의사결정 과정에 부하가 참여하는 것을 리더가 허용하는 정도에 초점을 맞춘다. 기본가정은 가장 적절한 의사결정방법은 상황의 성질에 따라서 달라져야 한다는 것이다. Vroom과 Yetton(1973)은 의사결정 방법을 독재형, 자문형, 집단 결정형으로 구분했다. 독재형은 리더가 혼자서 의사결정하는 것이다. 자문형은 결정하기 전에 부하에게서 개별 또는 집단으로 의견을 듣고 정보를 수집한 후에 최종적으로 리더가 결정하는 방법이다. 집단 의사결정 방법에서는 리더가 포함된 집단이 공동으로 의사결정을 하고, 이 결정에 따라서 리더는 실행하게 된다.

Vroom과 Yetton은 구체적인 의사결정 과정의 적절성을 전체적으로 결정하기 위해서 여덟 가지 문제의 대략적인 특성을 표로 작성하였다. 이 표는 일련의 질문과 지침의 형태로 약술되어 있다. 다음의 흐름도([그림 5-7] 참조)는 리더가 특수한 상황에서 합리적으로 의사결정 유형을 선정하기 위해서 고려해야 할 여덟 가지 요인 또는 특성을 포함하고 있다

AⅠ: 그 당시에 유용한 정보를 이용해서 스스로 문제를 풀고 의사 결정한다.

AⅡ: 부하에게서 필요한 정보를 얻고, 그 후에 스스로 문제를 푼다. 정보를 얻는 과정에서 부하에게 문제가 무엇인지 말할 필요는 없다. 문제해결 과정에서 부하의 역할은 선택 사항에 대해서 평가하는 것이 아니라 리더에게 필요한 정보를 제공하는 것이다.

CⅠ: 관련된 부하와 개별적으로 문제에 대해 의논한다. 아이디어와 제안을 듣는다. 그러나 함께 문제를 해결하는 집단으로서가 아니다. 의사결정을 할 때

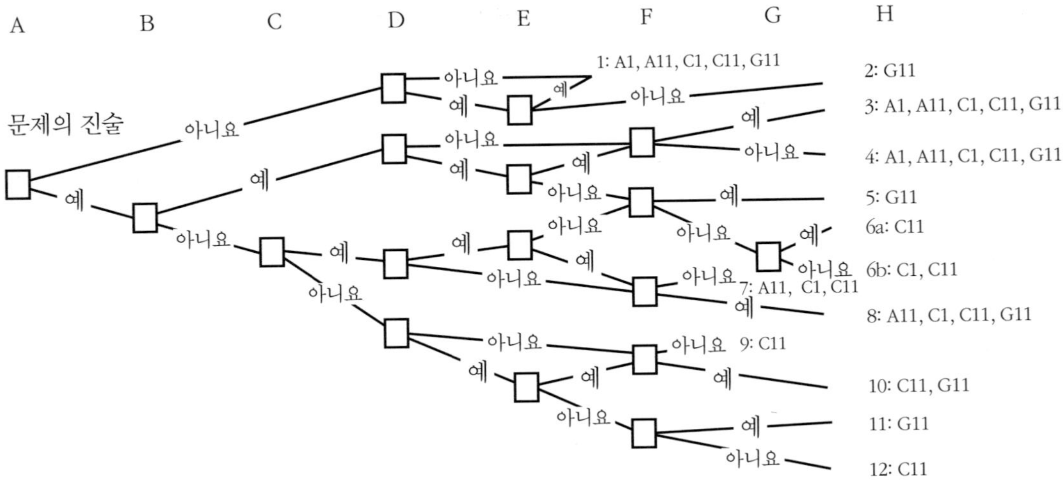

[그림 5-7] 집단문제의사결정 흐름도(Vroom & Yetton, 1973)

부하의 의견을 반드시 반영시킬 필요는 없다.

CII: 부하와 하나의 집단으로서 문제에 대해 의논한다. 집단으로 아이디어와 제안을 수집한 후에 결정하되 부하의 의견을 반드시 반영할 필요는 없다.

GII: 부하와 리더는 하나의 집단으로서 문제를 의논한다. 해결책을 함께 내고 평가한다. 부하와 합의해서 해결한다. 리더의 역할은 회의 의장과 같다. 리더가 자신의 의견이 채택되도록 집단에 영향을 미칠 필요가 없다. 전체 집단이 지지하는 것을 수용하고 실행한다.

A. 특정 문제해결책이 다른 것보다 더 합리적이어야 하는가?(질적 요건)

B. 질 높은 결정을 하기에 충분한 정보를 갖고 있는가?

C. 문제는 어느 정도로 구조화되어 있는가?

D. 부하가 결정을 수용하는 것이 효과적인 실행에 결정적인가?

E. 리더가 혼자 결정했을 때, 부하가 받아들일 것이 분명한가?

F. 부하가 이 문제를 해결하기 위해서 조직목표를 공유할 것인가?

G. 선호하는 문제해결책에 대해서 부하 사이에 갈등이 있을 것인가?

H. 부하는 질 높은 결정을 위한 정보를 충분히 갖고 있는가?

Vroom과 Yetton은 문제 속성을 체계적으로 변화시킨 서로 다른 30개 문제를 만들었다. 문제를 551명의 관리자에게 제시하고, 30개 문제 각각에서 자신들이 이용할 의사결정 유형이 무엇인지 대답하게 했다. Chelladurai와 Haggerty(1978)는 Vroom과 Yetton의 모형을 스포츠 상황에 적용했다. 이들은 코치가 혼자서 결정하는 독재형, 선수와 코치가 한 집단으로서 함께 결정하는 참여형, 그리고 팀 선수가 결정하도록 허용하는 위임형의 세 가지 의사결정 유형을 제시했다. 스포츠 상황에 적절한 일곱 가지 문제 속성은 시간 압력, 요구되는 의사결정의 질, 정보의 소재(위치), 문제 복잡성, 집단의 수용, 권력, 집단 통합이다. 세 가지 의사결정 유형과 이들의 상호작용은 [그림 5-8]에 소개되어 있다.

시간 압력은 선수와 상의할 수 있는 시간 제약을 말한다. 중간 휴식 시간이 있는 미식축구와 그런 시간이 없는 아이스하키는 대조적이다. 연습상황은 실제경기 상황보다 의사 결정하는 데 시간 압력을 덜 받는다.

의사결정에서 요구되는 질적 수준은 그에 다른 성과의 중요성에 의해서 결정된다. 만일 어떤 팀의 주장이 중요한 책임은 없이 명목상으로만 임명되었다면, 코치는 결과에 거의 중요성을 두지 않고 팀에게 위임하는 의사결정 유형을 이용할 것이다.

세 번째 요인인 정보소재와 관련해서 코치하는 상황에 관련된 두 부류의 정보가 있다. 첫째, 스포츠에서의 일반지식 및 전문성과 둘째, 실제 또는 잠재적 수행능력에 관한 정보다. 그러므로 세 번째 요인인 정보소재는 코치가 경기전략이나 선수선발 등에 관한 의사결정을 위해서 가장 적절한 정보출처에 의존해야 한다는 것을 의미한다.

네 번째 요인인 문제 복잡성은 상황이 복잡해질수록 팀보다는 가장 뛰어난 선수가 의사결정을 더 잘할 것이라는 것을 말해 준다. 이 견해는 Kelley와 Thibaut(1969)의 문제해결 실험 연구에서 지지되었다. 스포츠에서 가장 적절한 예를 든다면, 미식축구에서 공격적 경기를 요구하는 독재형 쿼터백과 의사결정을 위해서 집단으로 공격 단위를 형성하기를 요구하는 참여형 쿼터백을 비교할 수 있다.

다섯 번째 요인인 집단의 수용은 선수가 결정을 받아들이는 것이 수행 효율성에 어느 정도나 중요한가를 의미한다. 농구경기에서 코치가 독자적으로 전면 압박 전략을 쓰려고 하지만 만일 선수가 그 전략이 비효율적이라고 믿고 있다면 경기성적은 좋지 못할 것이다.

시간 압력	의사결정의 질	정보의 소재	문제 복잡성	집단의 수용	권력	집단 통합

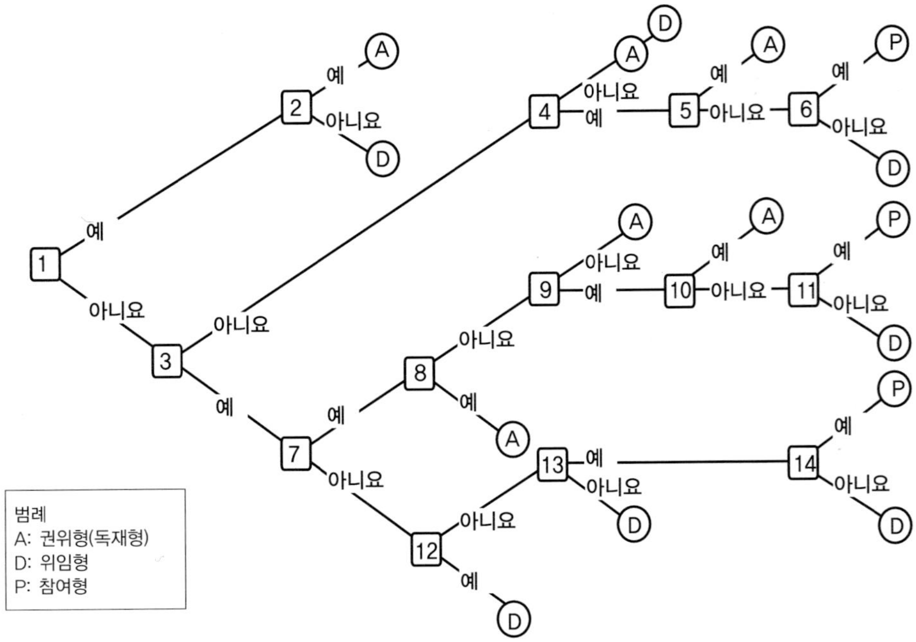

[그림 5-8] 스포츠에서 규범적 의사결정 모형(Chelladurai & Haggerty, 1978)

여섯 번째 요인인 권력은 개념상으로는 Vroom과 Yetton이 말하는 부하에 의한 초기의 수용 가능성과 유사하다. 코치가 실제로 권력을 지니고 있다면, 팀 선수는 그 결정을 받아들일 것이기 때문에 이 모형에 포함되었다(Chelladurai & Haggertty, 1978).

마지막으로 일곱 번째 요인인 집단통합은 팀 선수 간의 대인관계의 질과 팀의 지속 및 능력으로 본 상대적 동질성을 의미한다.

(5) 스포츠 리더십 효율성을 위한 다중차원 모형

스포츠 분야에서 리더십에 관한 전통적인 연구는 코치집단의 사회심리학적 프로파일을 만들어 내는 기술적 수준이었으나 Chelladurai(1978)는 리더십의 다차원 모형을 제시했다. Chellandurai는 리더특성, 선수특성, 상황의 세 가지를 리더행동의 선행조건으로 제시했다. 다양한 리더행동과 이 선행조건의 상호작용 결과로 수행과 만족 수준이 결정된다. [그림 5-9]는 초기 모형을 수정해서 도식적으로 보여 주고 있다.

선수의 만족과 수행은 규정된 리더행동, 선수나 팀이 선호하는 리더행동, 실제 행동의 세 가지 리더행동의 결과다. 실제 리더행동은 성격이나 능력 등의 리더특성, 상황을 통해서 규정된 행동, 선호된 행동에 의해서 영향을 받는다. 실제 행동은 규준이나 선수의 선호와 관계없이 행해진 행동이다. 선호된 리더행동은 선수가 리더에게 바라는 행동이다. 선호된 리더행동은 상황특성과 선수특성의 결과물이다. 선수가 특정한 리더행동을 선호하는 데 영향을 미치는 요인과 같은 상황변수를 포함시키는 것은 코치와 선수는 스포츠 상황의 행동규범에 사회화되기 때문이다. 규정된 행동은 조직 내부 요인에 의해서 결정되는 것으로서 조직요구와 같이 공식적 근거에 의해서 리더에게 기대된 행동이다. 그러므로 규정된 리더행동은 리더로서 적절한 행동의 한계를 설정한다.

Osborn과 Hunt(1975)의 견해에 따르면, 전체 리더행동은 적응행동(adaptive behavior: 상황의 규정에 대해서 리더가 적응함을 나타낸다)과 반응행동(reactive behavior: 개인적으로 지향된 행동을 반영하는 것으로 임의적인 행동을 나타낸다)으로 구성되어 있다. 적응행동은 요구되거나 규정된 것이기 때문에 모든 구성원에게 동질적이다. 반면에 반응행동은 부하 개인의 욕구와 열망에 대한 반응이기 때문에 이질적이다.

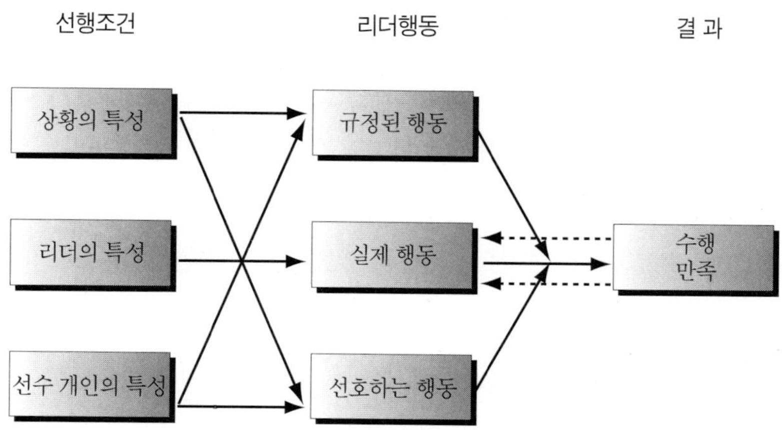

[그림 5-9] 스포츠 리더십 다중차원 모형(Chelladurai, 1990)

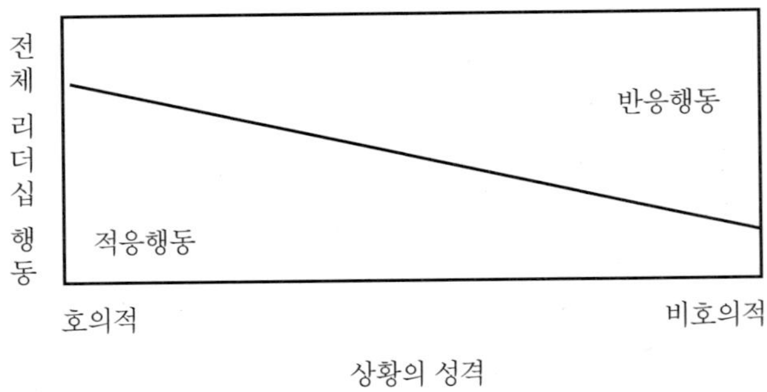

[그림 5-10] 상황적 성격에 따른 리더 행동(Chelladurai, 1978)

이런 점에서 가장 주목을 받은 중요한 성격 특성은 과제 지향성과 대인관계 지향성이다. 이 모형은 개인 및 집단 수행과 만족에 초점을 맞추고 있다. 코치의 행동이 선수의 만족에 어떤 영향을 미치는가? 선수 개인이 리더십에 어느 정도나 만족스러워하는가? 그리고 코치 행동이 선수의 수행에 어떤 영향을 미치는가? 경쟁자나 이전의 수행표준에 비교해서 선수나 팀의 성과가 얼마나 되는가? 스포츠 상황에서는 이 질문에 대한 대답이 아직도 이루어지지 않고 있다.

어떤 스포츠 상황에서나 조직은 리더가 선수를 선발하고, 정해진 분위기를 만들어 내고, 신문이나 대중과 만나고, 다른 많은 리더십 행동에도 개입하도록 기대한다. 마찬가지로 선수도 리더나 코치가 유능하고 공정하며 선수를 인간적으로 대해주기를 기대한다. 그러므로 코치는 자신의 목표, 능력, 성격에 일치하는 방식으로 지도를 해야 하며, 이것은 실제로 리더십의 많은 부분의 방향을 결정할 것이다.

코치가 적응행동이나 반응행동을 하는 것이 어느 정도 가능한가에 따라서 코치에게는 환경이 더 호의적이거나 덜 호의적일 수 있다([그림 5-10] 참조). 스포츠 종목에 따라서 집단규범의 등장, 팀 규모, 요구된 조직화 수준 등과 같은 상황변수가 코치의 행동에 영향을 주는 정도가 다르다. 예를 들면 스포츠 조직의 목표가 분명하고, 구조가 관료적이고, 과제가 조직화되고, 집단규범이 구체적일수록 코치의 행동이 규정될 가능성은 더욱 커질 것이다

이런 상황변수에 의해서 코치 행동이 사전에 강하게 규정된다면, 리더십이 발휘되는 과정은 수월해지기 때문에 상황은 더욱 호의적으로 된다. 코치는 이 규정을 단

순히 따르기만 하면 되기 때문이다. 똑같은 상황요인은 선수의 선호에도 영향을 줌으로써 이를 도울 것이다. 요구된 반응적 행동의 비율이 커질수록 환경은 코치에게 비호의적이 된다. 왜냐하면 선수의 선호는 변화하고 때로는 갈등을 보일 것이기 때문이다.

Chelladurai는 스포츠 리더십 척도(Leadership Scale for Sports: LSS, Chelladurai & Saleh, 1978, 1980)를 개발했다. 1980년도판은 40문항으로 구성된 척도로서 5개 차원의 코칭행동을 다루고 있다. 대학생 485명이 척도에 응답했다. 응답자의 절반 정도는 체육을 전공하는 남녀 학생이었고, 나머지 절반은 농구, 조정, 육상(트랙 및 필드 경기) 및 레슬링 남자 선수였다. 체육전공 학생에게는 자신이 선호하는 스포츠를 물어보았고 선수에게는 코치의 실제 행동을 물어보았다. 연구결과 코칭 리더십 행동의 5개 차원, 즉 트레이닝과 지시, 민주적 행동, 독재적 행동, 사회적 지원, 정적 피드백이 확인되었다. Chelladurai와 Saleh(1980)은 5개 차원을 하나의 직접 과제행동 요인(훈련과 지시), 두 가지의 의사결정 유형 요인(민주적 행동과 독재적 행동) 그리고 두 가지의 동기 요인(사회적 지원과 정적 피드백)으로 분류했다.

LSS 척도 타당성을 검증하려는 노력이 지속적으로 이어져서 40여 개의 연구가 발표되었다(LeUnes, 2002). Chelladurai와 Carron(1981)은 LSS를 청소년 스포츠에까지 확장해서 실시했다. 고등학교 레슬링선수 54명과 농구선수 193명에게 LSS를 실시했다. 독재적 행동 차원을 제외하고 고등학교 스포츠에 대한 LSS의 적용은 지지를 얻었다. 1980년의 Chelladurai와 Saleh의 연구에서는 독재적 행동이 분명하게 드러나지 않았다.

국내에서는 다양한 종목에서 스포츠 리더십 행동 유형을 다룬 대부분의 국내 연구(고용주, 김영미, 2003; 김사엽, 김영귀, 2000; 김승철, 최성희, 2005; 김인숙, 이계운, 2005; 김재춘, 이종근, 정희석, 2005; 김창호, 1999; 김현, 정윤기, 2005; 박영민, 이은석, 이한규 2003; 박형란, 조현홍, 이한주, 2004; 송광환, 정재은, 고의석, 육동원 2005; 윤익선, 2001; 신지숙, 유진, 2001; 이기봉, 정지혜, 2003; 정영란, 2004)에서는 LSS를 사용하였다. 이 연구들을 포함한 대부분의 국내 연구는 김병현, 김준성, 이종영, 장윤진, 하형주(1989)가 LSS 척도 40문항을 우리말로 번안한 것을 척도의 타당화 과정을 거치지 않고 5개의 리더십 행동 유형으로 구분하여 사용하였다. 김창호(1999)는 탐색적 요인분석을 거쳐서 이 척도를 사용하였으나 요인분석 결과가 보고되지 않았다.

성창훈(2000) 그리고 유진과 신지숙(2001)은 국내 경험연구에서 사용한 LSS 척도의 타당성에 대한 지적을 한 바 있으나 이계운과 김인숙(2005)이 한국, 중국(조선족), 미국 선수를 대상으로 LSS에 대한 요인분석을 통해서 동일한 5개 요인을 추출했다. 그런 점에서 앞으로의 리더십 행동 유형에 관한 국내 연구를 위해서 LSS에 대한 타당성을 밝히는 척도 타당화 연구가 필요하다고 본다.

Chelladurai와 Carron(1983)은 고등학교와 대학교 농구선수에게 LSS '선호된 리더 행동' 판을 실시했다. 이 연구의 목적은 첫째, 경쟁 수준과 훈련 및 지시(과제 지향적)에 대한 선호로 정의된 성숙과 둘째, 리더십 유형에 대한 사회적 지원(관계 지향된) 접근방법 간의 관련성을 평가하는 것이었다. 일반적으로 훈련 및 지시 그리고 사회적 지원에 관한 결과는 기대했던 것과 반대로 양자에 대한 선호는 성숙해짐에 따라서 감소하기보다 오히려 증가하였다.

이 연구에 의해서 몇 가지 방법론적인 문제가 제기되었다. 첫째, 고등학교에서 대학 수준까지는 제한적이어서 범위가 매우 좁기 때문에 이것이 성숙의 증가를 반영하지 못했을 것이다. 둘째, 성숙을 스포츠에 적용하는 문제다. 스포츠는 성숙의 발달에 역행할지도 모를 대체로 독재적인 분야이기 때문이다.

Chelladurai(1984a)에 의한 또 다른 노력은 앞에서 언급된 적합성(congruence)의 문제다. 대학선수(농구, 육상 선수들)를 연구대상으로 LSS를 사용하여 코치의 리더십 행동을 평가했다. LSS의 '선호된 행동' 판과 지각된 행동' 판 모두 사용되었다. '훈련과 지시' 차원과' 정적 피드백' 차원이 리더십 행동의 가장 뚜렷한 차원이었고, 이들이 선수 만족을 결정했다.

Chelladurai(1986)는 LSS를 인도의 대학과 성인 선수에게 실시해서 다른 국가에서도 이 척도가 유용한지 알아보려고 했다. 영어가 유창한 인도 선수만 연구에 참가한 제한이 있었음에도 불구하고 LSS의 신뢰성이 드러났다.

Chelladurai(Chelladurai, Haggerty, & Baxter 1989)는 중국의 남녀 대학 농구선수와 코치를 대상으로 또 다른 연구를 했다. 이론 및 선행연구와 일치하는 결과로 코치와 선수 간의 상당한 적합성이 그들의 의사결정 유형 선택에서 강조되었다. 흥미롭게도 남녀 선수 모두 참여적 리더십 유형보다는 독재적인 리더십 유형을 선호했다.

Chelladurai(1990)는 다차원적 이론과 LSS는 가장 성공적이라고 지적했다. 그러나 앞으로 리더십과 집단수행 관계에 관해서 더 밝힐 문제가 있다고 주장했다.

Chelldurai의 제안에 따르면, 그런 문제는 척도 자체에 있거나 스포츠에서 자주 사용된 불완전한 성과 측정치(예, 승리와 패배 기록)의 인위성에 있다. 이들은 상대방이나 경기 관리자와 같은 외부 요인에 의해서 상당히 오염될 수 있다. Zhang, Jensen과 Mann(1997)은 LSS의 잠재적인 심리측정적 단점을 찾아내기 위한 노력으로 개정판 RLSS를 제작했다. 요인분석을 해서 RLSS의 유용성을 보여 주었고, 후속 연구에서 Jambor와 Zhang(1997)은 RLSS의 신뢰도와 타당도를 검증했다. 이들과 다른 연구자의 노력으로 LSS의 유용성은 확장될 것이다.

다중차원이론에 대한 국내 연구는 주로 리더십 행동 유형과 선수의 만족(고용주, 김영미, 2003; 김사엽, 김영귀, 2000; 송광환, 정재은, 고의석, 박윤식, 육동원, 2005; 이계윤, 김인숙, 2005), 지도 효율성(박영민, 이은석, 이한규, 2003), 집단응집력(이계윤, 김인숙, 2005; 이기봉, 정지혜, 2003; 정지혜, 2004) 그리고 조직문화와 조직몰입(정영린, 2004) 등과의 관련성을 검증하였다.

3. 새로운 리더십 이론

기존의 리더십 연구는 특성이론, 상황이론, 상호작용이론의 세 가지 접근방법으로 정리된다. 전통적 리더십에서는 리더특성이나 행동이 주목을 받는 반면에 부하는 소극적이고 덜 중요한 것으로 취급되었다. 부하의 역할이 점차 중요하게 인식되기 시작하면서 리더십은 팀 성취를 위한 상사와 부하의 상호 의존적 관계를 포함하게 되었다. 부하 없는 리더십은 생각할 수 없고, 따라서 리더와 부하는 하나의 단위인 셈이다(Hollander, 1995).

새로운 리더십 이론으로서 주목받는 변혁적 리더십에서는 부하가 리더를 신뢰하고 존경하며 동일시하는 것이 리더십 효과를 결정한다고 가정한다. 리더십을 이해하기 위해서는 리더에 대한 부하의 지각에 대해서 아는 것이 중요하다. 리더의 자질은 여전히 중요하지만 이런 자질이 부하의 생산성과 부하와 리더의 상호 만족에 어떻게 반영되는지가 특히 중요하다.

1970년대에는 리더십 효율성에 대한 행동이론이 지배적이었으나 1980년대 말부터 Bass(1985, 1996), Bennis와 Nanus(1985), Sashkin(1988), Tichy와 Devanna

(1986, 1990) 등에 의해서 변혁적 리더십 이론이 제시되었다. Conger(1989), Conger와 Kanungo(1987, 1998), House(1977), Shamir, House 및 Arthur(1993) 등은 Weber(1947)의 개념을 바탕으로 카리스마적 리더십에 대한 새로운 정의를 시도했다. 합리적 과정을 강조하는 전통적 리더십 이론과 달리 변혁적 리더십과 카리스마적 리더십 이론은 정서와 가치를 강조한다.

그 이후로 리더십을 변화 지향적 리더십과 안정 지향적 리더십으로 구분하는 새로운 흐름의 리더십 이론이 등장했다. 변화를 지향하는 리더십을 변혁적 리더십, 안정 지향적 리더십을 거래적 리더십으로 구분한다. 변혁적 리더십 이론은 변화 주도적 측면을 다룸으로써 전통적 리더십 이론이 다루지 못했던 상사와 부하 간의 감정적 관계를 보완해 줄 수 있게 되었다. 변혁적 리더십 이론은 Burns(1978)가 리더십 과정을 권위와 합법성, 규칙 등을 강조하는 관료적 권한체계나 성과에 대한 보상으로서 개인의 이해관계에 기초하는 거래적 리더십과 좀 더 높은 이상과 도덕적 가치에 호소하는 리더십을 구분하면서 처음으로 제기되었다.

Burns(1978)에 따르면 변혁적 리더십이란 "리더와 부하 간의 상호 교감을 통해서 변화를 꾀하려는 총체적 목적을 추구하는 과정"이다. Rouche, Baker 및 Rose (1989)는 "조직의 사명과 목적을 달성하기 위해서 다른 사람의 가치, 태도, 신념 및 행동에 영향을 미치는 능력"을 변혁적 리더십이라고 정의했다. Bass, Avolio 및 Goodheim(1987)은 변혁적 리더십이란 "단순히 상사와 부하의 교환적 관계를 넘어서 부하가 높은 수준의 자기-실현 욕구와 초이상적인 목적을 달성할 수 있도록 동기화 하는 것"이라고 정의했다. 이런 정의를 볼 때, 변혁적 리더십이란 전통적 리더십 개념에서처럼 부하의 행동에 대한 보상을 통해서 영향을 미치는 과정이 아니라 상사와 부하의 상호관계를 통해서 높은 수준의 이상을 지향하도록 변화를 꾀하는 확장된 과정이다.

이제까지 스포츠 분야에서는 Chelladurai의 다차원 모형을 이용한 리더십 연구가 주를 이루어 왔으나 최근에 이르러서 변혁적 리더십 이론을 바탕으로 한 국내 연구가 활발해지고 있다. 이들은 변혁적 리더십과 리더 효율성(김정완, 김정남, 2002; 김충태, 김동민, 한충식, 2005; 조건상, 김현식, 이제행, 2004; 최영옥, 김윤태, 김진표, 2001), 팀 효율성(조태수, 이진석, 2005), 팀 응집력(한태준, 2005) 신뢰(김정완, 김정남, 2002; 김충태, 김동민, 한충식, 2005; 조건상, 김현식, 이제행, 2004) 그리고 리더만족(최영옥, 김윤태, 김진표, 2001)의 관계를 다루었다.

1) Burns의 변혁적 리더십 이론

Burns(1978)는 정치 지도자를 대상으로 연구한 결과를 바탕으로 리더십을 거래적 리더십과 변혁적 리더십으로 구분했다. 변혁적 리더십이란 '리더와 부하가 서로 도덕성과 동기를 더욱 높은 수준으로 높여 주는 과정' 이다. 변혁적 리더는 자유, 정의, 평등, 평화, 인본주의와 같은 이상과 도덕적 가치에 호소하여 부하의 의식을 높이려고 한다.

Maslow(1954) 욕구위계에서 상위의 욕구를 활성화시키고, 그 결과 부하는 '일상적 자기(everyday self)' 에서 벗어나 '더 나은 자기(better self)' 를 추구하게 된다. 변혁적 리더십은 리더와 부하가 서로 동기와 도덕 수준을 더 높이도록 상호 작용할 때 발생하는 데, 리더는 부하의 동기적 반응을 유도하고 부하가 저항하거나 수용하는 데 따라서 끊임없이 상호 작용하는 과정을 통해서 부하의 행동을 변화시킨다. 그러므로 가장 효율적인 리더는 부하의 기본적이고 지속적 욕구인 고차원적이고 일반적이며 보편적인 가치에 호소한다. 변혁적 리더십은 집단의 변화와 혁신을 도모하기 위하여 비전 제시, 공유 가치 등 비유형적인 특성에 중점을 둔다(Daft, 1999).

거래적 리더십은 리더의 개인적 가치나 교환과정과 연계된 정직성, 공정성, 책임감, 상호성 등의 가치를 포함한다. 거래적 리더는 부하의 개인적 관심에 호소함으로써 동기화시킨다. 거래적 리더는 과제에 대한 부하의 노력을 보수 및 지위 등과 교환함으로써 부하의 행동에 영향을 준다. 그러므로 거래적 리더십은 변화를 촉진하기보다는 조직 내의 균형과 안정을 이루기 위한 것이며 생산성 향상에 대한 금전적 보상 등을 강조한다.

그러므로 변혁적 리더십은 개인적 관심에 호소하는 거래적 리더십과 구분된다. Burns(1978)는 거래적 리더십보다는 변혁적 리더십 효과가 더 강력하다고 주장했다. 거래적 리더십에서 리더와 부하는 상호 관심에 대해서 인식하지만 관계는 그 이상을 넘지 못한다. 그들은 함께 추구할 지속적인 목적을 갖지 못하므로 결국 각자의 길을 가게 된다. 반면 변혁적 리더는 부하가 더 높은 수준의 동기 및 도덕성을 유발하도록 격려하여 리더와 부하가 더 높은 수준의 목적을 함께 추구하도록 한다.

2) Bass의 변혁적 리더십 이론

Bass(1985)는 Burns의 이론에 기초해서 카리스마적 리더십, 변혁적 리더십, 거래적 리더십을 구분하는 이론을 제시했다. 카리스마적 리더십은 House(1977)가 모델을 제시함으로써 본격적으로 연구되기 시작했다. 1980년대에는 Conger와 Kanungo(1987)가 Max Weber의 카리스마 개념을 발전시켜 행동중심의 카리스마 리더십이론을 제시했다. 비슷한 시기에 Bass(1985)는 변혁적 리더십 이론을 주장하면서 카리스마가 변혁적 리더의 중요한 요소라고 지적했다.

Bass는 변혁적 리더십을 카리스마적 리더십 이상의 것으로 보았다. 카리스마는 부하에게 리더에 대한 강한 감정과 동일시를 유발하므로 변혁적 리더십의 필요조건이긴 하지만 그것만으로 변혁과정을 충분히 설명할 수 없다. 변혁적 리더십은 카리스마 이외에도 지적 자극(intellectual stimulation)과 개별적 배려(individualized consideration) 요소가 추가된다(Bass, 1985; Yukl, 1994).

카리스마는 부하에게 성공이나 성취에 관한 비전을 자신감과 열정으로 제시하여 부하가 그러한 비전을 강하게 지지하도록 만들어서 이끌어 나가는 능력이다(Bass, 1985; Bass, Avolio & Goodheim, 1987; Bennis & Nanus, 1985; Burns, 1978; Pawar & Eastman, 1997). 카리스마를 갖춘 리더는 부하의 모델로 인식되고 나아갈 방향과 성취의 상징으로 여겨진다(Bass, 1990; Cervone & Peake, 1986).

변혁적 리더는 카리스마적 권한과 영향력을 행사하여 부하가 리더의 가치관과 비전을 자신들의 그것과 동일시하여 리더와 강한 정서적 유대관계를 이루도록 한다(Bass, Walman, Avolio, & Bebb, 1987). 부하는 리더의 능력과 판단을 믿고 따르기 때문에 어떤 역경도 극복할 수 있다는 신념으로 리더와 공동체를 형성하기 위해서 최선의 노력을 한다(O' Reilly & Chatman, 1986; Podsakoff et. al., 1990). 이 과정에서 부하는 조직, 상사, 과제에 대한 높은 몰입을 유지하므로 조직만족, 리더만족, 직무만족도가 높은 수준에 이르게 되고 조직 유효성도 증진된다(Deluga, 1988; Koh, Steers & Terborg, 1995; Lowe, Kroeck, & Sivasubramaniam, 1996).

개별 배려는 상사가 부하에게 세심한 관심을 기울여 개인의 욕구나 역량을 파악하여 그에 맞게 개별적으로 대우해 줌으로써 부하가 더욱 높은 차원의 욕구를 가질 수 있도록 돕고(Bass, 1985; Bycio, Hackett, & Allen, 1995), 부하 스스로 욕구를 확인하고 동기화되도록 만드는 것을 의미한다(Bass, Walman, Avolio, & Bebb, 1987; Kuhnert & Lewis, 1987). 상사는 부하로 하여금 자신이 조직의 일원으로서 가치 있는 존재며, 동시에 다른 구성원도 중요한 존재라고 느끼게 하기 때문에 조직 구성원 간의 신뢰감을 증진시킨다(Kuhnert & Lewis, 1987). 부하는 자신의 직무에 몰입하고 만족하게 되므로, 자신을 배려하는 리더에게 강한 만족감을 느끼게 된다. 더 나아가서 리더의 배려로 인해 높아진 부하의 직무만족과 리더에 대한 만족으로 조직 유효성이 향상된다(Lowe, et al., 1996).

지적 자극은 부하가 구태의연한 사고방식과 업무습관에서 벗어나 새로운 방식으로 문제를 인식하고 해결하도록 권장하는 것을 의미한다(Bass, 1985; Bycio, et al., 1995; Kuhnert & Lewis, 1987). 지적 자극은 리더가 문제에 대한 부하의 인식 수준을 높이고 문제를 새로운 각도에서 보도록 유도하는 과정이다. 리더는 부하가 직면하고 있는 문제점이 무엇인지 알려 주며, 스스로 문제해결 방식을 찾도록 권장하고, 어려움을 토로하여 부하가 합리적인 방식으로 해결하도록 함께 고민해 준다. 이 과정을 통해서 부하는 자유롭게 문제에 대한 해결방식을 탐구하며, 문제해결 능력이 향상된다. 어려운 문제를 해결하는 과정에서 부하는 자기-효능감(Self-Efficacy)이 향상됨을 알게 되고, 자신의 직무에 대해서 보람을 느끼고 이를 도와준 리더에게 높은 만족감을 갖는다(Bandura & Wood, 1989).

카리스마, 지적 자극, 개인적 배려는 상호 작용하면서 부하의 변화에 영향을 미치고, 이렇게 결합된 효과는 카리스마적 리더십과 변혁적 리더십 간의 차이점을 나타낸다. 변혁적 리더는 부하의 발전을 촉진하는 반면에, 카리스마적 리더는 그 반대일 수도 있다. 카리스마적 리더는 부하를 약하고 의존적으로 만들어서 이상에 대한 몰입보다는 리더 개인에 대한 충성을 얻으려고 한다.

Bass(1996)와 Bass 및 Avolio(1996)는 앞서 제시한 변혁적 리더십의 세 요인을 재정리한 네 가지 요인(4I' s)을 제시했다, 첫째 요인은 리더에 대한 부하의 신뢰와 정서적 동질화를 위한 이상적 영향 또는 카리스마(idealized influence or charisma)인데, 이는 다시 이상적 특성(idealized attributes)과 이상적 행동(idealized behavior)으로 나뉜다. 둘째 요인은 목표달성을 위한 상징성 부여 및 정감적 호소로서의 영감적 동기화(inspirational motivation)이다. 셋째 요인은 부하에 대한 인간적 대우, 성장을 위한 학습기회 제공 등의 개별 배려다. 그리고 넷째 요인은 기존의 사고방식과 관행에 대한 의문 제기와 파괴를 권장하는 지적 자극이다.

3) Bass와 Burns 이론의 차이점

변혁적 리더십에 대한 Bass와 Burns 이론은 몇 가지 점에서 차이를 보인다. Burns는 변혁적 리더를 부하의 높은 윤리적 가치 및 상위 욕구에 호소하는 진보된 리더에 국한시킨다. Bass는 변혁적 리더란 그 효과가 궁극적으로 부하를 이롭게 하는 것인지에 관계없이 부하의 동기를 자극하고 참여를 증대시키는 개인이라고 정의한다. 그러므로 Bass는 안전, 생존 등 낮은 위계의 욕구에 호소하는 리더도 변혁적 리더에 포함시킨다. 거래적 리더십에 대한 개념에서도 차이점이 있다. Burns와 마찬가지로 Bass는 거래적 리더십을 동조와 보상의 교환으로 보았다. 그러나 Bass는 거래적 리더십을 Burns보다 더 넓게 사용했다. 동기에 영향을 주기 위한 유인물 및 연계된 보상의 사용뿐만 아니라 보상을 획득하는 데 요구되는 과제의 명료화도 이 개념에 포함시킨다.

Bass(1985) 자신도 변혁적 리더십에 대해서 Burns의 개념과 차이가 있다는 것을 지적한다. Burns는 거래적 리더십과 변혁적 리더십을 단일 차원의 양극에 위치한 것으로 보았다. 그러나 Bass에 따르면 리더는 거래적 리더십과 변혁적 리더십 모두를 동시에 지닐 수 있다. 개념적으로 분리된 거래적 리더십과 변혁적 리더십은 동일한 개인에게서 각각 양과 강도가 다르며 마찬가지로 상이한 상황에서도 다르다. 변혁적 리더의 도덕성에 대한 견해에서도 Burns의 견해와 다르다. Burns는 변혁적 리더십은 부하 개인과 전체 집단 모두에게서 일관성 있게 증가하고 이익이 되는 것으로 보았다. 반면에 Bass는 변혁적 리더는 부하를 하위 욕구로 낮아지게 해서 모두의 이익보다는 비용을 초래하도록 공격적이고 비도덕적이 될 수도 있다는 견해를 수용한다.

4) 카리스마 · 거래적 · 변혁적 리더십의 구분

카리스마적 리더십과 변혁적 리더십은 분명하게 구분되지 않는다(Avolio & Bass, 1988; Yukl, 1989). 카리스마적 리더는 부하에게서 극단적으로 존경을 받고 무조건적인 복종과 신뢰를 얻어 낸다(House, 1977). 반면 변혁적 리더는 부하가 자율적, 자기 지시적, 자기 실현적, 이타적이 되도록 하는 지도자다(Burns, 1978; Bass, 1985). 그러므로 두 리더에게 요구되는 상황은 달라진다. 예컨대 비정상적인 육체적, 정서적 노력을 요구하는 전투상황 같은 경우에는 카리스마적 리더가 적합하다. 반면에 급변하는 불확실한 상황에 대한 적응과 과제수행을 위한 창의력, 자발성과 책임이 요구되는 상황에서는 변혁적 리더십이 요구된다.

그러나 아직까지 이런 구분을 증명할 만한 연구가 없다. 어떤 학자(House & Singh, 1987)는 자존심이 높고 자율에 대한 욕구가 높은 부하에게 카리스마적 리더십은 적절하지 않을 것이라고 주장한다. House(1977)는 부하의 과제가 중요한 이념적 요소를 지니고 있을 때 카리스마적 리더가 적절하다고 주장한다. 부하의 노력이 이념적 목표와 가치의 실현을 지향하거나 사회적 선을 창출하거나 전파할 때 상위 수준의 개인적 욕구나 가치보다는 집단 가치에 호소하는 카리스마적 리더십이 부하를 더 동기화하기 때문이다.

대부분의 연구는 리더의 변혁적 행동과 거래적 행동의 구분을 지지한다(Bass, 1996). 거래적 리더십은 구성원과 리더 간의 경제적이며 사회적인 교환관계를 강조하고 있는데, 훌륭한 거래적 리더는 구성원이 무엇을 바라는지 정확히 파악하여 집단이나 조직이 추구하는 목표를 달성하는 대가로 이들의 욕구충족을 위한 효율적 보상을 제공한다(신유근, 1997; Bass, 1990; Burns, 1978; Daft, 1999). 그러나 이런 리더십은 조직 내의 관료적 권위와 합법성하의 관리질서를 유지하는 범위 내에서는 성과향상의 효과를 가져와서 안정성을 유지하는 데 바람직하지만(Burns, 1978; Daft, 1999; Schuster, 1994), 기업의 혁신적 성향을 촉진시키는 데는 충분하지 못하다(Bass, 1990; Daft, 1999).

반면에 변혁적 리더십은 급변하는 환경 속에서 생존과 경쟁력 강화를 위해 조직을 변화시킬 수 있는 리더의 능력에 초점을 두고 조직의 비전, 전략, 문화와 혁신을 추구하며, 변화를 이끌어 가면서 조직의 유효성을 높이는 리더십 이론을 의미한다. Burns(1978)는 높은 차원의 이상과 도덕적 가치에 호소함으로써 구성원을 동기화하는 과정을 변혁적 리더십의 특징이라고 했다. 따라서 급변하는 환경에서 집단이 추구하는 목표를 효율적으로 달성하기 위해서는 변혁적 리더십이 무엇보다도 중요하다(한주희, 정진철, 2001; Keller, 1995; Miles, 1997).

변혁적 리더십과 거래적 리더십 간의 구분은 그동안 학자들이 소홀히 해 왔던 리더십 과정으로 관심을 돌리는 효과를 갖고 있다. 그러나 이런 구분은 빠르게 리더십 과정의 두 요인이론으로 바뀌어 가고 있는데, 이것은 복잡한 현상을 지나치게 단순화하는 우를 범하는 것이다(Yukl, 1994). Bass는 Burns보다 더 넓은 의미로 거래적 리더십을 정의했다. 거래적 리더십에는 부하를 동기화하기 위한 유인물의 사용뿐만 아니라 보상을 얻기 위해서 과제를 명확하게 하는 것도 포함된다. 거래적 리더십과 변혁적 리더십이 구분되기는 하지만 상호 배타적인 것이 아니며, 동일한 리더가 상황과 시간에 따라서 두 과정을 모두 사용할 수 있다고 보았다. 어떤 연구에서는 정적 보상행동이 거래적 행동이 아니라 변혁적 리더 행동 요인으로 드러났다(Den Hartog, Van Muijen, & Koopman, 1977; Lievens, Van Geit, & Coetsier, 1977; Yammarino & Bass, 1990).

그러므로 거래적 리더십의 교환과정을 유형의 이득에만 국한시켜서는 안 된다. 사회적 이론에서처럼 변혁적 리더십은 의미상의 참여의 교환을 포함하는 상호 영향을 포함할 수 있다. 변혁적 리더십에 의해서 제시된 비전은 이념적 요소에 더해서 부하를 위한 유형의 이익을 약속하는 것도 포함한다. 그러므로 두 리더십을 구분하는 것은 명료하지 않다. 리더십 과정에서 차이가 있는 것은 분명하지만 그 차이의 본질은 불필요한 가정을 설정하여 연구를 왜곡시키는 이론적 정의로 미리부터 정해 버릴 것이 아니라 경험적 연구를 통해서 검증하여 결정할 것이다.

5) 변혁적 리더십 측정

Bass는 거래적 리더십과 변혁적 리더십이 부하의 동기와 수행에 미치는 효과를 측정하기 위해서 MLQ(Multiple Leadership Questionnaire)를 개발했다. MLQ를 이용하여 리더십의 5개 요인을 측정해서 점수를 산출했다. 그중 세 요인은 변혁적 리더십 차원으로서 카리스마, 개별 배려 그리고 지적 자극이다. 두 요인은 거래적 리더십 차원으로 연계적 보강(contingent reinforcement)과 예외에 의한 관리(management-by-exception)다. 각 차원의 문항내용은 다음과 같다(Wright, 1996).

1 카리스마: 부하가 보여 주는 충성, 존경, 자부심, 신뢰, 낙관, 모델링, 사명감,

리더의 비전 제시, 성공과 성취의 상징이 되는 것 등을 측정한다.

2 **개별적 배려**: 리더가 부하 개개인을 욕구와 능력에 따라 차별화해서 다루는 것을 내용으로 한다.

3 **지적 자극**: 부하가 단순히 즉각적인 행위의 변화보다는 문제 및 문제해결, 사고와 상상력, 신념과 가치에 대한 지각과 변화를 내용으로 한다.

4 **연계적 보강**: 부하가 자신에게 기대되는 수행 수준과 이런 기준에 도달하면 어떤 보상을 받는지 알게 해서, 부하가 수행을 잘하면 보상을 받는다는 것을 확신하게 하는 것을 내용으로 한다.

5 **예외에 의한 관리**: 리더는 부하가 일을 잘못했을 때에만 간섭한다. 부하가 수행을 잘하고 있을 때 리더는 아무런 행위도 취하지 않는다. 그러나 부하의 수행이 수용할 만한 수준 이하로 떨어지면 부적 피드백을 주거나 불만을 표시하거나 징계하거나 벌금을 부과하거나 봉급지급을 연기하는 등의 처벌로 반응하는 것을 내용으로 한다.

대부분의 변혁적 리더십 연구는 MLQ를 사용하고 있으나 이 질문지는 몇 가지 문제를 안고 있다. Sarros와 Santora(2001)가 지적하는 대표적 문제점으로는 MLQ에 대한 응답자의 반응왜곡 때문에 변혁적 리더십 요인 간의 상호상관이 매우 커서 구별된 하위 요인으로 보기 어렵다는 것이다. 그렇기 때문에 MLQ에 대한 응답을 요인분석한 선행연구에서도 단일 요인으로 추출된 결과가 많다. 그리고 문항이 리더십의 근간을 이루는 영향과정이라기보다는 리더행동을 측정하도록 되어 있다. 그뿐만 아니라 문항의 리더십 분석 수준이 다르다는 지적도 있다. Kent, Crotts 및 Azziz(2001)는 미 남동부 중소 규모의 한 대학에서 학내 메일을 통해서 대학 전 교수에게 60개 문항으로 구성된 MLQ를 실시했는데, 그 문항 중에서 어떤 문항은 개인을 단위로 묻는 반면에 또 다른 문항은 팀을 단위로 묻고 있다.

스포츠에서의 변혁적 리더십과 거래적 리더십을 다룬 국내 연구도 MLQ 문항을 번안해서 사용하거나(조건상, 김현식, 이제행, 2004; 조태수, 이진석, 2005; 최영옥, 김윤태, 김진표, 2001), MLQ 수정 · 보완판(김정완, 김정남, 2002; 김충태, 김동민, 한충식, 2005; 한태준, 2005)을 사용하였다. 요인분석 결과 변혁적 리더십과 거래적 리더십 하위 요인이 구분되었고, 특히 변혁적 리더십 하위 요인에 대해서는 대체로 비슷한 결과를 보였다. 한태준(2005), 김정완과 김정남(2002), 최영옥 등(2001)은 변혁적 리더십의 하위 요인으로 카리스마, 지적 자극, 개별적 관리의 세 요인을 추출했다. 조태수 등(2005)은 카리스마 척도의 하위 요인으로 모범적 행동, 기대 및 신뢰표현행동, 집단정체성 강조, 비전제시행동의 네 가지 요인을 추출했다. 외국의 연구에서와 마찬가지로 국내 연구 결과에서도 변혁적 리더십의 하위요인 간의 상관이 .700 이상으로 매우 높은 것으로 드러났다(김정완, 김정남, 2002; 최영옥 외, 2001).

6) 변혁적 리더십에 관한 연구경향

변혁적 리더십에 관한 선행 연구는 크게 세 부류로 구분할 수 있다. 첫째는 리더십 개념을 확립하기 위한 연구(Bass, 1985; Burns, 1978; Downton, 1973)다. 둘째는 변혁적 리더십의 구성 요소 및 그 영향 과정에 관한 연구(Bycio, Hackett, & Allen, 1995; Kuhnert & Lewis, 1987; Shamir, House, & Arthur, 1993; Kent, Crotts, & Azziz, 2001)다. 셋째는 변혁적 리더십 구성요소와 조직 유효성 간의 관계에 관한 연구(Deluga, 1988; Koh, Steers, & Terborg, 1995; Lowe, Kroeck, & Sivasubramaniam, 1996; Pawar & Eastman, 1997; Podsakoff, MackKenzie, Moorman, & Fetter, 1990; Yammarino & Bass, 1990)다. 변혁적 리더십 개념에 대한 논의가 이미 앞에서 이루어졌기 때문에 리더십 구성 요소 및 과정에 관한 연구와 조직 유효성과의 관계를 다룬 연구를 살펴보도록 한다.

변혁적 리더십 개념의 혼란과 변혁적 리더십에 대한 경험적 연구 부족, 그리고 선행연구에서 요인분석 결과로 추출된 변혁적 리더십 하위 요인에 대한 결과의 불일치에 따라서 Kent, Crotts 및 Azziz(2001)는 변혁적 리더십의 하위 요인을 밝히는 연구를 수행한 결과, 변혁적 리더십을 구성하는 4개의 요인인 '개별 배려', '비전 제시', '신뢰와 모델링 형성', '의사소통 능력' 요인을 추출했다.

국내에서는 변혁적 리더십과 거래적 리더십이 부하의 추가 노력, 직무만족 및 조직몰입에 미치는 영향을 다룬 연구에서 변혁적 리더십은 직무만족(이덕로, 1994; 최영옥 외, 2001)과 직무몰입(이덕로, 1994)에 정적 영향력을 지닌다는 것을 알아냈다. 정윤길과 이규만의 연구(2000)에서도 카리스마, 지적 자극 그리고 개별 배려의 변혁적 리더십 요인은 모두 절차 공정성과 정적 상관이 있었다. 그리고 거래적 리더십보다 변혁적 리더십이 조직시민 행동에 영향을 더 주었다. 변혁적 리더십은 팀 몰입, 팀 효능감과 정적 상관(김충태 외, 2005; 조건상 외, 2004; 조태수 외, 2005; 최영옥 외, 2001; 한주희, 정진철, 2001)을 보였다.

변혁적 리더행동의 영향을 다룬 연구 중에서 변혁적 리더십이 부하의 신뢰에 영향을 미친다는 결과(김충태 외, 2005; 조건상 외, 2004)이 있다. Podsakoff 등(1990), 유승동(2001), 김정완과 김정남(2002)은 카리스마가 신뢰에 가장 크게 영향을 미친다는 결과를 얻었다. Korsgaard, Schweiger 및 Sapienza(1995)와 권석균(2000)은 부하에 대한 리더의 배려행동이 리더에 대한 부하의 신뢰에 정적 영향을 미친다는 것을 알아냈다. Mishra(1996)는 신뢰의 네 차원을 역량(competence), 개방성(openness), 배려(concern), 믿음직함(reliability)으로 규명했다. 배려는 리더가 부하의 이익을 고려해서 행동할 것이라는 믿음을 말한다. Sheppard와 Sherman(1998)에 따르면 상사가 부하의 신뢰를 얻기 위해서 도덕성, 배려 및 호의를 보여 주어야 한다. 변혁적 리더는 개인욕구보다는 집단이나 조직에 대한 공헌을 강조하며, 구성원 간 신뢰형성과 이를 통한 집단통합인 '집단 선' (group good)을 강조한다. 이 주장을 검증해서 변혁적 리더십은 부하의 신뢰에 정적 영향을 미친다는 결과를 얻었다.

이런 결과가 스포츠 리더에게 주는 시사점은 카리스마가 신뢰 지각에 가장 큰 영향을 미친다는 점이다. 코치나 리더는 선수의 신뢰를 얻기 위해서 모범적이고 팀을 위해서 희생하고 헌신하며 존경받을 수 있도록 행동하는 것이 중요하다. 개별 배려 역시 신뢰 형성에 중요하므로 선수를 인격체로 대하고 개인적 욕구와 문제에 관심을 기울이고 자기 개발 노력을 지원하는 행동이 필요하다.

몇몇 연구에 따르면 변혁적 리더십의 한 요인인 지적자극 자체만으로는 신뢰를 형성하는 데 충분하지 못하다. Podsakoff 등(1990)의 연구에서는 지적자극이 오히려 리더에 대한 신뢰와 부적 상관이 있다는 결과를 얻었다. 리더의 지적자극은 선수에 대한 간섭이나 불만족의 표현으로 받아들여질 수 있다. Bass(1985)도 지적했듯이 지적자극은 구조화된 문제보다 비구조화된 문제에서 선수의 신뢰를 얻는 데 더 중요한 역할을 한다. Lazarus와 Folkman(1984) 역시 난관이나 스트레스 상황과 같은 비구조화된 상황에서 리더가 자신의 지식이나 정보를 선수와 공유하는 행동은 문제의 모호성과 불확실성을 제거하므로 리더가 자신들과 협력자라고 받아들이게 하여 신뢰를 형성한다고 주장한다. 변혁적 리더십의 구성요소인 카리스마, 개별적 배려 및 지적 자극의 차별적 효과(김정완, 김정남, 2002)를 짐작할 수 있다,

집단 유효성에 대한 거래적 리더십과 변혁적 리더십의 효과를 비교한 연구결과는 일치를 보이지 않고 있다. 그러나 변혁적 리더십이 더 효율적이라는 많은 증거가 있다. MLQ 및 유사한 질문지를 사용한 대부분의 연구는 변혁적 리더십이 부하의 만족, 동기, 수행 등과 같은 리더십 효율성과 정적으로 관련되어 있다는 것을 알아냈다(Bass, 1997). MLQ를 사용한 39개 연구를 검토한 메타 분석에서 Lowe, Kroeck 그리고 Sivasubramaniam(1996)은 변혁적 리더십의 핵심 요소가 부하의 만족과 수행에 정적으로 관련되어 있다는 것을 알아냈다. Perry, Pearce 및 Sims, Jr.(1999)에 따르면, 거래적 리더십에 비해서 변혁적 리더십은 구성원 성과와 더 높은 상관관계가 있었다. 면접과 관찰에 기초한 연구(Bennis & Naunus, 1985; Tichy & Devanna, 1986) 역시 변혁적 리더십이 더 효율적이라는 것을 알아냈다

Lowe, Kroeck 그리고 Sivasubramaniam(1996)은 기존 연구에 대한 메타분석을 했다. 그 결과 변혁적 리더십과 거래적 리더십 모두 구성원의 성과와 정적 상관이 있었다. 그러나 Jung과 Avolio(1999)는 집단주의 문화가치를 지닌 집단은 변혁적 리더십이 집단성과를 높인 반면, 개인주의 성향이 강한 집단은 거래적 리더십이 더 효과적임을 밝혔다. 변혁적 리더십과 팀 효율성 또는 조직유효성 및 리더에 대한 만족을 검증한 연구에서도 변혁적 리더십 경향이 높은 집단의 효율성이 더 높고(이덕로, 1994; Avolio & Bass, 1985; Bass, 1985; Harter & Bass, 1988), 리더에 대한 구성원의 만족(이덕로, 1994; Bass, 1985)도 더 높았다.

정윤길과 이규만의 연구(2000)에서 거래적 리더십과 변혁적 리더십 효과를 조직이나 팀 구조에 따라서 비교한 결과, 경쟁적 구조를 지닌 기업 조직이나 스포츠 팀에서는 변혁적 리더십이 효과적이었고, 상대적으로 관료적이고 구조화된 조직이나 스포츠 팀에서는 거래적 리더십이 더 효과적이었다. 이와 비슷하게 윤정구와 임준철의 연구(2001)는 거래적 리더십과 변혁적 리더십의 한 요소인 '조건 보상' 과 '개별 배려' 가 부하의 자아 개념인 '자존심' 과 '자기-효능감' 에 미치는 효과를 검증했다. 결과에 따르면 조건 보상은 부하의 자존심과 자기-효능감을 저하시키는 저해요인인 반면에, 개별 배려는 장기적인 신뢰를 바탕으로 한 관계에 적합하며 부하의 자존심과 자기-효능감을 향상시키는 촉진 요인이었다.

06

코치와 선수의 상호작용

1. 서 론

코칭 차원의 연구는 사회심리학에서 사회적 영향과정을 다루는 리더십 주제에 포함된다. 리더십은 리더로서의 코치와 부하로서의 선수가 행동에 대해서 상호 영향을 미치는 체계(influence system)다. 코칭에 대한 또 다른 사회심리학적 접근방법은 사회적 상호작용 체계(social interaction system)다. 이 체계에서 대인관계의 기본은 상호작용이다(Thibaut & Kelley, 1966). Hollander(1971)는 상호 의존적으로 행동하는 둘 이상의 개인 사이의 상호적 관계를 사회적 상호작용이라고 정의한다. 상호작용은 타인의 출현에 대해서 한 개인이 행동으로 반응하거나 의사소통하는 것을 의미한다. 그러므로 코칭은 코치와 선수간의 사회적 상호작용이며, 코치와 선수의 관계는 상호 의존적인 두 사람 간의 상호작용적 행동이다.

Singer(1972)는 코치와 선수 사이의 상호작용으로 이루어지는 많은 시간은 스포츠를 통한 성취의 기본이 된다고 한다. Hendry(1974)는 선수의 성격을 연구해서 그들의 행동을 예측하는 데 어려움이 있다면, 그것은 선수의 성격 패턴을 사회적 맥락에서 고려하지 않았기 때문일 것이라고 주장했다. 코치와 선수의 성격은 그들의 사회적 상호작용뿐만 아니라 스포츠 기술의 습득과 경쟁적인 경기 수행에 대한 상호작용의 성과에도 영향을 미친다.

Lewin의 공식, 행동$=f$(개인×환경)에 따르면, 코치와 선수의 관계에는 성격과 상황 체계가 모두 포함되어 있다. 성격 체계는 코치의 성격, 개인적 선호, 욕구 성향 등과 선수의 성격, 개인적 선호, 욕구 성향 등으로 구성된다. 상황 체계는 과제 요건

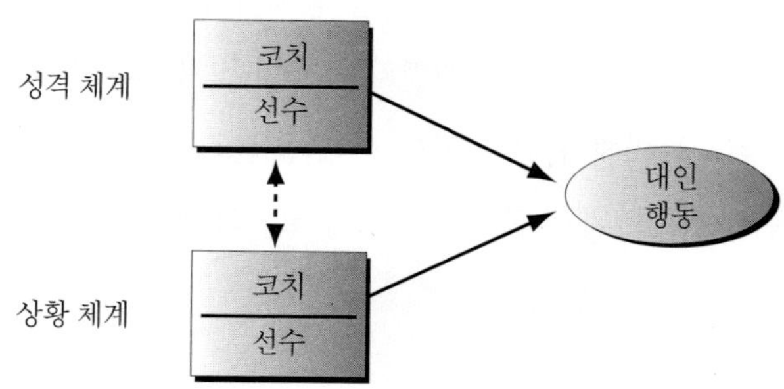

[그림 6-1] 환경과 개인 요인의 산출로서의 상호작용(Carron, 1980)

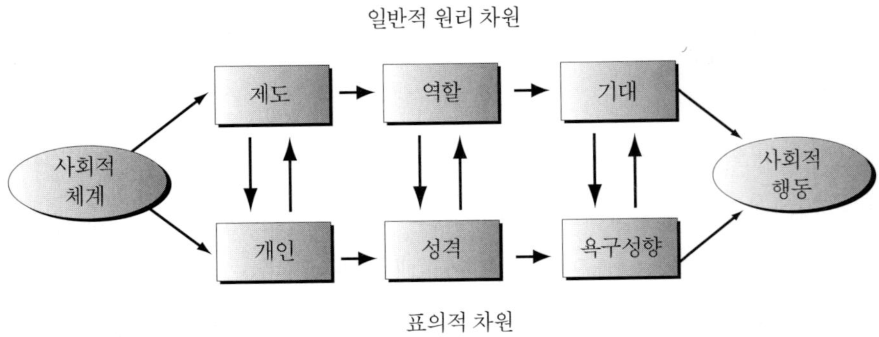

[그림 6-2] 선수의 스포츠 수행을 결정하는 요인(Getzels & Guba, 1957)

의 특성, 규범적 표준과 역할기대, 구조가 매우 공식화되어 있는 정도, 팀 상황의 기술 수준, 팀 크기와 조직 환경 등이다. [그림 6-1]은 이런 사회적 상호작용 모형의 개요를 나타낸다.

[그림 6-1]에 제시된 도식은 Getzels와 Guba(1957)가 제시했던 모형의 원형이다. 그들의 주장에 따르면 사회적 행동은 표의적(ideographic) 차원과 일반원리(nomothetic) 차원이 상호 작용한 결과다. 그 모형은 [그림 6-2]에 나타나 있다.

일반원리 차원은 사회적 상황에서 행동에 대해서 규범화되어 있거나 이미 형성된 양식 또는 제시된 표준이다. 그러므로 사회적 체계는 헤아릴 수 없이 많은 제도를 포함하고 있는데, 스포츠는 그중의 하나다. 그 제도 내의 주역인 선수와 코치는 일반적인 유형의 사회적 행동과 관련된 구체적 역할을 수행한다. 각 개인은 가정, 직장, 교회, 사회단체 등과 같은 많은 사회집단에 동시에 소속되어 있다. 그리고 각 집단은 행동에 대한 암묵적이고도 구체적인 행동표준을 지니고 있다.

또한 제도 안의 개인은 태도, 성격, 욕구 성향 등에서 현저한 차이를 보인다. 이것이 표의적 차원이다. 이렇게 광범위한 개인차는 규범적 표준과의 상호작용을 통해서 개인의 행동에 영향을 미친다. 여기서는 여러 문헌(Carrom & Chelladurai, 1978; Hendry, 1974)을 통해서 논의된 스포츠 상황에서 코치와 선수 상호작용을 분석하는 데 이용될 수 있는 모형을 소개한다.

2. 욕구상보성 모형

Aronson(1973)은 조사연구를 통해서 다음과 같은 몇 가지 대인매력을 결정하는 결정요인을 발견했다.

1. 근접성: 가까운 거리에 있는 개인은 서로 좋아하게 될 기회가 많다(Festinger, Schachter, & Back, 1950; Gullahorn, 1952; Kendall, 1960).
2. 가치나 신념의 유사성: 기본적인 문제에 대해서 동의하는 개인은 서로에게 매력을 느낀다(Byrne, 1964; Newcomb, 1961; Precker, 1952; Richardson, 1940; Schachter, 1951).
3. 성격특성의 유사성: 비슷한 개인은 서로에게 끌린다(Secord & Backman, 1964; Shapiro, 1953).
4. 유능성: 유능한 개인은 그렇지 못한 개인보다 더 인기가 있다(Iverson, 1964; Stotland & Hilmer, 1962).
5. 유쾌하거나 긍정적인 성격이나 행동: 좋은 성격을 지녔거나 그렇게 행동하는 개인은 더 인기가 있다(Bonney, 1944; Jackson, 1959; Lemann & Solomon, 1952).
6. 나를 좋아하는 것: 애정은 서로 주고받는 것이다(Backman & Secord, 1959).
7. 욕구 상보성: 상대방의 욕구를 만족시켜 주는 사람(예, 상대방은 지배적인데 복종적인 사람, 상대방은 보호적인데 의존적인 사람)은 매력을 얻는다(Winch, 1958).

이런 요인 가운데 욕구 상보성은 한 가지 점에서 나머지 요인과 다르다. 여섯 요인은 동질성, 긍정적 자질, 특성 또는 속성이 매력의 강력한 근거를 제공한 반면에 욕구 상보성은 욕구가 서로 어울리는 것을 중요하게 본다. Aronson은 스포츠 장면에 적용해서 언급하지는 않았지만, 욕구 상보성 접근은 Schutz(1966)의 대인관계 개인지향 이론과 그 질문지인 기본적 대인관계 지향-행동(Fundamental Interpersonal Relations Orientation-Behavior: FIRO-B)의 근거를 마련했다.

1) Schutz의 대인관계지향 모형

Schutz 이론의 핵심원리는 사람은 사람을 필요로 한다는 것이다. 개인이 건강을 유지하기 위해서 생물학적 욕구가 충족되어야 하는 것과 마찬가지로, 대인관계의 사회적 욕구도 만족되어야 한다. 대인관계 욕구는 타인과의 관계를 형성하고 유지하면서 채워진다. 대인관계 욕구는 포함(inclusion), 통제(control) 그리고 감정(affection)의 세 가지 폭넓은 행동차원 안에 존재한다.

포함은 타인과의 연합, 의사소통 그리고 우정과 관련되는 행동이다. 포함하는 행동이 없으면 대인관계가 존재하지 않는 정도를 나타낸다. 통제는 사람 사이의 의사결정 과정과 관련되는 행동이다. 그것은 권력, 권위, 지배, 영향을 지향한다. 두 사람 간의 개인-정서적 느낌인 감정 행동은 사랑과 애정을 지향한다.

이 세 가지 대인 차원 각각은 두 가지 방식으로 표출된다. 한 가지 방식은 개인이 타인에게 표현하는 행동이고, 다른 하나는 개인이 타인에게서 바라거나 원하는 행동이다. 〈표 6-1〉에는 세 가지 욕구 차원과 두 가지 표출 방식에 의한 FIRO의 여섯 차원에 대한 정의와 단순한 모형이 소개되어 있다.

〈표 6-1〉 기본적 대인관계 지향이론의 차원(Schutz, 1966)

욕구차원 / 표출방식	포함(I: Inclusion)	통제(C: Control)	감정(A: Affection)
표현된 행동 (E)	타인을 나의 활동에 포함시키고, 그들의 활동에 나를 포함시키도록 노력한다. 나는 사회적 집단에 소속되고 가입해서 가능하면 타인과 함께 있으려고 시도한다.	나는 사물을 통제하고 영향을 주려고 한다. 사물에 대해서 통제하고 타인이 할 일에 대해서 언급한다.	나는 타인과 가까워지도록 노력한다. 나는 친근함과 애정을 표현하며 개인적이고 친밀해지도록 노력한다.
원하는 행동 (W)	나는 타인이 그들의 활동에 나를 포함시켜 주기를 원한다. 내가 먼저 포함되도록 노력하지 못하더라도, 그들이 나를 초대해서 포함시켜 주기를 바란다.	나는 타인이 나를 통제하고 영향을 미치기를 원한다. 나는 타인이 내가 할 일을 말해 주기를 바란다.	나는 타인이 나에게 친절과 애정을 표현해 주길 원한다. 그리고 나와 가까워지도록 노력해 주길 바란다.

2) 대인관계지향 모형의 개요

여기서는 두 가지 점이 중요하다. 하나는 개인이 포함, 통제 그리고 감정의 각 욕구 영역 내의 네 개의 위치(대인 행동에서) 중 어떤 하나를 선택하는 것이 가능하다는 것이다. 네 개의 위치란 첫째, 받기만 하는 사람, 둘째, 표현만 하는 사람, 셋째, 높은 상호교환, 넷째, 낮은 상호교환이다. [그림 6-3]에서는 이 위치들을 사분면 형태로 도식화했다.

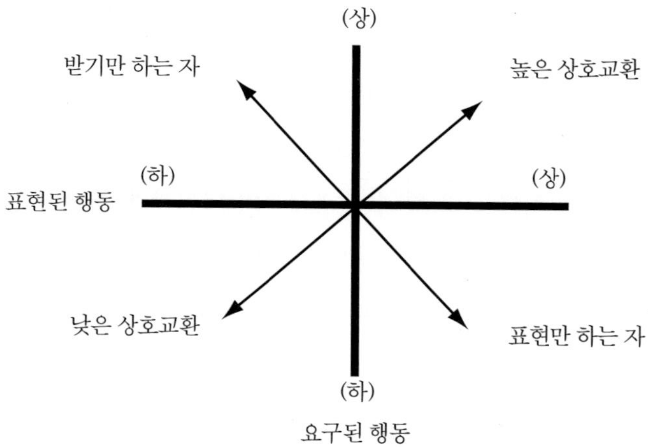

[그림 6-3] 대인행동을 기술하기 위한 일반 도식(Schutz, 1966)

받기만 하는 자는 다른 사람이 감정표현(또는 통제나 포함)해 주기를 원하지만 자신은 감정을 표현하지 않는다. 표현만 하는 자는 자신이 감정 행동(또는 통제나 포함)을 표현하지만 타인에게서는 그것을 원하지는 않는다. 높은 상호교환은 타인에게서 매우 많은 감정(또는 통제나 포함) 표현을 원하고 자신도 표현한다. 낮은 상호 교환은 타인에게서 감정을 원하지도 않고 자신도 표현하지 않는다.

두 번째는 욕구의 대인관계 성질이다. 개인은 감정, 욕구, 통제, 포함을 표현하고 받고자 하는 욕구를 모두 지니고 있다. 개인행동의 독특성은 이 차원들에서의 개인차로 나타난다. 그리고 대인관계에서 상호보완을 성취하기 위해서는 자신과 타인 사이의 균형이 필요하다.

3) 상보성과 행동

(1) 성격체계

Carron과 Bennett(1997)는 Schutz의 모델을 이용해서 코치와 선수 간의 효과적인 대인관계 상호작용에 기여하는 요인을 조사했다. [그림 6-1]의 상단에 있는 차원을 검토해서 코치와 선수 양자관계에서 양립 가능한 것과 양립 불가능한 두 영역을 구분했다. 양립 가능한 영역은 스포츠 상황에서 지도가 가능하고 문제 선수가 될 가능성이 낮은 선수와 코치로 구성되어 있다. 반면에 양립 불가능한 영역은 코치가 느끼기에 스포츠 환경에서 가장 큰 문제를 일으킨 선수와 코치로 구성되어 있다.

코칭 차원을 측정할 때 자주 언급된 감정과 통제 차원이 가장 중요한 영역일 것이라고 가정했다. 그러나 양립 불가능에 가장 크게 기여하는 요인은 포함 차원의 행동이었다. 양립할 수 없는 코치와 선수 양자 관계에서의 대인관계는 코치나 선수 양측 모두가 분리, 후퇴, 고립 행동의 특징을 보였다(Carron & Bennett, 1977).

통제와 감정이 왜 양립 불가능성의 중요한 원천이 아닌지는 세 가지 행동 차원 간의 차이로 설명된다. 포함 양립 가능성은 코치와 선수 간의 관계가 실제로 존재하는 정도를 측정한다. 코치와 선수 양자 간의 관계가 형성된 후에야 지배와 권력(즉, 통제) 그리고 감정을 주고받는 영역에서의 양립 가능성을 논할 수 있다. 양립 가능하다고 판정된 선수들은 더 오랫동안 코치와 함께 스포츠에 참가해 왔고(양립 불가능의 경우 평균 1.85년 대 양립 가능은 2.68년), 양립 불가능으로 판정된 선수는 중간에 그만두었거나 쫓겨나서 감소했거나 오랜 기간의 대인 접촉 기회 때문에 코치는 더 이상 그를 양립 불가능한 선수로 분류하지 않는다(Carron & Bennett, 1977).

Pease, Locke 그리고 Burlingame(1971)은 개인이 팀을 그만두거나 쫓겨나는 원인을 분석해서 Schutz의 FIRO-B척도로 측정된 '선수-코치 양립 불가능'은 선수가 팀에서 그만두거나 포기하도록 결정하는 요인이라는 사실을 밝혔다. 그들은 통제와 감정 차원에서 양립 가능한 선수 중에서는 비교적 적은 수가, 양립 불가능한 선수 중에서는 대다수가 팀을 포기한다는 견해를 지지하는 결과를 얻었다.

(2) 상황체계

규범과 역할기대는 스포츠를 포함한 사회적 상황이나 행동에 영향을 미친다. 집단이나 기관에서의 행동은 사회적이다. 사회적 행동은 규범적이므로 집단에 참가하는 개인은 규범에 따라서 역할을 수행한다. 그러므로 행동의 형태와 내용은 집단규범과 행동에 대한 타인의 기대에서 나오는 표준에 의해서 결정된다.

양립적 상호작용이 가능하려면 코치와 선수가 역할관계와 상황 해석에 동의하고 그 상황에서 기대되는 역할을 할 준비가 되어 있어야 한다. 코치나 선수 어느 측에서 역할 정의에 동의하지 못해서 일어나는 역할 갈등은 코치-선수 관계의 양립 불가능에 영향을 준다.

코치와 선수의 특징적 역할행동은 두 사람에 의해서 함께 결정되며 이때 세 가지가 중요하다(Carron, 1978). 첫째, 코치와 선수가 그들의 역할행동에 동의했는가? 둘째, 코치의 역할행동이 권위주의, 분리, 감정 결핍 등과 같은 특징으로 구성되어 있는가? 셋째, 선수와 비교해서 코치의 역할행동이 갈등이나 양립 불가능에 영향을 주는가? 연구결과, 코치와 선수는 모두 그들의 역할행동에 동의했고 이것은 [그림 6-4]에 제시되어 있다.

이 결과는 스포츠 상황에서 코치의 역할행동은 선행연구에서 제안한 행동을 포함한다는 결론을 지지하는 것이다. [그림 6-4]에서 종속변수인 발원자/주도행동(originator/initiation behavior)은 표현된 행동(the expressed behavior)에서 원하는 행동(the wanted behavior)을 가감함으로써 FIRO-B의 발원자 하위척도(the original subscales)에서 산출한 값이다.

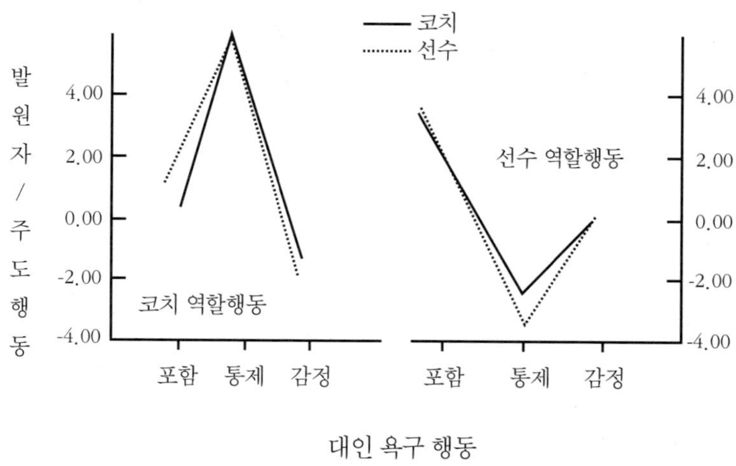

[그림 6-4] 코치와 선수가 지각한 코치와 선수의 역할 행동(Carron, 1978)

발원자/주도 행동 = 표현된 행동 - 원하는 행동

이것은 개인이 선호하는 행동모형을 반영한다. 행동을 주도하고 받아들이는 것에는 개인 선호가 있다. 예를 들면 통제 차원에서의 플러스 점수는 권위, 권력, 영향력을 발휘하는 방향으로의 행동경향을 가리킨다. 반면에 낮은 마이너스 점수는 상대의 권위를 받아들이려는 행동 경향을 나타낸다.

[그림 6-4]에서 보듯이 코치는 높은 수준의 통제를 행사함으로써 스포츠 환경을 지배하는 것으로 지각된다. 선수는 코치와 다른 선수에 의한 통제를 수용하는 자로 지각된다. 코치는 상호작용을 주도하므로 포함 행동 수준은 높지만, 온화하고 개인적인 우정을 발전시키는 데는 소극적이어서 감정 행동차원은 낮다. 코치는 포함 및 통제 두 영역의 발원자라기보다는 수용자다.

반면에 선수는 코치와의 상호관계에서 통제적 행동차원이 매우 낮아서 코치에게서 지시, 명령, 통제를 받아들이는 역할을 한다. 그리고 포함 차원은 수준이 매우 높아서 선수는 코치와의 관계를 통해서 포함되기를 원하는 역할을 하는 것으로 지각된다.

마지막으로 포함과 감정 영역에서 코치의 특징적인 역할행동은 양립 불가능의 잠재적 원인이다. 선수나 코치 모두 감정이나 포함 행동을 주도하려고 하지 않고 수용자의 행동양식을 선호하여 결국 스포츠 상황은 비사회적이고 고립된 형태가 되기 때문이다. 그러나 코치-선수 관계에서는 코치가 통제행동의 주도자이고 선수는 수용자라는 합의가 있기 때문에 통제 행동은 문제 영역으로 보이지는 않았다.

사회적 상황에서의 규범적 기대는 개인 특성이나 성격에 영향을 미친다(Argyle, 1969). 활동적이고 개방적인 의사도 환자와 상담하는 상황에서는 매우 제한된 범위 내에서 행동한다. 50명의 선수와 시즌 첫 훈련을 함께하는 코치에게도 비슷한 상황이 적용된다. 그러나 효력을 발휘하는 규범이나 역할 기대의 유일한 산물이 코치의 행동이라고 가정할 수는 없다. Endler와 Hunt(1968) 그리고 Fisher, Horsfall 및 Morris(1977)의 연구에서는 행동이 개인과 상황만이 아니라 그들의 상호작용에 의해서도 크게 설명되었다.

4) 상보성과 수행

상보성 모형에서는 대인관계를 형성하는 두 개인의 욕구 간의 수렴뿐만 아니라 상황의 요구와 두 사람의 상호작용을 구성하는 요인 간의 조화도 고려한다. 특히 상보성과 수행을 고려할 때 중요한 상황 요인의 하나는 과제다. 스포츠 리더십 다중차원 모형(Chelladurai, 1978)에서 지적하듯이 다양한 팀의 선수의 과제는 여러 차원에서 차이를 보이고, 이런 차이는 코치와 선수의 행동에 어떤 제약이나 요구를 가한다. 상호 의존적 과제 상황에서 리더(코치)의 행동은 독립적인 직무 상황에서 더욱 구조화되고 조화를 꾀하는 기능으로 구성된다. 이것은 [그림 6-5]에 설명되어 있다.

스포츠 과제의 변이성은 코치의 과제구조화 행동의 정도에 영향을 준다. 폐쇄적 스포츠를 좋아하는 사람은 개방적 스포츠를 선호하는 사람보다 코치의 강력한 훈련행동(질서 있고 획일적 훈련방법을 유지하는 것뿐만 아니라 최대 능력으로 일하기를 강조하는 코치의 행동)을 더 좋아한다. 폐쇄적 스포츠는 틀에 박히고 단조로운 반면에 코치의 훈련행동은 자극과 변화를 제공하기 때문인 것으로 설명된다.

스포츠에서 대인행동과 수행 효율성의 관계를 논할 때는 코치, 선수, 과제의 세 가지 변수를 모두 고려해야 한다. 그러나 특성접근법은 세 개 중에서 두 개 변수의 상호 관련성만을 알아보려고 했다. 예를 들어, Chelladurai와 Saleh의 연구는 다양한 스포츠에서 리더의 행동에 대한 선수의 선호에서의 차이에 관심을 두었다. Carron(1978)과 Carron 및 Bennett(1977)도 코치와 선수 변수만 검토했다.

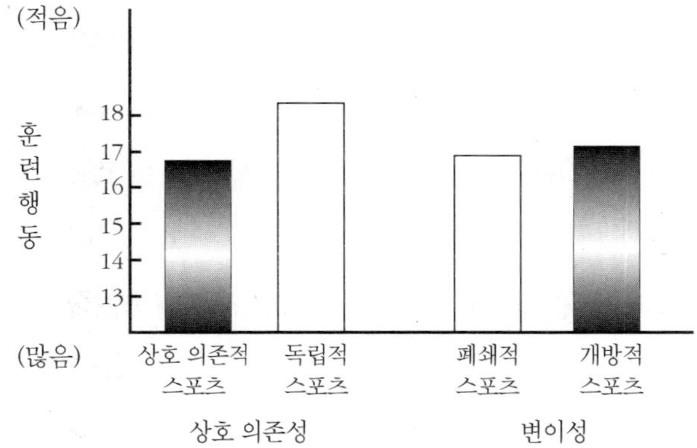

[그림 6-5] 스포츠에서 상호 의존성과 변이성에 따른 훈련행동(Chelladurai & Saleh, 1978)

예외적으로 Liddell과 Slocum(1976)의 연구에서는 수행에 대한 양립 가능성 효과를 알아내기 위해서 선수, 코치, 과제 세 차원을 통합했다. 직무/장치(apparatus)는 바퀴형 의사소통망이다. 통제/리더십 직위는 바퀴 중심이고 부하/종속 직위는 바퀴 외곽과 살 부분에 해당한다. 의사소통은 바퀴살을 통해서만 가능하다. 그러므로 첫째, 바퀴형 의사소통망은 고도의 통제 교환과 분화를 요구한다. 둘째, 중앙부는 통제를 많이 가하지만 통제는 적게 받는다. 셋째, 외곽에서는 통제를 적게 가하고 통제를 많이 받는다.

실험참가자는 Schutz의 FIRO-B 통제 차원 점수에 따라 선정되어 세 조건 중 하나에 배당되었다. 양립 가능 조건에서 통제를 많이 하고 덜 받기 원하는 개인은 바큇살 중심을 차지했고, 외곽 부위는 통제를 적게 하고 많이 받기 원하는 개인으로 채워졌다. 리더와 부하는 타인 및 과제 요건과 양립할 수 있는 행동선호를 가졌다.

양립 불가 조건에서는 통제를 적게 하고 많이 받기 원하는 개인이 중심을 차지했고, 통제를 많이 하고 적게 받기 원하는 개인은 외곽을 차지했다. 리더와 구성원은 양립적이다. 그러나 이 조건에서 그들의 행동적 욕구는 과제 요건과 양립할 수 없었다. 세 번째 조건에서는 실험참가자가 여러 직위로 무선 배정되었다.

[그림 6-6]에 요약된 결과에 따르면 양립 가능 집단은 양립불가 집단이나 무선집단보다 실수는 적으면서 문제를 빨리 해결할 것이라는 가정이 지지되었다. 무선집단은 양립불가 집단보다 더 효과적이었다. 양립 가능성이 클수록 더 효과적이라는 결과는 이 연구에서만 얻은 것이 아니라 집단치료(Sapolsky, 1965), 학생-교사 상호작용 및 학생의 결과적인 학습(Hutcheson, 1963), 실험적 문제해결 상황(Reddy & Barnes, 1972; Schutz, 1958, 1966) 같은 여러 장면에서도 보고되었다.

실험실과 달리 현장에서 작업 생산성이나 문제해결 행동을 다룬 연구결과는 일관성이 없다. Carron과 Garvie(1978)는 레슬링 선수의 성적과 코치-선수 양립성의 관계를 조사했다. Schutz의 FIRO-B 측정도구로 양립성을 측정했다. 선수의 수행은 선수와 코치가 각각 경기 전에 기대했던 것과 비교된 선수의 성적을 평가해서 상대적으로 측정했다. 중다회귀분석 결과에 따르면 FIRO-B 측정치는 선수의 성적 전체 변량의 극히 적은 부분을 설명하는 데 그쳐서 코치-선수 양립성은 선수의 경기 수행을 설명할 수 없었다.

Hill(1975)과 Underwood 및 Krafft(1975)는 개인 사이의 양립 가능성이 아니라

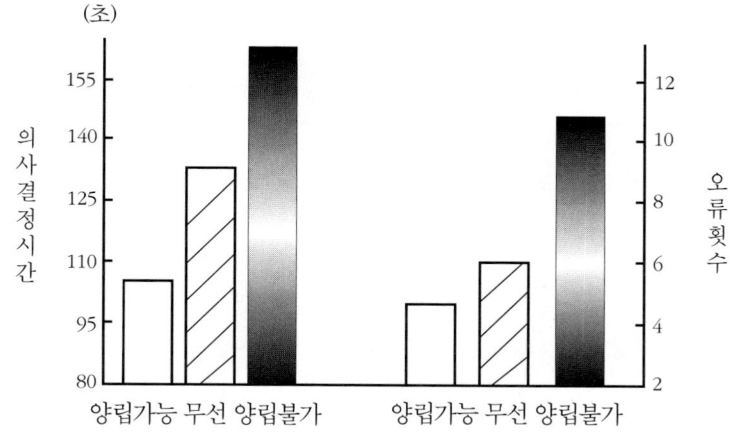

[그림 6-6] 개인성향과 과제요건 간의 양립가능성 정도에 따른 수행(Liddell & Slocum, 1976)

오히려 양립 불가능성이 수행 효율성을 더 증가시킨다는 것을 발견했다. 이 결과에 따라서 Hill은 대인 간의 조화보다는 어느 정도의 긴장이 생산성에 기여한다고 제안했다. 양립 불가능성으로 발생한 개인의 경쟁 충동이 과제수행에 영향을 미치기 때문이다.

실험실과 비실험실 연구결과 간의 불일치는 과제 자체의 상호 의존성 때문일 것이다. 상호 의존도가 높고 서로 마주보는 과제 상황에서 양립 가능성은 성공적 수행의 전제 조건이다. 그러나 앞서 간략히 소개한 이유 때문에 독립적인 과제에서는 양립 불가능성이 더 선호될 것이다. Landers와 Luschen(1974)의 연구는 코치-선수 양립 가능성 효과를 검증한 것은 아니지만(오히려 응집력의 문제인 선수와 선수의 양립 가능성을 다룬 연구임), 가장 성적이 우수한 볼링 팀은 오히려 응집력이 가장 약하다는 결과는 이런 해석을 어느 정도 지지하는 것이다.

3. 사회적 기술 모형

인간의 동작수행을 분석하기 위한 또 다른 접근방법(Crossman, 1964; Fitts & Posner, 1967; Marteniuk, 1976; Welford, 1958; Whiting, 1975)에서는 수행을 정보처

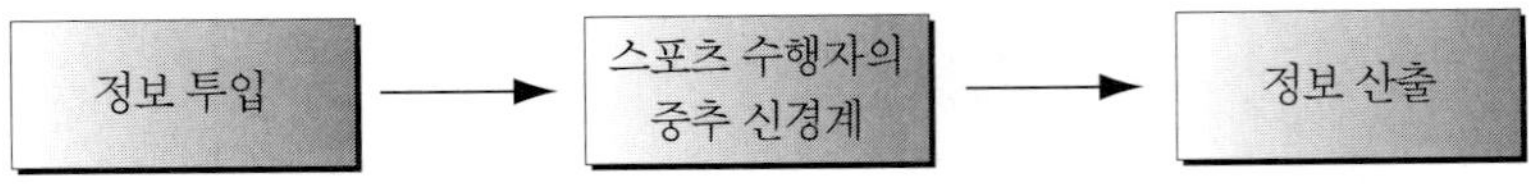

[그림 6-7] 스포츠 동작 수행의 정보처리 단축모형(Marteniuk, 1976)

리과정으로 간주했다. 정보처리과정은 투입정보를 감각하고, 정보에 주의하고, 정보를 처리하고 저장하고, 정보를 전환시키는 것이다. 그러므로 정보는 옮겨지고 활동한다. Marteniuk(1976)는 이 과정을 [그림 6-7]에서처럼 스포츠 동작기술 수행에 적용했다.

스포츠 동작 수행자의 중추 신경계는 의사소통 통로에 비유된다. 이 통로를 통해서 환경에서 들어오는 정보가 처리된다. 즉, 수행자가 환경(정보 입력)에서 정보를 받아서 근육으로 보내고 운동(정보 출력)이 일어나는 메시지가 되는 방식으로 처리하는 의사소통 체계라고 볼 수 있다. 통로나 중추 신경계가 입력된 정보를 효율적이고 정확히 처리하면 환경 요건과 부합하는 행동을 할 것이다.

이 설명은 개인이 관여하고 있는 사회적 상호작용 과정 상황에도 똑같이 적용된다. 사회적 기술과 동작 기술 수행 간의 일치를 찾아낸 Argyle과 Kendon(Argyle, 1967, 1969; Argyle & Kendon, 1967)도 이 점을 지적했다. 그들은 개인 간의 사회적 만남은 동작 수행과 마찬가지로 숙련되든 그렇지 않든 사회적 수행으로 볼 수 있다고 제안했다. 사회적 맥락에서의 기술이란 대상이나 상황에 관련하여 조직화되고 조화를 이룬 활동으로서, 이들은 감각, 중추 및 동작 기제의 전체 경로를 포함한다. 중요한 특성의 하나는 수행이나 활동의 흐름은 계속적으로 감각 투입의 통제하에 있다는 것이다. 투입은 수행의 방향을 결정하는 데 부분적으로는 대상이나 환경으로부터 전달된다. 투입은 활동결과가 성취 기준이나 목표에 근접한 정도에 의해서 지속적으로 수행을 통제한다. 그 결과 수행은 상황에 맞게 조절된다. 이러한 원리를 기초로 해서, Argyle(1969)은 동작기술 연구에서 얻어 낸 정보처리모형을 제시했다. 다음의 [그림 6-8]에 사회적 상호 기술에 대한 정보처리 모형의 대강이 제시되어 있다.

Argyle(1969)는 상호작용의 사회적 기술 모형을 제시하면서 동작수행을 설명하

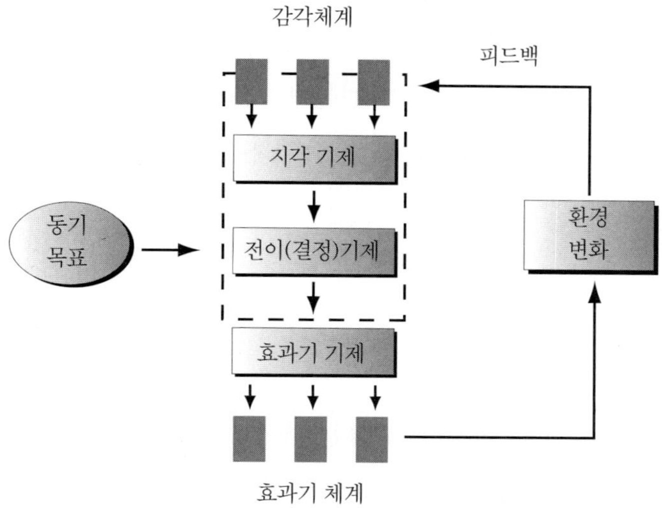

[그림 6-8] 상호작용에 대한 사회적 기술 모형(Argyle, 1969)

기 위해서 개발된 정보처리모형과 비슷한 방식으로 지각 입력과 중앙 정보처리과정 및 산출 또는 수행을 구별해야 한다고 지적했다. 동작기술이 목표를 가지고 있고 수행 효율성에 관련하여 피드백이 있는 것과 마찬가지로 사회적 수행도 그렇다. [그림 6-8]에서 보듯이 이런 요소가 모형에 포함되어 논의되고 있다.

1) 동기 또는 목표

코치와 선수 상호작용에서 사회적 작동자인 코치의 열망은 사회적 수행의 동기나 목표로 나타난다. 그것은 지식을 전수하고, 팀의 조화와 협력을 확립하고, 선수에게 행복한 정서 상태를 만들어 주거나 태도를 변화시키고, 행동 또는 신념을 바꾸는 것이다. 스포츠의 기본 목표는 과제의 완수이기 때문에 각 목표는 효과적인 과제 성취라는 좀 더 기본적인 목표와 관련된다. 그러므로 농구에서의 점프 슛과 같은 동작기술의 특성과 같은 양상으로 일련의 하위 과제 및 목표는 효과적인 수행을 위한 전반적인 전략으로 연계되어 있다.

스포츠 상황에서 선수와 코치 사이에는 과제성취 이외에도 Schutz(1966)가 언급한 포함, 통제, 감정(욕구의 만족)과 같은 순수한 사회적 기술 및 대인관계와 같은 또 다른 이유 때문에 사회적 상호작용이 발생할 수 있다. 그 상황에서 수행자-사회적 작동자는 정보처리자로서 행동한다. 이때의 목표는 기본적인 사회적 동기일 것이다. 그러나 일반적인 과정은 전체적인 전략에 연계되어 있는 하위 과제 및 목표와 일치되어야 한다. 예를 들면 선수와 상호 작용하는 코치는 스포츠에서의 과제 완수뿐만 아니라 서로 좋은 우정을 형성해야 한다.

2) 지각기제

지각기제(the perceptual mechanisms)의 기능은 감각계로 들어오는 빛, 소리, 운동감각 등의 투입정보를 조직하고 분류하여 지각반응을 전이(결정)기제로 전환하는 것이다. 전이기제는 지각반응을 이용해서 즉각적 활동경로를 결정한다. 지각반응은 나중의 사회적 상황을 예측하는 데 사용할 목적으로 기억 속에 저장된다.

동작 수행에서와 마찬가지로 선택적 주의는 사회적 수행의 필수요소다. 동작 기술을 수행하는 동안에 개인은 운동감각, 시각 및 청각적인 수많은 감각정보에 노출된다. 그리고 효과적인 수행을 위해서 그 정보 가운데 극히 적은 정보에만 주의를 기울인다. 사회적 수행 상황도 마찬가지다. 사람들은 연설장에서 들어오는 정보의 1%만을 기억하고 유지할 수 있을 뿐이다(Crossman, 1964). 사회적 상황에서도 청각 및 시각적 정보가 중요한 부분을 차지한다.

Clore과 Byrne(1974)은 대인관계에서 인상이나 태도형성에 이용된 자극을 감정과 정보로 구분했다. 감정은 대상에 대한 유쾌하거나 불쾌한 경험과 연합된 자극이다. 정보는 대상에 대한 긍정적이거나 부정적인 신념과 연합된 자극이다. 감정과 정보는 모두 개인이 타인에 대해서 지니는 매력의 중요한 측면이다.

정보가 과도하게 밀려오기 때문에 개인은 타인에게서 오는 입력정보를 지각하고 조직하고 분류해야 한다. 이런 목적으로 일어나는 대인지각 과정의 하나는 사람을 어떤 범주에 배정하고 그에 관련된 고정관념을 적용하는 것이다. 예를 들어 타인에 대한 지각의 하나인 고정관념은 나이에 대한 추론이 가능한 머리카락 색깔이나 주름살, 사회 계층에 대한 추론이 가능한 억양이나 옷차림, 인종을 알 수 있는 얼굴 특징 등 신체적 단서로부터의 추론에 의해서 영향을 받는다. 고정관념은 외모적 특성뿐만 아니라 직업에 의해서도 영향을 받을 수 있다. 일반인은 신체적 특징 및 심리적 특성에 따라서 스포츠 코치와 체육 교사에 대한 고정관념을 갖는다(Hendry, 1973).

스포츠에서는 수행 평가와 관련된 또 다른 고정관념이 존재한다. 선수의 능력에 대한 사전 기대는 나중에 수행에 대한 객관적 평가에 영향을 미친다. 이 점을 명확하게 증명한 실험에서 Hatfield와 Landers(1978)는 세 집단의 체육 전공자가 균형유지 측정기로 실험 대상자의 수행을 평가하게 했다. 첫 번째 평가집단에게는 평가 대상자들도 우수한 수행자일 것이라고 알려 주어서 수행에 대한 긍정적 편견 또는 기대감을 주었다. 두 번째 평가 집단에게는 수준 낮은 수행자를 관찰할 것이라고 알려 주어서 부정적 편견 또는 기대감을 주었다. 세 번째 평가 집단에게는 사전에 아무런 정보도 주지 않아서 편견이나 기대감을 형성하지 않았다. 평가 대상자인 수행자는 실험을 위한 협조자로서 아주 비슷하거나 거의 똑같은 능력을 갖춘 사람들이었다. 그럼에도 불구하고 평가한 결과를 보면, 긍정적 편견을 지닌 집단은 부정적 편견을 가진 집단보다 평가대상자가 균형을 유지한 시간이 더 길고 수행에서 오류가 더 적었다고 평가했다. 그들의 사전 기대는 분명히 사후 수행 평가에 영향을 미쳤다.

동작 수행을 평가할 때 성에 대한 편견이나 고정관념도 영향을 미칠 수 있다. Brawley, Landers, Miller 그리고 Kearns(1979)는 남녀 관찰자에게 근력 유지 과제에서 남성과 여성의 수행을 평가하게 했다. 평가를 받는 남녀의 수행은 모두 실제로 일정했음에도 불구하고 평가자는 수행 전과 수행 후 평가 모두 여자보다 남자의 수행수준을 더 높게 평가했다. Scheer, Ansorge(1975, 1979), Ansorge, Scheer, Laub와 Howard(1978)의 실험연구에서도 동작 수행 전에 형성된 사전 기대, 편견, 고정관념이 동작 수행 평가에 영향을 미친다는 것을 보여 주었다.

체조경기에서는 일반적으로 팀에서 실력수준이 낮은 선수가 먼저 경기한다. 그러므로 체조 코치는 선수의 실력을 서열로 나열하여 경기에 나가는 순서를 정한다. 그러나 심판도 이런 양상에 익숙하기 때문에 경기를 펼치는 순서에 따라서 선수의 수행 수준에 대해서 자연스럽게 사전 기대를 갖게 된다. 팀 내의 경기 순서에 따라서 점수가 높아지는지는 의문스럽지만 체조선수에 대한 심판의 평가에서 사전 기대 효과는 사실인 것으로 증명되었다. 체조선수의 수행을 비디오에 녹화해서 그 수행수준이 높은 순서에 따라서 보여 주고 나서 평가하게 했을 때 순서상 나중에 나온 체

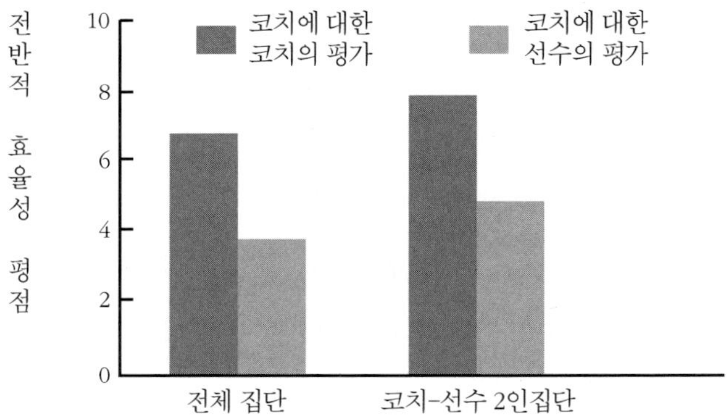

[그림 6-9] 코치의 전반적인 전문가적 행동과 유능성에 대한 코치와 선수의 평가
(Percival, 1971)

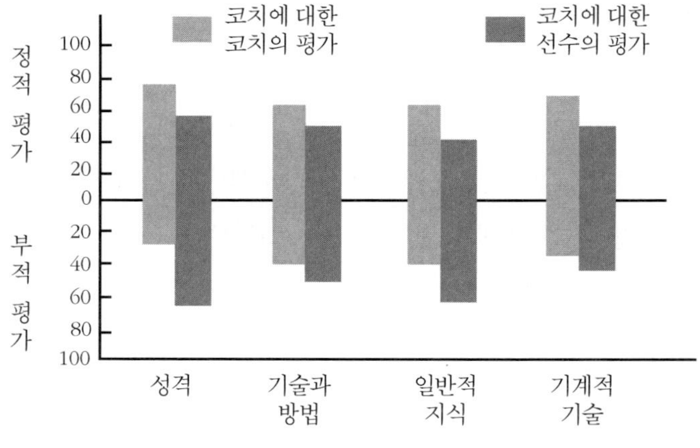

[그림 6-10] 코치의 성격, 기술과 방법, 일반적 지식, 기계적 기술에 대한 코치와 선수의 평가
(Percival, 1971)

조선수를 더 높게 평가했다(Scheer & Ansorge, 1979).

사회적 상호작용과 지각에 관계된 또 다른 요인은 지각의 정확성과 상호성이다. 예를 들어 Percival(1971)은 선수와 코치를 대상으로 코치의 전문가적 행동과 유능성을 평가하도록 했다. 그가 발견한 결과의 요약이 [그림 6-9]와 [그림 6-10]에 제시되어 있다.

조사대상 전체 집단에서 얻은 결과를 검토해 볼 때, 코치는 자신에게 10점 만점에 평균 7점을 준 반면, 선수는 코치에게 4점을 주었다([그림 6-9] 참조). 선수와 코치는 성격, 기술과 방법, 지식 그리고 기계적 기술 등의 4개 범주에서 코치에 대한 평가를 내렸다([그림 6-10] 참조). 코치는 또다시 자신에 대해서 선수보다 훨씬 더 호의적으로 평가했다. 코치에 대한 평가의 네 가지 범주 중에서 코치와 선수가 가장 큰 차이를 보인 것은 성격 범주였다. 코치의 72%가 자신은 긍정적인 성격을 가졌다고 평가한 반면에 선수 중에서는 49%만 코치의 성격을 호의적으로 평가했다.

3) 전이(결정)기제와 산출

전이기제의 기능은 '공으로 슈팅하기', '웃기', '인사하기' 등과 같은 활동을 위한 계획(a plan-for-action)에 도달하는 것이다. 이 활동계획은 전에 학습한 가능한 선택 대안의 목록에서 얻어 낸 일련의 구체적 반응으로 구성된다. 동작기술에서와 마찬가지로 사회적 수행에 필요한 요소도 자주 경험함으로써 어느 정도 자동화될 것이다. 예를 들면, 수년간 오래 특정 기술을 가르쳐 온 코치는 주저하거나 어색함 없이 아주 효과적이고 수행한다.

사회적 상호작용은 중앙 처리과정의 학습된 저장소가 존재하는가의 여부에 달려 있다. 사회화 과정에서 사람들은 어떤 사회적 기술이 자신과 만나는 사람에게서 친밀한 반응 또는 다른 반응을 이끌어 낼 것인지를 학습한다. 선수와의 관계에서 코치는 이런 기술은 다양한 방법으로 향상시킬 수 있다. 예를 들어 선수가 말을 더 많이 하게 하려면, 코치 자신이 말을 더 적게 하고, 선수가 더 자유롭게 대답할 수 있는 질문을 하고, 선수에게 관심을 보이는 말을 하고, 선수가 하는 말에는 지지하고 칭찬해야 한다.

구체적 활동-계획은 산출이나 반응으로 이어진다. 사회적 반응은 크고 높은 수준의 단위보다는 습관화되고 자동화되는 작고 낮은 수준의 단위 요소로 구성된 위계다. 그러므로 코치가 경험을 더 많이 한 영역에서 사회적 수행이 더욱 뛰어날 것이다.

4) 피드백

사회적 기술 모형에서 중요한 구성 요소는 피드백이다. 피드백은 올바른 활동에

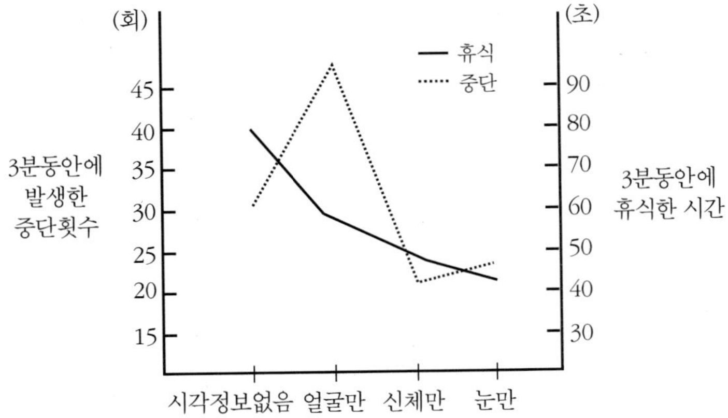

[그림 6-11] 그물 짜기 작업에 미치는 가시성의 효과(Argyle, 1969)

대한 정보를 제공하고, 동작 수행에서와 마찬가지로 스포츠에서의 사회적 수행의 통합적 측면이다. 사회적 상황에서는 안면 표정 단서, 몸의 자세, 목소리의 톤이 피드백으로서 특히 중요하다. Argyle, Lalljee 그리고 Cook(1968)의 보고에 따르면 사회적 상호작용과정에서 상대방의 정서반응을 추정하기 위해서 얼굴 표정에서 피드백을 필요로 한다. 반면에 통로의 통제를 위해서는 타인의 눈에서 오는 피드백(동의의 뜻으로 고개를 끄덕일 때는 계속 이야기하라는 것이다)이 요구된다. Argyle, Lalljee 그리고 Cook의 연구결과는 [그림 6-11]에 나타나 있다.

종합하면, 사회적 기술 모형에서는 타인과의 만남에서 각 개인을 목표달성을 지향하는 작동자(manipulator)로 본다. 그러나 Argyle(1969)의 지적대로 이것은 정신질환자가 타인을 대하는 방식에 기초한 것이므로 정상인의 사회행동 및 경험과는 잘 부합되지 않는다. 사회적 기술 모형을 정상인에게 맞도록 변형시키기 위해서 두 가지 방법으로 확장할 수 있다고 제안했다. 하나는 상호 작용자의 목표는 타인에게 긍정적인 경험을 제공하는 것이어야 한다. 이것은 코칭과 가르침에 쉽게 적용될 것이다. 이런 종류의 상호작용의 숨겨진 동기나 목표는 권모술수가 아니라 선수나 학생에게 더 나은 기술이나 긍정적이고 즐거운 환경을 제공하는 것이다. 두 번째는 사회적 상호작용의 중요한 목적은 자기-제시(self-presentation)다. 이것을 확보하기 위해서 상호 작용자는 상대방의 욕구에 주의해야 한다.

4. 상호작용과정 분석

사회적 상호작용을 연구하기 위해서 사용한 또 하나의 접근방법은 산출에만 중점을 두고 있다. 산출이란 집단 상황에서 상호 작용하는 개인에 의해서 입증되는 특징적 행동과 그 행동의 상대적 발생 빈도다. Bales(1950, 1955, 1966)는 이런 접근방법을 '상호작용과정 분석' 이라고 했다. 상호작용과정 분석은 문제해결을 위한 접근방법으로서, 소집단에서 역할과 지위구조 그리고 시간 경과에 따른 변화와 같은 개인의 사회적 행동과 정서 행동을 연구하기 위한 관찰방법이다(Bales, 1966).

상호작용과정 분석 모형은 소집단 내에서 문제해결 과정의 단계를 분석하기 위해서 Bales와 Strodtbeck(1951)이 제시한 것으로 후에 수정되었다. [그림 6-12]에는 수직 축을 따라서 12개의 수정된 범주가 제시되어 있다.

[그림 6-12]는 네 가지 경우에서 만난 2명에서 4명 그리고 7명까지의 규모를 지닌 24개 집단에 대한 12개 범주로 구분된 상호작용 유형별 상대적 빈도를 요약하고 있다. Bales(1966)는 이 집단들을 관찰한 결과한 결과에 따르면 상호작용의 절반을 약간 넘는 56%는 문제해결, 나머지 44%는 긍정적이고 부정적인 반응과 질문 범주에 분포되었다.

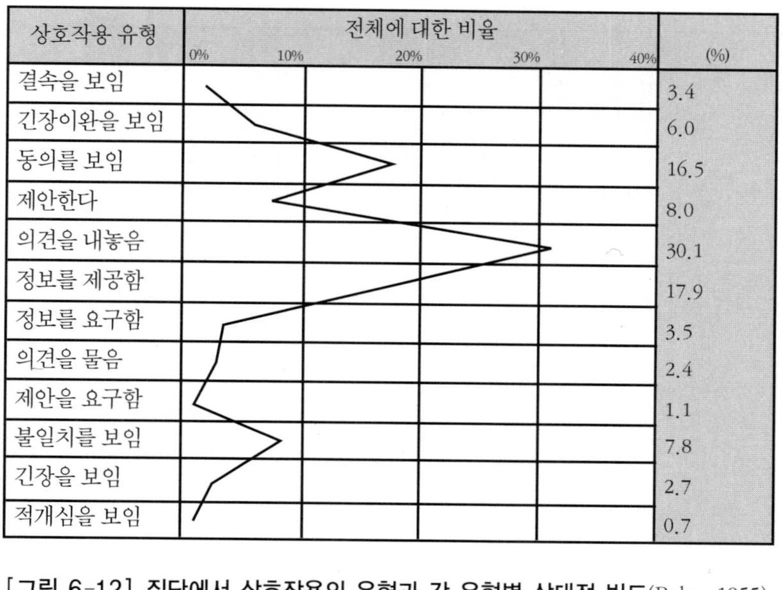

[그림 6-12] 집단에서 상호작용의 유형과 각 유형별 상대적 빈도(Bales, 1955)

1) 상호작용, 과제역할 및 사회적 역할의 발전

Bales(1966)는 과제 지향적 문제해결 상황에서 역할 발달의 성격을 알아보기 위해서 상호작용 과정분석을 이용했다. 선행연구의 요인분석 결과에 따라서 집단행동의 독립적인 세 차원인 활동성, 과제 능력, 호감 차원을 확인했다. 활동성은 타인에 비해서 뛰어나고 개인 목표를 성취하려고 노력하는 것과 관련된 개인행동이다. 과제능력은 집단목표 성취를 지향하는 행동이다. 호감은 타인과 사회적으로 만족스러운 관계를 형성하고 유지하기를 지향하는 행동이다.

세 차원을 근거로 Bales는 집단 상호작용 과정 동안에서 5개의 구별된 역할 유형, 즉 집단 리더(또는 위대한 인물), 과제 전문가, 사회관계 전문가, 과잉 활동자, 과소 활동자가 나타날 수 있다는 것을 관찰했다. 각 역할은 상호작용하는 동안에 활동성, 과제 능력, 호감 등의 요인에서 정도의 차이를 보였다(〈표 6-2〉 참조).

세 요인 점수가 모두 높은 집단리더와 세 요인 점수가 모두 낮은 과소 활동자는 매우 드물다. 활동성과 과제 능력점수는 높지만 호감도가 낮은 과제 전문가와 호감도는 높고 과제 능력과 활동성 점수가 낮은 사회관계 전문가는 집단리더나 과소 활동자보다는 더 흔하다. 마지막으로 활동성 점수는 높지만 과제 능력과 호감도가 상

〈표 6-2〉 문제해결 상황에서 집단 상호작용 동안에 발달되는 과제 및 사회적 역할 (Bales, 1971)

	집단행동 차원			
역할 유형	활동성	과제 능력	호감도	개 요
집단 리더	높음	높음	높음	리더십에 대한 전통적인 '위인' 적 견해에 합치되는 유형이다. 그들은 아주 희귀하다.
과제 전문가	높음	높음	낮음	상대적으로 집단에서 다수를 형성하며, 사회 전문가와 효과적으로 결합할 것이다.
사회 전문가	낮음	낮음	높음	상대적으로 흔하며, 과제 전문가와 효과적으로 결합할 것이다.
과소 활동자	낮음	낮음	낮음	집단상황에서는 매우 희귀하다.
과잉 활동자	높음	낮음	낮음	매우 흔하고, 리더십 문헌에 따르면 그들은 리더십을 발휘하기보다는 지배성을 보여 주는 리더다.

대적으로 낮은 사람은 과잉 활동자로 분류된다. 이들은 과제를 수행하는 집단에서 가장 일반적인 유형의 사람들이다.

2) 스포츠 활동에 대한 상호작용 분석

Bales가 사용한 것과는 다른 행동 범주를 이용하는 이전의 상호작용 과정분석은 주로 교육 장면에서 널리 사용되었다(예, Dunkin & Biddle 1974; Rosenshine & Furst 1973). 스포츠 분야에서 상호작용 과정분석이 실행된 것은 비교적 그 후의 일이다. 1970년대 중반에는 몇몇 연구자(Anderson, 1975; Cheffers, Amidon, & Rodgers, 1974; Fishman, 1974; Laubach, 1975; Morgenegg, 1978)에 의해서 다른 종류의 설명체계가 다양하게 설계되었다. 이들은 '학생의 행동' (Costello & Laubach, 1978), '교사의 일반 행동' (Anderson & Barrette, 1978), '교사에 의해서 사용된 논쟁적 피드백 유형' (Fishman & Tobey, 1978), '교사와 학생의 의사소통 양식' (Morgenegg, 1978) 그리고 '학생-교사 상호작용' (Cheffers & Mancini, 1978) 등의 용어를 사용해서 체육 수업 과정을 설명했다.

Hurwitz(1978)는 이런 포괄적인 연구를 검토한 후에, 이 연구 분야에서는 다음과 같은 세 가지의 주요 주제가 나타난다고 주장했다. 첫째는 체육관에서 일어나는 일의 속도(pace), 둘째는 교사가 사용하는 교수법의 일반적 모형, 셋째는 학생과 교사에게서 관찰된 행동 차이의 형태에 관한 것이다.

Anderson과 Barrette의 교사행동 분석(1978)에서는 속도를 강조했다. 그 결과는 [그림 6-13]에서 보듯이, 교사는 전체 수업시간 중 94%를 상호작용 기능을 수행하는 데 쏟고 있음을 알 수 있다([그림 6-13]의 범주 1~14).

행동지속 시간과 빈도 자료에 의하면 체육관은 매우 분주하고, 상호작용이 활발한 교육 장면이다. 교사들은 1분당 평균 여섯 가지의 구별된 교사로서의 행동을 하고, 매 수업시간에 평균 200회의 구별된 행동 변화를 보인다. 이런 행동 단위 지속시간의 범위는 1초에서 몇 분에 이르며 길이는 평균 9.9초다. 조직, 준비 지시, 시범 실습, 관찰, 관리, 기타 상호작용과 같은 기능은 비교적 오랫 동안 지속될 것을 기대하지만 사실은 그렇지 않았다.

교사가 매우 질서정연하게 정리된 순서대로 준비, 안내, 동작 활동 관찰하기 등을

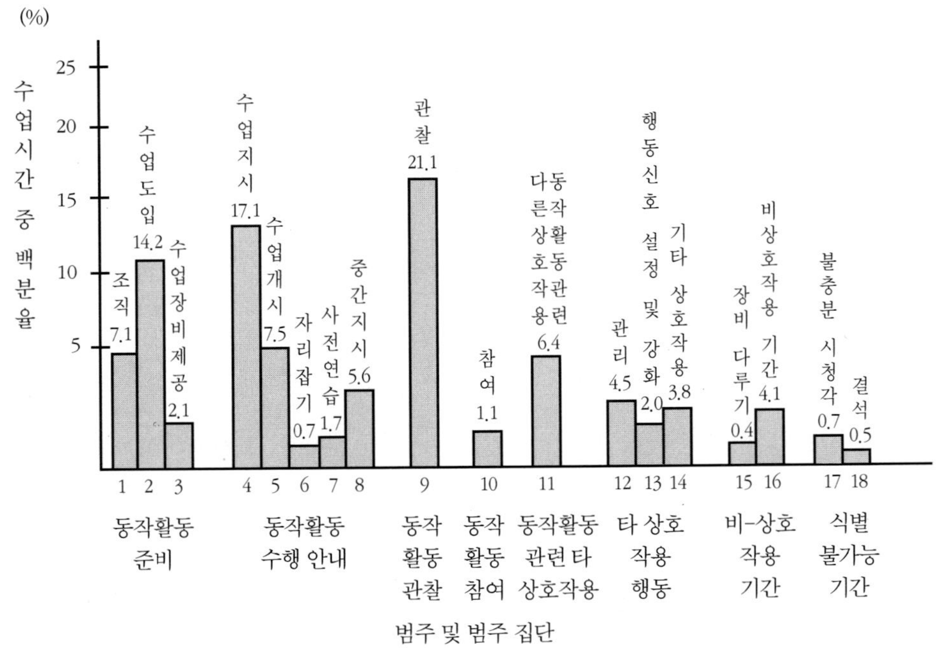

[그림 6-13] 교사가 집단기능에 쏟은 시간(Anderson & Barrette, 1978)

하는 데 시간을 많이 쓸 것이라는 주장은 지지되지 않았다. 동작 활동을 가르치는 것에 특유한 계획된 상호작용 상황이거나 또는 그 결과이거나 상관없이, 교사는 비교적 짧은 기간 동안에 수많은 다양한 교사 행동을 수행했다.

여러 연구에서 얻어 낸 두 번째 주제는 체육 수업관찰에서 현저하게 나타난 전통적인 수업모형이다. [그림 6-14]는 Cheffers와 Mancini(1978)의 연구결과다. 학생의 언어적 또는 비언어적 행동뿐만 아니라 비개인적 범주(혼돈과 침묵 반응)를 나타낸다.

가장 중요하고 긍정적인 결과는 Flanders(1970)의 연구와는 대조적이다. Flanders의 연구 결과에 따르면 학급상황에서 학생과 교사가 기여한 비율은 1:2였다. 그러나 Cheffer와 Mancini(1978)가 얻은 결과는, 체육상황에서 교사에 비해서 학생이 더 크게 기여해서 학생 대 교사의 비율이 약 3:2였다. 학생의 이런 기여는 비언어적인 행동에서 더 강했다.

교사에 비해서 학생의 관여가 상대적으로 많다는 증거에도 불구하고, 학생과 교사의 상호 작용 형태는 분명하게 교육에 대한 전통적 접근방법을 강조한다. 지배적인 교수 행동은 학생에게 정보를 제공하고 방향을 제시하는 강의였다. 게다가 교사

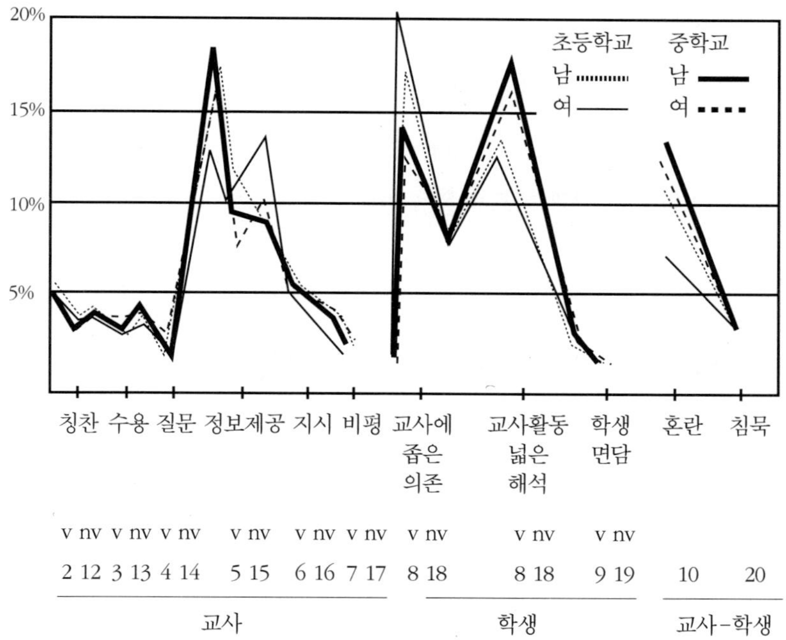

주: v-언어, nv-비언어.

[그림 6-14] 학생-교사 상호작용(Cheffer & Mancini, 1978)

는 비교적 칭찬을 하지 않았고, 학생의 감정과 아이디어, 교사에 대한 건설적인 비판 등을 수용하는 일이 거의 없었다. 이런 결과에 근거해서 Cheffer와 Mancini (1978)는 몇 가지 의문을 제기했다. 인본주의을 강조하는 교육과정에서 왜 체육교사가 강의, 시범, 방향 지시 등과 같은 지시적이고 전통적인 수업행동을 선택할까? 학생은 주도적이고 책임 있는 독립성을 개발해야 한다고 주장하면서 왜 시범 수업에서 이런 행동의 증거는 빈약할까? 정적 피드백이 학습에 필수적이라고 하면서 왜 건설적인 비판과 칭찬을 권장하지 않을까?

이 연구결과에서 세 번째로 논의할 주제는 학생과 교사에게서 관찰된 대부분의 행동에서의 차이다. 어떤 경우에는 매우 작은 차이가 관찰되었다. 예를 들면, 초등학교 수준에서 학생과 교사의 전체적 행동은 중등학교 수준의 학생과 교사의 전체적 행동과 매우 비슷했다. 또한 남자와 여자 교사 사이에서는 교수 행동에서의 차이가 매우 작은 것으로 드러났다.

그러나 다른 경우에서는 큰 차이가 나타났다. 예를 들면 첫째, 구체적 교수 기능의 빈도와 지속 기간은 수업에 따라서 달라졌다. 둘째, 팀 스포츠보다는 개인 스포츠에서 학생은 더 많은 피드백을 받았다. 셋째, 규모가 큰 반의 학생보다는 작은 반의 학생이 기다리는 시간이 더 많았고, 연습시간도 더 짧았다. 넷째, 경험이 더 많거나 규모가 작은 학급을 맡았던 교사가 경험이 적거나 규모가 큰 반을 맡았던 교사보다 학생에게 더 많은 피드백을 주었다. 다섯째, 운동기술이 많은 교사는 그렇지 않은 교사보다 더 많은 시범과 피드백을 주었다.

5. 사회적 교환으로서의 상호작용

인간의 상호작용에 대한 사회적 교환 모형은 사회학자 Blau(1964)와 Homans(1961), 사회심리학자 Thibaut와 Kelley(1959)에 의해서 개발되었다. 이 모형에서는 사회행동을 경제적 거래와 유사한 것으로 본다. 경제적 교환에서 비용과 이윤이 있듯이 사회적 교환에서도 비용과 보상이 있다. 심리적 보상을 얻기 위해서 상호작용에 개입하는 개인은 심리적 비용을 치러야 한다. 그리고 어떠한 사회적 상호작용에서 개인은 비용을 최소화하는 대신에 보상을 극대화하려는 원리에 따라서 행동을 하려고 한다. 개인의 입장에서 볼 때 사회적 교환관계에서의 이익은 총 비용에서 총 보상을 뺀 것이다. 잠재적으로 보상은 크고 비용은 적게 들어서 이익이 된다면 개인은 그 활동, 행동 또는 환경을 선택할 것이다.

Blau(1964)는 사회교환이론의 논리를 정리했다. 서로에 대한 호감은 개인 간의 연합을 촉진한다. 만일 상호작용 과정에서 개인 간에 서로에 대해서 제공하는 보상이 그들의 기대에 어긋나지만 않는다면, 서로 매력을 유지하고 계속 연합할 것이다. 그러므로 사회적 매력 과정은 사회적 교환과정으로 이어진다. 연합에서의 상호교환의 성질은 내적으로 보상을 받는 것과 같은 경험이다. 그것은 일차적으로 외적인 이익과 관련된 연합과는 다르다.

개인 간의 사회적 교환과정은 어느 경우든 발생한다. 참조 준거가 도구적 봉사이건 또는 사회적 호의와 같이 사소한 것이건, 타인에게 제공하는 이익은 각각 이익을 계속해서 제공하는 유인으로 작용하는 보상이다. 그리고 그 과정에서 생성된 통합적 연대는 사회적 관계를 강화한다.

이런 주장에서 드러난 바탕 논리는 기본적으로 지속적인 사회적 상호작용에 영향을 주는 주요한 요인은 보강으로서 매우 단순한 것이라는 점이다. 실제로 보강이론은 사회적 교환이론이 출발할 때부터 매우 중요한 역할을 했다. 예를 들어, Homans(1961)는 인간 행동은 만족을 얻거나 증가시키고 불만족을 피하거나 감소시키는 욕망에 의해서 동기화된다는 Skinner의 행동주의 원리를 자신의 연구에 도입했다.

1) Thibaut와 Kelley의 사회적 교환 모형

Thibaut와 Kelley(1959)의 사회적 교환 모형의 일반 특징이 [그림 6-15]에 나타나 있다.

이 모형의 가정에 따르면 각 개인은 가능한 한 많은 행동목록을 지닌 채로 사회적 상황에 들어오며, 이 행동 중의 어느 것이라도 타인과의 상호작용에서 나타날 가능성이 있다. 이 모형의 기본적인 분석 단위인 '행동 연속' 또는 '세트'는 상호 작용하는 당사자 간의 일련의 행동이다. 이것은 목적으로서, 즉각적인 목표 또는 최종상태를 지니고 있다. 이 행동적 결과는 즐거움이나 만족을 얻는 수단이 되거나 또는 단순하게 그 행동 방향을 지향할 것이다.

예를 들면, 코치와 선수는 연습기간 동안에 더 좋은 기술적 수행을 습득하는 목적이나 또는 단순히 함께 잘 지내려는 친화의 욕구와 같이 비수단적인 목표를 지니고 상호 작용할 것이다. 어느 경우든 전체적인 행동이나 조직화된 행동의 연계는 하나의 세트를 제시할 것이다.

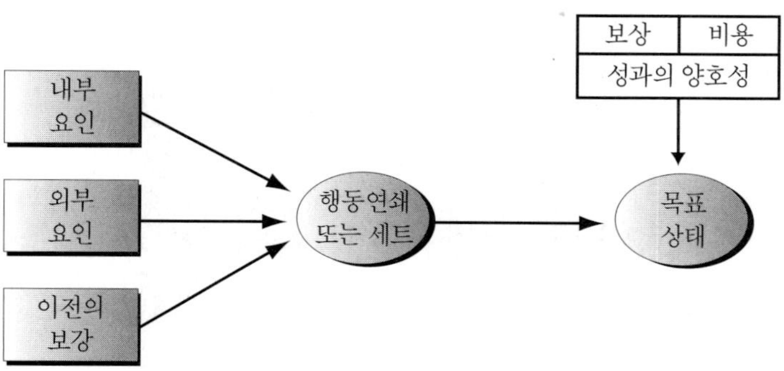

[그림 6-15] 인간 상호작용에 대한 사회교환 모형(Thibaut & Kelley, 1959)

어느 시점에서든 나타나는 구체적인 행동 세트는 욕구, 추동 상태 등의 내부 요인, 유인가, 해결할 문제, 과제 요건, 상황적 요건 등의 외부 요인 그리고 특정한 행동 세트와 연합된 이전 보강의 산출물이다. 그러므로 각 개인은 상호작용 과정에서 잠재적인 행동목록에서 특정한 행동 세트를 활용한다.

Thibaut와 Kelley(1966)는 개인에게 관련된 보상과 비용에 의해서 행동의 선택이 결정된다고 주장했다. 이런 선택을 설명할 만한 여러 가지 방법이 있기는 하지만, 그것은 부분적으로 상이한 관계에서의 상이한 상호작용은 그 개인에게 서로 다른 결과를 초래한다는 것을 가리킨다. 어떤 관계는 다른 것에 비해서 더 만족스럽다. 그리고 어떤 관계에서는 또 다른 관계가 더 만족스럽다. 상호작용에서 관찰된 선택은 더 만족스러운 상호작용은 발생하고 불만족스러운 상호작용은 사라지는 경향성을 반영하는 것이다.

상호작용이 만족스러울 것인가의 여부에 영향을 미치는 요인은 얻은 보상과 투입한 비용 간의 차이로 계산되는 성과의 양호성이다. 성과의 양호성을 결정하기 위해서 개인은 유용한 대안에 대한 성과결과의 만족을 미리 계산한다. Thibaut와 Kelley는 이를 위해서 대안 간의 비교 수준이라는 개념을 도입했다.

정적 성과가 가장 낮은 수준이란 어떤 대안적인 유용한 행동이나 사회적 관계에서 개인이 획득할 수 있는 것이 같다는 것을 나타낸다. 만일 가능한 대안이 없다면 개인은 현재의 불만족스런 관계를 당분간 그대로 유지해야만 할 것이다. 예를 들면, 어떤 선수가 현재 소속된 팀에 대해서 불만스럽지만 당장 다른 팀으로 이전하는 것이 불가능하다면 현재 코치와 불만족스런 관계임에도 불구하고 당분간은 그 관계를 계속 유지해야만 한다. 그러므로 성과의 양호성을 결정하는 요인은 다음과 같이 나타낼 수 있다.

성과의 양호성 = 보상 - (처벌 + 대안의 비교 수준)

상호 작용하는 두 사람은 각자에 대해서 상이한 지불을 하는 조합에 따라서 폭넓은 행동 선택을 할 수 있기 때문에, 그들의 상호 작용은 지불 매트릭스로 표현될 수 있다. 이 매트릭스는 각 개인에게 가능한 보상의 조합으로 구성되어 있다. 이 매트릭스는 가능한 전체성과 양호성에 따라서 척도화되어 있다. 그 예가 [그림 6-16]이다.

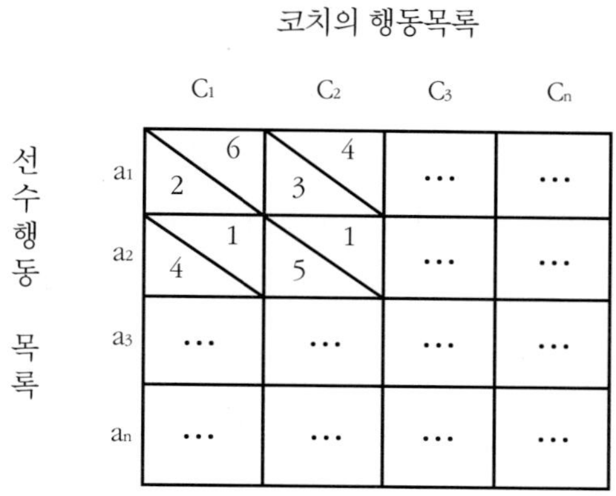

[그림 6-16] 가능한 성과 양호성 행동 매트릭스(Carron, 1980)

코치의 행동 세트는 수평축을 따라 나타나 있고, 선수의 행동 세트는 수직 축에 나타나 있다. 칸에 제시되어 있는 각 행동 세트의 성과의 상대적 양호성에서 상단의 것은 코치의 것이고 하단의 것은 선수의 것이다. 코치의 입장에서 최적 행동은 '6-2' 를 보이고 있는 칸이 될 것이고, 선수의 입장에서는 '1-5' 를 보여 주는 칸이 될 것이다.

이 모형을 전체적으로 살펴볼 때 네 가지 점을 추가적으로 검토할 수 있다.

1. 전반적 보상에 의해서 관계를 유지하려면 상호 작용하는 양자는 다음 중 어느 것을 학습해야 한다. 첫째, 상대방에게 크게 보상하지 못하는 칸을 제거한다. 예를 들면, 선수에게 무심하고 심리적으로 거리를 두고 있는 코치가 있다면, 선수와 최소한의 관계를 유지하기 위해서 사교적이고 외향적이 되도록 스스로 노력해야 한다. 둘째, 상호적으로 이익이 되는 행동 세트의 쌍이 동시에 발생하는 것을 보장하기 위해서 그들의 행동을 일치시켜야 한다. 예를 들면, 코치가 전술 프로그램에 대해서 얘기하고자 하는 데 참견하기를 좋아하는 선수가 있다면 머지않아 그는 코치와 위험스러운 관계에 직면하게 될 것이다.
2. 여기서 제시한 사회적 교환 모형에 '양자 간 역할관계' 가 첨가되어야 한다. 그러므로 상호작용자의 사회적 역할에서 암묵적 행동 규칙을 통해서 동시성

(synchronization)도 일어날 수 있다. 세트-양립성(set-compatibility)을 성취하기 위한 역할의 기여는, 역할이 자주 상호작용의 동시화된 순서를 제시한다(Thibaut & Kelley, 1966)는 것이다. 즉, 코치의 적절한 역할 행동을 활성화시키는 단서는 그에 상응하는 선수의 반응도 동시에 유발할 것이다.

3. Thibaut와 Kelley는 '행동 통제'와 '운명 통제'의 개념을 구분했다. 이에 따라서 제시된 사회적 교환 모형은 행동 통제의 관점으로 방향이 잡혀 있다. 코치와 선수는 서로 보강하는 방식으로 스스로 행동함으로써 상대방의 행동에 영향을 미친다. '상호성의 규범'에 따라서 코치는 자신의 행동을 변화함으로써 선수도 바람직하게 행동을 변화하도록 유도한다. 조직화된 스포츠 상황에서 코치는 선수가 행동하는 것에 관계없이 선수의 행동 및 코치-선수 상호작용의 성과에도 영향을 미칠 수 있다. 따라서 코치는 선수의 운명을 통제할 수 있다. 그러므로 이해심 많거나 예민하지도 않거나, 외향적이거나 또는 내성적인 코치 밑에서 운동하는 선수는 상황에 대한 코치의 통제 때문에 그의 지시를 따라야 할 것이다.
4. 사회적 권력의 출처는 5개의 범위로 분류된다는 것이다. 그 출처에 따라서 권력은 보상권력, 강제권력, 합법적 권력, 전문성권력, 그리고 참조권력으로 분류된다(French & Raven, 1959). 보상권력과 강제권력은 성과의 양호성에 기여하는 요인과 가장 유사한 반면에, 다섯 가지 권력의 출처는 모두 사회적 관계에서 행동이나 수행의 특별한 모형을 위해서 교환될 수 있는 상품으로 간주될 수 있다. 스포츠 상황에서 선수의 운명 통제력을 지닌 개인으로서의 코치는 이런 상품에 대한 중요한 통제력을 지니고 있기 때문에 코치-선수 간의 사회적 행동에 대해서도 강력한 통제력을 지닌다.

이상과 같은 사회적 교환이론의 주장은 다양한 사회적 상황에 적용할 수 있는 일반성을 지니고 있다. 그러므로 사회적 교환 모형은 어떤 사회적 행동에나 적용해서 설명할 수 있다. 그러나 그 모형은 사후적으로만 설명할 수 있어서 예언력이 없다. 그러므로 코치나 선수의 행동 목록, 이들 각각과 연합된 상대적인 보상이나 비용을 결정할 수 없으며, 코치와 선수가 구체적인 경우에 어떻게 행동할 것인지를 예측하는 것이 불가능하다. 그렇지만 사회적 교환이론의 관점에서 구체적 행동이 사후적으로 쉽게 이해되고 설명될 수는 있다.

2) 사회적 교환, 행동 그리고 수행

행동과 수행에 대한 보상과 보강의 효과를 다룬 연구에서 간접적인 증거를 얻을 수 있었기 때문에 사회적 교환 모형이 직접적으로 검증된 바는 없다. 직접 검증하지 않더라도 보상을 약속받거나 또는 불순종에 대해서 처벌로 위협을 받는다면 개인은 틀림없이 타인의 요구에 더욱 따를 것이라는 사실은 분명하다.

Banta와 Nelson의 연구(1964)는 보상이 문제해결 활동에 대한 몰입에 영향을 미친다는 것을 밝혔다. 실험자는 문제를 해결하기 위해서 토론에 개입한 2인으로 구성된 48개 집단을 감독했다. 실험자는 권위와 참조권력의 출처로서 합법적 권력과 전문성 권력을 소유한 것처럼 행동했다. 실험자는 각 집단의 두 사람 중 한 사람을 인위적으로 정해서 그 사람의 주장은 계속해서 보강하고 보상을 주었다. 이 차별적 보상 효과는 실험참가자가 문제해결 활동에 몰입하는 데 영향을 미쳤다. 그 결과가 [그림 6-17]에 나타나 있다. 의견을 제안할 때마다 실험자로부터 매번 보강을 받거나 보상을 얻은 실험참가자는 토의하는 동안에 제안하는 비율이 증가한 반면에 보강을 받지 못한 실험참가자의 제안 비율은 점차 감소했다.

Pepinsky, Hemphill 및 Shevitz(1958) 그리고 Bavelas, Hastorf, Gross 및

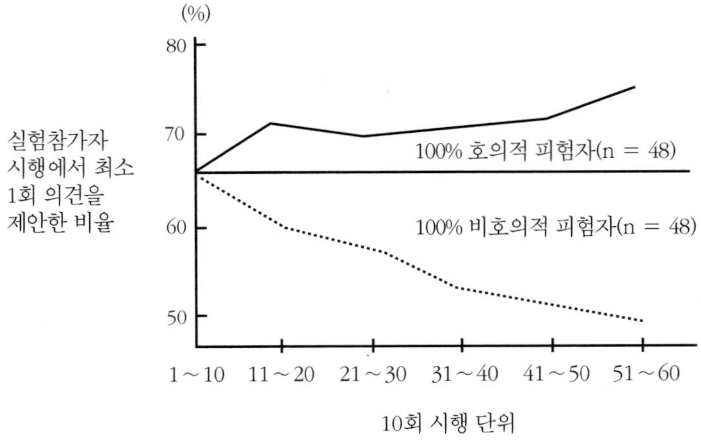

[그림 6-17] 발표된 의견에 대한 보강에 따른 참여율(Banta & Nelson, 1964)

Kite(1965)의 실험실 연구에서도 이와 유사한 결과가 보고되었다. 그들은 집단토론 상황에서 타인에게서 호의적인 신호가 전달되면 그동안 침묵을 지키던 집단구성원의 토론 참여율이 현저하게 증가하는 결과를 얻었다.

Pepinsky, Hemphill 및 Shevitz(1958)는 네 명으로 구성된 생산활동집단을 대상으로 유사한 연구를 했다. 한 집단을 이루는 네 명 중 두 명은 실제 실험참가자이지만 나머지 두 명은 실험자와 미리 약속한 대로 행동하는 실험 협조자였다. 정적 피드백 조건에서 실험 협조자는 실험참가자가 어떤 시도를 하든지 관계없이 항상 호의적으로 반응했다. 반면에 부적 피드백 조건에서 실험 협조자는 실험참가자에게 비호의적이고, 그들의 의욕을 꺾는 반응을 보였다. 그 결과 정적 피드백 조건과 부적 피드백 조건의 실험참가자 간에는 리더십 행동에서의 큰 차이가 발견되었다.

사회적 교환 모형으로 동조행동에 대한 해석도 가능하다. 만일 개인행동이 규범적 표준에 맞지 않으면, 동조에 따르는 보상과 비용을 계산해서 동조하거나 또는 반동조를 결정하게 된다.

3) 사회적 보강과 스포츠

연구자들은 사회적 보강이 스포츠와 같은 신체적 동작수행 과제에서 수행과 학습에 미치는 효과에 큰 관심을 보였다. 사회적 보강은 긍정적 평가나 부정적인 비평 또는 반응으로 구성되어 있으며, 이들은 과제 수행자에게 칭찬, 우호적인 신체 동작, 웃음, 얼굴 찡그리기, 꾸지람, 비난 등의 시각적이거나 언어적 단서로 표현된다.

많은 연구에서 사회적 보강이 동작 기술 수행에서 변화나 향상을 초래한다는 일관성 있는 결과를 얻지 못했다. 그 이유는 사회적 보강이 동작 과제의 수행과 습득에 영향을 미치는 과정에서 많은 매개 요인이 작용했기 때문이다.

그 매개요인 중의 하나가 과제특성이다. Stevenson(1961) 그리고 Stevenson과 Allen(1964)은 과제의 수행 속도를 매개변수로 이용했을 때 사회적 보강이 수행을 증진시킨다는 결과를 얻었다. Stevenson(1965)은 문헌 고찰을 통해서 단순하거나 양적인 과제를 수행할 때는 사회적 보강이 어린이의 수행을 증진시킨다는 결론을 내렸다.

그러나 많은 연구자(Martens, 1970, 1971, 1972; Roberts & Martens, 1970)는 복잡하

거나 질적인 동작 과제의 수행에서는 사회적 보강이 정적 효과를 보이지 않는다는 사실을 발견했다. 예를 들어 Reberts와 Martens(1970)는 '긍정', '부정', '무반응의 통제'와 같은 사회적 보강의 각 조건에서 동시에 시간적 과제를 수행하는 남자 실험참가자의 수행을 비교한 결과, 이 조건 사이에서 아무런 차이를 발견하지 못했다. 공을 정확히 굴리는 과제를 이용한 Martens(1970)의 실험에서도 긍정, 부정, 긍정-부정 혼합의 사회적 보강 조건과 무반응 통제조건 및 대화 통제조건(과제 관련 대화 통제)에서 어린이는 수행에서의 차이를 보이지 않았다.

이 결과를 바탕으로 다음과 같은 두 개의 추가 요인이 사회적 보강과 동작 과제 수행 사이에서 작용하는 매개요인으로 제안되었다. 첫째, 사회적 보강이 시행되는 비율(Harney & Parker, 1972)과 둘째, 실험참가자의 능력 수준(Martens, 1970; Martens, Burwitz, & Newell, 1972; Wankel, 1975)이다.

보강을 받는 비율에 관해서 Harney와 Parker(1972)는 수행하는 동안에 주기적으로 사회적 보강을 시행하는 빈도나 강도가 충분하다면 실험참가자를 각성시켜서 동작 수행의 질적수준에 영향을 미칠 것이라고 가정했다. 그들은 정적, 부적, 대화 통제의 사회적 보강 조건에서 공굴리기 과제를 수행하는 6학년 남녀 어린이를 대상으로 이 주장을 지지하는 결과를 얻었다. 그 결과가 [그림 6-18]에 제시되어 있다.

[그림 6-18]에서 보듯이 남자와 여자의 결과를 합했을 때 정적 및 부적 사회적 보강조건은 서로 차이를 보이지 않았지만, 양 조건 모두 대화-통제 조건보다는 수행이 우수했다. 그러나 성별과 사회적 보강 사이에서 통계적으로 유의미한 상호작용

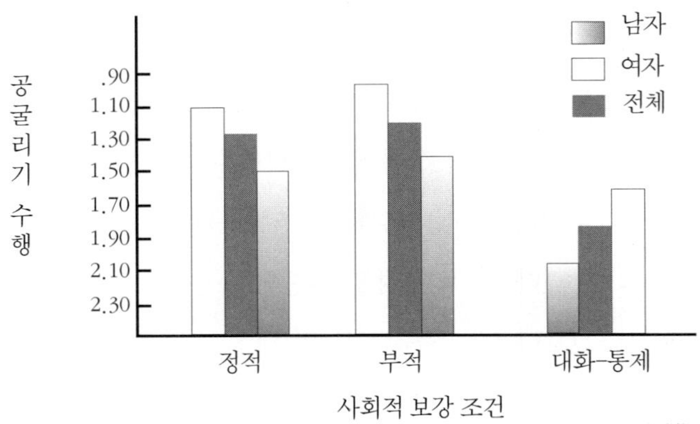

[그림 6-18] 사회적 보강 조건에 따른 동작과제 수행(Harney & Parker, 1972)

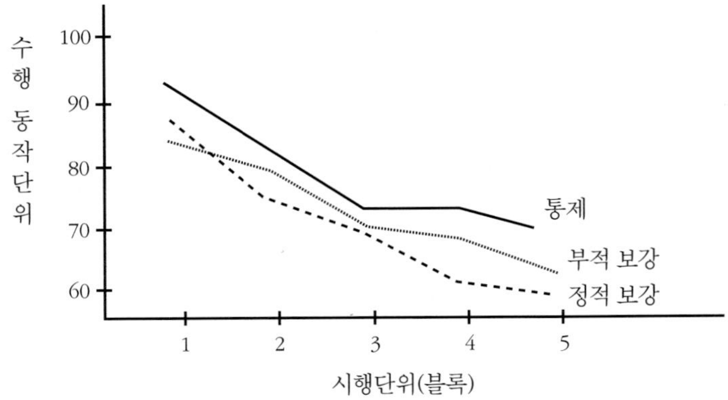

[그림 6-19] 사회적 보강에 따른 연습 후 동작과제 수행(Wankel,1975)

효과가 발견되었다. 여자 어린이는 세 가지 조건에서 차이를 보이지 않은 반면, 대화-통제 조건의 남자 어린이는 정적 및 부적 사회적 보강조건의 남자 어린이보다 수행수준이 더 열등했다.

능력수준 요인에 관련해서 볼 때, 만일 수행할 과제가 너무 복잡하거나 어렵다면 사회적 보강은 수행을 변화시킬 수 없을 것이다. 과제가 잘 학습되지 않거나 개인의 능력수준이 매우 낮으면 비판, 칭찬, 격려 또는 책망 등을 사회적 보강으로 이용해도 수행에는 아무 영향을 미치지 못할 것이다. 이 경우에는 최선을 다하려는 의도가 있다고 하더라도 더 이상 더 나은 수행을 할 수 없을 것이다. Martens(1972)는 이 주장을 직접 검증했으나 지지하는 결과를 얻지는 못했다. Wankel(1975)은 정적 및 부적 사회적 보강조건, 그리고 통제조건에서 동작 안정 유지 과제를 이용하여 중학교 남학생에게서 이 주장을 일부 지지하는 결과를 얻었다. [그림 6-19]는 다섯 블록의 연습에 따라서 사회적 보강 세 조건이 과제수행에 미치는 효과를 보여 주고 있다.

여기서 시행의 한 블록은 20초짜리 시행 5회를 말한다. 1에서 3블록까지 세 조건 사이에서 아무런 차이가 없었다. 그러나 4블록과 5블록에서 정적 보강조건은 통제조건보다 수행수준을 더 높였다. 부적 보강조건은 중간 수준으로, 통제조건보다 더 좋지도 않고 정적 보강조건보다 더 열등하지도 않았다. 그러므로 연습 초기에는 사회적 보강이 수행에 현저한 영향을 주지 못하지만, 연습이 반복되고 기술이 습득됨에 따라서 사회적 보강 효과가 수행에서의 차이를 드러나게 했다.

4) 모방 행동, 동작 수행 그리고 학습

관찰자가 모델의 새로운 반응 표현을 거의 똑같은 형태로 따라서 시도하는 것은 인과적 관계에 있다는 것이 모방 행동에 관한 연구의 관심이다. 모방 행동, 모델링 또는 관찰학습은 보강의 효과 및 사회적 교환이론 모두에 직접적으로 적용하는 것이 가능하다.

관찰자는 모델행동에 일치하거나 근접하기 위해서 자신의 행동을 수정한다는 주장은 사회적 교환이론의 해석과 일치한다. 심지어 이런 행동수정에 대해서 현저하고도 직접적으로 연계된 보강이 없더라도 관찰자는 그렇게 행동할 것이다. Landers와 Landers(1973)는 모방행동과 사회적 교환이론의 상호관련성을 요약해서 설명하고 있다. 관찰자는 아직 학습하지 못한 새로운 반응을 모델이 보여 주는 것에 주목해야 한다. 관찰된 행동은 일정 기간 동안 기억된 후에 관찰자는 매우 일치하는 형태로 반응을 재생해야 한다. 관찰되고 파지되고 있는 행동은 수행으로 표현될 만한 계기가 있을 때 모방행동으로 나타난다(Bandura, 1969; Lavallee, Kremer, Moran, & Williams, 2004). 그러므로 관찰자나 모델에게 보강은 모방행동의 필수적 요소다. 연계적 보강, 대리적 보강 그리고 언어적 유인 조건이 학습에 영향을 미친다는 연구 결과에 따라서 이런 주장은 관찰학습에 대한 연구를 촉진하였다.

그러나 이 연구 분야를 전반적으로 검토한 결과, 연구자들은 주로 모델의 반응 자체의 효과와 그것이 관찰자의 반응을 일으키거나 영향을 미치는 것을 다루었다. 후자의 연구에서는 보강을 받지 못한 모델의 반응이 보강을 얻지 못한 관찰자에게 미치는 효과가 검증되었다. 관찰자가 연계된 보강이나 대리적 보강 없이도 모델에 의해서 제시된 것과 일치하는 반응 양식을 모방하려는 동기는 보지 못한 보상 또는 최종적인 보상에 의해서 일어났을 것이다(Kelley, Thibaut, Rodloff, & Mundy, 1962).

인간의 많은 행동, 특히 매우 현저한 동작기술에 대한 학습에서 어린 관찰자에게는 특별하게 성공해서 결국에는 친구나 어른에게서 보상을 얻기 위한 동기가 일어날 것이다. 모델의 동작행동을 재생했으나 보강을 받지 못한 관찰자의 모방행동은 모델의 반응에 일치시키려는 관찰자의 동기를 억제할 것이다.

Landers와 Landers는 만일 모방행동이 관찰자에 대한 직접 보상 없이도 일어난다면 그것은 모델의 특성이 중요한 원인이 되었을 것이라고 지적했다. 모델의 특성으

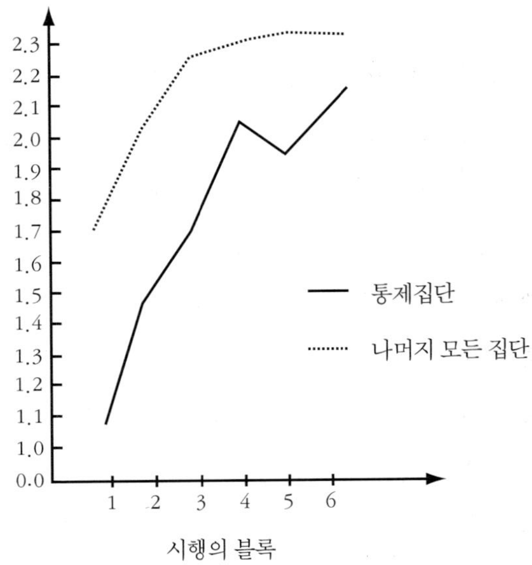

[그림 6-20] 시행블록에 따른 통제집단 대 나머지 모든 집단의 수행(Landers & Landers, 1973)

로는 연령, 지위, 권력, 사회적 지위 등을 포함해서 모델의 상대적 중요성, 모델의 능력 또는 기술 수준 그리고 모델이 있거나 없는 것과 같은 특성이 특히 중요하다.

유능한 모델은 유능하지 못한 모델에 비해서 관찰과 모방을 더 잘 일으킬 것이다(McCullagh & Weiss, 2001). Landers와 Landers(1973)는 소녀가 교사나 친구를 모델로 관찰하게 했다. 이 모델은 사다리 오르기 기술이 숙달되거나 숙달되지 않았다. 관찰자는 모델이 있거나 없는 조건에서 사다리 오르기 과제를 연습했다. 모델을 관찰한 모든 집단에서의 결과를 과제에 대한 시범 없이 연습한 집단인 통제집단과 비교했을 때, 통제집단의 수행이 통계적으로 유의하게 열등했다([그림 6-20]). 모델에 대한 노출이 학습을 촉진한 효과는 모든 시행의 블록을 통해서 수행 평균을 보면 드러난다. 통제집단은 3블록까지 모든 다른 집단이 그들의 첫 번째 블록에서 수행한 수행수준에 도달하지 못했다

관찰된 모델의 유형(모델이 관찰자의 교사 또는 친구)과 모델의 능력수준(숙련 대 비숙련) 간의 상호작용 효과도 발견되었다. 이것은 [그림 6-21]에 제시되어 있다.

숙련되지 않은 교사나 숙련된 친구를 관찰했을 때보다는 숙련된 교사를 관찰한 조건에서 실험참가자의 사다리 타기 수행은 더욱 효과적이었다. 그런데 비숙련된

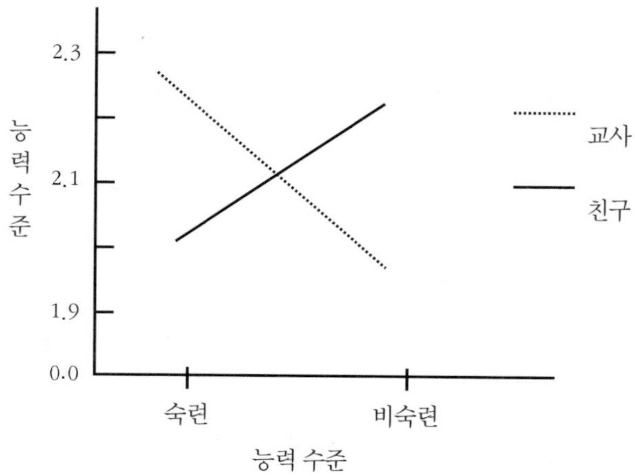

[그림 6-21] 수행에 대한 모델 유형과 능력수준의 상호작용 효과(Landers & Landers, 1973)

친구를 관찰한 실험참가자의 수행이 비숙련된 교사를 관찰한 피험자와 비교해서 더욱 좋았다. 이것은 비숙련 친구 모델과 관찰자 간의 작은 불일치 대 숙련된 친구 모델과 관찰자 간의 작은 차이가 오히려 더 잘하려는 강한 경쟁적 동기를 일으켜서 나타난 결과라고 해석되었다. 요약하자면 그 수행 표준은 쉽게 얻어질 수 있는 것이었다. 그리고 비숙련된 교사의 수행을 관찰한 실험참가자의 경우에는 모방 반응이 효과적인 전체 수행을 간섭하거나 억제했다.

관찰과 모방은 특별히 사회적 행동, 실무율적(단일 시행)학습을 포함하는 과제 또는 언어적 과제, 인지적이거나 단순과제를 습득하는 데 적절하다. 그러나 Landers (1975)와 Martens, Burwitz 및 Zuckerman(1976)은 스포츠에서와 같은 동작기술은 그것을 관찰하고 나서 모방하는 것이 반드시 효과적인 습득을 보장하는 것은 아니라고 지적한다.

이처럼 모델이 보여 준 동작 수행을 관찰자 또는 학습자가 효과적으로 재생하지 못하는 데에는 세 가지 요인이 관련되어 있다(Landers, 1975). 첫째, 모델 측에서 제공하는 신호(단서)의 부족, 둘째, 관찰자나 수행자 측에서의 부적절한 부호화, 셋째, 과제를 수행하는 관찰자나 수행자의 능력 부족이다. 그러므로 모델이 보여 준 행동 수행이 정확하지 않거나, 분명하게 제시되지 않거나, 수행자가 모델의 수행을 잘못 이해하거나 잘못 해석하거나, 수행자가 과제 수행에 필요한 능력을 갖추지 못한 경우에는 관찰 학습은 효과적으로 일어나지 않는다.

Martens, Burwitz 및 Zuckerman(1976) 역시 이와 비슷한 주장을 했다. 관찰과 모방학습의 효과를 결정하기 위해서는 관찰자가 빠르게 수행되는 복잡한 행동에서 제시되는 관련된 단서와 그렇지 못한 단서를 구별할 수 있는지, 그가 모방될 행동을 수행할 만한 동작 능력을 가지고 있는지, 아니면 정말로 그 모델을 모방하고 싶어 하는 동기를 지니고 있는지를 아는 것이 필수적이다. 관찰은 두 가지 방식으로 행동 습득을 촉진할 수 있다. 첫째, 적절하고 관련된 반응에 관한 정보를 제공한다. 둘째, 학습자가 과제를 수행하려는 동기 수준을 높여 준다.

이들은 네 개의 연속 실험에서 두 가지 동작 과제를 습득하기 위한 세 가지 모델 조건과 통제집단을 비교했다. 세 가지 모델조건은 첫째, 정확한 모델(CM), 둘째, 부정확한 모델(IM), 셋째, 학습 연속 모델(LSM)이다. 세 번째 조건(LSM)에서는 관찰 대상인 모델이 연습 시행 동안에 점진적으로 수행이 증가하는 모습을 보여 주었다.

과제가 단순한 경우에는 정확한 모델(CM과 LSM 조건)을 관찰하는 조건이 첫 번째 실행에서 더 우수한 수행 점수를 획득했다. 그러나 연습이 반복됨에 따라서 이 우수성은 빠르게 사라졌다. 과제가 매우 어렵고 최적 수행 수준을 성취하기 위해서 특별한 전략이 필요한 경우에는 모델 효과가 더 현저했고 지속적이었다.

관찰을 통한 수행의 향상에 기여하는 주요 요인은 기술의 인지적 요소에 관련된 정보의 전달이었다. [그림 6-22]는 Martens와 그의 동료들의 실험 중 하나에서 얻은 결과를 보여 준다. 이 실험에서는 정보의 전달 측면이 강조되고 있다. 이 실험은 다섯 단계로 구성되어 있다. 첫째, 모델이 공을 들어 올리는 과제를 10회 수행하는 장

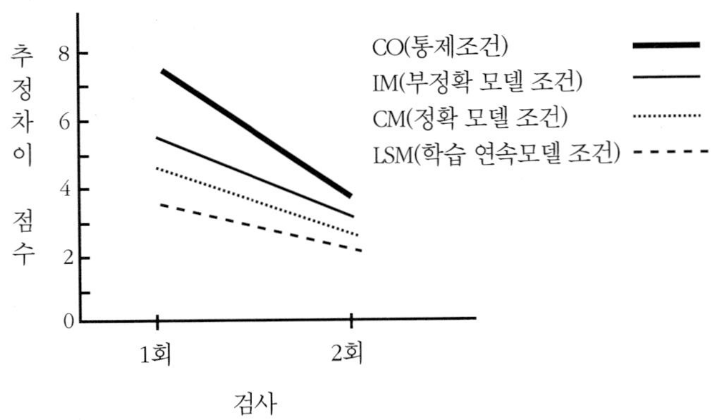

[그림 6-22] 모델링과 검사의 상호작용에 대한 추정점수(Martens, Burwitz, & Zukerman, 1976)

면을 첫 화면으로 보여 준다. 둘째, 두 번째 화면에서 모델은 과제수행을 시작한다. 실험참가자가 모델의 수행결과를 평가하는 동안 화면은 정지하고, 그 다음으로 실제 수행 결과를 보여 준다. 셋째, 여기서 실험참가자에게 10회의 평가를 요구한다. 넷째, 이번에는 실험참가자가 실제로 과제를 10회 수행한다. 다섯째, 그런 다음 이 과정이 반복되었다. 그러므로 [그림 6-22]에 나타난 두 개의 추정치는 모두 10회의 각 시행에서 추정된 것을 조합한 것이다.

첫 번째 시험 추정에서는 정확한 모델(CM)과 학습연속 모델(LSM) 조건의 상호작용이 통제(CO)조건보다 우수한 수행을 보인다는 결과를 보여 주었다. 두 번째 시험 추정에서는 네 조건 사이에 차이가 없었다. 이런 결과는 과제에 대한 실제 연습을 하기 전에 CM과 LSM이 정보를 전달했다는 증거다. 연습 후의 추가적인 모델링은 수행 추정에 더 이상 영향을 미치지 못했다(Martens et al., 1976).

Feltz와 Landers(1977)는 사다리 기어 오르기 과제에서 동작수행에 대한 모델 제시의 정보 및 동기 효과를 직접 분석했다. 이 연구에서는 네 집단이 비교되었다.

1. **정보 단서만 제공받은 집단:** 모델이 과제 수행하는 것을 관찰함
2. **정보 단서와 동기적 단서를 받은 집단:** 모델이 과제를 수행하고 수행결과에 대한 언어적 피드백을 얻은 집단
3. **동기적 단서만 받은 집단:** 모델의 수행결과에 대한 언어적 피드백을 받았으나 모델의 시범은 없었던 집단
4. **단서 없는 집단:** 모델의 시범도 없고 결과에 대한 피드백도 없는 집단

결과에 대한 피드백 형태로 제공된 동기적 단서는 수행에 영향을 미치지 못했다. 그러나 모델의 시범을 통해서 정보를 제공받은 개인은 결과에 대한 피드백을 받았거나 못 받았거나 상관없이 시범을 보지 못한 집단에 비해서 수행수준이 더 향상되었다. 이 결과에 따라서 Feltz와 Landers는 관찰자 수행에 대한 정보전달은 모델의 수행에 후속적으로 영향을 미치는 요소라고 결론 내렸다. 이 결과에 기초해서 정보전달은 관찰자의 수행에 대한 계속적인 영향뿐만 아니라 모델의 수행에 있어서도 중요한 구성요소라고 주장했다.

6. 코치-선수 상호작용에 대한 최근 연구

1990년대는 스포츠 코칭 분야에서 경험적 연구가 크게 증가했다. Salmela와 동료들은 코칭에 관한 최근연구를 주도해 왔다. 이런 연구는 코치와 연구자에 대한 심층면접을 통한 질적 분석으로 수행되었다. 이 연구방법으로 코치는 자신의 생각, 느낌, 정서, 지식 등을 긴장하지 않고 자연스럽게 표현할 수 있다. Cote, Salmela 등(Cote, 1993; Cote & Salmela, 1996; Cote, Salmela, & Russell, 1995; Cote et al., 1995)은 육상과 같은 개인 스포츠 전문코치의 지식을 연구했다. Bloom, Salmela 및 동료들(예, Blom, Durand-Bush, & Salmela, 1997; Bloom et al., 1998; Bloom, Schinke, & Salmela, 1997; Miller, Bloom, & Salmela, 1996; Schinke, Bloom, & Salmela, 1995)은 농구, 배구, 필드하키, 아이스하키 등 팀 스포츠 전문코치의 지식에 대해서 연구했다. Salmela는 유도와 같은 격투기 종목의 전문코치를 대상으로 한 Luiz Carlos Moraes(1998)의 연구를 지도했다. 두 연구는 목표가 다르고 스포츠 종목도 달랐지만 비슷한 점이 많다. 코치의 요구, 책임 그리고 지식을 세 개의 일차적 주제와 세 개의 주변적 주제를 포함하는 여섯 개 범주 각각을 개인 및 팀 스포츠 코치 간의 차이, 그리고 코칭모형(the Coaching Model, Cote, 1993; Cote et al., 1995)과 코칭과정(the Coaching Process, Bloom, 1997)에 대해서 논의했다.

1) 개인스포츠 전문코치에 대한 연구

Cote와 동료들(Cote & Salmela, 1996; Cote, Salmela, & Russell, 1995; Cote et al., 1995)은 체조코치 17명을 대상으로 그들의 반응 내용이나 방식에 구애받지 않고 지식구조를 탐색해서 개념화하도록 하는 면접을 실시했다. 코치 모두 10년 이상의 경력을 갖고 있었다. 최소한 한 명의 국제적 수준의 선수와 두 명의 국내 정상급 육상선수를 배출했고, 전국 코치연합회에서 최고 수준의 코치로 확인되었다. 이 자료를 분석한 결과에 의해서 코칭모형(the Coaching Model: CM)이 만들어졌다. 이모형은 코칭의 세 가지 일차요소인 조직, 훈련, 경쟁과 세 가지 주변 요소인 코치특성, 체조선수의 특성, 맥락 요인으로 구성되어 있다. 그 외에 두 가지 다른 요인인 코치의 목

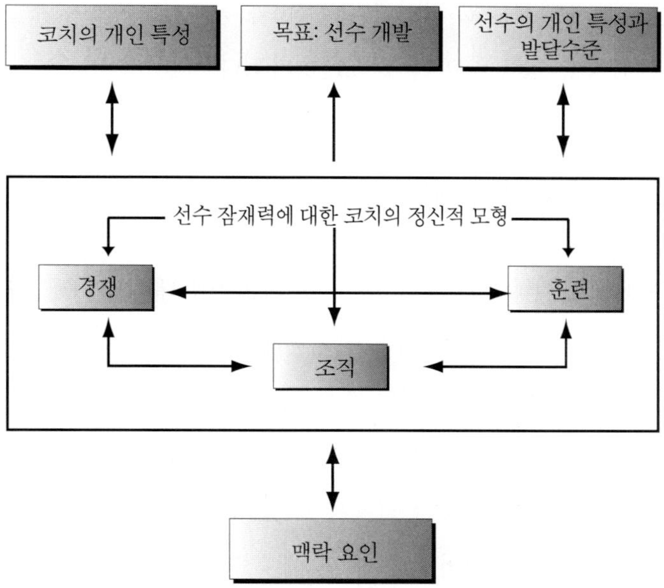

[그림 6-23] 선수의 스포츠 수행을 결정하는 요인(Silva III & Stevens, 2002)

표와 선수의 잠재력에 대한 신뢰가 더해져서 모형이 완성된다. 이모형은 [그림 6-23]에 제시되어 있다.

2) 코칭 모형

Cote와 동료들(1995)의 코칭 모형은 요인 간의 관련성뿐만 아니라 어느 요인이 코치에게 가장 중요한가를 설명하는 최초의 이론적 체계이기 때문에 중요한 의미를 갖는다.

Challadurai(1978, 1980, 1984), Smith와 Smoll 등(1977, 1978, 1990)의 초기 연구에서는 리더십과 훈련 및 경쟁하는 동안 코치의 상호작용과 같은 코칭 유형을 연구하기 위한 모형을 마련하기는 했지만, 코칭에 관련되어 있는 좀 더 광범위한 변수를 포함하는 개념적 체계를 제시하지는 못했다(Gould et al., 1990). Gould와 동료들이 코치를 대상으로 조사한 결과, 코치를 잘 정의한 개념 및 원리가 있다고 느끼는 사람이 절반 미만이라는 실망스러운 사실을 발견했다. Cote와 동료들(1995)은 코칭에 대한 일반모형도 없이 연구를 통해서 축적된 지식은 코치가 행동하는 이유와 방법에 대한 단편적 정보에 불과하다고 지적했다. Cote와 동료들(1995)이 개발한 코칭 모형은 앞으로의 연구에 큰 영향을 미칠 것으로 평가된다.

3) 팀 스포츠 전문코치에 대한 연구

Salmela(1996)와 Bloom(1997)은 팀 스포츠 전문코치에 대한 연구를 주도했다. Cote와 동료들이 사용한 것과 비슷한 기법을 이용해서 Salmela(1996)은 팀 스포츠 코치 22명을 면접했다. 연구내용은 코치와 스포츠 사이의 공통성을 포함해서 코치의 지식을 밝히는 것이다. 코치가 공유하고 있는 경험과 기회는 무엇인지 그리고 조직, 훈련 및 경쟁에서 그들의 공통된 철학은 무엇인지를 알아내려고 했다. 코치는 최소한 10년의 경력, 상위 수준의 선수와 팀 배출, 동료의 인정 등을 포함한 여러 준거에 의해서 국제 스포츠 기관에 의해서 선정되었다. 이들은 아이스하키, 필드하키, 배구, 농구 종목에서 선정되었고, 프로 팀, 올림픽 팀 및 대학 팀 수준의 남녀 코치였다. Bloom(1997)은 팀 스포츠 코치를 대상으로 연구했다. 그러나 선수나 초기 경험의 코치는 포함시키지 않았다. 전문 코치의 특성, 지식 및 전략을 알아내는 데 초점을 두었고 이 범주 간의 관련성을 개념화하였다.

4) 코치 지식의 일차적 범주

개인 및 팀 스포츠 코치에 관한 연구는 코치 지식의 세 가지 일차적 범주가 조직, 훈련 및 경쟁인 것을 밝혔다.

① 조직

조직은 코치가 훈련과 경쟁을 위해서 준비하도록 선수를 돕는 필수 단계다. 코치의 조직 기술은 한 시즌을 폭넓게 볼 수 있도록 하며, 계획된 절차에 따라서 연속적으로 사건을 진행하도록 해 준다. Cote와 Salmela(1996)는 조직이란 '코치가 다양한 코칭 과제를 설정하고 조화를 꾀함으로써 최적한 훈련과 경쟁조건을 만들기 위해서 사용한 지식' 이라고 정의했다.

조직은 팀이나 선수 개인의 성공에 가장 중요한 요소다. Douge와 Hastie(1993)는 코칭 효율성을 연구하기 위한 다섯 가지 접근방법을 개관했는데, 모든 접근방법이 조직적 과제 요소를 포함하고 있다. Lacy와 동료들(Lacy & Darst, 1985; Lacy & Goldston, 1990)은 훈련기간 중에 일어나는 효율적인 코치행동에 대해서 연구했다. 체계적 관찰기법을 이용해서 고등학교의 우수한 코치의 두 가지 중요한 지식 영역은 지시와 조직임을 밝혀냈다.

Martens(1990)는 코치가 계획하는 기술에 대해서 상세히 설명한다. 코치가 시즌 동안의 계획을 효과적으로 개발하기 위한 세 단계를 제시했다. 첫 단계에서 코치는 선수에게 지시할 목표를 설정한다. 두 번째 단계에서는 목표를 달성하기 위한 학습 자료를 선정한다. 마지막으로 세 번째 단계에서는 학습 자료를 조직화한다. 코치가 시즌을 위한 계획을 작성한 후에도 두 단계가 더 남아 있다. 먼저 선수의 기술과 지식에 대해서 평가한다. 다음에 각 선수에게서 발전이 필요한 부분을 향한 추진이 이루어져야 한다.

Cote, Salmela, Bloom 및 동료의 연구는 모두 조직은 개인 및 팀 스포츠의 성공을 위한 중요한 변수라고 명시하고 있다. 이 범주에 대한 내적 구성은 연구에 따라서 다소 차이가 있다. 그것은 용어에 대한 이해의 차이라기보다는 팀과 개인 스포츠에 의한 요건의 차이에 의한 것으로 생각된다. 체조와 같은 개인 스포츠 코치에 관한 연구에서 Cote와 Salmela(1996)는 조직의 다섯 가지 하위 요소로서 부모와 일하기, 코치 보조와 일하기, 개인적인 관심을 갖고 선수 돕기, 훈련계획 세우기, 체중과 미(aesthetics)를 열거했다. Salmela(1996)와 Bloom(1997)은 팀 스포츠에서 조직의 여덟 가지 요소는 비전, 계획, 팀 선정, 목표설정, 팀 규칙, 팀 응집력 형성, 행정적 관심, 지원 요원과 일하기라고 열거했다.

개인 스포츠 코치에 대한 연구는 코치와 선수 간의 일대일 관계를 다루는 범주를 제시했다. 예를 들면 부모와 일하기, 가족과의 관계, 개인 및 사회적 생활, 교육 및 운동 그만두기 등 선수 개인문제 돕기, 그리고 여자 체조선수 코치에게서만 논의되기는 했지만 선수의 체중 및 미적 수준 감시 등이다. 이 모두는 코치에게 많은 시간과 에너지를 요구하는 것이며, 선수가 10명에서 60명인 팀이라면 불가능한 것이다. 이런 차이는 엘리트 체조선수의 나이에 의해서도 설명될 수 있을 것이다. 일반적으로 다른 스포츠에 비해서 체조에서는 성적이 우수한 선수보다는 나이 어린 선수가 더 많다. 그러므로 체조 코치는 다른 스포츠 분야에 비해서 선수 부모와 더 많은 접촉과 의사소통을 해야 한다.

개인 스포츠와 팀 스포츠 코치의 유사성은 미리 계획을 세우는 것이 중요하다는 점이다. 이것은 모든 코치의 시즌, 월, 주 및 하루 계획뿐만 아니라 올림픽 코치의 4년 동안의 계획도 포함한다.

② 훈련

질적으로 좋은 훈련은 대부분의 코치에게 가장 중요한 시간이다. 훈련은 코치가 지식과 기술을 발휘해서 선수가 경쟁적인 경기에 준비하도록 돕는 기회다. 스포츠 과학 분야에서는 훈련의 다양한 요소를 찾기 위한 많은 연구가 수행되었다. 이 분야에서 자료를 수집하는 일반적인 방법은 체계적 관찰이다. Tharp와 Gallimore(1976)는 체계적 관찰을 이용한 스포츠 분야 최초의 연구를 수행했다. 그들은 전설적인 농구코치 John Wooden의 훈련기간을 조사했다. 대부분의 농구 코치는 자신의 역할이란 팀의 촉진자이거나 정서관리자라고 생각하지만, Wooden의 코칭 체계는 복잡한 세트 공격에서부터 양말을 어디까지 올려 신는가에 이르기까지 모든 것을 가르치고 배우는 것을 요구하는 것이다.

Lacy와 동료 연구자들(Lacy & Datst, 1985; Lacy & Goldston, 1990)은 훈련기간 동안 고등학교 수석 코치에 대한 자료를 수집하기 위해서 비슷한 관찰법을 사용했다. 그들은 코치행동의 절반은 지시에 관한 것이라는 결론을 내렸다. Bloom, Crumpton 그리고 Anderson(1999)은 한 시즌 동안 농구 코치인 Jerry Tarkanian의 코치행동을 부호화했다. Tharp와 Gallimore도구(수정판, 1976)를 이용했다. 여기서는 지시 영역을 다시 기술적, 전략적 및 기타 측정치로 세분하고 있다. 훈련기간 동안 Tarkanian의 코치행동 3분의 1은 전략적 지시에 관한 것이었다. 코치가 선수에게 더 열심히 하도록 격려하는 영역 '밀어붙이기'가 전략적 지시의 절반 정도로 나타났다.

이 연구에서 관찰된 코치는 선수의 다양한 기술 및 전략적 기법을 향상시키기 위해서 훈련기간을 사용했다는 점이 중요한다. 과중한 신체적 훈련요소와 지나치게 언어만을 사용하는 과거의 사고 중심 훈련보다 더 효과적이고 선수에게 친숙한 훈련으로 대체되었다.

개인 및 팀 스포츠 코치에 관한 연구는 비슷한 방식으로 훈련을 정의하지만, 그 하위 구성요소에서는 차이를 보인다. Cote, Salmela, Rusell(1995)은 체조 전문코치의 훈련을 다섯 가지 범주인 기교, 정신적 기술, 조정 기술, 시뮬레이션, 코치 관여로 세분했다. Salmela와 Bloom(1997)은 훈련을 가장 보편적으로 인정받는 4개의 범주, 즉 신체 훈련, 전략 훈련, 기술 훈련, 정신 훈련으로 구분했다.

1 **신체 훈련**: 신체 훈련은 선수의 호흡, 에너지, 근육체계를 유산소 및 무산소 운동, 유연성 그리고 강도의 측면에서 준비시키는 것이다. 이 요소의 일차적 목적은 신체 강도, 지구력 및 조건화를 통해서 선수가 경쟁에서 수행을 잘하도록 훈련시키는 것이다. 코치는 빠른 동작 연습으로 강렬하고 열심히 연습하는 것이 중요하다는 확신을 갖고 있다(Bloom, 1997; Salmela, 1996).

2 **전략 훈련**: 전략 훈련이란 상대 선수를 능가하기 위해서 코치가 사용했던 인지적 전략을 가르치는 영역을 말한다. 코치는 경기와 전략을 이용하여 훈련환경을 신중하게 꾸민다. 전략 훈련에서 가장 중요한 부분은 상대선수와의 게임 상황을 시뮬레이션하는 것이다(Bloom, 1997; Salmela, 1996).

3 **기술 훈련**: 기술 또는 기교 훈련은 코칭에서 가장 명확하게 교육적인 부분이다. 기술 훈련은 코치가 선수에게 개인의 동작 기술이나 팀이 상호 작용하는 방법을 배우는 데 도움이 될 훈련을 시킬 때 발생한다. 코치에게 가장 중요한 것은 모든 선수가 자신의 잠재력에 도달할 때까지 개인적로 주의를 끌 수 있어야 한다(Bloom, 1997; Salmela & Russell, 1995; Salmela, 1996).

4 **정신 훈련**: 훈련의 마지막 범주는 정신 훈련이다. 뇌는 압력 상황에 대해서 적절하게 사고하고 반응하도록 훈련받을 수 있다. 전문적 코치는 비록 어떤 것이 다른 것에 비해서 우선순위에서 앞서기는 하지만 일정한 형태의 정신 훈련을 선수의 훈련 영역에 통합시킬 수 있다. 코치는 동기, 불안통제 및 시각화 훈련 등과 같은 정신 훈련과정에 팀을 위해서 일할 스포츠 심리학자를 채용하는 것이 중요하다고 생각할 것이다(Bloom, 1997; Cote, Salmela & Rusell, 1995; Salmela, 1996).

③ 경쟁

코칭의 세 가지 범주 가운데 하나인 경쟁에 관한 초기 연구들(Smith, Smoll, &

Curtis, 1978, 1979; Smith, Smoll, & Hunt, 1977)은 청소년 스포츠 코치에 초점을 두었던 반면에 전문 코치에 대한 최근의 경험적 자원(Bloom, Durand-Bush, & Salmela, 1997; Cote, Salmela & Russell, 1995; Salmela, 1996)은 이 분야의 지식체계에 크게 기여하고 있다.

Cote, Salmela 그리고 Rusell(1995)은 체조 전문코치의 경쟁을 경쟁 장소, 경쟁 경기장 그리고 시행 경쟁으로 나누었다. 경쟁 장소란 경기 바로 직전, 경기가 있는 동안 또는 바로 직후가 아닌 경기 당일, 주말 또는 주중에 코치가 보낸 모든 시간을 포함한다. 경쟁 경기장은 체조선수가 경기 바로 직전, 경기 중 그리고 경기 직후에 보낸 시간을 포괄한다. 시행 경쟁이란 '실제 경쟁' 으로서 여기에 참가함으로써 체조선수는 더욱 자신 있고 기술적으로 강하게 된다.

경쟁 이전, 경쟁 동안 그리고 경쟁 후의 팀 스포츠 코치의 상호작용에 대한 연구(Bloom, 1997; Bloom, Durand-Bush & Salmela, 1997; Salmela, 1996)는 개인 스포츠 코치에 대한 연구보다 더 집중적으로 이루어져 왔다. 이것은 경쟁 전, 동안 그리고 후의 팀 스포츠 코치 활동의 복잡성과 중요성 때문인 것 같다. 예를 들면 스키, 승마의 마술, 피겨 스케이팅, 체조 등과 같은 개인 스포츠에서는 코치가 소극적인 관찰자로서 활동하는 반면에 팀 스포츠에서 코치는 능동적인 역할을 한다. 왜냐하면 대체할 다른 선수가 없고, 종료시간이 있으며, 경기 진행요원과 상호작용이 거의 없기 때문이다. 개인 및 집단 스포츠 코치에 대한 연구가 경쟁을 경쟁 전, 중, 후로 비슷한 방식으로 정의하기는 하지만 팀 스포츠 코치에게서 얻은 자료는 더 깊이 있는 분석의 대상이 된다.

1. **사전 경쟁:** 팀 스포츠 코치의 사전 경쟁 일정은 경기장에 도착하기 전 경기 당일 아침에 일어나는 순간의 과제를 포함한다. 이런 임무는 팀에 관련된 것과 코치 자신에게 관련된 것으로 더 분리된다. 팀과 관련해서 코치는 선수의 이른 아침 일정에 초점을 맞추는데, 그것은 정신적으로 경기를 준비하고 팀 미팅을 조직하는 데 도움이 된다. 이른 아침 일과는 경기 전 식사, 이동 및 팀의 일상적 활동, 팀의 긴밀성을 증진시키기 위해서 코치가 생각해 낸 모든 활동이라고 할 수 있다. 사전 경쟁의 또 다른 영역은 자신을 위한 코치의 개인적 준비다. 코칭 수행의 질은 사전에 완료된 준비 정도에 의해서 영향을 받는다. 팀 스포츠 전

문코치는 경기 당일 나름대로의 관례적인 일정을 지니고 있다. 당일 일찌감치 자신의 마음과 몸을 준비하는 것, 다가오는 경기를 위해서 마음속으로 연습하는 것, 경기장에 일찌감치 도착하는 것, 그리고 경기 전에 선수가 준비 운동하는 동안 구체적인 과정을 지원하는 것 등이 포함된다. 팀 스포츠 코치의 경쟁 전 관례적 일정 내에 포함된 두 가지 하위 영역은 경기 전 준비 운동과 격려 연설이다. 준비 운동과 관련해서 코치는 순조롭고 프로답고 응집력 있는 경기를 할 것을 강조한다. 이 시간을 이용해서 선수가 다가오는 시합을 위해서 스스로 정신적으로 준비하기를 원한다. 팀이 준비 운동하는 동안에 코치는 상대방을 탐색하거나 코치 룸에서 휴식을 취한다. 두 번째 하위 범주는 경기 전 격려 연설이다. 아직도 많은 사람이 승리를 위한 격려연설이 낡은 형태의 응원이라고 믿고 있지만 코치의 생각은 다르다. Martens(1987)과 Cox(1994)과 마찬가지로 연구결과(Bloom, Durand-Bush & Salmela, 1997; Salmela, 1996)는 코치가 냉정하고 침착한 경기 전 격려 연설을 선호하고 있다는 것을 보여 주고 있다. 이 연설을 통해서 선수는 각기 다르게 영향을 받을 개인적 욕구와 각성수준을 지니게 된다. 코치의 마지막 말은 선수가 경기 전 주간의 준비과정에서 강조된 가장 중요한 3~4개의 지적을 중심적으로 처리하게 하고 회상하게 만든다.

② **경쟁 중**: Salmela(1996)는 일단 경쟁이 시작되면 나타나는 중요한 영역을 밝혔다. 사실 팀 스포츠 경쟁이 이루어지고 있는 동안에도 코치는 여전히 큰 책임감을 느낀다. 사소한 것에 의해서 승리와 패배가 판가름 나기 때문이다. 정보는 경기 중 작전시간, 선수교체 전략, 경기 진행 요원과의 판단 상호작용, 선수에게 적절한 경기시간을 제공하는 것, 효과적으로 중간 휴식을 이용하는 것과 관련되어 있다. 스포츠에 대한 코치의 이해는 교과서적인 기초 전략을 넘어서는 것이다. 그들은 경기를 지켜보는 동안에 아무도 그렇게 하지 못한 것은 알아내는 신비한 능력을 발휘해야 한다고 보고한다. 그런 요인의 대부분은 개인스포츠 코치에게는 해당하지 않는다. 왜냐하면 일반적으로 개인스포츠 코치는 경쟁이 이루어지는 동안에 소극적인 접근을 취하기 때문이다.

③ **경쟁 후**: 팀스포츠 전문코치의 경쟁 후 활동은 네 가지 영역에 관련 된다. 첫째, 코치가 성과를 얼마나 잘 다루었는가? 둘째, 코치는 자신의 감정에 어떻게 대처했는가? 셋째, 선수 대기실에서 어떤 행동과 말을 했는가? 넷째, 그리고 경기

후 평가다(Bloom Durand-Bush & Salmela, 1997; Salmela, 1996). 경기 후 회합 내용과 초점은 성과 및 팀플레이가 좋았는가 아니면 형편 없었는가에 대한 코치의 지각에 달려 있다. 예를 들면 팀이 이겼거나 경기를 잘했을 때 코치는 단지 성과만이 아니라 노력과 수행을 강조했다. 둘째, 그들이 이겼지만 경기를 형편없이 했을 때 코치는 노력을 게을리 한 선수 개인이 더욱 분발해야 할 영역을 강조하고 알린다. 패배에 대한 코치의 평가는 선수가 자신의 능력 이상으로 잘했는가에 달려 있다. 예를 들면 팀이 패했지만 경기를 잘했다면 코치는 격려하는 것이 중요하다. 그것은 선수의 수행에서 긍정적 측면을 강조하는 것이다. 그러나 팀이 패배하고 선수의 경기 내용도 형편없었다면, 코치는 선수에게 아무 말도 하지 않는 것이 최선이라고 생각한다. 일반적으로 선수는 코치의 지적을 받아들이려고 하지 않고 나중에 후회할 것에 대해서 스스로 말하기 두려워하기 때문이다. 코치는 경기 도중에 알아차린 문제점과 오류를 고치려고 노력하는 선수의 경향성을 나중에 자연스럽게 지원해 주어야 한다. 이를 위한 가장 좋은 시점은 게임이 끝난 직후가 아니라 다음 훈련 기간이다. 시합이 끝난 후 대기실에 들어가기 전에 코치는 자신의 감정도 해결해야 한다. 스스로 마음을 가라앉히는 데 시간이 걸린다. 이것은 개인 스포츠와 팀 스포츠 코치 간의 또 다른 주요한 차이점이다. 일반적으로 개인 스포츠 코치가 소극적인 관찰자라면, 팀 스포츠 코치는 경기에서 적극적 역할을 하며 때로는 선수와 똑같은 정서를 경험한다. 선수의 생각을 모두 들은 후에 코치는 선수 대기실에 들어갈 준비를 한다. 대부분의 코치는 자신과 선수가 여전히 매우 정서적으로 들떠 있다는 것을 알기 때문에 거의 아무 말도 하지 않는다. 그들은 특별히 어떤 개인 선수를 지적해서 언급해서는 안 된다는 것을 알고 있다. 경기 종료 후 선수 대기실에서 경기 내용을 분석하지 않아야 한다. 코치는 때로는 경기 후 24시간 이내 이루어지는 경기 후 평가를 통해서 완성하기 원하기 때문이다. 팀 스포츠 코치는 경기 후 평가분석을 끝내기 전에 경기 내용을 기록한 비디오테이프, 통계자료, 보조 코치 등과 같은 많은 자원을 통한 자문이 중요하다는 것을 잘 알고 있다.

5) 코치 지식의 주변적 범주

앞에서 보았듯이 Cote와 동료들(1995)은 코치지식의 일차적 범주인 조직, 훈련, 그리고 경쟁에 대해서 설명했다. 그뿐만 아니라 코치지식 개념은 이런 일차적 범주가 코치의 특성, 선수의 특성 그리고 상황적 요인으로 구성되는 세 가지 주변적 요소와 상호 작용해서 직접적으로 어떻게 영향을 받는지 설명하고 있다.

① 코치의 특성

코치의 특성이란 코치의 철학, 지각, 신념 또는 개인생활의 부분이 되는 변수로서 세 가지 일차적 범주에 어떤 식으로든 영향을 줄 수 있다. Bloom(1997)과 Salmela(1996)의 코치의 특성은 지식을 획득하기 위한 코치의 지속적인 열정, 코칭의 성숙과정, 어려운 과제의 필요성, 올바른 코칭 스타일을 찾는 능력 등을 다룬다.

팀 스포츠 코치는 공통적으로 더 많은 코칭 지식을 얻기 위해서 지속적으로 노력한다(Bloom, 1997; Salmela, 1996). 코칭을 시작한 지 얼마나 되었느냐에 관계없이 멈추지 않고 학습하는 공통점이 있다. 코칭 클리닉에 참석, 코칭 경험을 얻는 것, 동료와의 상호작용 등은 학습의 중요한 방법이다. Bloom과 Salmela에 따르면 모든 연구에서 코치는 강한 직업윤리를 분명하게 보인다. 코치는 매우 경쟁적인 분야에서 자신이 어떻게 일하는지 강조하고, 성공의 유일한 길은 그들의 동료보다 더 열심히 일하는 것임을 주장했다. 이것은 장기간 가족과 주말 시간 보내기와 영화 보러 가는 것을 포기하는 것을 의미한다. 왜냐하면 그가 보아야 할 유일한 영화는 경기에 관한 것이기 때문이다. 마지막으로 코치는 개인적인 코칭 스타일을 개발하는 것이 중요하다고 말한다. 코치는 성공하기 위해서 자신의 성격에 가장 잘 맞는 코칭 스타일을 개발해야 한다고 느낀다. 성공적인 다른 코치를 모방하는 것이 항상 성공하는 최선의 방법이 되지 않는다.

② 선수의 특성

선수의 특성이란 선수의 학습 단계, 개인 능력 그리고 세 가지 일차적 범주에 영향을 미치는 또 다른 특성과 관련되는 변수다. 이 범주에 대한 이해에서 Bloom (1997)과 Salmela(1996)는 여러 측면에서 유사하다. 특히 선수 특성은 스포츠 안팎에서 선수의 성장을 돕는 것, 선수를 존중하는 것, 코치와 선수의 전문적 관계의 유형, 그리고 선수를 위한 이상적 학습 환경을 설정하는 방법의 중요성을 다룬다.

전문 코치에 대한 연구에서 얻은 결과는 그들이 스포츠 안팎에서 선수의 생활을 증진시키려고 한다는 것이다. 선수가 전인적 인격체로 성장하기를 추구한다는 말이다. 코치는 자신의 선수가 선수로서의 경력을 다 마쳤을 때의 개인적 성공에 대해서 관심을 갖고 있다. 이 범주에서 개인 스포츠와 팀 스포츠 간에는 유사점 말고도 차이점이 있다. 그 차이는 직접적으로는 개인 스포츠와 팀 스포츠의 요건이 다르기 때문에 생기는 것이다. 개인 스포츠 코치는 그들의 주의를 온통 한 선수에게만 집중할 수 있어서 한 선수에 관한 더욱 개인적 결정을 할 수 있다. 그러나 팀 스포츠 코치는 전체적인 조직과 팀의 효율성을 위해서 어떻게 상호 작용해야 할 것인가에 더 신경을 기울여야 한다.

③ 상황 요인

상황 요인이란 선수와 코치 이외에 과제수행 조건과 같은 불안정한 요인으로서 조직, 훈련 그리고 경쟁 요소에 개입할 때 고려해야 한다. 이들은 상황적으로 구체화된 변수이다. Bloom(1997)과 Salmela(1996)는 많은 상황요인을 열거했다. 여기에는 대학, 전문 분야 그리고 가족 상황이 포함되었다. 이 요소 각각의 장점과 단점에 의해서 코치 또는 팀의 승-패 기록이 크게 영향을 받을 것이다. 예를 들어 어느 대학 팀이 만약 더 많은 장학금을 받고 새로운 시설을 구입한다면 다른 학교에 비해서 더 많은 이익을 얻을 수 있다.

팀 스포츠 코치는 대학, 전국, 프로 또는 올림픽 상황과 같은 상이한 환경에서 많은 다른 변수 또는 제약을 언급했다(Bloom, 1997; Salmela, 1996). 예를 들면 국제경기를 위해서 여행할 때, 코치는 팀이 더 많은 전술과 전략을 준비하도록 해야 한다. 그리고 문화, 음식, 정치풍토 등에 대해서도 연구해야 한다. 프로스포츠 팀 코치에게는 또 다른 흥미 있는 시나리오가 기다린다. 코치는 자신보다 더 많은 돈을 버는 선수와 그리고 어떤 경우에는 자신이 했던 것보다 팀 의사결정에 대해서 더 많은 통제와 권력을 지닌 선수를 다루어야 한다는 사실을 발견할 것이다. 그리고 계약적 지위 때문에 어떤 선수가 더 많은 경기시간을 출전하기 원하는 경영진과도 직면해야 한다. 이들은 마이너리그나 대학 스포츠 상황에서는 거의 관심을 받을 수 없는 변수다.

마지막 범주는 코치의 생활에 대한 가족의 영향이다. Salmela(1996)는 코치가 당면하고 있는 문제–단란한 가정생활 만들기–에 대한 가장 솔직한 사례 한 가지를 들고 있다. 이런 코치 대부분은 이혼했거나 결혼을 하지 않고 있다. 왜냐하면 대부분 1년 중 200일 이상 여행을 하기 때문이다. 이것은 그들 자신이 선택한 희생이다. 그리고 그들은 그렇게 하는 것이 코치로서의 자신의 위치가 상승하는 데 도움이 된다고 믿는다. 반면에 결혼한 코치에게서 볼 수 있는 한 줄기 희망의 불빛이 있다. 결혼한 코치 대부분은 전 선수나 동료 코치와 결혼하거나 아니면 결혼생활에서의 희생을 잘 이해하는 배우자와 결혼하는 것이 이상적인 해결방법이라고 한다.

④ 코칭과정

코치에 관한 연구(Bloom, 1997; Cote, Salmela & Russell, 1995)의 중요한 공헌은 그것이 일차적 범주와 주변적 범주의 관련성에 대해서 설명하는 방식이다. '코칭과정' 이라는 용어는 여섯 가지 범주가 서로 영향을 주는 방식을 의미한다. Cote와 그의 동료들(1995)의 연구결과는 팀 스포츠 전문코치에 대한 연구결과와 유사하다. 그렇지만 두 유형의 스포츠 간의 역동성을 다루는 데 차이가 있다. 가장 중요한 것은 두 연구의 일차적 목적에 관련되어 있다. Cote와 그의 동료들의 연구는 엘리트 체조선수를 길러 내기 위한 코치의 지식에 영향을 미치는 요인을 알아보는 것이다. 이 연구는 결국 코칭모형(Coaching Model)을 만들어 내게 되었다. 이 모형은 지식과 개인적 성장을 위한 그들의 요구와 같은 코치의 대인관계 특성이 나머지 5개 범주에서 그들의 상호작용에 어떻게 영향을 미치는지에 대해서 자세한 분석을 제공하지는 않았다. 그러므로 팀 스포츠 전문 코치에 대한 연구의 일차적 목표는 코치를 특별하게 만드는 특성을 찾아내는 것이었다. 여기에는 상이한 코칭 상황에 대한 선수의 상호작용과 적응뿐만 아니라 조직, 훈련, 경쟁 요소 내에서 그 특성이 코치의 상호작용을 어떻게 설명했는지 포함하고 있다(Bloom, 1997).

Bloom(1997)은 코치의 대인관계 특성은 에너지를 불어넣고 나머지 5개 범주의 방향을 정해 준다는 사실을 확인했다. 이런 코치는 최고의 코치가 되는 것을 포함해서 그들의 전문성의 모든 측면을 완벽하게 갖추고 있다. 비록 이것이 주변적 범주로 칭해지기는 하지만, 이것은 매우 중요하다. 왜냐하면 코치가 코칭 지식을 획득하며 선수 및 그들의 스포츠와 관련 있는 개인과의 상호작용을 형성하는 방법과 같은 중요한 영역에 영향을 주기 때문이다. 예를 들면, 만일 코치가 완고하고 배우려는 의지가 없다면 그런 코치는 조직, 훈련 및 경쟁의 핵심적 영역에서 문제에 직면할 가능성이 더욱 클 것이다. 반면에 자신의 새로운 지식을 위해서 임상 모임, 세미나 및 심포지엄 등에 참석하고 동료와 정기적으로 정보를 교환한다면 그런 코치는 더 재미있는 훈련과 시즌을 위한 더 구체적인 계획을 세울 것이며, 경쟁에서도 더 많은 성공을 할 것이다. 그리고 더 열심히 노력하고 더 효과적으로 의사소통하는 것과 같이 코칭에 대한 더 복잡한 개인적 접근법을 지니고 있는 코치는 선수가 경쟁을 하는 동안 더 좋은 결과 때문에 행복하게 만들 것이다(Bloom, 1997).

07

스포츠 집단

혼자 있을 때와 여럿이 함께 있을 때 사람들의 행동은 달라진다. 이 현상은 집단 압력, 사회적 영향, 집단역학 등의 문제다. 집단역학은 특히 스포츠에서 매우 중요한 현상이다. 집단역학은 집단에서의 행동에 대한 과학적 연구 분야로서 집단의 성질, 집단의 발달, 집단과 개인 간의 상호 관계를 다룬다(Johnson & Johnson, 1997).

개인이 혼자 있을 때와 비교해서 집단 안에서 다르게 행동한다는 것은 스포츠에서만 있는 현상은 아니다. 개인이 평생 살면서 가족, 학교, 교회, 스포츠 팀 등 수많은 다양한 집단에 가입하거나 소속된다는 것을 생각해 보면 집단 및 집단역학에 대한 연구는 가치가 있다. 집단은 개인의 신념, 감정, 사고에 광범위하게 영향을 미친다. 그러므로 스포츠 사회심리학 분야에서 집단 및 집단역학에 관심이 큰 것은 당연한 일이다(Widmeyer, Brawley, & Carron, 1992).

집단의 성질과 역학은 사회심리학의 기본 주제다. 집단은 일반적인 사회단위이기 때문에 현대 사회학과 밀접하게 관련된 분석단위다(Luthans, 1973). 일상생활에서 가장 일반적인 형태일 뿐만 아니라 연구를 위해서 실험적으로 통제하고 경험적으로 연구하기에 가장 수월하기 때문에 학자들을 매료시킨 것은 10명 내외로 구성된 소집단이었다(Davis, 1969). Mills(1967)는 사회과학자가 소집단 분석에 중점을 둔 또 다른 이유는 소집단은 소우주적 체계일 뿐만 아니라 큰 사회를 구성하는 하위 체계이기 때문이라고 주장한다. 집단은 소규모로 노동의 분배, 윤리 규범, 정부, 변화의 매체, 권력 계급, 이데올로기, 신화 및 종교적 관습과 같은 사회적 특징을 모두 나타낸다. 비록 이런 소우주적 체계에 대한 세심한 검토를 했다고 하더라도, 이론적 모형을 마련하고 더 정교한 실험과 이론의 수정을 통해서라야 비로소 이해하기 어려운 사회체계에 적용할 수 있다. 그러므로 소집단 연구는 일반적으로 사회체계에 대해서 생각을 효과적으로 발전시키는 수단인 셈이다.

사회심리학에서는 집단역학의 문제인 집단의 발달과정과 집단주기의 본질을 포함하는 방식으로 집단에 대한 학문적 관심의 영역을 확대시켰다. Cartwright와 Zander(1968)는 집단역학을 연구하는 기본 원리는 인간행동을 이해하거나 개선하기를 바라든 또는 바라지 않든 관계없이, 집단의 성질에 대해서 많이 아는 것은 매우 필요하기 때문이라고 한다. 인간에 대한 논리적 견해나 발전된 사회적 기술도 집단의 작용에 관한 질문에 대한 대답 없이는 불가능하다. 어느 누구라도 그 개인은 집단에 관련되어 있고, 어떤 집단도 더 큰 사회에 속해 있기 때문이다.

집단역학을 이해하는 것이 중요하다는 견해는 스포츠 분야의 연구에도 그대로 적용될 수 있다. Cartwright와 Zander(1968)는 스포츠 활동에서의 인간행동을 이해하기 바란다면 반드시 스포츠 집단의 본질에 대해서 많이 알아야 한다고 주장했다. 이런 주장의 기본 원리는 스포츠의 특징은 스포츠의 조직적 구조에 있다는 것이다. 개인 스포츠는 조직, 집단 혹은 팀을 포함하는 큰 사회 체계의 환경에서 연습하고 경기를 통해서 경쟁하는 것이다. 이런 사회 구조는 선수 개인의 행동과 수행의 효율성에 직접 또는 간접적으로 영향을 미친다. 따라서 스포츠 활동을 연구하는 사회심리학에서 팀 자체 및 팀 역학은 세심하게 다루어야할 주제다. 사회학과 사회심리학에서 개발한 개념적 체계를 이용해서 스포츠 팀 자체와 팀 역학으로부터 통찰을 얻어내고자 한다.

1. 집단의 성질

1) 집단의 정의

집단에 대한 정의는 대부분 집단의 사회심리학적 구조에 관한 것이다. 이들은 정의를 내린 연구자의 기본 연구방향과 관심을 뚜렷하게 반영한다. 그러므로 집단의 범위를 규정하고 집단의 본질적인 특징에 초점을 맞추려고 노력한다. 집단의 특성을 이해하기 위해서는 집단에 대한 대표적인 정의를 살펴보아야 한다.

Homans(1950)는 집단이란 구성원 간의 상호작용이라고 정의한다. 일정한 시간 동안 타인과 직접 대면해서 자주 의사소통하는 사람도 있지만, 다른 사람과 의사소통하기에 시간이 충분하지 못한 사람도 많다. 개인 A, B, C, D, E가 한 집단을 형성한다면, 정해진 시간 안에 A는 집단 외부인 혹은 다른 집단의 구성원인 M, N, L, O, P와 상호 작용하기보다는 같은 집단 안에 속해 있는 B, C, D, E와 더 많은 상호작용을 한다. 마찬가지로 B 역시 외부인이나 다른 집단의 구성원과 상호 작용하기보다는 같은 집단의 내부 구성원인 A, C, D, E 와 더 많은 상호작용을 한다.

Merton(1957)과 Schein(1965)은 집단을 정의하는 세 가지 기준을 제시했다. 첫째, 상호작용 빈도, 둘째, 집단구성원이라는 지각, 셋째, 타인이 그들을 집단에 속해 있는 사람으로 인식하고 규정하는 것이다. 한덕웅(2002)은 집단에 대한 정의의 중요한 요소를 정리해서 열거했다. 집단구성원이 서로 잘 알고 있으며, 서로 강한 영향력을 미치고, 집단에서 다양하게 상호작용이 이루어지고, 구성원이 동일한 집단에 포함된다고 인식하는 두 사람 이상의 소수 집단일수록 더 집단다워진다(한덕웅, 2002).

Cartwright와 Zander(1968)도 집단에서 구성원 간의 상호 의존적 요소를 강조했다. 두 사람이 같은 집단에 함께 속할 것인지 또는 다른 집단에 각각 속할 것인지를 결정하는 것은 두 사람 사이의 유사성이나 차이점이 아니라 사회적 상호작용이나 다른 형태의 상호의존성이다. 따라서 집단이란 구성원의 유사성보다는 오히려 상호의존성에 기초한 역학적 전체다. 그러므로 집단은 구성원을 상당히 상호 의존적으로 만드는 상호 관계성을 지닌 개인의 집합체다. 다시 말하자면 집단은 집단구성원 사이에 일반적으로 상호 의존하는 특성을 지닌 사회적 실체다.

집단에 대한 정의의 주요 특성은 스포츠 집단을 정의할 때도 적용된다. 스포츠 집단은 단순한 군중이나 개인의 집합체와 구별되는 특성을 지닌다. 집단적 정체성, 공유된 목표와 목적의식, 상호작용 구조의 유형, 의사소통의 구조적 양식, 개인 또는 과제 상호 의존성, 그리고 대인 매력 등이 그것이다.

개인의 집합체와 집단을 가장 뚜렷하게 구별하는 예가 [그림 7-1]에 잘 나타나 있다. 군중은 집단이 아니다. [그림 7-1]에서 점선은 상호작용, 개인 및 과제 상호 의존성 및 의사소통과 같은 집단 과정을 나타낸다. 원은 집합적 정체성 및 단위로서, 그것은 집단의 특성이다. 집단 내 구성원 간에 공유된 목적 및 목표 의식은 개별적 개인의 독자 행동과 대조를 이룬다.

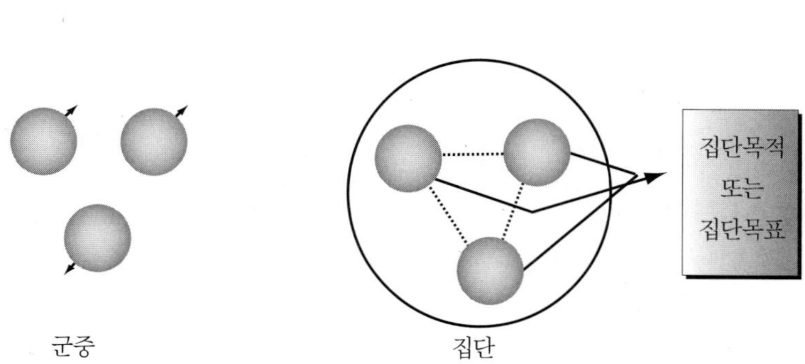

[그림 7-1] 집단과 개인의 집합인 군중(Carron, 1980)

집단 또는 팀 내에서 개인 사이에 이어진 점선은 상호작용, 대인 매력, 상호 의존성 및 의사소통을 나타내고, 개인을 둘러싸고 있는 원은 스포츠 집단의 특성인 단위, 집합적 전체성 또는 집합적 정체를 나타낸다. 마지막으로 스포츠 집단에서 나타나는 공유된 공동 목적은 스포츠 집단의 구성원이 아닌 개인의 독자적 행동과 대비된다.

사람들이 단순하게 모여 있다고 해서 반드시 집단이 형성되는 것은 아니다. 배구팀이나 서비스 클럽은 집단이지만 함께 영화를 보는 사람은 집단이라고 할 수 없다. 집단이 되려면 몇 가지 충족해야 할 준거가 있다. Carron과 Hausenblas(1998)는 스포츠 팀과 개인의 집합을 구분하는 특징을 요약해서 제시했다(〈표 7-1〉 참조).

〈표 7-1〉 스포츠 집단의 특징(Tuckman & Jensen, 1972)

집합적 정체성	구성원은 다른 팀과 자신을 구분해서 본다.
공동 운명	개인 수행과 관계없이 구성원은 팀으로서 이기거나 진다.
공유된 목적감	집합적으로 팀이 승리하기를 원한다.
구조화된 상호작용 패턴	선수나 코치 사이에 상호작용 패턴이 발달한다.
구조화된 상호작용 양상	스포츠에서 사용된 용어(기습, 중립지역 함정 등)이 팀 구성원 사이에서 이해된다.
개인 및 과제 상호의존성	팀 스포츠를 위해서 타인에 의존한다.
구성원 자기 범주화	구성원은 자신을 팀의 일원으로 생각한다.
대인 매력	구성원은 서로에 대해서 사회화한다.

2) 분석 단위로서의 개인 대 집단

집단의 성질과 관련해서 오랫동안 지속되어 온 연구 주제는 분석 단위로서 집단의 실체에 관한 것이다. 집단은 개념적으로 서로 다른 두 가지 일반적 관점에서 고려되어 왔다. 첫 번째 관점에서는 집단이란 그것을 구성하고 있는 개인과 구별될 수 있는 고유한 실체며 단위로 간주된다. 이 관점에서는 각 집단의 구성원이 개인 욕구, 포부, 동기 그리고 능력을 집단에 제공하며, 이런 것은 전체적 멤버십과 집단의 성과에 영향을 미친다는 것을 인정한다. 그러나 집단 욕구, 포부, 동기와 능력은 개인적인 특성이 단순하게 합해지는 과정을 통하여 이루어질 수 없다는 사실도 강조한다. 그러므로 집단은 그 자체로서 고유한 존재하며, 하나의 전체성을 지닌 단위로 분석되어야 한다.

두 번째 관점에서는 집단이란 그 집단을 구성하는 개인의 집합적 멤버십의 단순한 가산적 산출물이라고 인식한다. 그러므로 만약 집단 내의 구성원 개인이 매우 활동적이고 친절하고 예의가 바르다면, 집합적 실체인 집단은 이런 측면을 그대로 잘 반영할 것이다. 이런 관점에서 집단은 그 부분의 총합이다. 그러므로 집단을 분석하는 중요한 단위는 개인 구성원이다.

3) 집단의 유형

집단 이론가는 다양한 집단을 유형별로 분류하려고 시도했다. 집단을 유형으로 분류하는 가장 일반적인 방법은 가장 중요한 단일 특성을 선정하고, 그 특성이 있거나 또는 없다는 근거에 의해서 집단 유형을 결정하는 것이다.

이런 집단 분류 방법에서 가장 자주 사용된 특성으로는 집단 크기, 집단구성원 간의 신체적 상호작용 정도, 집단 내 친밀성 수준, 집단 결속력 정도, 집단 활동에 대한 내외 통제의 소재, 그리고 집단 구조(공식화된 집단 규범이 있는가, 집단구성원 간의 대인관계 행동 양상이 기본적으로 규범적인가 등) 등이 있다(Cartwright & Zander, 1968). 이 분류방법에 의한 집단 유형으로는 공식 집단 대 비공식 집단, 멤버십이 있는 집단 대 참조준거 집단, 일차 집단 대 이차 집단, 내 집단(배타적 소집단) 대 외 집단, 소집단 대 대집단 등이 있다.

예를 들면, Schien(1965)은 집단을 공식 집단과 비공식 집단으로 구분했다. 공식 집단은 상위 집단이나 조직의 목표를 성취하고, 이를 위한 구체적인 과제를 수행하기 위해서 설정된 집단이다. 공식 집단은 존속하는 기간에 따라서 영구 집단과 일시 집단으로 구분된다. 학교체육프로그램에서 보상체계를 개발하기 위해 설립된 선수위원회는 일시적 공식 집단이다. 반면에 실제 스포츠 팀 그 자체는 영구적인 공식 집단이다. 다른 한편으로 비공식 집단은 집단구성원의 인간관계 욕구와 같은 특별한 욕구에 따라서 공식 집단이나 또는 개인의 집합체에서 나타난다. 스포츠 팀 내에 존재하는 파벌은 비공식 집단이다.

집단을 유형으로 구분하기 위해서 이용되는 또 다른 분류법은 일차 집단과 이차 집단으로 나누는 것이다. 일차 집단의 특징은 구성원 간의 직접적이고도 친밀한 교제와 협력이다. 이런 특징은 무엇보다도 개인의 이상과 사회의 성격을 형성하는 데 기본이 되기 때문에 중요하다(Cooley, 1911, 1909). 일차 집단으로서 사회에서 가장 흔한 두 가지 집단인 가족과 또래 집단은 광범위한 분석과 연구대상이 되어 왔다.

Kolsa(1969)는 회원제 집단 대 참조준거 집단, 내집단(in-group) 대 외집단(out-group)으로 구별했다. 개인이 적극적으로 소속되어 있는 집단이 멤버십 집단이고, 개인이 동일시하거나 소속되고 싶어 하는 집단은 참조준거 집단이다. 내집단은 사회에서 일반화되어 있는 가치를 소유하거나 최소한 사회적 기능상 중요한 위치를 차지하고 있는 개인의 집합을 나타낸다. 외집단은 사회의 문화에서 하위이거나 변두리에 있는 것으로 간주되는 집단이다(Kolsa, 1969).

여러 연구자와 이론가가 자신의 관심 분야에 대해서 한계를 정하고 연구 활동이 가능하도록 노력하면서 집단에 대한 다양한 분류 체계를 발전시켜 왔다. 집단의 기본 특성과 구성원에게 미치는 영향력에 따라서 이분법적으로 집단을 분류한 이래로, 상담심리학, 경영학, 스포츠와 같은 여러 분야에서 다양한 집단에 초점을 맞추게 된 것은 당연한 일이다. 예를 들어 스포츠 분야에서는 소집단에서의 과제 수행에 계속 초점을 둔 반면에(Dollelly, Carron, & Chelladurai, 1978), 상담심리학에서는 치료와 훈련의 수단으로 집단에 대한 관심을 가져 왔다(Nichols, 1976). 그 결과 집단의 유형 및 특성과 구체적 집단 유형의 역동성에 대한 강조에 따른 다양한 집단 분류가 불가피했다.

2. 집단행동의 기초

스포츠 행동은 집단에서의 개인행동을 바탕으로 이해되어야 한다. 이런 기초는 집단구성(집단구성원의 특성), 집단환경(예, 집단 규모), 집단구조(예, 집단 역할, 규범, 지위의 발달 등)를 포함한다. 이런 개념에 대한 이해를 통해서 스포츠 팀 효율성 및 응집력이 향상될 수 있다.

1) 집단구성

집단구성원의 특성은 집단 수행에 중대한 영향을 미친다. 집단구성은 의사소통이나 집단 응집력에 영향을 미치고, 이것은 다시 집단 생산성에 영향을 준다(Widmeyer, 1990).

집단구성원의 동질성과 이질성과 같은 집단 구성의 변이는 두 영역에서 검증되었다. 첫 번째 영역은 집단구성원의 개인적 속성(예, 신체적 특성, 인종, 성격, 가치 등)과 심리적 특성을 다루는 분야다. 두 번째 영역에서는 집단구성원의 기술과 능력을 연구했다.

(1) 개인적 속성

비슷한 속성을 지닌 개인으로 구성된 동질적인 팀은 이질적인 팀보다 더 성공적일까? 초기연구에서 Eitzen(1973)은 고등학교 농구선수를 대상으로 팀 구성원 개인 속성의 차이가 파벌형성과 목표달성에 영향을 미치는지 알아보았다. 선수의 개인 속성은 아버지의 직업, 지역사회에서의 명성, 거주 지역, 종교 등으로 측정되었다. 그 결과 선수의 속성이 동질적일수록 파벌을 덜 형성하고 목표 달성 가능성도 더 컸다. 그러나 다른 연구결과를 종합하면 선수의 개인 속성과 수행의 관련성은 일관성이 없다(Clement & Schiereck, 1973; Klein & Christiansen, 1969). 그러므로 팀 구성원의 개인적 속성에서의 동질성과 이질성의 효과는 뚜렷하지 않다.

(2) 기술과 능력

서로 다른 기술과 능력을 지닌 개인으로 구성된 집단은 기술 수준이 같은 집단보다 수행 수준이 더 뛰어났다(Jackson, 1992; Jones, 1974). Carron(1988)은 선수마다 구분되는 과제를 수행하는 스포츠에서는 팀 선수의 능력에서의 이질성이 부분적으로는 중요하다고 주장한다. 소프트볼 경기는 치기, 던지기, 달리기, 몸을 던지기, 잡기 등을 포함한다. 어떤 소프트볼 팀은 필요한 기술을 지닌 선수가 없어서 고전할 수도 있다. 집단수행은 부분적으로 선수의 능력에 좌우된다.

2) 집단 환경: 집단 크기

스포츠 집단(팀)은 크기가 다양하다. 배구팀은 약 12명의 선수로 구성되어 있고, 야구팀은 25명, 미식 축구팀은 약 80명의 선수로 한 팀을 이룬다. 스포츠 팀의 크기는 선수 개인의 행동과 집단 전체의 행동에 간접적인 영향을 미친다. 팀의 크기가 증가할수록 많은 긍정적 결과가 나타난다. 예를 들면 자질 있는 선수를 얻을 가능성이 커진다. 반면에 팀의 크기 증가는 부정적 결과 및 구성원의 바람직하지 않은 태도를 초래하기도 한다. 예를 들면, 지각된 밀집이나 불안감이 증가하고 구성원에 대한 만족과 응집력이 감소한다(Carron, 1990).

Steiner(1972)는 집단 크기 변화가 팀 효율성과 수행 수준에 미치는 영향을 설명하기 위한 모형([그림 7-2])을 제시했다.

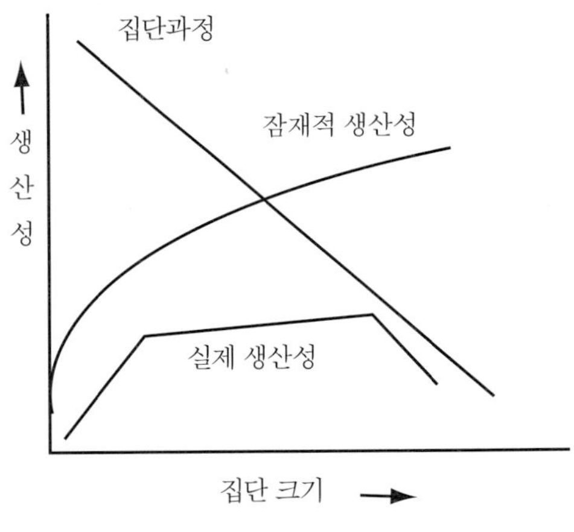

[그림 7-2] 집단생산성에 대한 Steiner의 모형(Silva III & Stevens, 2002)

집단의 잠재적 생산성은 집단구성원의 수가 증가함에 따라서 증가한다. 개인의 존재는 집단이나 팀에게 많은 잠재적 자원을 제공한다. 스포츠에서는 팀에 선수가 많을수록 모든 위치에서 기술이 뛰어난 선수를 찾을 가능성이 증가한다. 집단 크기가 증가함에 따라서 모든 위치가 고르게 증가함으로써 집단 생산성은 고원을 형성할 것이고 더 이상 집단 크기가 커진다고 집단 수행이 계속 향상되지는 않을 것이다.

집단 크기의 증가와 더불어 집단과정의 효과는 한계를 맞을 것이다. 팀 내 많은 기능의 조화가 필요해짐에 따라서 팀 구성원 간의 상호작용은 점차 어려워질 것이다. 팀 회의를 계획하기가 어려워질 것이고, 효과적인 연습을 계획하는 것이 점차 복잡해질 것이다. 그러므로 집단이 필요한 모든 자원을 모두 소유하고 있다고 하더라도 잘못된 집단과정은 그 집단이 이룰 수 있는 잠재력만큼의 성공을 얻지 못하게 될 것이다.

Steiner의 모형(1972)은 한 팀의 구성원 수가 증가함에 따라서 팀의 실제 생산성도 증가한다고 주장한다. 그러나 팀 구성원 수의 최적 수준을 넘어서게 되면 수행의 감소가 나타날 것이다. 결국 집단 크기는 커지면서 비효과적으로 되어 간다. 팀의 크기가 커짐에 따라서 팀의 개인 구성원의 생산성은 감소한다.

(1) 링겔만 효과

프랑스의 농공학자인 Ringelmann은 집단 크기가 수행에 미치는 효과에 대한 초기연구를 수행했다. 그는 가산과제(개인의 투입을 더해서 한 집단의 성과가 되는 과제)에서는 개인 생산성의 감소가 초래된다는 사실을 발견했다(Silva III & Stevens, 2002). 줄다리기, 연주회장에서 박수치기, 집단 프로젝트에서 타인과 함께 작업하기 등은 모두 가산 과제의 예다. 그가 발견한 것은 한 집단의 개인 수가 증가함으로써 생산성이 비례적으로 감소한 것이다. 예를 들어 한 사람이 100kg을 끌 수 있다면, 간단히 계산해서 두 사람은 200kg을 끌 수 있고, 네 사람이면 400kg을 끌 수 있다. 그러나 집단 크기가 증가하면 집단의 전체 효율성은 감소하는데, 두 사람이 200kg을 끄는 것이 아니라 175kg을 끌었다. 네 사람은 340kg을 끌었다. 집단 크기가 증가함에 따라서 효율성이 감소하는 경향을 링겔만 효과라고 한다.

Latane, Williams 및 Harkins(1979)는 소음 발생(개인이 얼마나 큰 소리를 지를 수 있는가)에 대한 집단구성원 간의 협동의 상실과 감소된 동기의 상대적 중요성을 알아보려고 했다. 실험참가자에게 혼자 또는 다섯 명이 함께 가능한 한 크게 소리를 지르라고 했다. 그러나 사실 함께 있는 타인이 실제로는 소리를 지르지 않는 상황이었다. 혼자서만 소리를 지르기 때문에 실제로 발생한 소음의 감소는 협동의 상실 결과가 아니었다. 소음의 감소는 개인의 노력 감소의 결과인 것이다. Latane, Williams 및 Harkins는 개인이 한 명이나 또는 다섯 명의 타인과 함께 소리를 지른다고 생각할 때 발생한 소음(생산성)은 82% 그리고 자신의 능력의 74%에 이른다는 것을 발견했다. 이 결과는 사회적 태만(social loafing)이라고 하는 개인 동기의 중요

〈표 7-2〉 사회적 태만과 같은 관중 효과는 왜 발생하는가?(Silva III & Stevens, 2002)

각성촉발 증가	타인의 존재는 각성 수준을 높인다.
평가 염려	타인이 지켜보면 실패에 대한 두려움으로 당황하게 된다.
주의분산	과제에 관련된 자극에 주의를 덜한다.
학습 간섭	우세반응의 표출이 억제된다.

성을 보여 주는 것이다.

스포츠에서 사회적 태만은 몇 가지 시사점을 준다. 많은 스포츠 상황에서 팀의 성공은 각 개인이 최대의 노력을 하는 가에 달려 있다. 야구에서 3루수와 유격수 사이로 굴러가는 평범하지만 빠른 타구를 유격수가 몸을 던져 가며 잡아내는 동안 3루수가 번번이 똑바로 서 있는 자세로 보내고 있다면 사회적 태만이 발생한 것이다. 결국 이 팀의 내야수의 전반적인 수행은 감소된 것이다. 사회적 태만은 한 팀에서 독립적인 현상으로 머무르지 않는다. 한 구성원의 노력 감소는 전체 구성원에게 전염되어서 팀 구성원 불화의 원인이 된다. 사회적 태만이 발생하는 잠재적 이유는 〈표 7-2〉에 제시되어 있다.

(2) 사회적 태만을 줄이기 위한 전략

사회적 태만의 발생을 줄이는 몇 가지 전략이 있다(Hardy, 1990).

- 팀의 전체 수행에 대한 팀 구성원 각자의 기여도를 알린다. 이 전략은 개인의 노력과 인정 간의 연계성을 분명하게 설정하는 데 도움이 된다.
- 이제 막 운동을 시작한 선수뿐만 아니라 연습 팀의 구성원에게 대해서도 선수 사이의 존경을 발전시킨다. 이것은 시합에서 '영광'을 얻지 못한 선수도 팀을 발전시키는 데 자신이 일부분 기여했다는 것을 인정받게 하는 것으로서 중요하다.
- 가능한 한 팀 구성원이 스스로 흥미 있고 도전할 만한 과제를 하게 허용한다.
- 팀은 개인이 목표를 설정하고 프로그램을 지켜볼 수 있도록 돕기를 원할 것이다. 개인이 자신의 수행과 향상을 알 수 있게 함으로써 태만해지려는 경향을 줄일 수 있다.

3. 집단구조

집단을 정확하게 이해하기 위해서는 집단구성원의 개인특성 외에도 집단의 기본구조를 살펴보아야 한다. 집단구조란 모든 집단에서 나타나는 집단구성원 간의 안정된 상호작용 패턴을 말한다(Johnson & Johnson, 1997). 예를 들면, 의사소통의 패턴이 확인되고, 리더가 나타나고, 역할이 형성되고, 팀을 지배하는 규칙이 만들어진다. 집단구조는 응집력 발달에 중요한 시사점을 준다(Carron, 1988). 집단 응집력은 집단구조 요소에 대한 주의가 중요한 집단에서 증가할 것이다. 집단구조의 네 가지 핵심적 패턴인 집단발달, 집단역할, 집단 규범 및 지위가 논의될 것이다.

1) 집단발달

집단을 유형으로 분류하는 전통적 경향과 더불어서 집단발달과정에 대한 설명도 발전되어 왔다. 집단발달은 개인의 집합, 타인에 대한 최소한의 연대, 시간 경과에 따른 응집력 있는 단위로의 발전, 정체감, 구조, 규범 및 역할이 완수되는 과정이다(Brower, 1996). 집단발달은 팀이 해체될 때까지 지속되는 역동적 과정이다. 구성원은 처음 만났을 때, 함께 경쟁할 때, 시간이 지나가면서 그들이 참가했던 팀에 대해서 느낀 점을 기억할 것이다. 이런 단계마다 다양한 감정(걱정, 긴장, 흥분 등), 대인관계 그리고 구성원의 행동이 연관되어 있다.

Hill과 Gruner(1973)에 따르면 집단발달에 대해서는 100여 개의 이론이 존재한다. 이처럼 다양한 집단발달이론이 개발된 데에는 여러 이유가 있다. 집단발달과정 분석의 한 가지 문제점은 실험실 상황에서 집단을 연구할 때 집단이 존속되는 기간이 짧기 때문에 집단발달의 모든 과정(또는 단계)을 관찰할 수 없는 것이다. 두 번째 문제는 집단을 실험실이 아닌 일상적인 현장에서 연구한다면, 검증되는 시점에서 집단발달의 정확한 단계를 확인하는 것이 어렵다. 세 번째 문제는 많은 이론이 검증 가능한 시점에 나타나지 않거나, 만약 검증 가능한 시점에 이론이 나타난다 하더라도 검증에 필요한 많은 자료가 제한을 받는 점이다.

집단발달모형은 일반적으로 직선적인 일련의 과정(팀의 발달은 이전 단계로의 회귀

〈표 7-3〉 집단구조와 과제 활동에 대한 집단발달의 연속(Tuckman, 1965)

발달 단계	집단구조에 관련된 행동적 특성	과제 활동에 관련된 행동적 특성
형성 (forming)	오리엔테이션 문제가 주 관심사다. 대인행동을 위한 경계를 확인하는 검증 방법이 있다. 의존적 관계는 지도자, 다른 집단구성원 혹은 기존의 규범적 표준에 의해서 형성된다.	일차적 관심은 오리엔테이션이다. 집단구성원은 과제가 무엇이며, 어떤 방법이 수용되며, 과제를 수행하는 방법을 결정한다.
격동 (storming)	대인관계에서 갈등과 극화가 나타난다. 지도자에 대한 반발과 집단에 의한 통제에 저항한다.	집단영향과 과제요건에 대한 저항이 생긴다.
규범화 (norming)	저항이 극복된다. 응집력과 집단 결속력이 발전한다. 집단에서의 역할이 형성된다.	집단구성원 간에 과제를 수행하기 위한 협동이 생긴다. 자유로운 정보 교환이 이루어진다.
수행 (performing)	구조적 문제가 해결된다. 대인관계가 안정된다. 대인관계 구조는 과제활동의 수단이 된다.	집단 에너지가 과제를 해결하는 데 사용된다. 과제 해결을 위한 건설적인 노력이 나타난다.
해체 (adjourning)	과제활동을 위한 계약이 만료됨으로써 대인관계가 종료된다. 구성원 간의 의존성이 감소하고 관계의 종료로 서운함 발생	집단의 목표인 과제가 해결됨으로써 집단이 해체된다. 만일 새로운 목표에 의한 과제를 수행해야 한다면 집단은 지속될 수 있다.

없이 지속적으로 진전되는 단계로 진행된다) 또는 시계추처럼 단계를 앞뒤로 왔다 갔다 한다고 주장하는 것으로 분류된다. 집단발달모형의 어느 것이 채택되든 상관없이, 연구자들은 일반적으로 집단은 대개 몇 단계를 거치면서 발전한다고 믿는다(Robbins, 1992; Wheelan & Hochburger, 1996).

Tuckman(1963), Tuckman과 Jonsen(1965, 1977)은 집단발달에 관한 많은 연구를 검토한 결과를 바탕으로 집단구조와 과제 생산성의 관점에서 집단발달의 일반모형을 제시했다. 집단발달은 5개의 단계, 즉 형성기, 혼란기(격동기), 규범기, 수행기, 해체기로 진행된다. 각 단계는 〈표 7-3〉에 간략하게 기술되어 있다. 다섯 단계의 각 지속 기간은 집단마다 다를 수 있지만 단계의 연속적 순서에 따르는 속성은 집단발달과정에서 불가피하다고 주장한다.

각 집단발달 단계별 행동 특징을 간략하게 살펴보면 다음과 같다.

(1) 형성기

형성기는 집단발달의 시작 단계다. 구성원은 집단의 타 구성원과 친밀해지기 시작한다. 구성원 간의 관계는 서로 잘 모르기 때문에 어색하다. 집단에서 자신의 역할에 대해서도 불확실하다. 이 단계에서 다른 구성원 및 리더와 동일시하거나 대인관계를 서로 탐색하기 시작한다. 이 단계에서 구성원이 다른 구성원과 동일시하지 않거나 자신이 동료와 경쟁하고 있다는 느낌을 갖게 될 때 문제가 발생한다.

(2) 격동기

격동기의 특징은 리더나 코치에 대한 저항이 일어나고, 구성원 간에 갈등이 발생하고, 집단통제에 대한 저항이 일어나는 것이다. 개인은 집단에서 자신의 역할에 대해서 주장하기 시작하고 집단목표를 두고 다툰다. 대부분이 갈등은 대인적인 것이고 리더나 코치는 갈등 해결에서 중요한 역할을 한다. 구성원에게 객관적인 방식으로 이런 평가를 전달함으로써 리더나 코치는 구성원이 경험하는 스트레스를 줄일 수 있고, 결국 구성원 간의 적대감을 감소시킨다. 성공적으로 해소된 갈등은 집단을 더욱 결속 시키고 다음 단계로 성공적인 발전을 하게 돕는다. 해결되지 못한 갈등은 집단의 잠재력을 충분히 성취하지 못하게 만든다.

(3) 규범기

규범기의 특징은 집단의 일체성과 안정성이 확보되는 것이다. 구성원은 더 개방적으로 의사소통하고 규범에 대해서도 더 분명하게 동의한다. 마침내 구성원은 집단 내에서 자신의 역할을 확고히한다. 타 구성원의 역할에 대한 인정이 증가한다. 역할이 명료해짐에 따라서 구성원 간에 상호 존중이 증진되고 집단응집력이 커지며 집단목표 수행에 대한 집단적 노력이 추진된다.

(4) 수행기

이 단계에서는 집단구조가 완전하게 수용되고 기능을 발휘한다. 집단은 매우 구체적인 목표를 지향하고 일반적으로 높은 수준의 수행을 보인다. 구성원의 에너지는 집단에게 이롭게 할 의사를 지닌 개인이 역할을 수행하도록 사용되고 구성원은 서로 도와서 집단수행을 촉진한다.

(5) 해체기

집단의 해체는 두 가지 중의 한 가지로 나타난다. 가장 일반적으로는 집단이 계획했던 문제해결을 완수했으므로 해체된다. 스포츠 시즌이 영구적으로 지속되는 것은 아니다. 시즌 일정의 마지막 게임을 마치면 계획된 해체를 하는 것이다. 계획된 대로 해체되면 그 선수는 팀에서 떠나서 자신의 개인생활에 적응하는 데 별로 어려움이 없는 것으로 보인다(Forsyth, 1990). 구성원은 개인 구성원뿐만 아니라 집단의 임무완수에 대한 논의를 통해서 심리적으로 해체를 준비한다. 그러나 예상치 못한 갈등이 임의적으로 집단의 해체를 요구하는 경우도 발생할 수 있다. 예상치 못한 상태에서 임의적으로 발생한 집단의 해체는 특히 구성원이 사전에 전혀 경고를 받지 못한 경우에는 매우 큰 스트레스 원인이다.

Schutz(1966)는 Tuckman과는 약간 다른 또 다른 연속적 도식을 제시했다. Schutz 이론의 세 가지 중요한 차원은 포함, 통제 그리고 감정이다. 포함단계에서는 집단이 형성되는 동안에 개인 구성원이 상호접촉 및 상호작용 그리고 의사소통을 얼마나 원하는지 결정한다. 포함의 문제가 충분히 해결되면 통제단계가 이어진다. 통제단계에서는 의사결정, 영향, 권위 및 집단과제를 해결하기 위한 절차에 개입하는 정도 등의 문제가 주로 나타난다. 통제 영역에서의 문제가 만족스럽게 해결되면 마지막으로 집단구성원은 정서적으로 결합한다.

집단발달단계의 이런 구분이 명확하게 일어나는가를 밝히는 것보다는 오히려 집단이 발달하는 동안에 각 단계에서 나타나고 강조되는 문제 영역이 더 중요하다. 집단발달단계에서 포함, 통제, 감정의 세 가지 영역은 항상 존재하지만, 이들이 항상 같은 정도로 나타나는 것은 아니다(Schutz, 1966). 또한 집단이 이 세 가지 중요한 단계들을 거친 후에도 또다시 그런 주기를 반복해서 시작할 수도 있다. 이런 연속적 과정은 집단발달에 상충되는 결과에 의해서 집단이 붕괴되기까지 반복될 수 있다.

2) 개인의 집단 내 동화

집단구성원 개인이 집단형성 과정이나 또는 이미 존재하고 있는 집단에 동화해가는 과정은 크게 차이를 보이지 않을 것이다. Mills(1967)는 집단구성원이 집단에 동화되는 연속적인 네 단계를 열거했다. 첫째, 집단에 대한 호감을 끌어내는 기본 욕구 혹은 동기 등 개인의 관심, 둘째, 집단규범에 대한 동조, 셋째, 집단 내에서의 사회적 상호작용과 집단목표 추구에 대한 개인의 관심, 넷째, 집단이 취해야 할 방향과 집단 리더십에 대한 관여다. 집단발달의 초기 단계에서 주요한 관심은 순응, 수용, 지향성의 문제다. 이들은 통제, 리더십, 영향 그리고 밀접한 개인적 유대 형성에 관련된 문제로 이어진다. 마지막으로는 집단의 가장 효율적인 생산이 이루어진다.

(1) 스포츠 조직에서 이동 과정

다른 공식 조직과 비교해서 스포츠 팀은 구성원의 이동이 적어서 매우 안정되어 있기 때문에 스포츠 집단에서 집단발달과정 그 자체는 크게 관련된 주제가 아니다(Loy, Theberge, Kjeldsen, & Donnelly, 1975). 각급 학교나 대학 또는 프로 스포츠 팀, 젊은 아마추어 스포츠 팀은 매년 그 기능을 일정하게 유지하고 있다. 그러나 선수의 졸업, 사직, 은퇴, 승진, 이동, 해임 등의 결과로 팀의 구성이 정기적으로 변화하기도 하므로 새 선수가 팀에 얼마나 잘 동화되느냐 하는 것은 중요한 문제가 된다.

Loy, Theberge, Kjeldsen와 Donnelly(1975)는 새 선수가 팀에 동화되는 과정과 관련된 매개변수, 즉 선수의 소속 팀 이동과정에 관련된 변수를 알아내기 위해서 미국 프로야구 내셔널리그와 아메리칸리그 같은 다양한 스포츠 팀에서 얻은 기록을 이용하여 연구했다. 연구결과가 일관성을 보이는지 알아보려고 여러 학자(Ball, 1974; Eitzen & Yetman, 1972; Grusky, 1963; McPherson, 1973; Rose, 1970)의 선행연구를 재검토했다.

팀에서 선수 개인의 위치와 안정도(또는 반대로 이동의 정도)는 체계적 차이를 보였다. Ball(1974)은 미식축구에서 선수 개인의 공격 위치에 따라서 팀에서의 안정도가 달라지는 것을 알아냈다. 공격 위치에 따른 안정도는 태클 76%, 가드 75%, 센터 74%, 러닝 백 67%, 플랭커와 와일드 리시브 56%, 타이트 엔드 55%, 쿼터백 38%의 순서였다. 야구(Theberge, 1973)와 하키(McPherson, 1973)에서도 선수의 위치에 따라서 안정도의 차이가 있었다. 그러나 이런 결과를 토대로 선수 개인의 위치에 따라서 팀 이동률이 스포츠 종목에 특수하고도 적절한 이론적 설명이라는 결론을 내리기에는 어렵다.

집단구성원의 이동은 수행 효율성의 측면에서 볼 때 많은 잠재적 문제점이 있다. 예를 들면 새 구성원이 환경에 적응하고, 새로운 팀 시스템을 배우고, 팀 동료의 개성을 파악하고, 라포와 응집력을 형성하기 위해서는 시간이 필요하다. 그러므로 집단효율성은 구성원의 이동률과 관련이 있다. 구성원의 이동률이 높은 팀은 낮은 팀에 비해서 경기에서의 성공 가능성이 더 낮다(Loy, Theberge, Kjeldsen & Donnelly, 1975). 프로야구, 농구, 미식축구 그리고 고등학교 스포츠에 관한 연구는 이 가설을 강력하게 지지한다.

Schwartz(1973)는 1960년에서 1969년 사이의 프로 농구, 야구, 미식축구 팀의 기록을 조사해서 팀 승률과 선수의 이동률 간의 상관이 각각 -.47, -.51 -.57임을 밝혔다(Loy et al., 1975). Theberge(1973)는 1951년에서 1960년 사이에 미 프로야구 메이저리그 기록을 분석하여, 선수 이동과 승률, 리그 순위 및 경기 외적 효과 사이에는 각각 -.54, .55, .57의 상관이 있다는 것을 알았다(Loy et al., 1975).

이 결과에 따르면 선수의 잦은 이동은 팀 성적에 명백하게 손해가 된다. 그러나 선수의 이동이 전혀 없는 것도 마찬가지로 해로울 수 있다. 왜냐하면 선수 이동이 없는 팀에서는 선수 모두가 함께 나이가 들어가기 때문이다. 선수의 팀 동화 과정은 점진적인 데 비해서 조직은 급격한 환경 변화에 직면할 수 있다. 그러므로 어느 정도의 선수 이동은 필요하다.

Marin(1969)은 1955년에서 1959년 사이에 미식축구 내셔널리그의 기록을 이용하여 선수의 팀 재직 기간과 팀 효율성 사이의 관련성을 조사하였다. 경험 많은 팀이 항상 승리하는 것은 아니지만, 패한 팀 선수는 일반적으로 경험이 부족하다는 것을 발견했다. Donnelly(1975)는 미국프로야구 메이저리그 6개 팀의 하프 라이프(원

〈표 7-4〉 조직의 하프 라이프와 조직 효율성 비교
(Loy, Theberge, Kjeldsen, & Donnelly, 1975)

하프 라이프까지 기간(년)	사례 수	1등을 하지 못한 게임의 평균 수
2	175	23.38
3	126	19.33
4	60	13.79
5	20	11.33
6	90	13.38

래 구성된 팀 선수의 1/2이 교체되는 데 걸리는 시간)와 경기 외적 효과의 평균값의 관계를 분석했다(Loy et al., 1975). 그 결과가 〈표 7-4〉에 제시되어 있다.

〈표 7-4〉에 따르면 선수와 팀 감독의 재직 기간과 팀 효율성 사이에 역U자형의 관계가 있다. 코치의 재직 기간과 팀 효율성에서도 비슷한 결과가 나타났다. 새로운 코치나 노련한 코치는 모두 중간 수준의 재직 기간을 지닌 코치만큼 효과적이지 못하다. 또한 거의 경험이 없는 선수를 보유한 팀과 매우 나이 많은 선수를 보유한 팀은 적절한 경험을 지닌 선수를 보유한 팀만큼 효과적이지 않다는 것을 나타낸다. 이 결과에 따르면 스포츠에서 조직 효율성과 선수 이동 간의 관계는 감독의 유임 기간과 선수의 경력과 경험에 의해서 영향을 받는다.

3) 집단구조와 의사소통

(1) 집단구조, 의사소통 그리고 집단수행

의사소통 과정에 대한 관심은 집단구조와 집단역학에 대한 관심이 커진 것과 밀접하게 관련 있다. Bavelas와 그의 동료들(Bavelas, 1948, 1950, 1957; Leavitt, 1951; Leavitt & Knight, 1963)은 집단 내 의사소통과정에 관한 초기 연구에 가장 크게 기여한 연구자다. Bavelas의 「집단구조에 대한 수학적 모델」(1948)이라는 논문에는 집단구조에 대한 포괄적인 수학적 이론이 포함되어 있다. 2년 후 발표한 집단에서의 의사소통 연구를 위한 실험절차는 오늘날까지 유력한 연구방법이다(Bavelas, 1950). 이 기법은 Leavitt의 연구에서 처음 사용되었고, 연구결과는 1951년에 논문으로 발표되었다(Leavitt, 1951 참조).

의사소통망의 대표적 유형은 5명으로 구성된 사슬형, 원형, Y형 그리고 바퀴형 등이다. 이후의 연구에서는 집단 의사소통 망에 포함된 개인의 수를 달리하고(3, 4, 5명이 포함된 의사소통망) 의사소통망의 변형이 사용되었다. Bavelas(1948)가 집단 의사소통에 관한 많은 이론적 문제를 구상하기는 했지만, 후속 연구는 주로 집단 의사소통망의 중앙집중화와 분권화에 관련된 매개변수에 초점을 맞추었다.

의사소통망 연구에서 의사소통 패턴을 변화시키는 한 가지 방법은 각 구성원과 직접 연결된 이웃 구성원의 합에 의해서 결정된다. 이웃이란 개인이 의사소통할 수 있는 접근통로로 연결된 개인이다. 중앙집중화의 개념은 구조 간 및 내 차이를 기술하기 위한 것이다. 의사소통 패턴에서 중심 위치는 다른 모든 위치에서 가장 가깝다. 분권화는 한 위치에서 다른 위치까지 가장 가까운 거리로 도달하기 위해서 사용되는 의사소통망 통로의 수로 측정된다(Leavitt, 1951).

의사소통망을 연구하면서 Leavitt(1951)이 사용한 과제는 집단구성원을 필요로 하는 것이었다. 첫째, 5명 모든 개인에게 공통적인 상징적 부호를 형성하도록 의사소통한다. 둘째, 개인이 자신뿐만 아니라 모든 다른 구성원도 이런 정보를 소유하고 있다고 확신하도록 의사소통한다. 집단구성원은 원형 책상을 수직으로 분리한 각 칸막이에 한 사람씩 둘러앉는다. 실험자가 칸막이에 준비된 통로를 열고 닫을 수 있는 가늘고 긴 구멍을 통해서 메모 쪽지를 전달함으로써 의사소통이 이루어진다. 다섯 명의 집단구성원 각 개인에게는 모두 공통의 의미를 지니는 여섯 가지 상징(원, 사각형, 다이아몬드, 삼각형, 별표, 플러스 부호: ○ □ ◇ △ ☆ +) 중에서 뽑은 다섯 개의 상징 목록을 준다. 그 여섯 개 중에서 한 가지 상징이 6명 모두의 목록에 공통적으로 들어있다고 알려 주고 그 공통의 상징을 알아내는 것이다. 이를 위해서 각 개인은 바로 인접한 구성원과만 의사소통을 할 수 있다. 5명의 구성원이 목록에 공통으로 들어 있는 상징부호를 알아내는 데 걸린 시간, 전달된 메시지의 수, 발생한 오류의 수, 집단구성원 중에서 지명된 리더, 집단에서의 수행에 대한 만족 등이 종속변수로 측정되었는데, 그 결과는 매우 일관성 있었다.

집단효율성은 집단 의사소통망이 중앙 집중화된 정도에 의해서 영향을 받았다. 집단효율성과 의사소통의 중앙집중화 모두에서 효과적인 의사소통망은 바퀴형, Y형, 사슬형 그리고 원형의 순서였다. 그러므로 바퀴형 의사소통망으로서 가장 중앙집중화된 의사소통망이 집단과제를 가장 빨리 수행되면서도 가장 적은 메시지를 사용했고 가장 훌륭한 리더를 만들어 냈다. 그러나 이런 의사소통망에서 구성원의 집단 경험에 대한 만족 수준은 가장 낮았다. 반면에 의사소통망이 원형이면서 분권화된 집단의 과제 수행 속도는 가장 느리면서 메시지를 보낸 횟수는 가장 많았다. 그리고 훌륭한 집단 리더를 배출하지는 못했지만, 구성원은 집단 경험에 가장 만족스러워했다.

Glanzer와 Glaser(1961)는 다양한 의사소통망을 사용한 연구를 포괄적으로 논평했다. 그들은 이 분야는 철저하게 연구되어서 더 이상 연구할 것이 없을 정도라고 평가했다. 그러나 이 분야의 연구는 접근방법이 깔끔한 것과는 어울리지 않게 많은 불일치하는 결과를 보였다고 결론을 내렸다. 이 결과들은 분명한 것처럼 보이지만 후속 연구결과는 일관성을 보이지 못했다.

스포츠 집단구조가 집단 의사소통, 문제해결 그리고 수행에 미치는 효과를 다루는 문제는 최소한 두 가지 이유 때문에 중요해 보이지 않는다. 첫째, 대부분의 팀 스포츠에서 집단구조는 비교적 고정되어 있고 팀 간에도 차이 없이 일정하다. 야구에서 팀의 수비 자세는 모든 수준의 경기에서 팀에 따라서 차이가 없다. 매우 보기 드문 예외적인 경우가 있는데, 그때는 팀이 상대 선수의 특유한 배팅 경향에 대비하기 위해서 특이한 수비 전술을 채택하기 때문이다. 그러므로 스포츠에서 집단구조가 수행효율성에 도움이 되는가 아니면 방해가 되는가에 대한 대답은, 최소한 팀에 관계없이 일정하다는 것이다.

둘째, 득점과 실점 등의 과제와 문제의 성격도 역시 비교적 일정하게 고정되어 있고 팀에 따라서도 일정하다. 스포츠에서 지배적인 상호작용 형태는 신체적이며, 신체적 상호작용은 일반적으로 매우 규범적인 유형이다. 결국 집단구조와 집단 의사소통 자체는 스포츠 수행에서 크게 중요한 요소가 아니다.

(2) 집단구조, 의사소통 그리고 행동

스포츠에서는 집단구조와 의사소통은 집단행동과 더 직접적으로 관련되어 있다. 집단구조와 스포츠의 특수한 요건 때문에 첫째, 과제 상호작용에 대한 높은 관여, 둘째, 팀 동료나 상대 선수에 대한 폭 넓은 시야, 셋째, 진행 중인 경기에 대한 많은 지식을 얻을 수 있는 위치에 있는 선수는 최우수 선수, 주장 지명, 코치나 감독으로의 승진 기회 등의 보상을 얻을 기회가 더 많다(Chelladurai & Carron, 1977).

스포츠 팀과 같이 비교적 영구적인 공식 집단에서는 팀 내의 비상사태에 영향을 주거나 팀 내 상호작용과 의사소통 규범을 유지하는 데 기여하는 구조와 기능의 분화가 일어난다. 이것은 George Plimpton이라는 선수가 미국 하키리그의 Boston Bruin 팀에서 경험한 것을 통해서 예시(Carron, 1980)할 수 있다. 이 팀 코치 Don Cherry는 골키퍼를 일반 선수로 생각하지 않는다. 그에게 선수 명단을 물어보면 항상 자신이 많은 선수와 골키퍼를 훈련시키고 있다고 말했다. 팀의 골키퍼인 Pettie는 자신이 다른 선수와 다르게 취급받는 것을 자랑스럽게 생각하면서 Cherry 코치의 생각이 옳다고 말했다. 팀은 달라도 골키퍼는 같은 공동체에 속해 있다. 만약 상대 팀의 골키퍼가 슬럼프에 빠지면 이 팀 골키퍼는 그가 슬럼프에서 회복하도록 격려한다. 골키퍼는 팀에 구애받지 않고 하나가 되어 서로 돌본다.

집단구조와 상호작용 또는 의사소통에 대한 집단구조의 상호 관련성에 대해서 생각할 마지막 측면은, 어떤 집단활동에서는 집단구성원의 특정한 위치가 다른 위치보다도 더 적합하다는 것이다. 이와 관련된 Sommer(1969)의 연구결과를 정리한 것이 [그림 7-3]과 [그림 7-4]에 기술되어 있다.

개인이 대화하는 상황에서는 물리적 근접과 눈 접촉이 모두 강조되는 좌석 배치가 더 나았다. 경쟁적 상황에서는 얼굴을 마주 대하는 좌석 배치가 경쟁을 자극하기 때문에 더 좋다. 비록 공동활동을 하는 쌍을 위해서 다양한 배치가 도움이 된다고 하더라도 협동적 상황의 개인은 옆으로 나란히 있는 것을 훨씬 더 좋아했다.

	좌석배치에 대한 선택 백분율			
좌석배치	조건1(대화)	조건 2(협동)	조건 3(공동활동)	조건 4(경쟁)
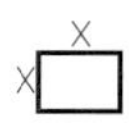	42	19	3	7
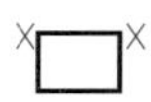	46	25	32	41
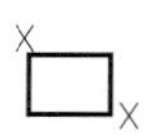	1	5	43	20
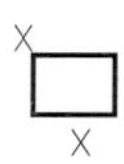	0	0	3	5
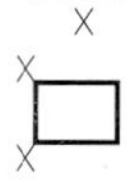	11	51	7	8
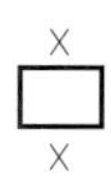	1	0	13	18
합계	100	100	100	99

[그림7-3] 사각형 탁자에서 좌석배치의 선호(Sommer, 1969)

좌석배치	조건1(대화)	조건 2(협동)	조건 3(공동활동)	조건 4(경쟁)
	좌석배치에 대한 선택 백분율			
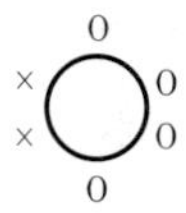	63	83	13	12
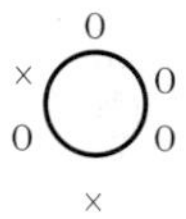	17	7	36	25
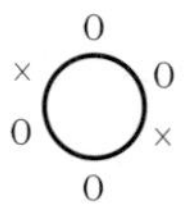	20	10	51	63
합계	100	100	100	100

[그림 7-4] 원형 탁자에서 좌석배치의 선호(Sommer, 1969)

4) 집단동조

(1) 동조의 정의

집단 상호작용, 의사소통 그리고 사회적 영향 과정과 복합적으로 관련된 현상이 집단에서의 동조행동이다. 구성원 간의 연합된 구조를 지닌 공식 집단, 집단 간 상호작용, 의사소통 그리고 과제 및 대인 상호 의존성은 집단 규범과 같은 구체적 행동에 대한 사전 규칙에 동조해야 한다는 기대를 발전시킨다. Hollander(1971)는 동조란 개성을 죽이는 것으로 간주되지만, 그렇다고 개성을 훼손시키는 것이 동조의 유일한 의미가 아니라, 오히려 다양한 방법으로 정의될 수 있는 사회적 현상이라고 지적했다. 동조에 관한 실험연구에서는 사회적 영향, 응종, 통제, 지배, 지위, 권력, 의존성, 비동조, 반동조(동조에 대한 저항)와 같은 용어가 사용되어서 동조가 다양한 방식으로 정의되고 있다는 사실을 잘 알 수 있다.

(2) 동조 연구의 패러다임

Sherif(1935)와 Asch(1951)는 동조연구에서 사용하는 실험기법을 개발하고 보급하는 데 크게 기여했다. 동조실험의 기본 패러다임에 따르면 실험 참가자는 시각적 지각에 관한 연구를 위해서 실험실에 온다. 집단으로 테이블에 앉아 있는 실험참가자 속에는 실험 참가자 외에도 실험자와 사전에 모의한 실험협조자가 포함되어 있다. 이들은 스크린 왼쪽에 비추어진 하나의 막대를 본 후에 오른쪽에 별도로 제시된 길이가 서로 다른 3개의 막대 중에서 왼쪽 막대와 길이가 같은 것을 하나 선택한다. 개인은 앉은 순서대로 대답하는데, 사전에 모의된 대로 실험협조자가 먼저 대답할 수 있는 자리를 차지한다. 실험협조자는 분명히 틀린 답을 똑같이 대답하는 방식으로 동조를 보임으로써 실험 참가자에게 사회적 압력을 가하는 방법을 이용했다. Asch는 이런 과정을 여러 차례 반복한 결과, 실험 참가자의 1/4은 여전히 타인과 별도로 독자적으로 응답하기는 했지만, 나머지는 틀린 답을 하는 실험협조자와 일치를 보이는 동조행동을 발견했다.

Milgram(1965)의 실험 패러다임에는 한 명의 실험자, 순수한 실험 참가자인 한 명의 교사, 그리고 실험자와 사전에 약속한 실험협조자인 한 명의 학생이 포함되어 있다. 교사와 학생 두 사람이 학습에 대한 처벌효과를 검증하기 위해 설계된 학습 실험에 참가하는 것으로 되어 있다.

실험에서 교사의 역할은 학생에게 문제를 내고 만일 답이 틀리면 그때마다 매우 고통스러운 전기쇼크로 처벌하는 것으로 주었다. 교사(실험 참가자)는 실험자의 지시에 따라서 틀린 답을 한 학생(실험 협조자)에게 전기 충격을 가했다. 전기 충격이 실제라는 것을 증명하기 위해서 45볼트짜리 충격을 시범적으로 받은 후에, 교사는 15볼트 간격으로 15볼트에서 450볼트까지 표시되어 있는 전기 충격기 앞에 앉는다. 기계 앞에는 '경미한 충격', '매우 강한 충격' 등과 같은 표지가 붙어 있었고 450볼트에는 '위험: 극심한 충격' 이라고 쓰여 있었다. 그러나 실제로는 전기 충격이 가해지지는 않았고 학생 역할을 하는 실험협조자는 교사가 전기충격을 줄 때마다 그가 실제라고 믿도록 전기 충격에 고통스러워하는 행동을 연출했다. 그러므로 실험참가자인 교사는 학생에게 전기충격을 준 결과에 대해서 책임이 있는 상황이었다. Milgram(1965)은 실험참가자 중 거의 3분의 2가 맹목적으로 실험자가 처벌하라는 명령에 응종한다는 것을 밝혔다.

(3) 상황 요인과 동조

① 지위

동조를 상황적 요건과 제약 조건의 함수라고 간주한 연구는 비교적 일관성 있는 결과를 얻었다. 동조는 관여된 개인에 대해서 상대적으로 지각된 지위의 영향을 받았다. 지위가 낮을수록 동조하는 경향이 더 강하고, 반면에 지위가 높은 개인은 동조 경향이 낮았다. 개인이 실험자, 코치, 집단, 팀 동료 등과 같은 준거원천(the reference source)에 비해서 지위, 권력, 명성, 능력, 영향력이 상대적으로 작을 때, 준거원천을 향해서 이동하는 동조행동을 보였다. 그러나 준거원천보다 상대적으로 더 높은 지위를 지니고 있다면 동조행동이 일어나지 않았다(Croner & Willis, 1961; Berkowitz & Macauley, 1961; Hollander, 1961, 1964; Kelley & Thibaut, 1969; Wiggins, Dill, & Schwartz, 1965).

지위가 높은 사람은 일반적으로 더 큰 영향력을 가지는 경향이 있어서, 낮은 지위를 지닌 사람보다 동조를 더 쉽게 이끌어 낸다. 심지어 낮은 지위를 지닌 사람의 의견에 동조하기를 적극적으로 거부하기도 한다(성한기, 2004). 그러므로 선수에 비해서 상대적으로 지위, 능력, 권력이 훨씬 높은 팀 코치는 선수의 태도에 큰 영향을 미친다. 스포츠 팀의 신인 선수는 노련한 선수와 팀 리더의 일반적인 태도와 행동을 채택하여 빨리 배운다.

Hollander(1958, 1964, 1971)는 집단 내에서의 지위, 능력 그리고 권력과 상호 관계가 있는 동조의 한 차원으로 '개성적 신용(idiosyncrasy credit)'을 제시했다. 개인이 집단의 규범적 기대와 일치되게 행동하고 이전에 보여 준 동조뿐만 아니라 높은 지위 혹은 능력 때문에 집단, 조직, 사회적 상황에서 타인이 그에 대해서 지니는 긍정적 인상에 따라서 집단 내에서 그에 대한 신용이 축적된다.

이 과정을 통해서 개인이 집단의 신용을 얻게 되면 나중에는 오히려 동조하지 않는 것도 널리 허용받게 된다. 이런 개성적 신용 모형의 기본 특징은 집단 내 모든 개인이 고정된 규범에 따라서 똑같이 동조하도록 제약받는 것이 아니라는 점이다. 오히려 동조하지 않는 행동은 집단의 타 구성원이 그 행위자를 어떻게 지각하느냐에 따라서 특정한 행위에 대해서 집단이 다양하게 정의할 수 있는 것이다. 그러므로 동조란 개인에게 특정한 것이며 기능적으로는 지위와 관련이 있다(Hollander & Willis, 1971). 이것은 스포츠 분야에서도 분명하다. 안정되고 노련한 선수는 신인 선수 또는 미숙한 선수보다 분명하게 또는 은연중에 기대된 행동이나 규범적 행동으로부터 더 많이 이탈하는 행위를 하도록 허용받는다.

② 집단 크기

사회적 영향을 미치는 개인의 수로 정의되는 집단의 크기도 동조에 영향을 미친다. 결과가 일관성을 보이는 것은 아니지만, 집단 크기와 동조 행동 사이에는 이차함수적 관계가 있다는 주장이 있다. 집단구성원 수가 1명에서 3명으로까지 증가함에 따라서 동조의 양도 증가하지만, 그 이상으로 수가 증가할 때는 동조가 더 이상 비례해서 증가하지 않는다(Asch, 1956; Rosenberg, 1961). Gerard, Wilhelmy, 그리고 Corolley(1968)는 2~8명 사이의 소집단에서는 동조와 집단의 크기 사이에 직선적 관계가 있다고 했다.

Milgram, Bickman 그리고 Berkowitz(1969)는 동조척도를 사용하여 집단의 크기(1, 3, 5, 15명)와 동조 간에는 직선 및 곡선적 관계가 존재함을 알아냈다. 그리고 Goldberg(1954)과 Kidd(1958)는 집단 크기의 증가로는 동조에서의 아무런 변화도 알 수 없다고 했다. 집단의 크기가 증가된 결과로 동조행동에 추가적 효과가 나타나지 않는 것은 그 집단에 대한 신빙성 약화에 기인한 것이다. 집단 규모가 증가할수록 집단의 일치를 공모한 것으로 의심하거나, 리더와 부하가 상호 의존적인 관계인 것으로 지각하기 시작했다.

그러므로 집단 크기의 증가 자체는 동조효과 증가의 결정요인이 아니다. Wilder(1977)는 집단 크기가 단일한 실체(예, 6명 집단)가 되면 그것이 중다 단위(한 집단 안에 하위 집단이 존재하는 경우, 예를 들면 3명의 두 집단 혹은 2명의 세 집단)로 분류될 때보다 동조를 덜 일으킨다는 것을 밝혔다. 그러므로 단일한 실체로 사람에게 보일 때보다는 분리된 실체로 표현된 행동이 더 많은 정보를 제공하며 신뢰할 만한 것으로 지각된다. 예를 들어 어떤 결정 때문에 비난을 받는 코치가 자신을 비난하는 상대방을 단일한 실체(선수)보다는 여러 하위집단(예, 부모, 행정가, 매체, 선수)으로 본다면, 그 상황을 재평가해서 결정을 바꿀 가능성이 더 클 것이다. 이런 연구결과

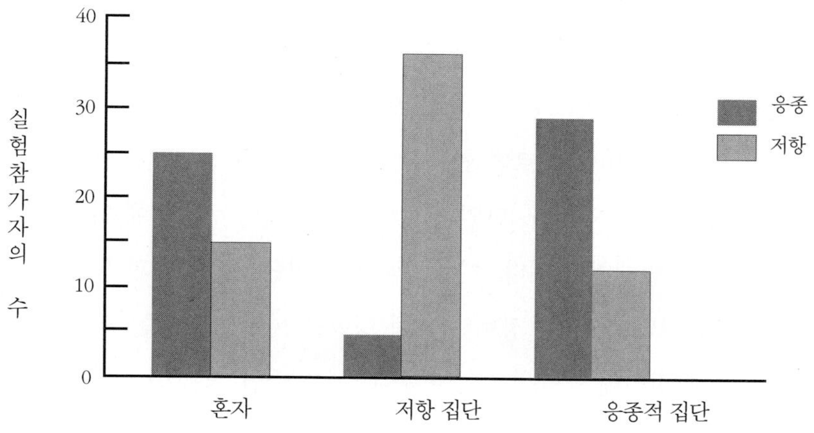

[그림 7-5] 혼자, 저항 집단, 응종적 집단에서 보여 준 동조행동(Milgram, 1965)

는 의사 소통자가 유사하지 않고 다양할수록 더 많은 영향력을 갖는다는 것을 시사한다(Wilder, 1977). 그들이 서로 유사하지 않을수록 관찰자는 그들을 하나의 실체인 집단으로 보기보다는 여러 명의 개인으로 범주화하기 때문이다.

③ 사회적 지원

개인을 지원하는 파트너나 공동 활동자와 같은 사회적 지원자가 있는 조건에서는 동조에 대한 사회적 영향력이 감소된다(Allen, 1975; Allen & Levine, 1971; Asch, 1951; Hollander & Willis, 1964; Kelley & Thibaut, 1969; Milgram, 1965; Wilder, 1977). 사회적 지원자는 다수에 대한 신빙성을 떨어뜨리고, 그 결과 다수의 사회적 영향력이 감소된다(Allen & Levine, 1971). 하키는 매우 거친 경기임에도 불구하고 어떤 선수가 폭력적인 경기 스타일에 반대하는 태도를 지니고 있고, 그 선수가 다른 선수도 자신의 그런 태도에 동의한다고 믿는다면, 그 태도를 더 유지하는 경향을 보일 것이다. [그림 7-5]에서 보듯이 Milgram(1965)의 연구결과는 이 주장을 지지한다.

④ 모호성과 과제 난이도

상황적 요구가 애매모호하고 과제가 어려울수록 더욱 큰 동조가 일어난다(Nordholm, 1975; Sistrunk & McDavid, 1971; Weiner, 1958). 개인이 집단에 적응하는 과정에서 상황에 대한 판단이 어려워서 타인의 반응에 크게 의존할 필요성이 있을 때 동조행동은 증가한다. 태도는 성질상 사회적이기 때문에 사실적 또는 논리적 사항에 대한 반응보다 더 쉽게 변한다. 과제가 어려울수록, 객관적 정보를 제공하는 외적 단서가 부족할수록, 그리고 동조행동을 요구하는 강도가 증가할수록 동조압력의 효과는 증가할 것이다(Blake & Mouton, 1961).

Kelley와 Thibaut(1969)에 따르면 협동적으로 문제를 해결하는 집단에서는 정보를 자유롭게 주고받을 수 있지만, 만일 정보의 타당성이나 신빙성에 의심이 생기면 수용에 대한 저항이 발생할 것이다. 이런 상황에서 집단은 결속력과 동질성을 강화하는 동조 경향을 지닐 것이다. 정보 수용에 영향을 미치는 요소는 의사소통 후에 일어나는 귀인의 안정성에 영향을 주는 변수다. 예를 들면, 제안된 해결방법의 실증가능성, 선호되는 대안적 해결의 중복성 그리고 정보 출처의 전문성이다(Kelley & Thibaut, 1969).

(4) 성격 요인과 동조

동조행동을 일으키는 특별한 성격 특성이 있을까? 직관적으로는 지배성, 자존심 그리고 개인적 적응을 포함하는 특성이 동조행동과 강한 관계가 있을 것으로 보인다. 1959년에 Mann은 이 질문에 관련된 연구들을 요약해서 정리했다. 그 결과를 정리한 것이 〈표 7-5〉다.

성격특성인 적응력, 외향성 그리고 지배성과 동조행동의 관련성에 대한 연구결과

〈표 7-5〉 동조행동과 성격차원의 상관에 대한 102개 연구결과 비교(Mann, 1959)

성격요인	연구결과 수	정적 상관 백분율(%)	부적 상관 백분율(%)	상관없는 결과 백분율(%)
적응				
자기-평정	(18)	73% (13)	5% (1)	22% (4)
소시오 메트릭 평정과 성격검사 질문지	(30)	7% (2)	14% (4)	79% (24)
외향성				
자기 평정	(16)	62% (10)	6% (1)	32% (5)
투사법과 성격검사 질문지	(10)	0% (0)	10% (1)	95% (9)
지배성	(8)	0% (0)	25% (2)	75% (6)
보수성향	(20)	80% (16)	0% (0)	20% (4)

는 일관성이 없다. 어떤 연구에서는 이 성격요인이 동조행동에 정적 효과를 보인 반면에 다른 연구결과는 부적이거나 또는 전혀 효과가 없는 것으로 나타났다. 그러나 Mann은 보수 성향과 동조는 관련이 있다는 결론을 내릴 만한 증거가 있다고 지적했다. Mann이 살펴본 이 연구들은 동조뿐만 아니라 성격특성을 다양한 방법으로 측정했다.

그러므로 어느 하나의 성격특성 측정치가 동조행동에 대한 특별히 강력한 예언변수가 될 수는 없다. 동조 행동을 결정하는 요인은 성격연구에서 검증된 다른 행동의 결정요인과 비슷할 것이다. 즉, 동조행동은 개인 특성과 상황 요인의 상호작용에 의해서 결정되는 것으로 이해할 수 있다.

5) 집단역할

역할이란 집단구성원을 구별하기 위한 행동에 대한 기대다. 각 역할은 팀 내 위치를 지닌 선수 개인에게 기대된 행동을 규정한다. 팀 내 구성원 각각이 오직 한 가지 역할만 맡는다면 역할 행동에 대한 이해는 간단해질 것이다. 그러나 현실은 그렇지 않다. 대부분의 개인은 생활 속에서 다양한 역할을 해야 한다. 예를 들어 한 남자는 가정의 아버지이자 회사에서는 인사과장이고 아마추어 마라톤 선수며 지역사회의 아마추어 청소년 야구팀 코치를 맡고 있다. 모든 스포츠 선수는 팀 내에서 해야 할 위치를 갖고 있는데, 이것은 하나의 역할이다. 그러나 선수는 팀 주장, 동료 선수에 대한 사회적 지원자, 다른 팀 동료를 위한 모델의 역할을 하기도 한다. 더구나 각 역할은 서로 다른 행동을 통해서 충족된다. 팀이 성공하려면 개인이 팀 구조 내의 역할들을 인정하고 수용하고 수행해야만 한다.

팀이 목표를 성공적으로 성취하려면 각 개인이 자신의 역할 요건을 수행하는 것이 중요하다. 어떤 상황에서 자신이 어떻게 행동하도록 기대되는가에 대한 개인의 견해를 역할지각이라고 한다. 사람은 어떤 상황에서 자신이 행동하도록 기대를 받고 있다고 믿는 바에 따라서 행동한다. 코치, 팀 동료 등과 같은 인물은 개인에게 역할에 맞도록 행동하는 방법에 대한 중요한 정보를 제공한다.

만일 선수가 자신의 역할을 다른 사람과 같게 본다면 역할은 명확해질 것이다. 선수 개인이 자신의 역할이 팀의 전체적인 목표에 어떻게 기여하고, 그 역할이 팀 동료들의 행동에 어떻게 영향을 미치는지 잘 알고 있다면 역할은 명료할것이다. 예를 들어, 대학 신입생 축구선수에게 코치가 코너 킥 전문가가 되기를 기대한다고 가정하자. 그 선수는 스트라이커 공격수가 되기를 원하지만 아직 그런 위치를 얻을 수 없다. 그러므로 만일 그 선수가 역할 명료성을 성취한다면, 그는 지금 자신에게 맡겨진 역할에서 자신의 최선을 다하는 데 주력해야 한다.

역할 수용은 효과적인 역할 수행에 필수적이다. 선수 개인의 역할이 명료하다고 하더라도, 그가 역할을 받아들이지 않을 수 있다. 앞의 신입생 축구선수는 링커로서의 역할을 갖고 있지만 골잡이의 역할을 원할 것이다. 자신의 역할책임에 불만족스러워한다면 개인의 역할 수행은 형편없을 것이고 결국 전체적인 팀 수행도 나빠지고 역할을 잃게 될 것이다.

(1) 역할 갈등

집단구성원은 때로 자신이 상충하는 역할을 갖고 있다는 것을 알게 될 것이다. 때로는 역할 수행하는 데 필요한 요건을 충족시킬 시간, 능력 또는 동기를 지니고 있다고 믿지 않는다. 이런 경우에 역할갈등이 발생한다. 역할갈등은 매우 다양하며, Carron(1988)은 가장 일반적인 세 가지 갈등유형을 구분했다(〈표 7-6〉).

역할갈등의 결과는 어떨까? 첫째, 만일 개인이 자신의 역할을 수행하기 위한 임무를 충족시키지 못한다면 팀 수행이 나빠질 것이다. 이런 갈등은 어떤 개인이 자신의 역할을 위한 책임을 이행하기 위한 적절한 능력(예, 야구에서 도루하는 데 필요한 빨리

〈표 7-6〉 스포츠에서 역할갈등(Carron, 1988)

갈등유형	원 인	예 시
역할 내 갈등	하나의 역할이 그 역할을 지닌 개인에 대한 상충되는 요구를 만들어 낸다.	처음에는 매우 공격적이 되라고 훈련받은 축구선수가 그의 공격적 경기 때문에 벌칙을 받게 되자 비난을 받는다.
역할 간 갈등	한 개인의 두 가지 역할 간의 모순되는 기대	야구에서 선수-매니저의 책임(선수 및 일선 관리자)은 자주 갈등을 일으킬 것이다.
개인-역할 갈등	개인은 자신에게 맡겨진 역할의 임무를 의사와 관계없이 수행하지 못할 수 있다.	팀의 새로운 위치로 이동한 선수

달리기 능력이 부족한 선수), 동기, 시간, 이해가 부족할 때 나타난다(Carron, 1988). 그리고 선수 개인의 만족수준도 저하될 것이다. 역할 갈등을 경험하는 선수는 팀에 참가하기를 좋아하지 않을 것이다.

(2) 집단 규범

역할은 팀 구성원을 차별화하지만 규범은 통합한다. 규범이란 구조화된 규칙으로서 집단이 조직화되고 유지되는 방식을 지배한다. Mott(1965)는 규범의 네 가지 유형을 찾아냈다(〈표 7-7〉).

〈표 7-7〉 규범의 유형(Mott, 1965)

규범	정의	예시
규정된 규범 (prescrived norm)	집단구성원에게 적절치 않은 행동 확인	필드하키 골잡이는 슛 연습 후 얼마나 많은 시간을 보내야 하는가
금지하는 규범 (proscrived norm)	집단구성원에게 수용되지 않는 행동 설정	모임 후 아무도 밤늦게 머물지 않아야 할 것을 결정하는 수영선수
허용하는 규범 (permissive norm)	집단구성원에게 기대된 것이 아니라 허용된 행동 결정	규정집에서 정한 것보다 스트라이크 범위를 더 좁게 잡는 야구심판
선호 규범 (preference norm)	집단구성원에게 요구되는 것이 아니라 선호되는 준거행동	경기 흐름을 방해하지 않기 위해서 가능하면 벌칙을 적용하지 않는 동네 축구 선수

연습 시작 시각, 코치와의 의사소통 유형, 허용되는 행동 대 허용되지 않는 행동 등은 전형적으로 조직이나 코치에 의해서 설정된 공식 규범의 예다. 그러나 대부분의 규범은 비공식적이고 시간이 지나면서 발전한다. 공식적이든 비공식적이든 규범은 집단에서의 개인행동과 판단을 구성하고 집단이나 팀의 행동 표준을 설정한다. 집단규범은 좀 더 공식적인 중재를 대신해서 도입된다. 예를 들어 팀이 금주를 규범으로 정하고 있는데 팀 구성원이 이 규범을 깼다면, 팀은 코치와 관리자와 직접 상호작용 없이도 그 선수를 처벌할 수 있을 것이다. 규범은 구성원이 어떻게 행동해야 하는지를 구체화하기 위해서 도입된다. 만일 개인이 어떤 규범을 어긴다면, 그들이 집단 표준에 따라서 행동하도록 압력이 가해질 것이다. 그러므로 집단 규범은 집단 구성원 간의 행동 일치를 유지하는 데 도움이 된다.

(3) 규범이 왜 중요한가?

집단은 모든 구체적인 상황에 따라서 규범을 설정하지는 못한다. 예를 들어 모든 팀이 선수에게 어떤 음악을 들어야 하고, 무슨 음식을 먹어야 하며, 팀 밖에서 어떤 옷을 입어야 하는지 말하지 않는다. 강제적인 규범은 팀의 성공에 중요하다. 규범은 다음과 같은 점에서 중요한 것으로 생각된다.

① 팀의 성공을 촉진한다. 팀은 그들이 성공할 수 있는 기회를 촉진하는 규범을 추구한다. 연습과 체력훈련 계획 및 훈련 중 무단결근에 대한 정책 등은 팀 성공 기회를 변화시킬 수 있는 규범의 예다.

② 팀 구성원 행동의 예측 가능성을 높인다. 규범은 팀 구성원이 서로의 행동에 대해서 예측하고 만일 규범에서 벗어난 행동이 일어난다면 적절하게 대비할 수 있는 가능성을 높이도록 설계되어 있다. 훈련이 언제 시작되고, 경기장으로 떠나기 위해서 선수가 몇 시까지 버스에 도착해야 하는지, 그리고 복장 등에 대해서 상세하게 언급하고 있는 규범은 선수가 연습과 경기장으로 떠나기 위해서 제 시간에 나타나고 적절한 복장으로 나타날 가능성을 높여 줄 것이다.

③ 난처한 대인관계 문제의 발생 가능성을 줄여 준다. 규범은 구성원의 만족을 확신시켜서 가능한 대인관계 불편을 막아 주는 데 중요하다. 타 지역으로 경기하러 가는 여행을 위해서 팀 구성원이 몇 시에 나타나야 하는가에 대한 집단 규범은 선수들이 버스를 놓치는 것을 방지해 준다.

④ 집단의 핵심적 가치를 증진시킨다. 집단의 가치 및 구별되는 정체성을 격려하는 규범은 집단의 단결과 유지를 돕는다. 예를 들면, 팀의 유니폼과 의상은 자신이 속한 팀과 팀이 아닌 사람을 구별하는 데 도움이 된다.

(4) 집단규범은 어떻게 발전하고 유지되는가?

집단규범은 구성원이 팀이 효율적으로 기능하기 위해서 어떤 행동이 필요한지 알게 됨에 따라서 발전하는가? Robbins(1992)에 따르면 대부분의 집단규범은 다음의 네 가지 방식 중 하나에 의해서 발전한다.

① **명시적 진술**: 코치는 팀 구성원에게 훈련 중에는 욕설을 하지 말고, 선수가 여행

중에는 정장을 하고, 또는 훈련에 늦으면 누구든지 훈련이 끝날 때까지 운동장을 뛰어야 한다고 말할 수 있다.

2 팀의 역사에서 중요한 사건: 과거는 현재의 중요한 결정요인이다. 예를 들면, 몇 년 전 아이스하키 경기 전에 몸 풀기에서 헬멧을 쓰지 않은 한 선수가 퍽에 머리를 맞아서 선수생활을 끝냈다. 이 사건 이후로 빙판 위에 있을 때는 언제든지 헬멧을 쓰는 것이 필수요건이 되었다.

3 **초두성**: 자주 나타나는 첫 행동 패턴이 집단 기대를 설정한다. 만약 어떤 선수가 로커를 요구하는 주장을 했는데, 또 다른 선수가 똑같은 장소의 로커를 주장하는 것은 받아들여지지 않는다.

4 **이월된 행동**: 집단구성원이 때로는 타 집단에서의 기대를 현재 소속된 집단에게도 적용하려고 한다. 이런 행동은 현 집단에서는 적절하지 않을 수 있다. 그러므로 규범은 일치하지 않는 행동이 그 집단 상황에서는 계속될 수 없다는 점을 분명하게 진술할 필요가 있을 것이다.

집단에서 발전하는 규범은 집단의 성공에 기여해야 할 것이다. 일단 집단규범이 형성되면 그것은 집단구조의 부분이 된다. 규범을 채택한 개인 또는 집단규범을 형성한 환경조건은 과거가 될 것이지만 규범은 변화에 저항한다. 집단의 새로운 구성원들은 현재의 규범을 채택하도록 요구받는다. Forsyth(1990)는 집단규범을 집단구조로서 유지하는 데 도움을 주는 세 가지 요인을 알아냈다(〈표 7-8〉 참조).

(5) 개인 구성원의 지위

스포츠 팀에 기여할 수 있는 개인특성이 무엇인지 질문을 받는다면, 신체적 조건,

〈표 7-8〉 집단규범은 어떻게 유지되는가?(Forsyth, 1990)

영향	결과
규범적 영향	사고, 가정, 행동의 일관성을 일으킨다. 구성원은 규범을 존중해야 하는 의무감을 지각할 것이다.
정보적 영향	타인의 의견을 알게 된 이후로 의견이 변화한다.
대인적 영향	홍정과 설득(위협을 해서라도)을 사용해서 사람들이 규범에 동조하고 유지하도록 한다.

경험, 지구력, 리더십, 강인한 정신력 등을 열거할 것이다. 지위란 팀이나 집단의 성공과 평판에 개인의 공헌이 얼마나 결정적인지, 개인이 지니 권력이 얼마나 큰지, 개인이 이상적이거나 존경받을 만한 특성을 얼마나 소유하고 있는지 그 정도를 의미한다(Johnson & Johnson, 1997). 지위는 '주장' 과 같은 타이틀, 위치, 벌어들인 돈을 통해서 공식적으로 얻어진다. 또는 경기 경험, 나이, 인종 또는 성별을 통해서 비공식적으로 얻는다. Jacob과 Carron(1997)은 스포츠 팀에서의 지위에 기여하는 가장 중요한 요인은 경기 경험, 수행 능력 그리고 팀에서의 역할(예, 주장 또는 공동 주장 등)이라고 밝혔다.

개인의 지위는 전체로서의 팀에 대해서 분명한 시사점을 갖고 있다. 그리고 팀 수행의 몇 가지 측면에 영향을 줄 수 있다. 팀에서 개인의 지위가 높을수록 그 집단에서의 위계에 대해서 더욱 너그러우며(김명수, 조인철, 조영제, 1999), 집단의 표준이나 신념에 동조하도록 동료의 압력을 받을 가능성은 더욱 적어진다. 왜냐하면 지위가 높은 개인은 그들의 행동에 대해서 처벌 받을 것이라는 기대가 적기 때문이다(Johnson & Allen, 1972). 김명수 등(1999)은 지위가 집단규범 인지에 미치는 영향을 알아보기 위해서 스포츠집단과 동아리집단을 비교하였다. 그 결과 규범을 어겼을 때 따르는 집단 압력이 큰 스포츠집단이 동아리집단에 비교해서 지위가 높을수록 규범을 덜 엄격하게 인지한다는 것을 밝혀냈다.

그리고 지위가 높은 개인은 지위가 낮은 팀 동료에 비해서 집단 의사결정 및 판단에 대한 영향력이 크다. 그들의 투입은 팀 전체의 효율성에 가장 중요하고 적절한 것으로 간주된다. 반대로 집단에서의 지위가 낮은 개인은 주로 집단을 위해서 제안한 것들이 무시된다. 낮은 지위에 있는 개인의 기여에 대한 무시는 그들의 투입이 집단에 도움이 되는 것에 관계없이 발생한다.

4. 스포츠 팀 효율성을 위한 시사

지금까지 집단역학의 기본요소인 집단구성, 집단환경, 집단구조에 대해서 논의했다. 이런 요소는 집단응집력이나 다양한 집단과정에 영향을 미친다. 집단과정은 집단효율성에 영향을 미치고 집단구성원의 특징이 되는 역동적 상호작용을 나타낸다(Carron & Hausenblas, 1998). 집단과정은 집단구성, 구조 및 응집력에 의해서 직접 영향을 받지는 않지만, 이런 변수를 고려하면 더 효과적일 수 있다. 집단과정은 집단 효능감, 사회적 지원, 집단사고 등의 주제에서 다루어진다. 이들은 스포츠 팀의 전반적인 효율성을 생각할 때 선수와 코치에게 매우 중요한 주제다.

1) 집단 효능감

지구력, 노력, 완성(mastery)과 같은 행동은 효능감에 대한 신념에 의해서 동기화된다(Bandura, 1997). 자기 효능감은 일정한 수준의 수행을 할 수 있다는 자기 능력에 대한 신념이다. 자기 효능감은 스포츠행동에 대한 일관성 있는 예언 변수임이 발견되었다(Moritz et al., 2002). Bandura(1986)는 개인 자기 효능감을 집단에까지 확장해서 개념화했다. 집단 효능감은 팀의 성공에 대한 집단적 기대다. 집단 효능감은 자신의 팀 능력에 대한 팀 구성원의 판단에 기초한다. 한 시즌 동안 자신의 타율이 .300이라고 믿는 야구선수는 자기 효능감을 평가하는 것이다. 팀의 타율이 .300이라는 신념에 대한 평가는 집단 효능감을 평가하는 것이다.

Bandura(1977)는 승마의 마술이나 레슬링과 같이 팀 수행이 개인 선수의 수행의 합인 스포츠와 비교해서 축구나 미식축구에서처럼 팀 구성원 간의 상호 의존성이 매우 높은 스포츠에서는 집단 효능감이 팀 수행을 더 잘 예측하는 변수여야 한다고 주장한다. 연구결과들은 실험실에서 수행을 증진시키는 집단 효능감의 역할을 지지했다(Feltz & Lirgg, 2002; Spink, 1990). 그러므로 팀에서 집단 효능감의 발전은 효율적인 팀 기능에 특히 중요하다.

2) 사회적 지원

지원적 환경에서 개인이 타인에 의해서 존중받는 느낌을 얻고 격려를 얻는다. 사회적 지원의 예로는 판단 없이 말을 들어주고, 조언을 하고 또는 어려운 기술 연습을 하고 있는 동료를 돕기 위해서 연습 후에도 남아 주는 팀 구성원을 들 수 있다. 〈표 7-9〉에 제시된 대로 실제로 스포츠에서는 더 다양한 사회적 지원이 있다(Pines, Aronson & Kafry, 1981; Rosenfeld & Richman, 1997). 사회적 지원은 신체적 건강과

정신적 행복감(김우자, 문윤제, 2001; Ganster & Victor, 1988), 응집력(김우자, 문윤제, 2001; Weiss & Fredrichs, 1986; Westre & Weiss, 1991) 그리고 만족(Schliesman, 1987)과 정적 상관이 있다는 사실이 밝혀져 왔다.

코치와 선수 모두 지원적인 훈련 환경의 중요성을 강조한다. Cote와 Salmela (1996)는 조사대상 코치의 58%가 지원적 훈련유형을 선호한다고 보고했다. Rosefeld, Ricnmond 그리고 Hardy(1989)는 대학 코치가 보여 준 지원적 유형을 조사한 결과 그들은 기술적인 평가와 기술적인 지원을 일차적으로 제공했다. 팀 동료는 거의 기술적 도전 지원만 제공했다. 이 연구에서 스포츠 환경에 있는 사람들은 확인된 지원 중에서 단지 몇 가지만 제공한다는 사실이 드러났다. 스포츠 환경 이외의 출처는 더 다양한 유형의 지원을 자주 제공했다. 그중 친구가 가장 자주 확인된 지원의 출처였다. 지원적 환경의 이익을 고려할 때 집단은 제공된 지원의 양과 질에 대해서 자각할 필요가 있다.

〈표 7-9〉 집단이 제공하는 사회적 지원의 유형(Rosenfeld & Richman, 1997)

사회적 지원 유형	특 징
정서적 도전 (emotional challenge)	타인이 개인으로 하여금 목표를 추구하고 성취하도록 촉구하고 있다는 지각
정서적 지원 (emotional support)	타인이 편안함과 돌봄을 제공하고 있다는 지각
경청 지원 (listening support)	타인이 판단 없이 개인의 말을 들어준다는 지각
개인적 도움 지원 (personal assistance support)	타인이 개인을 돕기 위한 여러 가지 서비스(예, 세탁, 심부름 등)를 제공한다는 지각
실질적인 지원 (tangible assistance support)	정서적이거나 과제 지향적인 것이 아닌 도움(예, 재정적 도움, 선물 등)을 제공하고 있다는 지각
과제 평가 지원 (task appreciation support)	타인이 수행되고 있는 과제를 알고 있고 제대로 평가해 준다는 지각
과제 도전 지원 (task challenge support)	타인이 개인으로 하여금 더 잘 성취하고 수행하도록 촉구하고 있다는 지각
사회적 현실 지원 (social reality support)	비슷한 타인이 개인의 사회적 세계에 대한 개인의 지각을 확증하도록 돕고 있다는 지각

3) 집단사고

집단과정이 모두 팀 효율성에 긍정적인 것은 아니다. 집단구성원은 목표, 이상, 지각에 동조하도록 압력을 가한다. Janis(1972)의 제안에 따르면 동조는 팀 구성원으로 하여금 잘못된 판단을 하게 하는데, 이 현상을 집단사고(groupthink)라고 한다. 집단사고는 집단구성원이 대안적 행동을 현실적으로 평가하려는 동기를 무시하는 병리적 의사결정 현상이다(한덕웅, 2002). 집단사고는 효과적인 집단의사결정을 방해한다. 이 현상은 어떤 집단 특징이 존재할 때 거의 언제나 발생한다. 이런 특징으로는 높은 수준의 응집력, 외부로부터 거의 고립된 팀, 독재적인 리더십, 집단구성원의 개인 속성의 동질성 등이다(Janis & Mann, 1977). Janis의 제안에 따르면, 집단사고의 원인이 단지 한 가지만 있다면, 이때는 집단이 잘못된 의사결정을 내리지는 않을 것이다. 만일 두 가지 이상의 원인이 팀 내에 존재한다면 집단 사고의 발생 가능성은 매우 크다.

동조압력은 집단사고를 낳고, 집단사고는 효과적인 의사결정을 방해한다. 매우 성공적인 소프트볼 팀(A팀) 선수가 실력이 별로 좋지 않은 팀(B팀)과 경기를 준비할 때 무슨 일이 일어날지 생각해 보자. A 팀 선수는 쉽게 B 팀을 이길 것으로 믿기 때문에 연습 기간에 적절한 준비를 게을리 할 것이다. 자기 팀이 불사신이라는 왜곡은 팀 전체를 통해서 확산될 것이며 준비 부족은 결국 B 팀의 승리를 가져올 것이다.

집단사고는 팀 수행에 부적 결과를 가져온다. 집단의 이상에 동조하도록 하는 과정에서 개인의 기술을 억압함으로써 팀 구성원의 다양한 재능을 심각하게 제약한다. 집단사고는 개인의 창의력을 낮춤으로써 팀 수행의 유연성을 제한한다. 만일 농구팀이 집단사고를 경험하고 있다면, 팀이 경기상황에서 허용되는 방법을 지시하기 때문에 개별 선수는 창의적인 의사결정 전략을 수행할 수 없을 것이다. 집단사고는 팀 구성원 사이에서 자기 팀이 불사조라는 왜곡을 촉진시킨다. 개인 집단에 의해서 형성된 신념과 도덕성은 옳고, 따라서 모든 집단구성원은 이런 신념을 지지해야 한다고 주장한다. 동조에 대한 개인적 압력은 집단사고의 또 다른 증후로 확인되었다(Forsyth, 1990). 모든 집단에서는 동료들의 압력이 나타난다. 그러나 그것은 집단사고가 발생할 때 특별히 강력하다. 집단사고의 위험한(잠정적으로 치명적인) 결과의 예는 레슬링과 체조와 같이 체중이 중요한 스포츠에서 발견된다. 이런 종목에서는 특정 체중을 유지하기 위한 많은 압력이 존재한다. 선수에 대한 이런 압력의 잠정적인 결과는 실제로는 간과된다. 마지막으로 집단사고는 집단구성원의 개방성을 저하시켜서 그들의 성장 가능성을 억제한다. 팀 내에서 개인의 창의성이 억압되고 한 가지 신념만 퍼져 있다면 독립적 사고의 가능성은 점차 줄어들 것이다. Janis(1982)가 제시한 집단사고의 발생과정을 그림으로 제시하면 앞의 [그림 7-6]과 같다.

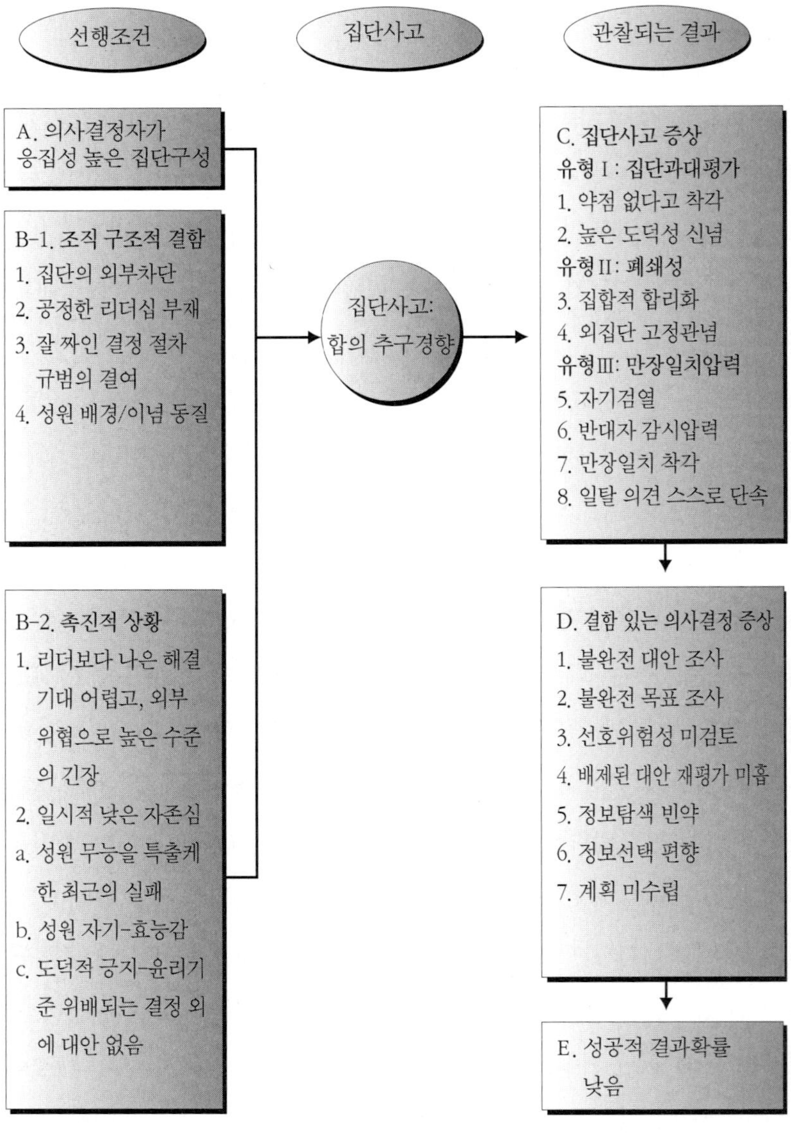

[그림 7-6] 집단사고의 이론적 분석(Janis, 1982; 한덕웅, 2002)

08

스포츠 집단과제 수행

- 1. 집단-지향적 동기와 포부
- 2. 수행성과에 대한 집단귀인
- 3. 집단 대 개인
- 4. 협동 대 경쟁

Lewin이 처음 사용한 집단역학이라는 용어는 활동의 의미를 지니고 있다. 그는 특히 응집력(cohesiveness)과 운동(locomotion)의 두 과정을 강조했다. 응집력은 집단의 발달과 유지 그리고 집단의 개체성(unity)과 결속력(solidarity)에 기여하는 속성이기 때문에 중요하다. 운동은 그 자체가 집단의 존재 이유다. 집단운동이라는 제목으로 연구되는 구체적 주제로는 '집단동기와 포부', '집단 수행성과에 대한 인과적 귀인', '수행 효율성 및 행동에서 개인과 집단의 비교' 그리고 '집단 협동과 경쟁 과정의 비교' 등이 있다.

1. 집단－지향적 동기와 포부

미시간 대학의 Zander와 그의 동료들은 집단동기와 포부에 관한 연구에 가장 크게 기여했다(Zander, 1971). 그들의 연구에서는 스포츠 활동에 대한 가장 직접적인 시사점을 찾아볼 수 있다. 거기에는 신체적 수행을 이용한 과제가 있을 뿐만 아니라, 더 중요한 것은 집단상황 조건의 특징이 스포츠 팀에서의 일반적인 과제와 매우 관련이 깊다는 점이다. 그들은 연구를 위해서 다음과 같이 전제했다.

1. 집단은 작업을 위해서 존재한다.
2. 집단의 모든 구성원은 상호 의존적으로 집단 과제를 수행한다.
3. 집단의 성공을 위해서 구성원은 자신이 어느 정도 책임 있다고 지각할 것이다.
4. 집단은 반복적으로 과제를 수행한다.
5. 집단구성원은 전체로서의 단위(집단)의 점수는 알고 있으나 자신의 개인 점수는 알지 못한다.
6. 가능한 한 수많은 집단 점수 중에서 하나는 어떤 시행에서 얻어질 것이다.
7. 이들 점수 각각은 쉬운 것에서 어려운 것까지 객관적 난이도 척도상의 어느 지점으로 표시할 수 있다.
8. 어떤 점수를 획득하는 것의 어려운 정도는 집단성공의 가능성으로 설명될 수 있다.
9. 집단성공에 대한 주관적 확률은 객관적 확률과는 다를 것이다.

위에 열거한 스포츠 활동에 대한 전제 중에서 다섯 번째만 직접적인 관련성에 의문의 여지가 있을 뿐이다. 그러나 팀 구성원이 자신의 점수를 모르거나 또는 개인의 수행이 특별히 평가되지 않는 스포츠에서는 이 전제가 적용될 것이다. 가장 좋은 예가 여럿이 노를 젓는 보트경기다. 대부분의 팀 스포츠에서는 개인 선수가 팀 성적에 대한 자신의 상대적 기여도에 대해서 암묵적이거나 분명하게 정보를 얻어서 알 수 있다.

Carron(1980)은 Zander가 열거한 아홉 가지 전제에 두 가지를 더 추가했다.

첫 번째는 집단에 대한 견해다. Zander는 집단과 개인은 별개의 분석 단위로 간주해야 한다는 점을 강조했다. 즉, 집단구성원은 각자 개인적 포부, 동기 및 목표를 지니고 있다. 그리고 그것들은 집단에 영향을 미친다. 그러나 Zander(1971)는 집단 의사결정에서 전체로서의 집단구성원은 집단의 안녕을 고려해야 한다고 강조한다.

Zander의 일반적인 견해는 [그림 8-1]에 나타나 있다.

둘째는 성취상황에서 개인과 마찬가지 방식으로 하나의 단위로서의 집단은 수행 목표, 그 목표를 위한 포부 수준, 그리고 집단-지향적 동기를 지니고 있다는 것이다.

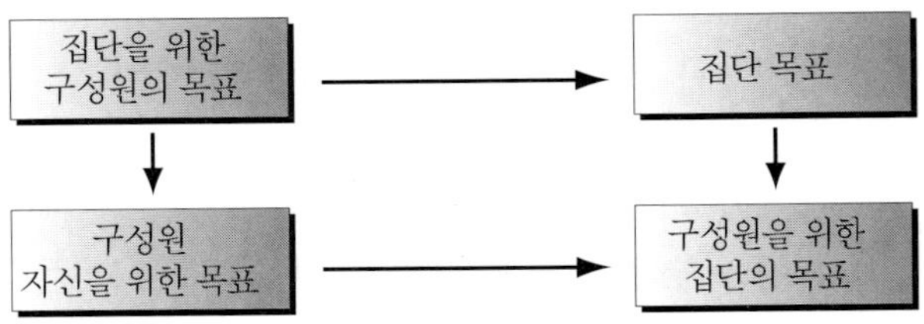

[그림 8-1] 개인목표와 집단목표의 관련성(Zander, 1971)

1) 집단에서의 성취동기

집단에서의 성취동기를 위한 모형은 Zander와 그의 동료들에 의해서 개발되고 검증되었다. 이 모형은 개인의 성취동기 모형과 매우 유사하다. 그러나 Zander는 집단 성취동기에 관한 자신의 연구가 다른 연구자와 비슷한 생각에서 시작된 것이 아닌 자신의 고유한 독창성이라고 주장한다. 자신의 연구는 여러 가지 측면에서 개인 성취동기에 관한 Atkinson과 Feather의 연구결과와 유사하다는 것이 증명되기 이전에 이미 여러 실험을 통해서 독자적으로 진행된 것이라고 말한다. 이런 유사성이 증명되었을 때 비공식적으로 집단 성취 욕구에 대해서 언급하는 것은 자연스러워졌다. 이후에 Atkinson과 Feather의 연구에 더욱 익숙해짐에 따라 Zander는 그들의 개념을 더욱 분명하게 사용하고 이론과 연구결과에서의 유사성과 차이점을 찾아내려고 노력했다.

2) 이론의 형성

집단이 성취상황에 처하면 일정한 활동을 향한 두 가지 성향 또는 방향인 '집단의 성공을 성취하려는 성향'과 '집단의 실패를 회피하려는 성향'이 나타난다. 집단 성공 성취성향은 집단이 과제에 흥미를 갖고 접근하며 수행을 잘하려고 의도하는 경향성이다. 집단 실패 회피성향은 집단활동이 실패로 나타날 것이기 때문에 그 활동에 저항하려는 경향성이다. 이 두 성향 간의 차이가 활동에 대한 결과적인 경향성이다. 이를 식으로 나타내면 다음과 같다.

결과적인 경향성 = 성공성취 성향 − 실패회피 성향

집단성공을 성취하려는 경향성은 세 변수가 곱해지는 방식으로 결정된다. 세 변수는 집단성공을 성취하려는 열망, 집단 성공 가능성에 대한 지각, 집단성공의 유인가다. 이를 식으로 나타내면 다음과 같다.

성공성취 성향 = 성공성취 열망 × 성공 가능성 지각 × 성공 유인가

집단성공에 대한 열망은 집단이 성공적으로 과제를 완수할 때 집단구성원이 집단에 대해서 자부심과 만족을 얻은 성향에 기반을 둔 집단 지향적 동기다. 만일 우리가 어떤 팀의 구성원이라면, 팀이 과제를 성공적으로 수행함으로써 우리가 그 팀에 관련된 것을 자랑스럽게 느낄 것이다.

팀이 반복해서 과제를 수행하면서 다양한 비율로 성공하고 실패를 거듭할 것이다. 그 결과로 과제를 수행하기에 앞서 구성원은 집단이 어떤 점수나 성과를 얻을 것이라는 가능성(0.00부터 1.00까지의 값)을 추정 또는 판단하게 된다. 집단의 성공에 대해서 구성원이 지각한 확률인 이 판단은 어려운 목표에서는 낮을 것이고 쉬운 목표에 대해서는 높아질 것이다.

집단성공에 대한 유인가는 집단이 일정한 점수를 얻었을 때 집단구성원이 얻게 될 만족 수준의 기대 값이다. 유인가는 성공 가능성과 역으로 관련된다. 유인가(기대된 만족)는 과제가 어렵고 성공의 가능성이 낮을 때 커진다. 팀(그리고 팀 내 구성원 개인)은 경쟁에서 약한 상대에게 승리했을 때보다는 강한 팀에게 이겼을 때 더 만족할 것이다.

집단실패를 회피하려는 경향성에도 집단실패를 회피하려는 열망, 집단실패에 대한 지각된 확률, 집단실패 회피의 유인가라는 세 요인이 기여한다. 이를 식으로 나타내면 다음과 같다.

집단실패 회피 성향 = 실패회피 열망×실패지각 확률×실패회피 유인가

〈표 8-1〉 집단구조와 과제 활동에 대한 집단발달의 연속(Zander, 1971)

집단성공에 대한 욕망	과제를 성공적으로 수행하여 집단에서 만족을 얻어 내려는 집단구성원의 성향
집단실패 회피 욕망	과제수행에 실패하여 집단구성원이 집단에 대한 실망과 불만족을 경험하는 성향
지각된 집단성공의 확률	집단이 일정한 점수를 얻을 것이라는 집단구성원의 판단 또는 추정 (0에서1의 값)
지각된 집단실패의 확률	집단에 목표달성에 실패할 것이라는 집단구성원의 판단 또는 추정 (0에서 1의 값)
집단성공에 대한 유인가	집단이 목표를 달성하여 집단 구성원이 만족하리라는 기대
집단실패에 대한 유인가	집단이 목표달성에 실패하여 집단구성원이 불만족하리라는 기대
집단성공 경향성	수행을 잘하려는 의도를 지니고 집단이 과제에 접근하려는 성향 또는 경향성
집단실패 회피 경향성	실패할 가능성 때문에 집단이 활동하기를 거절하는 성향 또는 경향성
집단의 최종 활동 경향성	집단이 집단활동에 개입하려는 성향 또는 경향성. 이것은 구성원이 과제에 접근하려는 경향성과 과제를 회피하려는 경향성의 강도 간의 차이에 의해서 결정

집단실패 회피 열망은 집단이 과제 수행에 실패함으로써 구성원이 집단에 대해서 불만족을 경험하는 성향에 기반을 둔 집단 지향적 동기다. 집단실패에 대한 지각된 확률은 집단이 목표를 추구하는 데 실패할 가능성에 대한 집단구성원의 판단이다. 이 확률은 어려운 목표에서는 높을 것이고 쉬운 목표에서는 낮을 것이다. 마지막으로 집단실패에 대한 유인가란 집단이 목표달성에 실패함에 따라서 집단 내에서 형성될 불만족 수준에 대한 기대다. 유인가의 정도는 실패확률과 부적 관계에 있다. 불만족 수준은 쉬운 목표달성에 실패한 후보다는 어려운 목표달성에 실패한 후에 더 낮을 것이다. 그러므로 쉽게 이길 수 있을 것으로 예상한 상대에게 진 팀은 강력한 상대에게 진 팀보다 더 불만족스러울 것이다. 이와 관련된 자료가 〈표 8-1〉에 정리되어 있다.

3) 집단포부

개인이든 집단이든 성취상황에 처하게 되면, 수행성과에 대한 기대(예, 어느 정도로 우수해야 하는가)를 가져야 한다. 이 기대는 집단과제에서 성공이나 실패와 같은 경험을 통하여 상향되거나 또는 하향되어 재평가된다. 집단의 포부 수준은 집단이 장차 획득할 것으로 예상되는 집단구성원이 기대하는 점수(Zander, 1971)를 말한다. 따라서 항상 실패만 해 오던 팀에 새로 영입된 코치는 팀 구성원의 태도를 바꾸어야 할 필요성을 실감하게 되고 최소한 선수가 팀의 성공이 가능하다는 신념을 갖도록 해 주어야 한다.

집단포부 수준은 확률과 유인가 두 요인에 의해서 결정된다. 집단구성원은 집단과제에서의 반복 경험에 의해서 일정한 목표를 획득할 가능성(기대)에 대해서 알게 된다. 집단목표가 정해지면 집단의 성공과 실패확률이 결정되는데, 성공확률이 증가하면 상대적으로 실패확률은 감소한다. 이들은 목표달성의 난이도와 관련되어 있다. 경기에서 팀의 성공 가능성은 상대팀이 얼마나 강하냐에 관련된다. 상대팀이 약할수록 성공 가능성은 높아지지만 상대가 매우 강력하다는 것은 성공 가능성이 매우 작아진다는 것을 의미한다.

집단구성원이 성과에 대해서 갖는 기대는 미래의 만족(유인가) 수준을 결정한다. 집단 성공 유인가는 성공에서 기대되는 만족 수준이고 실패 유인가는 실패에서 기대되는 불만족 수준이다. 집단이 쉬운 목표보다는 어려운 목표를 성취하면 기대된 만족 수준은 더 커질 것이다. 쉬운 상대 팀보다는 어려운 상대 팀에게 승리했을 때 승리는 더 가치 있고 만족스럽다. 그러므로 유인가 수준은 성공에 대한 지각된 확률에 역으로 관련되어 있다. 마찬가지로 지각된 불만족 수준은 집단이 어려운 목표보다는 쉬운 목표에 실패했을 때 더 크다. 그 결과로 유인가 수준은 집단의 실패에 대해서 지각한 확률과 역으로 관련되어 있다.

성공에 대한 매력, 실패에 대한 거부, 성공에 대한 지각된 확률 그리고 실패에 대한 지각된 확률의 네 요인은 상호작용하여 집단포부 수준을 결정한다. 이를 식으로 나타내면 다음과 같다.

집단포부 수준 = (성공확률 지각 × 성공매력) − (실패확률 지각 × 실패회피)

집단포부 수준에 대한 성공과 실패의 효과는 다양한 집단과제를 사용한 많은 실험에 의해서 검증되었다(Zander & Forward, 1968; Zander, Forward & Efron, 1965; Zander & Newcomb, 1967: Zander & Wulff, 1966). 그런 결과에 따르면 집단의 성공과 실패가 구성원이 집단에 대해서 갖는 포부 수준에 미치는 효과는 일관된 양상을 보인다. 성공은 포부 수준을 높이고, 실패는 포부 수준을 낮춘다. 그러나 변화의 절대 값은 성공에서 더 크다. 이것은 [그림 8-2]에서와 같다.

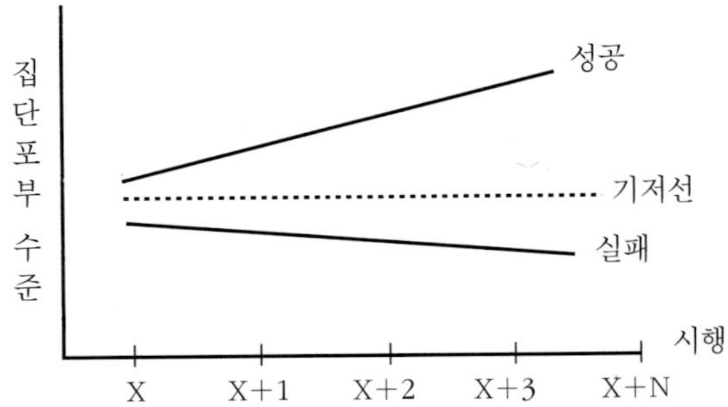

[그림 8-2] 도식으로 나타낸 집단포부 수준에 대한 집단성공과 실패의 관련성(Zander, 1971)

4) 개인 대 집단

집단은 개인의 집합체다. 그리고 Zander가 제시한 집단에서의 성취동기에 대한 모형은 McClelland와 Atkinson의 개인 지향적인 성취동기 모형을 따르고 있기 때문에 두 접근방법은 매우 유사하며 상당히 관련되어 있다. 그러나 두 접근방법 간의 차이점과 상호 관련성에 대해서 세밀하게 살펴볼 필요가 있다.

두 모형 간의 첫 번째 차이점은 집단 지향적 성취동기와 개인 지향적 성취동기에 대한 개념에 있다. 개인 지향적 동기인 '성공지향 동기'와 '실패회피 동기'는 안정되고 지속적인 개인의 성격특성이다. 그러므로 성공지향 동기와 실패회피 동기의 행동적 효과는 시간이 지나더라도 일정하며 여러 성취상황에서도 일반화해서 적용 가능하다. 성공에 대한 동기가 강하고 실패회피에 대한 동기가 약한 사람은 운동, 학업, 게임 등 어느 성취상황에서나 비교적 일정한 동기 성향을 보일 것이다. 집단 지향적 동인인 '집단성공 성취열망'과 '집단실패 회피열망'은 일정한 시점에서 그 집단의 특정한 성향으로 간주된다(Zander, 1971). 그러므로 개인의 전체성을 지닌 어떤 농구팀은 특정한 수준의 집단성공 성취열망을 지닐 것이다. 팀 구성원이 이 농구팀뿐만 아니라 또 다른 사회집단에도 소속되어 있겠지만, 이 농구팀에서의 집단성공 성취열망과 또 다른 집단에서의 그것이 반드시 같지는 않을 것이다.

두 번째 차이점으로 개인 성취동기와 집단 지향적 동기는 별개며, 독립적인 요인으로 간주된다는 것이다. 한 집단에 속해 있는 개인은 개인적인 성취, 집단의 성취 또는 양쪽 모두에 관심이 있을 수 있다(Forward, 1969; Zander & Forward, 1968). 개인 및 집단 지향 동인은 가산되는 방식으로 서로 보완적이다. 그러므로 접근하거나 회피하려는 전체 성향의 강도를 증가시키거나 또는 두 유형의 동인이 서로 반대방향으로 작용하여 서로 상대 효과를 약화시킬 수 있다(Zander, 1971). 그러므로 어느 농구 팀 구성원 각 선수 개인의 성취동기 수준을 알고 있더라도, 전체로서의 집단에서는 어느 정도의 성취동기가 나타날 것인지 확신할 수 없다.

이런 차이점에도 불구하고 개인과 집단포부 수준에는 유사성이 있다(Carron, 1980). 첫째, 집단에 대한 구성원의 포부를 설명하는 요인은 개인의 포부 수준에 영향을 미치는 요인과 같이 집단 성공과 실패에 대한 유인가와 집단성공과 실패에 대한 확률 요인이다. 둘째, 집단구성원이 집단에 대해서 개인적으로 설정한 포부 수준은 집단포부 수준과 일치하는 경향이 있다. 셋째, 집단 내에서의 성공 및 실패와 개인의 성공 및 실패는 모두 포부 수준에 대해서 동일한 효과를 지니고 있다. 성공은 포부 수준을 높이고 실패는 포부 수준을 낮춘다.

2. 수행성과에 대한 집단귀인

집단이나 개인이 처해 있는 성취상황의 또 다른 중요한 측면은 공공연히 또는 은연중에 성과에 대해서 설명하려는 노력('그 사건이 왜 일어났을까? 그 결과의 원인이 무엇일까?)이 이루어진다는 것이다. 성과의 원인은 두 차원을 이루는 결정요인 중 어느 하나로 귀인된다. 첫째, 인적 차원은 개인의 능력, 동기, 의도 등이다. 둘째, 환경 차원은 과제의 성질, 운 등이다. 연구결과에 따르면 개인은 자신의 과제수행 성공의 원인은 인적 차원으로 돌리고 실패는 환경 차원으로 돌리는 경향이 있다.

1) 문제해결 집단과 귀인

자기중심적 지각은 집단상황에서도 나타나는 일반 현상이다. 대부분의 집단활동은 집단이 활동을 개시하기 전에 합의가 요구되는 상호 의존적 분위기 안에서 이루어진다. 집단활동에서 타 구성원은 환경요인으로 간주된다. 집단 생산성에 대한 타 구성원의 영향력은 개인 자신이 집단 생산에 영향을 미친다는 느낌을 감소 또는 증가시킴으로써 극소화 또는 극대화될 수 있다. 집단이 성공해서 바람직한 성과를 얻는다면 개인은 자신의 책임을 증가시킴으로써 성공에 대한 자신의 기여도를 극대화시킬 것이다. 집단이 실패한다면 자신의 책임을 극소화함으로써 절대적 책임으로 보든 아니면 타인에게 돌린 책임과 비교된 상대적 책임으로 보든 모두 자신이 실패에 기여했다는 느낌을 감소시킬 것이다(Schlenker, Soraci, & McCarthy, 1976).

집단성과에 대한 인과적 귀인을 다룬 연구에서 비교적 일관된 결과가 얻어졌다. 이 결과들은 [그림 8-3]에 도식으로 제시되어 있다.

[그림 8-3]의 양상은 Schlenker, Soraci 그리고 McCarthy(1976)의 주장과 일치한다. 성공적인 집단의 구성원은 성공하지 못한 집단의 구성원에 비해서 성공의 원인

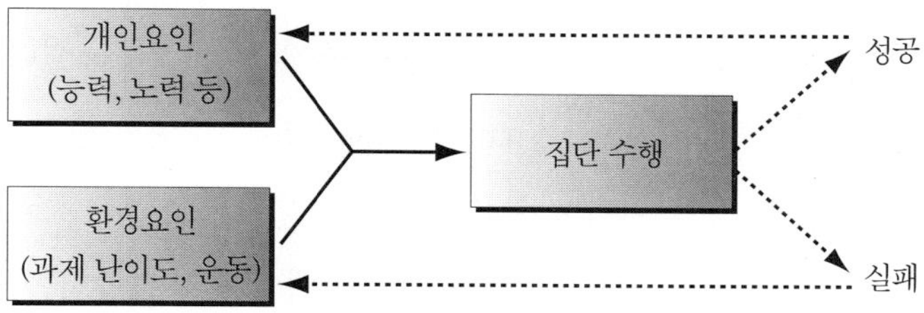

[그림 8-3] 집단성공과 실패가 인과귀인에 미치는 효과(Carron, 1980)

을 개인 자신의 탓으로 돌리는 경향이 더 강하다(Forsythe & Schlenker, 1975; Medow & Zander, 1965; Mynatt & Scherman, 1975; Schlenker, 1975; Schlenker & Miller, 1977; Schlenker, Soraci, & McCarthy, 1976; Wolosin, Sherman, & Till, 1973). 그리고 성공적인 집단의 구성원은 평균적으로 수행한 집단의 구성원에 비해서 자신이 집단성공에 상대적으로 기여한 정도를 더 크게 지각한다. 반면에 실패집단의 구성원은 평균적인 집단의 구성원에 비해서 자신의 상대적 기여도를 더 적다고 보는 경향이 있다(Schlenker, 1975; Wolosin, Scerman, & Till, 1973).

Mynatt와 Sherman(1975)은 혼자 작업하는 개인과 부정적 결과를 얻는 집단상황에서 작업하는 개인의 귀인 방향을 비교했다. 이런 상황에서 집단구성원에게서 책임분산이 일어나기 때문에, 혼자 작업하는 개인보다 집단구성원은 실패 상황에 대한 개인적 책임을 덜 느낄 것이라고 가정했다. 예를 들면 코치가 전략을 잘못 세워서 팀 패배에 일정한 부분 책임이 있는 경우가 아니라면, 농구팀 선수에 비해서 레슬링 선수는 패배에 대한 책임분산의 가능성이 더 적어서 개인적 책임을 더 많이 느낄 것이다.

이 가설은 혼자이거나 또는 3인으로 구성된 집단에서 개념 문제를 풀고 있는 또 다른 개인(실제로는 실험협조자)에게 실험참가자가 조언하는 역할을 하도록 설계된 실험에서 검증되었다. 실험참가자는 자신의 조언을 받은 사람이 성공하거나 실패하는 것을 관찰했다. 그 결과 성공했을 때는 혼자인 조건이나 집단에서나 차이 없이 성공적인 조언에 대해서 자신의 개인적 책임을 수용하는 정도에서 차이를 보이지 않았다. 성공의 원인은 주로 실험참가자 자신의 탓으로 돌려져서 책임분산이 일어나지 않았다. 그러나 실패했을 때는 차이가 발견되었다. 집단구성원은 자신들의 조언이 어느 정도로 채택되었는가에 대한 판단에서 매우 정확했다. 그들이 의사결정 과정에서 영향을 미쳤음에도 불구하고 수행이 좋지 않았다고 느꼈다. 그리고 결과에 대해서 책임지기를 거부했다. Mynatt와 Sherman은 이 현상을 '성과는 나쁘지만 나에게는 책임이 없는 입장' 이라고 분류했다.

혼자 작업하는 조건에서 실험참가자는 자신의 책임을 부인하지는 않지만 자신의 조언이 채택된 정도에 대해서는 과소 추정했다. 자신이 영향을 거의 미치지는 못했지만 성과에 대해서는 좀 더 긍정적으로 평가했다. 이런 입장은 '나의 책임은 있지만 결과는 그렇게 나쁘지는 않다. 더구나 그는 내 조언을 겨우 반밖에 받아들이지 않았다.' 는 입장으로 분류되었다.

여러 실험을 통해서 Schlenker와 동료들(Fotsythy & Schlenker, 1977; Schlenker, 1975; Schlenker & Miller, 1977; Schlenker, Soraci, & McCarthy, 1976)은 집단성과에 대한 구성원의 인과귀인에 영향을 주는 매개 요인을 알아내려고 노력했다. Schlenker와 Miller(1977)는 자기-고양적 편파와 정보처리 설명을 비교하면서 다음과 같이 제안했다. 집단구성원이 정보처리모형에 따라서 인과귀인을 한다면, 집단이 사용한 문제해결에 동의하는 해결방안을 내어 놓는 다수에 속한 개인은 집단성과에 관계없이 결과에 대해서 개인적으로 책임을 더 크게 느낄 것이다.

이 가설은 4인으로 구성된 문제해결 집단을 이용한 실험에서 검증되었다. 그 결과 성공 조건에서 다수에 속한 실험참가자는 소수에 속한 실험참가자보다 개인적으로 성공에 대한 자신의 공이 더 크다고 했다. 그러나 실패한 경우에는 다수에 속한 실험참가자는 방어적이고 자기-보호 편파를 보였고, 실패에 대해서 자신의 책임과 수행을 소수에 속한 실험참가자와 차이 없이 과소 추정하여 평가했다. 이런 결과는 인과귀인에 대한 자기-고양적 설명을 강력하게 지지하는 것이다.

Schlenker, Soraci 그리고 McCarthy(1976)는 성격 차원인 자존심을 집단수행에 대한 인과귀인 분석에 포함시켰다. 그들은 스스로 보호하거나 자기-평가를 높이기 위해서 자아 중심적 지각이 일어난다고 가정했다. 자존심은 개인이 어떤 유형의 자아 중심적 지각을 이용할 것인가에 영향을 미칠 것이다. 자존심이 높은 사람은 개인적 성공에 익숙하고, 자신에 대한 긍정적 피드백을 더 잘 받아들이고, 부적 피드백은 거부하는 경향이 있다. 자존심이 낮은 사람은 실패한 경험이 있으며, 자신에 대한 부정적 정보라도 기꺼이 수용하며, 때에 따라서는 긍정적 피드백을 거부한다

(Schlenker, Soraci, & McCarthy, 1976). 집단 성공과 실패 후에 개인 및 환경의 책임에 대해서 자존심이 높은 개인과 낮은 개인의 지각을 비교했을 때 차이가 없었다. 그러나 성공한 후에 자존심이 높은 개인은 자신의 문제해결과 의사결정 행동은 집단의 타 구성원에 의해서 영향을 덜 받았다고 보고했다. 이에 비해서 자존심이 낮은 개인은 타 구성원의 영향을 크게 받았다고 보고했다. 실패 후에는 그 반대 경향을 보였다.

2) 스포츠 팀

스포츠에서 팀의 성공과 실패에 대한 인과귀인을 분석한 연구(Iso-Ahola, 1975, 1976, 1977a, 1977b, Spink, 1977, 1978)에서 얻은 결과는 문제해결집단을 이용한 연구결과와 대체로 일치를 보인다. 선수는 팀의 성공과 실패에 대해서 자신에게 책임을 돌릴 때 자아중심적 지각을 한다. 팀이 성공했을 때는 개인에게 탓을 돌리는 반면에 실패에 대해서는 개인의 책임을 거부하는 경향을 보였다.

스포츠 수행 성과에서 노력의 역할에 대해서 주목할 필요가 있다. 과제 난이도와 운은 외부 요인 또는 환경 요인이며, 능력과 노력은 내적 또는 개인 요인이다. 스포츠와 사회적 상황에서 얻은 전형적 결과에 따르면 긍정적 성과는 개인 요인으로 귀인되고, 부정적 성과는 환경 요인으로 귀인되어서 책임에 대한 지각은 자아 중심적이다.

그러나 Iso-Ahola(1977b)는 노력은 성공과 실패를 경험하는 경우에 귀인적 의미가 달라진다고 주장한다. 자신이 성공할 때 성과는 내적인 것이라고 지각하므로 성공의 주원인을 노력이라고 해석한다. 이때의 노력은 자신이 능력 있다는 해석과 연계되므로 성취감이 증진된다. 실패했을 때는 자신의 성과를 외적으로 해석하여 실패의 주된 원인을 외부 환경에 연계된 노력 부족으로 본다.

이 관찰은 리틀리그 야구팀에 대한 연구결과에 근거한다. 팀의 성공 원인은 능력과 노력과 같은 개인 요인으로 귀인되는 반면에 팀의 실패는 과제 난이도와 노력 등의 외부 요인으로 귀인되었다(Iso-Ahola, 1977b). 이런 일반적 결과와 일관성을 보이는 또 다른 결과는, 자료를 요인 분석했을 때 경기에서 승리하는 조건에서의 노력은 개인 요인에 대한 부하량이 높았으나 경기에서 지는 조건에서의 노력은 환경 요

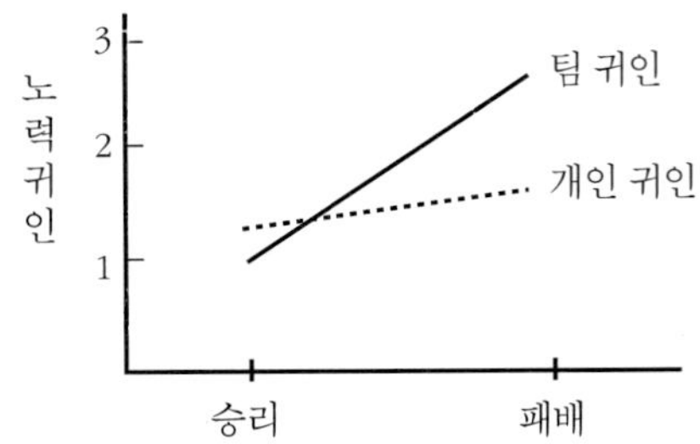

[그림 8-4] 승리 및 패배 조건에서 팀과 개인의 노력에 대한 귀인(Roberts, 1975)

인에 대한 부하량이 높았다.

Rotters(1975)는 리틀리그 야구팀 선수를 대상으로 성공과 실패 조건에서 팀과 선수 자신에 대한 귀인을 비교했다. 승리와 패배의 결과로 팀과 선수 자신 사이의 차이를 보여 준 유일한 귀인은 노력이었다. [그림 8-4]에서 보듯이 승리나 패배했을 때 선수 개인은 자신의 노력 수준이 성과의 원인이라고 귀인하는 정도에서는 차이가 없이 같다고 생각하는 반면에, 승리했을 때와 비교해서 패했을 때는 팀이 노력을 덜 한 것이 원인이 되었다고 지각했다.

Iso-Ahola(1977a)도 리틀리그 야구팀 선수를 대상으로 한 연구에서 비슷한 결과를 얻었다. [그림 8-5]에서 보듯이 선수 자신의 능력과 노력에 대한 판단은 승리한 조건과 패배한 조건에서 변화를 보이지 않고 유지되었다. 실제로 과거에 팀이 패배한 것은 선수 자신의 능력과 노력 수준이 낮은 결과라고 지각하지 않았다. 그러나 팀의 능력과 팀의 노력에 대한 지각은 승리조건에서보다 패배조건에서 모두 감소하

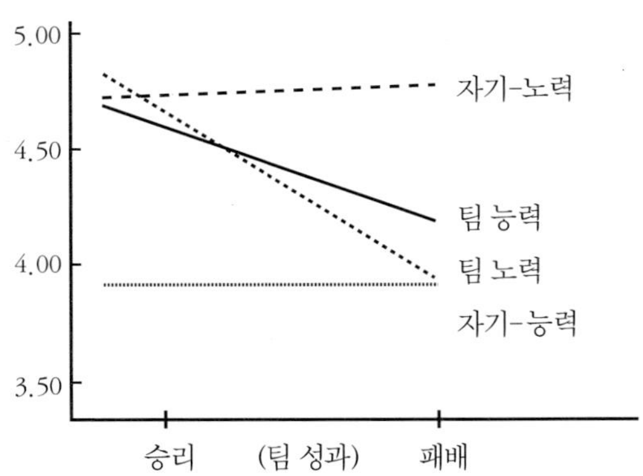

[그림 8-5] 팀의 능력과 노력 그리고 개인의 능력과 노력으로의 귀인(Iso-Ahola, 1977a)

였다.

Iso-Ahola(1976)는 스무 가지의 가상적 성취상황에서 대학생을 평가하여 정적 피드백과 부적 피드백을 제공하였다. 이런 조건은 수행성과(완전한 승리에서 완전한 패배까지의 확률 다섯 수준), 팀의 능력 수준(능력 있음, 모르겠음, 능력 없음), 그리고 노력 수준(노력함, 모르겠음, 노력 안 함)에 따라서 달라졌다. 주목할 결과는 성과와 노력 수준이 집단수행 평가의 주요 결정요인이었다는 사실이다([그림 8-6] 참조).

팀 구성원에게 적용된 보상은 성공에서 실패함에 따라서 줄어들었지만, 이런 경향은 열심히 노력한 선수보다는 노력하지 않은 선수에게서 더욱 분명했다. 팀이 열심히 노력하지 않았다면 성공에 대한 평가는 확연하게 더 낮았다(Iso-Ahola, 1976). 이 결과는 Weiner와 Kukla(1970)의 개인귀인에 대한 연구결과와 일치한다.

스포츠에서의 귀인과정과 관련되는 마지막 관점은 '동일시하는 팀의 성공을 개인화하는(basking in reflected glory)' 현상(Cialdini et al., 1976)이다. 이 현상의 주요 특징은 인과귀인 연구에서 검증된 현상과 구별되는 것으로서 개인은 긍정적 성과와는 동일시하지만 부정적 성과와는 분리하는 한편, 성과에 대한 직접적인 관여는 없다는 것이다. 이 현상의 가장 분명한 예를 스포츠팬에게서 볼 수 있다.

일련의 실험에서 대학생을 대상으로 대학 미식축구팀과 자신을 동일시하는 성향(학교 이름이 새겨진 옷을 입고, 팀에 대해서 말할 때 '우리'라는 용어를 사용하는 것으로 측정)을 검증했다. 결과에 따르면 동일시하는 팀의 성공을 개인화하는 성향은 팀이 승리할 때 의미 있게 증가했다. 개인은 자신이 직접 소속되지는 않은 집단이더라도 그 팀의 성공에 대해서 개인화하고 동일시하는 경향이 있다.

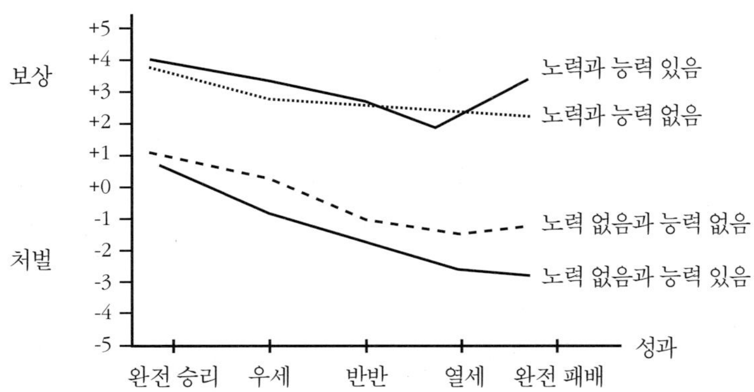

[그림 8-6] 능력과 노력에 의한 승리와 패배 조건에서 팀에 적용된 보상(Iso-Ahola, 1976)

3. 집단 대 개인

사회심리학에서 개인과 집단의 수행과 행동에 대한 비교는 지속적으로 강조되어 왔다. 인과귀인뿐만 아니라 성취동기에서도 집단 대 개인의 구분이 논의되었다. 그리고 개념적 관점에서 집단은 그 자체가 참조준거로서 지니고 있는 전체성뿐만 아니라 개별 구성원의 집합체로도 다루어졌다. 이제 수행과 행동에서의 차이까지 확장시켜서 개인 대 집단을 비교하고자 한다.

1) 스포츠 수행에서의 개인 대 집단

스포츠 수행에서 절대적 기준으로 볼 때 개인이 더 효율적인가 아니면 집단이 더 효율적인가를 질문하는 것은 매우 부적절하다. 경쟁의 법칙은 개인적으로 경쟁하느냐 아니면 집단으로 경쟁하느냐뿐만 아니라 집단의 크기, 일반적 구조 그리고 조직에까지 적용된다. 한 팀을 이루는 수영 릴레이 선수의 수, 출발 전 정렬선, 출발 신호, 그리고 구체적 수영 방법 등이 모두 신중하게 고려되어야 한다.

그러나 동작과제에서 중요한 점은 집단성과나 결과가 유용한 자원에 비교해서 볼 때 그만큼 효과적인가 하는 것이다. 여기서 유용한 자원이란 그 집단을 구성하고 있는 개인의 집합적 재능, 기술 및 능력이다. 집단이 커짐에 따라서 유용한 자원은 증가할 것이고, 집단은 가능한 한 성과를 극대화하기 위해서 이 자원을 효과적으로 조합할 수 있어야 한다.

Steiner(1972)는 집단이 커짐에 따라서 이에 상응하는 실제적 생산성은 증가됨이 없이 잠재적 생산성만 증가할 것이라고 주장한다. 요리사가 너무 많으면 한 가지 또는 다른 방법을 택하거나 아니면 각자 자신이 선호하는 양념을 추가하려고 고집하기 때문에 국물 맛을 버리게 된다. 이런 현상은 국 끓이는 방법을 소수보다는 많은 요리사가 알고 있을 때 더 빈번하게 발생할 것이다. 때로는 우수한 자원이 규모가 작은 집단보다는 큰 집단의 잠재적 생산성 수준을 높이기는 하지만, 집단이 클수록 최대의 효율성을 얻기 위해서 자원을 사용하는 절차가 복잡해지는 경향을 보일 것이다.

한 사람만 과제를 수행할 수 있다면 문제는 간단해질 것이다. 그 개인은 자신이 언제 무엇을 할 것인지 결정해야 할 것이다. 혼자인 경우에는 누가 무엇을 할 것인지 또는 누가 언제 행동해야 하는지 등의 문제는 이미 결정된 상태다.

두 사람이 집단으로 함께 과제를 수행할 때 한 사람만을 필요로 하는 의사결정에서는 나머지 한 사람은 남게 된다. 단위가 2인이 됨에 따라서 과제에 접근할 수 있는 다양한 방법이 크게 증가하여 2인 집단이 가장 가능성 있는 조직적 패턴을 선택하는 데 성공하더라도 과제수행을 위해서 요구되는 대인협력을 형성하고 유지하는 데 어려움이 있을 것이다.

집단이 형성되거나 커짐에 따라 일어나는 중요한 문제는 개인의 활동을 효과적으로 조합하는 것이다. 이 문제를 가장 잘 보여 주는 방법은 집단 크기가 증가함에 따라서 집단구성원 쌍 간의 잠재적인 상호작용(이 상호작용은 과제 수행이나 사회적 관계에 관련된다) 또는 조정연계를 고려하는 것이다([그림 8-7] 참조). 예를 들면 2인 집단은 두 개인 사이에 하나의 조정연계를 포함하고 있다. 10인 집단은 45개의 조정연계가 가능하며, 3인 집단은 3개의 연계가 가능하다. 이것을 산출하는 공식은 n(n-1)/2이다. 그러므로 10명으로 구성된 집단에서는 3인 집단과 비교해 볼 때 가능한 자원을 거의 3배 그리고 15배의 조정연계를 지니고 있다.

Steiner(1972)는 집단의 실제 수행과 잠재 수행 간의 차이를 설명하기 위한 틀을 제시했다. 그는 집단생산성은 세 변수, 즉 과제요건, 집단자원, 집단과정의 함수라

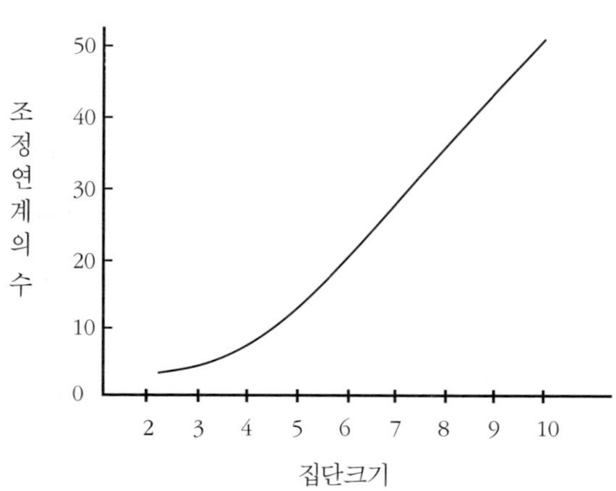

[그림 8-7] 집단 크기의 함수로서의 조정연계의 수(Carron, 1980)

고 주장했다. 여기서 집단과정은 집단의 과제 수행 방식을 의미한다. 그것은 과제에 배정된 개인의 개인별 또는 집합적 활동으로 구성된다(Steiner, 1972). 만일 배구팀의 공격과 수비체계가 제대로 통합되지 않아서 협조가 잘되지 않는다면 그 팀의 집단과정은 비효율적일 것이다.

집단 자원은 집단에 속한 개인들이 지니고 있는 지식, 기술 또는 수단을 포함한다. 그러므로 뛰어난 골 득점자 3명을 확보한 하키 팀은 훌륭한 집단과정을 소유한 것으로 생각할 수 있다. 과제요건은 과제 자체에 의해서 제시되었거나 아니면 과제가 어떻게 수행되어야 할 것인가에 대한 규칙이 제시됨으로써 과제를 수행하기 위해 사전에 기술된 사항 또는 과제 요구조건으로 구성되어 있다. 과제요건은 상황에 따라서 변화할 것이다. 수영 릴레이(계영) 팀의 과제요건은 볼링 팀의 과제요건과 다를 것이다.

Steiner(1972)가 집단과 개인과제를 분류한 체계는 집단규모와 집단생산성에 관한 예측을 이해하는 데 매우 유용하기 때문에 대략적으로 살펴보는 것이 좋겠다. 과제를 분류하는 한 가지 방식은 연속(sequential)과제와 동시(simultaneous)과제로 구분하는 것이다. 연속과제는 집단구성원 개개인이 사전에 정해진 순서대로 한 사람씩 차례로 과제를 수행하는 것이다. 동시과제는 집단구성원 모두가 일시에 과제를 수행하는 것이다. 연속과제의 예는 수영의 계영 팀이고 동시과제의 예는 조정경기 팀이다.

과제에 대한 두 번째 분류방법은 단일(unitary) 과제와 분업(divisible) 과제로 나누는 것이다. 단일과제에서는 집단구성원이 비슷하거나 동일한 기술을 수행하지만(예, 조정경기 팀), 분업과제에서는 집단구성원이 구별되는 각각의 하위 과제를 수행하기 때문에 분업이 이루어진다(예, 야구, 축구 등).

과제유형을 구분하는 세 번째 방법은 극대화(maximizing) 과제 대 최적화(optimizing) 과제로 나누는 것이다. 극대화 과제의 목표는 과제를 가능한 한 빠르게 수행하거나 많이 하는 것이다. 객관적으로 측정된 속도나 강도의 점수를 요구하는 스포츠(예, 역도, 단거리 달리기 등)이 극대화 과제의 예가 된다. 반면에 최적화 과제는 정확성과 정교성이 요구된다. 즉, 피겨 스케이팅, 체조 등과 같이 쉽게 측정되지 않는 질적 요건이 관련되어 있다.

과제 유형의 마지막 구분은 집단점수에 도달하는 방법으로서, 가산(additive)과제와 보상(compensatory)과제다. 가산과제에서는 집단생산성을 하나의 점수로 산출하기 위해서 집단구성원 각 개인의 점수를 단순히 더한다. 예를 들면 릴레이 팀 각 주자가 연속 달린 시간을 더해서 팀 점수를 산출한다. 보상과제에서는 집단구성원 점수의 평균으로 집단점수를 결정한다. 예를 들면 수중발레(synchronized swimming)와 피겨스케이팅의 페어 종목에서는 팀에 의해서 수행된 전체적인 예술적 이미지가 집단점수에 기여한다.

Steiner에 따르면 과제요건과 구성원 자원이 일단 알려지면 그 집단의 잠재적 수행을 추정하는 것이 가능하다. 더 나아가서 그 집단의 잠재적 생산성과 실제 생산성 간의 차이는 잘못된 집단과정에 의한 과정손실에 원인이 있다. 이것은 다음과 같이 표현될 수 있다.

실제 생산성 = 잠재적 생산성－잘못된 과정에 의한 손실

조정경기나 줄다리기와 같은 과제－동시적 과제, 단일 과제, 극대화 과제 그리고 가산 과제－에서는 한 집단의 잠재적 생산성을 정확히 결정하는 것이 가능하다. 모든 개인이 동시에 한 가지 과제에 뛰어든다. 이런 과제는 단일하며 동시적이다. 그리고 구성원 개인이 하나의 집단점수에 대해서 자신의 집합적 노력을 기여하는 가산과제다. 그 결과 10명의 줄다리기 팀 구성원이 각각 평균 50kg씩 잡아당긴다면 집단생산성은 500kg이 되어야 한다. 줄다리기 팀의 크기가 증가함에 따라서 집단생산성은 어떻게 달라질까?

줄다리기 과제를 이용한 Ringlemann의 연구(Steiner, 1972 재인용)에 따르면, 한 개인이 정확하게 평균 63kg을 당길 수 있었다. 그렇다면 잠재적 생산성은 2인, 3인, 그리고 8인으로 구성된 집단의 경우에 각각 126kg, 189kg, 504kg을 당긴다고 추정한다. 그러나 Ringlemann 연구에서 실제로 얻은 값이 〈표 8-2〉에 제시되어 있다.

분명히 집단크기가 1인에서 8인으로 증가하면서 집단의 절대적 수행이 63kg에서 248kg으로 증가했다. 그러나 각 개인의 상대적 수행은 오히려 점차적으로 감소했다. 1인 집단이 100% 효율성으로 수행했다면 2인 집단에서 개인은 자신의 잠재력을 93% 발휘했고, 3인 집단은 85%, 8인 집단은 49%를 발휘했다. 이 결과는 '잘못된 집단 과정' 때문에 실제 수행과 잠재 수행 간의 차이가 발생한 것으로 해석해야

〈표 8-2〉 집단구조와 과제 활동에 대한 집단발달의 연속(Steiner, 1972)

참가자 수	조정연계수	잠재 생산성	실제 생산성	과정 손실
1	–	63	63	0
2	1	126	118	8
3	3	189	160	29
8	28	504	248	256

한다. 이런 점에서 Steiner(1972)는 이 집단들의 잠재 생산성과 실제 생산성 간의 불일치에서 흥미로운 과정을 형성한다는 것을 관찰했다. 즉, 그들은 조정이 필요한 연계의 수인 1, 3, 28의 비율에 매우 근접한다는 것이다.

잘못된 집단과정에 관련된 두 개의 가능한 요인(Ingham, Levinger, Graves, & Peckham, 1974)은 조정의 실패와 동기의 감소다. 첫째, 조정의 실패는, 예를 들면 줄다리기에서 개인이 동시에 최대한의 힘을 모아야 하는데 서로 다른 시점에서 최대한으로 잡아당기거나, 발과 발의 미끄러짐에서 차이가 나는 등의 비효율성이다. 둘째 요인인 동기의 감소 또는 동기적 손실은, 예를 들면 줄다리기에서는 개인의 수행이 집단적 노력으로 인해서 감추어지기 때문에 개인에 대한 직접적인 평가가 없어져 책임이 분산되기 때문에 개인의 노력이 감소하게 되는 비효율성이다.

Ingham, Levinger, Graves 그리고 Peckham(1974)은 잘 통제된 실험과정을 이용하여 Riglemann의 연구를 반복했다. 손과 발의 미끄러짐을 줄이고, 줄을 잡고 힘을 주어 끌어당기는 각도를 일정하게 유지시켜 주고, 측정의 오류를 줄일 수 있도록 설계된 도구를 이용했다. 그리고 당기는 어느 지점에서만 유리하게 나타날 수 있는 효과뿐만 아니라 피로와 학습효과도 제거하도록 실험을 설계했다.

Ingham과 그의 동료들은 3인까지 집단 크기를 증가시켜서 Ringlemann과 비슷한 연구결과를 얻었다. 1인의 경우가 100%일 때, 2인 집단은 효율성이 91%, 3인 집단은 82%로 감소하였다. 그러나 Reinglemann의 결과나 Steiner의 이론적 공식과는 달리 집단 규모가 계속 증가함에 따라서 그에 상응하여 집단 효율성이 일차 함수적으로 감소하는 것은 아니었다. 억제효과가 있어서 6인 집단은 평균 78%를 끌었다. 이 결과는 [그림 8-9] 에 제시되어 있다.

집단 크기가 증가한 결과로 나타난 과정 손실이 주로 조정의 실패 때문인지 아니면 동기의 손실 때문인지 알아내기 위해서 Ingham과 그의 동료들은 두 번째 연구를

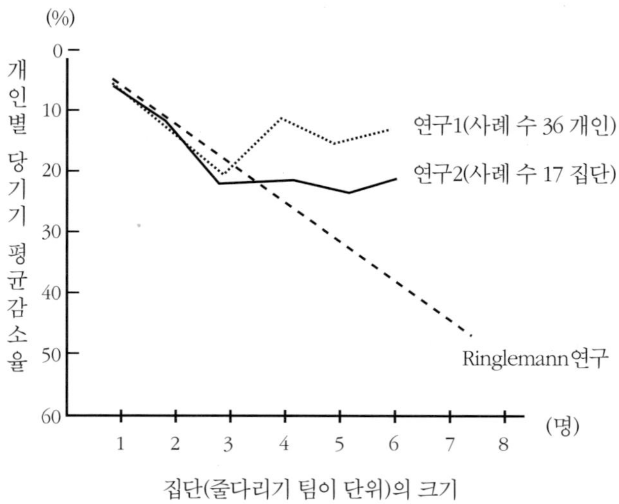

[그림 8-9] 집단 크기에 따른 줄 당기기 점수(Ingham, Levinger, Graves, & Peckham, 1974)

수행했다. 이 두 효과를 분리하기 위해서 조정요인이 제거되었다. 이것은 한 번에 한 명의 실험참가자만 실험 대상이 됨으로써 가능했다. 실제로 집단의 다른 구성원은 실험 협조자였다. 그러므로 지각된 집단 크기에서 일어난 동기의 손실은 자유롭게 달라질 수 있지만 집단구성원 수의 실제적인 증가로 인한 조정의 실패는 제거되었다.

그 결과는 처음 연구와 거의 일치했다. 마찬가지로 억제효과에 의해서 3인 집단으로 증가할 때까지 효율성은 감소하였다. 그러므로 Ingham과 그의 동료들은 실제 수행과 잠재 수행 사이의 차이는 집단이 커지면서 조정연계 수가 증가함에 따른 조정 감소가 아니라 동기의 감소에 의한 것이라고 결론을 내렸다.

집단 수행에서는 구성원의 반응 조정에서의 어려움에 있다는 것을 보여 준 많은 연구가 있다. 일련의 실험(Comrey, 1953; Comrey & Deskin, 1954a, 1954b)에서는 Purdue Pegboard(Purdue 대학에서 제작한 직업적성 검사도구로 구멍이 뚫린 판에 제한된 핀을 빠르고 정확하게 꽂아 조립하는 과제로 구성되어 있다.) 과제를 이용해서 혼자 작업하는 개인과 짝을 이루어 작업하는 집단의 수행을 비교했다. 그 결과 짝을 이룬 집단은 그들 중에서 가장 잘하는 효율적인 개인 구성원 1인보다 더 많은 핀을 조립했다. 즉, 절대적 수행은 개인보다 집단이 더 좋았다. 그러나 이 절대적 표준은 '평균'적인 개인이 조립할 수 있는 수의 2배를 넘지는 못해서 상대적 수행은 더 나빴다.

짝을 이룬 집단이 교대로 작업하게 했을 때(그래서 가장 잘하는 구성원이 작업 시간 속도의 50%만을 이용하게 했을 때), 집단수행은 일을 못하는 구성원의 수행과 더 높은 상관이 있었다. 조정을 덜 요구하는 과제나 또는 과제요건이 짝을 이룬 집단에서 더 잘하는 구성원이 50% 이상 기여하도록 허용하면, 집단수행은 일을 더 잘하는 구성원 점수와 더 높은 상관을 보였다(Comrey, 1953; Comrey & Staats, 1955; Wiest, Porter, & Ghiselli, 1961). 두 사람이 수행 수준에서 동질적일수록 한 팀으로서 더욱 효율적이지만, 개인 수행 측정치는 일반적으로 팀 조정의 예언변수로서 매우 좋은 것은 아니다.

Steiner(1972)는 집단 크기에 의해서 영향을 받는 다양한 변수인 집단의 잠재 생산성, 집단과정 손실, 실제 집단 총 생산성 그리고 구성원당 실제 평균 생산성 간의 상호작용을 설명하는 개념적 모형을 제안했다([그림 8-10] 참조).

이 모형에 따르면 집단 크기가 커짐에 따라서 집단의 잠재 생산성과 잘못된 집단 과정에 의한 손실이 모두 증가한다. 잠재 생산성의 증가율은 둔화되며, 집단 과정 손실의 비율은 가속화된다([그림 8-10]의 A 참조). 다음으로 두 요인의 관계에 따라서 결과적으로 집단 실제 총 생산성과 구성원당 실제 생산성 평균이 감소된다([그림 8-10]의 B 참조). 만일 집단의 실제 총 생산성이 목표라면 가정 적합한 집단 크기는 4명에서 5명에 가까울 것이다.

2) 개인과 집단의 행동

(1) 집단극화

혼자 의사를 결정할 때와 집단으로 의사를 결정할 때 나타나는 차이를 극적으로 보여 주는 현상이 모험이행이다(Kogan, & Wallach, 1964; Wallach & Kogan, 1965; Wallach, Kogan, & Bem, 1962, 1964). 이 현상은 개인이 혼자 행동할 때와 비교해서 집단의 구성원으로서 의사 결정을 해야 할 때 자신이 수용할 수 있고 허용할 수 있는 모험 수준에서 이행이 일어난다는 것에서 그 이름을 따온 것이다. 그러나 이후의 연구를 통해서 집단의사 결정은 개인의사 결정에 비해서 모험적이든 아니면 보수적이든 더 극단적인 쪽으로 흐르는 경향이 있음이 밝혀졌다. Moscovici와 Zavalloni

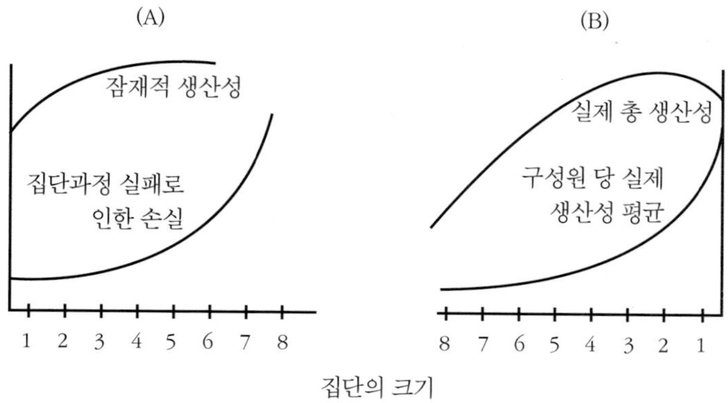

[그림 8-10] 집단 크기와 잠재적 생산성 및 구성원당 실제 생산성 평균의 관계에 대한 개념적 모형(Steiner, 1972)

(1969)는 모험이행과 보수이행 모두를 포함하는 이 현상을 집단극화라고 불렀다. Myers와 Lamm(1976)은 집단극화란 집단 상호작용 이후 집단이 합의하여 결정한 반응 또는 개인반응의 평균이 상호작용 이전의 개인반응 평균보다 동일한 방향으로 더 극단적으로 되는 현상이라고 정의한다(성한기, 2004).

집단극화가 일어나는 과정을 그림으로 나타내면 다음 [그림 8-11]와 같다. 집단 1은 집단 토의 전 구성원 4명의 의견이 각각 ①②③④였고 평균은 2.50으로 대체로 모험적이었다. 가장 모험적이었던 A는 집단 토의 후 자신의 의견을 그대로 유지했으나 나머지 B, C, D는 더 모험적인 쪽으로 의견을 수정했다. 그 결과 토의 후 이 집단의 의견 평균은 1.50이 되었다. 반면에 집단 2는 집단토의 후 구성원의 의견이 더욱 보수적으로 이동하였다. 집단토의 전에는 평균 7.50이었으나 집단토의 후 평균 8.50으로 더 보수적으로 극화하였다.

초기 연구에서 모험이행을 검증하기 위해서 원래 사용된 실험체계에서는 열두 가지 실생활 딜레마를 실험참가자에게 제시하고 결정하게 한다. 다음은 딜레마 중의 하나인 스포츠 상황이다.

D는 X 대학 미식축구 팀의 주장이다. 그 대학은 지금 전통의 라이벌인 Y 대학과 경기하고 있다. 경기는 이제 막바지에 이르렀고 D의 X 대학은 점수에서 뒤지고 있다. X 대학은 단 한 번의 공격 기회를 갖고 있다. 주장인 D는 이제 확실한 플레이를 해서 동점을 만들기 위해서 최선을 다해야 할 것인지 아니면 성공하면 승리하지만 실패하면

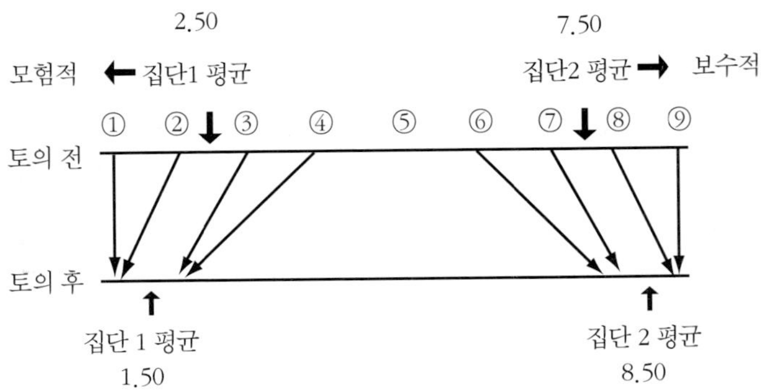

[그림 8-11] 집단극화 과정(성한기, 2004)

질 수밖에 없는 모험적인 플레이를 시도해야 할 것인지를 결정해야 한다. 당신이 D에게 조언을 한다고 가정해 보라. 아래 열거된 목록은 모험적인 플레이가 성공할 가능성(확률)을 제시하고 있다. 이 모험적 플레이를 시도해 볼 만하다고 생각하는 가장 낮은 확률에 표시하라(Kogan & Wallach, 1964).

① 1% ② 10% ③ 20% ④ 30% ⑤ 40% ⑥ 50%
⑦ 60% ⑧ 70% ⑨ 80% ⑩ 90% ⑪ 99%

또 다른 상황은 경쟁적인 체스 경기다.

G는 실력 있는 체스 선수다. 그는 지금 전국 체스 토너먼트에 참가하고 있다. 경기 초반의 상대선수는 토너먼트에서 최고수인데 G는 그 선수와 비기고 있다. G는 과거 토너먼트에서의 성적에 따라서 지금까지는 비교적 하위 서열에 올라 있었다. 최고수와 경기하는 동안에, G는 빠른 시간 안에 승리할 수는 있지만 모험이 따르는 속임수 작전을 계산했다. 만일 이 방법이 실패하면 그는 위기에 놓이게 되고 경기에 지는 것이 거의 확실하다. 이 모험적인 플레이를 받아들일 수 있다고 생각하는 가장 낮은 확률에 체크하라(Kogan & Wallach, 1964).

① 1% ② 10% ③ 20% ④ 30% ⑤ 40% ⑥ 50%
⑦ 60% ⑧ 70% ⑨ 80% ⑩ 90% ⑪ 99%

나머지 열 가지 상황도 모두 비슷하다. 상황의 핵심적 특징은 매력적이지만 동시에 모험이 따르는 선택에 직면한 것이다. 실험참가자는 모험적이지만 매력적인 선택을 충고하기 위해서 그들이 요구하는 최소한의 성공확률을 선택해야만 한다. 선택은 다양한 수준의 확률 가운데 하나를 선택하는 척도에 표시하는 것이다. 가장 모험적인 선택의 성공 확률은 1%다. 가장 보수적인 선택은 99%의 성공확률이다. 실험참가자는 먼저 혼자인 상황에서 선택하고, 집단상황에서 토론을 벌인 다음에 집단 의사 결정에 의해서 선택한다.

거의 예외 없이 집단합의 결과는 집단토론을 하기 전에 혼자 선택한 집단구성원의 평균보다 더 모험적이거나 보수적인 수준으로 이동했다. 이것은 사전의 개인적 의사결정을 할 때 집단 내 개인에게서 일어난 가장 잦은 반응인 형태적 반응에서 상향으로의 이동과 집단 내 차이의 감소라는 두 가지 결과를 초래한다. 따라서 집단상황에서 개인은 매우 높은 수준의 모험 또는 보수 주장에 크게 동의를 보인다.

(2) 집단극화에 대한 이론적 설명

① 책임분산(Wallach & Kogan, 1965) 이론

개인이 혼자서 행동할 때와 비교해서 집단구성원으로 행동하면 잠재적 실패에 대한 개인 책임을 덜 느낀다고 주장하는 책임분산이론은 방관자 개입 효과를 설명하는 데도 적절하다. 방관자 개입은 스트레스를 받거나 사고를 당해서 도움을 필요로 하는 응급상황에 있는 타인을 개인이 집단구성원으로 있을 때보다는 혼자 있을 때 더 잘 도와주는 현상이다(Darley & Latane, 1968; Latane & Darley, 1968; Latane & Rodin, 1969; Schwartz & Clausen, 1970).

Schwartz는 응급상황에서 사회적 책임 규범이 나타난다고 본다. 이 규범은 구성원이 여러 명일 때 분산되므로 개인에 대한 최종적 압력이 약화되는 것이다. 모험이행 현상에 관련해서 본다면, 책임분산은 지각된 책임 규범의 감소보다는 타 구성원의 비난회피를 반영하는 것으로 생각된다(Wallach & Kogan, 1965). 그럼에도 불구하고 그 효과는 집단구성원으로서보다는 더 많은 책임을 보여 주는 혼자인 개인과 유사하다고 여겨진다. 스포츠 상황에서 코치 혼자서 내린 의사결정은 다른 코치나 선수와 함께 상의해서 내린 의사결정보다 훨씬 더 보수적일 것이다.

② 문화적 가치 이론(Brown, 1965)

서구 문화권에서는 중간 수준 정도의 모험을 가치 있게 보기 때문에 어느 정도 모험적이다. 그러므로 처음에는 보수적이던 개인은 집단토론 과정을 거치고 나면 중간 정도의 모험적인 입장으로 이동하게 된다. Levinger와 Schneider(1969)는 모험 가치 가설을 검증하여 이를 지지하는 결과를 얻었다. 이 실험에서 학생들에게 첫째, 자신의 선택, 둘째, 그들의 친구가 어떻게 선택할 것으로 생각하는가, 셋째, 자신이 가장 강력히 주장하는 입장을 물어보았다. 그 결과는 [그림 8-12]에 제시되어 있다.

가장 강한 입장이 가장 모험적이었다. 다음으로 집단의 다른 구성원이 선택하는 것으로 추정된 것보다는 실험참가자 개인이 선택한 모험 수준이 더 강한 것으로 지각되었다. 후속 연구에서 Wallach와 Wing(1970)은 이와 비슷한 결과를 얻었다. 이 결과에 따르면, 다수의 무지(pluralistic ignorance)를 제거하는 집단토론을 통해서 집단 내 모든 구성원 사이에서는 좀 더 모험적인 선택을 지향하는 성향이 형성된다.

③ 정보분배 해석

모험적 선택을 지향하는 개인은 집단토론에 의해서 더 영향을 받는다. 집단구성원에게 집단토론 후에 사후적으로 평가하게 했을 때, 집단에 대한 영향력과 초기의 판단에서 드러난 모험 수준 간에는 강한 상관이 발견되었다(Brown, 1965; Marquis, 1962; Wallach, Kogan, & Bem, 1962; Wallach, Kogan, & Burt, 1965).

정보분배 해석과 일치하는 또 다른 설명은 Brown(1965)이 주장한 것으로, '모험의 미사여구' 는 '보수의 미사여구' 에 비해서 더욱더 강하게 전달하는 잠재적인 언어적 가능성을 포함하고 있다는 것이다. 결국 집단토론에서 모험적인 선택을 주장하는 개인은 신중론을 펴는 개인에 비해서 영향력을 발휘하기에 더 유리하다.

이에 대한 가장 좋은 예가 미식축구 경기다. 미드필드 지점에서 네 번째로 단거리 다운을 해야 하는 상황에 직면한 공격 팀에게는 두 가지 선택이 있다. 모험하기(gamble)와 패스/런(pass/run) 또는 펀트(punt: 손에서 떨어뜨린 공이 땅에 닿기 전에 차는 것)하는 것이다. '공격형 축구', '어세를 몰아라', '공격적으로' 라고 주장하는 보조 코치는 모험을 강력히 주장할 것이다. 곤경에 처한 수석 코치는 '안전하게', '모험하지 말고', '너무 서두르지 마라' 는 등의 생각으로 펀트 전략을 주장할 것이다. 분명히 모험의 수사학은 신중론에 비해서 더 강한 의미를 전달할 수 있다.

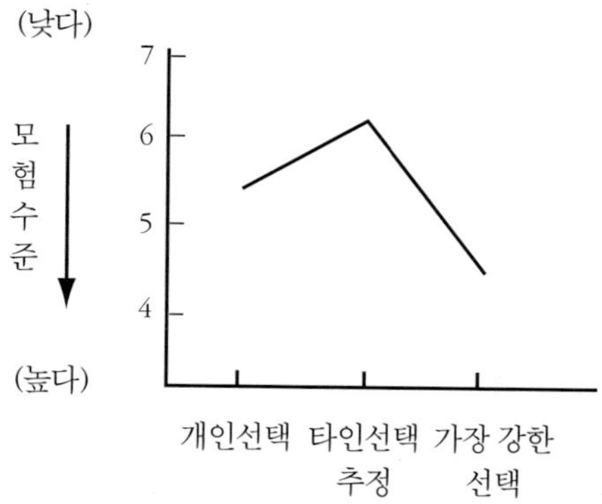

[그림 8-12] 개인적으로 선택된 모험 수준, 가장 강력한 모험 수준, 타인에 대해 추정한 모험 수준(Leavinger & Schneider, 1969)

④ 설득주장 이론(Vinokur & Burnstein, 1974)

집단 토의 중에 타인이 제시하는 설득력 있는 주장을 수용함으로써 집단극화가 일어날 수 있다. 개인은 집단토의를 하면서 타인의 주장을 알게 됨으로써 전에는 생각하지 못했던 새롭고 그럴듯한 주장에 접하게 된다. 그와 동시에 집단구성원의 일반적인 성향을 파악하게 된다. 토의 중에 제기된 주장 중에서 전반적인 집단 성향과 일치하는 것은 그렇지 않은 주장보다 더 그럴듯하고 설득력 있다고 보게 된다.

집단토의 중에 제시된 설득력 있는 주장에 의해서 개인의 의견은 집단의 전반적인 성향과 일치하는 방향으로 바뀌게 된다. 그러므로 집단토의 후 개인의 반응 평균은 토의 전 개인반응의 평균보다 집단성향 쪽으로 더 극단화된다.

⑤ 사회비교이론(Festinger, 1954)

Festinger(1954)에 따르면 개인은 타인과 비교하여 자신의 유능함을 확인하고 타인에게서 인정받으려는 욕구를 갖고 있다. 마찬가지로 집단구성원도 집단 내 타인과 자신을 비교해서 자신을 긍정적으로 평가하고 타인에게서 인정받고자 하는 욕구가 있다(Myers, 1978). 개인은 집단구성원과 토의하기 전에는 자신의 입장이나 견해가 타인보다 더 바람직할 것이라고 가정한다. 그러나 집단토론 결과, 타인보다 자신의 의견이 덜 바람직하다는 것을 알게 되면 타인보다 더 바람직한 방향으로 자신의 입장이나 주장을 바꾸게 된다. 그러므로 집단토론 후에는 집단구성원 전체의 입장이 더 가치 있는 방향으로 이동하여 극단화하게 된다. 집단극화의 원인은 타인의 설득적 주장이라기보다는 자신과 타인의 주장을 비교한 결과다(Goethals & Zanna, 1979).

⑥ 자기 범주화 이론(Turner, Hogg, Oakes, Reicher, & Wetherell, 1987)

개인이 집단을 동일시하면 개인정체성에서 사회정체성으로 정체성이 바뀌게 되는데, 그 결과 집단 사회적 영향을 받게 된다. 자기범주화 이론에서는 집단극화란 극단화된 집단규범에 대한 동조현상이라고 해석한다. 개인은 어떤 집단에 소속하여 그 집단과 자신을 동일시하게 되면 그 집단의 구성원 사이에서 암묵적으로 합의된 집단규범의 영향을 크게 받는다. 이를 내집단 규범이라고 하며, 이 규범과 일치하지 않는 행동이나 태도 등은 개인으로 하여금 주관적으로 불확실성을 경험하게 만든다. 이 불확실성은 내집단 규범에 동조함으로써 해소된다(Hogg & Abrams, 1988).

내집단 규범은 내집단에서 구성원 간의 차이는 극소화하고 외집단과의 차이는 극대화한 지점이기 때문에 내집단구성원 입장의 평균 지점과 반드시 일치하는 것은 아니다. 자기 범주화 이론에 따르면 내집단 평균과 내집단 규범이 일치하면 동조가 일어나고, 일치하지 않으면 극화가 일어난다. 내집단 평균과 내집단 규범의 일치는 내집단 평균이 주관적 준거틀(예, 진보와 보수의 연속선)의 어디에 있느냐에 달려 있다. 만일 내집단 평균이 일반적 반응 척도의 중간 지점에 해당하는 주관적 준거틀의 중심에 위치하면 내집단 규범도 내집단 평균과 일치해서 동조가 일어난다. 그러나 내집단 평균이 주관적 준거틀의 중심에서 벗어날수록 내집단 규범은 내집단 평균의 방향에서 더 극단적인 쪽으로 위치하는 것으로 지각되어 내집단 규범에 동조한다는 것이 결국 집단극화를 일으키게 되는 것이다.

4. 협동 대 경쟁

1) 협동과 경쟁의 속성

경쟁과 협동과정을 다루는 연구의 중요한 추진력은 1949년에 발표된 Deutsch의 개념적 모형이다(Deutsch, 1949a, 1949b). Deutsch는 '협동적 사회상황' 은 한 개인의 기여에 의해서 얻은 이득이 그 상황의 모든 구성원에게도 이득이 되는 상황이라고 정의했다. 즉, 이런 상황에서는 각 개인의 기여도에 관계없이 보상은 모두에게 똑같이 나누어진다. 반대로 '경쟁적 사회상황' 이란 한 개인이 이익을 얻음으로써 집단 내의 다른 구성원이 얻을 수 있을 이익이 줄어드는 상황이다. 이 상황에서 보상은 각자 기여한 수준에 의존하기 때문에 개인에 따라 다르게 분배된다.

2) 집단 간 협동과 경쟁

과제를 수행하는 집단에서 이론상으로는 적어도 집단 내 및 집단 간 협동과 경쟁이 존재할 수 있다. 이는 [그림 8-13]에 제시되어 있다.

실험실에서는 네 가지 조건이 만들어지지만 스포츠와 같이 자연스런 비실험적 상황에서 완전하게 협동적인 조건이 존재할지 의문이다. Collins와 Raven(1969)은 Schelling(1958)의 연구를 설명하면서 그것이 가능하다고 주장했다.

대부분 게임의 규칙은 환경이나 또는 다른 팀에 대항해서 집단이 함께 행동하도록 힘을 불어넣어 준다. 예를 들면 한 팀에 속한 농구선수 5명이 개인이나 하위 집단으로 분열되어 서로 경쟁을 피하는 것이 팀에게 크게 이익이 된다. Schelling(1958)은 농구팀을 이용해서 순수한 협동의 예를 들었다. 반면에 5명이 하는 포커 도박게임은 순수한 갈등 또는 영합 게임(zero-sum game)의 또 다른 좋은 예가 될 것이다. 이 게임의 규칙은 개인이 집단구성원 간에 경쟁적인 활동을 하도록 강한 영향을 줄 것이다. 스포츠 상황에서 Deutsch(1968)는 농구팀을 이용하여 순수한 협동과 반대

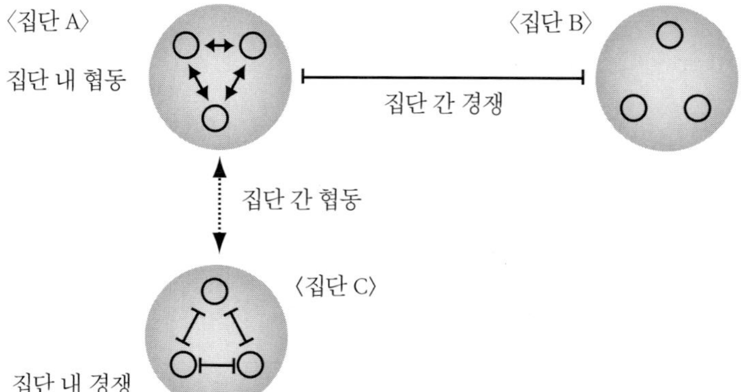

[그림 8-13] 집단 내 및 집단 간 협동과 경쟁(Carron, 1980)

되는 경쟁을 예시하였다. 한 농구팀의 구성원인 선수는 게임에 이기기 위해서 서로 협동해야겠지만 자신이 팀의 '스타'가 되기 위해서는 서로 경쟁을 할 것이다.

3) 스포츠 팀에서의 경쟁과 협동

스포츠 팀에는 단지 '집단 내 협동', '집단 내 경쟁' 그리고 '집단 간 경쟁'의 세 가지 과정만 존재할 수 있다. 이것은 Carron과 Chelladurai(1979)의 견해인데, 이들은 스포츠 팀은 게임이론에서 밝혀진 동맹과 유사한 것을 경험한다고 주장한다.

Gamson(1964)이 정리한 동맹상황은 '혼합-동기(경쟁과 협동이 혼재하는)를 지닌 사람들이 하는 게임'으로 정의된다. 이 게임에는 모든 사람에게 지급되는 보수를 극대화하는 성과가 존재하지 않기 때문에 갈등의 요소가 존재한다. 그뿐만 아니라 혼자보다는 그들의 자원을 조정함으로써 더 잘할 수 있는 가능성이 적어도 두 명의 경기자에게 존재하기 때문에 협동의 요소도 존재한다. 집단에 속한 개인이 자신의 자원을 조정하여 개인적 보상을 최대화한다면 이런 조합을 동맹이라고 한다.

스포츠에서도 마찬가지다. 동맹에서는 협동(협동적 집단 노력)과 경쟁이 공존한다. 협동은 팀의 공동과제, 문제 또는 목표에 대한 상호 인식에서 나오는 한편, 경쟁은 팀 구성원이 개인적 보상을 추구할 때 나타난다. 이런 상황은 앞에서 예를 든 농구팀과 같은 스포츠 팀에서 나타난다. 팀의 모든 구성원인 선수는 각자 개인 성적을 올리려고 노력한다. 그러나 그런 우수한 개인성적은 팀이 승리하기 위해서 필요한 자원을 지니고 있는 팀의 다른 구성원과 효과적으로 협동해야만 극대화될 수 있다. 그 결과 선수 개인은 성공적인 개인성과(경쟁)를 보장받기 위해서 팀의 다른 선수와 개인적 자원을 조합하고 조정(협동)해야만 한다.

동맹, 동맹연구, 게임이론 그리고 팀 수행 간에는 차이가 있다. 첫째, 집단상황에서 동맹이 '어떻게' 그리고 '왜' 형성되는가에 대한 설명을 위해서 제안된 이론적 모형은 '최소 자원' 해석과 '최대 권력' 해석의 두 가지 합리적 설명 중의 하나를 강조하고 있다(Caplow, 1956; Gamson, 1961, 1964). 동맹형성의 기초는 다음과 같은 가설이다.

- 개인은 그 상황에 서로 다른 자원(강인함, 능력, 권력 등)을 갖고 들어온다.

- 상대적 통제, 권력, 보상은 소유한 자원의 정도에 따라서 분배된다.
- 수행에서 개인권력과 통제기회를 극대화하는 식으로 하위집단의 동맹이 형성된다.
- 이것은 약한 구성원과 강한 구성원 사이의 흥정과정을 통해서 영향을 받는다.

최소자원모형에서는 고자원 소유자와 저자원 소유자가 동맹을 형성해서 집단 내에서 통제를 성취하는 데 필요한 최소한의 자원을 얻어 낼 것이라고 주장한다. Caplow(1959)가 3인 집단에서의 동맹형성에 대한 논의에서 지적했듯이, 선택권자는 자신의 동맹 상대와 비교해서 이익을 최대화하고 불이익(비용)을 최소화하는 전략을 취할 것이다.

최대권력모형에서는 이와 약간 다른 견해를 보인다. 이 모형에서는 동맹이란 제외되는 구성원에 비교해서 동맹 강도를 극대화하기 위한 시도로 이루어진다고 주장한다. 그러므로 가장 큰 자원을 지닌 두 개인은 약한 개인을 제외시키는 동맹을 시도할 것이다.

이 두 가지 모형 중의 어느 것도 스포츠에서 효과적인 팀 경기를 설명하기에는 적절하지 않다는 주장이 있다. 그 이유는 두 가지로 요약된다. 첫째, 한 농구팀에서 세 명의 강력한 최우수 후보 선수 중 두 명이 동맹을 형성해서 개인적 보상을 최대화하려고 한다면(즉, 다른 한 명을 제외시킨 두 명의 하위집단을 만들려고 한다면), 팀이 우승하기 위해서 필요한 팀 구성원 전체의 협동은 나타나지 않을 것이다. 팀 우승에 필요한 것은 팀 전체 구성원 10명이나 12명 중에서 가장 실력이 좋은 5명의 선수로 동맹을 형성하는 것이다. 간단히 말하면 최대한의 자원으로 동맹을 형성하는 것이다(Carron & Chelladurai, 1979). 파벌이 존재하기 때문에 이런 동맹형성은 모든 상황에서 가능한 것은 아니지만, 만일 팀이 성공하려고 한다면 동맹이 형성되어야 한다.

둘째, Vinacke(1969)가 게임이론에 대해서 고찰한 결과에 따르면 게임모형을 이용한 대부분의 연구는 단지 2인만을 대상으로 했다. 그의 주장에 따르면 2인 집단은 몇 가지 이유로 팀 모형으로 적절하지 않다. 그 하나는 Simmel(1965)이 지적한 대로 2인 집단과 더 큰 집단에서 얻은 결과는 큰 차이가 있기 때문이다. 2인 집단은 더 큰 집단과 비교할 때 독특한 유형의 집단이다. 만일 2인 집단이 나누어진다면 집단은 사라지고 만다. 그리고 3인 집단을 이용한 동맹 연구는 2명으로 구성된 동맹집단

대 나머지 한 명의 개인으로 변환된다. 또 다른 이유는 2인 집단에서는 성격 변수가 사회적 상황에 영향을 미칠 수 있는 기회가 제한을 받는 반면에, 더 큰 집단에서는 제약을 덜 받는 식으로 작용할 수 있다. 어느 정도 상한선이 있기는 하지만, 성격 변수의 탓으로 돌려질 수 있는 현상은 2인 집단보다는 3인, 4인 또는 5인 집단에서 더 분명하게 드러난다. 마지막 이유는 사회적 상호작용과 관련된 변수는 2인 집단보다는 더 큰 집단에서 명료할 것이다. 이것은 집단구조(예, 의사소통과 상호작용)나 집단 역학(응집력, 동조 압력)을 생각해 보면 분명히 예시될 수 있다. 이런 요인의 영향은 2인 집단에서는 쉽게 나타나지 않는다.

4) 집단수행

Deutch(1949a, 1949b)는 5주간에 걸쳐서(1주당 50분) 퀴즈문제와 인간관계문제를 해결하는 대학생을 대상으로 고전적인 연구를 했다. 협동조건은 실제로는 집단 내 협동-집단 간 경쟁 조건이었다. 단일한 집단해결이 요구되었고, 집단산출은 4개의 타 집단에서 얻은 해결책과 경쟁하여 성공적인 집단의 구성원은 모두 집단보상을 똑같이 나누어 가졌다. 경쟁조건은 집단 내 경쟁만 있는 조건이다. 집단 내 각 개인은 다른 네 명의 구성원과 직접 경쟁한다. 집단수행을 측정하기 위해서 많은 종속변수가 이용되었고 Deutch의 연구결과 개요가 〈표 8-3〉에 제시되어 있다.

전반적으로 협동적 조건의 우세가 분명하게 드러나 있다. 결과는 어느 정도 일반성을 지니고 있다. 구성원이나 하위단위는 경쟁할 때보다는 협동할 때 높은 집단 생산성을 보인다. 구성원이 상호 배타적인 목표를 통해서 서로 경쟁하고 있다고 생각한다면, 집단의 조화와 효율성에 기본이 되는 집단 내 아이디어의 소통, 노력의 조정, 친밀성과 자부심은 붕괴된다. 그리고 경쟁은 다른 구성원과 협동하기보다는 서로 적대감을 기대함으로써 개인의 안전을 크게 해친다는 증거가 있다(Deutch, 1949b).

Julian과 Perry(1967)의 연구에서는 협동이 집단구성원의 만족은 증가시키지만 수행 수준은 낮추었다. 그들은 심리학에서의 실험실 훈련을 과제로 사용하여 세 집단을 비교했다.

〈표 8-3〉 문제해결 과제를 수행하는 경쟁적 집단과 협동적 집단 간의 차이
(Deutch, 1968)

변수	결과
집단조직	
집단 내 노력의 조정	협동 > 경쟁
구성원별 기여의 수에서의 변산	협동 > 경쟁
집단 기능의 전문화(예, 중재자)	차이 없음
개인적 기능의 전문화(예, 공격자)	경쟁 > 협동
과제 기능의 전문화(과제의 분업)	협동 > 경쟁
집단동조를 향한 동기/압력	
성취 압력	협동 > 경쟁
흥미와 몰입의 정도	차이 없음
의사소통	
동료 구성원에 대한 정중함	협동 > 경쟁
의사소통에 대한 상호 이해	협동 > 경쟁
의사소통에 대한 일반적 평가	협동 > 경쟁
오리엔테이션과 정렬	협동 > 경쟁
생산성	
퍼즐 문제에서 기호의 생산성	협동 > 경쟁
인간관계 문제에서 기호의 생산성	경쟁 > 협동
시간 단위당 생산성	협동 > 경쟁
산출과 토론의 질	협동 > 경쟁
학습 정도	차이 없음
대인관계	
토론하는 동안의 친목	협동 > 경쟁
집단과 생산성에 대한 호의적 평가	협동 > 경쟁
동료 구성원에 대한 호의적 효과에 대한 지각	협동 > 경쟁
일반화된 타인에 대한 태도의 통합	협동 > 경쟁

1 **순수한 협동조건**: 집단 내 협동만 있음. 학생들은 집단생산성에 의해서 공동으로 평가를 받음

2 **집단경쟁조건**: Deutch가 사용한 것과 비슷한 조건으로 집단 내 협동 및 집단 간 경쟁이 있는 조건

3 **개인경쟁조건**: 집단 내 경쟁만 있음. 학생은 Deutch의 또 다른 조건과 비슷하게 개인의 생산성에 의해서 평가 받음

실험조건을 잘 알지 못하는 평정자가 실험참가자의 작업 배정 양과 질을 평가했을 때, 집단경쟁과 개인경쟁보다 순수한 협동조건이 더 열등했다.

Miller와 Hamblin(1963), Goldman, Stockbauer 그리고 McAuliffe(1977)는 수행에 대한 협동과 경쟁의 효과를 비교하기 위해서는 과제 독립성이 중요하다고 강조했다. 만일 집단 간 경쟁을 해야 한다면 과제요건에 따라서 높은 수준의 집단 내 협동이 기본인지 아닌지 알 수 있을 것이다. 매우 상호 의존적인 과제에서 집단구성원 간의 협동적 상호작용은 상호 의존성 평균이 높은 조건을 의미하는데, 집단 내 협동은 수행과 정적인 상관을 보여 주었다. 반면에 과제가 각자 개인에 의해서 쉽게 완수될 수 있을 때는 집단구성원 간에 협동적 상호작용이 거의 요구되지 않아서 상호 의존성 평균이 낮기 때문에 집단 내 협동은 수행과 부적 상관을 보였다.

Goldman, Stockbauer 그리고 McAuliffe(1977)의 연구에서는 집단 간 관계 두 수준(경쟁과 협동), 집단 내 관계 두 수준(경쟁과 협동), 그리고 과제 상호 의존성 두 수준(상 · 하)의 효과를 검증했다. [그림 8-14]에서 보는 대로 모두 4개의 협동/경쟁 조건이 만들어졌다. 실험과제는 철자퍼즐을 푸는 것이고 실제로 어느 정도의 협동이 필요한 과제였다.

[그림 8-14]에 제시된 대로, 수행은 집단 간 경쟁보다는 집단 간 협동조건에서 더 효과적이었다([그림 8-14A] 참조). 과제 성질을 고려했을 때([그림 8-14B] 참조), 상호 의존성이 낮은 과제에서는 집단 내 경쟁이 더 우세한 반면에, 상호 의존 평균이 높은 과제에서는 집단 내 협동이 더 우세했다. 그러나 이런 관계는 집단 간 경쟁이 없는 경우에만 나타났고 집단 간 경쟁이 있는 경우에는 나타나지 않았다.

그러므로 이런 결과는 Miller와 Hamblin(1963)이 보고한 것과 유사했다. 집단 내 협동은 과제요건이 조정된 집단 노력을 요구하는 것일 때는 수행 효과와 정적으로 관련되지만, 집단구성원 개인이 독자적으로 과제를 수행할 수 있는 경우에는 부적으로 관련된다. 그러나 Goldman과 그의 동료들은 자신들이 얻은 연구결과는 또 다른 진전을 제공한다고 생각한다. 집단 내 및 집단 간 보상구조가 동시에 작용한다면, Miller와 Hamblin의 결과는 집단 간 협동이 존재할 때만 발생하고, 집단 간 경쟁이 존재하면 발생하지 않을 것이다(Goldman, Stockbauer, & McAuliffe, 1977).

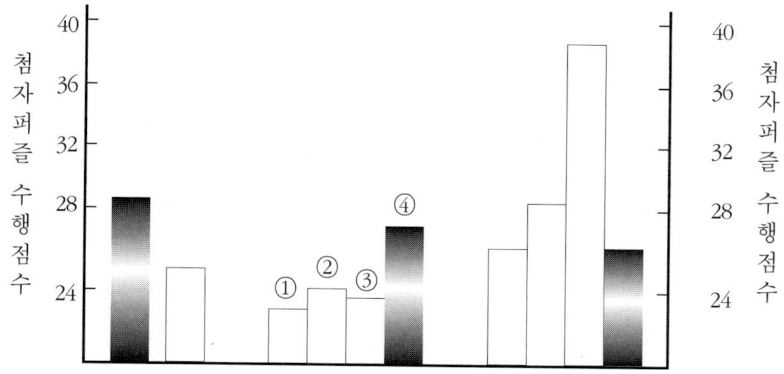

[그림 8-14] 협동과 경쟁조건에서 수행 효율성(Goldman, Stockbauer, & McAuliffe, 1977)

5) 협동과 경쟁이 행동에 미치는 영향

협동과 경쟁이 행동차원에 미치는 효과에 관련되어 자주 인용되는 연구는 사회심리학자 Sherif와 그의 동료들(Sherif, Harvey, White, Hood, & Sherif, 1961)에 의해서 수행된 '로버스 케이브 실험(Robbers Cave Experiment)' 이다.

이 연구는 소년캠프에서 진행되었다. 실험참가자 선정과정에서 캠프에 참여한 소년을 두 집단 중 한 집단에 무선으로 배정하여 연구결과에 영향을 미칠 수 있는 표집 내 특성은 모두 통제했다. 두 집단 실험참가자는 나이, 종족, 종교 그리고 사회·경제적 지위 등의 모든 요인에서 동질적이었다. 외모에서도 큰 차이가 없었고, 소년들은 이 실험에 참가하기 전에 서로 안면도 없었고, 두 집단은 규모와 능력에서도 매우 유사하였다. 두 집단 각각에게 집단을 형성하도록 유도했다. 두 집단이 경쟁, 적대감 사회적 거리감 등을 일으키도록 미리 계획된 조건을 만들었다. 실험의 후반부에 가서 두 집단의 적대감과 상대방에 대한 경멸을 줄이기 위한 조건을 계획했다(Sherif, 1970). 일반적인 승리 그리고 패배 조건에서 보여 준 두 집단 간 경쟁의 결과는 [그림 8-15]에 제시되어 있다.

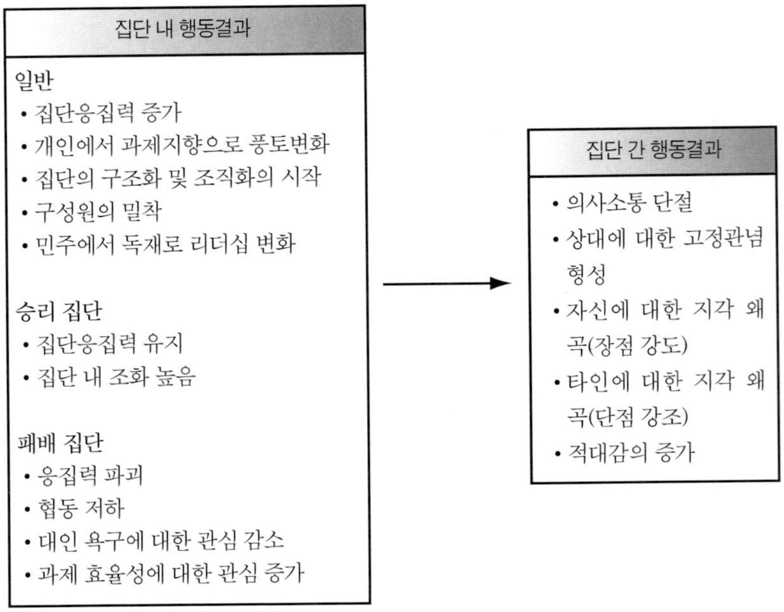

[그림 8-15] 집단 내 협동과 집단 간 경쟁의 결과(Sherif et al., 1961)

이 연구는 다음과 같은 극적인 결과를 보여 주고 있다. 매우 경쟁적인 상황은 집단 내 조화와 결속력을 높이지만, 경쟁하는 집단 간 사회적 거리감은 증가시켰다. Sherif(1970)는 이미 집단 간 경쟁은 집단 내 협동을 증진시키는 원인이 된다는 사실을 관찰했다. 이것은 수많은 실험에 의해서 일관성 있게 반복된 일반적인 결과다. 이런 일관된 결과로 인해서 그 주제를 중심으로 하는 실험실 실험이 개발되었다(Blake & Mounton, 1961).

이 실험에서는 집단 간 갈등과 적대감의 감소도 설계되었다. 유쾌한 환경에서 집단들의 일상적 접촉은 적대감을 감소시키기에는 충분하지 않다. 두 집단이 함께 협동하기를 요구하는 단 한 번의 위급한 상황도 없었다. 연구자들에 의해서 일련의 연속적인 협동적 활동(이런 활동은 특별한 목표를 요구하며 누적 효과를 만들어 냈다)이 도입된 이후에야 집단 간 적대감이 감소되었다. 그리고 집단 내 결속력은 감소되었다.

[그림 8-16]는 적대감이 최고일 때와 특별 목표 프로그램이 끝났을 때 내집단 및 외집단구성원이 선택한 친교관계를 보여 주고 있다. 협동 프로그램이 시작된 이후로 외집단 개인을 친구로 선택하는 비율이 크게 증가하며, 동시에 집단 내 친구를

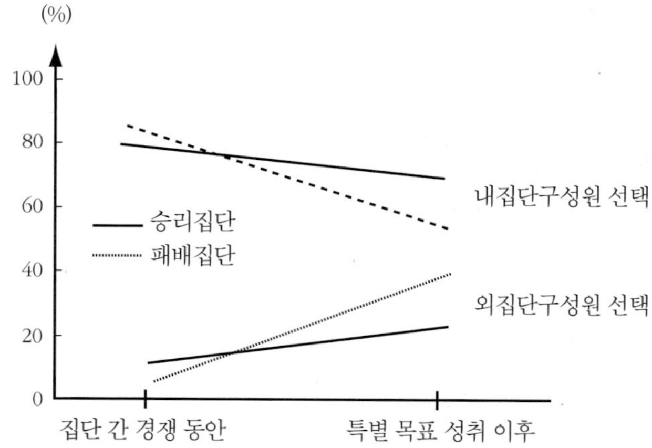

[그림 8-16] 집단 간 적대감 감소 이전과 이후의 친교대상 선택(Sherif, 1970)

선택하는 비율은 감소하고 있음을 보여 준다.

6) 경쟁 효과의 양면성

연구결과를 집단 간 대 집단 내 관점에서 볼 때 경쟁의 행동적 결과는 매우 다르다는 사실을 알 수 있다. 예를 들면 집단이 응집력을 갖게 되면 집단 내에서 친교대상 선택이 증가하여 집단 내 호의는 강해진다. 그러나 집단 간 관계는 전적으로 이와 다른 양상을 보여 준다. 이때는 집단 간 친교관계는 감소하고 대인관계도 악화된다.

Myers(1962), Julian, Bishop 그리고 Fiedler(1966)는 경쟁이 치료적 잠재성을 지니고 있는가 알아보기 위한 분석을 했다. Myers는 성과가 성공적이지 않을 때라도 집단의 격렬한 경쟁은 구성원의 개인적 적응을 향상시키는 결과를 가져온다는 것을 발견했다.

Julian과 동료들(1966)은 경쟁적인 훈련 상황(훈련병의 실제훈련, 일상적 과제 수행 중, 휴식활동 기간 중을 통해서 훈련프로그램의 전 과정 동안 경쟁을 매우 강조했다)과 통제 상황(훈련병에게 특별한 지시 없음)에서 미 육군 분대들을 비교했다. 이 연구에서 훈련병들은 실험실 활동(인간관계 문제에 대한 논의와 보고서 작성)에 참가했다. 이들은 다음과 같은 네 가지 실험조건 중 하나에 배당되었다.

1 집단우선 조건: 집단생산성을 산출하기 위해 단위마다 한 등급이 배정되는 집단 내 협동 조건
2 개인경쟁 조건: 오직 집단 내 경쟁만 있는 조건
3 집단경쟁 조건: 집단 내 협동과 집단 간 경쟁이 공존하는 조건
4 개인우선 조건: 개인보상 기준에 의해서 배정된 등급을 얻는 집단 내 협동 조건

그들은 만족을 낮추거나 외부 집단구성원을 거부하게 만드는 것은 경쟁 자체가 아니라 독자적인 보상을 얻기 위해서 작업하는 개인이라는 사실을 찾아냈다.

이 결과는 집단 내 구성원 간의 상호 만족이나 수용을 향상시키기 위해서 집단 간 경쟁이 필요함을 보여 준다. 집단 간 경쟁은 집단 내 호의적 감정이나 응집력을 일으킨다는 가정하에 협동이라는 처방의 한 부분으로서 집단 간 경쟁을 포함시키려는 성향이 분명히 존재한다. 그러나 이런 집단 간 대항은 불필요할지도 모르고 그것에 의해서 촉발되는 집단 간 긴장을 통해서 사회적 손상을 일으킬 가능성도 있다(Dunn & Goldman, 1966).

간단히 말해서 경쟁은 잠재적으로는 해로우며 권장할 만한 것이 아닐 수 있다. 많은 연구자가 명백하게 또는 암묵적으로 스포츠를 통한 경쟁이 어린이에게 미치는 부정적 영향에 대해서 관심과 주장을 보인다.

7) 스포츠에서의 경쟁

Orlick과 그의 동료들(Hyland & Orlick, 1975; McNally & Orlick, 1975; Orlick, 1974, 1975, 1976; Orlick & Botterill, 1975; Orlick, Scott, & Glassford, 1975)은 스포츠에서 경쟁과 협동이 행동에 미치는 효과에 대해서 포괄적으로 논의했다. 그중 중요한 두 가지 비평은 스포츠에서의 '엘리트주의'와 '보상체계'에 강조를 두고 있다. Orlick(1976)은 스포츠에서의 엘리트주의에 대한 논평을 하면서 다음과 같이 주장했다. 스포츠에 어떤 어린이를 참여시킬까? 어린이를 어느 정도 참여시킬 것인가? 그 한계를 설정하여 경쟁시키는 일은 지역사회와 학교에서 매우 일반적인 일이다. 100명의 소년이 농구팀에 지원하거나 100명의 소녀가 체조 팀에 지원했다고 가정하자. 각 경우에 지원자 중에서 겨우 10~15명만이 팀에 들어갈 수 있을 것이다. 그

러나 스포츠에서는 어린이를 제한시키기보다 오히려 격려해서 스포츠 활동에 참여할 수 있도록 기회를 마련해 주어야 한다.

그러므로 스포츠에 관심을 가진 어린이 모두를 수용할 수 있을 만큼의 팀을 마련해야 한다. 어린이가 스포츠에 참여하도록 격려해야 하며, 이들이 팀에 들어가지 못하도록 경쟁을 통해서 잘라 내거나 어떤 식으로든 그들의 스포츠 활동 참여를 제한하는 것은 어리석은 일이다. 이런 형태로 경쟁을 부추기는 것은 스포츠에 관심은 있지만 참여를 제한당한 어린이에게 심한 마음의 상처를 줌으로써 스포츠의 기본 존재 이유를 거스르게 된다. 그것은 마치 의사가 자신의 성공이나 실패의 기록이 확실히 괜찮아 보이도록 만들기 위해서 고통이 심하고 진료가 어려운 환자를 거절하는 것과 차이가 없는 일이다(Orlick, 1976).

스포츠에서의 경쟁에 대한 이런 견해는 어린이를 제외시키기 위한 가장 효과적인 심사과정에서와 마찬가지로 선수를 탈락시키는 과정에 대한 관심을 높여 왔다. 탈락에 대해서 선수 자신이 보여 준 일반적인 반응은 무엇이며 스포츠에 대한 그들의 결과적 태도는 스포츠의 원래 목적에 부합되는 것일까?

8) 스포츠에서 경쟁을 통한 탈락

Orlick(1974)은 스포츠 활동에 일단 참여한 개인이 왜 경쟁에서 후퇴하고 그만두는지 그 이유를 밝히려고 했다. 그는 스포츠에서 중간에 탈락한 7～19세까지의 선수를 면접했다. 그들이 중도에서 그만두게 된 이유를 분석한 결과, 선수출신인 나이 많은 사람의 50%는 스포츠가 경쟁적인 것에 불만을 품고 그만두었다. 17%는 그만두게 된 원인은 코치 때문이라고 했다. 반면에 초등학교 연령층 중 40%가 시간이 부족해서라고 대답했다. 이렇게 60%는 스포츠를 통해서 성공이나 보상을 받을 기회가 없었기 때문에 그만두었다.

스포츠에서의 후퇴와 스포츠에 대한 태도는 직접적인 관련이 있다. 어떤 활동, 개인 또는 대상에 대한 개인의 태도는 이전의 연합된 경험과 관련이 있다(Triandis, 1971). 어느 정도 개인은 활동, 개인 또는 대상에 대해서 유쾌하거나 불쾌한 경험을 지니고 있다. 그 결과 그 태도 대상과 정적이거나 부적으로 연합된 태도를 갖게 될 것이다. 그러므로 지금까지 성공하거나 보상을 받아 본 경험이 없어서 스포츠에서 후퇴를 선택한 개인은 스포츠에 대해서 부정적 태도를 지녀 왔을 것이다.

Fisher와 Driscoll(1975)은 다음과 같은 세 집단의 고등학생에게 Kenyon의 '운동 태도 질문지(Attitude Toward Physical Activity Inventory)' 를 실시했다.

1. **학교대표 팀 현 선수**
2. **일반 학생**: 조직된 팀에 한 번도 참가하지 않은 학생으로서 연구 당시에 어떤 레크리에이션이나 스포츠에도 참여하지 않은 학생
3. **전 선수**: 전에 학교 대표 팀에 선발된 적은 있으나 능력부족이나 징계 등의 이유로 중간에 탈락된 학생

이 세 집단은 스포츠에 대한 태도에서 큰 차이를 보였다. 그 결과가 [그림 8-17]에 나타나 있다. 선수가 아닌 일반 학생과 중도 탈락한 전 선수는 스포츠에 대한 태도가 매우 유사했다. 이들은 현 선수에 비해서 전반적인 스포츠 태도에서 낮은 점수를 보였다.

Hare(1976)는 네 집단의 남자 대학생을 대상으로 이와 비슷한 실험을 했다. 이들은 하키 2부 리그에서 등급이 다른 선수들이었다. 집단 1은 하키 팀에 전혀 참여해 보지 않은 학생들이었다. 집단 2는 하키 팀에 참여해 본 적이 있으나 12세 이전에 팀에서 탈퇴한 학생들이다. 집단 3은 하키 팀에 참여했다가 12~16세 사이에 팀에서 탈퇴한 학생들이었다. 마지막 집단 4는 전부터 지금까지 계속 하키 팀에서 운동을 하고 있는 학생들이었다. 이런 집단의 스포츠에 대한 태도(태도를 측정하기 위해서 Kenyon의 스포츠태도질문지를 사용했다), 하키의 여러 측면(코칭, 게임에서 공격성의 정도 등)에 대한 태도, 그리고 현재 스포츠에 참여하는 정도를 비교했다. 그 결과 측정치에서 집단 간에 어떤 차이도 발견되지 않았다. 그러므로 Hare는 스포츠로부터의 탈퇴와 연합된 어떠한 부적 효과라도 시간이 지남에 따라서 사라지는 것 같다는 결론을 내렸다.

Vincent(1967)와 Freischlag(1973)은 스포츠에서의 성공 경험과 긍정적 태도 간의 관련성에 대해서 보고했다. 효과의 법칙이 작용하여 지속적으로 성공을 반복한 개인은 스포츠에서 유쾌한 정서를 경험할 것이다. 반면에 지속적으로 불쾌하고 보상을 받지 못하거나 성공적이지 못한 경험을 한다면 스포츠에서 후퇴하게 될 것이다.

Hyland와 Orlick(1975)은 체육수업을 수강하지 않는 학생과 체육과목에 등록한 중학교 3학년 학생으로 구성된 두 집단을 대상으로 연구했다. 체육수업에 등록한 학생들에게 그 이유를 모두 열거하게 했을 때, '즐거움' 63%, '능력' 40%였다. 반대로 체육수업에 등록하지 않은 학생들은 그 이유에 대해서는 54%가 '능력이 없어서', 52%는 '싫어서' 라고 대답했다. 이에 따라서 연구자들은 더욱 많은 학생이 스포츠에 참여해서 혜택을 입도록 하기 위해서는 스포츠 활동이 무엇보다도 즐거워야 한다는 결론을 내렸다(Orlick & Hyland, 1975).

Orlick는 스포츠에서 경쟁과 성공을 지나치게 강조한 결과로 스포츠에 대한 잠재적 즐거움의 유인가가 낮아진다고 언급했다. 그의 주장에 따르면 스포츠에서 승리나 뛰어난 성적을 강조하는 것과 즐거운 경험의 정도는 부적 상관을 보인다. 그러나 경쟁적 스포츠에서 어린이의 즐거움에 영향을 미치는 요소가 무엇인가는 쉽게 답을 얻을 수 있는 주제가 아니다. 아마 상황 요인과 개인차 요인이 중요한 역할을 할 것이다.

하키 2부 리그 선수를 대상으로 복잡한 요인실험 설계방안을 사용한 Baytor (1978)의 연구는 이런 견해를 지지한다. 이 실험설계에는 두 개의 하키리그(매우 경쟁적인 올스타 리그와 아마추어 수준의 리그)에 소속된 두 수준의 연령(7세와 11세)의 실험참가자들을 포함하고 있다. 이들의 수행성과는 두 수준(리그의 상위와 하위 수준)이었다. 다양한 하키 상황에서 즐거움의 정도를 측정하기 위해서 Endler와 Hunt

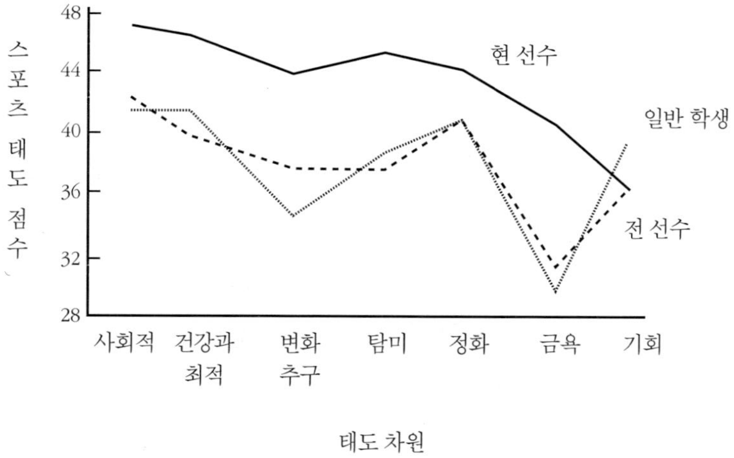

[그림 8-17] 학교대표 선수 참여도에 따른 스포츠 태도(Fisher & Driscoll, 1975)

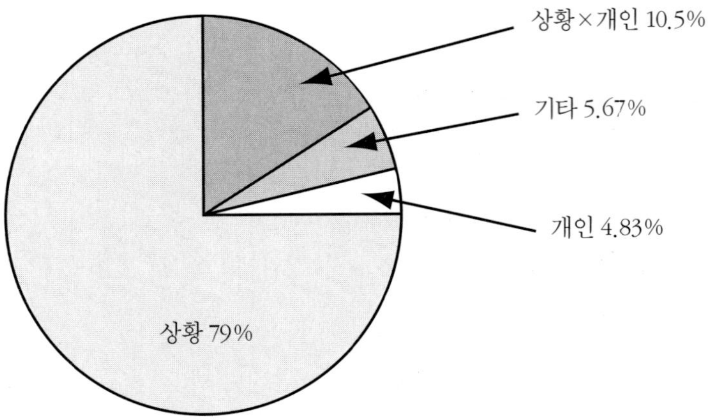

[그림 8-18] 경쟁적 스포츠에서 어린이의 즐거움을 설명하는 변량의 비율(Baytor, 1978)

(1966)의 불안 자극-반응질문지(S-R Inventory of Anxiousness)와 유사한 두 개의 질문지를 개발했다. 그리고 요인분석을 통해서 상황요인, 개인요인 그리고 그들의 상호작용에 의한 설명변량 비율을 산출했다. 그 결과 상황요인은 어린이가 경쟁적 스포츠에서 얻는 즐거움의 변량을 가장 크게 설명했다([그림 8-18] 참조). 조직의 승리에 대한 강조(아마추어 리그 대 올스타 리그)와 선수의 연령이나 팀의 최종 성적은 모두 어린이의 스포츠에 대한 즐거움에 영향을 미치는 주요인이 되지는 못했다.

9) 스포츠 참여가 지위 및 자존심에 미치는 영향

스포츠 참여가 지위와 자존심에 미치는 영향은 경쟁이라는 주제와 관련되어 있다. Coleman(1961)은 청소년 사이에서는 스포츠에서의 용감성이 지위를 결정하는 가장 중요한 단일 요인이라는 결론을 내렸다. Eitzen(1976)은 그 주장을 지지하는 결과를 반복해서 얻었다(〈표 8-4〉 참조). 그러므로 스포츠에서의 성취로 얻은 명성과 그 결과인 자존심은 스포츠 활동 관여에 관련된다.

앞에서 언급한 Hyland와 Orlick(1975)의 연구에서 체육수업에 참여하기로 결정한 개인은 자존심(Rogenberg의 Self-Esteem Test로 측정) 점수뿐만 아니라 자신의 능력에 대한 지각과 신체적 이미지에 대한 지각(둘 다 Thomas의 Self-Concept-Values

Test로 측정)에서도 높은 점수를 얻었다.

Purdon(1978)은 Coopersmith의 자존심 질문지를 300명의 어린이에게 실시했다. 이들은 10세, 13세 그리고 16세의 스포츠 선수와 일반 남녀 어린이였다. 그 결과 스포츠 선수는 일반 어린이보다 자존심 수준이 더 높았고, 연령과 스포츠 지위(선수 대 일반 어린이) 간의 상호작용 효과가 있었다. 즉, 10세와 13세에서는 스포츠 선수와 일반 어린이가 자존심에서 차이를 보였는데, 16세에서는 두 집단 간 차이가 없었다. 이 결과는 [그림 8-19]에 제시되어 있다. 16세에서는 스포츠 선수와 일반 어린이 모두 남녀 집단에서도 자존심의 차이가 없었다.

스포츠 활동에 참여하지 않는 개인은 스포츠를 대체할 수 있는 음악이나 독서와 같이 다른 취미나 활동을 추구할 수 있다. Purdon은 선수와 일반인의 스포츠 참여와 스포츠 이외의 활동에 대한 지각을 비교했다. 선수는 일반인에 비해서 높은 수준의 즐거움과 자신의 재능에 대한 높은 자존심을 지니고 있는 것으로 나타났다. 이 결과에 의해서 Purdon(1978)은 스포츠 참여는 개인의 자존심을 높여 주는 경험의 원천이 된다고 주장했다.

〈표 8-4〉 지위에 대한 다양한 준거의 상대적 서열(Eitzen, 1976)

	지위의 준거	평균 서열	
		Coleman(1961)	Eitzen(1976)
소년에게 인기 있음	스포츠 선수가 되는 것	2.2	2.06
	우수 집단에 드는 것	2.6	2.10
	활동에서의 리더 역할	2.9	2.82
	좋은 학업성적	3.5	3.73
	좋은 가문 출신	4.5	3.98
소녀에게 인기 있음	스포츠 선수가 되는 것	2.2	1.94
	우수 집단에 드는 것	2.5	2.12
	좋은 차 소유	3.2	2.81
	좋은 학업성적	4.0	3.87
	좋은 가문 출신	4.2	3.89

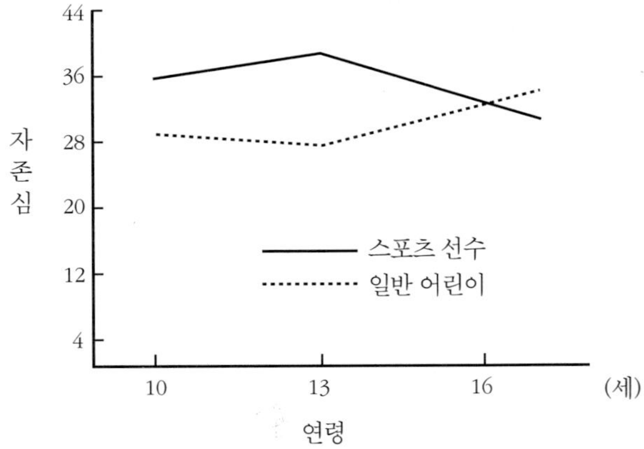

[그림 8-19] 자존심과 스포츠 참여(Purdon, 1978)

10) 경쟁의 문화적 배경

경쟁적 행동의 기원은 문화적 요인에 강하게 연결되어 있는 것으로 보인다. Madsen과 Shapiro(1970) 그리고 Shapiro와 Madsen(1969)에 따르면 미국의 어린이들은 그렇게 하는 것이 자신들에게 이익이 없는 경우에도 경쟁을 한다. 반면에 멕시코와 이스라엘 집단농장에 거주하는 어린이는 경쟁보다는 협동이 서로 간에 더 이익이 된다면 협동을 더 쉽게 받아들인다.

McNally와 Orlick(1975)은 경쟁을 약화시키고 협동을 강화하기 위해서 블룸볼(bloomball) 게임의 채점방식을 바꾼 실험을 실시했다. 그리고 이 게임을 북부 인디언 어린이(나이가 7~8세고 Artic Circle의 남쪽 160km 거리에 살고 있다)와 중부 캐나다의 어린이에게 소개했다. 그들에게 그 게임이 재미있는지 평가하게 했을 때, 북부 집단은 남부 집단(중부 캐나다 어린이)에 비해서 더 긍정적인 반응을 보였다. 이 결과는 [그림 8-20]에 제시되어 있다. 그리고 남녀 간의 차이가 크다는 것도 제시되어 있다.

북부 및 남부 캐나다 어린이에게 '정상적인 규칙에 비해서 새롭게 바뀐 규칙으로 게임을 하는 것이 얼마나 재미있는가?' 를 물어보았을 때도 비슷한 결과가 나타났다. 연구자들은 경쟁을 설명하는 학습이론을 제시하는 또 다른 두 가지 결과를 보고했다. 여기서도 집단의 나이가 어릴수록 그들은 협동적 게임을 더 잘 받아들였다. 그리고 협동적 게임은 반복해서 경험할수록 더욱 더 잘 받아들여졌다.

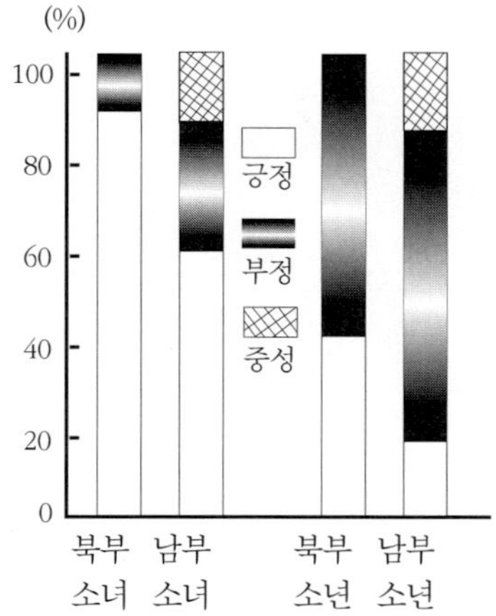

[그림 8-20] 북부 및 남부 캐나다 어린이의 협동적 게임 경험에 대한 평가
(McNally & Orlick, 1975)

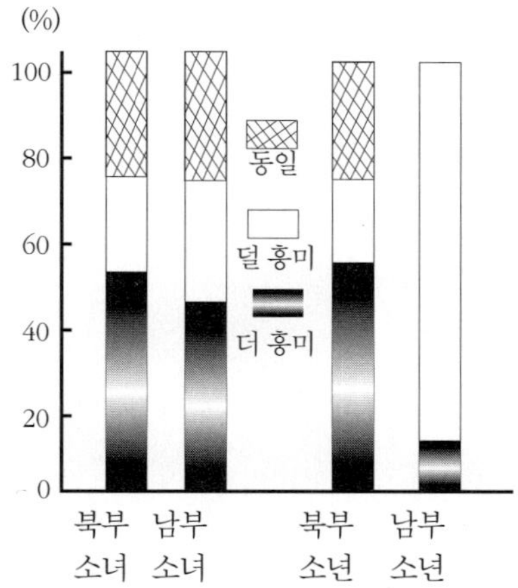

[그림 8-21] 북부 및 남부 캐나다 어린이가 협동적 게임을 즐기는 수준
(McNally & Orlick, 1975)

09

스포츠 집단응집력

1. 집단응집력의 정의
2. 집단응집력 측정
3. 매력을 집단응집력 측정치로 보는 견해의 한계
4. 집단응집력 모형
5. 집단응집력의 선행요인
6. 스포츠 집단응집력과 팀 수행
7. 집단지향성과 집단참여

집단은 사람의 단순한 집합체에 불과한 것이 아니다. 집단은 공동의 목표를 지향하는 개인 상호 간의 행동이 그 특징이다. Carron과 Chelladurai(1981)는 한 집단이 개인의 우연한 모임인 집합체와 구별되는 기본적인 특징은 집합적 전체성(collective totality)에 대한 개인 구성원의 매력, 몰입, 관여의 정도라고 주장했다. 매력과 몰입, 그리고 관여도는 집단응집력의 기본 요소다(LeUnes & Nation, 2002).

스포츠에서 응집력은 팀의 성공과 직결된다. 응집력은 단결, 팀 정신, 팀 일체(team unit), 만족(satisfaction), 팀워크(team-work) 등의 용어와 같은 의미를 지닌 것으로 사용되고 있다. Zander(1974)는 선수 개인의 기량이 뛰어나면 예외적으로 일간지 스포츠난의 표지 기사로 실릴 만하지만, 팀 정신은 하나의 규칙임을 강조한다. 사실상 아마추어선수든 프로선수든 모두 팀 정신 없이는 승자가 될 수 없다.

이 견해는 스포츠 팀에서의 응집력과 성공적인 수행, 즉 승리 사이에는 일차 함수 관계가 존재함을 제시한다. 가장 강력한 응집력을 지닌 팀이 가장 성공적이다. 그러나 불행하게도 문제는 그렇게 간단하지 않다. Zander(1971, 1974)는 집단역학에 관한 또 다른 논의를 통해서 함축적으로 그리고 분명하게 그 사실에 대해서 지적하고 있다. 집단수행과 집단응집력 간의 복잡한 관계는 실제 상황과 이론적 분석의 양 측면에서 모두 강조되어 있다. 예를 들어, 팀 스포츠에서 팀 일체나 단결력은 가장 낮은 수준이지만 오히려 매우 성공적인 팀의 예가 얼마든지 많다. 팀의 내부 갈등에도 불구하고 독일 8인 조정 팀의 놀라운 성적은 잘 알려져 있는 예다.

Lenk(1969)가 관찰한 독일 8인 조정팀은 내부 갈등으로 여러 번에 걸쳐서 거의 해체할 위기에 까지 접근했었다. 이 팀의 구성원 8명은 함께 운동하면서 내부적으로 많은 긴장이 있었지만 그 때문에 팀 수행이 크게 손상된 일은 없었다. 팀 구성 초기에는 서로 다른 클럽 출신의 구성원 사이의 대립과 갈등으로 수행이 감소되었지만, 훈련 식이요법과 연습시합의 기술적인 통제가 같은 수준에서 꾸준히 유지되었고 결국 수행은 점차 증가되었다. 8명이 팀에 속해 있었던 2년 동안에 실제로 팀의 성적은 향상되었으며 그럼에도 선수 간의 날카로운 갈등은 여전히 존재했다. 성적은 실제 경기에서의 경주속도로 560m를 8회 이상으로 매우 빈번하게 훈련하면서 체계적으로 측정되었다. 그 팀은 올림픽 챔피언이 되었다. 그러므로 스포츠 팀은 선수 상호 간의 심한 갈등에도 불구하고 매우 우수한 성적을 성취할 수도 있다. 2006년도 동계올림픽과 세계 대회에서 우승을 휩쓴 우리나라 빙상 쇼트트랙 국가대표 팀의 내부 갈등 역시 좋은 사례가 될 수 있다.

지난 30년 이상 팀 응집력과 스포츠 팀 수행의 관련성에 대한 연구가 꾸준히 이어져 왔지만, 불행하게도 응집력 있는 팀이 승리한다는 가정은 일관성 있게 지지를 얻지 못했다(Gill, 2000). 집단응집력과 수행에 관한 복잡한 관계는 개념적이거나 이론적인 견해로써 설명될 수도 있다. 응집력은 아직도 잘 이해되지 않고 있는 개념이다. 추상적인 의미로 응집력이 무엇인가에 대해서는 이견이 거의 없다. 그 용어 자체는 묶음, 통합 그리고 전체로의 통일을 의미한다. 그러나 그 추상적인 의미를 조작적으로 정의하고 측정하여 평가하는 방법에 대해서는 상당한 논란이 있다.

그 복잡한 관계를 예시하는 또 다른 부가적인 요인은 응집력이 독립변수인지 또는 종속변수인지 경험적으로 검증되어야 한다는 것이다. 집단응집력이 독립변수라는 한 예는 '각 팀의 집단응집력 수준의 차이가 팀 수행에서의 성공 차이를 결정하는가?' 라는 질문이 해당된다. 그리고 집단응집력이 종속변수라는 한 예는 '각 팀 간의 수행에서 성공의 차이가 집단응집력의 차이를 결정하는가? 라는 질문이다. 그러나 이처럼 가장 관련 깊은 질문은—집단응집력이 수행 성공을 결정하거나 수행에서의 성공이 집단응집력을 결정하는가?—아직 또 다른 주제다. 집단응집력과 수행 상호 간의 순환적 특성은 인과관계를 정확하게 나타내는 것을 어렵게 만든다.

1. 집단응집력의 정의

응집력이라는 용어는 라틴어의 'cohaesus' 에서 유래한 것으로 '함께 유착하다, 들러붙다' 의 의미를 갖는다(Carron, 1984). 응집력에 대한 정의는 매우 다양해서 실제로 연구자 수만큼이나 많다. 일반적으로 응집력은 파악하기 어려운 개념이다. Mudrack(1989a)은 응집력이란 쉽게 정의하기 어려울 뿐만 아니라 측정도 일관되지 않고 표준적인 실험법도 찾아보기 어려운 구성체라고 주장한다. 응집력에 대한 가장 고전적인 정의는 '구성원이 집단에 남아 있도록 작용하는 총체적인 힘의 장' (Festinger, Schachter, & Back, 1950)이지만, 많은 다른 정의는 이것을 다양하게 변형해서 표현하고 있다. 그러나 '결과적인 힘' (resultant forces), '힘의 장' (field of forces), '집단에 대한 매력' (attraction-to-group), '우리감' (sense of weness), 등은 조작적으로 정의하기 거의 불가능하고 '집단' 응집력임에도 불구하고 개인을 강조하는 정의다.

Carron, Widmeyer 그리고 Brawley는 스포츠 심리학을 가장 체계적으로 연구한 학자다. Carron(1984)은 응집력을 '한 집단이 집단목표나 목적을 추구하기 위해서 함께 붙어 있고 단결하려는 경향으로 반영된 집단역학' 이라고 정의해서 이 주제에 대한 기반을 마련했다. 이 정의는 스포츠 심리학에 관련된 주제들을 통합하는 시발점을 마련해 주었다(Carron & Dennis, 1998).

집단응집력은 집단구성원 각 개인이 그 집단에 헌신하고 관여된 정도로 간주할 수 있기 때문에 그것은 집단의 접착적 특성—집단의 구성원을 함께 묶는 힘—이다. 응집력 없는 집단이 존재한다면 그것은 용어상의 모순이다. 만일 한 집단이 존재한다면, 그 집단은 어느 정도 응집력이 있어야 한다(Donnelly, Carron, & Chelladurai; 1978). 집단의 결합력이나 일체성이 낮거나 적은 수준일 수는 있지만 응집력이 전혀 없다면 그 집단은 해체될 것이기 때문에 집단응집력이 전혀 없다(zero cohesiveness)고 할 수는 없다.

집단응집력이란 두 가지 관점에서 집단의 접착적 특성으로 간주될 수 있다. 하나는 집단 내에서 참여와 관여를 강조하는 힘으로서, 구성원을 집단으로 이끄는 요소라는 관점이다([그림 9-1A]). 다른 하나는 그 집단의 기저를 유지하는 힘으로서, 집단 해체를 막는 요소라는 관점이다([그림 9-1B]). Lewin(1941)은 집단과 집단역학에 대해서 논의하면서 첫 번째 견해를 강조했다. 그는 집단 참여와 관여 정도에 영향을 주는 두 가지 일반적인 힘의 범주인 '개인을 집단에 붙여 놓는 힘' 과 '구성원이 집단을 떠나게 만드는 힘' 에 대해서 언급했다. 전자인 개인을 집단에 붙이는 힘이 집단응집력이라는 용어에 통합될 수 있다. 앞에서 언급한 Festinger, Schachter 그리고 Back(1950)은 응집력이란 구성원을 집단에 남아 있게 하는 힘의 작용이 미치는 전체적 장이라고 정의함으로써 Lewin의 견해를 지지했다. 그들은 [그림 9-1]의 (A)에 포함된 모형을 지지했다. Festinger, Schachter 그리고 Back의 연구는 후속 연구에 의해서 계속된 확증되었기 때문에 집단응집력 분야에서는 중요한 선구적 작업으로 간주된다.

그러나 또한 이 정의에 대한 비판도 있고 수많은 한계점이 드러나고 있다. 첫 번째 비판은 정의가 집단보다는 오히려 관련 단위로서의 개인에게 초점을 맞추고 있

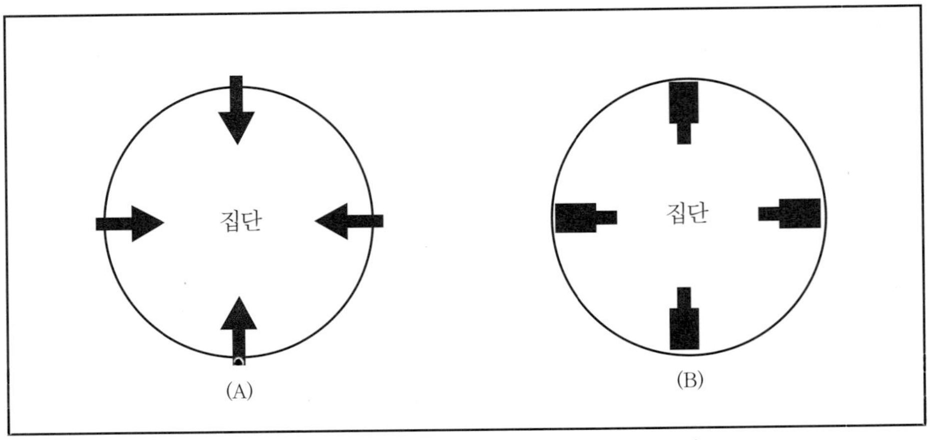

주: (A) 구성원을 집단 내에 끌어들이고 유지시키는 힘으로서의 응집력
(B) 분열시키는 힘에 대한 저항으로서의 응집력

[그림 9-1] 집단응집력의 개념적 견해의 도식적 설명

다는 것이다. 이러한 점에서 Gross와 Martin(1952)은 다음에서 보듯이 집단응집력이란 집단을 해체하려는 힘에 대한 저항으로 보는 것이 개념적으로 더 논리적이라고 주장했다. 이런 주장은 [그림 9-1]의 (B)로도 볼 수 있다. '매력' 이나 '힘의 전체장' 의 개념은 집단구성원의 관계의 연대성에 대한 개인의 지각과 그 중요성을 최소화하는 것에 대한 강조에서 비롯된 것이다. 매력이라는 개념은 '그 집단이 각 구성원에게 얼마나 매력 있는가?' 라는 질문을 야기한다. 반대로 '저항' 이라는 개념은 '그 집단이 해체를 시작하기 전에 요구되는 붕괴력이 얼마나 강하거나 약한가?' 라는 질문을 야기한다. 요약하자면, 그 강조점은 다양한 위기 조건에서 집단구성원 사이의 관계 연대성 정도에 있다.

두 번째 비판은 정의의 일반성과 '전체 힘의 장' 을 조작적 용어로 전환하는 데 따르는 어려움에 있다. 예를 들어 '전체' 란 용어는 모든 것을 포함하므로 실용적인 목적으로는 쓸모가 없다. 게다가 '힘' 의 개념도 모호하기 때문에 실용성이 없다.

세 번째 비판은 집단응집력에 대한 정의 자체에 관한 것이 아니라 그들의 연구에서 집단응집력을 조작한 방식에 있다. 그들은 집단응집력의 다면적 구조를 언급하면서도 오히려 집단응집력을 단지 개인 상호 간 매력의 단일 양상을 지표로 사용하였다. 대인 매력이 하나의 측정치든 또는 응집력 측정치든 그것의 부적절함에도 불구하고, 수많은 연구자가 다른 측정치를 제외시키고 그것에 초점을 맞추어 왔다. Escovar와 Sim(1974) 그리고 Carron과 Chelladurai(1979)는 매력으로서의 응집력의 다양한 한계를 논의했다. 많은 경우에 매력에 대한 정의에서 매력과 응집력을 동의어로 사용했다. 예를 들어 Lott와 Lott(1965)는 응집력이란 '한 집단의 구성원 사이에서 형성된 상호 긍정적인 태도의 수와 강도로부터 추론되는 집단 특성' 이라고 정의했다.

마찬가지로 Bonner(1959)는 만일 집단응집력을 집단에 대한 구성원의 매력이라는 관점에서 분석한다면, 적어도 집단구성원 서로에 대한 최소한의 매력 없이는 집단이 존재할 수 없다는 사실에 직면하게 된다고 지적했다. 또한 Show(1974)는 집단에 대한 매력의 가장 강력한 결정요인은 한 개인이 다른 개인에 대해서 느끼는 매력이라고 했다. 그러므로 어느 한 개인이 다른 집단구성원에게 매력을 느낄 때, 그 집단이 매력적이라는 것을 깨닫고 집단구성원이 되기를 바란다.

Cartwright(1968)는 이에 대해서 포괄적으로 비평하면서, 한 구성원이 집단에 남아 있도록 영향을 미치는 결정적인 힘은 적어도 첫째, 그 집단의 매력에서 파생되는 힘, 둘째, 대안적 다른 집단에 소속되는 것의 매력에 근원을 둔 힘의 두 가지 요소가 필요하다고 주장했다. 대부분의 연구자는 집단응집력과 집단에 대한 매력을 동등하게 취급해 왔다. 그러므로 집단응집력에 대한 다양한 조작적 측정치는 일반적으로 매력 지향적 응집력을 반영하고 있다.

[그림 9-2]의 이 모형은 다차원적 집단응집력에 기여하는 상황 요인, 개인 요인, 리더십 그리고 팀 요인을 포함한다. 상황 요인은 개인이 연대하기 위해서 신체적으로 가까이 있는 것, 팀 구성원이 가까이 살고 있거나 서로 왕래하는 것 등 물리적 근접성을 포함한다. 타 집단과의 구분은 일체감을 높여 주고 응집력에 기여한다. 특권, 클럽T-셔츠, 집단의식 등은 모두 타 집단과의 구분을 높여 준다. Widmeyer, Brawley 그리고 Carron(1990)은 집단크기와 사회적 응집력 간에 역U자형의 관계가 있다고 주장했다. 대학 내 농구팀 중에서 중간 크기의 팀은 집단응집력이 가장 강했다. 그러나 Williams와 Widmeyer(1991)는 골프 팀에서는 집단 크기와 응집력 간에 아무런 관계도 발견하지 못했다. 그러므로 집단 크기와 응집력의 관련성에 대한 강력한 결론을 얻을 수 없다.

개인 요인은 개인 능력, 태도, 몰입 등을 반영한다. 개인 요인이 유사할수록 응집

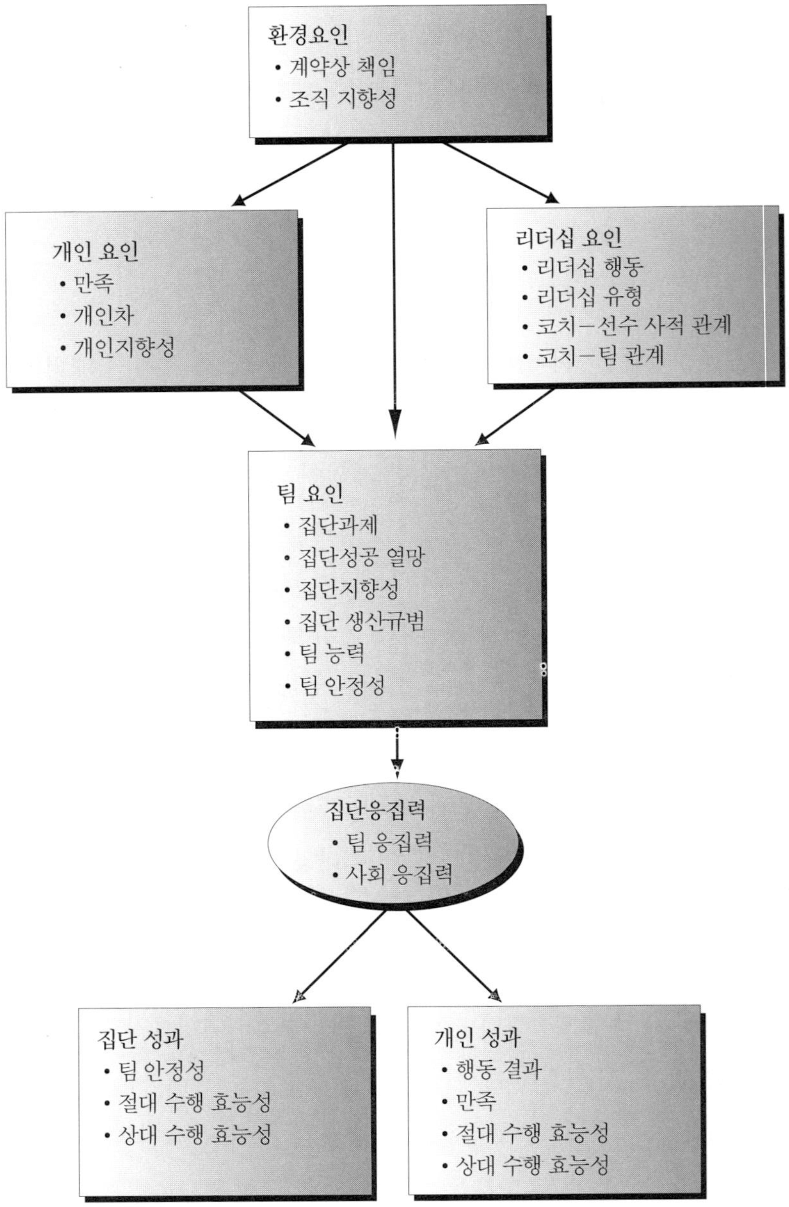

[그림 9-2] 스포츠 팀에서 집단응집력에 대한 개념적 체계(Gill, 2000)

력이 강하다. 그러나 그 증거는 희박하다. Carron과 Dannis(1998)는 가장 중요한 개인 요인은 만족이며 팀 몰입도 집단응집력에 기여하는 중요한 개인 요인이라고 제안했다.

리더십 요인은 코치와의 상호관계를 반영한다. 리더십과 의사결정에 대한 연구가 이와 관련 있다. 일반적으로 독재적 리더에 비해서 민주적 리더가 집단응집력에 더 기여했다. 코치와 선수 간의 호환성이 응집력에 관련 있다.

팀 요인은 집단구조의 네 요인과 관련 있다. 위치, 지위, 역할 및 규범이다. 직위란 지속적으로 확보된 공간을 말한다. 역할이란 특정한 위치에 있는 개인에게 기대된 일련의 행동이다. 예를 들면, 코치는 전략을 계획하고 선수를 지도하는 분명한 위치와 기대를 소유한다. 역할은 공식적일 수도 있고(예, 팀 주장, 최전방 공격수), 비공식적일 수도(팀에서 상대 팀을 거칠게 몰아붙여서 겁주는 역할, 학급에서 익살꾸러기 역할) 있다. 연구에 따르면 개인이 역할을 잘 이해하고(역할명료) 잘 받아들이고(역할수용), 역할을 잘 수행하면. 집단은 더 효율적이고 응집력이 강해진다. 표준 또는 기대인 집단규범 역시 응집력과 관련 있다. 집단목표 설정과 보상은 과제응집력에 영향을 주는데, 코치는 집단목표를 강조하고 개인의 보상은 중시하지 않아야 한다(Carron & Dennis, 1998). 의사소통은 순환적 과정으로 응집력과 관련이 있다. 과제와 사회적 이슈에 대한 커뮤니케이션 증가는 응집력을 증가시키고, 응집력 있는 집단은 의사소통을 증진시킨다(Carron & Dennis, 1998).

2. 집단응집력 측정

Cartwright(1968)는 집단응집력 측정을 위한 전통적인 다섯 가지 접근법을 제시했다. 각 접근방법은 매력의 평가를 일부 포함하고 있다. 첫 번째 접근방법인 집단구성원 간의 대인매력은 기본적으로 집단 내 우정의 수준을 반영하는 것이다. 집단구성원 사이의 우정의 유대가 강할수록 그 집단은 더욱 응집력이 강하다고 가정한다.

응집력을 측정하는 두 번째 접근방법은 전체로서의 집단에 대한 매력을 측정하는 것이다. 집단구성원 개인 간의 우정보다는 집단 자체와 집단구성원에 대한 집단적 매력이 일차적 관심이다. 그러나 이 두 측정변수는 크게 관련된다는 증거가 있다. Jackson(1959, Cartwright, 1968에서 인용)은 두 척도를 사용해서—하나는 그 집단에서 응답자가 받는 혜택을 측정하는 것이고 다른 하나는 집단구성원 각각에 대한 매력 수준을 평가하는 것이다—그들의 관련성을 측정한 결과 상관계수가 .61이었다.

또 다른 접근방법에서는 집단응집력을 추정하기 위해서 집단구성원이 그 집단에 남아 있으려는 욕망을 사용했다. Schachter(1951)는 한 집단이 어느 정도로 응집력 있는가를 알아보려고 시도하면서 다음과 같이 질문했다. 첫 번째 문항은 그 집단에 남고 싶은 표출된 욕망에 대한 가장 직접적인 측정치다.

1. 당신은 이 집단의 구성원으로 남아 있기를 얼마나 원합니까?
2. 당신은 이 집단의 구성원이 얼마나 자주 만나야 한다고 생각합니까?
3. 만약 많은 구성원이 이 집단에 남아 있지 않기로 결정한 결과로 이 집단이 더 이상 지속될 수 없다면, 당신은 사람들을 설득하기를 원합니까?

집단응집력을 측정하는 네 번째 접근방법에서는 집단에 대한 동일시 또는 친밀도를 분석한다. 예를 들어 Indik(1965)은 집단구성원에게 '당신은 함께 일하는 사람들에게 얼마나 강한 소속감을 느껴야 한다고 생각하느냐?' 고 질문했다. 이 측정치는 집단 내 의사소통의 수월성과 결근 측정치와 각각 .41과 -.30의 상관계수를 보였다.

집단응집력 측정의 다섯 번째 접근방법은 이상의 모든 것에 기초를 둔 합성적 지표를 사용하는 것이다. 이것은 Martens, Landers와 Loy(1972)가 '스포츠 응집력 질문지(Sport Cohesiveness Questionnaire: SCQ)' 를 개발하면서 사용한 전략이다. 이 질문지는 국내외 여러 스포츠 연구(강효민, 이병두, 1996; 김경수, 2003; Arnold & Straub, 1972; 김미향, 조한범, 최성은, 2002; 방한효, 홍장표, 이재학, 2002; Ball & Carron, 1979; Carron & Ball, 1977; Landers & Luschen, 1974; Martens & Peterson, 1971, 1972)에서 자주 이용되었다. 구체적인 항목은 〈표 9-1〉에 실려 있다.

〈표 9-1〉에 제시된 대로 스포츠 응집력 질문지는 7개 하위척도, 즉 상호매력, 개인권력 또는 영향력, 집단구성원의 가치, 소속감, 즐거움, 팀워크, 친밀감 등을 포함한다. 이들은 세 가지 일반적인 범주로 분류될 수 있다. 첫째, 개인 대 개인 측정치(대인 매력, 개인 권력 또는 영향력), 둘째, 집단에 대한 개인의 관계 측정치(소속감, 구성원으로서의 가치, 즐거움), 셋째, 하나의 단위로서의 집단(팀워크와 친밀감). 이들 각각은 팀워크를 예외로 하고는 한결같이 집단구성원 사이의 매력이거나 또는 집단 자체에 대한 매력을 측정한다.

최근에 발표된 스포츠 집단응집력을 다룬 국내 연구에서는 Widmeyer, Brawley

〈표 9-1〉 응집력 항목 및 스포츠 응집력 문항(Martens, Landers, Log, 1972)

항 목	문항 예시
대인 매력	당신은 팀의 구성원에게 어떤 종류의 우정을 느낍니까?
개인 권력 또는 영향력	여러 가지 이유로 팀의 몇 구성원은 다른 사람보다 훨씬 영향력이 크다. 당신 팀의 다른 구성원 각각이 코치나 다른 팀 구성원에게 얼마나 큰 영향력을 미친다고 믿습니까?
집단구성원의 가치	당신이 소속해 있는 이 팀에서 또 다른 집단과 비교할 때 집단구성원으로서 당신은 얼마나 가치 있습니까?
소속감	당신은 이 팀에 대해서 얼마나 강한 소속감을 지니고 있습니까?
즐거움	당신은 이 팀과 함께 경쟁하는 것을 얼마나 좋아합니까?
팀워크	당신은 이 팀의 단체정신이 얼마나 훌륭하다고 믿습니까?
친밀감	당신 팀은 서로 얼마나 가깝게 결합되어 있다고 생각합니까?

그리고 Carron(1985)이 제작한 GEQ(Group Environment Questionnaire)가 가장 많이 사용되었다. GEQ는 집단응집력을 집단통합과 집단매력의 두 차원으로 측정했다. 이한규(1992)는 GEQ를 우리나라 실정에 맞게 집단응집성을 측정하는 20문항의 측정도구로 개발했다. 김경수(2003)는 이한규의 척도를 사용했고, 김명철과 노영태는 GEQ를 요인분석한 후 수정 보완하여 20문항으로 구성된 척도를 개발하였다. 이경우(1999)는 GEQ를 우리말로 번안하여 사용했고, 이 번역판은 여러 후속 연구(이의린, 조남기, 최영래, 2004; 이재원, 허진영, 2002; 정지혜, 2004; 허진영, 2004)에서 사용했다. GEQ를 요인 분석하여 사용한 국내 연구에서는 추출된 요인의 수에서 차이를 보였다. 강효민과 김우성(1996)은 GEQ를 요인분석해서 4개 차원 18개 문항으로 구성된 척도를 제작해서 사용했다. 김수겸(2005)은 GEQ의 3개 차원을 추출하고 12개 문항으로 구성된 질문지를 개발해서 사용했다. 반면 권순일(2002)은 4개 요인(17문항)으로 구성된 척도를 제작해서 사용했다.

집단응집력 척도의 구성개념 구조를 밝히기 위해서 홍성천과 정청희(2004)는 집단응집력 여러 기존 척도를 참고하여 축구선수를 대상으로 문항 진술문을 수집하고 탐색 및 확인 요인분석을 거치는 타당화 연구를 수행했다. 그 결과 집단응집력은 목표(3문항), 노력(3문항), 지원(3문항) 그리고 동기(3 문항)의 4개 하위요인으로 구성된 개념임을 알아냈다.

3. 매력을 집단응집력 측정치로 보는 견해의 한계

Escovar와 Sim(1974)은 네 가지 이유를 들어서 매력을 응집력 측정치로 사용하는 것을 강력히 비판했다. 첫째, 응집력에 대한 조작적 측정치가 그 개념을 밑받침하는 매력에 기반을 두고 있다는 것이다. 그러나 집단에는 개인을 집단 속에 잡아두는 다른 힘이 있다. 이들은 다른 영향력을 포함한다. 그것은 과제 힘(집단목표를 향한 개인의 지향), 개인적 힘(집단 노력을 통해서 생기는 개인적 보수나 보상의 기대), 그리고 규범적 힘(개인이 집단구성원 자격을 유지해야만 하는 문화적 · 기능적 · 실무적 이유)이다.

둘째, 매력에 기반을 둔 응집력의 조작적 정의가 부적 정서가 있는 상황에서는 응집력이 될 수 없다는 것이다. 앞에 언급한 8명으로 구성된 독일의 올림픽 조정 팀에서 보듯, 집단은 대인 간 매력이 전혀 없을 때도 유지될 수 있고 구성원 사이에 극단적 적대감이 존재할 때도 유지될 수 있다. 그러므로 집단을 함께 응집시키는 데는 매력 이외에도 분명히 다른 중요한 힘이 있다.

셋째, 매력에 기반을 둔 응집력에 대한 조작적 정의는 때때로 경험적으로 지지를 얻지 못했다는 점을 지적했다. 매력은 단일한 개념도 아니며 구성원을 집단으로 응집시키는 유일한 힘도 아니라는 것을 암시하는 증거(Carron & Ball, 1977; Eisman 1957; Gross & Martin, 1952; Rumuz-Niehuis & Van Bergen, 1960)가 있다.

Carron과 Ball(1977)은 스포츠 상황에서 이 견해를 지지하는 간접 증거를 제공했다. 12개 대학의 아이스하키 팀에게 시즌의 초기, 중기, 후기에 '스포츠 응집력 질문지'를 실시해서, 그 7개 측정치에서 개인차의 안정성을 검토했다(〈표 9-2〉 참조). 한 기간에서 바로 다음 기간까지, 즉 시즌 초기에서 중기, 중기에서 후기로 이어지는 7개의 모든 개별 측정치는 비교적 높은 안정성을 보였다. 그러나 시즌 초기 집단 응집력 측정치와 후기 측정치의 상관을 산출했을 때는(〈표 9-2〉의 세 번째 칼럼의 숫자), 단지 3개만(우정, 권력-영향력, 멤버십의 가치) 통계적으로 유의했다.

요약하면 두 개의 개인-개인 측정치와 한 개의 개인-팀 측정치에서 시즌 초기에 나타난 개인차는 경기 시즌에 의해서 크게 영향을 받지 않았다. 결과적으로 다양한 팀의 성공 수준에서 차이가 나타났다. 이런 세 가지 매력 측정치에서의 개인차는 시

〈표 9-2〉 시즌 초 · 중 · 후기 집단응집력 측정치의 상관(Carron & Ball, 1977)

집단응집력 측정치	초기-중기 집단응집력 상관계수	중기-후기 집단응집력 상관계수	초기-후기 집단응집력 상관계수
우정	.784**	.749**	.736**
영향력	.691**	.728**	.817**
즐거움	.559*	.774**	.293
소속	.641*	.756**	.338
단체정신	.610*	.849**	.269
친밀감	.756**	.775**	.294
집단성원가치	.621*	.647**	.554*
조합	.750**	.821**	.372

주: * $p < .05$ ** $p < .01$주의: 집단응집력의 조합은 7개 척도의 평균임.

즌 초기에 형성되고 이후에도 안정적으로 유지된다. 반면에 시즌이 경과함에 따라서 즐거움, 소속감, 친밀감 및 팀워크에서의 개인차는 크게 변화해서 안정성이 없었다. 시즌 동안에 경험된 성공과 실패 수준의 차이가 이런 측정치에서 큰 변화를 야기했을 것이다.

Escovar와 Sim이 매력을 집단응집력의 측정치로 사용하는 것이 부당하다고 보는 마지막 이유는, 매력은 집단 형성의 필수조건이 아니라는 것이다. 집단은 매력 이외에도 수많은 다른 이유로 형성될 수 있다. 그리고 이런 다른 힘은 대인 매력이 아니라 이차적으로 집단이 왜 해체되지 않는지를 설명할 것이다.

단순히 사회적 집단의 안정성이나 집단구성원의 만족에 기여하는 요인으로서의 응집력이 아니라 수행 효율성처럼 만일 집단응집력이 관심의 초점이 된다면, 대인 매력이 하나의 측정치 또는 집단응집력의 측정치로서 의심을 받는 또 다른 이유가 있다(Carron & Chelladurai, 1979). 집단응집력으로서의 대인매력은 한 팀 내에서 파벌의 전개와 관련되고, 이것은 다시 팀 협동을 요구하는 스포츠에서 수행 효율성을 떨어뜨릴 것이다.

이것은 농구팀을 대상으로 한 연구에서 설명된다. Klein과 Christiansen(1969)은 농구선수들이 덜 좋아하는 팀 동료보다는 서로 좋아하는 선수에게 더 많이 패스하는 경향이 있다는 것을 관찰했다. 그들은 그 팀의 사회-측정적 구조가 경기상황 동안에 의사소통 통로에 즉각적인 영향을 끼쳐서 결국 팀의 성공에 간접적인 영향을 미친다는 결론을 내렸다. 축구팀을 대상으로 한 Yaffe(1974)의 연구에서도 비슷한 결과가 보고되었다. 우호적이지 않거나 싫어하거나 또는 팀에 새로 이적해 와서 잘 모르는 선수에게보다는 우호적인 선수끼리 훨씬 더 공을 많이 패스했다.

그러므로 대인매력은 첫째, 집단응집력의 개념을 충분히 나타내지 못하고, 둘째, 부정적 감정 조건에서 집단응집력을 설명하는 데 실패하고, 셋째, 경험적 지지가 부족하고, 넷째, 집단형성을 설명하지 못하고, 다섯 째, 한 팀 내의 향상된 협동을 설명할 수 없다. 만일 팀워크가 집단응집력과 동일한 의미를 지닌다 하더라도 대인매력이 향상된 팀 경기와 성공적 수행을 설명하는 요인이 되지는 못할 것이다.

이제까지 살펴본 것처럼 집단응집력에 대한 정의와 측정은 다차원적이며, 일반적으로 집단응집력은 대인매력과 집단에 대한 직접적인 매력으로 구분된다. 초기 연구는 각각 나름대로 단순한 측정을 사용했다. 예를 들어 1975년부터 1985년 사이의 23개 연구 중에 같은 방식으로 집단응집력의 두 측정치를 사용한 연구는 없다(Mudrack, 1989b). 집단매력을 측정하는 것이 가장 일반적이었다. 그러나 다양한 측정은 일관성이 없고 신뢰도와 타당도 검증도 없었고 또한 동일한 내용을 측정하지도 않았다.

스포츠 집단응집력을 측정하기 위해서 최초로 개발된 도구는 SCQ(Sport Cohesiveness Questionnaire, Martens, Landers, & Loy, 1972)이다. 문항은 집단구성원들 간의 매력, 전체로서의 집단에 대한 매력, 전체 집단에 대한 지각을 측정했다. SCQ는 1984년 이전까지 유일하게 스포츠에 한정된 집단응집력 측정도구였다. 그러나 타당도에 의문이 있었고(Widmeyer, Brawley, & Carron, 1993), 개발된 이후에도 거의 사용이 되지 않았다.

Carron(1982)의 스포츠 팀 응집력에 대한 개념적 모형은 두 가지 스포츠 관련 측정도구의 개발을 촉진시켰다. 하나는 MSCI(Multidimensional Sport Cohesion Instrument, Yukelson, Weinberger, & Jackson, 1984)다. MSCI는 집단응집력의 과제 및 사회적 측면을 측정한다. SCI를 이용한 초기연구는 응집력이 집단에 대한 매력, 목적의 일치, 팀워크의 질 그리고 가치 있는 역할을 포함한다고 지적했다. MSCI는 개념적 모형에서 개발된 것이 아니고, 문항도 농구에 한정되었다. 신뢰도와 타당도 검증도 없었으므로 결국 사용이 되지 않았다.

스포츠 집단응집력 측정에 가장 크게 기여한 학자는 Carron, Widmeyer 그리고 Brawley(1985)다. 그들은 스포츠 집단응집력 측정척도로 가장 폭넓게 받아들여지

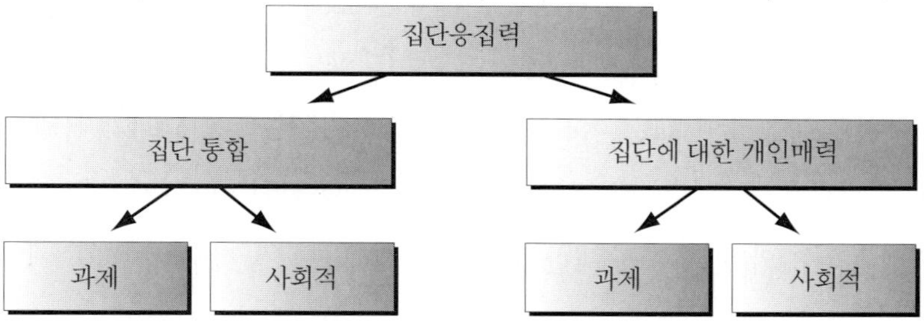

[그림 9-3] 집단응집력에 대한 개념적 모형(Carron, Widmeyer, & Brawley, 1985)

는 도구를 개발했다. [그림 9-3]에 제시된 모형의 가정에 따르면, 집단구성원은 집단응집력에 대한 지각을 발전시키는데, 이것은 두 개의 일반적 범주로 분류된다. 첫째, 집단통합(집단을 하나의 전체로 지각)과 둘째, 집단에 대한 개인 매력이다. 이들은 각각 과제와 사회적 측면을 지니는데, 결국 이 모형은 집단응집력의 네 가지 차원, 즉 집단통합-과제, 집단통합-사회, 집단에 대한 개인매력-과제, 집단에 대한 개인매력-사회 등을 포함한다.

네 차원은 집단응집력에 역동적이고 집합적으로 기여한다. 시간에 따라서 팀 응집력이 변화하면서 구성원의 집단응집력 지각도 변화한다. 네 차원을 측정하기 위해서 GEQ(Group Environment Questionnaire, Brawley, Carron, Widmeyer, 1987, 1988; Carron et al., 1985, 1988; Widmeyer, Brawley, & Carron, 1985)를 개발했다. 18개 문항으로 구성된 4개의 하위척도는 내적 합치도가 높고 다양한 스포츠 종목에도 잘 적용된다.

4. 집단응집력 모형

Carron(1984)은 세 가지의 집단응집력 모형을 다음과 같이 제안했다.

1) 시계 추 모형

집단응집력에 영향을 미치는 힘은 시계추와 같은 방식으로 작동한다. 고등학교 농구팀에서 그 예를 볼 수 있다. 초기의 응집력은 단순히 모든 팀 구성원이 기대하는 것의 일부분이 되는 것으로 모든 경기는 아니더라도 대부분의 경기에서 승리할 수 있는 잘 손질된 기계가 될 것이라는 것에서 나온다. 수행을 잘하기 위해서 모든 팀 구성원에게 요구되는 신체 및 정신적 요건은 집단응집력이다. 그러나 잠시 후 선수들은 전체적 과제의 한 부분을 위한 하위집단—수비수, 공격수, 센터 등—으로 나뉜다. 각 집단에 고유한 기술이 강조되고 게임의 시작을 위한 경쟁이 강화된다. 이때쯤 팀 정체성과 집단응집력이 학습된다. 기술이 발전하고, 선수가 선발되고, 팀이 전체를 형성하도록 함께 정돈됨에 따라서 팀 구성원의 집단응집력이 다시 증가할 것이다. 이처럼 집단응집력의 증가는 특히 실제 경쟁적 경기가 시작되고 '우리 감정' 이 고조되면서 드러나게 될 것이다. 시즌이 지속되는 동안에 사건은 팀 응집력을 감소시키게 되고 시계추는 다시 집단응집력 해체의 방향으로 흔들릴 것이다.

2) 직선 모형

이 모형에서는 팀 응집력이 Tuckman의 집단발달단계에 따라서 직선적으로 점진적 증가를 보일 것으로 가정한다. 가장 초기의 상태(형성기)에서부터 응집력이 발달해서, 갈등기, 갈등해소기 그리고 규범기의 좀 더 협조적인 상태를 거쳐서 마지막 단계인 수행기에는 목표달성의 절정에 이르기까지 집단응집력은 지속적으로 발달한다.

3) 생활주기 모형

이 모형은 집단형성에 대한 요람에서 무덤까지 접근방법을 제공한다. 이 모형에서 초기의 형성적 노력 또는 만남 후에는 제한적 검증이 우세한 기간이 뒤따른다. 이 검증기간 다음에는 기대된 행동체계 또는 규범의 창출이 이어진다. 그리고 다음 단계에서는 목표달성이 강조된다. 마지막으로 집단은 분열 또는 해소를 통해서 최종 없어지는 운명을 맞이한다.

위에서 살펴본 세 가지 모형에서는 많은 유사점을 찾아볼 수 있고 어느 하나가 다른 것에 비해서 우세하다고 말할 수 없다. Carron(1984)은 어떤 모형이나 관계없이 각 모형마다 역동성이 기본이 되어 있다고 한다. 그러므로 집단응집력은 정적이고 정지된 현상이 아니다.

5. 집단응집력의 선행요인

집단응집력을 이해하고 발전시키는 방법에 대한 한 가지 접근방법은 집단 멤버십과 참여의 바탕에 깔려 있는 동기 기반 또는 방향을 알아내는 것이다. 이런 관점에서 하나의 접근방식은 집단구성원 개인에 초점을 맞추는 것이다. 또 다른 접근방법은 하나의 단위로서의 집단의 방향성에 초점을 두는 것이다. 집단응집력을 이해하기 위한 두 번째 접근방법은 집단형성 과정을 검토하는 것이다. 그 이론적 근거는 한 집단은 어느 정도 응집력 없이는 집단으로서 존재할 수 없기 때문에 집단형성 과정은 응집력 형성과정으로 볼 수 있다. 그러므로 집단형성의 다양한 선행조건은 집단응집력의 결정요인이다(Donnelly, Carron, & Chelladurai, 1978).

6. 스포츠 집단응집력과 팀 수행

1) 팀 수행

(1) 집단응집력과 팀 수행의 관련성

스포츠 집단응집력이 팀 수행에 미치는 효과를 검토해 온 연구결과는 일관성이 없다. '스포츠 응집력 질문지' 를 이용한 Ball과 Carron(1976)의 연구에서는 대학의 우수한 아이스하키 팀은 단체정신, 친밀감, 즐거움 등의 측정치를 통해서 훨씬 더 응집력이 있다는 것이 확인되었다. Martens와 Peterson(1971, 1972)은 144개 교내 우수 농구팀 선수 1,200명을 대상으로 조사한 결과 단체정신, 친밀감과 구성원이 된 것에 대한 가치의 측정치에서 강한 집단응집력을 보여 주었다. 그들의 첫 번째 연구(1971)에서는 팀 성공의 결정요인으로 시즌 전 집단응집력을 측정했다. 응집력이 높은 팀이 낮은 팀에 비해서 더 많은 경기에서 승리했다. 두 번째 연구(1972)에서는 팀 성공이 시즌 후 팀 응집력에 미치는 효과를 검증했는데, 성공적인 팀이 그렇지 못한 팀에 비해서 시즌 후 팀 응집력이 더 강했다.

많은 연구(Arnord & Straub, 1972; Carron & Chelladurai, 1979; Carron & Shangi, 1987; Hatfield & Barber, Landers, Wilkinson, 1982; Christiansen & Klein, 1969; Nixon, 1977; Martens & Widmeyer, 1978; Vander Velden, 1971; Widmeyer et al., 1990)에서 농구 팀을 통해서 응집력과 팀 성공의 정적 관련성을 확인했다. Arnord와 Straub(1972)는 단체정신과 친밀감 측정치를 통해서 성적이 우수한 대학농구팀의 집단응집력이 강하다는 것을 알아냈다.

그 외에도 Vos와 Brinkman(1967), Bird(1977a, 1977b), Ruder와 Gill(1982)은 배구팀, Klein과 Christansen(1969)은 농구팀, Landers와 Crum(1971)은 고교 야구팀, Ball과 Carron(1976) 및 Carron과 Ball(1977)은 아이스하키 팀, Carron과 Chelladurai(1981)는 레슬링 팀, William과 Hacker(1982)는 필드하키 팀 그리고 William과 Widmeyer(1991)는 골프 팀을 대상으로 한 연구에서 팀 수행과 응집력은 정적 관계를 지니고 있다고 보고했다. 국내 연구로서는 이병두와 강효민(1996), 강효민과 김우성(1996)이 수구 팀, 정지혜(2004)가 대학 농구팀, 김명철과 노영태(2005)가 체조선수 그리고 김경수(2003)가 씨름 팀을 대상으로 집단응집력이 팀 수행과 정적상관이 있음을 밝혔다.

Melnick와 Chemers(1974)는 Martens과 Peterson(1971)의 측정도구와 연구방법을 사용했는데, 팀 응집력과 성공 간의 아무런 관련성도 발견하지 못했다. 국내 연구에서는 강효민과 김우성(1996)이 수구 팀의 집단응집력이 골 득점에 영향을 미치지 못했다는 결과를 얻었다. 그 밖에 많은 연구가 팀 수행과 집단응집력 간의 부적 관계를 보고했다. 독일의 세계 정상급 조정경기 팀(Lenk, 1969, 1977), 사격 팀(McGrath, 1962), 교내 볼링 팀(Landers & Luschen, 1974), 고교 농구 팀(Fiedler, 1954; Grace, 1954) 연구가 그 예다. 성적이 우수하지 못한 볼링 팀이 우수한 팀보다도 팀 구성원 간에 훨씬 더 큰 대인 매력을 보여 주었다.

집단응집력과 팀 수행 간의 정적 관련성에 대한 연구결과가 일관성 없다고 해서 두 변수 간의 정적 관련성의 중요성을 간과할 수는 없다. 연구결과 불일치에 대해서는 연구방법에 대해서 의문을 갖고 검토해야 한다. 집단응집력 연구에서는 측정, 표집절차, 통계분석 등에서 많은 문제를 찾을 수 있다. GEQ가 개발되기 전까지는 잘 설계되고 진행된 연구를 찾아보기 힘들다.

이처럼 일관성 없는 연구결과를 설명할 수 있는 한 가지 요인은 매개변수인 과제구조와 요건이다. 연구들은 제한된 종목의 스포츠 팀들에 한정되어 왔음에도 불구하고 연구결과를 모든 종목의 다른 경쟁적 스포츠 팀에게 일반화해서 적용할 수 있는 것처럼 해석하고 결론을 내렸다(Landers & Luschen, 1974). 이것은 과제요건이 서로 다름에도 불구하고 정형화된 방식으로 적용하는 것일 뿐만 아니라 서로 다른 스포츠의 과제구조를 간과하는 것이다. 상이한 팀과 스포츠 종목 간의 중요한 과제요건 차이에 대한 설명 없이는 과학적 설명에 대한 깊은 이해뿐만 아니라 결과의 일반성이 크게 제한을 받는다.

Landers와 Luschen이 제안한 과제차원이란 팀 구성원이 그들 사이의 중요한 차이를 지닌 채 '공동 활동' 하는 것과 '상호 작용' 하는 것의 비율이다. 상호 작용 팀에서 전체의 집단노력은 팀 정신의 산물이다. 이것은 상호 의존적인 활동을 통한 팀 구성원의 다양하고 전문화된 기술을 조합하는 것이다. 간단히 말하면 '높은 수준의 수단적 상호 의존성' (Thomas, 1957)이 나타나는 것이다. 반면에 공동 활동 상황에서의 집단생산성은 팀 구성원 개인의 노력을 단순히 합산해서 얻는다. 이것은 수단적 상호 의존성 수준이 낮은 상황이다.

과제구조, 경쟁 그리고 협동에 관한 연구들을 개관한 Miller와 Hamblin(1963)은 높은 수단적 상호 의존성 과제를 사용한 실험에서는 집단 내 경쟁에 비해서 집단 내 협동이 집단수행에 더 효과적이라는 사실을 알아냈다. 그러나 낮은 수단적 상호 의존성 과제가 사용되었을 때는 18개 연구 중에서 14개 연구에서 집단 내 협동에 비해서 집단 내 경쟁의 수행이 더 좋았다. 이런 결과는 스포츠 집단응집력을 다룬 연구결과와 일치되는 것이다. 그러므로 과제특성이 고려된다면 집단응집력과 팀 수행의 관계에 관한 연구결과가 일치되지 않는 원인을 해명할 수 있을 것이다.

Carron과 Chelladurai(1979)는 집단응집력이 수행효율성에 영향을 미칠 것이라는 구체적 예를 보여 주는 과제모형을 제시했다. 이 모형은 명제들을 통해서 개발되고 제시되었다. 첫째 명제는 팀 구성원이 협응해서 활동해야 하는 정도에 관련된다. 팀 구성원의 사회적 상호 작용과 과제요건에 따른 상호 작용은 구분되어야 한다. 어떤 집단 활동에서든 과제수행을 위한 대인 상호 작용과 사회적 성격의 대인 상호 작용이 있게 마련이다. 과제차원, 응집력 그리고 수행은 상호 작용한다는 것을 전제한다면, 팀 구성원 간의 상호 의존성은 문제해결, 과제 관련 정보의 교환, 임무수행과 같은 과제수행을 위한 상호 작용으로 보아야 한다. 이런 맥락에서 집단응집력 연구의 일차 관심은 과제수행을 위한 상호 의존성이다. 강효민과 김우성(1996)은 수구팀을 대상으로 연구한 결과 집단과제 응집력은 골 실점을 낮추지만 집단사회 응집력은 골 실점을 높이는 결과를 얻었다.

둘째 명제는 스포츠 팀 구성원에게 요구되는 과제수행을 위한 상호 의존 정도에 따라서 스포츠를 구분해야 한다는 것이다. 스포츠에서 요구되는 상호 의존성의 정도에 따라서 그 스포츠의 규칙이 결정될 수 있다. 스포츠 규칙이 개인의 수행에 대한 인정과 보상을 제공하고 같은 집단이나 팀에 속한 구성원 간의 공공연한 경쟁을 허용한다면, 개인은 독자적인 과제에 종사하는 것으로 볼 수 있다. 소총사격, 레슬링, 트랙과 필드경기, 볼링에서처럼 선수들을 사전에 팀으로 묶는다고 해서 그들 사이의 상호 작용을 반드시 요구하지는 않는다.

셋째 명제는 스포츠에서 과제 상호 의존성은 네 가지 유형, 즉 독립성, 공동 활동 의존성, 반응적-전향적 의존성, 상호 의존성으로 분류될 수 있다는 것이다. 각 유형에 대한 대략적인 정의와 예가 〈표 9-4〉에 제시되어 있다.

넷째 명제는 성공적인 팀 수행을 위해서 요구되는 협응 유형은 과제 상호 의존성 정도와 함수관계에 있다는 것이다. Thompson(1967)은 집단상황에서 유용한 협응 과정으로 세 가지 유형, 즉 표준화, 계획, 상호 조정을 제안했다. 이들 각각에 대한 정의는 〈표 9-5〉에 제시되어 있다.

상호 작용 의존적 스포츠에서 팀 구성원 개인과제는 전에 효과적으로 협응되었던 가장 보편적 양상으로 조정과 계획설정을 통하여 협응되어야 한다. 전향적 활동-반응적 의존과제에서, 협응은 조정과 계획설정을 통해 다시 얻어질 수 있지만 자주 사용되는 유형은 계획설정이다. 미식축구의 쿼터백과 패스 리시버는 경쟁보다는 구체적 패스통로를 연습해야 한다. 즉, 계획설정을 통해 협응해야 한다. 경기 중에는 방어에 의한 패스 커버리지와 패스 러쉬 압박의 차이에 맞춘 상호조정이 필요하다. 공동활동 의존과제에서 필요한 협응은 계획설정이 포함되는 표준화를 통해서 얻어진다.

독립적 과제를 포함하는 스포츠는 팀 스포츠로 간주할 수 없으므로 협응 문제는 다루기에 적절하지 않다. 그러나 개인이 경쟁하는 순서나 개인별로 배정된 경기에

〈표 9-4〉 스포츠에서 과제 상호 의존성 유형(Carron & Chelladrai, 1979)

유형	정 의	예 시
독립	수행 성공을 위해서 개인 간의 협응활동이 요구되지 않음. 한 학교나 기관을 대표하는 개인이나 집단 사이에는 공공연한 직접적인 경쟁이 있음. 개인의 수행은 직접적으로, 공식적으로 평가받고, 인정받고, 보상을 받는다.	볼링, 궁도, 사격, 개별 트랙과 필드 경기, 수영의 개인 종목
공동활동 의존	참가자 개인은 서로에게보다는 오히려 그들 행동의 시작과 통제를 위한 공통되지만 외부적인 자원에 의존하고 있다. 구성원은 비슷한 과제를 동시에 수행한다. 집합적인 수행은 팀 효율성에 직접적으로 기여한다.	조정, 줄다리기
반응-전향적 활동 의존	전향적 활동 의존: 한 구성원은 그 행동을 시작하지만 그 활동을 완수하기 위해서는 다른 사람에게 의존해야 한다. 반응적 의존: 개인은 자신의 과제를 수행하고 완수하기 위해서 다른 위치의 과제 완성을 기다려야 한다.	미식축구의 쿼터백, 야구의 투수 미식축구의 패스리시버, 야구의 포수
상호 작용 의존	구성원은 서로에게 상호 의존한다. 두 명의 구성원 사이에는 두 방향의 상호활동이 있다. 구성원 사이에 지속적인 상호활동은 팀 성공을 위한 기회를 높여 준다.	농구, 하키, 축구

〈표 9-5〉 협응적 절차의 유형(Thompson, 1967)

유형	설명적 기술
표준화에 의한 협응	• 각 구성원의 행동을 강제하고, 조정하고, 제한하는 규칙, 규제, 절차들이 개발된다. 그 결과 이런 행동은 집단 내 다른 구성원에 의해서 취해진 행동과 일관되게 동시에 일어난다.
계획설정 의한 협응	• 집단 내의 소집단 구성원의 수행 기대치를 언급하는 계획, 목표, 행동에 대한 계획 등이 개발된다.
상호조정에 의한 협응	• 기존의 결정 규칙과 계획은 과제의 수행 요건의 변동 때문에 발전할 수 없다. 그러므로 집단구성원 간의 상호 조정을 통하여 협응이 이루어진다.

관한 경쟁 전 결정이 요구되는 정도에 따라서, 협응은 표준화에 의한 영향을 받는다. 과제 상호 의존과 협응 사이의 이러한 관계에 대해서는 [그림 9-4]에 요약되어 있다. 마지막 다섯째 명제는 독립적 과제, 공동 활동적 의존과제, 그리고 전향적-반응적 의존 과제에서 나타난 응집력의 강도는 수행에서의 성공과 관련이 없다는 것이다. 상호 작용적 의존을 요구하는 과제에서 집단응집력은 협응을 높임으로써 팀 수행을

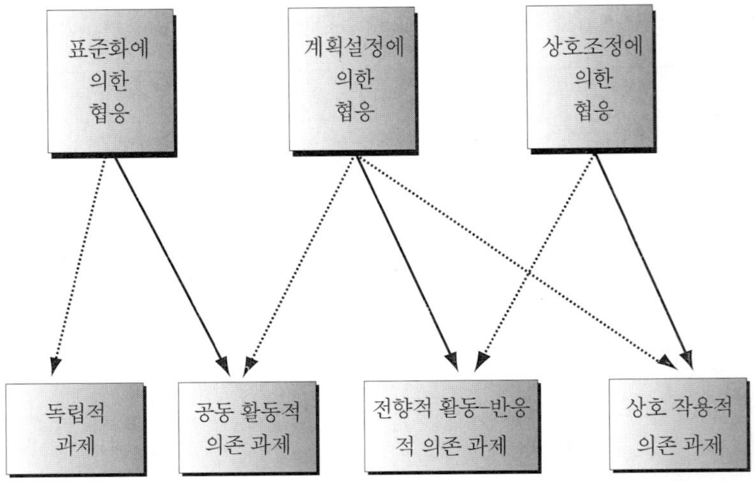

[그림 9-4] 요구된 수행의존도에 따라 과제의 협응활동을 얻는 다양한 방법의 관련성 (굵은 실선은 주로 이용된 방법을 나타낸다.)(Carron & Chelladurai, 1979)

증진시킨다. 중요한 점은 여기서 요구되는 협응의 유형은 응집력이 수행 성공의 요인이 되는 정도를 나타낸다는 것이다.

팀 구성원의 상호 작용을 촉진함으로써 집단응집력을 효율적인 수행에 연계시키려고 한다면, 그것은 구성원이 자발적으로 상호 작용을 시작하고 협응이 팀 수행 성공에 중요한 요인이 되는 스포츠에만 적용될 수 있다. 그러므로 독립적 과제와 공동 활동적 의존 과제에서는 집단응집력 수준은 과제수행 성공과 관련 없으며, 전향 활동적-반응적 의존 과제에서는 최소한으로, 그리고 상호 작용적 의존 과제에서는 중요한 요인이 된다.

실제로 공동 활동 의존적 과제를 수행하는 조정 팀이나 독립적 과제를 수행하는 볼링 팀을 대상으로 한 연구에서는 갈등 또는 긴장이 수행 성공에 도움이 된다는 결과를 보였다. 반면에 집단응집력과 팀 수행이 관련 있다는 결과를 보인 연구들은 일반적으로 상호 작용적 의존 과제를 대상으로 한다.

요약하면, 스포츠 종목에 따라서 팀 구성원에게 과제 상호 의존성을 요구하는 정도가 다르다. 어떤 유형의 협응이 얼마나 필요한가는 과제 상호 의존성의 영향을 받는다. 필요한 유형의 협응은 과제 수행 결과에 집단응집력이 필요한 정도에 영향을 미친다(Carron & Chelladurai, 1979).

(2) 집단응집력과 팀 수행의 인과성 또는 순환성

수행에 대한 응집력의 효과에 대해서 추가적으로 생각할 측면은 수행 성공이 응집력에 미치는 영향이다. 높은 응집력이 수행 효율성을 높이지만, 역으로 효율적 팀 수행이 집단응집력을 강화하기도 한다. Martens와 Peterson(1970)은 이런 순환적 관계는 만족 요인에 의해서 매개된다고 주장했다([그림 9-5] 참조).

스포츠 심리학자들은 더 발전된 모형과 측정치를 이용해서 집단응집력과 팀 수행 간의 인과성을 직접 검증했다. 두 변수 간의 인과성을 추론하는 가장 일반적인 방법은 시즌 전의 집단응집력이 사후 팀 수행(예, 시즌에서의 승률)과 얼마나 관련 있는가 알아내는 것이다. 이런 접근법을 사용한 연구결과들은 일치하지 않는다(Arnold & Straub, 1972; Ball & Carron, 1976; Martens & Petersons, 1971; Widmeyer & Martens, 1978). 그러나 반대로 '시즌에서의 팀 수행이 시즌 후 집단응집력에 얼마나 관련 있는가?'를 다룬 연구결과들은 비교적 강력하고 일관된 관련성을 보여 주었다(Arnold & Straub, 1972; Landers & Crum, 1971; Nixon, 1977; Peterson & Martens, 1972).

성공적 수행을 초래하는 응집력 또는 응집력을 증가시키는 성공적 수행의 관계는 얼마나 강력한가? 이 주제는 스포츠 분야의 연구에서는 큰 관심을 받지 못했다. 어떠한 연구 설계로도 이 주제에 대한 확실한 대답을 하기가 어렵다. 연구 초기의 관찰은 조사대상자들의 집단응집력이나 팀 수행에 관한 첫 경험을 나타낼 수 없기 때문이다. 그러나 종단적 교차상관 연구절차(longitudinal cross-legged correlation procedure)는 이 문제에 대한 강력한 인과적 추론을 허용하는 통계적 분석이다.

이 분석을 수행하려면 각 변수에 대한 짝 지어진 시계열 자료가 요구된다. 그 후에 여러 변수 간의 상관을 산출한다. 이 분석이 [그림 9-6]에 도식적으로 예시되어 있다. 상관계수 r_1과 r_2는 각각 집단응집력과 수행 간의 검사-재검사 신뢰도를 나

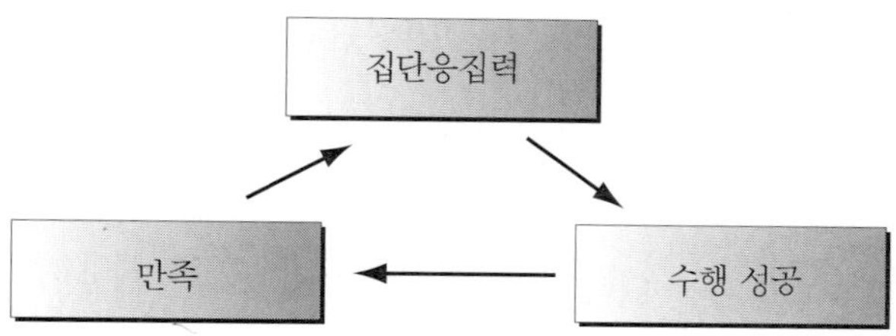

[그림 9-5] 집단응집력, 수행성공, 만족의 순환적 관련성(Martens & Peterson, 1971)

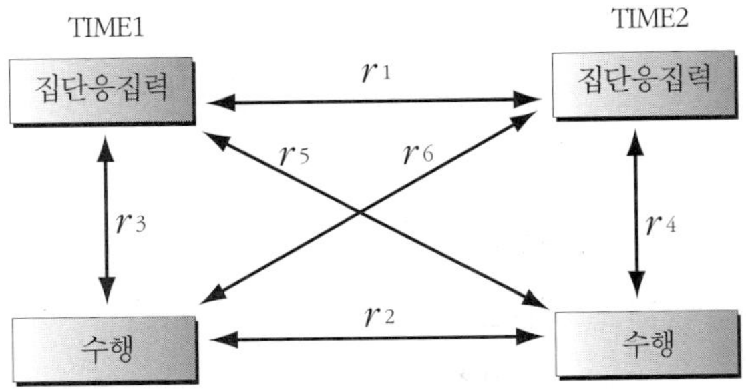

[그림 9-6] 대각선 상호관계 모형

타낸다. 상관계수 r_3과 r_4는 수행과 집단응집력의 공존 관계를 나타낸다. 상관계수 r_5는 수행과 집단응집력 관계를 나타내는 반면에 r_6은 집단응집력과 수행 관계를 나타낸다. 이런 상관계수를 비교함으로써—특히 r_5와 r_6—인과관계의 방향을 추측하는 것이 가능하다.

Bakeman과 Helmreich(1975)는 이 접근방식을 사용했다. 해저 주거시설에서 생활하면서 작업하는 해저탐험가 10개 팀을 182일 동안 지속적으로 관찰하였다. 그 결과 첫 시행에서의 수행은 두 번째 시행에서의 집단응집력과 높은 상관이 있었고, 첫 시행에서의 집단응집력은 두 번째 시행의 수행과 상관이 없는 결과를 얻었다. 이 결과에 따라서 연구자들은 집단응집력이 수행에서의 성공을 일으킨다기보다는 성공적 수행이 집단응집력을 결정한다는 강력한 사례라고 결론지었다. 집단응집력은 팀 수행의 결정요인이 되지 못하지만 훌륭한 팀 수행은 집단응집력의 결정요인이라는 주장이다. 그러나 이 발견을 스포츠에 그대로 적용하는 데는 세 가지 이유 때문에 문제가 있다(Carron & Ball, 1977). 하나는 이 관찰은 스포츠와는 거리가 먼, 격리되고 제한되고 매우 구조화된 작업 및 생활환경에서 얻어진 것이기 때문에 결과가 독특한 실험적 상황 속에서 보낸 시간의 길이와 관련된다는 점이다.

둘째는 집단응집력을 해저탐험 팀 구성원이 휴식 시간 동안에 대화에 참여한 시간으로 정의하고 측정한 점이다. 이 실험환경의 특징은 해저 탐험가의 집단응집력에 대한 독특한 행동적 평가를 위해서 만들어진 연속적 관찰에 있다는 것이다. 대부분의 스포츠 팀을 이용해서 이 실험에서와 동일한 측정치를 얻는 것은 불가능할 것

〈표 9-6〉 집단응집력과 사후 수행 간의 Pearson 적률상관(r_{12})과 이차 순위상관(r_{123})
(Carron & Ball, 1977)

집단응집력변수	시즌 중간 수행과 시즌 초기 응집력	시즌 후기 수행과 시즌 중간 응집력		시즌 후기 수행과 시즌 초기 응집력	
	r_{12}	r_{123}	r_{123}	r_{12}	r_{123}
우정	.135	.187	.239	.304	.329
영향	-.063	.329	.262	.165	.359
즐거움	-.194	-.479	.101	.107	.444
소속	-.049	-.248	.116	.028	.112
팀워크	-.464	-.643*	-.136	-.002	.692*
친밀성	-.277	-.434	.034	.073	.511
소속감	-.185	-.116	-.101	.149	-.002
조합	-.225	-.391	.056	.072	.431

주: 상관계수 앞의-표시는 사용된 척도의 성질을 반영한다. 이 척도에서 더 성공적인 수행은 더 큰 %로 표시되지만, 더 큰 응집력은 낮은 점수로 표시된다. $^{*}p<.05$ $^{**}p<.01$(이하같음)

이다. 가능하더라도 '대화하면서 소요한 시간' 이라는 사회적-대인적 측정이 개념적으로 수행 효율성과 관련될 수 있는지 의심스럽다.

세 번째 이유는 팀 수행을 측정하기 위해서 사용된 Bakeman과 Helmreich의 조작적 정의다. 관찰하는 동안의 총 시간에 대해서 작업한 시간의 비율을 팀 수행 측정치로 사용하였다. Bakeman과 Helmreich가 지적한대로 이 측정치는 수행이 아니라 훨씬 단순하고 단조롭고 현실적인 것, 즉 작업동작에 의해서 수반된 시간의 경과를 다루고 있다. 스포츠에서 수행의 측정은 스포츠 팀에 대해서 얻기가 더 수월할 뿐만 아니라 더 객관적이다.

Carron과 Ball(1977)은 스포츠 장면에서 교차상관 절차를 이용한 연구를 했다. 시즌의 초 · 중반과 마지막에 대학 아이스하키 팀에게 '스포츠 응집력 질문지' 를 실시했다. 그들 역시 중간 시즌 수행과 시즌 후 집단응집력의 정적 관련성을 보여 주어서 집단응집력에 대한 수행의 효과를 지지했다. 그러나 집단응집력이 이후의 팀 수행에 미치는 효과는 지지하지 않는 결과를 보여 주었다. [그림 9-6]의 r_5에 해당하는 상관이 〈표 9-6〉에 나타나 있다. 이 값들의 정도를 살펴보면, 이 자료에서 집단응집력과 수행 간의 관계는 무시할 수 없다는 것이 분명하다.

〈표 9-7〉 수행과 후속 집단응집력의 Pearson적률상관(r_{12})와 이차순위상관(r_{123})
(Carron & Ball, 1977)

집단응집력변수	시즌 중간 수행과 시즌 초기 응집력		시즌 후기 수행과 시즌 중간 응집력		시즌 후기 수행과 시즌 초기 응집력	
	r_{12}	r_{123}	r_{123}	r_{12}	r_{12}	r_{123}
우정	.054	-.085	-.274	-.475	-.026	-.254
영향	.220	.365	-.335	-.740**	-.154	-.608*
즐거움	-.657**	-.674**	-.773**	-.553*	-.815**	-.798**
소속	-.391	-.468	-.721**	-.706**	-.727**	-.851**
팀워크	-.736**	-.645*	-.799**	-.489	-.875**	-.814**
친밀성	-.564*	-.563*	-.600*	-.313	-.679**	-.602*
소속감	-.069	.058	-.490	-.585*	-.634**	-.738**
조합	-.528*	-.556*	-.770**	-.694**	-.790**	-.900**

세 세트의 상관계수 수행-집단응집력 관계를 검증하기 위해서 제시되었다. 이것은 [그림 9-6]의 r_3, r_4은 r_6와 같다. 그러나 가설을 검증하기 위해서는 직관적으로 후자(r_6)가 세 가지 중에서 가장 적절하다는 점에 주목해야 한다(Carron & Ball, 1977). 이 상관들은 〈표 9-7〉에 제시되어 있다. 우정, 영향, 소속감의 가치 측정치를 제외하고 수행과 후속 집단응집력 간에는 유의한 상관을 얻었다.

일반적 결과는 7개의 응집력 개별 측정치를 평균한 응집력의 조합 값을 사용하고 있는 [그림 9-7]에 예시되어 있다. 이것은 수행-집단응집력 관계가 응집력-수행보다 더 강하다는 결론을 보여 주고 있다.

마지막으로 주목할 점은 팀워크, 통일성, 조합된 수행을 나타내는 가설적 구성체인 집단응집력에 대한 Carron과 Ball의 발견(마찬가지로 Bakeman과 Helmreich의 발견) 간의 관련성이다. 스포츠 응집력 질문지(가능하면 팀워크를 제외한) 문항은 매력(다른 경쟁자에 대한 개인의 대인 매력, 집단에 대한 개인의 매력, 그리고 집단 자체의 일반적 매력)을 측정한다. 이것은 과제 지향적 응집력을 반영하는 것이 아니라 집단 안에서 증진된 조합으로 나타난 응집력이다. 그러므로 Carron-Ball과 Bakeman-Helmreich의 결론은 다음과 같이 설명할 수 있다.

집단에 의해서 경험된 수행의 성공 수준은 그 집단에 대한 매력을 증진시키는 데

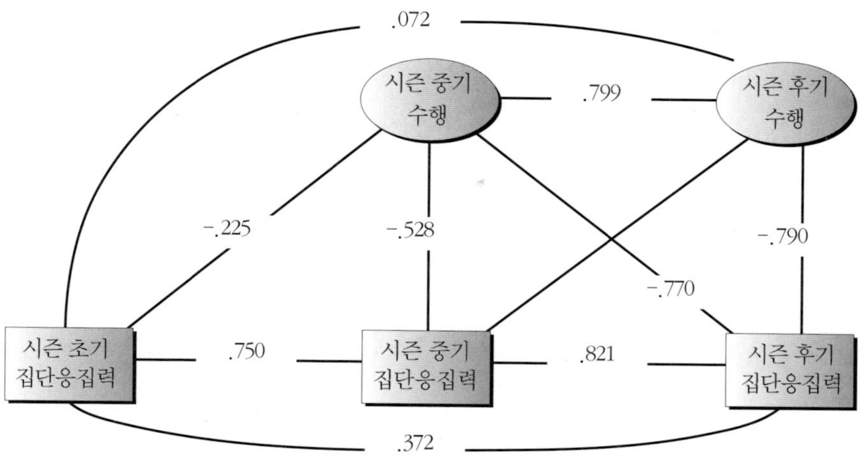

[그림 9-7] 아이스하키 팀에서 집단응집력과 수행 성공 교차-지연 상관(Carron & Ball, 1977)

기여한다는 결론을 강력하게 지지한다. 집단 매력 수준은 수행의 성공을 증진시킨다는 것을 지지하는 증거가 있다. 그러므로 가장 중요한 사실은 집단응집력이라는 용어가 스포츠에서 제시하는 밑바탕의 과정을 설정할 필요성이 있다는 것이다. 지금까지 사용된 집단응집력 측정치를 통해서 암묵적으로 채택된 유일한 주장은 집단응집력이 매력을 반영한다는 견해였다.

다른 몇몇 연구자도 집단응집력이 수행에 미치는 효과보다는 수행이 이후의 집단응집력에 미치는 강력한 효과를 보고하고 있다. Peterson과 Martens(1972)는 시즌에서의 수행 성공과 시즌 후 응집력에 대한 연구에서 시즌 전 집단응집력과 수행 성공에 대한 연구(Martens & Peterson, 1971)에서 더 강력한 관련성을 얻어 냈다. Meyer(1962) 그리고 McGrath(1962)는 똑같이 학군단(ROTC) 사격 팀을 대상으로 연구했다. Meyers는 수행 성공은 팀 구성원의 자존심을 크게 높였다는 결과를 얻었다. 반면에 McGrath는 정적 대인관계는 이후의 수행 성공과 부적 관련성이 있다는 결과를 얻었다. 그러므로 집단응집력에 관한 문헌에서는 수행 성공이 집단응집력에 영향을 미치는 원인변수라는 결과를 보여 주었지만 집단응집력이 수행의 원인이 된다는 증거는 찾아보기 어렵다.

(3) 집단응집력과 수행 관련성에 대한 중재 및 매개변수

같은 측정치를 이용해서 집단응집력과 팀 수행 간의 인과성을 다룬 연구결과들은 일관성이 없다. 이 결과들에 대한 해답을 얻기 위해서 Widmeyer 등(1993)은 집단응집력과 팀 수행 관련성에 영향을 미치는 중재변수 또는 매개변수를 찾아냈다. 중재변수는 집단응집력이 팀 수행과 관련되는 조건에 영향을 미친다. 스포츠에서는 과제특성이 가장 중요한 중재변수다. Landers(1974)는 Steiner 모형(1972)을 이용해서 분리과제(예, 농구, 축구 등 과제가 하위과제로 분리 가능)에서는 집단응집력과 팀 수행 간에 일반적으로 정적 관련성이 있고, 단일과제(예, 볼링, 공기총 사격, 조정 등 서로 도움이 필요하지 않는 과제)에서는 부적 관련성이 있음을 밝혔다. 협동과 상호 작용이 요구되는 활동에서는 집단응집력과 팀 수행 간에 정적 관련성이 있다. 상호 작용이 필요 없는 스포츠에서 집단응집력은 팀 성공과 정적으로 관련되어 있지 않으며 또는 부적으로 영향을 미칠 것이다.

Zander(1971)에 따르면 집단응집력은 동기 및 팀 목표에 대한 몰입 수준을 높인다. Widmeyer는 이것을 '집단 추동' (group drive)이라고 했다. 만일 팀 수행이 팀 목표에 의존한다면, 집단응집력은 팀 수행에 정적으로 영향을 미칠 것이다. 그러나 개인 수행이 이차적 관심이라면 팀 목표에 대한 몰입은 아무런 관련이 없을 것이다. 실제로 팀 목표에 대한 강조가 개인 목표를 손상시킨다면, 집단응집력은 개인 수행에 부적으로 영향을 미칠 것이다. 개인 수행이 매우 중요하고 팀 구성원은 상호 작용을 하지 않는 스포츠(예, 체조, 레슬링, 골프, 수영 등)에서는 개인목표가 강조될 것이다. 팀 동료의 지원과 격려가 도움이 되기는 하겠지만 이것은 팀 승리보다는 개인 수행에 영향을 미칠 것이다. 만일 집단응집력이 팀 목표에 대한 개입을 높이고, 팀 목표가 개인의 기여를 강조하는 것이라면, 집단응집력은 상호 작용이 있는 스포츠뿐만 아니라 상호 작용이 없는 스포츠에서도 수행을 증진시킬 것이다. 골프 팀을 대상으로 한 연구에서(Williams & Widmeyer, 1991)는 팀 과제 응집력과 수행 간의 정적 관련성이 지지되었다.

또 다른 중재변수인 집단규범은 초기 사회심리학 연구에서 관심을 끌었다. Schachter, Ellerton, McBride 그리고 Gregory(1951)의 고전적 실험에서는 응집력이 높은 집단의 구성원이 집단규범이 높은 생산성이든 낮은 생산성이든 관계없이 집단규범에 잘 따랐다. 후속 연구(Berkowitz, 1954; Mikalachki, 1969; Seashore, 1954)에서도 만일 집단규범이 더 높은 생산성을 요구한다면 응집력이 낮은 집단에 비해서 응집력이 강한 집단의 수행 수준이 더 높았다.

일관성 있는 증거에도 불구하고 스포츠 팀에 대해서는 집단규범의 중재역할이 중요하지 않을 것이다. 수행 성공에 역행하는 집단규범을 지지하는 스포츠 팀은 상상하기 어렵다. 특정한 수행 규범보다는 스포츠 팀에 특유한 규범을 고려해야 할 것이다. 스포츠 팀은 매우 과제 지향적인 집단이다. 그러나 집단응집력을 다룬 대부분의 연구는 비공식 사회집단을 포함하고 있다. Anderson(1975)은 가치 유사성(이는 전형적으로 대인매력과 관련되는데)은 비공식적 사회집단에서의 집단응집력과 관련될 것이지만, 과제 지향적 집단에서는 목표-통로 명료성(집단과제 과정에 대한 동의)이 집단응집력과 관련될 것이라고 주장한다. 대인매력보다는 과제 지향적 스포츠 팀에서 집단응집력은 팀 과제목표에 대한 몰입, 과제 역할과 전략에 대한 동의, 그리고 기타의 과제 관련 집단규범과 더욱 관련될 것이다. 대인매력은 스포츠 팀 수행과 일반적으로 관련이 없다. Anderson은 과제 지향적 집단에서는 대인매력이 집단응집력을 나타내는 것으로 볼 수 없다고 주장한다.

스포츠에서 집단응집력과 팀 수행 간의 관련성을 더 충분하게 이해하기 위해서 중개변수들을 고려하여 집단응집력이 팀 수행에 어떻게 어느 정도 영향을 미치는지 살펴보아야 한다(Widmeyer et al., 1993). Widmeyer 등은 팀 안정성, 역할 명료성, 역할 수용 등이 집단응집력과 팀 수행 사이의 관계를 중재하는 변수일 것으로 제안했다. 연구자들은 많은 스포츠 간의 전이성을 간과하는 경향이 있지만 팀 안정성의 차이는 집단응집력의 발달과 유지에 큰 영향을 줄 뿐만 아니라 집단응집력과 팀 수행 관련성에도 영향을 미칠 것이다. 역할 수용, 역할 명료성, 커뮤니케이션 기술, 만족, 목표수용 등도 집단응집력과 팀 수행 관계를 중재하는 변수로서 연구해야 할 요인이다.

(4) 스포츠에서 집단응집력과 팀 수행 관련성에 대한 결론

집단응집력은 다차원적 구성개념으로서 상호 작용적 스포츠에서는 팀 수행 성공과 정적 관련성을 갖고 있다. 앞에서 논의한 대로, 영향을 미치는 방향에 있어서는 집단응집력이 팀 수행에 미치는 방향보다는 역으로 팀 수행이 집단응집력에 영향을 미치는 것 같다. 과제특성과 집단규범은 그 관련성에 영향을 미치는 매개 변수다.

집단응집력과 팀 수행 관련성이 약하고 제한되어 있지만 집단응집력이 스포츠 현장에서 지니는 실용적 가치는 매우 크다. 팀워크는 집단응집력의 많은 결과 중의 하나에 불과하다. 집단응집력은 수행에 관련 없는 방식으로 팀과 개인에게 영향을 미칠 것이다. 스포츠 심리학자들은 집단응집력이 대인기술 및 협동적 기술에 미치는 효과를 연구한다. 팀 구성원이 실제로 팀 정신을 발전시키거나 팀 목표를 위해서 일하기를 배울 수 있을까? 이런 가치를 스포츠 이외의 다른 영역으로도 전이시킬 수 있을까? 팀 수행과 상관없이 집단응집력은 구성원의 만족, 활동선호, 스포츠 참여 등에 영향을 줄 수 있다.

2) 집단응집력과 집단안정성

집단응집력이 집단을 붕괴하려는 힘에 대한 저항으로 정의되든 또는 개인을 집단에 묶어 두는 힘으로 정의되든, 논리적으로는 더욱 강력한 응집력의 결과는 집단구성원이 소속된 집단 속에서 그들의 멤버십을 지속적으로 유지하도록 한다는 것이다. Cartwright(1968)는 집단에서 이탈하는 데 아무런 제약이 없다면, 집단구성원의 팀 이탈은 집단응집력과 부적 관계를 지니지만, 타 집단에 가입하려는 대안적 멤버십에 대한 매력과는 정적으로 관련될 것이라고 가정했다.

조직화된 스포츠에서 이런 가설을 검증하는 데는 어려움이 있다. 예를 들어 팀 소속에 관련된 계약이나 팀 이전에 관한 규칙과 같은 규범적 힘은 집단응집력 수준에 관계없이 그 선수를 팀 안에 묶어 두는 데 도움이 된다.

팀의 지속성 또는 안정성은 성공적인 수행과 관련 있다. Essing(1970)이 18개 축구팀을 분석한 결과, 팀 선발 구성과 팀의 효율성($r = .62$), 선수의 평균적인 꾸준한 참여와 팀의 성공($r = .58$), 그리고 새로 발굴한 선수를 전혀 활용하지 않는 것과 팀의 성공($r = .47$) 사이에 높은 상관이 있었다.

Viet(1970)는 성공적 팀보다는 약한 축구팀에서 활동하는 선수의 팀 이동이 훨씬 더 많았다고 보고했다. Ball과 Carron(1976)은 성공적 대학 아이스하키 팀, 약간 성공적 아이스하키 팀, 성공적이지 못한 아이스하키 팀을 구별해 주는 가장 효율적인 변수는 팀이 안정적으로 리그에 참가해 온 연륜이라고 했다.

여기에는 한 가지 주의할 점이 있다. Essing, Viet, Ball과 Carron의 발견에도 불구하고 스포츠 집단응집력은 팀의 안정과 팀의 성공 사이에서 매개하는 변수라는 가설에 대한 기본적 근거가 전혀 없다는 점이다. 팀 체계에 관한 일반적인 지식, 팀 동료들의 기술과 능력에 친숙해지는 것, 그리고 지역사회에 정착하고 편안해지는 것과 같은 변수가 효과적 수행에 기여할 것이다.

그 밖에 또 다른 설명도 가능하다. 안정성이 성공의 원인이 아니라 오히려 성공 없이는 불안정성이 커진다는 것이다. Zander(1976)가 지적했듯이 성취도가 낮은 팀은 지속적으로 성공하는 팀보다 구성원을 팀 밖으로 훨씬 더 많이 내보낸다. 또 다른 가능성 있는 설명은 보통 프로스포츠 시즌이 끝나갈 무렵에 증명된다. 프로스포츠 시즌이 끝날 즈음이면 승리한 팀은 그대로 잘 유지되는 반면에 패배한 팀은 지도자와 선수를 팀 밖으로 방출한다. 따라서 스포츠에서 팀의 안정성은 팀의 성공적 수행과 관련이 있다.

안정성이 팀의 성공에 기여하는지 아니면 팀의 성공이 안정성에 기여하는지는 분명하지 않다. 오히려 그 관계는 순환적일 가능성이 더 크다. 한 팀으로 오래 지속될수록 집단응집력이 강해질 기회가 많을 것이라는 주장이 합리적으로 보이기는 하지만(Donnelly, Carron, & Chelladurai, 1978), 팀 안정성이 팀 구성원 사이에 집단응집력을 증가시킨다는 직접적인 증거는 없다.

Zander(1976)가 선수의 팀 이동과 새 구성원 모집에 관해서 내놓은 제안과 가설은 집단응집력 주제에 직접적으로 적용되고 있다. 예를 들면 집단응집력이 증가함에 따라서 매력 없는 구성원은 팀에서 이동할 가능성이 더 커진다. 집단의 단일성과 일체성이 강할수록 집단은 매력 없는 구성원이 나타내는 잠재적 위협에 더 민감해진다. 반대로 응집력 수준이 낮은 집단에서는 매력 없는 구성원에게 더욱 관대하다.

그러나 매력 없는 구성원의 퇴출이 그의 지지자들과 그를 퇴출시키기 바라는 사람들 사이에 갈등을 야기함으로써 잠재적으로 그 집단에 해롭다면, 또는 그 개인의 퇴출로 그가 집단에 기여할 수 있는 가치 있는 공헌을 감소시킨다면, 오히려 퇴출시키려는 경향은 감소할 것이다(Zander, 1976). 매력 없는 개인을 퇴출시킴으로써 집단에 가치 있는 기여가 감소되기 때문에 퇴출 경향성이 줄어드는 경우에, 집단에서 그 개인이 매력 없는 이유 또는 차이가 허용된다면 그가 집단에 기여할 가치 있는 공헌 때문에 그 개인은 독특한 신용을 지니고 있다고 말할 수 있다(Hollander, 1960).

집단 유지의 또 다른 측면은 자발적 집단 이탈이다. 개인은 자신이 속한 집단에 의해서 자신의 진가를 인정받지 못하거나 만족을 얻지 못할 때 이탈한다(Zander, 1976). 자발적 이탈은 스포츠에서도 현저하다(Orlick, 1973: Orlick & Botterill, 1975). Orlick(1973)은 어린이에게 정적 성과인 보상과 목표가 지속적으로 달성되지 못한다면 그것이 팀에서 자발적으로 이탈하게 만드는 이유가 된다고 지적했다. Pease, Locke 그리고 Burlingame(1971)은 자발적으로 팀을 떠나는 선수와 코치에 의해서 강제로 퇴출당하는 선수를 비교했다. 팀에서 쫓겨나는 선수와 달리 자발적으로 탈퇴하는 선수에게는 기본적 대인관계 지향성-행동(FIRO-B, Schutz, 1958)으로 측정된 코치와 선수간의 불편한 관계가 영향을 주었다.

3) 집단응집력과 만족

사회과학에서는 집단응집력과 상당히 관련 있는 요인으로서 집단에 대한 만족에 많은 관심을 보였다. 집단응집력과 만족의 관계에서는 만족과 수행 간의 순환적 관계에서와 유사점을 볼 수 있다. 집단응집력과 팀 수행의 관계는 만족과 수행이 서로 결과 또는 원인인 것처럼 순환성을 보일 수 있다(Sheridan & Slocum, 1975).

그뿐 아니라 집단응집력과 만족은 순환적 형태로 모두 팀 수행과 상호 관련될 수 있다. 예를 들면 Martens와 Peterson(1971)은 다음과 같은 사실을 밝혀냈다. 응집력이 강한 팀이 수행에서 더 성공적이다. 그 다음으로 수행에서 더 성공적인 팀의 구성원이 더 크게 만족한다. 이런 만족의 결과는 집단응집력을 증가시킨다는 사실을 앞에서의 [그림 9-5]와 같이 제시했다.

만족, 수행에서의 성공, 집단응집력 간의 상호 작용을 설명하는 두 가지 모형이 있다. Martens과 Peterson(1971)이 초기에 제시한 모형은 순환적 관계를 강조한다. 수행 성공이 만족을 결정하고, 다시 만족이 집단응집력에 영향을 미친다. 두 번째 모형은 Williams와 Hacker(1982)가 주장한 것이다. 그들에 따르면 수행 성공이 만족과 집단응집력을 동시에 결정한다. 집단응집력은 만족에 영향을 미치나 만족은 수행 성공이나 집단응집력 어디에도 영향을 미치지 못한다. [그림 9-8]에 두 모형이 각각 제시되어 있다.

두 모형은 수행성공, 만족, 집단응집력 간에 관련성이 있다는 사실에는 동의한다.

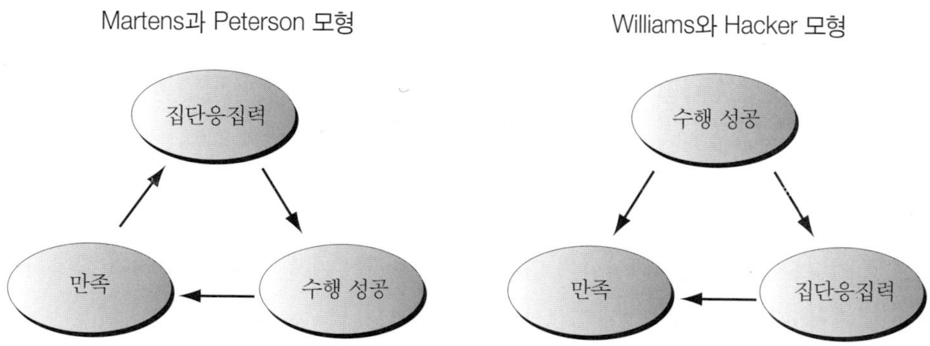

[그림 9-8] 수행, 만족, 집단응집력 관계에 관한 모형(Cox, 1990)

그러나 인과적 방향에 대해서는 일치하지 않는다. Williams와 Hacker 모형에 근거해서 Cox(1990)는 코치의 입장에서 집단응집력을 유지하려는 노력을 계속했다. 그리고 이런 상호 관련성에 대한 연구를 계속해서 GEQ가 집단응집력 측정의 가장 효과적인 도구임을 제의했다. 집단응집력, 만족, 수행의 상호 관련성에도 불구하고 더 중요한 것은 그들 간의 차이점이다. 개념상으로 집단응집력은 집단특성인 반면에 만족은 집단 내 개인의 측면에서 나온 것이다.

7. 집단지향성과 집단참여

1) 개인지향성

집단 내 구성원의 다양한 동기, 욕구 그리고 활동은 구분되어야 한다. 동기는 행동에 힘과 방향을 제공하기 때문에 일차적 집단목표(예, 방향)를 결정하고 구성원 개인의 행동방향과 강도를 검토하여 그 상대적 중요도(예, 힘)를 알아내는 것이 가능하다. Dunteman과 Bass(1963)는 이 견해를 지지하기 때문에 대인상황에서의 행동은 내적인 욕구와 개인이 추구해 온 만족유형을 반영한다고 주장한다. 이와 관련해서 Homans(1951)는 집단 내 활동을 집단과제 완성을 지향하는 일차적 활동체계와 대인관계 때문에 영향 받은 사회적 상호 작용으로 구성된 이차적 활동체계로 구분했다.

Bass(1963)는 집단 멤버십과 집단참여를 향하는 개인 지향성은 세 요소로 구성되어 있다는 견해를 제시했다. 그 요소들은 자기-동기(self-motivation), 과제-동기(task-motivation), 그리고 친화 또는 상호 작용 동기(affiliation or interaction motivation)다. 자기-동기에 따르면 개인의 관심은 집단이나 그 활동에서 얻는 직접적인 개인 보상이나 만족의 성취를 지향하게 된다. 과제 동기는 집단과제의 효과적 수행을 지향하는 것으로 구성되어 있다. 친화 동기는 개인이 집단 내에서 행복하고 조화로운 관계를 형성하거나 유지하는 방향을 지향하고 있다.

집단 내에 존재하는 과제지향성 측정치에 대해서는 대체로 비판적이다. 집단이 수행과 생산성을 향해서 동기화만 된다면 응집력은 수행과 생산성을 높일 것이다(Strauss & Sayles, 1960). 만일 각 구성원이 과제지향 동기에 상반되는 친화적 동기가 충만한 채로 집단에 참여한다면, 집단응집력은 매우 높지만 과제를 성공적으로 수행하지 못하거나 최적수준으로 수행하지 못할 것이다.

Shaw(1974)는 개인이 집단에 참여하는 다섯 가지 이유를 제시했다.

1. **대인매력**: 개인은 집단 안에 있는 개인에게 끌리고, 집단에 소속됨으로써 보상적 상호 작용을 기대한다.
2. **집단목표**: 개인은 집단목표가 가치 있고 개인목표와 조화되는 것으로 지각한다. 개인은 집단구성원 자격을 얻는 것은 이러한 목표달성을 촉진시킬 기회로 간주한다.
3. **사회적 상호 작용**: 집단구성원이 됨으로써 타인과 상호 작용할 기회가 증진된다.
4. **집단 활동**: 집단에서 이루어진 활동은 집단구성원이 매력을 느끼는 원천이 된다.
5. **집단 멤버십의 도구적 효과**: 개인은 집단에 합류함으로써 이차적 목표를 달성할 수 있다. 이차적 목표란 집단 활동을 통한 원래의 결과 이외에 얻을 수 있는 보수나 보상을 말한다.

개인이 집단에 들어오면서 지니고 있는 다양한 욕구는 과제의 힘과 그 집단에 머무르게 하는 사회적으로 지향된 친화적 힘 모두를 발전시키는 결과를 가져온다(Carron & Chelladurai, 1979). 친화적 힘이 우세하다면 파벌이 발전할 것이고 그 결과 집단수행은 감소한다. 과제의 힘이 우세하다면 집단구성원 사이에서 최대 자원의 응집력이 발달할 것이다. 집단구성원이 일차적으로 집단목표와 과제수행 그리고 개인 목표와 보상(이는 각각 과제-동기와 자기-동기를 나타낸다)을 지향한다면, 가장 훌륭한 소질과 유용한 기술의 협동과 조화를 통해서만 최대의 보수와 보상이 성취될 수 있다. 집단구성원 개인은 동맹을 형성함으로써 이 협력과 조화에 영향을 미친다. 이런 동맹이 바로 효율적인 수행을 강조하는 집단응집력인 것이다.

2) 집단지향성

개인지향성에서는 집단을 구성원 개인들의 욕구, 동기, 기술 등과 같은 부분의 총합으로 본다. 집단지향성에서는 집단을 개인의 상호 의존적 실체로 본다. Shaw (1974)는 이 견해에 따라서 집단이란 부분의 단순한 합과는 다르다고 주장했다. 집단상황에서 개인은 그들이 경험하는 자극상황이 다르기 때문에 개인으로 행동할 때와 다르게 행동한다. 이런 자극은 집단상황에 따라서 특수하며 집단이 아닌 상황에서는 존재하지 않는다.

과제수행 집단에게 요구되는 두 가지 동기는 집단성공 추구 열망과 집단실패 회피 열망이다. 집단성공 열망은 집단이 과제수행에 성공했을 때 집단구성원으로서 자부심과 만족을 경험하는 성향이다. 그것은 흥미를 느끼면서 과제에 접근하려는 경향성 및 과제를 잘 수행하려는 의도에 영향을 미친다. 집단실패 회피 열망은 집단이 과제 수행에 실패했을 때 집단구성원이 위기와 불만족을 경험하는 성향이다. 그것은 집단이 과제에 열중하지 못하게 하는 경향에 영향을 미친다.

Zander는 집단성공 열망, 집단응집력 그리고 집단수행 성공 간의 직접관계를 제시했다. 집단성공을 강하게 열망하는 집단은 약한 집단보다 과제를 더 잘 수행한다. 집단성공에 대한 열망이 강한 집단은 약한 집단보다 연대감(집단구성원이 한 집단이라고 자각하는 것)과 응집력(집단구성원이 집단에 매력을 느끼는 것)이 더 강하다 (Zander, 1971).

3) 집단형성 과정

집단은 광범하고 다양한 이유들 때문에 형성된다. 집단형성 과정을 통해서 개인을 집단으로 끌어들이고 묶어 두는 힘인 집단응집력에 대해서 몇 가지를 생각할 수 있다. Cartwright와 Zander(1968)는 집단이 형성되는 방법을 의도적 방법, 자연발생적 방법, 그리고 외부 지명의 결과로 형성되는 세 가지 방법으로 요약했다.

혼자나 개인의 집합체보다는 집단을 통해서 목적을 더 효과적으로 성취할 수 있다는 신념에 따라서 집단은 의도적으로 형성될 수 있다. 〈표 9-3〉에서 보듯이 의도적으로 형성된 집단을 여섯 가지 유형, 즉 작업집단, 문제해결집단, 사회활동집단, 중재집단, 합법집단, 고객집단으로 분류할 수 있다.

의도적으로 형성된 집단의 각 유형은 스포츠 팀이나 성공을 성취하는 다양한 집단에서 찾아볼 수 있다. 의도적으로 형성된 집단의 성공은 내부에서 생성되는 응집력 정도 및 유형에 달려 있다. 집단응집력이 없거나 집단목표 달성이 어렵다고 판명되면 목적이 달성되기도 전에 그 집단은 해체될지도 모른다.

집단응집력은 도구적이기 때문에 과제가 일단 완수되면 그 집단이 해체될 수도 있다. 과제가 완수되면 집단의 목적은 없어지고 응집될 이유도 사라진다. 그러나 높은 수준의 대인 간 응집을 성취한 집단은 일단 도구적 목적이 성취되더라도 계속 존재하거나 가능한 지속적으로 남기 위해서 의도적으로 과제수행을 연장할 수 있다.

자연발생적으로 형성된 집단은 의도적으로 형성된 집단과 성격이 매우 다르다. 자연발생적 집단은 외부적 욕구보다는 구성원의 욕구를 충족시키기 때문에 존재한다. 이 집단의 구성원은 길거리 농구경기에 우연히 모여든 개인의 경우처럼 자발적이고 짧게 지속될 수도 있고 또는 친구 집단처럼 오래 지속될 수도 있다.

새로운 스포츠나 취미에 따라서 만들어진 파벌, 놀이 친구나 하위문화는 모두가 자연발생적으로 형성된 집단의 예다. 자연발생적 집단의 형성에는 많은 요인이 영향을 미친다. 가장 기본적인 요인은 지리적·물리적 근접성이다. 사람들이 집단을 발달시키기 위해서 어느 정도의 상호 접촉을 필요로 하기 때문이다. Festinger, Schachter 그리고 Back(1950)은 주택지 조성 프로젝트에서 이웃 간의 친교관계 연구를 통해서 물리적 근접성이 자연발생적 집단을 형성하는 과정을 예시했다.

자연발생적 집단형성을 결정하는 또 다른 요인은 개인 간의 유사성이다. 각 개인은 자신이 서로 유사하다고 믿을 때 서로에게 매력을 느낀다(Heider, 1958). Newcomb(1961)은 이 주장에 대한 경험적 증거를 발견했는데, 특히 그들이 중요하다고 믿는 가치나 태도의 유사성이 클수록 더욱 매력을 느낀다.

〈표 9-3〉 의도적으로 형성된 집단의 유형(Cartwright & Zander, 1968)

집단 유형	각 유형의 집단에 대한 기술
작업 집단	작업집단을 형성하는 목적은 집합적 개인의 행동과 자원을 모으고 조합해서 어떤 과제를 더 효율적으로 수행하려는 것이다.
문제해결 집단	문제 해결집단 형성의 기초가 되는 이론적 근거는 문제가 한 개인이나 독립적으로 작업하는 여러 집단에게 할당될 때보다 함께 작업하는 개인의 집합체에 배당될 때, 어떤 문제에 대한 해결책이 더 효과적으로 획득되고, 부적절한 전략은 더 빨리 버려지고 적절한 전략들은 더 기꺼이 채택된다는 신념이다.
사회적 활동집단	사회적 활동집단은 사회 안에서 발생하는 사상의 진행과정에 영향을 미치도록 압력과 영향을 발휘하기 위해서 형성된다.
중재 집단	중재 집단은 집단 사이의 자원을 분배하거나, 갈등적 이해관계를 해소시키면서 집단의 다양한 활동을 통일시킬 목적으로 만들어진다.
합법적 집단	행동은 사회 내에서 규율, 규정, 법 또는 그런 규정을 제정하기 위한 집단의 결정에 따라 설정된 정책에 의해서 지배된다.
고객 집단	고객 집단의 목적은 어떤 면에서든 집단구성원을 좀 더 바람직하게 향상시키는 것이다. 사회적 대행자에 의한 고객 집단의 형성은 고객이 개인으로보다는 집단으로 대하여질 때 그러한 서비스의 수행이 더 효과적이거나 능률적이라는 가정에 기초한다.

Thibaut와 Kelley(1959)에 따르면 개인은 집단구성원이 됨으로써 생겨날 수 있는 이익과 비용을 저울질해 본 후에 집단에 가입하거나 또는 집단을 형성한다. 이렇게 생겨난 집단은 상호이익 때문에 충분히 사람의 마음을 끄는 것으로 판단된다. Festinger(1954)의 사회적 비교이론에 따르면, 개인은 타인과의 비교를 통해서 사회적 현실에 대한 자신의 견해를 확인하고 지지를 얻기 위해서 집단을 형성한다. 그러므로 집단이란 사회적 불확실성을 해소시켜는 기능을 한다.

하위문화 형성에 관한 이론적 연구의 두 가지 주제도 이와 관련 있다. 첫째, 하위문화를 특수한 환경조건에서 초래하는 결과로 간주하거나 하위문화와 함께 나타나는 문제를 상황에 대한 반응으로 간주한다. 스트레스 상황에서 사람은 자신과 동일한 상황에 놓인 타인과 함께 있기를 원한다는 실험결과(Schachter, 1959)는 이 견해를 지지했다. 둘째, 하위문화를 상호 작용이나 차별적 연합에서 발생되는 것으로 간주했다. 그들의 특별한 생활환경 때문에 함께 밀려다니는 사람은 집단이나 하위문화를 형성하는 경향이 있다.

외부에서 지명되어 집단이 형성되는 과정은 어떤 의미에서는 자기-충족적 예언의 한 예다. 사람은 신체적 장애나 피부색과 같은 분명한 특성에 근거하여 서로 유사한 것으로 생각하기 때문에 집단을 형성하는 과정에서는 부가적인 요소가 좀 더 필요하다. 그렇지만 유사성 그 하나의 이유만으로도 집단을 형성할 수 있을 것이다.

10

사회적 촉진

- 1. 개념 정의 및 실험체계
- 2. 사회적 촉진 연구의 발전
- 3. 사회적 촉진 이론
- 4. 추동이론에서의 쟁점
- 5. 사회적 촉진 연구에서의 이슈
- 6. 추동이론의 대안적 연구모형

스포츠는 여전히 경쟁적인 사회적 활동이기 때문에 1960년대와 1970년대 사회심리학연구의 중심이었던 사회적 영향(social influence)은 오늘날 스포츠 사회심리학 분야에서도 중요한 주제로 남아 있다.

그와 더불어 더 중요한 사실은 사회심리학의 선구자적 연구가 스포츠 상황에서 출발했다는 점이다. 가장 기초적인 형태의 사회적 영향인 사회적 촉진(social facilitation)은 사회심리학의 가장 오래된 실험체계에 의해서 제시되었다(Zajonc, 1965). Triplett의 자전거 경주와 경쟁에 관한 실험으로까지 거슬러 올라가는 이 실험체계는 1879년에 처음 수행되었다. 자전거 경기 관람을 매우 애호했던 Triplett은 함께 경기하는 다른 선수가 존재하는 것이 자전거 경기 선수의 기록과 행동에 미치는 영향을 다루었다.

Triplett(1897)은 미국 자전거 경기 리그의 공식 기록 자료를 이용해서 다음과 같은 세 가지 조건의 경기 기록을 비교했다.

① **단독 선두 조건**(unpaced condition): 시간 기록에 도전하여 선수 혼자서 선두를 달리는 조건

② **그룹 선두 조건**(paced condition): 선수는 시간 기록에 도전하여 혼자 선두를 달리지만 3~4명의 동료 선수가 한 줄로 늘어선 형식으로 페이스를 맞추면서 함께 달리는 조건

③ **경쟁적 선두 그룹 조건**(paced competition condition): 선수는 다른 선수와 경쟁하며 선두를 달리면서 동시에 두 선수 모두 페이스를 맞추며 달리는 조건

Triplett은 경쟁을 하면서 페이스를 맞추는 경쟁적 선두 그룹 조건이나 단독 선두로 페이스를 맞추는 그룹 선두 조건일 때 단독 선두로 달리는 조건보다 기록이 각각 1.6km당 39.55초, 34.40초가 더 빠르다는 결과를 얻어 냈다. 이런 결과에 따라 다른 사람의 존재가 개인의 수행에 극적인 영향을 준다는 사실을 발견하게 된 것이다. 이처럼 다른 사람의 존재가 수동적인 관중 또는 다른 공동 활동자의 형태로 나타나서 개인의 행동을 향상시키는 효과를 '사회적 촉진'이라고 정의한다.

1. 개념 정의 및 실험체계

관중과 공동활동자를 포함하는 타인의 존재가 개인수행에 미치는 영향으로 정의(Gill, 2000)되는 사회적 촉진이라는 용어는 Allport(1924)가 공동으로 활동하는 집단을 이용하여 연구한 결과에 대해서 논하면서 처음으로 사용되었다. 여기서 관중이란 개인의 행동을 단순히 관찰하는 수동적 관람자를 의미한다. 예를 들면 골프강의 시간에 어떤 학생이 샷 연습하는 것을 뒤에 서서 관람하고 있는 다른 학생을 말한다. 공동활동이란 둘 이상의 개인이 동시에 그러나 따로 동일한 과제를 수행하는 상황이다. 골프교실에서 동시에 샷을 연습하기 위해서 일렬로 서 있는 학생들을 예로 들 수 있다. 코치와 같은 형태로 타인이 존재하는 것도 선수의 수행을 증진시킨다. 이 효과는 같은 운동을 하고 있는 타인을 단순히 보거나 듣기 때문에 발생한 반응의 증가인 사회적 촉진에 의한 것이다.

Zajonc(1965)은 사회적 촉진을 단순히 타인이 존재하기 때문에 일어나는 행동결과라고 정의함으로써 약간 다른 견해를 제기했다. Zajonc의 정의와 그에 따르는 후속 연구에 의해 사회적 촉진의 개념에는 두 가지 주목할 만한 발전이 있었다. 첫째는 사회적 촉진의 개념에서 Allport의 정의에 포함되어 있는 대로 사회적 촉진은 행동반응을 증진시킨다는 방향적 측면이 제거된 것이다. 그러므로 현재는 사회적 촉진 효과란 방향에 관계없이 타인의 존재로 인한 수행의 증진, 감소, 향상, 저하 모두를 포함한다(한덕웅, 2002). 두 번째 발전은 사회적 촉진이라는 용어에 대한 참조 틀이 더 넓어진 것이다. 이제 사회적 촉진이라는 개념은 원래 그 용어 자체를 탄생시킨 공동활동체계뿐만 아니라 관중 체계까지도 통합하게 되었다.

그러나 또 한 가지 주목해야 할 점은 Zajonc의 연구 결과, 사회적 촉진 분야의 구체적 경계 또는 한계가 설정되었고, 이 경계는 다시 개념 정의에 영향을 준 것이다. 이 점에 대해서 Singer(1972)는 동작 수행에 관한 문헌에서 사회적 촉진이 수행에 영향을 미치는 다양한 사회적 요인을 나타내는 것으로 느슨하게 사용된다면 여전히 혼란스러워진다고 지적했다. Landers와 McCallagh(1976)는 스포츠 상황에서 사회적 촉진 효과를 측정하기 위해서는 일반적으로 발견된 흥분한 관중이나 경기 참가자에 의한 비웃기와 격려와 같은 사회적 강화 등 다른 방해요인을 통제하는 것이 중요하다고 주장한다. Landers와 McCullagh(1976)는 사회적 촉진 연구 분야의 대강을 보여 주는 [그림 10-1]과 같은 도식을 제시했다.

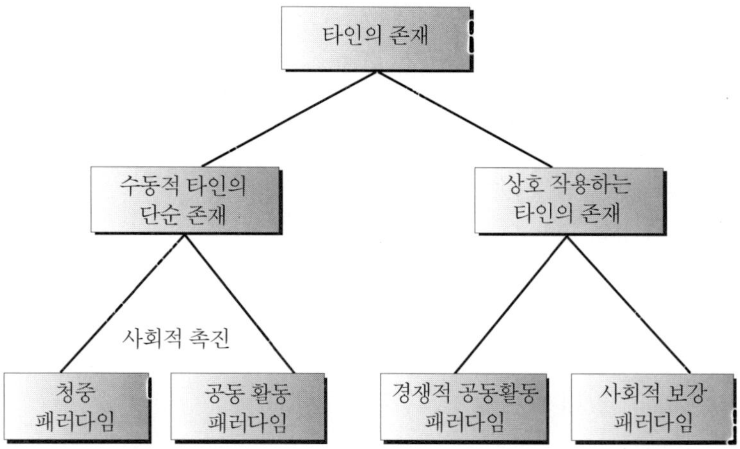

[그림 10-1] Zajonc의 사회적 촉진 가설의 대강(Landers & McCallah, 1976)

그러므로 사회적 촉진이란 타인이 단순히 존재하는 상황을 의미하는 것으로 간주된다. 그것은 공동 활동하는 경쟁자나 격려, 칭찬, 견책하는 것과 같은 형태로 존재하는 타인이 개인과 상호 작용하는 상황을 포함하지는 않는다.

Landers와 McCullagh에 따르면 사회적 촉진 개념에서 이 두 가지 패러다임인 경쟁적 공동 활동과 사회적 보강을 제외시키는 것이 중요하다. 이 두 가지 패러다임 각각에 의해서 제시되는 상황은 사회적 촉진 현상에서와는 심리적 과정이 달라질 가능성이 크기 때문이다. 그러므로 [그림 10-1]에 제시된 사회적 촉진 도식은 매우 제한적인 것으로서 스포츠의 일반적인 상황을 잘 나타내지 못하는 것으로 보인다. 그렇지만 실험적으로 통제가 매우 용이하다는 장점을 지니고 있는데, 이 점이 특히 중요하다. 왜냐하면 사회적 촉진 효과의 성질과 그 바탕을 이루고 있는 심리적 과정은 아직 분명하게 이해된 것이 아니기 때문이다. 그러므로 이런 패러다임을 사용함으로써 관중과 경쟁자가 선수의 수행에 대해서 보여 주는 복잡한 효과를 설명할 수 있다.

2. 사회적 촉진 연구의 발전

초기의 연구들을 통합하는 견해를 살펴보면 사회적 촉진에 대한 이해 수준과 현 위치를 가장 잘 이해할 수 있다. 여러 문헌에서의 고찰(Cottrell, 1972; Martens, 1975; Wankel, 1975; Zajonc, 1972)은 사회적 촉진에 대한 접근방법에 가장 현저하게 기여한 역사적 발전을 일관성 있게 요약하고 있다. 이 문헌 고찰을 통해서 드러난 사회적 촉진 연구의 중요한 특징을 세 가지로 요약할 수 있다.

첫째, 1965년 이전에는 사회적 촉진 연구 분야의 결과에 일관성이 없었다. 어떤 연구는 관중과 공동 활동자가 개인의 과제 수행을 증진시킨다고 보고했다. 반면에 다른 연구에서는 그 반대 결과를 보고했다.

둘째, 1930년에서 1965년까지는 사회적 촉진 문제에 대해서 연구자들의 관심이 거의 없었다. 왜냐하면 선행 연구 결과의 불일치를 해결할 이론적 능력이 없었기 때문이다. 1930년대 중반 이후로 연구자들은 이 주제에 대한 흥미를 잃어버렸다.

셋째, 1965년에 Zajonc가 그때까지의 연구결과가 보인 불일치를 해결할 수 있는 이론적 체계인 추동이론을 처음 제시했다. 그는 선행 연구 결과의 패턴이 일정한 점에 주목하면서, 이런 결과를 해명할 수 있는 사회적 촉진 효과를 설명하기 위해서 Hull-Spence의 추동이론을 적용했다.

1) 사회적 촉진에 대한 초기 연구

(1) 공동 활동과 관중의 긍정적 효과: 사회적 촉진

① 실험실 연구

관중이 있을 때 다양한 과제에서 개인의 수행은 증진된다. Meumann(1904)은 근육 운동에 관한 작업 기록과 피로 수준을 검사했다. 팔을 책상에 가죽 끈으로 고정시키고 손가락에는 무거운 추를 달았다. 그런 다음에 추를 가능한 한 빠르고 많이 잡아당기게 했다. 처음에는 수행이 빨랐지만 곧 급격하게 동작 속도가 저하되었다. 그러나 검사실에 실험자가 갑작스럽게 나타나면서 실험 참가자의 수행 수준이 급격하게 증가되었는데, 이 결과는 후속 연구를 통해서도 경험적으로 확증되었다.

관중의 출현으로 개인의 수행수준을 증진시키는 긍정적 효과를 보여 준 실험(Travis, 1925)도 있다. 실험참가자들은 추적 축차(pursuit rotor)에 앉아서 하루에 20회 운동을 했다. 연속해서 이틀 동안 수행의 증가가 더 이상 나타나지 않을 때까지 지속했다. 그런 다음에 10회의 시행 동안에 4명에서 8명의 관중이 투입되었다. 혼자 수행한 조건(수행이 다른 영향을 받지 않았다고 확신할 수 있는 최고의 연속적인 10회 시행의 평균)과 관중이 있는 조건에서의 수행을 비교했다. 그 결과 22명의 실험참가자 중에서 18명은 혼자 있는 조건보다는 관중이 있는 조건에서 수행이 더 증가되었다. 이 집단의 평균 수행은 약 3% 증진되었다.

Cottrell(1972)은 앞에 제시한 Travis 연구의 자료를 이용해서 집단 간 차이를 알아보기 위한 t-검증을 실시했다. 그 결과 혼자 있을 때와 비교해서 관중 앞에서의 수행이 통계적으로 유의미하게 증가했음을 밝혔다. Pessin(1933), Bergum과 Lehr(1963), 그리고 Singer(1965)는 각각 무의미 철자 목록, 탐지 과제(vigilance task), 그리고 안정도 측정기(stabilometer)를 이용하여 개인의 수행 효율성이 최대 수준에 이른 다음에 관중을 투입하면 수행이 더 증진된다는 결과를 얻었다.

많은 연구자는 혼자일 때와 비교해서 공동 활동자가 있는 상황에서 과제를 수행하면 수행 수준이 더 우월하다고 보고했다. 공동 활동 조건에서의 수행증진을 설명하기 위해서 Triplett은 생리적 요인과 물리적 요인(suctioning effect: 진공청소기처럼 빨려 들어가는 효과, sheltering effect: 앞에 있는 물체가 공기 저항을 막아 주는 현상), 그리고 심리적 요인(encouragement: 자극, 최면 가설, brain worry: 걱정) 등을 포함한 많은 근거를 생각해 보았다. 그는 결국 두 차원을 통합한 역학발생(dynamogenesis) 이론을 설정했다. 첫째, 또 다른 경기자(공동 활동자)의 출현은 선수를 자극하여 경쟁 본능을 촉발한다. 그러므로 선수에게 또 다른 경기자는 자신이 스스로 방출할 수 없는 신경 에너지를 유발하는 요인이 된 것이다. 둘째, 다른 경기자의 운동장면이 매우 빠른 속도를 보여 주면 선수에게 더 많은 노력을 하도록 힘을 불어넣어 준다(Triplett, 1897).

Triplett(1897)은 소년들을 대상으로 낚시 줄 감기 과제를 이용한 실험실 실험을 통해서 이 이론을 검증했다. 그 결과 혼자인 조건에서보다는 공동 활동 조건에서 수행은 더욱 증진된 결과를 보여 역학발생이론은 지지되었다. 그 이후에 Landers와

McCullagh(1976)는 Triplitt의 실험 자료를 이용하여 t-검증을 실시한 결과, 공동 활동 조건이 혼자인 조건에 비해서 줄 감기 속도가 통계적으로 유의미하게 더 빠르다는 것을 확인했다.

그러나 Wankel(1975)은 이러한 해석에 대해서 두 가지 문제점을 들어서 경고했다. 첫째, Triplett의 실험실 실험은 그가 처음으로 사회적 촉진 현상을 관찰한 자전거 경기 상황을 정확히 반영하지 못했다는 것이다. 자전거 경기의 모든 조건에서는 시간기록에 대한 경쟁이 나타났다. 차이가 있다면 공동 활동자에 있었다. 현장연구에서는 첫째, 공동 활동자가 없는(no coaction) 조건, 둘째, 혼자 달리는(a pacer) 조건, 셋째, 경쟁자와 함께 달리는(competing racer) 조건이 있었다. 그러나 실험실의 두 조건은 통제조건(no coaction+no competition)과 경쟁조건(coaction+competition)이었다. 다시 말해서 현장과는 달리 실험실 연구에서의 공동 활동은 경쟁으로 오염되었다. 두 번째 문제는 검증방법에 있다. 혼자-함께-혼자-함께의 연속과정은 경쟁조건에서 혼자 있는 조건으로 이행하는 조건을 만들어 내기가 매우 어렵다. 그러므로 Triplett은 자신의 연구결과가 이론을 지지했다고 주장하지만 사실은 이론을 정확하게 검증했다고 보기 어렵다.

② 현장연구

공동 활동자가 과제 수행을 증진시킨다는 것을 지지하는 현장연구(Lorenz, 1933)가 보고되었다. 신발제조공장 여성 노동자의 작업 속도를 혼자 작업하는 조립라인 조건과 6명이 한 테이블에서 함께 작업하는 조건으로 구분하여 비교하였다. 그 결과 혼자인 조건에 비교해서 공동 활동 조건에서 하루에 평균 43짝에서 60짝 이상 생산성이 더 증가했다.

(2) 공동 활동과 관중의 부정적 효과: 사회적 훼손

사회적 촉진에 관한 초기 연구의 발전에는 Allport(1920, 1924)의 기여가 가장 컸다. 그는 사슬 연결 학습, 모음 삭제 과제, 곱셈, 문제해결 및 가역 그림 등과 같이 다양한 언어·정신적 실험과제를 사용해서 혼자 수행하는 조건과 순수한 공동작업 상황을 비교했다. Allport는 공동 활동 상황은 과제수행 속도는 증진시키지만 수행의 질은 떨어뜨리는 부정적 효과를 자주 나타낸다는 것을 발견했다. 그러므로 그는 단어 쓰기와 같은 외현 반응은 공동작업자를 통해서 촉진되지만 사고와 같이 지적이거나 암묵적 반응은 오히려 공동 활동자로 인해서 수행이 훼손된다는 결론을 내렸다.

Allport(1924)는 공동 활동자에 의해서 개인의 수행증진이 왜 일어났는지 두 가지 요인을 제시하면서 설명했다. 첫째는 사회적 촉진 효과다. 개인과 동일한 과제를 수행하는 타인의 동작은 개인에게 자극으로 작용하여 개인 반응을 증가시키거나 가속화한다. 이런 과정은 충동 의식을 수반한다. 두 번째 요인은 경쟁심이다. 이것은 비록 모든 공동 활동에서는 어느 정도의 경쟁심이 나타나는 것이 자연스럽기는 하지만 경쟁적인 집단작업 상황에서는 직접적으로 비례해서 나타난다는 것을 반영하는 것이다.

그러나 많은 연구(Dashiell, 1930; Wapner & Alper, 1952)에서 관중 때문에 개인의 과제 수행이 훼손되는 결과를 보였다. 예를 들면 Pessin과 Husband(1933)는 관중이 있는 조건에서는 손가락으로 미로 찾기 학습을 하는 데 더 많은 시행을 거듭했고 더 많은 오류를 보인 결과를 얻었다.

Pessin(1933)은 무의미 철자 학습과제를 이용해서 관중이 있는 조건보다 혼자인 조건에서 수행이 더 우수하다는 것을 발견했다. 혼자인 조건에 비교해서 관중 앞에서 연습하는 실험참가자는 7개의 무의미 절자 목록을 학습하는 데 더 많은 시행을 필요로 했다. 그 외에도 곱셈 과제를 이용한 Dashiell(1930)과 Moore(1917), 명명-형용사 문제(naming-adjectives problem)를 이용한 Gates(1924), 단어 짝 과제를 이용한 Wapner와 Alper(1952)의 연구에서도 이와 비슷한 결과를 얻었다. Allport(1920, 1924)도 공동 활동 조건에서 과제의 양적인 측면은 향상되지만 수행의 질은 저하되는 부정적 영향을 받는다고 보고한 바 있다.

2) 사회적 촉진 연구에 대한 Landers의 재분석

앞에서 지적한 대로 Landers(1975)는 Cottrell(1972), Martens(1975), Wankel(1975a) 그리고 Zajonc(1972)의 연구를 살펴보면서 다음과 같은 사실을 확인했다.

1 1965년 이전의 사회적 촉진 연구는 일관성 없는 결과를 보였다.

2 1930년대와 1965년 이전 사이에는 사회적 촉진 문제에 대한 직접적인 관심이 거의 없었다.

3 Zajonc는 일관성 없는 선행 연구결과를 해결하기 위한 이론적 체계를 제안했다.

그러나 인간을 대상으로 한 연구에 따르면 이런 일반화가 정확한 것인가에 대한 의문이 제기된다. Landers는 이런 제안을 결정한 많은 요인을 목록으로 제시했다.

첫째, 사회적 촉진에 관한 초기 연구결과들이 보기만큼 그렇게 일관성 없는 것이 아니다. 알려진 대로 초기 연구에 의해서 분명하게 지지 받은 일반화된 사실은 다음과 같다.

- 타인의 존재에 의해서 개인의 과제 수행 속도는 증진된다.
- 개인이 타인의 존재 상황에 익숙해짐에 따라서 사회적 촉진 효과는 점차 감소하고 사라진다.
- 사회적 촉진 효과를 얻기 위해서 반드시 타인이 실제로 존재할 필요는 없다. 예를 들면 실험참가자에게 실험 지시를 통해서 앞으로 보게 될 타인에 관한 비디오테이프를 보여 주는 것처럼 암시된 타인의 존재도 사회적 촉진 효과를 보인다.
- 공동 활동자의 존재는 수평적 수준조절 효과(leveling effect)를 초래한다. 능력 수준이 낮은 개인의 수행은 증가하나 능력 수준이 높은 개인의 수행은 약간 감소한다.

둘째, 1930년대와 1965년 사이에 주로 동물을 대상으로 한 사회적 촉진 연구가 감소하는 추세를 보였지만, 인간을 대상으로 한 연구는 눈에 뜨이게 감소하지는 않았다.

셋째, 초기의 연구에 대한 분석을 통해서 Landers가 후반부의 연구에서는 타인의 존재에 의해서 학습이 훼손되었다는 것이 밝혀졌지만, 초반부 연구에서는 그렇지 않았다는 결론을 내렸다. 물론 이것은 1965년에 Zajonc가 내린 결론과는 상반되는 것이다. 드러난 추세로는 타인의 존재로부터 비롯되는 학습에서의 손상을 암시하지만(Allport, 1920; Dashiell, 1930; Gate, 1924; Pessin, 1933; Pessin & Husband, 1933;

Wapner & Alper, 1952), 발전된 통계방법으로 재분석했을 때, 이런 결과들은 통계적으로 유의하지 않은 것으로 나타났다.

마지막으로, 사회적 촉진 효과를 설명하기 위해서 Hull-Spence의 추동이론을 제안한 최초의 학자는 Zajonc(1965)가 아니다. 이미 그 이전에 Church(1962)는 추동이론을 이용하여 경쟁적 공동 활동에 대한 결과를 논의했다. Landers(1975)는 Zajonc가 추동이론을 사회적 촉진 현상에 적용 및 확장함으로써 과학자의 관심을 끌었다고 강조했다. 그러므로 사회적 촉진 현상에 대한 초기 연구를 연구의 관점으로 확립했다는 측면에서는 Church의 공헌을 인정하지 않을 수 없지만, Zajonc의 연구는 그 중요성을 더 크게 평가받고 있다.

Greene(1989)은 사회적 촉진에 관한 이론적 설명을 세 가지로 분류했다. 첫째, 추동이론에 속하는 것으로 단순존재이론, 평가염려이론, 주의분산 및 갈등이론이 있다. 둘째, 직접영향이론인 자기인식이론과 자기제시이론이 있다. 셋째, 주의과정이론이다.

(1) Zajonc의 통합적 설명: 추동이론(1965)

사회적 촉진에 관한 연구는 Zajonc(1965)가 이 주제에 대한 연구에 다시 활기를 불어넣기 전까지는 연구결과의 불일치 때문에 정체되어 있었다. 인간과 동물을 대상으로 관중 또는 공동 활동 패러다임을 이용한 선행연구를 살펴본 후에, Zajonc는 보기에는 일치되지 않는 결과를 일관성 있게 일반화할 수 있는 여지가 있다고 제안했다. 이런 결과를 체계적으로 정리할 수 있는 일반적 사실은 관중 또는 공동 활동자인 타인의 존재가 개인의 우세한 반응의 출현을 촉진시킨다는 점이다(Zajoncs, 1965). 그는 추동이론으로 이처럼 애매한 결과를 해명할 수 있다고 제안했다. 그러므로 추동이론에서 기대하는 대로 다음과 같은 두 가지 가설을 설정하였다(한덕웅, 2002).

1. 관중이든 공동 활동자든 타인의 존재는 각성촉발 또는 추동을 유발한다.
2. 증진된 각성촉발 상태는 개인의 열세반응보다는 지배적인 우세반응을 일으킬 가능성을 높인다. 그러므로 첫째, 복잡하거나 잘 학습되지 않아 익숙하지 않은 과제에서는 정반응의 습관강도가 약한 반면에, 오반응이 지배적인 습관일 것이다. 이 경우에는 타인의 존재가 오반응의 발생을 촉진시킴으로써 개인의 과

제수행을 훼손시킬 것이다. 둘째, 단순하거나 잘 학습된 익숙한 과제에서는 정반응의 습관강도가 강하고, 지배적 인 습관이 정반응이기 때문에 타인의 존재는 정반응의 발생을 촉진하여 과제수행을 향상시킬 것이다.

이 제안은 [그림 10-2]에 제시되어 있다. 기본 논리는 Hull-Spence의 추동이론에서 얻어 온 것이다. 중개변수인 추동과 습관강도를 설정한 추동이론은 사회적 촉진현상을 검증하는 이론적 모형이 되어 왔다.

이 제안은 많은 연구에 활력을 불어넣어 주었고, 그 연구들 중 대개는 Zajonc의 설명을 확증시켜 주었다. 이 가운데 매우 흥미로운 것은 동작 과제를 이용해서 Zajonc의 가설을 검증한 Martens(1969)의 연구다. 그 연구에서는 학습과 수행단계가 설정되었다. 남자 대학생이 실험에 참가했고, 그들은 혼자 또는 10명의 다른 학생이 지켜보고 있는 조건에서 시간을 일치시키는 과제를 수행했다. 학습 및 수행단계에서 혼자인 조건에 비교해서 관중이 있는 조건에서 학생은 더 각성되었다. 학습기간 동안(과제가 아직 익숙하지 않은 조건) 개인은 혼자일 때 더 잘했다. 그러나 일단 학습이 잘되고 난 후, 수행 단계에서는 관중이 있는 조건에서 여전히 더 각성촉발이 되었으며, 혼자인 조건보다 수행 수준도 더 높았다.

이 결과는 Zajonc의 가설을 확증해 주는 것이다. 관중의 존재는 각성촉발을 시켰고, 학습기간에는 수행을 훼손시켰으나 과제가 잘 학습된 이후에는 촉진시켰다. 이후의 스포츠 분야 연구 역시 이 결과를 지지해 주었다. 예를 들면 공동 활동자는 달리기 시간을 단축시켰고(Obermeier, Landers, & Ester, 1977), 근육 내구력 과제에서의 수행을 향상시켰고(Martens & Landers, 1969), 반면에 복잡한 과제에서는 수행을

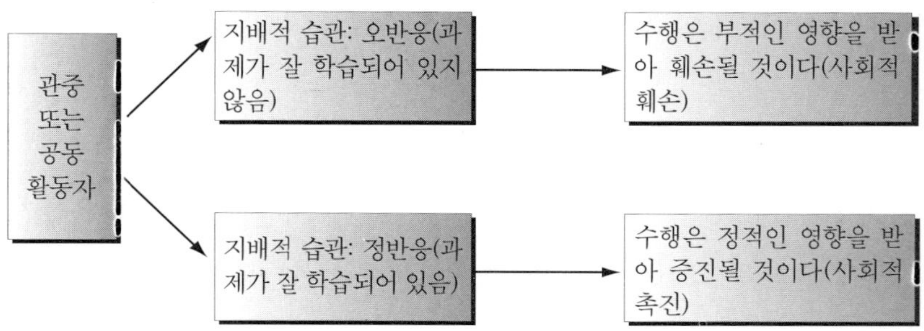

[그림 10-2] 관중 또는 공동 활동자의 영향(Zajonc, 1965)

저하시켰다(Burwitz & Newell, 1972; Martens & Landers, 1972).

(2) 추동의 성격과 측정

Zajonc(1965)는 정서적 흥분 수준을 나타내기 위해서 추동(drive), 각성촉발(arousal) 그리고 활성화(activation) 등의 용어를 사용했다. 추동은 가설적 구성체지만 각성촉발은 신경 · 생리적 기반을 지니고 있기 때문에 측정이 가능하다는 점에서 매우 중요하다(Duffy, 1962; Hebb, 1955). Zajonc는 각성촉발 상태의 변화에 대한 연구들을 사회적 영향으로 설명할 수 있게 되었고, 사회적 촉진현상을 각성촉발로 해석하려는 자신의 주장을 지지할 수 있게 되었다(Wankel, 1975a).

각성촉발 또는 에너지 활성화는 전기피질(electrocortical)기법, 자율신경적(autonomic)기법, 행동적(behavioral) 기법으로 측정할 수 있다(Martens, 1974). 전기피질기법은 뇌 피질로부터 신경흥분 수준을 측정하는 EEG기록을 얻어 내는 것이다. 매우 효과적인 기법이긴 하지만 지금까지 사회적 촉진 연구에서는 사용된 적이 없다.

활성화 각성촉발의 생리적 측정치로 가장 널리 사용된 것은 자율신경계의 직접적인 영향 아래 있는 과정을 포함한다. 사회적 촉진 연구에서는 심장박동(Evans, 1971; Henchy & Glass, 1968; Landers & Goodstadt, 1972; Wankel, 1973), 손바닥 땀 분비(Cohen & Davis, 1973; Martens, 1969a, 1969b), 근육 긴장(Chapman, 1973, 1974) 등이 이런 지표에 포함된다. 그러나 이런 측정치를 이용한 연구결과의 패턴은 분명하지 않다. 어떤 연구는 타인의 존재가 자율신경 각성촉발을 증가시키는가 하면 다른 연구는 효과가 없다는 결과를 보였다.

이처럼 연구결과의 불일치는 두 가지 결론을 제시한다. 하나는 타인의 존재가 일반적으로 각성촉발 상태를 높이지는 않는다는 것이다. 두 번째의 가능한 결론은 다양한 생리적 측정치 그 자체에 문제가 있다는 것이다. 예를 들면 자율신경계 반응은 매우 구체적이며(Lacy, 1967), 다양한 생리적 측정치 간에는 관련성이 거의 없다는 사실이 반복적으로 드러났다. 타인이 존재하는 동일한 자극조건에서 세 사람의 심장박동이나 전기피부반응은 다를 수 있다. 한 사람은 심장박동이 빨라지고 전기피부반응이 증가하지만, 두 번째 사람은 두 가지 반응에서 아무런 반응이 없거나, 세 번째 사람은 한 가지 반응은 증가하지만 다른 한 가지 반응은 감소할 수 있다.

각성촉발을 동일하게 반영한다고 생각한 심장박동이나 땀의 분비와 같은 생리적 지표가 일치를 보이지 않을 때 연구자들은 딜레마에 직면하게 된다. 타인이나 관중이 선수의 각성촉발 수준을 높이는 데 실패한 것인가? 아니면 그런 상황에서 특정한 생리적 측정치가 선수 개인에게 적절하게 사용되지 못한 것인가? 행동과학자들은 각성촉발 수준을 측정하기 위해서 여러 가지 생물학적 검사의 사용을 선호했다.

각성촉발 수준을 측정하는 행동적 기법은 Spielberger(1970)의 '상태-특성불안 항목표'(State-Trait Anxiety Inventory: STAI)나 Thayer(1967)의 Activation-Deactivation Adjective Checklist(AD-ACL) 등과 같은 자기-보고식 질문지를 사용하는 것이다. Carron과 Bennett(1976)은 STAI를 이용하여 공동 활동 상황에서는 상태불안이 증가한다는 결과를 얻었다. 반면 Landers, Braley 그리고 Hale(1977)은 관중이 있거나 또는 공동 활동 조건 어디서도 STAI로 측정된 각성촉발 수준의 증가를 발견하지 못했다. McCullagh와 Landers(1976) 그리고 Thayer와 Moore(1972)는 AD-ACL을 이용하여 관중이 있는 조건에서는 각성촉발 수준이 증가하는 결과를 얻었으나, Landers, Brawley와 Hale(1977)은 관중이 있는 조건이나 공동 활동 조건 어디서도 그런 효과를 발견하지 못했다.

전체적으로 보면 타인이 존재하는 결과로 증가된 각성촉발을 객관적으로 측정해서 증명하려는 노력은 성공적이라고 할 수 없다. 그러나 이것은 증가된 각성촉발 수준과 연합되어 있다고 생각되는 변수들을 측정하는 방법의 한계 때문이라고 볼 수 있다.

3. 사회적 촉진 이론

1) 단순존재이론

사회적 촉진 이론과 연구에서 가장 논쟁이 분분한 주제는 타인의 단순존재만(mere presence)으로도 각성촉발이나 활성화에 충분하다는 제안이다. Zajonc(1965, 1972)는 사회적 촉진에서 타인의 '단순 존재'를 말할 때는, 타인의 존재와 연합된 다른 모든 요인 및 과정이 제거되더라도 타인의 단순존재와 연합된 수행 효과를 얻을 수 있어야 한다는 것을 의미한다고 주장했다. 심지어 모방의 기회나 경쟁이 배제되고, 관중이나 동료가 보강을 통제하지 못하고, 동료의 존재가 상징적 잠재적 보상이나 처벌이 아니더라도 타인의 존재는 수행 증진 효과를 지닐 수 있다는 것이다. Markus(1978)는 이 이론을 지지하는 실험을 했다. 이 실험에서 다른 사람이 존재할 경우에 과제 수행자는 자신의 수행과정이 타인에 의해서 평가받는다고 생각할 수 있기 때문에, 단순존재 효과만을 검증하기 위해서 평가염려 요인을 제거했다. 평가단서를 통제한 조건에서도 타인의 단순 존재만으로도 사회적 촉진 효과가 나타난다는 것을 확인했다.

2) 평가염려이론

Zajonc는 타인의 물리적 존재로 일어난 각성촉발 또는 활성화는 그로 인한 반응을 하도록 만드는 선천적인 생물학적 기제가 있다고 가정했다. 그러나 Cottrell (1972)의 견해에 따르면 타인의 존재는 학습된 추동을 일으킨다. 타인의 존재는 경험을 통해서 평가와 연합되어 있어서 타인의 평가를 기대하게 되고 그 결과로 각성수준이 증가한다. 그 심리적 기제는 고전적 조건형성이다.

태어날 때는 타인의 단순존재 자극은 추동 수준을 증가시키거나 감소시키지 않아서 동기적으로 중성이다. 일생을 통해서 개인은 추동 수준을 증가시키는 혐오스럽거나 만족을 주는 다양한 사건을 경험한다. 이 사건들은 시간 또는 공간적으로 타인의 존재와 연계되어 있다. 타인은 개인이 수행을 잘해서 칭찬을 받거나 보상을 받을 때, 비난을 받거나 처벌을 받을 때 나타난다. 만나는 타인이 증가함에 따라 타인의 단순존재 자극은 점차 추동 수준을 증가시키기에 충분할 만큼 조건형성이 되어 간다. 경험을 통해서 타인이 단순히 나타나서 동기적으로 의미 있는 행동을 하지 않더라도, 개인은 뒤따르는 긍정 또는 부정적 성과를 기대하도록 학습한다. 이런 기대가 개인의 추동 수준을 높인다. 타인의 단순존재는 추동을 증가시키는 충분조건이 아니라 정적 또는 부적 성과에 대한 기대를 통해서 추동을 증가시킨다(Cottrell, 1972).

3) 단순존재이론과 평가염려이론의 비교

타인의 존재를 우연한 관객과 관찰하는 관객으로 조작함으로써 타인의 존재로 인한 평가염려를 제거한 타인의 단순존재 조건과 비교할 수 있었다(한덕웅, 2002). 타인의 단순 존재와 평가염려 가설을 경험적으로 분석하기 위해서 사용된 두 가지 접근방법이 있다. 초기의 사회학습 접근법과 상황적 접근법이다(Landers & McAullagh, 1976).

(1) 사회학습 접근법

사회학습 접근법에서는 타인이 존재할 때 자신이 그에게 평가받을 것이라고 기대하는 정도에 사회학습이 미치는 영향을 통제하려고 했다. 이전의 사회적 경험에 노출된 정도를 통제함으로써 타인의 존재가 잠재적 평가 상황을 나타내는 정도를 통제할 수 있다고 본 것이다. Cottrell(1972)은 평가염려가설을 제안하면서 사회학습 경험이 없이 고립상태에서 자란 동물은 다른 동물이 나타났을 때 평가에 대한 기대를 할 수 없기 때문에 사회적 촉진 반응을 보여 주지 않았다고 지적했다. 동물이 아닌 인간을 연구대상으로 할 때는 윤리적 문제 때문에 사전 사회학습의 역할을 검증하기 위해서 많은 간접적 개인차 측정치를 사용했다. 예를 들면 성격(Cox, 1966, 1968; Ganzer, 1968; Meglino, 1976), 출생순서(Quarter & Marcus, 1971), 문화(Carment & Hodkin, 1973) 등으로 인한 사회학습의 정도의 차이에 기초해서 사전에 타인의 존재에 대한 평가 기대가 다른 실험참가자들을 선정했다.

Ganzers(1968)는 사회학습 정도의 차이에 기여하는 성격차원으로서 검사불안을 사용했다. 검사를 받거나 평가되는 것에 대한 걱정이 생긴다면 검사 불안 점수에서 차이를 보이는 개인은 타인의 존재가 각성촉발을 일으키는 정도에서도 차이를 보일 것이다. Ganzers는 불안 상중하 수준의 개인에게 무의미 철자를 혼자서 또는 타인이 보는 앞에서 학습하게 했다. 결과에 따르면 타인이 보는 조건에서는 불안 수준이 높을수록 수행에서의 감소가 더 컸다.

또 다른 성격차원은 지배성(dominance)이다. 성격 차원은 행동특성과 연합되어 있기 때문에 그 차원에서 높은 점수를 얻은 행동특성은 잘 학습되어 있고, 낮은 점수를 얻은 행동특성은 학습이 제대로 되어 있지 않다(Meglino, 1976). Meglino는 2(지배성 상하)×2(평가 유무) 실험설계를 사용했다. 지배성 상하 수준 개인은 평가받거나(전문가라고 소개된 타인이 비디오를 통해서 계속 관찰하고 있는) 또는 평가 없는 조건에서 검사를 받았다. 직접적인 언어 명령(종속변수)의 수를 살펴보았을 때, 통계적으로 유의한 상호작용이 발견되었다. 평가조건에서 지배성이 낮은 리더는 덜 지배적으로 행동한 반면, 지배성이 높은 리더는 보다 더 지배적으로 행동했다. [그림 10-3]에 제시된 이 결과는 평가염려가설을 간접적으로 지지한다.

Quarter와 Markus(1971)는 출생순서가 다른 개인이 혼자 또는 두 사람의 관중 앞에서 어휘를 회상하는 과제를 수행하게 했다. 출생순서에 의한 사회적 경험의 차이 때문에 첫째나 독자는 사회적 압력이나 잠재적 평가에 더 민감할 것이다. 첫째와 나중 출생자들은 혼자인 조건에서와는 달리 관중 조건에서는 차이를 보여서 첫째에게서만 어휘회상 점수가 훼손을 받았다.

인도와 캐나다 학생에 대한 비교문화연구(Carment & Hodkins, 1973)에서, 출생순위가 먼저인 학생보다는 나중인 학생이 공동 활동 상황에서 더 영향을 받아 사회적 촉진이 일어났다. 결론적으로 고립 성장 동물연구와 사회학습 정도에서 차이를 보이는 개인을 대상으로 한 연구결과를 비교했을 때 타인의 존재가 학습된 추동의 원인이라는 Cattrell의 견해는 지지를 얻었다.

(2) 상황적 접근법

타인의 단순존재와 평가염려 견해를 비교하기 위한 두 번째 방법론적 접근은 상황적인 것이다. 여기서는 과제를 수행하는 상황에서 타인의 존재가 평가 기능을 할 수 있는 정도를 통제한다.

Cottrell(1972)은 타인의 단순존재가 추동을 증가시키기 충분하지 않다는 주장을 입증하기 위해서 평가 가능성을 조작한 몇몇 연구 결과(Cottrell, Wack, Sekerak, & Rittle, 1968; Henchy & Glass, 1968; Paulus & Murdoch, 1971)를 보고했다. Cottrell,

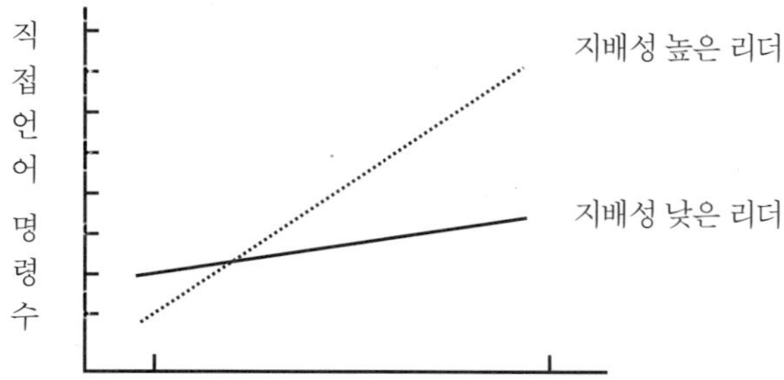

[그림 10-3] 평가 있는 조건과 없는 조건에서 지배성에 따른 리더의 언어적 명령(Meglino, 1976)

Wack, Sekerak 그리고 Rittle의 연구(1968)에서 실험참가자들은 혼자인 조건, 수동적인 두 명의 관중조건, 두 사람이 실험실에 다시 나타났지만 눈을 가린 단순노출조건의 세 조건 중 하나에서 위장-재인 과제(pseudo-recognition task)검사를 받았다. 그 결과는 평가염려 견해와 일치했다.

[그림 10-4]에서 보듯이, 단순존재조건은 혼자인 조건과 차이가 없었다. 눈을 가린 타인의 존재는 평가의 염려가 없었고 따라서 각성촉발 수준의 증가에 영향을 미치지 않았다. 후속 연구에서 동일한 위장-재인과제를 이용한 Henchy와 Glass(1968) 그리고 Paulus와 Murdoch(1971), Martens와 Landers(1972)는 비슷한 결과를 얻었다. 과제를 수행하는 상황에 타인이 존재하지만 그들이 평가할 가능성이 낮다면 각성촉발 수준은 증가하지 않을 것이라는 주장은 다시 입증된 셈이다.

Landers와 McCullagh(1976)는 타인의 단순존재와 평가염려에 대한 문헌고찰을 통해서 '타인이 평가할 수 있는 기회가 허용될 때 또는 평가가 현저할 때 추동은 증가된다. 그러나 사회적 촉진이 학습된 추동의 결과라는 주장을 지지하는 증거로서 평가염려가설을 채택하는 것은 여전히 논란의 여지가 있다' 고 결론지었다. 일부 연구자(Chapman, 1974)는 타인의 단순존재와 평가염려가 물리적 존재와 연계되어 있거나 없는 실무율적 현상이라기보다는, 타인의 존재에 의해서 발생한 추동은 심리적 존재의 연속선상의 어느 지점에 위치하는 것으로 보는 것이 더 적절하다고 주

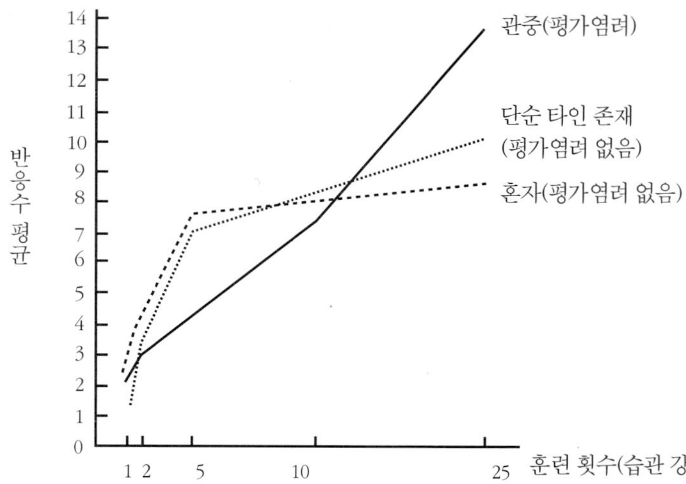

[그림 10-4] 위장 재인 과제에서 훈련빈도와 검사조건에 따른 반응발생 빈도
(Cottrell, Wack, Sekerak, & Rittle, 1968)

장한다. 이런 해석을 받아들임으로써 평가 가능성이 있는 타인의 존재를 높은 수준의 심리적 존재라고 간주하고 연속선의 가장 끝인 단순 존재를 가장 낮은 수준의 심리적 존재라고 봄으로써 상황적 접근법과의 논쟁을 어느 정도 조정할 수 있을 것이다.

Geen(1989) 역시 평가염려이론을 지지하는 많은 연구가 있다고 지적한다. 그러나 또 다른 연구자들(Geen, 1979; Seta & Hassan, 1980)은 긍정적 수행이 예상되는 상황에서는 부정적 평가에 대한 염려가 되지 않기 때문에 평가염려가 추동을 증가시킨다는 설명으로 적합하지 않다고 주장한다. 그뿐 아니라 단지 타인이 존재함으로써 항상 평가염려가 나타나는지에 대한 의문도 있다. 한덕웅(2002)은 과제가 쉬워서 정답이 우세반응인 경우에는 좋은 수행이 기대되기 때문에 평가에 대한 염려가 아니라 자기제시과정이 작용할 가능성이 있다고 주장한다. 그리고 우세반응이 정답이지만 수행결과가 좋지 않을 것으로 예상되는 특수한 조건에서만 타인의 존재가 평가염려를 유발할 것이라고 보았다.

4) 주의분산 갈등이론

Sanders와 Baron(1975)은 과제수행과정에서 비사회적 외부 자극에 의해서 주의가 분산되면 개인의 추동수준이 증가될 수 있다고 제안했다. 그뿐만 아니라 관중과 같은 사회적 자극도 주의분산을 일으켜서 추동을 증가시킴으로써 우세반응이 활성화된다는 연구결과가 있다(Baron, 1986; Baron, Moore & Sanders, 1978; Sanders, Baron & Moore, 1978). 타인이 존재하면 개인은 수행하는 데 주의를 집중하지 못하고 타인에게로 주의가 분산된다. 이처럼 과제와 타인에게 주의하는 것이 갈등을 일으키면 인지적 과부하가 생기고 결국 추동을 유발하게 된다.

주의가 분산되면 과제에 집중하는 데는 지장을 받지만 그것을 극복하기 위해서 더 많은 노력을 하게 된다. 그러므로 단순과제에서는 타인의 존재로 인한 방해효과가 있지만 그것을 극복하려는 노력의 증가로 인한 수행 증가에 비교하면 미미하기 때문에 결과적으로 수행은 촉진된다. 그러나 복잡한 과제에서는 노력 증가로 인한 수행 증가 효과가 주의분산으로 인한 수행 손실을 보상할 수 없기 때문에 사회적 훼손이 발생한다(성한기, 2004).

5) 중재적 각성촉발 수준 가설

타인의 존재가 각성촉발 수준을 증가시키기도 하지만 스트레스 수준이 매우 높은 상황에서는 타인의 존재가 오히려 각성 수준을 낮추어서 이완시키는 역할을 할 수도 있다(Zajonc, 1965). 친화(affiliation)에 관한 Schachter(1959)의 연구는 이 주장을 잘 설명한다. 공포와 같이 높은 수준의 스트레스를 주는 특정 상황에 개입된 사람은 타인을 찾아 함께 있으려고 할 것이다. 이 경우에 타인의 존재는 각성촉발 수준을 낮추는 역할을 하여 안심, 침착, 이완 효과를 지닌다.

이런 논란의 여지를 해결하기 위한 것이 '중재적 각성촉발 수준 가설' (Cottrell, 1968)이다. 만일 개인의 동기 수준이 낮은 상황에서 중간에 타인을 개입시키면 개인의 추동 수준은 증가할 것이다. 반면에 개인이 처음부터 높은 추동 상태에 있었다면 중간에 개입한 타인의 존재는 추동 수준을 낮출 것이다(Cottrell, 1968).

Shaver와 Liebling(1976)은 앞의 촉진-친화 모순과 다른 견해를 제안했다. Cottrell의 가설을 부정하지는 않지만 Zajonc의 전통에 따른 연구들은 Schachter의 연구와 관점이 다르다는 점을 지적했다. 그러므로 두 패러다임을 직접 비교하는 것은 곤란하다는 것이다. 사회적 촉진에 관한 연구는 '타인의 존재가 수행 효율성에 어떤 영향을 미치는가?'와 같이 과제수행을 연구해 왔다. 반면에 친화에 관한 연구는 '친화를 결정하는 변수가 무엇일까?'와 같이 불쾌한 경험을 기다리고 있는 상황에서 타인과 친화하고자 하는 개인의 의사결정에 초점을 맞추고 있다. 그러므로 사회적 촉진 연구에서 증가된 추동은 평가에 대한 기대처럼 과제와 관련된 것이라면, 친화 연구에서 증가된 추동은 불쾌한 상황에 대한 기대와 같이 과제와 관련 없는 것이다.

Shaver와 Liebling(1976)은 친화와 사회적 촉진 연구 간의 불일치를 해결하려고 노력했다. 네 집단 중 하나에 속한 대학생을 단순한 미로와 복잡한 미로 조건에 참여시켰다. 두 집단에서는 각 개인이 실험에 혼자 참여했다. 이들 중 한 집단('높은 공포-혼자 조건')은 실험이 시작되기 전에 실험이 끝날 때 채혈을 할 것이라고 말해주어서 공포를 유발했다. '낮은 공포-혼자 조건' 에게는 이런 정보를 주지 않았다. 다른 두 집단에게도 채혈할 것이라는 정보를 주었다. 그중 '높은 공포-두려운 관중 조건' 에서는 피험자와 똑같은 상황에 처해 있지만 공포를 경험하고 있는 타인(실험협조자)이 함께 있었다. 나머지 '높은 공포-침착한 관찰자 조건' 에서는 실험참가자와 똑같은 상황에 처해 있지만 침착한 관찰자가 함께 있었다. 추동이론에 따라서 그들은 과제와 관련 없는 공포 '높은 공포-두려운 관중조건' 에서 추동과 같은 효과를 보여서 가장 큰 효과를 보일 것이며, '낮은 공포, 혼자인 조건' 이 가장 작은 효과를 보이고, '높은 공포-침착한 관중' 과 '높은 공포-혼자인 조건' 은 중간 수준의 효과를 보일 것이라고 예측했다. 복잡한 미로에서의 결과는 이 예측과 일치해서 각각 오류 수가 143.1, 67.4, 102.0 그리고 103.1이었다.

4. 추동이론에서의 쟁점

1) 타인 존재의 특성과 추동 효과

과제 수행자의 추동수준을 변화시키기 위해서 관중 또는 공동 활동자 상황에서 타인들의 수, 성별, 전문성 등을 조작했다.

(1) 타인의 수

총합의 원리에 따르면, 존재하는 타인이나 공동 활동자의 수가 증가함에 비례하여 사회적 촉진 효과도 증가한다. McCullagh와 Landers(1976)에 따르면 학습된 추동은 관중의 존재에 의해서 촉발될 수 있기 때문에 관중에 의해서 유발되는 추동의 강도는 관중의 수를 변화시켜서 증가시킬 수 있다.

McCullagh와 Landers(1976)는 공 굴려 올리기 과제와 반응시간 과제를 이용한 실험에서 관중 수를 1~6명까지 체계적으로 변화시켰다. Thayer(1967)의 AD-ACL을 사용해서 상대적 활성화 수준을 측정했을 때 관중 수와 활성화 수준 간에 직선적 추세를 발견했다. 관중의 수가 증가함에 따라서 걱정과 활성화 강도가 증가했다. 그러나 추동 수준에서의 차이가 두 과제에서의 수행 차이로 나타나지는 않았다.

Brenner(1974)는 대중연설 상황에서 목소리 패턴을 통해서 나타나는 각성촉발의 수준을 측정하기 위해서 심리적 스트레스 측정기를 사용했다. 그가 얻은 결과 역시 총합효과를 지지했다. 관중 규모가 0에서 2, 8, 22명까지 증가하는 것에 비례해서 스트레스 수준도 증가했다.

그러나 공동 활동자 연구에서 얻은 결과들은 명확한 추세를 보여 주지 못했다. Martens와 Landers(1969)는 주로 사용하는 다리를 가능한 오랫동안 수평으로 들어 올려서 견디기와 같은 근육 인내력 과제를 이용해서 둘이나 혼자인 경우보다 네 명이 함께 검사를 받은 조건에서 수행이 더 좋다는 결과를 얻었다. 그러나 Burwitz와 Newell(1972)은 공 굴려 올리기 과제에서 둘이나 혼자보다는 네 명이 공동 활동하는 경우에 수행 성적이 더 나쁜 결과를 얻었다. 공 굴려 올리기 과제를 사용한 Martens와 Landers(1972)의 연구에서는 혼자, 두 명, 세 명 그리고 네 명이 직접 평가받는 조건에서 수행 훼손이 증가했다. Hillery와 Fugita(1975)는 코치집단의 크기가 1～10명까지 증가함에 따라서 선수의 손과 손가락 민첩성 과제의 수행이 비례하여 증가하는 결과를 얻었다.

(2) 타인의 성별

동성이나 이성의 관중 또는 공동 활동자 출현에 의한 심리적 존재가 상이한 동기를 일으키는지 알아보려고 성을 독립변수로 정하고 체계적으로 변화시켰다. 결과에 따르면 기대와 달랐다. 손가락 민첩성과 손동작 안정성 과제를 이용한 Bird(1975), 구슬 떨어뜨리기 과제를 이용한 Cox(1966), 공 굴려 올리기 과제를 이용한 Harney와 Parker(1972), 그리고 손 운동 안정성과 악력(쥐는 힘)과제를 이용한 Rikli(1974)의 연구에서는 과제 수행자의 성별과 관중의 성별은 과제수행에 아무런 효과도 없었다.

그러나 여성보다 남성이 사회적 촉진에 덜 민감하다는 증거가 있다. 과제를 수행하는 동안에 타인이 나타나면 여성의 추동 수준은 크게 증가하는 경향이 있다. 레벨 당기기 과제를 이용한 Carment(1970)와 미로학습 과제를 이용한 Hunt와 Hillery(1973)의 연구에서는 공동 활동 상황의 남성에게서는 사회적 촉진이 일어나지 않았으나 여성에게서는 사회적 촉진이 일어났다. 남성은 혼자일 때나 공동 활동 조건에서나 수행 수준에서 차이가 없었다. Landers, Brawley 그리고 Hale(1977)는 단순한 미로와 복잡한 미로를 과제로 사용해서 성별과 우세반응의 상호작용 효과를 얻었다. 남성보다 여성이 기준에 도달하기 위해 더 많은 시행을 했다.

(3) 타인의 전문성

존재하는 타인의 전문성을 조작했을 때 추동이론과 일치하는 결과를 얻었다. 전문성이 높은 관중은 과제 수행자의 각성 수준을 증가시키고 우세반응을 더 많이 유발했다. Henchy와 Glass(1968)의 보고에 따르면, 전문성이 없는 관중에 비해서 전문성이 높은 관중은 위장-재인 과제 수행에 더 큰 사회적 촉진 효과를 보였다. Bergum과 Lehr(1963)도 전문성 높은 관중은 잘 학습된 경계 과제(vigilance task) 수행에서 사회적 촉진 효과를 더 크게 일으켰다. 많은 연구를 통해서 관중의 전문성 수준이 높을수록 평가 잠재력은 더 커지고, 과제 수행자에게 추동의 근원이 될 가능성도 더 커진다는 결론을 얻었다.

2) 습관강도의 측정

추동과 마찬가지로 타인의 존재에 의한 사회적 촉진 효과의 중개변수인 습관강도는 관찰된 사상에서 추론될 수 있다. 습관강도가 조작적으로 정의되는 방법은 매우 중요하다. Carron과 Bennett(1976)이 관찰했듯이 여기에는 문제가 있다. Hull-Spence 추동이론을 모형으로 사용한다면, 스포츠 과제를 사용하는 데 근본적인 제한이 따른다. 스포츠 과제를 위한 습관강도를 측정하는 것이 곤란하다. '정반응' 대 '오반응' 처럼 경쟁반응 성향의 상대적 발생빈도와 강도는 결정하기 어렵거나 또는 간접적인 측정만 가능하다. 많은 연구자가 동작 과제에 대한 사회적 촉진을 검증할 때 이 문제를 간과해 버렸다.

그러나 Zajonc(1965)가 주장했듯이 타인의 존재는 우세반응의 방출을 증진시킨다. 그러므로 이 주장을 효과적으로 검증하기 위해서는 어떤 반응이 지배적인가를 추정하는 방법이 필요했다. Cottrell(1972)은 습관강도의 차이를 통제하기 위한 방법론적 접근을 크게 첫째, 우세반응 사전 훈련법, 둘째, 실험참가자의 선호에서 우세반응 파악, 셋째, 우세반응 결정을 위해 대중적 가치를 이용하는 방법으로 분류했다. 이런 방법은 모두 효과적이지만 동작기술 연구에서는 첫 번째 방법이 가장 많이 사용되었다.

(1) 우세반응 사전 훈련

습관강도 위계란 정반응 대 오반응의 상대적 강도를 의미한다. 우세한 습관은 반응을 차별적으로 사전 훈련시킴으로써 반응위계에서 실험적으로 만들어 낼 수 있다. 이 방법은 '상대적으로 자주 제시된 한 가지 반응 대 그렇지 못한 또 다른 반응'의 형식을 포함한다(Carron & Bennett, 1976). 두 가지 변형된 방법이 가능한데, 첫째, 학습단계 대 수행단계 접근법과, 둘째, 차별적 보강 접근법이다.

① 학습단계 대 수행단계

Hull-Spence 이론체계에서 습관은 학습의 한 요소다. 학습 초기단계에서는 오반응이 우세반응이다. 그러나 반복 훈련과 보강에 의해서 학습이 일어난다. 자극과 정반응 간의 연합이 점차 강해지고 정반응이 반응위계에서 지배적 위치가 되어 간다. 그러므로 훈련 획득단계를 '학습단계' 또는 '오반응이 우세한 단계'라고 부른다. 반면에 학습곡선의 상승이 사라지고 수행 곡선이 고원을 이루는 단계는 '수행단계' 또는 '정반응이 우세한 단계'라고 부른다([그림 10-5] 참조).

이 패러다임은 Martens(1969a)가 시간추정 과제를 이용한 실험에서 사용하였다. 학습단계에서 수행 효율성 준거가 형성되고 실험참가자들이 세 번 연속시행에서 이 표준에 도달하면 학습단계가 끝나고 수행단계가 시작된다고 가정했다. 학습단계와 수행단계를 거치는 동안에 혼자인 조건과 관중 있는 조건(10명의 수동적인 관중으로 구성)을 사용했다. 그 결과는 [그림 10-6]에 제시되어 있다.

이 결과는 추동이론의 예언과 일치한다. 학습단계에서는 관중조건이 수행을 훼손하지만 수행단계에서는 수행을 촉진한다. Haas와 Roberts(1975)는 거울을 통해서 미로를 추적하는 과제를 이용하여 유사한 기법을 사용했다. 이 연구에서도 추동이론의 예견이 지지되어, 수행단계에서 관중은 수행을 증진시켰으나 학습단계에서는 수행을 감소시켰다.

② 차별적 보강

차별적 보강(differencial reinforcement) 접근법에서는 연습시행을 사전검사 또는 훈련단계와 검사(test)단계의 두 단계로 구분한다. 사전검사 또는 훈련단계에서는 차별적 제시 그리고 또는 보강을 통해서 강도가 다른 습관이 형성된다. 이것은 사회적 촉진 문제를 검증하기 위해서 검사단계에서 활용된다.

Cottrell, Wack, Sekerak 그리고 Rittle(1968)의 연구는 의사-단어 재인 과제를 이용하여 이 접근법을 예시했다. 사전검사 단계에서 실험참가자들은 10개의 무의미 단어(예, Afworbu)를 연습했다. 무의미 단어의 제시빈도가 달랐기 때문에 10개

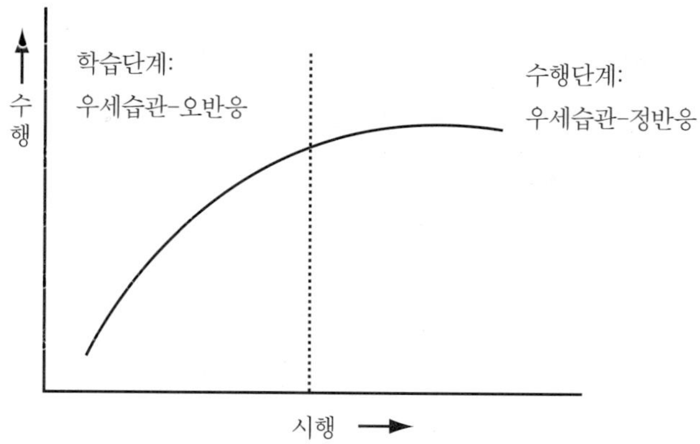

[그림 10-5] 학습단계(오반응 우세)와 수행단계(정반응 우세)의 두 요소로 구분된 연습곡선(Carron, 1980)

반응 사이에 습관위계가 형성되었다. 검사단계에서 단어를 연속적으로 스크린에 비추었고 실험참가자에게 각 시행마다 특정 단어를 찾아내게 했다. 총 160회 시행이 이루어졌으나 실제로 120회는 의사-재인 시행이었다. 자극제시 간격이 단어재인을 허용할 만큼 충분하지 못했다. 연구결과는 추동이론과 일치했다. 혼자인 조건과 비교해서 평가적 관중이 존재하는 조건에서는 우세반응이 촉진되었다.

의사-단어 재인 과제는 언어-정신 기술을 포함한다. 궁극적으로 스포츠 활동을 이해하는 데 가장 크게 기여한 연구는 동작 요건을 갖고 있는 과제를 이용해야 한다. 불행하게도 Carron과 Bennett이 지적했듯이 가능한 반응의 연속체에서 상대적 경향성을 측정하거나 통제가 필요할 때는 대부분의 동작과제가 실험과제로서 적합하지 않다. 이때는 실질적으로 동일한 하나 이상의 자극-반응 선택 대안을 포함하

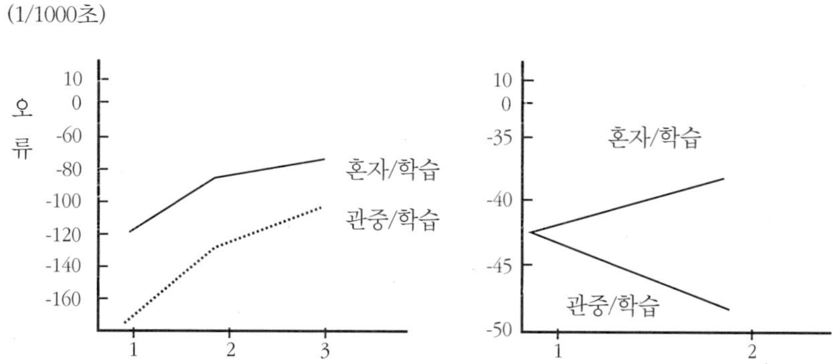

[그림 10-6] 시간추정 훈련의 학습 및 수행단계에서 일어난 계산오류(Martens, 1969)

는 과제가 필요하다. 중요한 문제는 반응 대안이 매우 유사하거나 동일하다는 것이다. 그렇지 않으면 전체 과제는 일련의 별도의 개별 동작반응 이상의 아무것도 아니다. 각각은 자체의 고유한 습관위계를 지니고 있다. 선택 반응시간은 요구된 유형의 과제를 나타내는 대표적 예다. 습관위계는 가능한 반응 선택의 수와 함수를 이루는 것으로 간주된다(Carron & Bennett, 1976).

Carron과 Bennett(1976)은 4개 중 하나를 선택하는 반응시간 과제를 사용했다. 60회의 사전단계를 이용하여 세 가지 차별적 습관위계를 만들었다. 우세습관이 없는 조건(no-dominant-habit)에서 4개의 대안적 반응은 사전검사 단계에서 동일하게 나타났다. 우세-습관-정반응(dominant-habit-correct) 조건에서는 사전검사 시행에서 우세하게 나타났던 반응이 60회의 사전시행에서 40회 제시되었다. 반면에 우세-습관-오반응 조건에서는 비검사반응 중 하나가 60회 중 40회 나타났다. 그러나 공동 활동이 습관강도 조건과 상호작용해서 습관-정반응 집단의 수행을 증진시키고 습관-오반응 집단의 수행은 감소시킬 것이라는 가설은 지지를 얻지 못했다.

(2) 실험참가자의 선호를 통한 우세반응 파악

실험참가자의 반응선호를 통해서 우세반응을 측정하는 실험설계는 사전검사와 본 검사의 두 단계 연습과정을 포함한다. 사전검사 단계에서 개인은 가능성 있는 수많은 선택적 반응에 노출되고 그중의 하나를 고른다. 이 과정을 계속 반복해서 가장 빈번하게 선택된 반응인 우세반응과 그렇지 않은 비우세반응으로 구성된 습관위계를 만든다. 검사단계에서는 타인의 존재가 우세반응의 출현을 증진시킬 것이라는 가설을 검증하기 위해서 관중 또는 공동 활동자를 투입한다.

Goldman(1967)은 이 방법을 사용해서 공동 활동자의 존재가 실험참가자의 색깔 선호에 미치는 효과를 검증했다. 30회의 사전검사 단계 동안에 실험참가자는 다섯 가지 색깔 중에서 어느 것을 좋아하는지 글로 썼다. 실험참가자의 절반은 30회의 사전검사 기간 동안에 혼자 검사를 받았고, 나머지 절반은 4명의 공동 활동자와 함께 검사를 받았다. 그 결과 공동 활동자의 존재는 우세반응 선택을 증가시켰다. 그러나 이 실험기법은 동작기술을 과제로 이용하는 연구에서는 적용된 적이 없다.

(3) 우세반응을 결정하기 위한 보편적 가치의 사용

앞에서 논의한 두 가지 접근방법의 두드러진 특징은 그들이 연습의 두 단계에 의존한다는 것이다. 사전검사 단계에서는 우세반응과 열등반응의 습관위계가 형성되고 검사단계에서는 습관위계가 사회적 촉진 패러다임에 사용된다. 그러나 세 번째 접근법에서는 사전검사 단계가 필요하지 않다. 모집단 규범이나 과제특성을 통해서 습관위계가 미리 알려지기 때문이다.

① 모집단 규범

Cottrell, Rittle 그리고 Wack(1967)은 원래 Spence, Farber 및 McFann(1956)이 개발한 경쟁적(의미가 비슷한)이거나 비경쟁적(의미가 뚜렷이 구별되는)인 짝지어진 단어목록을 사용하여 혼자 또는 수동적 관중 조건에서 검사했다. 경쟁적 단어 쌍 목록은 12개의 동의어 쌍(예, barren-fruitless, arid-grouchy)을 사용해서 경쟁적 반응이 최대한으로 나타나도록 제작되었다. 비경쟁적 목록은 15개의 동의어 쌍(예, barren-fruitless, adept-skillful)을 이용해서 다른 쌍 간에 연합도가 최소가 되도록 설계해서 경쟁반응 성향이 최소한으로 나타나도록 만들었다. 추동이론에 근거해서 다음과 같이 가설을 설정했다. 관중이 존재하면 비경쟁적 목록의 쌍-연합 학습이 향상되지만 경쟁적 목록에서는 훼손이 일어날 것이다. 결과는 [그림 10-7]에 제시되어 있듯이 가설을 지지했다.

② 과제 특성

과제가 정해진 수의 독립적 반응으로 구성되어 있고 가능한 반응의 전체 수(즉, 반응 모집단)가 정해질 수 있다면, 정반응 대 오반응의 상대적 강도를 추정할 수 있다. 그리고 실험참가자가 지배적 정반응 습관단계에 있는지 아니면 지배적 오반응 습관단계에 있는지 추정할 수도 있다. 단순미로(예, 두 가지 선택)와 복잡미로(예, 네 가지 선택) 과제가 좋은 예가 될 수 있다.

복잡미로에서는 여러 수준(예, 5수준) 각각에서 여러 가지 선택(예, 네 가지)이 가능하다. 이 경우 어떤 시행에서든 전체 20개의 가능한 반응 또는 15개의 오반응이 있다. 그러므로 지배적인 습관 정반응단계는 가능한 오반응의 전체 수에 대한 오반응의 실제 수의 백분율로서 조작적으로 고정될 수 있다. Landers, Brawley 그리고

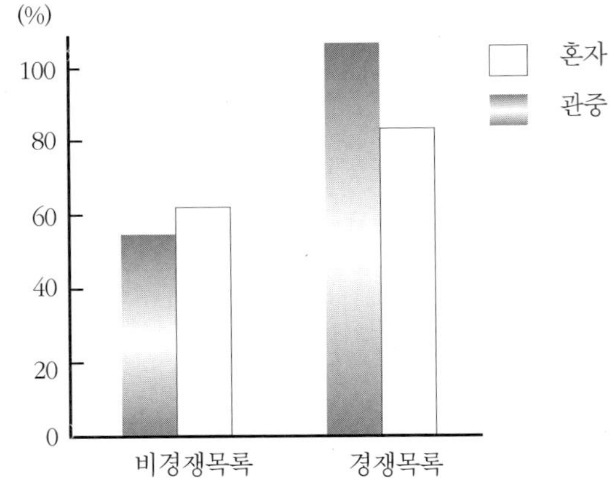

[그림 10-7] 경쟁 및 비경쟁목록을 사용하여 혼자 및 관중 있는 조건에서 쌍-연합 수행 (Cottrell, 1972).

Hale(1977)은 복잡미로를 가지고 이 접근방법을 사용했다. 50% 준거를 적용해서 가능한 15개의 오류 중 7.5개의 오류가 일어나는 지점을 오반응 습관 지배단계가 정반응 습관 지배단계로 전환되는 지점으로 보았다.

많은 연구(Hunt & Hillery, 1973; Landers, Brawley, & Hale, 1977; Shaver & Liebling, 1976; Williams, 1977)가 단순미로나 복잡미로를 실험과제로 사용해 왔다. 추동이론의 예측대로, Hunt와 Hillery(1973) 그리고 Shaver와 Liebling(1976)은 복잡미로에서는 타인의 존재에 의해서 증가된 추동은 오류를 증가시키고 단순미로에서는 오류를 감소시킨다는 결과를 얻었다. Landers, Brawley 및 Hale(1977)은 복잡미로를 사용해서 지배적 습관 오반응 단계에서는 관중과 공동 활동자 수가 증가하는 조건에서 오류의 수가 증가하는 것을 밝혔다.

5. 사회적 촉진 연구에서의 이슈

사회적 촉진 이론과 연구를 통해서 진행된 과정을 평가한 후에 수많은 연구자가 이 분야에서의 관심사를 지적하고 앞으로 추구해야 할 연구전략을 제안했다. Landers, McCullagh 및 Wankel(Landers, 1975; Landers & McCullagh, 1976; McCullagh & Landers, 1975; Wankel, 1975a, b)의 대체적인 제안은 다음과 같이 두 가지로 정리해 볼 수 있다.

1) 공동 활동과 관중 패러다임의 동일성

사회적 촉진 이론과 연구에서 오랫동안 지속된 가정은 공동 활동과 관중 패러다임을 동일하게 취급하는 것이다. 그러나 공동 활동자와 관중이 사회적 촉진에 대해서 동일한 효과를 갖는다는 이 가정의 근거에 의문이 제기되었다(Landers & McCullagh, 1976; McCullagh & Landers, 1975). 많은 연구자가 동일한 실험과제를 사용해서 공동 활동자와 관중에게서 동일한 수행 효과를 얻지 못했다. 심지어 공동 활동자가 있는 조건과 관중이 있는 조건에서의 수행 효과가 반대인 결과(Bird, 1973; Carmant & Latchfor, 1970; Martens & Landers, 1972; Sasfy & Okun, 1974)도 있다.

Landers와 McCullagh(1976)는 공동 활동자든 관중이든 타인의 존재는 평가염려를 유발한다고 지적한다. 그러나 공동 활동자가 존재하는 상황은 부수적인 요인을 포함하기 때문에 단순한 타인의 존재와는 다르게 독특하다. 공동 활동자가 있는 상황에서의 수행은 공동 활동자를 직접 목격하거나 소리를 듣는 것 또는 효과적인 수행전략의 직접 단서를 통해서 증진될 것이다. 또는 타인의 존재와 주의분산 효과에 의해서 방해를 받기도 할 것이다. 공동 활동자와 관중효과의 동일성에 대한 의문은 아직 구체적으로 검증되지는 않았지만 앞으로 연구과제가 되어야 할 것이다.

2) 공동 활동 조건에서의 수준조절 효과

능력 수준이 낮은 개인은 타인의 존재에 의해서 수행이 향상되지만 능력 있는 개인들에게서는 약간의 회귀성향이 나타난다(Landers, 1975; Landers & McCullagh, 1976; McCullagh & Landers, 1975). 이 문제는 사회적 촉진을 다룬 대부분의 연구에서는 전체 집단의 평균이나 표준편차 등 집단에 대한 자료만 보고하는 경향이 있었기 때문에 쉽게 드러나지 않았다. 그러나 초기 연구(Hurlock, 1927; Lorenz, 1933; Triplett, 1897; Whitemore, 1924)에서는 수준조절 효과(levering effects)가 확실하게 드러나고 있다.

이런 결과에 따라서 McCullagh와 Landers(1975)는 공동 활동 상황에서 개인의 행동은 독자적이라고 보기 어렵다고 주장했다. 심지어 개인이 독자적이고 경쟁적으로 행동하더라도 공동 활동 상황에서는 경쟁과 비교과정이 줄어들거나 제거되기 때문에, 이때의 수행은 구성원 간에 상호 관련되는 것으로 간주된다. 다양한 기법을 사용해서 이런 상호 관련성을 확인할 수 있다. 한 가지 방법은 공동 활동자의 최초 능력 수준에 맞추어서 일치시키는 것이다. 두 번째 기법은 공동 활동 단위에 속한 대표적인 한 명의 구성원에게서 얻은 자료만 사용하거나, 세 번째로 공동 활동 집단을 하나의 단위로 취급해서 전체 단위의 평균이나 총합을 구하는 것이다. 스포츠 활동에서는 공동 활동 상황이 매우 일반적이므로 수준조절 효과가 왜 일어나는지 그리고 어떤 환경에서 일어나는지 구체적으로 밝히는 것이 가능하고 필요하다.

6. 추동이론의 대안적 연구모형

사회적 촉진 연구에서 추동이론을 대신할 대안적 설명 모형이 검토되어야 한다(Landers & McCullagh, 1975; Wankel, 1975b). 여기에는 귀인모형 · 수정된 주의 · 분산모형 및 자기 제시이론 등이 있다.

1) 귀인모형

Weiner(1972)의 귀인모형에 따르면 자극사건 또는 상황은 예언적 원인 조건을 유발하고, 후속행동을 결정하는 정서반응과 목표 기대를 일으킨다([그림 10-9] 참조). Wankel(1975b)은 공동 활동자 또는 관중인 타인의 존재(자극 사건)와 그로 인한 평가염려는 자부심이나 창피함과 같은 정서적 예기를 일으킨다고 지적했다. 이렇게 기대된 효과는 여러 가지 방식으로 후속 수행에 영향을 미칠 수 있다.

평가적 타인의 등장으로 고조된 감정은 어떤 활동에 대한 개인이 기대하는 주관적 유용성을 증가시켜서 그 개인이 과제에 대해서 노력하게 만든다(Wankel, 1975b). 그러므로 성공으로 인해서 자부심 경험을 기대하는 개인이나 실패로 인한 수치심 경험을 기대하는 개인은 다음 행동과정에서 더 열심히 하려고 노력할 것이다. 타인의 존재 때문에 일어난 수행의 향상은 증가된 노력의 결과다.

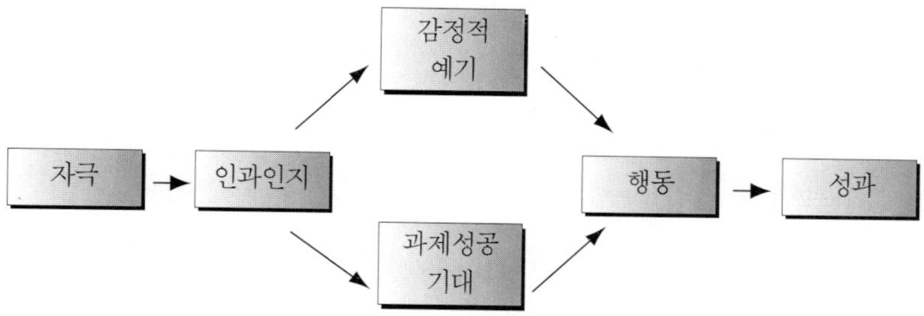

[그림 10-8] 동기에 대한 귀인모형의 요소(Weiner, 1972)

Duval과 Wicklund(1972)의 해석에 따르면, 타인이 존재하는 조건에서 수행 수준이 감소한 것은 기술이 부족한(능력 수준이 낮은) 개인이 자신의 능력 범위를 벗어난 수행을 무리하게 시도했기 때문이다. 그러나 Wankel은 오히려 주의분산 가설에 맞추어서 이런 설명을 평가절하했다. 개인은 과제에 더 많은 노력을 보이도록 동기화되어 있으나 그의 주의는 고조된 정서조건 하에서 혼란스러워졌다. 그 결과로 주의가 산만해져서 실제로 과제와 관련된 노력은 더 적어졌고 결국 수행을 훼손시키게 되었다.

또 다른 해석(Wankel, 1975b)에 따르면 타인이 단순히 존재할 때 과제 수행자는 과제에 관련된 자신의 능력을 과소 추정하거나 과제 난이도를 과대 추정하게 된다. 어느 경우든 과제 수행자가 덜 어려운 과제를 위해서 의도된 노력을 하도록 만들지만 동시에 어려운 과제에서 자신의 노력이 적절하다고 판단하는 지점을 낮추게 될 것이다. 따라서 그는 어려운 과제의 수행을 곧 멈추어 버릴 것이다.

동작기술과제를 이용해서 사회적 촉진효과에 대한 귀인적 설명을 직접 다룬 연구는 아직 찾아볼 수 없다. 그러므로 귀인모형이 사회적 촉진 현상에 대한 대안적 설명모형으로서 얼마나 유용성이 있는지를 평가하기란 여전히 어려운 일이다.

2) 수정된 주의분산 · 갈등이론

전통적인 추동이론에서 벗어나서 수정된 주의분산 · 갈등이론(Baron, 1986; Geen, 1989)은 정보처리와 주의과정에 근거를 두고 있다. 추동이론에서 가정하는 대로 타인의 존재가 생리적 흥분을 일으키는 직접적인 증거를 제시하지 못한 점을 비판하고 있다. 그뿐 아니라 이 이론은 사회적 촉진 이외에도 주의분산과 태도변화(설득), 주의분산과 스트레스 수준의 관련성 등과 같은 다양한 주제에도 적용할 수 있기 때문에 제시되었다(한덕웅, 2002).

이 이론에 따르면 과제수행과정에서 존재하고 있는 관중이나 공동 활동을 하고 있는 타인은 주의과정에서 과부하를 일으켜서 단서자극에 대한 주의의 폭을 좁히게 된다. Geen(1989)의 통합모형에 따르면 타인의 존재로 나타나는 주의분산, 평가염려 및 불확실성은 주의 과부하를 일으킨다. 이로 인한 주의 과부하는 흥분을 일으켜서 과제수행에 사용할 단서를 좁은 범위로 제한하므로 선택적 주의를 초래한다. 정답이 우세반응인 쉬운 과제에서는 수행과 무관한 타인의 존재는 수행에서 요구되는 주의를 분산시키는 요인이 아니므로 수행에 더욱 선택적으로 집중하게 만들어서 수행을 촉진시킨다. 반면에 오답이 우세반응인 복잡하거나 어려운 과제에서는 타인의 존재가 수행과 관련된 단서에 주의집중하기 어렵게 간섭하기 때문에 수행이 훼손된다.

3) 자기제시이론

자기제시이론(self-presentation theory; Bond, 1982)의 기본가정은 사람은 타인에게 가장 바람직한 자기상을 보여 주어서 좋은 인상을 주려고 한다(Schlenker, 1980)는 것이다. 관찰자나 공동 활동자가 있는 상황에서 과제 수행을 하고 있는 개인은 더 열심히 노력하도록 동기화될 뿐만 아니라 수행에 실패할 경우에 경험할 당혹감은 더 커진다.

단순하거나 익숙한 과제를 수행할 경우에는 실패 가능성이 낮기 때문에 자기제시 동기가 높아지고 따라서 타인이 존재하는 상황에서 수행 수준이 증진될 것이다. 그러나 복잡하거나 생소해서 타인 앞에서 수행에서의 실패가 예상되는 경우에는 심한 스트레스로 인해서 수행에 지장을 줄 정도의 인지적 간섭이 일어날 것이다.

Bond(1982)는 추동이론과 자기제시이론을 비교하는 연구를 통해서 자기제시이론을 부분적으로 지지하는 결과를 얻었다. 실험참가자들은 혼자 또는 한 사람의 관찰자가 있는 조건에서 단어 쌍 전이과제 목록을 학습했다. 어려운 과제는 전이 목록 안에 어려운 새 단어 쌍 목록을 다수 포함시키고 원래 학습했던 목록은 소수만 포함시켰다. 쉬운 과제는 그 반대였다. 추동이론에 따르면 타인이 존재하는 조건에서 친숙한 쉬운 문항은 학습을 촉진하지만 생소한 어려운 문항은 학습을 방해할 것이다. 자기제시이론에 따르면 타인이 존재하는 조건에서 어려운 과제의 실패는 당혹감과 인지적 간섭을 일으키기 때문에 어려운 과제의 경우에는 쉬운 문항이든 어려운 문항이든 모든 문항에서 수행의 훼손이 나타날 것이다.

연구결과에 따르면 어려운 과제에서 실패에 따른 당혹감과 인지적 간섭이 나타난 조건에서는 문항 난이도에 상관없이 관찰자가 있을 때는 학습을 손상시켰다. 쉬운 과제에서는 타인의 존재가 학습을 손상시키지 않았다. 그렇지만 쉬운 과제 중에 포함된 어려운 문항은 타인의 존재로 인해서 학습이 촉진되지 않아서 자기제시 이론의 예측과 달랐다. 결론적으로 이 연구는 자기제시이론을 부분적으로만 지지했다.

참고문헌

강효민, 김우성(1996). 수구 팀의 리더십, 집단응집력과 팀 수행의 관계. 한국스포츠사회학회지, 6, 1-10.

고용주, 김영미(2003). 탁구 선수들이 지각한 지도자 행동유형과 선수만족의 관계. 한국체육학회지, 42(4), 171-181.

권석균(2000). 부하의 상급자 신뢰에 상급자의 행동특성과 능력, 사회적 유사성 및 교환관계 특성이 미치는 영향. 경영학 연구, 29(1), 189-218.

김관현 (1999). 경쟁상태 불안의 하위 요소들이 유도선수의 경기력에 미치는 영향. 한국체육학회지, 38(2), 255-270.

김귀봉(1993). 학회 발전의 전제조건들. 한국스포츠심리학회보, 10, 2-4.

김기웅, 전상돈(1993). 한국 스포츠 심리학의 역사적 변천 과정. 한국심리학회지, 4(2), 15-26.

김방출(1991). 한국 대학의 체육계 학과 전문 교육 과정의 변천에 관한 연구. 서울대학교 대학원 석사학위논문.

김병준, 이강헌(1993). 한국 스포츠 심리학 관련 연구 활동 분석. 한국스포츠심리학회지, 4(2), 27-43.

김병현 외 5명(1989). 경기 종목 특성에 따른 코치의 지도: 행동유형에 관한 연구. 한국체육과학연구원.

김봉호(1996). 운동부의 스포츠 지도에 관한 연구: 가치지향을 중심으로. 공주대학교 대학원 미간행 석사학위 논문.

김사엽, 김영귀(2000). 하키코치의 지도행동유형에 따른 선수만족도에 대한 연구. 한국체육학회지, 39(3), 101-109.

김영선(2001). 근대 5종 선수의 심리적 기술 특성. 한국체육학회지, 40(3), 161-169.

김익겸, 유승희, 김복현(1999). 한국 엘리트 마라톤 선수들의 기질 특성에 관한 연구. 경희대학교 체육학논문집, 27, 35-44.

김정완, 김정남(2002). 변혁적 리더십이 운동선수의 지도자 동일시와 신뢰, 그리고 운동 행동에 미치는 효과. 한국스포츠심리학회지, 13(3), 43-64.

김창호(1999). 리더십행동과 사기와의 관계연구. 한국체육학회지, 38(3), 799-808.

김충태, 김동민, 한충식(2005). 체조 지도자의 변혁적 리더십 유형에 따른 지도자 신뢰 및 지도 효율성의 관계. 한국스포츠리서치, 16(2), 797-806.

류정무(1982). 스포츠와 심리학: 주제발표 2. 스포츠 심리학의 발전과 연구현황. 춘계학술심포지움: 스포츠와 심리학, 한국심리학회.

마석열, 김인수(1991). 스포츠 행동과 성격 변화에 이론적 접근. 한국스포츠심리학회지, 2(2), 3-12.

문익수, 양은석(1992). 목표설정이 운동학습에 미치는 영향. 고려대학교 스포츠과학 논집, 2권.

박영민, 이은석, 이한규(2003). 골프 지도자의 지도행동 유형과 인지된 지도효율성의 관계. 한국체육학회지, 42(4), 223-233.

박인수(1989). 목표설정 상황에서 결과의 피드백 제시유형이 운동과제 수행에 미치는 영향. 서울대학교 대학원 석사학위 논문.

박정호, 이강헌 (2002) 목표설정 난이도가 중학생의 높이뛰기 수행과 내적동기에 미치는 영향. 한국체육학회지, 41(2), 79-88.

박찬호, 김정주(2001). 농구선수의 성격 특성에 관한 연구. 한국체육학회지, 4(4), 209-217.

박형란, 조현홍, 이한주(2004). 고등학교 우수팀과 비우수팀 검도 지도자의 코칭행동. 한국체육학회지, 43(5), 173-182.

백동기(1999). 마루운동 경기 전 경쟁불안 징후 해석과 기록과의 관계. 한국스포츠심리학회지, 10(2), 141-158.

서지영, 문익수(1994). 집단게임 평가척도의 개발과 타당화 연구. 한국스포츠심리학회지, 5(1), 59-74.

성균관대학교 응용심리연구소(2002). 인간의 마음과 행동. 서울: 박영사

성창훈(1985). 목표설정 수준이 운동수행과 동기에 미치는 영향. 서울대학교 대학원 석사학위 논문.

성창훈(1994). 스포츠 목표설정 연구의 경향과 방법론적 문제 및 미래과제. 한국스포츠심리학회지, 5(2), 37-68.

성창훈(2000). 청소년 운동선수의 리더십 지각(Ⅰ): 코칭행동의 지각과 선호성. 한국스포츠심리학회지, 11(1), 55-74.

성창훈, 박상혁(2003). 스포츠 영웅의 성격 특성적 이미지 분석. 한국체육학회지, 42(6), 289-297.

송광환, 정재은, 고의석, 육동원(2005). 고등학교 축구 지도자의 리더십 행동유형과 선수 만족도의 관계. 한국스포츠리서치, 16(2), 63-70.

신유근(1997). 인간존중의 경영. 다산출판사.

심영섭(1990). 목표설정 수준과 경쟁이 체력의 발현에 미치는 영향. 한양대학교 대학원 석사학위 논문.

안희구(2003). 고교 조정선수들의 성공과 실패, 목표성향이 귀인유형에 미치는 영향. 한국체육학회지, 42(5), 161-170.

양은석(1994). 운동학습에 대한 목표설정과 결과 지식의 연합효과. 한국스포츠심리학회지, 5(1), 105-114.

양은섭(1990). 운동학습과 수행에 있어서 동간 목표설정 효과. 고려대학교 대학원 박사학위 논문.

유승동(2001). 변혁적 리더십과 임파워먼트의 관계: 신뢰의 매개역할. 인사관리연구, 24(2), 193-218.

유진, 신지숙(2001). 스포츠 리더십 모형의 내용분석과 척도 개발. 한국체육학회지, 40(2), 125-135.

유진(1988). 목표설정이 내적동기, 자기-효능 및 체력 향상에 미치는 효과. 중앙대학교 스포츠과학 연구소 논집, 1-63.

유진(2004). 한국 스포츠 심리학회지 내용분석: 1990~2004. 한국스포츠심리학회지, 15(4), 17-32.

유진, 박성제(1999). 불안이 테니스 수행에 미치는 효과: 다차원적 불안이론과 카타스트로피 모델 검증. 한국체육학회지, 38(4), 260-270.

윤익선(2001). 유도 집단특성에 따른 지도행동유형 분석. 한국체육학회지, 40(1), 553-562.

은희관(1990). 스포츠 심리학의 연구 동향과 미래에 대한 소고. 한국스포츠심리학회지, 1(1), 55-68.

이경우(1999). 코치의 리더십 행동유형과 집단응집력의 관계. 단국대학교 대학원 박사학위 논문.

이병두, 강효민(1996). 고교수구팀의 집단응집력과 공격행동 및 팀 수행의 관계. 한국스포츠사회학회지, 5, 61-71.

이병호(1990). 스포츠를 대하는 승리지향적 태도에 관한 연구. 공주사범대학 교육대학원 미간행 석사학위 논문.

이용인, 윤대현(2003). 목표의 난이도가 축구공 리프팅 수행에 미치는 영향. 한국체육학회지, 42(3), 239-248.

이종근, 정희석, 김재춘(2005). 골프 지도자의 리더십이 지도 효율성에 미치는 영향. 한국스포츠리서치, 16(3), 43-52.

이종호, 김상두(1991). 목표설정 수준과 경기력과의 관계. 충남대학교 체육과학 연구지, 9(1).

이한규(1992). 스포츠 집단의 구조적 요인과 집단효율성의 관계. 서울대학교 대학원 박사학위 논문.

장국진, 오경석, 김상식(2001). 경륜 선수들의 기술등급별 성취목표지향. 성취동기의 관계. 체육학회지, 40(4), 195-208.

전병관(2000). 육상경기 선수의 경기력과 심리적 불안 요소에 관한 연구. 한국체육학회지, 39(4), 257-264.

정영린(2004). 스포츠 팀 지도자의 리더십 행동과 조직문화 및 조직몰입의 관계. 한국체육학회지, 43(6), 181-189.

정용민(1999). 스포츠 성취 목표지향과 성취동기의 관계. 한국체육학회지, 38(1), 208-221.

정윤기, 김현(2005), 태권도 지도자의 리더십 유형 연구. 한국스포츠리서치, 16(3), 859-864.

정지혜(2004). 구기 종목 선수들의 성취목표와 내적 동기와의 관계. 한국체육교육학회지, 9(3), 105-118.

조건상, 김현식, 이제행(2004). 모험 스포츠 리더십 유형에 따른 지도자 신뢰와 지도 효율성의 관계. 한국체육학회지, 43(2), 91～100.

조태수, 이진석(2005). 하키 지도자의 카리스마 리더십이 팀 효율성에 미치는 영향. 한국체육학회지, 44(5), 643-653.

최성희, 김승철(2005). 육상코치의 리더십 행동 유형과 선수 만족과의 관계. 한국체육학회지, 44(5), 279-288.

최영옥, 김윤태, 김진표(2001). 구기 종목 코치의 변환적-상동적 리더십과 지도 만족 및 지도 효율성과의 관계. 한국체육학회지, 40(1), 174-186.

최영준, 최만식, 문익수(2002). 대학 운동선수, 체육전공학생 및 일반학생의 인성에 대한 비교. 한국체육학회지, 41(2), 99-107.

한덕웅(1983/1987). 조직행동의 동기 이론. 서울: 법문사.

한덕웅(2004). 인간의 동기심리. 서울: 박영사.

허진영(2003). 소프트볼 코치의 리더십 유형과 성원만족, 성취동기 및 집단응집력의 관계. 한국스포츠심리학회지, 14(3), 15-28.

홍대식(1989). 응용사회심리학. 서울: 박영사.

홍성찬, 정청희(2004). 고교 축구선수의 집단응집력 개념 구조. 한국체육학회지, 43(6), 307-320.

홍준희(2001). 경쟁 상태불안의 선행변인으로서의 자기 불일치. 한국체육학회지, 40(1), 199-207.

황옥철(1992). 운동학습과 수행에 있어서 목표설정에 관한 연구. 고려대학교 스포츠 과학 논집, 2.

Alderman, R. B. (1974). *Psychological behavior in sports.* W. B. Saunders.

Alderman, R. B. (1978). Strategies for motivating young athletes. In *Sport psychology: An analysis of athlete behavior.* (W. Straub, Ed.). Mouvement Publications.

Alderman, R. B., & Wood, N. L. (1976). An analysis of incentive motivation in young Canandian athletes. *Canadian Journal of Applied Sport Science, 1,* 169-176.

Allen, V. L. (1975). Social support for nonconformity. In *Advances in Experimental Social Psychology, Vol. 8.* (L. Berkowitz, Ed.). Academic Press.

Allen, V. L., & Levine, J. M. (1971). Social support and conformity: The role of independent assessment of reality. *Journal of Experimental Social Psychology, 7,* 48-58.

Allport, F. H. (1920). The influence of the group upon association and thought. *Journal of Experimental Psychology, 3,* 159-182.

Allport, F. H. (1924). *Social psychology.* Houghton Mifflin.

Allport, G. W. (1937). *Personality: A psychology interpretation.* Holt.

Allport, G. W. (1961). *Pattern and growth in personality.* New York: Holt, Rinehart and Winston.

Allport, G. W. (1964). *Pattern and growth in personality.* New York: Holt, Rinehart and Winston.

Allport, G. W. (1985). The Historical Background of social psychology. in G. Kindzey & E. Aronson (eds.). *Handbook of Social Psychology, Vol. 1.* (3rd ed., pp. 1-46). New York: Random House.

Anderson, G. J. (1973). *The assessment of learning environments: A manual for the Learning Environment Inventory and the My Class Inventory.* Atlantic Institute of Education.

Anderson, W. G. (1975). Teacher behavior in physical education classes. Part I : Development of a descriptive system. Unpublished manuscript, Teacher College, Columbia University.

Anderson, W. G.(1899). Studies in the effect of physical training. *American Physical Education Review 4,* 253-259.

Anderson, W. G., & Barrette, G. T. (1978). Teacher behavior. In *What's going on in gym: Descriptive studies of physical education classes.* (W. G. Anderson & G. T. barrette, Eds.), Monograph 1. Motor Skills: Theory into Practice.

Anshel, M. H. (1990). Toward a calidation of a model for coping with acute stress in sport. *International Journal of Sport Psycholoy, 21,* 58-83.

Ansorge, C. J., Scheer, J. K., Laub, J., & Howard, H. J. (1978). Bias in judging women's gymnastics induced by expectations of within-team order. *Research Quarterly, 49,* 339-405.

Argyle, M. (1967). *Social interaction.* Tavistock Publications.

Argyle, M. (1969). *Social interaction.* Tavistock Publications.

Argyle, M., & Kendon, A. (1967). The experimental analysis of social performance. *Advances in Experimental Social Psychology, 3,* 55-98.

Argyle, M., Lallje, M., & Cook. M. (1968) The effects for visibility on interaction in a dyad. *Human Relations, 21,* 3-17.

Arkes, H. R., & Garske, J. P. (1977). *Psychological theories of motivation.* Brooks/Cole Publishing Co.,

Arnold LeUnes., & Jack R. Nation. (2002). *Sport psychology.* California: Wadsworth.

Aronson, E. (1973). Some antecedents of interpersonal attraction. In *Psychological dimensions of social interaction: Readings and perspectives.* (D. E. Linder, Ed.). Addison-Wesley.

Asch, S. E. (1951). Effects of group pressure upon the modofication and distortion of judgement. In *Groups. leadership and men.* (H. Guetzkow, Ed.). Carnegie Press.

Asch, S. E. (1956). Studies of independence and conformity: I. A minority of one against a unanimous majority. *Psychological Monographs. 70,* No. 9 (Whole No. 416).

Atkinson, J. W. (1957). Motivational determinants of risk taking behavior. *Psychological Review, 64,* 359-372.

Atkinson, J. W. (1964). *An introduction to motivation.* Van Nostrand.

Atkinson, J. W. (1958). *Motives in fantasy, action and society.* Van Nostrand.

Atkinson, J. W., & Raphelson, A. C. (1956). Individual differences in motivation and behavior in particular situations. *Journal of Personality, 24,* 349-363

Avolio, B. J., & Bass, B. M (1988) Transformational leadership, charisma, and beyou\nd. In J. G. Hunt, B. R. Baliga, H. P. Dachler & C. A. Schriesheim (eds.), *Emerging leadership vistas.* Lexington Mass: Lexington Books (pp. 20-49).

Backman, I. J., & Secord, P. F. (1959). The effect of perceived liking on interpersonal attraction. *Human Relation, 12,* 379-384

Badin, I. J. (1974). Some moderator influences on relationships between consideration, initiating structure and organizational creteria. *Journal of Applied Psychology, 59,* 380-382

Bale, P. (1969). Somatotyping and body physique. Physical Educator, 61, 75-82.

Bales, R. F. (1950). *Interaction process analysis: A method for the study of groups.* Addison-Wesley.

Bales, R. F. (1955). How people interact in conferences. *Scientific American, 192,* 31-35.

Bales, R. F. (1966). Task roles and social roles in problem-solving groups. In *Role theory: Concepts and research.* (B. J. Biddle and E. J Thomas, Eds.). John Wiley & Sons.

Bales, R. F., & Strodtbeck, F. L. (1951). Phases in group problem-solving. *Journal of Abnormal and Social Psychology, 46,* 485-495.

Ball, D. W. (1974). Replacement processes in work organizations: Task education and the case of professional football. *Sociology of Work and Occupations, 1,* 197-217.

Ball, J. R., & Carron, A. V. (1976). The influence of team cohesion and participation motivation upon preformance success in intercollegiate ice hockey. *Canadian Journal of Applied Sport Sciences, 1,* 271-275.

Bandura, A. (1969). *Principles of behavior modification*. Holt, rinehart & Winton.

Bandura, A. (1982). Self-efficacy mechanism in human agency. *American Psychologist, 37,* 122-147.

Bandura, A., & Cervone, D. (1983). Self-efficacy, and intrinsic interest thought proximal self-evaluation. *Journal of Personality and social Psychology 41,* 586-598.

Bandura, A., & Schunk, D. H. (1981). Cultivating competence, self-efficancy and instrinsic interest through proximal self-motivation. *Journal of Personality and Social Psychology, 41,* 586-598.

Bandura, A., & Wood, R. (1989). Effects of perceived controllability and performance standards on self-regulation of complex decision making. *Journal of Personality and Social Psychology, 412,* 5486-598.

Banta, T. J., & nelson, C. (1964). Experimental analysis of resource location in problem-solving group. *Sociometry, 27,* 488-501.

Bar-Eli, M., Hartman, I., & Levy-Kolker, N. (1994). Using goal setting to improve physical performance of adolescents with behavior disorders: The effect of goal proximity. *Adapted Physical Activity Quarterly, 11,* 86-97.

Barnett, M. L. & Stanicek, J. A. (1979). Effects of goal setting on achievement on archery. *Research Quarterly, 50*(3), 328-332.

Baron, R. A. (1986). Behavior in organization (2nd ed). allyn & bacon. and social resources as moderators of the relationship stress to mental health of the very old. *Journal of Geronotology of Social Science, 49*(1), 35-43.

Baron, R., Moore., & Sanders, G. S. (1978). Distraction as a source of drive in social facilitation research. *Journal of Personality and Social Psychology, 36,* 816-824.

Barrow, J. C. Worker (1976). Performance and task complex as causal determinants of leader behavior style and flexibility. *Journal of Applied Psychology, 61,* 433-440.

Basler, N. L., Fisher, A. C., & Mumford, N. L. (1976). Arousal and anxiety correlates of gymnastic performance. *Research Quarterly, 61,* 433-440.

Bass, B. M. (1959). Great men or grat times? *Adult Leadership, 8,* 7-10.

Bass, B. M. (1985). Leadership and performance beyond expectations. N. Y. : Free Press.

Bass, B. M. (1990). *Bass & Stogdill's handbook of leadership*. NY: Free Press.

Bass, B. M. (1996). *A new paradigm of leadership: An inquirt into transformational leadership*. Alexandria, VA: U.S. Army Research Institute for the Behavioral and Social Sciences.

Bass, B. M. (1997). Does the transactional transformational paradigm transend organizational and national boundaries? *American Psychologist, 52,* 130–139.

Bass, B. M., & Avolio, B. J. (1994). Introduction, In B. M. Bass & B. J. Avolio (Eds.) *Improving organizational effectiveness through transformational leadership.* Thousand Oaks, CA: Sage.

Bass, B. M., Dunteman, G. Frye, R,. Vidulich, R., & Wambach, H. (1963). Self, interaction, and task orientation inventory scores associated with overt behavior and personal factors. *Educational and Psychological Measurement, 23,* 101–116.

Bavelas, A. (1948) A mathematical model for group structures. *Applied Anthropology, 7,* 16–30.

Bavelas, A. (1950) Communication patterns in task oriented groups. Journal of the *Acoustical Society of America, 22,* 725–730.

Bavelas, A., Hastorf, A. H., Gross, A. E., & Kite, W. R. (1965). Experiments on the alteration of group structure. *Journal of Experimental Social Psychology, 1,* 55–70.

Baytor, D. (1978). Children's enjoyment in competitive sports. Unpublished Master of Arts Thesis, University of Western Ontario, London.

Behling, O., & Schreisheim, C. (1976). *Organizational behavior: Theory, research and application.* Allyn & Bacon.

Bell, K. F. (1983). *Championship thinking: The athlete's guide to winning performance in all sports.* Englewood Cliffs, NJ: Prentice Hall.

Bem, D. J. (1972). Self-perception theory. In *Advances in Experimental Social Psychology, Vol. 6.* (L. Berkowitz, Ed.). Academic Press.

Bennis, W. (1966). Organizational developments and the fate of bureaucracy. *Industrial Management Review, 4,* 41–55.

Bennis, W. G. & Nanus, B. (1985). *Leaders: The strategies for taking charge,* New York: Harper & Row.

Bergum, B. O., & Lehr, D. L. (1963). Effects of authoritarianism on vigilance performance. *Journal of Applied Psychology, 47,* 75–77.

Berkowtz, L., & Macaulay, J. R. (1961). Some effects of difference in status level and status stability. *Human Relations, 14,* 135–148.

Berkowtz, L. (1954). Group standards, cohesiveness and productivity. *Human Relations, 7,* 509–519.

Berlyne, D. E. (1960). *Conflict, arousal curiosity.* McGraw-Hill.

Bird, A. M. (1975). Cross sex effects of subject and audience during motor performance. *Research Quarterly, 46,* 379–384.

Bird, A. M. (1977). Tea structure and success as related to cohesiveness and leadership. *Journal of Social Psychology, 103,* 217-223.

Blake, R. R. and Mouton, J. S. (1961). Conformity, resistance and conversion. In *Conformity and deviation* (I. A. Berg & B. M. Bass, Eds.). Harper.

Blau, P. M. (1964). *Exchange and power in social life.* Wiley.

Block, J. R. (1962). Motivation, satisfaction and performance of handicapped workers. Unpublished doctoral dissertation, New Your University.

Bloom, G. A. (1997). *Characteristics, strategies, and knowledge of expert team sport coaches.* Ph.D. diss., University of Ottawa, Ottawa, Ontario, Canada.

Bloom, G. A., Durand-Bush, N., & Salmela, J. H. (1997a). Pre-and postcompetition routines of expert coaches of team sports. *The Sport Psychologist, 11,* 127-141.

Bloom, G. A., Durand-Bush, N., & Salmela, J. H. (1997b). This importance of mentoring in the development of coaches and athletes. *International Journal of Sport Psychology, 29*(3), 267-281.

Bloon, G. A., Durand-Bush, N., Schinke, R. J., & Salmela, J. H. (1998). The importance of mentoring in the development of coaches and athletes. International. *Journal of Sport Psychology, 29*(3), 267-281.

Bonner, H. (1959). *Group dynamics: Principles and applications.* Ronald Press.

Bonney, M. E. (1944). Relationships between social success, family size, socioeconomic home background, and intelligence among school children in *grades III to V. Sociometry, 7,* 26-39.

Boulding, K. (1956). General systems theory: The skeleton of science. *Management Science,* 197-208.

Bower, D. G., & Seashore, S. E. (1966). Predicting organizational effectiveness with four-factor theory of leadership. *Administrative Science Quarterly, 11,* 238-263.

Bower, D. G., & Seashore, S. E. (1971). Predicting organizational effectiveness with a four factor theory of leadership. In *Groups and organizations* (B. L. Hinton, Ed.). Wadsworth Publishing Co.

Brawley, L. R. Landers. D. M,. Miller. L., & Kearns. K. F. (1979). Sex bias in evaluating motor performance. *Journal of Sport Psychology, 1,* 15-24.

Brenner, M. Stagefright, & Stevens Law. (1974). Presented at the Eastern Psychological Association Meeting.

Brown. J. S. (1961). *The motivation of behavior.* McGraw-Hill.

Brown. R. W. (1965). *Social psychology.* Free Press.

Brustad, R. J. (1988). Affective outcomes in competitive youth sport: The influence of intrapersonal and socialization factors. *Journal of Sport & Exercise Psychology, 10,* 307-321.

Bryan, J. F., & Locke, E. A. (1967). Goal setting as a means of increasing motivation. *Journal of Applied Psychology 51,* 274-277

Burton, D. (1984). Goal setting: A secret to success. *Swimming World, Feb.* (pp. 25-29).

Burton, D. (1989)/ Winning isn't everything: Examining the impact of performance goals on collegiate swimmers' cognitions and performance. *The Sport Psychologist, 2,* 105-132.

Burwitz. L. and Newell, K. M. (1972). The effects of the mere presence of coactors on learning a motor skill. *Journal of Motor Behavior. 4,* 99-102.

Buss, A. H., & Plomin, R. (1975). *A temperament theory of personality development.* new york: wiley.

Bycio, P., Hackett, R. D., & Allen, J. S. (1995). Further assessments of Bass's conceptualization of transactional and transformational leadership. *Journal of Applied Psychology, 80,* 468-478.

Byrne, D. (1969). Attitudes and attraction. In *Advances in experiment social psychology, Vol. 4,* (L. Berkowitz, Ed.). Academic Press.

Cameron, J., & Pierce, W. D. (1994). Reinforcement, reward, and intrinsic motivation: A meta-analysis. *Review of Educational Research, 64,* 363-423.

Campbell, D. T., & Ilgen, D. R. (1976). Additive effects of task difficulty and goal setting on subsequent task performance. *Journal of Applied Psychology, 61*(3), 319-324.

Campbell, J. P., Dunnette, M. D., Lawler, E. E., & Weick, K. E. (1970). *Managerial behavior, performance, and effectiveness.* McGraw-Hill.

Caplow, T. A (1956). Theory of coalitions in the triad. *American Sociological Review, 21,* 489-493.

Carment, D. W. (1970). Rate of simple motor responding as a function of coating competition and sex of the paticipants. *Psychonomic Science, 19,* 342-343.

Carment, D. W. and Hodkin, B. (1973). Coaction and competition in India and Canada. *Journal of Cross Cultural Psychology, 4,* 459-469.

Carment, D. W. and Latchford, M. (1970). Rate of simple responding as a function of coaction, sex of participants, and the presence of the experimenter. *Psyconomic Science, 20,* 253-254.

Carron A. V., & Bennett, B. B. (1977). Compatibility in the coach-athlete dyad. *Research Quarterly, 48,* 671-679.

Carron A. V., & Chelladurai, P. (1978). Cohesiveness as a factor in sport performance. Accepted, *International Review of Sport Sociology.*

Carron A. V., & Chelladurai, P. (1978). Psychological factor and athletic success: An analysis of coach-athlete interpersonal behavior. *Canadian Journal of Applied Sport Sciences, 3,* 43-50.

Carron A. V., & Garvie, G. T. (1978). Compatibility and successful performance. *Perceptual and Motor Skills, 46,* 1121-1122.

Carron A. V., & Leavitt, J. L. (1968). The effect of practice upon individual differences and intravariability in a motor skill. *Research Quarterly,* 470-474.

Carron, A. V. (1968). Motor performance under stress. *Research Quarterly, 39,* 463-469.

Carron, A. V. (1971). Reactions to 'anxiety and motor behavior.' *Journal of Motor Behavior, 3,* 181-188.

Carron, A. V. (1975). *Personality and athletics: A review. In The status of psychomotor learning and sport psychology research* (B. S. Rushall, Ed.). Sports Science Associates.

Carron, A. V. (1978). Role behavior and coach-athlete interaction. *International Review of Sport Sociology, 13,* 51-65.

Carron, A. V. (1984). *Motivation: Implications for coaching and teaching.* London, Ontario: Sports Dynamics.

Carron, A. V. (1990). Group size in sport and physical activity: Social psychological and performance consequences. *International Journal of Sport Psychology, 21,* 286-304.

Carron, A. V., & Ball, J. R. (1977). Cause-effect characteristics of cohesiveness and participation motivation in intercollegiate hockey. *International Review of Sport Sociology, 12,* 49-60.

Carron, A. V. Ball, J. R., & Chelladurai, P. (1977). Motivation for participation success in performance and their relationship to individual and group satisfaction. *Perceptual and Motor skills, 45,* 835-841

Carron, A. V., & Bennett, B. (1976). The effects of initial habit strength differences upon performance in a coation situation. *Journal of Motor Behavior, 8,* 297-304.

Carron, A. V., & Chelladurai, P. (1979). Cohesiveness as a factor in sport performance. *International Review of Sport Sociology, 16,* 244-266.

Carron, A. V., & Chelladurai, P. (1981). Cohesiveness as a factor in sport performance. *International Review of Sport Sociology, 16,* 21-41.

Carron, A. V., & Dennis, P. W. (1998). The sport team as an effective group. In J. M. Williams, *Applied sport psychology: Personal growth to peak performance* (3rd ed.). Mountain view, CA: Mayfield.

Carron, A. V., & Hausenblas, H. A. (1998). *Group dynamics in sport,* 2nd ed.

Morgantown, WV: Fitness Information Technology.

Carron, A. V., & ball, J. R. (1977). Cause effect characteristics of cohesiveness and participation motivation in intercollegiate ice hockey. *International Review of Sport Sociology 12,* 49-60.

Carron, A. V., Widmeyer, W. N., & Brawley, L. R. (1985). The development of an instrument to assess cohesion in sport teams: The group environment questionnaire. *Journal of Sport Psychology, 7,* 244-266.

Carter, J. E. L. (1964). The physiques of male physical education teachers in training. *Physical Educator,* 56, 66-76.

Cartwright, D. (1968). The nature of group cohesiveness. In Group dynamics: Research and theory. (D. Cartwright and A. Zander, Eds.), (3rd ed.). Harper and Row.

Cartwright, D., & Zander, A. (1968). *Group structure: Attraction, coalitions, communication and power.* (D. Cartwright and A. Zander, Eds.). (3rd ed.). Harper and Row.

Carver, C. S., & Scheier, M. F. (2000). Scaling back goals and recalibration of the affect system are processes in normal adaptive self-regulation: Understanding response shift phenomena. *Social Science and Medicine, 50,* 1715-1722.

Carver, C. S., & Scheier, M. F. (2004). *Perspectives on personality* (5th ed.). Boston: Allyn & Baron.

Cervone, D. & Peake, P. K. (1986). Anchoring, efficacy and action: The influence of judgemental heuristics on self-efficacy judgments and behavior. *Journal of Personality and Social Psychology, 50,* 492-501.

Chapman, A. J. (1974). An electromyographic study of social facilitation: A test of 'mere presence' hypothesis. *British Journal of Psychology, 65,* 123-128.

Cheffers, J. T. F., Amidon. E. J., & Rogers, K. D. (1974). *Interaction analysis: An applicaton to nonverbal activity.* Assocation for Productive Teaching.

Cheffers, J. T. F., & Mancini, V. H. (1978). Teacher-student interaction. In *What's going on in gym: Descriptive studies of physical education classes.* (W. G. Anderson and G. T. Barrette, Eds.), Monograph 1. Motor Skills; Theory into Practice.

Chelladurai, P. (1980). Leadership in sports organizations. *Canadian Journal of Applied Sport Sciences, 5,* 226-231.

Chelladurai, P. (1984). Discrepancy between preferences and perceptions of leadership behavior and satisfaction of athletes in varying sports. *Journal of Psychology, 6,* 26-41.

Chelladurai, P. A (1978). multidimensional model of leadership. Unpublished doctoral dissertation, University of Waterloo, Waterloo, Ontario.

Chelladurai, P., & Carron, A, V. A (1977). Reanalysis of formal structure in sport. *Canadian Journal of Applied Sport Sciences. 2*, 9-14.

Chelladurai, P., & Haggerty, T. R. (1978). A normative model for decision style in coaching. *Athletic Administrator, 13,* 6-9

Chelladurai, P., & Saleh, S. D. (1978). Preferred leadership in sport. *Canadian Journal of Applied Sport Science, 3,* 85-97

Chelladurai, P., & Carron, A. V. (1978). *Leadership(Monograph).* Ottawa: Canadian Association for Health, Physical Education, and Recreation.

Chelladurai, P., & Carron, A. V. (1983). Athletic maturity and preferred leadership. *Journal of Sport Psychology, 5,* 371-380.

Chelladurai, P., & Saleh, S. D. (1980). Dimensions of leader behavior in sports: Development of a leadership scale. *Journal of Sport Psychology, 2,* 34-45.

Chelladurai, P., Haggerty, T. R., & Baxter, P. R. (1989) .Decision style choices of university basketball coaches and players. *Journal of Sport & Exercise Psychology, 11,* 201-215.

Chelladurai, P., Imamura, I., Yamaguchi, T., & Oinuma, Y. (1988). Sport leadership in a cross-national setting: The case of Japanese and Canadian university athletes. *Journal of Sport & Exercise Psychology, 10,* 374-389.

Church, R. M. (1962). The effects of competition on reaction time and palmar skin conductance. *Journal of Applied Sport Sciences, 2*, 9-14.

Cialdini, R. B., Bordon, R. J., Thorne, A., Walker, M. R., Freeman, S., & Sloan, L. R. (1976). Basking in reflected glory: Three (football) field studies. *Journal of Personality and Social Psychology, 34,* 366-375.

Clement, D., & Schiereck, J. (1973). Sex composition and group performance in a visual signal detection task. *Memory and Cognition, 1,* 251-255.

Cofer, C. N., & Johnson, W. R. (1960). Personality dynamic in relation to exercise and sports. In *Science and medicine of exercise and sport.* (W. R. Johnson. Ed.). Harper.

Cohen, C. N., & Davis, J. H. (1973). Effects of audience, status, evaluation and time of action on hidden problems. *Journal of Personality and Social Psychology, 27,* 74-85.

Comfrey, A. L., & Deskin, G. (1954). Group manual dexterity in woman. *Journal of Applied Psychology, 38,* 178-180.

Comfrey, A. L., & Staats, C. K. (1955). Group performance in a cognitive task. *Journal of Applied Psychology, 39,* 354-356.

Comrey, A. L. (1953). Group Performance in a manual dexterity task. *Journal of*

Applied Psychology, 37, 207–210.

Conger, J. A. (1989). The *Charismatic Leader: Behind the Mystique of Exceptional leadership.* San Francisco: Jossy–Bass.

Conger, L. A., & Kanungo, R. N. (1988). The empowerment process: intergrating theory and practice. *Academy of Management Review, 3,* 471–482.

Cooley, C. H. (1911) *Social organization.* Charles Scribner's Sons.

Coolry, C. H. (1902). *Human nature and the social order.* New York: Scribner.

Copper, L. (1969). *Athletics, activity and personality. A* review of the literature. *Research Quarterly, 40,* 17–22.

Corbin, C. B. (1967). Effects of mental practice on skill development after controlled practice . *Research Quarterly 38,* 534–538

Cormey, A. L., & Deskin. G. (1954). Further result on group manual dexterity in men. *Journal of Applied Psychology, 38,* 116–118.

Costello, J. and Laubach, S. A. (1978). Student behavior. In *What's going on in gym: descriptive sydies of physical education classes.* (W. G. Anderson & G. T. Barrette, Eds.), Monograph 1. Motor Skills: Theory into Practice.

Cote, J. (1993). *Identification and conceptualization of high performance expert gymnastic coaches' knowledge.* Ph. D. diss., University of Ottawa, Ottawa, Ontario, Canada.

Cote, J., & Salmela, J. H. (1996). The organizational tasks of high–performance gymnastics coaches. *The Sport psychologist, 10*(3), 247–260.

Cote, J., Salmela, J. H., & Russell, S. J. (1995). The knowledge of high–performance gymnastic coaches: Competition and training considerations. *The Sport Psychologist, 6,* 76–95.

Cote, J., Salmela, J. H., Trudel, P., Baria, A., & Russell, S. J. (1995). The coaching model: A grounded assessment of expert gymnastic coaches' knowledge. *Journal of Sport & Exercise psychology, 17,* 1–17.

Cottrell, N. B. (1968). Performance in the presence of other human begins: Mere presence, audience, and affiliation effects. In E. C. Simmer, R. A. Hope, & G. A. Milton (Eds.), *Social facilitation and imitative behavio*r. (pp. 91–110). Boston: Allyn & Bacon.

Cottrell, N. B. (1972). *Social facilitation. In experimental social psychology.* (C. G. McClintock, Ed.). Holt, Rinehart & Winston.

Cottrell, N. B., Rittle, R. H., & Wack, D. L. (1967). Presence of an audience and list type (competitional and nocompetitional) as joint determinant of performance in paired–associates learning. *Journal of Personality, 35,* 425–434.

Cottrell, N. B., Wack, D. L., Sekerak, G. J., & Rittle, R. H. (1968). Social facilitation of dominan reponses by the presence of an audience and the mere presence of others. *Journal of Psychology and Social Psychology, 9,* 245-250

Courneya, K. S., & McAuley, E. (1991). Perceived effectiveness of motivational strategies to enhance children's intrinsic interest in sport and physical activity. *Journal of Social Behavior and Personality, 6,* 125-136.

Cowell, C. C. (1960). The contribution of physical activity to social development. *Research Quarterly 31*, 286-306.

Cox, F. N. (1962). An assessment of achievement behavior system in children. *Child Development, 33,* 907-916.

Cox, F. N. (1966). Some effect of test anxiety and presence or absence of other persons on boys' performance on a repetitive motor task. *Journal of Experimental Child Psychology, 3,* 100-112.

Cox, F. N. (1968). Some relationships between test anxiety, presence or absence of male persons and boy's performance on a repetitive motor task. *Journal of Experimental Child Psychology, 6,* 1-12.

Cox, R. H. (1990). *Sport psychology: Concepts and applications*(2nd ed). Dubuque, IA: William C. Brown.

Cox, R. H. (1994). *Social psychology of sport*. Ithaca, NY: Mouvement.

Cratty, B. J. (1967). *Social dimensions of physical activity*. Prentice-Hall Inc.

Cratty, B. J. (1968). *Psychology and Physical activity*. Prentice-Hall Inc.

Cratty, B. J. (1973). *Psychology in contemporary sport*. Prentice-Hall Inc.

Croner, M. D., & Willis, R. H. (1961). Perceived differences in task competence and asymmetry of dyadic influence. *Journal of Abnormal and Social Psychology, 62,* 705-708

Crossman, E. R. F. W. (1964). *Information processing in human skill. British Medical Journal, 20,* 32-37.

Csikszentmihalyi, M. (1990). Flow: The psychology of optimal experience. New York: Harper & Row.

Cummings, L. L., Schwab, D. P., & Rosen, M. (1971). Performance and Knowledge of results as determinants of goal setting. *Journal of Applied Psychology, 55,* 526-530.

Cummins, R, A. (1914). A study of the effect of basketball practice on motor reaction, attention, and suggestability. *Psychology Review 21,* 359-369.

Daft, R. L. (1999). *Leadership: Theory and Practice, Fort, Worth*. TX: Dryden Press.

Danielson, R. R. (1976). Contingency model of leadership effectiveness: For empirical investigation of its application on sport. Motor Learning, sport psychology, pedagogy and didactics of psychological activity, Monograph 5.

Quebec City.

Danielson, R. R., Zelhart, P. F., & Drake, C. J. (1975). Multidimensional scaling and factor analysis of coaching behavior as perceived by high school hockey players. *Research Quarterly, 46,* 323–334

Darley, J. M., & latane, B. (1968). Bystanders intervention in emergencies: Diffusion of responsibility. *Journal of Personality and social Psychology, 8,* 377–383.

Dashiell, J. F. (1930). An experiemental analysis of son\me group effects. *Journal of Abnormal and Social Psychology. 25,* 190–199

Davis, J. H. (1969). *Group performance.* Addison-Wesley.

Davis, W. W. (1898). Researches in crosseducation. *Studies from the Yale psychological Laboratory, vol. 6.* (citied in Scripture, 1900; see the reference).

Deci, E. L. (1975). Intrinsic motivation. New York: Plenum Press.

Deci, E. L., & Ryan, R. M. (1985). *Intrinsic motivation and self-determination in human behavior.* New York: Plenum Press.

Deci, E. L., & Ryan, R. M. (1991). A motivational approach to self: Integration in personality. In R. Dienstbier (Ed.). Nebraska symposium on motivation: Vol. 38. Perspectives on motivation (pp. 237–288). Lincoln, NE: University of Nebraska Press.

Deluga, R. J. (1988). Relationship of transformational and transactional leadership with employee influencing strategies. *Group & Organization Studies, 13,* 456–467.

Dubinsky, A. J., Den Hortog, D. N., Van Muijem, J. J., & Koopman, P. L. (1997). Transactional versus Transformational leadership: An analysis of the MLQ. *Journal of Occupational and Organizational Psychology, 70*(1), 19–34.

Deutsch. M. A. (1949a). Theory of cooperation and competition. *Human Relation, 2,* 129–152.

Deutsch. M. A. (1949b). An experimental study of the effects of cooperation and competition upon group process. *Human Relations. 2,* 199–231.

Donley, R. E., & Winter, D. G. (1970). Measuring the motives of public officials at a distance: An exploratory study of American President. *Behavioral Science, 15,* 227–235

Donnelly, P., Carron, A. V., & Chelladurai, P. (1978). *Group cohesion and sport.* CHAPTER Sociology of Sport Monograph Series.

Douge, B., & Hastie, P. (1993). Coach effectiveness. *Sport Science Review, 2,* 14–29.

Duffy, E. (1962). *Activation and behavior.* Wiley.

Dunkin, M. J., & Biddle, B. J. (1974). *The study of teaching.* Holt, Rinehart and Winston.

Dunn, R. E., & Goldman, M. (1966). Competition and noncompetition in relation to satisfaction and feeling toward own-group and nongroup members. *Journal of Social Psychology, 68,* 299-311

Dunteman, G., & Bass, B. N. (1963). Supervisory and engineering success associated with self, interaction and task orientation scores. *Personnel Psychology, 23,* 101-116

Duqin, M. E. (1977). Attributions made by children in coeducational sport settings. In *Psychology of motor behavior and sport* (D. M. Landers & R. W. Christina, Eds.). Human Kinetics Publishers.

Duval, S., & Wicklund, R. A. (1972). *A theory of objective self-awearness.* Academic Press.

Eisman, B. (1959). *Some operational measures of cohesiveness and their correlations.* Human Relations.

Eitzen, D. S. (1976). Athletics in the status of male adolescents: A replication of Coleman's The Adolescent Society. In *Sport sociology: Contemporary themes.* (A. Yiannakis, T. D. Mclntyre, M. J. Melnick & D. P Hart, Eds.). Kendall/ Hunt Publidhing Co.

Eitzen, N. S., & Yetman, N. R. (1972). Managerial change, longvity, and organizational effectiveness. *Administrative Science Quarterly, 17,* 110-116.

Endler, N. S., & Hunt, J. MCV. (1966). Sources of behavioral variance as measured by the S-R Inventory of Anxiousness. *Psychological Bulletin, 65,* 338-346.

Endler, N. S., & Hunt, J. MCV. (1968). S-R inventories of hostility and comparisons of the proportion of variance from persons, responses, and situation for hostility and anxiousness. *Journal of Personality and Social psychology, 9,* 309-315.

Endler, N. S., & Hunt, J. MCV. (1973). Generalizability of contribution from sources of variance in the S-R Inventories of Anxiousness. In *Readings in Personality.* (H. N. Mischel and W, Mischel, Eds.). Holt, Rinehart and Winston.

Endler, N. S., Hunt, J. MCV., Rosenstein, A. J., & S-R (1962). Inventory of Anxiousness. *Psychological Monographs, 76,* No. 17 (Whole No. 536), 1-33.

Erez, M. (1977). Feedback: A necessary condition for the goal setting-performance relationship. *Journal of Applied Psychology 62,* 624-627.

Erikson, E. H. (1968). *Identity: Youth and crisis.* New York: Norton.

Escovar, L. A., & Sim, F. M. (1974). The cohesion of groups: Alternative conceptions. Paper presented at the Meetings of the Canadian Sociology and Anthropology Association, Toronto.

Essing, E. (1970). Team lineup and team achievement in European football. In

Contemporary psychology of sport: Proceedings of the second international congress of sport psychology. (G. S. Kenyon, Ed.). The Athletic Institute.

Evans, J. F. (1971). Social facilitation in a competitive situation. *Canadian Journal of Behavior Science, 3,* 276-281

Eysenck, H. J. (1960). *The structure of human personality*. London Methuen.

Eysenck, H. J. (1981). *A model for personality*. Berlin: springer-verlag.

Feather, N. T., & Raphelson, A. C. (1974). Fear of success in Australian and American student groups: Motive of sex-role stereotype? *Journal of Personality, 42,* 190-201.

Felker, D. W. (1968). Relationship between self-concept, body build, and perception of father's interest in sports in boys. *Research Quarterly 39,* 513-517.

Feltz, D. L., & Landers, D. M. (1977) Informational-motivational components of a model's demonstration. *Research Quarterly, 48,* 525-533.

Feltz, D. L., & Lirgg, C. D. (2002). Perceived team and player efficacy in hockey. *Journal of Applied psychology*.

Festinger, L. (1954). A theory of social comparison processes. *Human Relation, 7,* 117-149.

Festinger, L., Schachter, S., & Back, K. (1950). *Social pressures in informal groups*. Harper.

Fiedler, F. E. (1954). Assumed similarity measures as predictors of team effectiveness. *Journal of Abnormal and Social Psychology, 49,* 381-388.

Fiedler, F. E. (1967). *A theory of leadership effectiveness*. McGraw-Hill.

Fiedler, F. E., & Chemers, M. M. (1974). *Leadership and effective management*. Scott, Foreman and Co.,

Fiedler, F. E., & Leister, A. F. (1977). Leader intelligence and tsk performance: A test of a multiple screen model. *Organizational Behavior and Human Performance, 20,* 1-14.

Fisher, A. C. (1974). In search of the albatross. Paper presented at North American Society for the Psychology of Sport and Physical Activity Convention, Anaheim, Calif.

Fisher, A. C. (1976). *Psychology of sport*. Palo Alto, CA: Mayfield.

Fisher, A. C., & Driscoll, R. G. (1975). Attribution of attitudes toward physical activity as a function of success. In *Mouvement*. (J. Salmela, C. Bard, R. Desharnais, D. Drouin &?M. Fleury, Eds.)

Fisher, A. C., Horsfall, J. S., & Morris, H. H. (1977). Sport personality assessment: A methodological reexamination. *International Journal of Sport Psychology, 8,*

92-102.

Fishman, S., & Tobey, C. (1978). Augmented feedback. In *What's going on in gym: Descriptive studies of physical education classes*. (W. G. Anderson & G. T. Barette, Eds.) *Monograph 1*. Motor Skills: Theory into Practice.

Fitts, P., & Posner, M. I. (1967). *Human performance*. Brooks/ Cole.

Fitz, G. W. (1895). A location reaction apparatus. *Psychological Review 2*, 37-42.

Fitz, G. W. (1897). Play as a factor in development. *American Physical Education Review 2*, 209-215.

Flanders, N. A. (1970). Analyzing teaching behavior. Addison-Wesley.

Fleishman, E. A. (1957). The Leadership opinion questionnaire. In *Leadership behavior: Its description and measurement*. (R. M. Stogdill & A. E. Coons, Eds.). The Ohio State University.

Fleishman, E. A. (1967). A leader behavior description for industry. In R. M. Stoigdill & A. E. Coons (Eds.), *Leader behavior: Its description and measurment*. Columbus: The Ohio State University.

Foder, E. M. (1976). Group stress, authoritarian style of control and use of power. *Journal of Applied Psychology, 61*, 313-318.

Forsyth, D. R. (1990). *Group dynamics*, 2nd ed. Belmont, CA: Brooks/Cole.

Forsythe, B., & Schlenker, B. R. (1977). Attributing the causes of group performance: Effects of performance quality, task importance, and future testing. *Journal of Personality, 45*, 220-236.

Frederick, C. M., & Ryan, R. M. (1995). Self-determination in sport: A review using Cognitive Evaluation Theory. *International Journal of Sport Psychology*, 26, 5-23.

French, J. R. P., & Raven, B. (1959). The bases of power. In *Studies in social power*. (D. Cartwright, Ed.). Institute for Social Research.

Frieze, I, H., & Weiner, B. (1971). Cue utilization and attributional judgements for success and failure. *Journal of Personality*, 39, 591-606.

Fromm, E. (1941). *Edcape from reality*. Rinehart.

Gamson, W. A. A (1961). Theory of coalition formation. *Ameriva Social Review, 26*, 373-382.

Gamson, W. A. (1964). Experimental studies of coalition formation. In *Advance in experimental social psychology, Vol. 1*. (L. Berkowitz, Ed.). Academic Press.

Ganster, D. C., & Victor, B. (1988). The impact of social support on mental and physical gealth. *British Journal of Medical Psychology, 69*, 615-622.

Ganzer, V. J. (1968). Effect of an audience presence and test anxiety on learning and retention in a serial learning situation. *Journal of Personality and Social*

Psychology, 8, 194–199.

Gates, G. S. (1924). The effects of an audience upon performance. *Journal of Abnormal and Social Psychology, 18,* 334–342.

Gatrell, P. (1992). Ethnicity and empire in Russia's borderland history. *Historical Journal (Great Britain), 38,* 715–727.

Geen, R. G. (1979) Effects of being observed on learning following success and failure experiences. *Motivation and Emotion, 3,* 355–371.

Geen, R. G. (1989). Alternative conception of social facilitation. In P. B. Paulus (Ed.), *Psychology of group influence* (pp. 15–51). Hillsdale, NJ : Erlbaum.

Geron, E. (1982). History and recent position of sport psychology. In E. Geron (Ed.), *Handbook of sport psychology, Vol. I*: Introduction to sport psychology (pp. 25–44). Jerusalem, Israel: Wingate Institute for Physical Education and Sport.

Giffen, M. R. (1972). An analysis of state and trait anxiety experienced in sports competition by woman at different age levels. *Dissertation Abstract International, 32,* 37–58.

Gill, D. L. (2000). *Psychology Dynamics of Sport and Exercise.* New York: Human Kinetics.

Gill, D. L., & Martens, R. (1975). The informational and motivational influence of social reinforcement on motor performance. *Journal of Motor Behavior, 7,* 171–182.

Gilmor, T. M., & Minton, H. L. (1974). Internal versus external attribution of task performance as a function of locus of control, initial confidence and success-failure outcome. *Journal of Personality, 42,* 159–174.

Goals, R. W. & Dowell, L. (1971). Selected personality characteristics of high school athletes and non-athletes. *Journal of psychology Vol. 1,* pp. 97–102.

Goethals, G. R., & Zanna, M. P. (1979). The role of social comparison in choice shifts. *Journal of Personality and Social Psychology, 37,* 1469–1476.

Goldberg, L. R., & Werts, C. E. (1966). The reality of clincians' judgement: A multitrait-multimethod approach. *Journal of Counseling Psychology, 30,* 199–206.

Goldman, M., Stockbauer, J. W., & McAuliffe, T. G. (1977). Intergroup and intragroup competition and cooperation. *Journal of Experimental Social Psychology, 13,* 81–88.

Gould, D. (1983). Developing psychological skills in young athletes. In N.–. Wood (Ed.), *Coaching science update.* Ottawa, Ontario: Coaching Association of Canada.

Gould, D. (1998). Goal setting for peak performance. In J. M. Williams (Ed.),

Applied sport psychology: personal growth to peak performance. Mountain View, CA: Mayfield.

Gould, D., Giannini, J., Krane, V., & Hodge, K. (1990). Educational needs of elite U. S. National Team, Pan American and Olympic coaches. *Journal of Teaching in Physical Education, 9,* 332-344.

Grace, H. (1954), Conformance and performance. *Journal of Social Psychology, 40,* 233-237.

Greenberg, P. J. (1952). The growth of competitiveness during childhood. In *psychological studies of human development*. ed. R. G. Kuhlen & G. G. Thompson, 337-343. New York: Appleton.

Greene, D., & Lepper, M. R. (1974). Effects of extrinsic rewards on children's subsequent intrinsic interest. *Child Development, 45,* 1141-1145.

Gross, N., & Martin, W. (1952). On group cohesiveness. *American Journal Sociology, 57,* 533-546.

Grusky, O. (1963). The effect of formal structure on managerial recruitment: A study of baseball organization. *Sociometry, 26,* 345-353.

Guilford, J. P. (1959). *Personality*. New York: McgrawHill Co.

Gullahorn, J. T. (1952). Distance and friendship as factors in the gross interaction matrix. *Sociometry, 15,* 123-134.

Halpin, A. W., & Winer, B. J. (1957). A factorial study of the leader behavior description. In R. M. Stogdill & A. E. Coons (Eds.), *Leader behavior: Its description and measurment*. Columbus: The Ohio State University.

Hardman, K. (1968). The personality difference between top class games players of lesser ability. Unpublished M. ED. thesis, University of Manchester.

Hardman, K. (1973). A dual approach to the study of personality and performance in sport. In *Personality and performance in physical education and sport*. (H. T. A. Whiting, K. Hardman, L. B. Hendry & M. G. Jones, Eds.). Henry Kimpton.

Harney, D. M. and Parker, R. (1972). Effects of social reinforcement, subject sex, and experimenter sex on children's motor performance. *Research Quarterly, 43.* 187-196.

Harris, D. V., & Harris, B〉 L. (1984). *The athlete's guide to sports psychology: Mental skills for physical people*. New York: Leisure.

Harter, J. J., & Bass, B. M. (1988). Superiors' evaluation and subordinates' perceptions of transformational and transactional leadership. *Journal of Apllied Psychology, 73,* 695-702.

Harter, S. (1978). Effectance motivation reconsidered: Towards a developmental model. *Human Development, 21,* 34-64.

Hatfield, B. D., & Landers, D. M. (1978). Observer expectancy effect upon appraisal of gross motor performance. *Research Quarterly, 49,* 53-61.

Healey, T. R., & Landers, D. M. (1973). Effect of need achievement and task difficulty on competitive and noncompetitive motor performance. *Journal of Motor Behavior, 5,* 121-128.

Hebb, D. O. (1944). Drives and the C.N.S. (Central Nervous System). *Psychological Review, 62,* 243-254.

Hebb, D. O. (1949). *The organization of behavior.* Wiley.

Helanko, R. (1957). Sports and socialization. *Acta Sociologica 2,* 229-240.

Helmreich, R. and Spence, J. T. (1977). Sex roles and achievement. In *Psychology of motor behavior and sport, Vol. 2.* (R. W. Christina and D. M. Landers, Eds.). Human Kinetics Publishers.

Hemphill, J. K., & Coon, A. E. (1957). Development of the leader behavior description. In R. M. Stogdill & A. E. Coons (Eds.), *Leader behavior: Its description and measurment.* Columbus: The Ohio State University.

Henchy, T., & Glass, D. C. (1968). Evaluative apprehension and the social facilitation of dominant and subordinate responses. *Journal of Personality and Social Psychology, 4,* 446-454.

Hendry, L. B. (1973). The 'Physical educationist' stereotype. In *Personality and performance in physical education and sport.* (H. T. A. Whiting. K. Hardman, L. B. Hendry & M. G. Jones, Eds.). Henry Kimpton.

Hendry, L. B. (1974). Human factors in sports systems: Suggested models for analyzing athlete-coach interaction. *Human Factors, 16,* 528-544.

Hersey, P., & Blanchard, K. H. (1969). Life cycle theory of leadership. *Training and Development Journal 23,* 26-34.

Hersey, P., & Blanchard, K. H. (1977). *Management of organizational behavior.* (3rd. edition). Prentice-Hall.

Hieder, F. (1944). Social perception and phenomenal causality. *Psychological Review, 51,* 358-374.

Hilgard, E. R., & Bower, G. H. (1966). *Theories of learning.* Prentice-Hall.

Hill, R. E. (1975). Interpersonal compatibility and work-group performance. *Journal of Applied Behavioral Science, 11,* 210-219.

Hill, W. A., & Hughs, D. (1974). Variation in leader behavior as a function of task type. *Organizational Behavior and Human Performance, 11,* 83-96.

Hogg, M. A., & Abrams, D. (1988). *Social identification: A social psychology of intergroup relations and group processes.* London: Metheun.

Hollander, E. P. (1995). Organizational leadership and followship: the role of interpersonal relation, In P. Collett & A. Furnham (eds.), *Social psychology at work: Essays in honour of Michael Argyle*. Routledge, London.

House, R. J., & Singh, J. V. (1987). Organizational behavior: Some new directions in I/O psychology, In J. A. Conger and R. N. Kanungo (eds.), *Charismatic Leadership: The Elusive Factor in Organizational Effectiveness*. San Francisco: Jossey-Bass.

House, R. J., & Singh, J. V. (1987). Organizational behavior: Some new directions in I/O psychology. In J. A. Conger & R. N. Kanungo (eds.), *Charismatic Leadership: The Elusive Factor in Organizational Effectiveness*. San Francisco: Jossey-Bass.

House, R. J. (1977). A Theory of Charismatic Leadership. In J. G. Hunt and L. L. Larson ed., *Leadership: The Cutting Edge*. Carbondale, IL: Southern Illinois University Press, pp. 189-207.

House, S., & Cho, Y. (1999). latent structure of the Social Interaction Self-Statement Test: An application of hierarchical confirmatory factor analysis. *Psychological Reports, 84,* 1303-1314.

Indik, B. P. (1965). Organization size and member participation: Some empirical tests of alternate explanations. *Human Relations. 18,* 339-350.

Ingham, A. G., Levinger. G., Graves, J., & Peckham, V. (1974). The Ringlemann Effect: Studies of group size and group performance. *Journal of Experimental Social Psychology, 10,* 371-384.

Iso-Ahola, S. E. (1976a). Evaluation of self and team performance and feelings of satisfaction after success and failure. *International Review of Sport Sociology 11,* 33-44

Iso-Ahola, S. E. (1976b). Motivational effect of outcome feedback on motor performance. *Journal of Motor Behavior 8,* 267-275.

Iso-Ahola, S. E. (1977a). Effects of team outcome on children's self-perception: Little League baseball. *Scandinavian Journal of Psychology, 18,* 38-42.

Iso-Ahola, S. E. (1977b). Immediate attributional effects of success and failure in the field: Testing some laboratory hypotheses. *European Journal of Social Psychology, 7,* 275-296.

Iso-Ahola, S. E., & Hatfield. B. (1986). *Psychology of Sports: A Social Psychological Approach*. Iowa: Wm. C. Brown Publishers Dubuque.

Iso-Ahola, S. E., & Roberts, G. C. (1975). Causal attributions following success and failure in an achievement task: A test of self-enhancement. In *Psychology of Sport and Motor Behavior, Vol. 2.* (D. M. Landers, Ed.).

Iso-Ahola, S. E., & Roberts, G. C. (1977). Causal attributions following success and failure at an achievement task. *Research Quarterly, 48,* 541-549.

Iverson, M. A. (1964). Personality impressions of punitive stimulus persons of differential status. *Journal of Abnormal and Social Psychology, 68,* 617-626.

Jackson, J. M (1959). Reference group processes in a formal organization. *Sociometry, 22,* 307-327.

Jackson, S. A. (1992). Athletes in flow: A qualitative investigation of flow states in elite figure skaters. *Journal of Applied Sport Psychology, 4,* 161-180.

Janis, I. J., & Mann, L. (1977). *Decision making: A psychological analysis of conflict, choice, and commitment.* New York: Free press.

Johnson, D. W., & Allen, S. (1972). Deviation from organizational norms concerning the relations between status and power. *Sociological Quarterly, 13,* 174-182.

Johnson, D. W., & Johnson, F. P. (1997). *Joining together: Group theory and group skills.* 6th ed. Needham Heights, MA: Allyn & Bacon.

Jones, E. E., & Nisbett, R. E. (1972). The actor and the observer: Divergent perceptions of the causes of behavior. In *Attribution: Perceiving the cause of behavior.* (E. E. Jones, D. E. Kanhouse, H. H. Kelly, R. E. Nisbett, S. Valins & B. Weiner, Eds.). General Learning Press.

Jones, S. L., Nation, J. R., & Massad, P. (1977). Immunizing against learned helplessness in man. *Journal of Abnormal Psychology 86,* 75-83.

Jung, D. I., & Avolio, B. J. (1999). Effects of leadership style and followers' cultural orientation on performance in group and individual task condition. *Academy of Management Journal, 42,* 208-218.

Kane, J. E. (1964). Psychological correlates of physique and physical abilities. In *International research in sport and physical education,* ed. E. Jokl & E. Simon, 85-94. Springfiel, IL: Charles C. Thomas.

Kane, J. E. (1970) Personality and physical ability. In *Contemporary psychology of sport.* (G. S. Kenyon, Ed.). The Athletic Institute.

Kane, J. E. (1972). Personality, body concept and performance. In *Psychological aspects of physical education and sport.* (J. E. Kane, Ed.). Routledge and Kegan Paul.

Kane, J. E. (1976). Personality and performance in sport. In *Sport medicine.* (J. Williams and P. Sperry, Eds.), Arnold.

Kane, J. E. (1978). Personality Research: The current controversy and implication for sports studies. In W. F Straub (Ed.), *Sport Psychology. An analysis of athlete behavior* (228-240). Ithaca, NY: Movement.

Katz, D., Maccoby, N., & Morse, N. (1950). *Productivity, supervision and morale in an office situation.* University of Michigan Survey Research Center.

Katz, D., Maccoby, N., Gurin, G., & Floor, L. (1951). *Productivity, supervision and morale among railroad workers.* University of Michigan Survey Research Center.

Keller, R. T. (1995). Transformational leader make a difference. Research *Technology Management Journal, 42,* 208-218.

Kelley, H. H. (1967). Attribution theory in social psychology. In *Nebraska symposium on motivation, Vol. 15.* (D. Levine, Ed.). Nebraska University Press.

Kelley, H. H., & Thibaut, J. W. (1969). Group problem solving. In *The handbook of social psychology. Vol. 4.* (G. Lindzey & E. Aronson, Eds.), 2nd ed., Addison-Wesley.

Kendall, P. (1960). *Medical education as social process.* Abstract, American Sociological Association.

Kennedy, J. L., & Travis, R. C. (1948). Prediction and control of alertness: II. Continuous tracking. *Journal of Comparative and Physiological, 41,* 203-210.

Kennedy, W. A., & Willcutt, H. C. (1964). Praise and blame as incentives. *Psychological Bulletin 62,* 323-332

Kent, T. W., Crotts, J. C., & Azziz, A. (2001). Four factors of transformational leadership behavior. *Leadership and Organization Development Journal, 22*(5), 221-229.

Kenyon, G. S. (1968a). Six scales for assessing attitude toward physical activity. *Research Quarterly 39,* 566-574.

Kenyon, G. S. (1968b). Values held for physical activity by selected students in Canada, Australia, England, and the United States. U. S. Government Printing Office.

Keogh, J. (1962). Analysis of general attitude toward physical education. *Research Quarterly 33,* 239-244

Klavora, P. (1975). Application of the Spielberger trait-state anxiety model and the STAI in precompetition anxiety research. In *Psychology of sport and motor behavior, Vol. 2.* (D. M. Landers, Ed.). Pennsylvania State University Press.

Klavora, P. (1977). An attempt to derive inverted-U curves based on the relationship between anxiety and athletic performance. In *Psychology of motor behavior and sport.* (D. M. Landers. & R. W. Christina, Eds.). Human Kinetics Publishers.

Klein, M., & Christiansen, G. (1969). Group composition, group structure and group effectiveness of basketball teams. In *Sport, culture and society.* (J. W. Loy & G. S. Kenyon, Eds.). Macmillan.

Kling, J. W., & Schlosberg, H. (1959). The relationship between tension and efficiency. *Perceptual and Motor Skills, 9,* 395-397.

Kogan, M., & Wallach, M. A (1964). *Risk taking: A study in cognition and personality.* Holt.

Koh, W. L., Steers, R. M., & Terborg, J. R. (1995). The Effects of Transformational Leadership on Teacher attitudes and student. Performance in Singapore. *Journal of Organizational Behavior, 16,* pp. 319-333.

Kolsa, B. J. (1969). *Introduction to behavioral science for business.* John Wiley & Sons.

Korgaard, M. A., Schweiger, D., M., & Sapienza, H. J. (1995). Building commitment, attachment, and trust in strategic decision-making teams: The role of procedural justice, *Academy of Management Journal, 38,* 1, 60-84.

Kretschmer, E. (1925). *Psychology and Character.* New York : Harcourt.

Krohn, W. O. (1903). The value of psychology in the preparation of a teacher of gymnastics. *American Physical Education Review 8,* 152-163.

Kroll, W. (1967). Sixteen Personality Factor profiles of collegiate wrestlers. *Research Quarterly, 38,* 49-57.

Kroll, W. (1970). Current strategies and problem in personality assessment of athlets. In *Psychology of motor learning.* (L. E. Smith, Ed.). Athletic Institute.

Kroll, W. (1976). Psychological scaling of the AIAW Code-of-Ethics for Players. *Research Quaterly, 47,* 126-133.

Kroll, W., & Peterson, K. H. (1965). Personality factor profile of collegiate football teams. *Research Quarterly, 36,* 433-440.

Kuhnert, K. W., & Lews, P. (1987). Transactional and transformational leadership: is A constructive developmental analysis. *Academy of Management Review, 12,* 638-657.

Lacy, A. C., & Darst, P. W. (1985). Systematic observation of behaviors of winning high school head football coaches. *Journal of Teaching in Physical Education, 4,* 256-270.

Lacy, A. C., & Goldstion, P. D. (1990). Behavior analysis of male and female coaches in high school girls; basketball. *Journal of Sport Behavior, 13,* 29-39.

Lacy, J. I. (1967). Somatic response patterning and stress: some revisions of activation theory. In *Psychological stress: Issues in research.* (M. H. Appley & R. Trumball, Eds.). Appleton.

Lakie, W. L. (1964). Expressed attitudes of various groups of athletes toward athletic competition. *Research Quarterly, 35,* 497-503

Landers, D. M. (1978). Motivation and performance: The role of arousal and attentional factors. In *Sport Psychology: An analysis of athlete behavior.* (W. F. Straub, Ed.). Mouvement Publications.

Landers, D. M., & Goodstadt, B. E. (1972). The effects of S's anonymity and audience potential to evaluate S on rotary pursuit performance. In *Proceedings of the Fourth Canadian Psychomotor Learning and Sport Psychology Symposium.* (I. D. Williams & L. M. Wankel, Eds.). Department of National Health and Welfare.

Landers, D. M., & Luschen, G. (1974). Team performance outcome and the cohesiveness of competitive coacting teams. *International Journal of Sport Sociology, 9,* 57–71.

Landers, D. M., & McCullagh, P. D. (1976). Social facilitation of motor performance. In *Exercise and sport science reviews, Vol. 4,* (J. F. Keogh, Ed). Academic Press.

Landers, Donna M. (1975). Observational learning of a motor skill: Temporal spacing of demonstrations and audience presence. *Journal of Motor Behavior, 7,* 281–287.

Landers, Donna M., & Landers, D. M (1973). Teacher versus peer models: Effects of model's presence and performance lovel on motor behavior. *Journal of Motor Behavior, 5,* 129–139.

Landers. D. M., & Crum, T. (1971). The effects of team success and formal structure interpersonal relations and cohesiveness of baseball teams. *International Journal of Sport Psychology, 2,* 88–96.

Landesrs, D. M. Brauley, L. R., & Hale, B. D. (1977). Habit strength differences in motor behavior: The effects of social facilitation paradigms and subject sex. In *Psychology of motor behavior and sport.* (D. M. Landers & R. W. Christina, Eds.). Human Kinetics.

Latane, B., & Darley, J. M. (1968). Group inhibition of bystander intervention in emergencies. *Journal of Personality and Social Psychology, 10,* 215–221.

Laubach, S. (1974). The development of a system for coding student behavior in physical education. Unpublished doctoral dissertation. Teachers College, Columbia University.

Lazarus, R. S., & Folkman, S. (1984). *Stress, appraisal, and coping.* New York: Springer.

Leavitt, H. J. (1951). Some effects of certain communication patterns on group performance. *Journal of Abnormal and Social Psychology, 46,* 38–50.

Leavitt, H. J., & Knight, K. E. (1963). Most 'efficient' solutions to communication networks: Empirical versus analytical search. *Sociometry, 26,* 260–267.

Lemann, T. B., & Solomon, R. L. (1952). *Group characteristics as revealed in sociometric patterns and personality ratings*. Sociometry.

Lenk, H. (1969). Top performance despite internal conflict: An antitheses to a functionalistic proposition. In *Sport, culture and society*. (J. W. Loy & G. S. Kenyon, Eds.). Macmillan.

Lepper, M. R., Greene, D., & Nisbett, R. E. (1973). Undermining children's intrinsic interest with extrinsic rewards: A test of the 'overjustification' hypothesis. *Journal of Personality and Social Psychology, 28,* 129–137.

Leuba, C. (1955). Toward some integration of learning theories: The concept of optimal stimulation. *Psychological Reports, 1,* 27–33.

Levinger, G. and Schneider, D. J. (1969). Test of the 'risk is a value' hypothesis. *Journal of Personality and Social Psychology, 11,* 165–169.

Lewin, K. (1935). *A dynamic theory of personality*. New York: McGraw-Hill.

Lewin, L. (1947). Frontiers in group dynamics. *Human Relations, vol. 1*, 143–153.

Liddell, W. W., & Slocum, J. W. (1976). The effects of individual-role compatibility upon group performance: An extension of Schutz's FIRO theory. *Academy of Management Journal, 19,* 413–426.

Lievens, F., Van Geit, P., & Coetrier, P. (1997). Identification of transformational leadership qualities: An examination of potential biases. *European Journal of Work and Organizational Psychology, 4,* 415–430.

Likert, R. (1950). *'Foreward' In Productivity, supervision and morale in an office situation*. University of Michigan Survey Research Center.

Littman, R. A. (1958). Motives, history and causes. In *Nebraska symposium on motivation, Vol. 6*. (M. R. Jones, Ed.). Nebraska University Press.

Locke, E. A. (1969). What is job satisfaction? *Organizational Behavior and Human Performance, 4*, 309–336.

Locke, E. A., & Bryan, J. F. (1966). Cognitive aspects of psychomotor performance: The effects of performance goals on level of performance. *Journal of Applied Psychology 50,* 286–291.

Locke, E. A., Bryan, J. F., & Kendall, L. M. (1968). Goals and intentions as mediators of the effects of monetary incentives on behavior. *Journal of Applied Psychology, 52,* 104–121.

Locke, E. A., Shaw, K. N., Sarri, L. M, & Latham, G. P., (1981). Goal setting and task performance: 1969~1980. *Psychological Bulletin, 90,* 125–152.

Lorenz, E. (1933). Zur psychologei der industriellen gruppenarbeit. Z. *esp. angew. Psychol, 45*, 1–45.

Lott, A. J., & Lott, B. E. (1965). Group cohesiveness as interpersonal attraction: A review of relationships with antecedent and consequent variables.

Psychological Bulletin, 64, 259-302.

Lowe, K. B., Kroeck, K. G., & Sicasubramaniam, N. (1996). Effectiveness correlates of transformational and transactional leadership: A meta-analysis of the MLQ literature. *Leadership Quarterly, 7,* 385-425.

Loy, J., Theberge, N., Kjeldsen, E., & Donnelly, P. (1957). An examination of hypothesized correlates of replacement processes in sport organizations. Paper prepared for presentation at an International Seminar for the Sociology of Sport. University of Heidelberg.

Luthans, F. (1973). *Organizational behavior.* McGraw-Hill.

Madde, S. R. (1968). *Personality theories: A comparitive analysis.* Dorsey Press.

Mahone, C. H. (1960). Fear of failure and unrealistic vocational aspiration. *Journal of Abnormal and Social Psychology, 60,* 253-261.

Mahoney, M. J. (1978). Psychological predictors of elite and non-elite performance in Olympic weightlifting. *International Journal of Sport Psychology, 20,* 1-12.

Malmo, R. B. (1959). Activation: A neuropsychological dimension. *Psychological Review, 66,* 367-386.

Mann, R. D. (1959). A review of the relationship between personality and performance in small groups. *Psychological Bulletin, 56,* 241-270.

Marquis, D. G. (1962). Individual responsibility and group decision involving risk. *Industrial Management Review, 3,* 8-23.

Marten, R. (1977). *Sport competition anxiety test.* Champaign, IL: Human Kinetics Publishers.

Marteniuk, R. G. (1968). Motor performance and induced muscular tension. *Research Quarterly, 39,* 1025-1031.

Marteniuk, R. G. (1971). Two factors to be considered in the design of experiments in anxiety and motor behavior. *Journal of Motor Behavior, 3,* 189-192.

Marteniuk, R. G. (1976). *Information processing in motor skills.* Holt, Rinehart and Winston.

Martens, R. (1969a). Effects of an audience on learning and performance of a complex motor skill. *Journal of Personality and Social Psychology, 12,* 252-260.

Martens, R. A. (1969b). Palmar sweating and the presence of an audience. *Journal of Experimental Social Psychology, 5,* 371-374.

Martens, R. A. (1971). Internal-external control and social reinforcement effects on motor A. performance. *Research Quarterly, 42,* 107-113.

Martens, R. A. (1974). Arousal and motor performance. In *Exercise and sport science review, Vol. 2.* (J. H. Wilmore, Ed.). Academic Press.

Martens, R. A. (1976). Social psychology of physical activity. In *Sport sociology: Contemporary themes.* (A. Yiannakes, T. D. McIntyre, M. J. Melnick &?D. P. Hart. Eds.), Kendall/Hunt Publishing Co.

Martens, R. A. (1977). *Sport competition anxiety test.* Champaign, IL: Human Kinetics.

Martens, R. A. (1987). *Coaches guide to sport psychology.* Champion, IL: Human Kinetics.

Martens, R. A. (1990). *Successful coaching.* Champaign, IL: Leisure.

Martens, R. A., & Gill, D. L. (1976). State anxiety among successful and unsuccessful competitors who differ in competitive trait anxiety. *Research Quarterly, 47,* 698-708.

Martens, R., & Landers, D. M. (1969a). Effect of anxiety. competition and failure on performance of a complex motor task. *Journal of Motor Behavior, 1,* 1-10.

Martens, R., & Landers, D. M. (1969b). Coaction effects on a muscular endurance task. *Research Quarterly, 40,* 733-737.

Martens, R., & Landers, D. M. (1970). Motor performance under stress: A test of the inverted-U hypothesis. *Journal of Personality and Social Psychology, 16,* 29-37.

Martens, R., & Landers, D. M. (1972). Evaluation potential as a determinant of coaction effects. *Journal of Experimental social Psychology, 8,* 347-359.

Martens, R., & Peterson, J. A. (1971). Group cohesiveness as a determinant of success and member satisfaction in team performance. *International Review of Sport Sociology, 6,* 49-61.

Martens, R., Burwitz, L., & Newell, K. M. (1972). Money and praise: Do they improve motor learning and performance? *Research Quarterly, 43,* 429-442.

Martens, R., Burwitz, L., & Zuckerman, J. (1976). Modeling effects on motor performance. *Research Quarterly, 47,* 277-291.

Martens, R., Gill, D. L., & Scanlan, T. K. (1976). Competitive trait anxiety, success-failure and sex as determinants of motor performance. *Perceptual and Motor Skills, 43,* 1199-1208.

Maslow, A. (1943). dynamics of personality organization. *Psychological Review, 50,* 514-539.

Matsui, T., Okada, A., & Kakutama, T. (1982). Influence of achievement need on goal setting, performance, and feedback effectiveness. *Journal of Applied Psychology 67,* 645-648.

McClelland, D. C. (1961). *The achieving society.* Van Nostrand.

McClelland, D. C., & Atkinson, J. W., Clark, R. W., & Lowell, E. L. (1953). *The achievement motive.* Appleton-Century-Crofts.

McClelland, D. C., & Winter, D. G. (1969). *Motivating economic achievement.* The Free Press.

McClintock, C. G. (1963). Group support and the behavior of leaders and nonleaders. *Journal of Abnormal and Social Psychology, 67,* 105-113.

McCullagh, P. D., & Landers, D. M. (1976). Size of audience and social facilitation. *Perceptual and Motor Skills, 42,* 1067-1070.

McCullagh, P., & Weiss, M. R. (2001). Modeling: Considerations for Motor Skill Performance and Psychological Responses. in R. N. Singer, H. A. Hausenblas, and C. M. Janelle (eds.). *Handbook of Research in Sport Psychology* (2nd ed., pp, 205-238). New York: John Wiley & Sons.

McDougall, W. (1908). *An Introduction to Social Psychology.* London: Methuen.

McGrath, J. E. (1962). The influence of positive interpersonal relations on adjustment and effectiveness in rifle teams. *Journal of Abnormal and Social Psychology, 65,* 365-375.

McMurray, R. W. (1958). The case for benevolent autocracy. *Harvard Business Review, 36,* 82-90.

McNally, J., & Orlick. T. (1975). Cooperative sport structures: A Preliminary analysis. In *Mouvement.* (J. Salmela. C. Brad. R. Desharnais. D. Drouin & M. Fleury. Eds.)

McPherson, B. D. (1973). Personnel turnover and organizational effectiveness. Paper presented at the First Canadian Congress for the Multidiscilpinary Study of Sport and Physical Activity. Montreal.

Medow, H., & Zander, A. (1965). Aspiration for the group chosen by central and peripheral members. *Journal of Personality and Social Psychology, 1,* 224-228.

Meglino, B. M. (1976). The effect of evaluation on dominance characteristics: an extension of social facilitation theory. *The Journal of Psychology, 92,* 167-172.

Meumann, E. (1904). Haus-und schularbeit: Experimente an kindern der volkschule. *Die Deutsche Schule, vol. 8,* pp. 278-303, 337-359, 416-431.

Mikalachki, A.(1969). Group cohesion reconsidered. London, Canada: School of Business Administration, University of Western ontario.

Miles, R. H. (1997). *Leading corporate transformation: A blueprint for business renewal.* Jossey-Bass.

Milgram, S. (1963). Some conditions of obedience and disobedience to authority. *Human Relation, 18,* 57-75.

Milgram, S. (1965). Liberating effects of group pressure. *Journal of Personality and Social Psychology, 1,* 127-134.

Miller, D. T., & Ross. M. (1975). Self-serving biases in the attribution of causality:

Fact or fiction? *Psychological Bulletin, 82,* 213-225.

Miller, L. K., & Hamblin, R. L. (1963). Interdependence, differential rewarding, and productivity. *American Sociological Review, 28*, 768-777.

Mischel, W. (1968). *Personality and assessment.* Wiley.

Mischel, W. (1973). Toward a cognitive social learning reconceptualization of personality. *Psychological Review, 80,* 252-283.

Mishra, A. K. (1996) Organizational response to crisis: The centrality of trust. In R. M. Kramer & T. R. Tyler (Eds.). *Trust in organizations: Frontier of theory and research,* 261-287. Thousand Oaks, CA: Sage.

Mnrtens, R., Landers, D. M., & Loy, J. (1972). *Sport cohesiveness questionnaire.* AAHPER Publications.

Moore, H. T. (1917). Laboratory tests of anger fear and sex interest. *American journal of Psychology, 28,* 390-395.

Moore, J. W. (1970). *The psychology of athletic coaching.* Minneapoopolis: Burgess Publishing company.

Moraes, L. C. C. D. A. (1998). *Influencein the development of beliefs of Canadian expert judo coaches and their impact on action.* Ph. D. diss., University of Ottawa, Ottawa, Ontario, Canada.

Morgan, W. P. (1969). Physical fitness and emotional health: A review. *American Corrective Therapy Journal, 23,* 124-127.

Morgan, W. P. (1972). Sport psychology. In *the psychomotor domain: Movement behavior.* (R. N. Singer, Ed.). Lea & Febiger.

Morgan, W. P. (1978). Sport personology: The credulous-skeptical argument in perspective. In *Sport psychology: An analysis of athlete behavior.* (W. F. Straub, Ed.) Mouvement.

Moritz, S. E., Feltz, D. L., Mack, D., & Faurbach, K. L. (2002). *The relation of self-efficacy measures to sport and exercise performance: A meta-analytic review.* Research Quarterly for Exercise and Sport.

Moxley, S., & Butcher, J. (1975). *The effect of arousal induced by competition on learning and performance of aa motor skill. In mouvement.* (J. Salmela, C. Bard, R. Desharnais, D. Drouin & M. Fleury, Eds.).

Muchinsky, P. M. (1987). *Psychology Applied to work: An Introduction to Industrial and organization psychology* (2nd Eds.). CA: Brooks/cole.

Murphy, H. H. (1916). Distribution of practice period in learing. *Journal of Educational Psychology,* 150-162.

Murray, H. A. (1943). *Thematic Apperception Test Manual.* Harvard University Press.

Myers, A. E. (1962). Team competition, success, and adjustment of group members.

Journal of Abnormal and Social Psychology, 65, 325–332.

Mynatt, C., & Shermen, S. J. (1975). Responsibility attribution in groups and individuals: A direct test of the diffusion of responsibility hypothesis. *Journal of Personality and Social Psychology, 32,* 1111–1118.

Nelson, P. D. (1964). Similarities and differences among leaders and followers. *Journal of Social Psychology, 63,* 161–167.

Newcomb, T. M. (1951). *The acquaintance process.* Holt, Rinehart & Winstion.

Nicholls, J. G. (1975). Causal attributions and other achievement=related cognitions: Effects of task outcome, attainment value and sex. *Journal of Personality and Social Psychology, 31,* 379–389.

Nicholls, J. G. (1976). Effort is virtuous, but it's better to have ability: Evaluative responses to perceptions of effort and ability. *Journal of Research in Personality, 10,* 306–315.

Noble, S. G. (1922). *The acquisition of skill is the throwing of basketball goals.* School and Society.

O'Relly, C. & Chatman, J. (1986). Organizational commitment and psychological attachment: The effects of complain, identification, and internalization on prosocial behavior. *Journal of Applied Psychology, 71,* 492–500.

Orlick, T. (1973). Children's sport: A revolution is coming. *Canadian Association for Health, Physical Education and Recreation Journal, 39,* 12–14.

Orlick, T. D., & Botterill, C. (1976). Why eliminate kids? In *Sport sociology: Contemporary themes.* (A. Yiannakis, T. D. McIntyre, M. J. Melnick & D. P. Hart, Eds.). Kendall/Hunt Publishing Company.

Pardon, J. (1978). Athletic participation and self–esteem. Unpublished M. A. Thesis, University of Western Ontario, London.

Pawar, B. S., & Eastman, K. K. (1997). The Nature of and Implications of Contextual Influences on Transformational Leadership: A Conceptual Examination. *Academy of Management Journal, 22,* pp. 80–109.

Pelletier, L. G., Fortier, M. S., Vallerand, R. J., Tuson, K. M., Briere, N. M., & Blais, M. R. (1995). Toward a new measure of intrinsic motivation, Extrinsic motivation, and amotivation in sports: The sport motivation scale (SMS). *Journal of Sport & Exercise Psychology, 17,* 335–353.

Perry, M. L., Pearce, C. L., & Sims, Jr. H. P. (1999). Empowered selling teams outcomes. *Journal of Personal Selling & Sales Management, 16,* 35–51.

Peterson, J., & Martens, R. (1972). Success and residential affiliation as determinants of team cohesiveness. *Research Quarterly, 43,* 62–76.

Pinneo, L. R. (1961). The effects of induced muscular tension during tracking on level of activation and on performance. *Journal of Experimental Psychology, 62,* 523-531.

Podsakoff, P. M., MacKenzie, S. B., Morrman, R. H., & Fetter, R. (1990). Transformational leader behaviors and their effect on followers' trust in leader, satisfaction, and organizational citizenship behaviors. *Leadership Quarterly, 1*(2), 107-142.

Precker, J. A. (1951). Similarity of valuings as a factor in selection of peers and near authority figures. *Journal of Abnormal and Social Psychology, 47,* 406-414.

Quarter, J., & Marcus, A. (1971). Drive level and the audience effect: A test of Zajonc's theory. *Journal of Social Psychology, 83,* 99-105.

Ramuz-Nienhuis, W., & Van Bergen, A. (196?). Relations between some components of attraction-to-group: A replication. *Human Relations, 13,* 271-277.

Redddy, W. B., & Barnes, A. (1972). Effects of interpersonal group composition on the problem solving behavior of middle managers. *Journal of Applied psychology, 56,* 516-517.

Rikle, R. (1974). Effect of experimenter expectancy set and experimenter sex upon grip strength and hand steadiness scores. *Research Quarterly, 45,* 416-423.

Robbins, S. P. (1992). *Essentials of Organizational Behavior.* (3rd ed.). Englewood Cliffs, NJ: Prentice Hall.

Robert, G. C. (1972). Effect of achievement motivation and social environment on performance of a motor task. *Journal of Motor Behavior, 4,* 37-46.

Roberts, G. C. (1974). Effect of achievement motivation and social environment on risk taking. *Research Quarterly, 45,* 42-55.

Roberts, G. C. (1975). Win-loss causal attributions of Little League players. In *Mouvement.* (J. Salmela, C. Bard, R. Desharnais, D. Drouin & M. Fleury, Eds.).

Roberts, G. C., & Martens, R. (1970). Social reinforcement and complex motor performance. *Research Quarterly, 41,* 175-181.

Roberts, J. M., & Sutton-Smith, B. (1962). Child training and game involvement. *Ethnology 1,* 166-185.

Rogers, C. R. (1964). Toward a modern approach to values: The valuing process in the mature person. *Journal of Abnormal and Social Psychology, 68,* 160-167.

Rosenfeld, L. B., & Richman, J. M. (1997). Developing effective social support: Team building and the social support process. *Journal of Applied Sport Psychologist, 3,* 23-33.

Rosenshine, B., & Furst, N. (1973). *The use of direct observation to study teaching.* Second handbook of research on teaching. Rand McNally Publishing Co.

Rosenshine, L. (1961). Group size, prior experience, ad conformity. *Journal of*

Abnormal and Social Psychology, 63, 436-437.

Ross, M., & sicoly, F. (1979). Egocentric biases in availability and attribution. *Journal of Personality and Social Psychology 37,* 322-336.

Rotters, J. B., Chance, J. E., & Phares, E. J. (1974). An introduction to Social learning theory. In *Applications of a social learning theory of personality.* (J. B. Rotter, J. E. Chance & E. J. Phares, Eds.). Holt, Rinehart and Winton.

Rouche, J. E., Baker, G. A., & Rose, R. R. (1989). Shared vision: Transformational leadership in *American community colleges.* Washington, DC: Community College Press.

Rushall, B. S. (1970). *An evaluation of the relationship between personality and physical performance categories. In Contemporary psychology of sport.* (G. S. Kenyou, Ed.). The Athletic Institute.

Rushall, B. S. (1972). The status of personality research and application in sports and physical education. Paper presented at Physical Education Forum, Dalhousie University, Halifax. N.S.,

Rushall, B. S. (1974). *Inventories for the Psychology Assessment of Swimmers.* Halifax.

Rushall, B. S. (1975). Psychodynamics and personality in sport: Status and values. In *Readings in Sport Psychology.* (H. T. A. Whiting, Ed.). Lepus.

Ryan, E. D, & Lakie, W. L. (1965). Competitive and noncompetitive performance in relation to achievement motivation and manifest anxiety. *Journal of Personality and Social Psychology, 1,* 344-345.

Ryan, E. D. (1974). The questions we ask and the decisions we make. Paper presented an the North American Society for the Psychology of Sport and Physical Activity Convention, Anaheim, Calif.

Sage, G. H. (1975). An occupational analysis of the college coach. In *sport and social order.* (D. W. Ball & J. W. Loy, Eds.). Addison-Wesley.

Salmela, J. H. (1996). *Great job coach: Getting the edge from proven winners.* Ottawa, On: Potentium.

Samuel, W., Baynes, K., & Sabeh, C. (1978). Effects of initial success of failure in a stressful or relaxed environment on subsequent task performance. Journal of *Experimental Socal Psychology, 14,* 205-216.

Sanders, G. S., & Baron, R. S. (1975). the motivating effects of distraction on task performance. *Journal of personality and social psychology, 32,* 956-963.

Sapolsky, A. (1965). Relationship between patient-doctor compatibility, mutual perception and outcome of treatment. *Journal of Abnormal Psychology, 70,* 70-76.

Sarron, J. C., & Santora, J. C. (2001). Transformational-transactional leadership model in practice. *Leadership and Organizational Development Journal, 22*(8), 383-393.

Sasfy, J., & Okun, M (1974). Form of evaluation and audience expertness as joint determinants of audience effects. *Journal of Experimental and Social Psychology, 10,* 461-467.

Sashkin, M. (1988). Visionary leadership. in Conger, J. & Kanung, R. (Eds.). *Charismatic Leadership: The Elusive Factor in Organizational Effectiveness.* Jossey-Bass, San Francisco, CA.

Scanlan, T. K. (1977). The effects of success-failure on the perception of threat in a competitive situation. *Research Quarterly, 46,* 144-153.

Schachter, S. (1951). Deviation, rejection and communication. *Journal of Abnormal and Social Psychology, 46, 190-207.*

Schachter, S. (1959). *The psychology of affiliation.* Stanford. CA: Stanford University Press.

Scheer, J. K., & Ansorge, C. J. (1975). Effects of naturally induced judges' expectations on the ratings of physical performances. *Research Quarterly, 46,* 463-470.

Schinke, R. J., Bloom, G. A., & Salmela, J. H. (1995). The career stages of elite Canadian basketball coaches. *Avante, 1,* 48-62.

Schlenker, B. R. (1975). Liking for a group following an initiation: Impression management of dissonance reduction? *Sociometry, 38,* 99-118.

Schlenker, B. R. (1975). Group members' attributions of responsibility for prior group performance. *Representative Research in Social Psychology. 6,* 96-108.

Schlenker, B. R. (1980). *Impression management: The self-concept, social identity, and interpersonal relations.* Monterey, CA: Brooks/Cole.

Schlenker, B. R., & Miller, R. S. (1977). Egocentrism in groups: Self-serving biases or logical information processing? *Journal of Personality and Social Psychology, 35,* 755-764.

Schlenker, B. R., Soraci, S., & McCarthy, B. (1976). Self-esteem and group performance as determinants of egocentric perceptions in cooperative groups. *Human Relations, 12,* 1163-1176.

Schliesman, E. S. (1987). Relationship between the congruence of preferred and actual leadership behavior and subordinate satisfaction with leadership. *Journal of Sport Behavior, 10*(3), 157-166.

Schreisheim, C. A., & Murphy, C. J. (1976). Relationship between leader behavior and subordinate satisfaction and performance: A test of come situational moderators. *Journal of Applied Psychology, 61,* 634-641.

Schurr, K. T., Ashley, M. A., & Joy, K. L. (1977). A multivariate analysis of male athlete personality characteristics: Sport type and success, Multivariate *Experimental Clinical Research, 3,* 53–68.

Schuster, J. P. (1994). Transforming your leadership style. *Association Management, 46,* 39–53.

Schutz, W. C. (1958). *FIRO: A three dimensional theory of interpersonal behavior.* Holt, Rinehart and Winston.

Schutz, W. C. (1966). *The interpersonal underground* (5th ed.), Science and Behavior Books.

Schwartz, S. M. and Clausen, G. T. (1970). Responsibility, norms, and helping in an emergency. *Journal of Personality and Social Psychology, 16,* 249–310.

Secord, P. F. and Backman, C. W (1964). Interpersonal congruency, perceived similarity and friendship. *Sociometry, 27,* 115–127.

Seta, J. J., & hassan, R. K. (1980). Awareness of prior success and failure: A critical factor in task performance, *Journal of Personality and Social Psychology, 39,* 70–76.

Shamir, B., House, R. J., & Arthur, M. B. (1993). The Motivational Effects of Charismatic Leadership: A Self-Concept Based Theory, *Organization Science, 4,* pp. 1–17.

Shapiro, D. (1953). Psychological factors in friendship, choice, and rejection. Unpublished ph. D. Dissertation, University of Michigan.

Shaver, P., & Liebling, B. A. (1976). Explorations in the drive theory of social facilitation. *Journal of Social Psychology, 99,* 259–271.

Shaw, M. E. (1974). *An overview of small group behavior.* General Learning Press.

Sheppard, B. H., & Sherman, D. M. (1998). The grammar of trust: A model and general implications. *Academy of Management Review, 23,* 422–437.

Sheridan. J. E., & Slocum, J. W. (1975). The direction of the causal relationship between job satisfaction and work performance. *Organizational Behavior and Human Performance, 14,* 159–172.

Sherif, A., Harvey, O. J., White, B. J., hood, W. R., & Sherif, C. W. (1961), *Intergroup conflict and cooperation: The Robbers Cave Experiment.* University of Oklahoma Book Exchange.

Sherif, M. (1970). Group conflict and cooperation. In *Group processes* (P. B. Smith, Ed.). Penquin Books.

Silvia, J. M. III & Stevens, D. E. (2002). *Psychological Foundations of Sport.* Boston, MA: Allen & Bacon.

Singer, R. N. (1967). Athletic participation: Cause or result of certain personality factors. *Physical Educator, 24,* 169-171.

Singer, R. N. (1972a). *Coaching, athletics and psychology.* McGraw-Hill.

Singer, R. N. (1972b). Introduction to the psychomotor domain. In *The psychomotor domain: Movement behavior.* (R. N. Singer, Ed.), Lea and Febiger.

Singer, R. N. (1972). Social facilitation. In *Ergogenic aids in muscular performance.* (W. P. Morgan. Ed.). Academic Press.

Sistunk, F., & McDavid, J. W. (1971). Sex variable in conforming behavior. *Journal of Personality and Social Psychology, 17,* 200-207.

Smith, A. T. (1994). Correspondence-based and energy-based detection of second-order motion in *human vision*. J. Opt. Soc. Am. All: 1940-48.

Smith, L. E. (1970). Personality and performance research-new theories and directions required. *Quest Monograph, 17,* 200-207.

Smith, R. E., & Smoll, F. L. (1990). Self-esteem and children's reactions to youth sport coaching behaviors: A field study of self enhancement processes. *Developmental Psychology, 26,* 987-993.

Smith, R. E., & Smoll, F. (1997) Coaching the Coaches: Youth Sports as a Scientific and Applied Behavioral Setting. *Current Direction in Psychological Science, vol. 6,* pp, 16-21.

Sommer, R. (1969). *Personal space.* Englewood Cliff, N. J.: Prentice-Hall.

Spence, J. T. (1971). What can you say about a twenty-year-old theory that won't dei? *Journal of Motor Behavior, 3,* 193-203.

Spence, J. T., & Spence, K. W. (1966). The motivational components of manifest anxiety: Drive and drive stimuli. In *Anxiety and behavior.* (C. D. Spielberger, Ed.). Academic Press.

Spence, K. W. (1956). *Behavior theory and conditioning.* Yale University Press.

Spence, K. W. (1958). A theory of emotionally based drive (D) and its relation to performance in simple learning situations. *American Psychologist, 13,* 131-141.

Spence, K. W. (1958). Behavior theory and selective learning. In *Nebraska symposium on motivation, Vol. 6.* (M. R. Jones, Ed.). Nebraska University Press.

Spence, K. W. (1964). *Anxiety (drive) level and performance in eyelid conditioning.* Psychological Bulletin.

Spence, K. W., Farber, I. E. and McFann, H. H. (1956). The relation of anxiety (drive) level to performance in competitional and non-competitional paired-associates learning. *Journal of Experimental psychology, 52,* 296-305.

Sperling, A. (1942). The relationship between personality adjustment and achievement in physical education activities. *Research Quarterly Vol. 13,* pp.

78-82.

Spieberger, C. D. (1966). Theory and research on anxiety. In *Anxiety and behavior,* (C. D. Spielberger. Ed.). Academic Press.

Spielberger, C. D. (1972). Anxiety as an emotional *anxiety: Current trends in theory and research* (Ed), C. D. Spielberger. New York: Academic Press.

Spielberger, C. D., Gorsuch, R. L., & Luschene, R. E. (1970). *The state-trait anxiety inventory.* Consulting Psychologists Press.

Spink, K. S. (1978). Win-loss causal attributions of high school basketball players. Canadian. *Journal of Applied Sport Sciences, 3,* 195-201.

Staraub, W. F. (1980). *Sports psychology: An analysis of athlete behavior.* Ithaca, N. Y.: Mouvement.

Starch, D. (1911). *Experiments in education psychology.* New York: MacMillan Co.

Staub, W. F. (1978). *Sport psychology: An analysis of athlete behavior.* Ithaca, NY: Mouvement Publications.

Steiner, I. D. (1972). *Group process and productivity.* New York: Academic Press.

Stevenson, H. W. (1965). Social reinforcement of children's behavior. In Advances in child development and behavior, Vol. 2, (L.P. Lipsitt & C. C. Spiker, Eds.). Academic Press.

Stevenson, H. W., & Allen, S. (1964). Adult performance as a function of E, and sex of S. *Journal of Abnormal Social Psychology, 68,* 214-216.

Stogdill, R. M. (1959). *Individual behavior and group achievement.* Oxford University Press.

Stotland, E., & Hilmer, M. L. (1962). Identification, authoritarian defensiveness, and self-esteem. *Journal of Abnormal and Social Psychology, 64,* 334-342.

Strauss, G., & Sayles, L. R. (1961). *Personnel: The human problem of management.* Prentice-Hall Inc.

Sutton-Smith, B., Roberts, J. J., & Kozelka, R. M. (1963). Game involvement in adults. *Journal of Social Psychology, 60,* 15-30.

Tavis, L. E. (1925). The effect of a small audience upon eye-hand coordination. *Journal of Abnormal and Social Psychology, 20,* 142-146.

Taylor, J. A. (1953). A personality scale of manifest anxiety. *Journal of Abnormal and Social Psychology, 48,* 285-290.

Taylor, J. A. (1956) Drive theory and manifest anxiety. *Psychological Bulletin, 53,* 303-320.

Teichner, W. H. (1957). Effects of foreperiod, induced muscular tension and stimulus regularity on simple reaction time. *Journal of Experimental Psychology, 53,* 277-284.

Tharp, R. G., & Gallimore, R. (1976). What a coach can teach a teacher. *Psychology Today, 9,* 75–78.

Thayer, R. E. (1967). Measurement of activation through self-report. *Psychological Reports, 20,* 663–678.

Thayer, R. E., & Moore, L. E. (1972). Reported activation and verbal learning as a function of group size (social facilitation) and anxiety inducing instructions. *Journal of Social Psychology, 88,* 277–287.

Theberge, N. (1973). Personnel succession and organizational effectiveness in professional baseball. Paper completed for a graduate course on the Sociology of Sport, Department of Sport Studies, University of Massachusetts, Amherst.

Thibaut, J. W., & Kelly, H. H. (1959). *The Social Psychology of Groups.* New York: Wiley.

Thibaut, J. W., & Kelley, H. H. (1966). Performance interdependence. In *Role theory: Concepts and research.* (B. J. Biddle & E. J. Thomas, Eds.). John Wiley & Sons.

Thomas, E. J. (1957). Effects of facilitative role interdependence on group functioning. *Human Relations, 10,* 347–356.

Thompson, J. D. (1967). *Organization in action.* McGraw–Hill.

Tichy, N. M., & Devanna, M. A. (1986) *The transformational leader.* N. Y.: John Willey & Sons Inc.

Tolman, E. C., & Honzik, C. H. (1930). 'Insight' in rats. *University of California Publications in Psychology, 4,* 215–232.

Triandis, H. C. (1971). *Attitude and attitude change.* John Wiley.

Triplett, N. (1897). The dynamogenic factors in pace-making and competition. *American Journal of Psychology, 9,* 507–533.

Tuckman, B. W. (1965). Developmental sequence in small groups. *Psychological Bulletin, 63,* 384–399.

Tuckman, B. W., & Jensen, M. A. (1977). Stages of small group development revisited. *Group and Organizational Studies, 2,* 419–427.

Underwood, W. J., & Krafft, L. J. (1973). Interpersonal compatibility and managerial effectiveness: A test of the Fundamental Interpersonal Relations Orientation theory. *Journal of Applied Psychology, 58,* 89–94.

Vallerand, R. J., & Bissonnette, R. (1992). Instrinsic, Exdtrinsic and Amotivational Styles as Predictors of Behavior: A Prospective Study. *Journal of Personality, vol. 60,* pp. 599–620.

Vanek, M., & Cratty, B. J. (1970). *Psychology and the superior athlete.* The ManMillan Co.

Veit, H. (1970). Some remarks upon the elementary interpersonal relations within ball game teams. In *Contemporary psychology of sport: Proceedings of the second international congress of sport psychology.* (G. S. Kenyon, Ed.). The Athletic Institute.

Vinokur, A., & Burnstein, E. (1974). The effects of partially shared persuasive arguments on group-induced shifts: A group-problem-solving approach. *Journal of Personality and Social Psychology, 20,* 119-132.

Vos, K. and Brinkman, W. (1967) Success en cohesie in sportgroepen. *Sociologische Gios, 14,* 30-40.

Vroom, V. H., & Yetton, P. W. (1973). *Leadership and decision-making.* Pittsburgh: University of Pittsburgh Press.

Walker, E. L. (1964). Psychological complexity as a basis for a theory of motivation and choice. In *Nebraska symposium on motivation, Vol. 12.* (D. Lewin, Ed.). Nebraska University Press.

Wallach, M. A., & Kogan, N. (1965). The roles of information, discussion, and consensus in group risk taking. *Journal of Experimental Social Psychology, 1,* 1-19.

Wallach, M. A., Kogan, N. and Bem, D. J. (1964). Group influence on individual risk taking. *Journal of Abnormal and Social Psychology, 68,* 263-274.

Wallach, M. A., Kogan, N., & Burt, R. B. (1965). Can group members recognize the effects of group discussion upon risk taking? *Journal of Experimental Social Psychology, 1,* 379-395.

Wankel, L. M. (1973). The interaction of social reinforcement, audience presence and initial ability level upon performance of a motor task. Presented at the First congress for the Multidisciplinary Study of Sport and Physical Activity, Montreal.

Wankel, L. M. (1975). Social facilitation: A review of theory and research pertaining to motor behavior, In B. S. Rushall (Ed.), *The Status of Psychomotor Learning and Sport Psychology Research.* Dartmouth, N.S.: Sport Science Associates.

Wapner, S., & Alper, T. G. (1952). The effect of an audience on behavior in a choice situation. *Journal of Abnormal and Social Psychology, 47,* 222-229.

Weber, M. (1947). *The theory of social and economic organization.* N.Y.: Free Press.

Weelan, S. A., & Hochburger, J. M. (1996). Validation studies of the group development questionnaire. *Small Group Research, 27*(1), 143-170.

Weinberg, R. S., Fowler, C., Jackson, A., Bagnall, J., & Bruya, L. (1991). Effect of goal difficulty on motor performance: A replication across tasks and subject. *Journal of Sport & Excercise Psychology, 13,* 160-173.

Weinberg, R. S.. & Ragan, J. (1979) Effects of competition, success/failure, and sex on intrinsic motivation. *Research Quarterly, 50,* 503–510.

Weiner, B. (1972). *Theories of motivation: Form mechanism to cognition.* Rand McNally.

Weiner, B., & Kukla, A. (1970). An attribution analysis of achievement motivation. *Journal of Personality and Social Psychology, 15,* 1–20.

Weiner, M. (1958). Certainty of judgement as a variable in conformity behavior. *Journal of Social Psychology, 48,* 257–263.

Weiss, M. R., & Fredrichs, W. D. (1986). The influence of leader behaviors, coach attributes, institutional variables on performance and satisfaction of collegiate basketball teams. *Journal of Sport Psychology, 8,* 332–346.

Welford, A. T. (1958). *Aging and human skill.* Oxford.

Weston, P., & Mednick, M. T. S. (1970). Race, social class and motive to avoid success in women. *Journal of Cross Cultural Psychology, 1,* 284–291.

Westre, K. R. & Weiss, M. R. (1991). The relationship between perceived coaching behaviors and group cohesion in high school football teams. *Sport Psychologist, 5,* 41–54.

Whitting, H. T. A. (1975). The human performance model. In *Readings in human performance.* (H. T. A. Whiting, Ed.). Lepus Books.

Whitting, H. T. A., & Hendry, L. B. (1969). A study of international table tennis players. In *Acquiring ball skill* (H. T. A. Whiting, Ed.). Bell.

Widmeyer, W. N. (1990). Group composition in sport. *International Journal of Sport Psychology, 21,* 264–285.

Widmeyer, W. N., Carron, A. V., & Brawley, L. R. (1993) Group Cohesion in Sport and Exercise, in R. N. Singer, M. Murphey & K. L. Tennant (eds.). *Handbook of Research on Sport Psychology* (pp. 672–692). New York: Macmillan.

Wiest, W. M., Poster, L. W., & Ghiselli, E. E. (1961). Relationship between individual proficiency and team performance and efficiency. *Journal of Applied Psychology, 45,* 435–440.

Wiggins, J. A., Dill, F., & Schwartz, R. D. (1965). On 'status liability.' *Sociometry, 28,* 197–209.

Wilder, D. A. (1977). Perception of groups, size of opposition, and social influence. *Journal of Experimental Social Psychology, 13,* 253–268.

Williams, J. M. (1977). Effects of evaluative and nonevaluative coactors upon male and female performance of simple and complex motor tasks. In *Psychology of motor behavior and sport, vol. 2.* (R. W. Christina & S. M. Landers Eds.). Human Kinetics.

Williams, J. M. (1978). Personality characteristics of the successful female athlete. In

W. F. Straub (Ed.). *Sport psychology: An analysis of athlete behavior,* 2nd ed., pp. 353–359.

Winch, R. F. (1958). *Mate-selection: A study of complementary needs.* Harper & Row.

Winterbottom, M. R. (1953). The relation of childhood traning in independence to achievement motivation. Unpublished doctoral dissertation, University of Michigan.

Wnakel, L. M. (1975). Social facilitation: A review of theory and research pertaining to motor performance. In *The status of psychomotor learning and sport psychology research.* (B. S. Rushall, Ed.). Sport Science Associates.

Wolosin, R. J., Sherman, S. J., & Till, A. (1973). Effect of cooperation and competition on responsibility attribution after success and failure. *Journal of Experimental and Social Psychology, 9,* 220–235.

Wood, C. G., & Hokanson, J. E. (1965). Effect of induces muscular tension on performance and the inverted-U function. *Journal of Personality and Social Psychology, 1,* 506.

Wright, P. L. (1996). *Managerial leadership.* N. Y.: Routledge.

Yaffe, M. (1974). The psychology of soccer. *New Society,* pp. 378–380.

Yammarino, F. J., & Bass, B. M. (1990). Transformational leadership and multiple level of analysis. *Human Relations, 43,* 975–995.

Yukl, G. A. (1989). *Leadership in organizations* (2nd ed.). Englewood Cliffs. NJ: Pretice-Hall.

Yukl, G. A. (1994). *Leadership in organizations* (3rd ed.). Englewood Cliffs. NJ: Pretice-Hall.

Zajonc, R. B. (1965). *Social facilitation. Science, 149,* 269–274.

Zajonc, R. B. (1972). *Compersince. Presented at the Midwestern Psychological Association Meeting.* Chicago,

Zander, A. (1974). Team spirit vs. the individual achiever. *Psychology Today, 8*(6), 64–68.

Zander, A., & Forward, J. (1968). Position in group, achievement motivation and group aspirations. *Journal of Personality and Social Psychology, 8,* 282–288.

Zander, A., & Newcomb, T. (1967). Group levels of aspiration in United Fund Campaigns. *Journal of Personality and Social Psychology, 6,* 157–162.

Zander, A., & Wulff, D. (1966). Members' test anxiety and competence: Determinants of a group's aspirations. *Journal of Personality, 34,* 55–70.

Zander, A., medow, H., & Efron, R. (1965). Observers' expectations as determinants of group aspirations. *Human Relations, 18,* 273–287.

찾아보기

인 명

내 용

◇ 저자 소개 ◇

▮ 김정완(金貞完)

한양대학교 이학박사
현재 경상대학교 사범대학 체육교육과 교수
경상대학교 학생처장
한국대학생활체육연맹 부회장
국민생활체육협의회 자문위원
한국코칭능력개발원 이사

저서: 대학체육(공저, 형설출판사)
Mini FYM(홍경출판사)

kjw319@hanmail.net

▮ 김정남(金正男)

성균관대학교 문학박사
현재 경상대학교 사회과학대학 심리학과 교수
경상대학교 학생생활연구소 소장
경상대학교 국제지역연구원 원장
경상대학교 도서관장
건강심리학회 이사

저서: 산업 및 조직심리학(공저, 박영사)
인간의 마음과 행동(공저, 박영사)
직장과 심리학(경상대학교 출판부)

kjmcn@gnu.ac.kr

저자와의
협약으로
인지생략

스포츠 사회심리학

2007년 2월 1일 1판 1쇄 인쇄
2007년 2월 5일 1판 1쇄 발행

지은이 • 김정완 · 김정남 공저
펴낸이 • 김 진 환
펴낸곳 • 학지사
121-837 서울시 마포구 서교동 352-29 마인드월드빌딩 5층
대표전화 02)326-1500 팩스 02)324-2345
http://www.hakjisa.co.kr
등록 1992년 2월 19일 제2-1329호

ISBN 978-89-5891-375-7 93180

정가 20,000원